# KARL BARTH
## VORTRÄGE UND KLEINERE ARBEITEN

1905–1909

KARL BARTH · GESAMTAUSGABE

Im Auftrag der Karl Barth-Stiftung
herausgegeben von Hinrich Stoevesandt

III. Vorträge und kleinere Arbeiten

VORTRÄGE UND KLEINERE ARBEITEN
1905–1909

THEOLOGISCHER VERLAG ZÜRICH

# KARL BARTH

# VORTRÄGE UND KLEINERE ARBEITEN
## 1905–1909

In Verbindung mit Herbert Helms
herausgegeben von Hans-Anton Drewes und
Hinrich Stoevesandt

THEOLOGISCHER VERLAG ZÜRICH

Gedruckt mit Unterstützung der Evangelischen Kirche in Deutschland
und der Karl Barth-Stiftung

Die redaktionelle Betreuung des Bandes durch das
Karl Barth-Archiv wurde ermöglicht vom
Schweizerischen Nationalfonds zur Förderung der
wissenschaftlichen Forschung

BT
80
.B365
1992

CIP-Titelaufnahme der Deutschen Bibliothek

*Barth, Karl:*
Gesamtausgabe / Karl Barth. Im Auftrag der Karl-Barth-Stiftung
hrsg. von Hinrich Stoevesandt. – Zürich: Theol. Verl.
NE: Stoevesandt, Hinrich [Hrsg.]; Barth, Karl: [Sammlung]

3. Vorträge und kleinere Arbeiten.
1905–1909 /
in Verbindung mit Herbert Helms hrsg. von
Hans-Anton Drewes und Hinrich Stoevesandt. – 1992
ISBN 3-290-10130-4
NE: Drewes, Hans-Anton [Hrsg.]

© 1992 Theologischer Verlag Zürich
Alle Rechte vorbehalten
Printed in Germany
by Druckerei Sommer GmbH, Feuchtwangen

# INHALT

| | |
|---|---|
| Vorwort | VII |
| Abkürzungen | XV |
| Abbildungen | nach Seite XVI |

| | |
|---|---|
| Der Charakter der Religion des alten Indiens, 1905 | 1 |
| Die Stigmata des Franz von Assisi, 1905 | 8 |
| Der Hauptmann zu Kapernaum, 1905 | 46 |
| Zofingia und Sociale Frage, 1906 | 61 |
| Zwinglis «67 Schlußreden» auf das erste Religionsgespräch zu Zürich 1523, 1906 | 104 |
| X. christliche Studentenkonferenz in Aarau, 1906 | 120 |
| Die ursprüngliche Gestalt des Unser Vaters, 1906 | 126 |
| Die Missionsthätigkeit des Paulus nach der Darstellung der Apostelgeschichte, 1907 | 148 |
| Die Vorstellung vom Descensus Christi ad inferos in der kirchlichen Literatur bis Origenes, 1908 | 244 |
| Rezension von G. Mix, Zur Reform des theologischen Studiums, 1909 | 313 |
| Rezension von A. von Broecker, Protestantische Gemeinde-Flugblätter, 1909 | 321 |
| Rezension von P. Mezger, Eigenart und innere Lebensbedingungen einer protestantischen Volkskirche, 1909 | 322 |
| Rezension von Fr. A. Voigt, Was sollen wir tun?, 1909 | 324 |
| Rezension von R. Jahnke, Aus der Mappe eines Glücklichen, 1909 | 329 |
| Rezension von O. Pfister, Religionspädagogisches Neuland, 1909 | 330 |
| Die belgische Missionskirche, 1909 | 332 |
| Moderne Theologie und Reichsgottesarbeit, 1909 | 334 |
|     E. Chr. Achelis, Noch einmal: Moderne Theologie und Reichsgottesarbeit | 347 |
|     P. Drews, Zum dritten Mal: Moderne Theologie und Reichsgottesarbeit | 351 |
|   Antwort an D. Achelis und D. Drews | 354 |
|     M. Rade, Redaktionelle Schlußbemerkung | 365 |
| Rezension der Zeitschrift für wissenschaftliche Theologie, 51. Jahrgang, 1. und 2. Heft, 1909 | 367 |

| | |
|---|---|
| Der kosmologische Beweis für das Dasein Gottes, 1909 | 373 |
|     H. Barth, Adnotationes criticae | 410 |
| Kleine Mitteilung, 1909 | 414 |
| | |
| Nachweis früherer Veröffentlichungen des Inhalts dieses Bandes | 419 |
| | |
| Register | 421 |
|     I. Bibel und außerkanonisches Schrifttum | 423 |
|     II. Namen | 429 |
|     III. Begriffe | 436 |

# VORWORT

Die Abteilung III der Barth-Gesamtausgabe, «Vorträge und kleinere Arbeiten», hat, während aus den Abteilungen I, II und V zahlreiche Bände erschienen, ebenso wie die Abteilung IV («Gespräche») lange nur eine Leerstelle eingenommen. Der erste Band der Abteilung, der schließlich 1990 erscheinen konnte, enthaltend die 1922–1925 in Göttingen entstandenen Arbeiten aus dieser Gattung, ist im chronologischen Aufbau der Reihe der vierte. Der umfangreiche und thematisch mannigfaltige Komplex von Aufsätzen, Vorträgen, Artikeln, Rezensionen und Referatskizzen aus den 16 Jahren von 1905 – als Barth als Studienanfänger erstmals (auf dem Gebiet der Religionsgeschichte!) eine kleine selbständige Arbeit vorlegte – bis 1921 – als er, aus dem Pfarramt im aargauischen Safenwil auf eine neu eingerichtete Honorarprofessur für Reformierte Theologie in Göttingen berufen, zum zweiten Mal ins akademische Milieu überwechselte – wurde in der Planung der Gesamtausgabe, sobald diese ihre endgültigen Konturen angenommen hatte, als einheitliches Ganzes behandelt. Er wird insgesamt drei Bände der Abteilung III einnehmen.

Der Anfang dieser Planung liegt weit zurück. Er fällt zusammen mit jener denkwürdigen Konferenz im Sommer 1970 in der Tagungsstätte Leuenberg bei Hölstein im Kanton Basel-Land, wo ein ad hoc zusammengerufener Kreis von Familienangehörigen, Freunden und Schülern Karl Barths sowie Vertretern des Theologischen Verlags Zürich über Veröffentlichungsmöglichkeiten für Barths ungedruckten Nachlaß oder Teile davon Gedanken zusammentragen sollte, bis nach langer Beratung schließlich Professor *Ernst Wolf* die Parole ausgab: Keine Auswahl, überhaupt keine Ausgabe lediglich des Nachlasses, sondern lieber gleich aufs Ganze gehen: eine *Gesamtausgabe!*

In der Euphorie des Eindrucks, den dieser Vorschlag hervorrief und unter dem er sofort zum Beschluß erhoben wurde, wurden auch sogleich – ohne daß es von einer sinnvollen Gliederung des gesamten immensen Stoffes schon eine klare Vorstellung gegeben hätte – erste Editionsaufträge erteilt. Zwei davon betrafen je eine Gruppe der in ihrer Fülle damals noch gar nicht im einzelnen gesichteten Texte, die, als zwei Jahre später von demselben Beraterkreis der definitive Editionsplan beschlossen wurde, zusammen mit vielen anderen ihren Platz in der Abteilung III fanden. Nach dem 1970 nur erst ganz vagen Gesamtplan hätten diese Gruppen je den Inhalt eines Bandes bilden sollen. So wurden zum einen die im engeren Sinn theologischen Arbeiten ab 1909, soweit sie nicht in eine der von Barth selbst veranstalteten Sammlungen aufgenommen worden waren (diese Sammlungen hätten nach der damaligen provisorischen Absicht je als ein Band der Gesamtausgabe neu herausgegeben werden sollen), zum anderen die Vorträge und Referate mehr politischen Inhalts, darunter die zahlreichen Stichwortkonzepte, die Barth in einem von ihm mit dem Titel «Sozialistische Reden» beschrifteten Umschlag gesammelt hat, je einem Bearbeiter übertragen. Den ersten dieser beiden Bereiche übernahm *Herbert Helms*, den zweiten *Friedrich-Wilhelm Marquardt*.

Einen ersten Entwurf zur Disposition der Gesamtausgabe legte Prof. Wolf auf einer weiteren Konferenz im Sommer 1971 vor. Er sah eine Gliederung des gesamten Stoffes in Anlehnung an den Fächerkanon der theologischen Disziplinen vor. Das kurz darauf errichtete Karl Barth-Archiv erhielt als erstes den Auftrag zur Detailausführung dieser Disposition. Dabei traten jedoch alsbald erhebliche Schwierigkeiten zutage: Einerseits waren die Disziplingrenzen für das tatsächlich vorliegende Material zu unscharf, um in jedem Fall eine eindeutige Zuweisung zu erlauben, andererseits wäre für beträchtliche Teile nur in einer zusätzlichen Abteilung unter dem wenig anziehenden Titel «Varia» Platz gewesen. Darum beschloß die schon erwähnte dritte Konferenz im Sommer 1972 einhellig einen neuen – den seitdem gültigen – Editionsplan, nach dem die Abteilungen inhaltsneutrale Titel nach literarischen Gattungen erhielten. Das machte für die nunmehrige Abteilung III die ursprünglich vorgesehene Aussonderung der beiden genannten Textgruppen hinfällig und verursachte ihre Zusammenlegung untereinander und mit allem 1970 noch nicht an einen Editor vergebenen Material aus den Jahren 1905–1921. Das letztere, ohnehin quantitativ die beiden anderen Gruppen überwiegend, wuchs noch erheblich an, als sich ein wenig später die Einsicht durchsetzte, daß trotz oder gerade wegen ihres teilweise großen Umfangs auch die akademischen Arbeiten des Studenten Karl Barth nicht unberücksichtigt bleiben durften. Für diesen gesamten Rest konnte *Hans-Anton Drewes* als Bearbeiter verpflichtet werden.

Als auf der Konferenz von 1970 der grundlegende Beschluß, die Gesamtausgabe in Angriff zu nehmen, gefaßt war, stand die weitere Frage zur Erörterung, ob innerhalb dieser Ausgabe Barths gedrucktes Œuvre und sein unveröffentlichter Nachlaß je separat behandelt oder ohne dispositionelle Trennung zusammengefügt werden sollten. Sie wurde von der Folgekonferenz zugunsten der zweiten Möglichkeit entschieden. So ist es in allen von dieser Entscheidung betroffenen und bisher erschienenen Bänden – denen der Abteilungen I (Predigten), III und V (Briefe) – gehandhabt worden. Unter den kleineren Arbeiten, also in Abteilung III, ist der Anteil der bisher nur handschriftlich vorliegenden Texte aus der Periode 1905–1921 am Gesamtumfang höher als später; in den Jahren 1905–1909 überwiegt er den der gedruckten bei weitem. Die Anordnung der Stücke folgt der Chronologie ihrer Niederschrift[1], die sich in den allermeisten Fällen[2] rekonstruieren läßt. Unmaßgeblich für die Reihenfolge sind also bei den schon publizierten Stücken die bisweilen erheblich späteren Zeitpunkte ihrer Drucklegung.

Für alles Ungedruckte hatte die editorische Arbeit mit der teilweise schwierigen Entzifferung zu beginnen. Hohe Anforderungen stellten, zumal angesichts der großen thematischen Vielfalt, auch die Aufspürung von Belegmaterial für Barths Ausführungen – möglichst in den von ihm tatsächlich benutzten Quellen –, die Verifizierung der Zitate und die Erhellung von mancherlei geschichtlichen Hintergründen. Hilfreiche Vorarbeiten leistete für die oben erwähnten spezifisch theologischen Stücke Herbert Helms. Es sind in diesem ersten Band die Aufsätze «Moderne Theologie und Reichsgottesarbeit» und «Der kosmologische Beweis für das Dasein Gottes». Der wichtige Beitrag von Friedrich-Wilhelm Marquardt, der im zweiten Band einsetzt, wird dort gewürdigt werden. Beide Bearbeiter überließen ihre Manuskripte schon vor Jahren H. Stoevesandt zur Herstellung der Endfassung. Außer den beiden genannten Arbeiten wurden alle in diesem Band enthaltenen Stücke von H.-A. Drewes betreut.

---

[1] Eine Ausnahme vom chronologischen Anordnungsprinzip bilden solche Stücke, die unter sich zusammengehören – in diesem ersten Band der Aufsatz «Moderne Theologie und Reichsgottesarbeit» mit den Repliken von E. Chr. Achelis und P. Drews, Barths Duplik und M. Rades redaktionellem Schlußwort. In allen solchen Fällen richtet sich die Einordnung nach dem Zeitpunkt der Niederschrift des jeweils ersten Stücks der Reihe.
[2] Im vorliegenden Band in allen Fällen.

Der vorliegende erste Band enthält in seinen ersten drei Vierteln Arbeiten Barths aus seiner Studienzeit in Bern (1904–1906), Berlin (1906/07) und Tübingen (1907/08), überwiegend als Beiträge zu von ihm besuchten Seminaren bzw. als «Akzeßarbeit» zum theologischen Examen geschrieben, daneben auch zwei vor unterschiedlichen studentischen Hörerkreisen gehaltene Referate und den ältesten zur Veröffentlichung bestimmten Text Barths, einen Zeitungsbericht über die Aarauer Studentenkonferenz von 1906. Im letzten Viertel sind die – nunmehr mit einer Ausnahme für den Druck verfaßten – Stücke aus Barths Zeit als Redaktionsgehilfe bei der von Martin Rade geleiteten «Christlichen Welt» in Marburg (November 1908 bis August 1909) vereinigt. Die Veröffentlichung bzw. Wiederveröffentlichung dieser Texte in der Gesamtausgabe führt also ganz an den Anfang von Karl Barths Leben als Theologe zurück. Schriften aus seiner Gymnasiastenzeit – es handelt sich hauptsächlich um dramatische Dichtungen – bleiben einer späteren Veröffentlichung in der Abteilung VI, «Aus Karl Barths Leben», vorbehalten.

Die beiden unterzeichneten Herausgeber tragen die Verantwortung für diesen und die beiden weiteren Bände – deren zweiter soll sehr bald, der dritte ebenfalls in kurzem Abstand folgen – gemeinsam. Neben über Jahre fortgesetzter Verständigung über die Art des Vorgehens haben sie eine große Zahl von Einzelentscheidungen in vielen tagelangen Arbeitssitzungen gemeinsam getroffen. Bei allem Streben nach Vereinheitlichung in den Formalien, die über die nur in großen Zügen schriftlich festgelegten Konventionen weit hinausgeht, wurden kleinere individuelle Eigentümlichkeiten in der Anwendung der Editionsrichtlinien nicht getilgt, wie denn auch im größeren Rahmen der Gesamtausgabe als ganzer ein – freilich eng umgrenzter – Spielraum für Herausgeberindividualitäten stets offengehalten wurde.

Im folgenden seien die Arbeitsprinzipien, die die Herausgeber angewandt haben, in ihren wichtigsten Zügen genannt.

Für den Neudruck der *von Barth selbst veröffentlichten Texte* gilt wie auch sonst in der Gesamtausgabe, daß die Zeichensetzung und maßvoll auch die Orthographie den heute gültigen – bzw. den schon damals gültigen, aber von Barth nicht eben konsequent beachteten – Regeln angepaßt wurde.

Anders wurde bei den *bisher nur handschriftlich vorliegenden Texten* (zumal mit Rücksicht auf die bloß in Stichworten skizzierten, deren sich in den beiden Folgebänden zahlreiche finden) verfahren. Hier soll den Lesern ein möglichst originalgetreuer Eindruck von dem Zustand des Manuskripts vermittelt werden. So gibt die *Raumaufteilung* – unterschiedliche Größe der Einzüge – diejenige der Vorlagen so genau wie möglich wieder. Von Barth verwendete *Abkürzungen* werden nicht aufgelöst. Durch Abkürzung ausgelassene Wortbestandteile werden vielmehr, wo sie innerhalb eines Textes zum ersten Mal vorkommen, in eckigen Klammern ergänzt; im Wiederholungsfalle bleiben sie unaufgelöst stehen, wobei nur der (bei Barth meist fehlende) Abkürzungspunkt von den Herausgebern nachgetragen wurde. (Ohne Abkürzungspunkt bleiben jedoch die Abkürzungen der Namen biblischer Bücher und die häufig auftretenden Chiffren X oder Xρ für Christus und Pl für Paulus.)

Textteile, die Barth durch gerade oder geschlängelte oder auch doppelte *Unterstreichung* hervorhob, sind kursiv wiedergegeben. Nachträgliche (mit Bleistift vorgenommene) Unterstreichungen – teils mag sie Barth selber bei erneuter Lektüre angebracht haben, teils stammen sie anscheinend von kritischen Lesern aus dem Familien- oder Freundeskreis oder von Barths akademischen Korrektoren – bleiben unberücksichtigt.

In einigen seiner hier wiedergegebenen Arbeiten gebraucht Barth außer den runden auch *eckige Klammern*. Da eckige Klammern jedoch in dieser Ausgabe Zusätze der Herausgeber bezeichnen, wird für die von Barth stammenden das Zeichen [[ ]] verwendet.

Offenkundige *Schreibfehler* werden stillschweigend korrigiert. In Fällen, wo man zweifeln könnte – oder wo der casus sonst buchenswert erscheint –, wird in einer Fußnote darauf aufmerksam gemacht. Von diesen Fällen sind die uneinheitlich begegnenden Beispiele älterer Orthographie und gewisse von Barth – auch später – einheitlich gepflegte Eigenheiten in der Schreibung bestimmter einzelner Worte zu unterscheiden: Beide Male bleibt die im Manuskript vorliegende Schreibweise bewahrt.

Wo *Satzzeichen*, die bei Barth (z. B. fast immer am Ende einer Manuskriptzeile) fehlen, für die leichtere Lesbarkeit der Sätze hilfreich sind, ebenso wo ein vorhandenes Komma als Pendant ein zweites erfordert, wurden sie ergänzt, aber durch eckige Klammern als Zusätze der Herausgeber kenntlich gemacht. Wo das Ende eines Satzes oder Nebensatzes auch ohne ergänztes Zeichen leicht erkennbar ist – Barth setzte nach einer schließenden Klammer fast niemals ein Komma oder einen Punkt, nach schließendem Anführungszeichen sowie am Absatzende häufig kein Satzzeichen –, wurde auf diese Ergänzung verzichtet.

Barths eigene *Korrekturen* werden ohne weiteren Vermerk aufgenommen. Der Text wird also in der von Barth redigierten Endgestalt geboten; Vorstufen der Formulierung, wie sie sich in den Manuskripten übrigens eher selten finden, werden nur im Ausnahmefall erwähnt. Bemerkungen und Berichtigungen von fremder Hand, etwa derjenigen von Adolf von Harnack oder von Barths Vater, sind, schon mit Rücksicht auf die Prominenz des Korrektors, gelegentlich in Fußnoten festgehalten.

Wo sich in *Zitaten* eindeutige (grammatische oder orthographische) Abschreibfehler finden, wird der Text stillschweigend der von Barth zitierten Vorlage angeglichen; im übrigen wird aber gegebenenfalls in Orthographie und Interpunktion, auch bei Wortauslassungen und -umstellungen, die besondere Form belassen, in der Barth zitiert. Wo allenfalls eine Absicht in einer Veränderung des vorgegebenen Wortlauts vermutet werden könnte (also nicht ganz offensichtlich bloß ein lapsus calami vorliegt) oder wo der Sachverhalt sonst irgendwie bemerkenswert erscheint, wird der Unterschied zwischen Zitation und zitierter Vorlage in einer Fußnote notiert.

Eine editorische Entscheidung forderte auch das Problem *sachlicher Versehen*. Es war zwar durchaus übertrieben, wenn Karl Barth einmal den Ausruf: «e paar Mol hesch wüescht dernäbe ghaue» als zu erwartende Reaktion seines Vaters vorwegnehmen zu müssen meinte[3]. Dennoch sind ihm natürlich gelegentlich Fehler unterlaufen. Stillschweigende Emendation war selbstverständlich ausgeschlossen. In einigen Fällen erschien eine Anmerkung angebracht, insbesondere wenn dadurch ohne Aufwand Mißverständnisse beim Leser vermieden werden können. Sonst – und vor allem da, wo eine knappe Anmerkung den Sachverhalt nicht hätte klarstellen können, eine ausführliche ihm aber unverhältnismäßiges Gewicht gegeben hätte – fanden sich die Heraus-

---

[3] Siehe unten S. 247.

geber nicht dazu veranlaßt und durch das Beispiel des sonst verdienten Heinrich Düntzer («Hier irrt Goethe») geradezu davor gewarnt, den Finger auf solche im ganzen doch sehr seltene Stellen zu legen, die Barth selber wohl an passendem Ort heiter («wie konnte ich nur?»[4]) kommentiert und korrigiert hätte.

Für beide Textgruppen, die früher schon gedruckten und die hier erstmals aus der Handschrift publizierten Arbeiten, gilt, daß ein bestimmtes in der Gesamtausgabe übliches Mittel auch in diesem Band angewandt werden mußte, obwohl es das Schriftbild leicht verändert. Barth pflegte *lateinische* oder sonstige fremdsprachliche *Elemente*, auch ganze Zitate, durch lateinische Schrift von dem im übrigen in deutscher Schrift geschriebenen Text abzuheben[5], lateinische u. a. Zitate also ebensowenig wie griechische durch Anführungszeichen zu kennzeichnen. In gedruckten Texten ließ er fremdsprachliche Worte, Wendungen und Zitate innerhalb eines in Fraktur gesetzten Kontextes in Antiqua (später dann im Antiqua-Kontext kursiv) setzen. Da in der Gesamtausgabe der Kursivsatz für *Hervorhebungen* (zur Wiedergabe von Unterstreichungen in Barths Manuskripten bzw. von Sperrsatz in seinen gedruckten Texten) dient, entfällt ein entsprechendes typographisches Mittel zur Kennzeichnung fremdsprachlicher Textelemente. Ersatzweise werden, sofern es sich um Zitate handelt, von den Herausgebern *Anführungszeichen* gesetzt.

Den einzelnen Stücken ist, wie schon in den Vorträgen und kleineren Arbeiten 1922–1925, je eine *Einleitung* der Herausgeber vorangestellt, in der zusammengetragen ist, was sich über Veranlassung und Begleiterscheinungen der Niederschrift sowie über unmittelbare Reaktionen auf diese, auf den mündlichen Vortrag oder auf die Veröffentlichung des betreffenden Textes ermitteln ließ. Die – hauptsächlich brieflichen – Quellen, auf denen diese Darstellungen beruhen, befinden sich, wo nicht anders vermerkt, im Karl Barth-Archiv in Basel. Die Einleitungen sind durchgehend kursiv gesetzt; für Hervorhebungen wird hier Normalsatz verwendet.

---

[4] KD IV/1, S. VIII.
[5] In lateinischer Schrift pflegte Barth auch die Abkürzungen biblischer Bücher und gelegentlich andere Textelemente wie z. B. das Kürzel UV für «Unser Vater» wiederzugeben.

Im Laufe ihrer Arbeit haben die Herausgeber von verschiedenen Seiten wertvolle Hilfe erhalten. Stellvertretend seien einige Namen genannt. Dr. med. *Robert Develey* in Basel und Prof. Dr. *Ulrich Im Hof* in Bern, beide hervorragende Kenner der Studentenverbindung Zofingia und ihrer Geschichte, haben zahlreiche Spezialfragen beantwortet. In verschiedenen Stadien der Arbeit hat *Jörg-Michael Bohnet* seinen Spürsinn und Scharfblick in den Dienst der Edition gestellt. Beim Lesen der Druckkorrekturen halfen *Caren Algner*, Assistentin am Karl Barth-Archiv, und *Eva Köpf* in Tübingen. Die große Arbeit, durch die Erstellung der Register den Lesern die Orientierung in dem Band zu erleichtern, hat Pfarrer i. R. *Hermann Schmidt* in Oldenburg den Herausgebern in selbstloser Weise abgenommen. Von Anfang an hat Professor Dr. *Eberhard Jüngel* D. D. die Editionsarbeit fördernd begleitet. Größtes Entgegenkommen fanden die Herausgeber beim Theologischen Verlag Zürich und seinem Leiter *Werner Blum*. Ihnen und manchen anderen, die Auskünfte erteilt oder in einzelnen Phasen der Arbeit Hilfsdienste geleistet haben, sprechen sie für ihre Unterstützung, ohne die die Leser noch länger auf das Erscheinen des Bandes hätten warten müssen, ihren aufrichtigen Dank aus.

Tübingen und Basel, im Oktober 1991

                    Hans-Anton Drewes          Hinrich Stoevesandt

# ABKÜRZUNGEN

| | |
|---|---|
| AFranc | Analecta Franciscana |
| BGl | Beweis des Glaubens |
| BSGR | Bibliothek der Symbole und Glaubensregeln der alten Kirche, hrsg. von A. Hahn, Breslau 1897³ |
| BSLK | Die Bekenntnisschriften der evangelisch-lutherischen Kirche, hrsg. vom Deutschen evangelischen Kirchenausschuß, Göttingen 1986¹⁰ |
| Busch | E. Busch, Karl Barths Lebenslauf. Nach seinen Briefen und autobiographischen Texten, München 1986⁴ |
| Bw. B. | K. Barth/R. Bultmann, Briefwechsel 1922–1966 (Karl Barth-Gesamtausgabe, V. Abt.: Briefe), hrsg. von B. Jaspert, Zürich 1971 |
| Bw. R. | K. Barth/M. Rade, Ein Briefwechsel, hrsg. von Chr. Schwöbel, Gütersloh 1981 |
| CW | Die Christliche Welt |
| CR | Corpus Reformatorum, Halle/Braunschweig/Berlin; Leipzig; Zürich 1834ff. |
| DS | Enchiridion symbolorum, definitionum et declarationum de rebus fidei et morum, edd. H. Denzinger et A. Schönmetzer, Barcinone/Friburgi Brisgovae/Romae/Neo-Eboraci 1973³⁵ |
| EA | M. Luther, Sämmtliche Werke, Erlangen 1826ff. |
| EB(C) | Encyclopaedia biblica, edd. Th. Cheyne/J. Sutherland Black, London 1899–1903 |
| EKG | Evangelisches Kirchengesangbuch |
| EvTh | Evangelische Theologie |
| GCS | Die griechischen christlichen Schriftsteller der ersten drei Jahrhunderte, Berlin 1897ff. |
| GERS | Gesangbuch für die evangelisch-reformirte Kirche der deutschen Schweiz (eingeführt 1891) |
| GThW | Grundriss der theologischen Wissenschaft, Tübingen 1893ff. |
| HBLS | Historisch-biographisches Lexikon der Schweiz, Neuenburg 1921ff. |
| HC | Hand-Commentar zum Neuen Testament, Freiburg 1889ff. |
| JDTh | Jahrbücher für deutsche Theologie, Stuttgart 1856ff. |
| JPTh | Jahrbücher für protestantische Theologie, Braunschweig 1875ff. |
| KEK | Kritisch-exegetischer Kommentar über das Neue Testament, begründet von H. A. W. Meyer, Göttingen 1832ff. |
| KK | Kurzgefaßter Kommentar zu den heiligen Schriften Alten und Neuen Testamentes, München 1886ff. |
| KNT | Kommentar zum Neuen Testament, Leipzig 1903ff. |
| LThK | Lexikon für Theologie und Kirche |
| MPTh | Monatsschrift für Pastoraltheologie zur Vertiefung des gesamten pfarramtlichen Wirkens |
| PG | Patrologiae cursus completus. Series Graeca, Paris 1857ff. |
| PhB | Philosophische Bibliothek, Leipzig 1868ff. |

| | |
|---|---|
| RBMAS | Rerum Britannicarum medii aevi scriptores or chronicles and memorials of Great Britain and Ireland during the middle ages, London 1858ff. |
| RE | Realencyklopädie für protestantische Theologie und Kirche |
| RGG | Die Religion in Geschichte und Gegenwart |
| RV | Religionsgeschichtliche Volksbücher für die deutsche christliche Gegenwart, Halle/Tübingen 1904ff. |
| SgV | Sammlung gemeinverständlicher Vorträge und Schriften aus dem Gebiet der Theologie und Religionsgeschichte, Tübingen 1896ff. |
| SNT | Die Schriften des Neuen Testaments neu übersetzt und für die Gegenwart erklärt, Göttingen 1905ff. |
| SPAW | Sitzungsberichte der preußischen Akademie der Wissenschaften, Berlin 1882ff. |
| SQS | Sammlung ausgewählter kirchen- und dogmengeschichtlicher Quellenschriften, Tübingen 1901ff. |
| SThZ | Schweizerische Theologische Zeitschrift |
| TaS | Texts and studies, Cambridge 1891ff. |
| ThB | Theologische Bücherei, München 1953ff. |
| ThLZ | Theologische Literaturzeitung |
| ThStKr | Theologische Studien und Kritiken |
| WA | M. Luther, Werke. Kritische Gesamtausgabe, Weimar 1883ff. |
| WA.DB | – Deutsche Bibel |
| ZKG | Zeitschrift für Kirchengeschichte |
| ZKWL | Zeitschrift für kirchliche Wissenschaft und kirchliches Leben |
| ZNW | Zeitschrift für die neutestamentliche Wissenschaft |
| ZThK | Zeitschrift für Theologie und Kirche |
| ZWTh | Zeitschrift für wissenschaftliche Theologie |

# ABBILDUNGEN

*In Berlin, 1906*

*In Marburg, 1909*

*Aus dem Manuskript von «Die ursprüngliche Gestalt des Unser Vaters»*

*Aus dem Manuskript von «Der kosmologische Beweis für das Dasein Gottes»*

# DER CHARAKTER DER RELIGION DES ALTEN INDIENS
1905

*Karl Barth begann sein Theologiestudium im Winter-Semester 1904/05 an der Universität Bern. Er belegte im ersten Semester außer einer «Einführung in das Studium der Theologie» bei seinem Vater Fritz Barth und neben alt- und neutestamentlichen (Karl Marti, Rudolf Steck und Fritz Barth), kirchengeschichtlichen (Fritz Barth, Wilhelm Hadorn) und philosophischen (Hermann Lüdemann) Vorlesungen und Übungen auch «Allgemeine Religionsgeschichte I. Teil (Prof. D. Steck)». Im Sommer-Semester 1905 hörte er deren II. Teil. Die Nachschrift oder Notizen Karl Barths sind nicht erhalten. Die vorliegende religionsgeschichtlich-missionskundliche Arbeit, über deren Anlaß wir keine direkten Zeugnisse oder Hinweise haben, scheint im Zusammenhang mit dieser Veranstaltung entstanden zu sein. Ob sie – in den Ferien, bald nach Ende des Winter-Semester geschrieben – etwa als Referat im II. Teil der Veranstaltung im Sommer-Semester vorgetragen wurde oder ob es sich vielleicht – wie bei der späteren Untersuchung über das Unser Vater – um eine Arbeit für den Akademischen evangelisch-theologischen Verein handelt, ist nicht zu entscheiden. Die Ausführungen fußen vor allem auf Paul Wurms «Handbuch der Religionsgeschichte» (s. Anm. 2).*

*Das Manuskript ist eines der in den «Excerpta I» zusammengefaßten Stücke, einem Halbkalikoband, in dem sich neben vermischten Exzerpten etwa «aus den NTlichen Schriften», aus Werken Luthers oder den Kirchenbüchern von Pratteln und Frenkendorf auch zwei Texte Barths selber finden: das Referat über die Religion des alten Indiens und die Untersuchung der Stigmata des Franz von Assisi (s. unten S. 8). Barth ließ sich die verschiedenen auf gefalteten Doppelblättern mit Tinte geschriebenen Stücke – wie entsprechend auch seine Vorlesungsnachschriften – nachträglich einbinden.*

Die Aufgabe, die uns heute vorliegt, besteht darin, uns in kurzen Zügen Klarheit zu verschaffen über den
           *Charakter der Religion des alten Indiens.*
Man hat das Land am Indus und Ganges schon «das klassische Land der Religionsgeschichte»[1] genannt, und mit Recht: denn wir kennen

---

[1] Diese Charakterisierung findet sich in Karl Barths Unterrichtsnachschrift:

kein Volk[,] in dessen Charakter, Denkungsweise und Geschichte die Religion sich tiefer eingegraben hätte, als bei den Bewohnern Vorderindiens. Hier ist die Religion nicht blos ein Gebiet des öffentlichen Lebens neben andern, vielmehr ist das letztere in allen seinen Beziehungen auf das erstere gegründet.[2] Doch greifen wir nicht vor! Denn in der Periode, von der wir zu sprechen haben, standen die Verhältnisse noch anders und erst im Lauf von Jahrtausenden, nach einer Reihe von Wandlungen hat sich das herausgestaltet, was wir die Hindureligion nennen.

Versetzen wir uns im Geiste zurück in die Zeit, da die Arier, resp. ein Zweig der Arier ihre Wohnsitze in den Gebirgsländern von Centralasien verließen und sich in den Besitz der vorderindischen Halbinsel setzten. Es beginnt damit ihre geschichtliche Rolle als «Indier».[3] Bezeichnend für den geschichtslosen Charakter dieses Volkes ist der Umstand, daß sich das Datum jenes hochwichtigen Ereignisses heute nur konstruiren läßt, während die indischen Quellen keinerlei zeitliche Angaben enthalten.[4] Mit ihrer allerdings kaum sehr bedeutenden Kultur – sie waren meist Viehzüchter – brachten diese arischen Einwanderer auch ihre eigene Sprache und Religion mit. Den verschiedenen Dialekten der Drâvidastämme trat die arische Volkssprache, dem Dämonendienst der Ureinwohner der Polytheismus der Fremden gegenüber. Und hier bemerken wir nun den interessanten Vorgang, daß die Sprache der Eingeborenen sich behauptete, während ihre Religion meist in der der Einwanderer aufging.[5] Allein auch diese sollte sich nicht rein erhalten: eine Umwandlung sollte in ihr vorgehen, die ihre Parallele findet in der Umwandlung, die der ganze indische Volkscharakter zu jener Zeit erfuhr. Waren die Eroberer ein kräftiges naturfrohes Gebirgsvolk gewesen, so wurden nun ihre Nachkommen unter dem Einfluß des tropischen Klimas und einer gütigen Natur, die allen Lebensbedarf mühelos bot, immer mehr zu jener schwächlichen widerstands-

«Religionsgeschichte. Prof. D. Barth. Prima – Ob. Prima, Freies Gymnasium Bern. October 1903–Juli 1904» (Karl Barth-Archiv, Basel), S. 123.
[2] Vgl. P. Wurm, *Handbuch der Religionsgeschichte*, hrsg. vom Calwer Verlagsverein, Calw/Stuttgart 1904, S. 150f.
[3] Vgl. a.a.O., S. 151 und S. 153.
[4] A.a.O., S. 151.
[5] A.a.O., S. 155.

losen Rasse, als die wir die heutigen Hindu kennen. Und so ging es auch auf religiösem Gebiet: Unter dem Eindruck einer Außenwelt[,] die sich dem Menschen unter tausenderlei Gestalten in verschwenderischer Fülle darbot[,] wurde der Naturpolytheismus der Arier immer abenteuerlicher und verwandelte sich endlich in jenen unübersehbaren, jeder Ordnung baren Götterhimmel, aus dem mit notwendiger Konsequenz der brahmanische Pantheismus hervorgehen mußte.[6] *Duhm:* «Der Reichtum des Geistes erzeugte jene schwüle Fülle der religiösen Gestalten, der metaphys. Spekulationen und mystischen Bestrebungen, die den energischeren Europäer in gleichem Maße zum Bewundern und Bedauern nötigt»[7]

Wir haben uns heute mit der Periode zu beschäftigen[,] die zwischen der arischen Einwanderung einerseits und dem deutlichen Auftreten des Brahmanismus andererseits liegt, wiewohl eine säuberliche Scheidung bei der Verschwommenheit der ganzen Entwicklung eigentlich ein Ding der Unmöglichkeit ist.

Die Quellen für alle Untersuchungen auf diesem Gebiet finden wir in der Litteratursammlung der vier Wêdas, weshalb die indische Religion jener Zeit vielfach auch «Wedenreligion» genannt wird.

Wêda = Wissen, heißen in Indien nicht nur die vier Sammlungen von religiösen Liedern, auf die es uns hier ankommt, sondern auch die dazu gehörige Rituallitteratur mit allerlei «theologischem Gefasel», wie Max Müller in Oxford es nennt.[8] Diese letztern, sowie die sich hier findenden ersten Anfänge philosophischer Spekulation, stammen aber meist aus späterer Zeit, kommen daher für uns nicht in Betracht.

Die religiösen Vorstellungen der ältesten Periode finden sich vielmehr in den eigentlichen Weden, den Wêda-Sanhîtas (im Gegensatz zu den Wêda-Brâhmanas etc.), die in 4 Sammlungen zerfallen: 3 kanonisch-gültige, die inspiriert sein sollten: das Rig-Wêda, Sama-Wêda und

---

[6] A.a.O., S. 151f.153.172.178f.

[7] Barth zitiert aus (den Diktaten) der Basler Vorlesung Bernhard Duhms über «Allgemeine Religionsgeschichte» (§ 23). Geringfügig variiert findet sich der Satz in der Abschrift, die Walther Huber 1902 wahrscheinlich von einer Nachschrift der Vorlesung des Winter-Semesters 1901/02 anfertigte (Handschriftensammlung der Universitätsbibliothek Basel).

[8] Vgl. P. Wurm, a.a.O., S. 152; M. Müller, *Das Aitareya-Brahma*na, in: ders., *Essays*, Bd. I: *Beiträge zur vergleichenden Religionswissenschaft*, Leipzig 1869, S. 105.

Jadschur-Wêda und eine weitere, nicht-kanonische: das Atharva-Wêda.⁹

Betrachten wir nun kurz die hauptsächlichsten religiösen Züge in dieser Wêdalitteratur, um dann beiläufig die Stellung zu erörtern, die sie für ihre Anhänger dem Christentum gegenüber bedingen.

Die *Götterlehre* der alten Indier ist komplizierter als die jedes andern Volkes und es wäre ein Beträchtliches mehr darüber zu sagen, als innerhalb einer Viertelstunde möglich. Die Schwierigkeit an diesem Polytheismus liegt daran, daß er im Grunde gar keiner ist, denn jeder einzelne Gott wird in den ihn betreffenden Liedern der Wêda's als der Höchste und Mächtigste geschildert, obwohl die Existenz der übrigen in der nämlichen Eigenschaft nicht geleugnet wird, [[eine Erscheinung die sich ähnlich z. B. in der Gottesanschauung der Richterzeit findet.]]¹⁰ Über die Kompetenzen und Funktionen der einzelnen Gottheiten, wie wir sie z. B. aus der griech. Mythologie kennen, lassen uns die Weden völlig im Unklaren.¹¹ – Eine weitere Schwierigkeit erhebt sich wegen der Zahl der indischen Götter. Gewöhnlich nennt man Ihrer 33, allein eine spätere Quelle giebt bereits 3339 an, und der moderne Hinduismus kennt sogar 330 000 000 nebst einer unbeschränkten Anzahl von Dämonen.¹² Der Schritt von da zur brahmanischen All-Gottheit bleibt da kaum verwunderlich!¹³ Aus derselben Erwägung kommen wir zum Schluß, daß die Stellung zu den Göttern seiner Religion dem Hindu kein ernstliches Hindernis sein kann zur Annahme des Christentums: Pantheismus steht dem Monotheismus näher als Polytheismus

Wichtiger als die Götterlehre ist der indische *Kultus*[,] die religiöse Ordnung, die im Volksleben geradezu eine Großmacht bildet. Von Tempeln und Götterbildern wissen freilich die Weden noch nichts, – der Gottesdienst geschieht an jeder beliebigen Stelle, um so bedeutsa-

---

⁹ P. Wurm, a.a.O., S. 152f.
¹⁰ Am Rand eine spätere Selbstkommentierung (vgl. unten S. 11, Anm. 7): «prrr! αἱρεσία·». Die eckigen Klammern scheinen dem Text hinzugefügt, um anzugeben, worauf sich der kritische Unlustausruf bezieht. Vgl. im übrigen P. Wurm, a.a.O., S. 151.153.155.
¹¹ P. Wurm, a.a.O., S. 171f.
¹² A.a.O., S. 158f.
¹³ A.a.O., S. 154.169.171f.178f.

mer ist die Stellung des Opfers, das in den mannigfachsten Formen vorkommt und einen ganzen Generalstab von Priestern erfordert.[14]

Auch eine *Kosmologie* findet sich in den Weden, freilich von einer ähnlichen Verworrenheit wie die Götterlehre[.] Als Schöpfer und Beherrscher der Welt werden die verschiedensten Götter genannt. Bezeichnend ist es, daß die Probleme über das Wie? der Weltschöpfung wohl gestellt, aber ohne Beantwortung gelassen werden.[15]

Unstreitig der interessanteste Zug der Wedenreligion liegt aber nicht auf religiösem, sondern auf *sozialem Gebiet:* Ich meine das indische Kastensystem, das freilich in den Weden noch eine wesentlich andere Gestalt hat als heute. Auch hier bemerken wir jenen fürs Indische typischen Zug vom Einfachen ins Maßlose. Die Weden kennen nur die vier Hauptkasten: Priester, Krieger, Bauern und Sklaven – heute giebt es ihrer hunderte, die nicht miteinander essen und untereinander heiraten dürfen.[16]

Und diese Kastenunterschiede fallen nicht ohne Weiteres mit denen der Stände zusammen, vielmehr bestehen die Kasten heute aus den Angehörigen des gleichen Gewerbes. Man könnte sie «Fachvereine auf religiöser Grundlage» nennen.[17] Welche Komplizierung des öffentlichen Lebens daraus resultiert, ist ohne Weiteres ersichtlich! Und hier ist nun der springende Punkt, wo ein offener Konflikt eintritt zwischen altindischer und christlicher Weltanschauung. Das eigentlich Religiöse in der Wedenreligion, der Dienst des Agni, Indra oder Waruna[18] ist für den christlichen Missionar von geringem Belang gegenüber dieser nach zahlreichen Erfahrungen in der Praxis fast unlösbaren Differenz. Das Christentum sagt: wir sind alle Sünder und vor Gott gleich [vgl. Röm. 3,22f.], die Wedenreligion kennt Vorzugsmenschen und Sklaven. Wie kann sich das unter sich auseinander setzen? Es ist bekannt, daß einzelne Missionsgesellschaften noch heute der Schwierigkeit so aus dem Wege gehen, daß sie die Kastenunterschiede bestehen lassen[,] indem sie z. B. den verschiedenen Kasten im Gottesdienst [ver-

---

[14] A.a.O., S. 150f.152.172–174.
[15] A.a.O., S. 174.
[16] Vgl. a.a.O., S. 153.158.
[17] A.a.O., S. 158.
[18] Vgl. a.a.O., S. 160–169.179.

schiedene Plätze anweisen,]¹⁹ und quantitativ sollen sie gut damit fahren, wie ja erklärlich: Fällt dieser tiefeingewurzelte Anstoß, so wird es dem Hindu relativ leicht[,] Christ zu werden. Aber darf eigentlich in einer solchen Frage die Opportunität den Ausschlag geben? Im Grunde ist das die Missionsmethode der Jesuiten, wie sie z. B. im XVI^ten Jahr-[h]drt. in China getrieben wurde, das berüchtigte Akkomodationssystem!²⁰ Würdiger, – wenn auch vielleicht weniger opportun – ist dem gegenüber die Konsequenz, mit der die Basler Mission gegen die Kasten auftritt.²¹ Daß sie damit einen schweren Stand hat, ist sehr wohl glaublich, auch in Europa gäbe es mancherorts saure Gesichter, wenn nicht Schlimmeres, wollte man an die privilegierten Kirchenstühle des Adels und der Honoratioren rühren! Eine dritte Art des Vorgehens – wenn man ohne Kenntnis der einzelnen Verhältnisse Vorschläge machen dürfte – wäre vielleicht die, daß man die Kasten anerkennt, aber in christlichem Sinn umzuwandeln sucht in reine Berufsgenossenschaften unter Ausschaltung der Standesabschließung. Das Gute daran bliebe

---

[19] Die Fortsetzung des Nebensatzes (den Barth als nachträgliche Einfügung auf dem unteren Rand notierte) ist, als die «Exzerpta» gebunden wurden, abgeschnitten worden. Sie wird, nach den noch erkennbaren spärlichen Oberlängenresten zu urteilen, wie oben ergänzt gelautet haben (vgl. J. Richter, *Die Deutsche Mission in Südindien. Erzählungen und Schilderungen von einer Missions-Studienreise durch Ostindien*, Gütersloh 1902, S. 11). Barth denkt vermutlich vor allem an die Leipziger Mission, an deren Arbeit unter den Tamulen sich der «Leipziger Kastenstreit» entzündete, weil sie auf die Zugehörigkeit zu den unterschiedlichen Kasten weitgehend Rücksicht nahm (vgl. z. B. Chr. E. Luthardt, Art. «Graul, Karl», in: RE³, Bd. VII, S. 72, Z. 60 – S. 73, Z. 47). Eine Schilderung der Verhältnisse und der Missionspraxis gibt J. Richter, a.a.O., S. 11–13. 128–141; s. auch ders., *Nordindische Missionsfahrten. Erzählungen und Schilderungen von einer Missions-Studienreise durch Ostindien*, Gütersloh 1903, S. 279–294, und vgl. C. Ihmels, Art. «Kaste. II. Kastenfrage in der Mission», in: RGG³, Bd. III, Sp. 1163f.

[20] Vgl. R. Grundemann, Art. «Mission unter den Heiden: 1., katholische», in: RE³, Bd. XIII, S. 116, Z. 20–48.

[21] Vgl. J. Richter, *Die Deutsche Mission in Südindien*, a.a.O., S. 18f.: «Die Basler haben von Anfang an erkannt, daß die Kaste mit dem Christentume schlechthin unverträglich sei, daß sie deshalb innerhalb der christlichen Gemeinde unter keinen Umständen geduldet werden dürfe. ... bei ihnen ist wirklich die dämonische Macht der Kaste gebrochen. Ich habe davon im einzelnen soviel überraschende und erfreuliche Züge erlebt und erfahren, daß ich an der Realität und Solidität dieses Erfolges nicht mehr zweifle und mich desselben trotz aller schweren Opfer, mit denen derselbe erkauft ist, aufrichtig freue.»

dann gewahrt und der Stachel an der Sache wäre weggenommen. Doch das sind Kathederbetrachtungen.

Sollten wir zum Schluß noch ein zusammenfassendes Urteil über die Wedenreligion, abgesehen vom letzten Faktor, abgeben, so könnte man sie ein großes Fragezeichen nennen. Durch das viele Unklare[,] Verworrene und Phantastische dieser altindischen Gedichte geht wie ein roter Faden das ewige Menschheitsproblem: was ist Wahrheit? Die Wedenreligion brachte eine Lösung, wir haben sie uns eben im Einzelnen angesehen, allein wir begreifen, daß ein so tiefgründiges, spekulatives Volk dabei nicht stehen bleiben mochte. Der Brahmanismus[,] der bereits in den spätern Teilen der Wedenlitteratur einsetzt, war ein weiterer Versuch in dieser Richtung, ebenso die Religion des Buddha, die an Ernst der Auffassung alle ihre Vorgänger übertreffen sollte.

Bern, 20. März 1905

## DIE STIGMATA DES FRANZ VON ASSISI
1905

*Im Sommer-Semester 1905 (wie auch im Winter-Semester 1905/06) belegte Karl Barth «Kirchenhistor. Übungen» bei seinem Vater Fritz Barth. Die Abhandlung über die «Stigmata des Franz von Assisi» ist wohl für diese Veranstaltung erarbeitet. Leider sind keine Materialien erhalten, die über Barths Arbeitsweise, über Anlaß und Zusammenhang seiner Untersuchung und über die Aufnahme, die sie fand, Auskunft geben könnten.*

*Wie die Kommentierung im einzelnen andeutet, stützt sich Barths Darstellung vor allem auf P. Sabatier (s. Anm. 1) und auf K. von Hase (s. Anm. 50). Hases Monographie hat er wohl nach der Erstausgabe, nicht nach dem Abdruck in den «Gesammelten Werken» benutzt, wie eine Einzelbeobachtung belegen kann: Das Mißverständnis bei Anm. 52 und 103 geht vermutlich darauf zurück, daß in der Erstausgabe die Zitate aus Bonaventura und Thomas von Celano auf der gleichen Seite 144 unmittelbar hintereinanderstehen, während sie in den «Gesammelten Werken» einander auf getrennten Seiten (105 und 106) folgen. Ob übrigens Barths nicht weiter begründete Veränderung des – dem Erwarteten zunächst in der Tat widersprechenden – überlieferten Textes (s. Anm. 52) als ein Versehen ebenfalls auf Rechnung der in dem beschriebenen Detail spürbaren Eile (von der ja auch die Zeitangabe am Schluß der Arbeit zeugt) zu setzen oder ob sie als bewußte Korrektur zu werten ist, muß offen bleiben.*

*Das Manuskript ist das erste der in der «Excerpta I» gebundenen Stücke (s. oben S. 1). Dort trägt das Stück den Untertitel: «Aufsatz für d. kirchenhistor. Seminar S. S. 1905».*

Laudato si, misignore per quelli ke perdonano per lo tuo amore
et sostengono infirmitate et tribulatione
beati quelli kel sosterrano in pace
ka *da te, altissimo, sirano incoronati!*[1]

---

[1] Vgl. Franciscus von Assisi, *Canticum fratris Solis*, in: *Analekten zur Geschichte des Franciscus von Assisi*, hrsg. von H. Boehmer (SQS, 2. Reihe, H. 6), Tübingen/Leipzig 1904, S. 66, Z. 14–18 (= 1961³, durchgesehen von Fr. Wiegand, mit einem Nachtrag von C. Andresen [SQS NF, H. 4], S. 44, Z. 37–

*Einleitung*

«Anno 1509, den letsten May wurden zu Bern vier Prediger Mönchen uff der Schwellimatten lebendig in großer Qual verbrendt, wegen abscheuwlicher, teuflischer Erscheinungen und anderer Ketzereyen, die sie zu Behauptung ihrer Lehr von der Empfenknus Mariä, wider die andren Mönche behaupten wöllen.» Mit diesen Worten erzählt der Zürcher Chronist Meyer den tragischen Abschluß des sog. «Jetzerhandels».[2] Ob nun in jenem Falle der Betrug auf Seiten der Dominikaner, oder, wie neuere Forschungen beweisen, des Schneidergesellen Jetzer liegen [mag] – die Geschichte ist jedenfalls typisch für die sinkende Kirche des Mittelalters. Die Wirkung solcher und ähnlicher Vorgänge, das Mißtrauen, das dadurch in weitesten Kreisen gegen Kirche und Mönchstum gepflanzt wurden, können gar nicht hoch genug eingeschätzt werden als vorbereitendes Moment für die nachherige Reformation. Die Kirche und ihre Institutionen hatten sich überlebt. Und wenn wir heute ein Kompendium der katholischen Wundererzählungen wie Görres «Christliche Mystik»[3] durchblättern, da staunen wir über dieses Sammelsurium von Ungeheuerlichkeiten und Geschmacksverirrungen, lernen es aber verstehen, daß in den Augen der gebildeten Welt jahrhundertelang Klosterberichte über «wunderbare» Ereignisse eo ipso für Betrug oder Dummheit angesehen wurden. Es gereicht der Kirche wahrhaftig nicht zur Ehre, daß sie einer «Geschichts»schreibung nie entgegengetreten ist, ja sie vielmehr unterstützt und für ihre Zwecke fruchtbar gemacht hat, von der die moderne historische Kritik 90 % Abstriche zu machen genötigt ist! Wer wird sich angesichts dieser Thatsache verwundern, daß man ins entgegengesetzte Extrem verfiel und z. T. bis auf die Gegenwart allem «Wunderbaren» d. h. allem, was außerhalb unsrer gewöhnlichen Erscheinungswelt liegt, die historische Thatsäch-

---

S. 45, Z. 2); vgl. auch P. Sabatier, *Leben des Heiligen Franz von Assisi*, deutsch von M. Lisco, Neue Ausgabe, Berlin 1897, S. 224f.242f.
[2] Vgl. R. Steck, *Der Berner Jetzerprozess in neuer Beleuchtung nebst Mitteilungen aus den noch ungedruckten Akten*, in: SThZ, Jg. 18 (1901), S. 13–29.65–91.129–151.193–210, S. 13.
[3] J. Görres, *Die christliche Mystik*, Bd. I, Regensburg/Landshut 1836; Bd. II, Regensburg 1837; Bd. III, Regensburg 1840; Bd. IV, 1. u. 2. Abt., Regensburg 1842.

lichkeit abspricht? Es mag ein Zeichen der Zeit sein, daß man in unsern Tagen, auch in den Kreisen der modernen historischen Theologie langsam, aber deutlich bemerkbar, diesen Standpunkt zu verlassen beginnt, und das nicht trotz, sondern gerade wegen den Resultaten der Naturwissenschaft. Mehr als je dämmert heute die Erkenntnis:

«Es giebt mehr Ding im Himmel und auf Erden,
Als eure Schulweisheit sich träumen läßt!»[4]

Und wenn wir heute ein «Wunder» nicht mehr als eine plumpe absolute Durchbrechung der Naturgesetze betrachten können – weil wir an *absolute* Naturgesetze überhaupt nicht glauben – wie dies bei der alten Weltanschauung der Fall war, so mag dies zu der berühmten «Umwertung aller Werte»[5] in der Gegenwart gehören, – an der Thatsache, daß die «Wunder»scheu früherer Zeiten für uns ein überwundener Standpunkt ist, wird dadurch nichts geändert. Von diesem Gesichtspunkt aus haben wir darum heute das historische Material vergangener Zeiten zu betrachten und zu sichten. Daß wir [–] bes. im Mittelalter! – nach wie vor die größte Vorsicht anwenden müssen, um aus den Produkten üppig wuchernder Klosterphantasie das Thatsächliche herauszuarbeiten, brauchte wohl nicht erst gesagt zu werden. Allein der Maßstab unsrer Kritik ist ein anderer geworden, als vor 50 oder 100 Jahren. Kein Geringerer als *Ad. Harnack* bestätigt uns: «Berichte deshalb als ganz unbrauchbar zu verwerfen, weil sie auch Wundererzählungen enthalten, entspricht einem Vorurteile.»[6]

Un[vor]eingenommen, unbefangen durch Gründe des «Verstandes» und «Wissens», die wir doch im letzten Grunde immer wieder als Stückwerk erkennen müssen, gilt es auch an unser heutiges Thema

*«Die Stigmata des Franz von Assisi»*

[4] Vgl. W. Shakespeare, *Hamlet, Prinz von Dänemark*, I, 5 (nach der deutschen Übersetzung von A. W. von Schlegel).

[5] Vgl. den Titel, unter dem erstmals 1901 nachgelassene Studien und Fragmente von Fr. Nietzsche veröffentlicht wurden: *Der Wille zur Macht. Versuch einer Umwerthung aller Werthe*, Nietzsches Werke, Bd.15, hrsg. von P. Gast und E. und A. Horneffer, Leipzig 1901. Die Formulierung geht auf Nietzsche selber zurück; vgl. Fr. Nietzsche, *Nachgelassene Fragmente. Herbst 1885 bis Herbst 1887*, Nietzsche Werke. Kritische Gesamtausgabe, hrsg. von G. Colli und M. Montinari, 8. Abt., Bd. I, Berlin/New York 1974, S. 107, Z. 9–11.

[6] Vgl. A. Harnack, *Das Wesen des Christentums. Sechzehn Vorlesungen, vor Studierenden aller Facultäten im Wintersemester 1899/1900 an der Universität Berlin gehalten*, Leipzig 1900, S. 17.

heranzutreten. Vielleicht ist auch hier, trotz der mannigfachen Schwierigkeiten, eine befriedigende Lösung im Sinne unsrer obigen Ausführungen zu finden.[7]

Wir werden zu diesem Zweck in einem
Ersten Teil *Die Vorgänge nach den Quellen»* zu beleuchten haben, im Zweiten Teil werden wir die gewonnenen *«Histor. Krit. Resultate»* darstellen, um im
Dritten Teil abschließend eine *«Allgemeine Würdigung»* beizufügen.

Quod felix, faustum fortunatumque sit![8]

## I.
### Die Vorgänge nach den Quellen

1) Die Quellen

Zur Einführung in den Gegenstand geben wir hier zunächst eine gedrängte Übersicht der in Betracht kommenden Quellenstücke.

*a)* Als ein von vornherein verdächtiger Umstand und jedenfalls als ein böses Omen für unsere Sache könnte es aufgefaßt werden, daß der älteste Bericht, den wir über die Stigmata des Franz von Assisi besitzen, aus der Feder des Judas seines Jüngerkreises[,] wie man ihn schon genannt hat[9], des *Elias von Cortona* stammt, des Mannes, der im Bunde der fratres minores schon bei Lebzeiten des Ordensstifters dessen Intentionen entgegen und im Interesse der Alles nivellierenden und uniformierenden römischen Kurie wirkte[10]. Hier handelt es sich um einen Brief, den er unmittelbar nach dem Tode Franzens 1226 an den minister des Ordens in Frankreich, *Gregorius,* richtet.[11] Wir werden, wenn wir

---

[7] Die letzten beiden Absätze hat Barth später am Rand mit Rotstift angestrichen. Daneben steht, ebenfalls mit Rotstift: «Prrr!».
[8] Vgl. zu dieser auch in Abwandlungen vielfach verwendeten Formel M. Tullius Cicero, *De divinatione* I, 45, 102.
[9] Vermutlich denkt Barth an Karl von Hases Kennzeichnung des Elias: «Francescos liebster und doch sein falscher Jünger» (*Kirchengeschichte auf der Grundlage akademischer Vorlesungen,* Zweiter Theil: *Germanische Kirche. Mittlere Kirchengeschichte,* Leipzig 1890, S. 391).
[10] Vgl. K. v. Hase, ebd.; P. Sabatier, a.a.O., S. 149.
[11] *Frater Elias ad Gregorium ministrum Franciae a. 1226 Oct. 4,* in: *Analekten,* a.a.O., S. 90, Z. 3–S. 92, Z. 23 (= 1961³, S. 61, Z. 20–S. 63, Z. 17).

uns später mit seinem Inhalt beschäftigen, zu dem Schluß kommen, daß das scheinbare Verdachtsmoment thatsächlich zum Beweisgrund für seine Glaubwürdigkeit wird.

*b)* Noch direkter interessiert uns aber ein Pergamentzeddel, den *Franz selbst* schon *1224* kurz nach der Stigmatisation dem *Bruder Leo*, einem seiner getreusten und konsequentesten Anhänger, der auch unter den Tres Socii[12] figuriert, übergeben hatte.[13] Er enthält die unter dem unmittelbaren Eindruck jenes Ereignisses niedergeschriebenen *Laudes Dei*, eine Doxologie des dreieinigen Gottes in seinen verschiedenen Eigenschaften und Potenzen. Dann folgt auf d. Rückseite des Blattes ebenfalls von der Hand Fr's der aus *Num VI 24–26* bekannte mosaische Segen an Leo gerichtet und darunter eine spätere *Anmerkung in roter Tinte* von letzterm herrührend, die einen kurzen Bericht über den Anlaß der Entstehung der Laudes enthält.

*c)* Den dritten Bericht über die Sache finden wir in der *Legenda prima des Thomas de Celano* ca. 1230.[14] Sabatier hat davon den Eindruck einer auswendig gelernten, kanonisierten Erzählung und mißt ihr daher wenig historischen Wert bei.[15] Es scheint mir nicht absolut nötig, den letztern Schluß zu ziehen, umsoweniger da es sich um einen Zeitraum von 4 Jahren seit dem Tode Fr's handelt, innerhalb dessen sich die Überlieferung in den wesentlichen Zügen sehr wohl rein erhalten konnte.

*d)* Die nächste erhaltene Kunde finden wir in der *Bulle Confessor Domini Gregor IX* vom 31. III 1237, die gegen gewisse Kreise, bes. wohl dominikanische gerichtet ist, die an der Qualität des Stigmenwunders zweifelten.[16]

*e)* 1246 wurde im Kloster Greccio im Thal von Rieti die *Legenda*

---

[12] Das sind die drei Ordensbrüder Leo, Rufinus und Angelus, auf die die *Legenda trium sociorum* zurückgeht.

[13] *Cartula fratri Leoni data a. 1224*, in: *Analekten*, a.a.O., S. 69, Z. 9–S. 70, Z. 6 (= 1961³, S. 47, Z. 2–27).

[14] Abgedruckt in den *Acta Sanctorum Octobris*, collecta, digesta, Commentariisque & Observationibus illustrata a C. Suyskeno, C. Byeo, J. Bueo, J. Ghesquiero, Tomus II: *Quo dies tertius, & quartus continetur*, Antwerpen 1768, S. 683–723.

[15] Vgl. P. Sabatier, a.a.O., S. 260.

[16] *Magnum Bullarium Romanum, a beato Leone Magno usque ad S.D.N. Benedictum XIV*, Bd. I, Luxemburg 1742, S. 79.

*trium sociorum*[17] vollendet[18], ein Werk, das uns als Bericht von Augenzeugen von primärer Bedeutung sein müßte, wenn nicht die Authenticität gerade der Abschnitte, die von der Stigmatisation handeln, von Sabatier mit gewichtigen Gründen bestritten würde[19]. Es kann hier nicht unsre Aufgabe sein, uns mit diesem Spezialproblem auseinander[zu]setzen, sondern wir überlassen dem großen Biographen Fr's die Verantwortung dafür, wenn wir die angeblichen «drei Genossen» und ihren Bericht nur in zweiter Linie berücksichtigen werden.

*f)* Das nächstälteste Zeugnis für die Stigmen ist wieder ein offizielles Aktenstück: Die *Bulle Benigna operatio Alexander IV* vom 29. X. 1255[.][20] Sie verfolgt die gleiche Tendenz wie die obenerwähnte Gregor IX, ohne aber inhaltlich neue Mitteilungen zu bringen.

*g)* Um 1260 finden wir eine Erwähnung der Stigmen in der *Historia major des Matthäus von Paris*[.][21] Sie zeichnet sich aus durch eine zeitliche Verschiebung des Ereignisses, sowie durch mehrere bizarre Zuthaten[,] ohne jedoch tiefergehende Berücksichtigung zu verdienen[22]

*h)* Selbstverständlich blieb die Geschichte auch in der 1263 beendigten *Legenda des hl. Bonaventura*[23], der offiziellen kirchlichen Biographie Fr's nicht unerwähnt. Sie wiederholt im Wesentlichen den Bericht des Thomas von Celano, immerhin unter Hinzufügung einiger neuer Züge, die sich freilich nicht durch Glaubwürdigkeit auszeichnen[24]

*i)* Im Jahr 1264 erbaute ein gewisser Simon, Palatinus von Tuscia auf dem Alverno eine besondere *Stigmenkirche,* deren Stiftungsinschrift bemerkenswert ist wegen des ebenfalls verschobenen Datums.[25]

---

[17] Abgedruckt in den *Acta Sanctorum,* a.a.O., S. 723-742.
[18] Vgl. P. Sabatier, a.a.O., S. XXXV.
[19] Vgl. a.a.O., S. XXXVIf.
[20] *Magnum Bullarium Romanum,* a. a. O., S. 109f.
[21] Matthaeus Parisiensis, *Chronica majora,* hrsg. von H. R. Luard (RBMAS 57,3), London 1876.
[22] Vgl. P. Sabatier, a.a.O., S. LXVII.260.
[23] Abgedruckt in den *Acta Sanctorum,* a.a.O., S. 742-798.
[24] Vgl. P. Sabatier, a.a.O., S. 260.
[25] Wiedergegeben in der Einleitung zu: *Speculum Perfectionis seu s. Francisci Assisiensis Legenda Antiquissima,* hrsg. von P. Sabatier (Collection d'études et de documents sur l'histoire religieuse et littéraire du Moyen âge, Bd. I), Paris 1898, S. CCXIII.

*k)* Weiter kommt noch in Betracht der englische Ordensschriftsteller *Thomas d'Eccleston*, der für seinen Bericht eine direkte Überlieferung von Bruder Leo geltend macht[26]

*l)* Endlich findet sich eine reiche Auswahl von Legenden über die Stigmen und ihre wunderbaren Wirkungen in den *Actus B. Francisci et Sociorum* («Fioretti»)[27]

Unsre nächste Aufgabe wird nun sein, das Material[,] das die angeführten Quellen enthalten, nebeneinander zu stellen[,] um daraus die Entwicklung, die dasselbe durchgemacht, zu konstatieren.

2) Darstellung der Berichte

Unsre Berichte lassen sich in *zwei Hauptgruppen* einteilen; in: Berichte über den *Akt der Stigmatisation* und in solche über *Wesen und Beschaffenheit der Stigmata* vor und nach dem Tode Fr's. Eine dritte Gruppe könnte vielleicht diejenigen *legendären Stücke* der Franziskan. Litteratur umfassen[,] die sich an die Stigmata des Ordensstifters anschließen.

a) Berichte über den Akt der Stigmatisation

Wir werden dieselben, nach der Art wie wir vorhin die Quellen angegeben haben, in temporärer Reihenfolge anführen, hauptsächlich deshalb, weil wir so das beste Bild von der Entwicklung, die sie im Lauf der Zeit durchgemacht haben, erhalten.

Wir beginnen also wieder mit dem Brief des *Elias von Cortona* an *Gregorius,* den Leiter des französischen Zweiges des Ordens. Wie bereits erwähnt, ist derselbe unmittelbar nach Fr's Tode niedergeschrieben und enthält in seinem *ersten* und *dritten* Teil die Nachricht von dieser Thatsache an die fernen Brüder, verbunden mit wohlgesetzten Trost- und Ermunterungsreden, beständig durchsetzt von alt- und neutestamentlichen Citaten und Anspielungen. Der *zweite Teil* enthält den Bericht über das Wunder der Stigmen, eine *Freudenbotschaft* für jeden

---

[26] Thomas de Eccleston, *Liber de Adventu Fratrum Minorum in Angliam,* in: AFranc 1, Quaracchi 1885, S. 215–256.

[27] *Actus beati Francisci et Sociorum ejus,* hrsg. von P. Sabatier (Collection d'études et de documents sur l'histoire religieuse et littéraire du Moyen âge, Bd. IV), Paris 1902; vgl. auch: *Floretum S. Francisci Assisiensis. Liber aureus, qui italice dicitur I Fioretti di San Francesco,* hrsg. von P. Sabatier, Paris 1902.

gläubigen Minoriten, die offenbar in bewußtem Gegensatz steht zu der vorangehenden Trauerkunde. Triumphierend hebt er an: «Et his dictis annuncio vobis gaudium magnum et miraculi novitatem. A saeculo non est auditum tale signum, praeterquam in Filio Dei, qui est Christus Deus. Non diu ante mortem frater et pater noster apparuit crucifixus quinque plagas, quae vere sunt stigmata Christi, portans in corpore suo.»[28] Dann folgt eine ausführliche Beschreibung der Wundmale, auf die wir weiter unten zu reden kommen werden. Man bemerke vorläufig das einfache: «apparuit crucifixus quinque plagas portans» «er schien wie gekreuzigt mit den 5 Wunden»

Hören wir zunächst, was uns jene *Anmerkung des Bruder Leo* auf der Cartula mit den Laudes Dei berichtet: «Beatus Franciscus duobus annis ante mortem suam fecit quadragesimam in loco Aluerne ad honorem beate Virginis Marie matris Dei et beati Michaelis archangeli a festo assumptionis sancte Marie Virginis usque ad festum sancti Michaelis Septembris. Et facta est super eum manus Domini: post visionem et allocutionem Seraphym et impressionem stigmatum Christi in corpore suo fecit has laudes ex alio latere cartule scriptas et manu sua scripsit gratias agens Domino de beneficio sibi collato.»[29] Hier erhalten wir bereits bestimmte Daten für unser Ereignis: Franz hält *2 Jahre vor seinem Tode*, also *1224*, in der Herbstzeit eine 40tägige *Fastenübung* auf dem *Alverno*. Es erscheint ihm ein *Seraph,* der ihn *anredet* und ihm die *Stigmata* eindrückt. Das wird der Anlaß zu den auf der andern Seite des Blattes befindlichen *Laudes Dei*.

Noch Ausführlicheres vernehmen wir in der *Legenda prima des Thomas von Celano* (1230): «Faciente ipso moram in heremitorio, quod a loco, in quo positum est, Alverna dicitur, duobus annis ante quam animam redderet caelo, vidit in visione Dei virum unum quasi Seraphim, sex alas habentem, stantem super se, manibus extensis ac pedibus coniunctis cruci affixum, duae alae super caput elevabantur, duae ad volandum extendebantur, duae denique totum velabant corpus. Cumque ista videret beatus servus Altissimi admiratione permaxima replebatur, sed quid sibi vellet haec visio, advertere nesciebat. Gaudebat quoque plurimum et vehementius laetabatur in benigno et gratioso respectu,

---

[28] *Analekten,* a.a.O., S. 91, Z. 9–13 (= 1961³, S. 62, Z. 18–21).
[29] *Analekten,* a.a.O., S. 69, Z. 24–32 (= 1961³, S. 47, Z. 15–21).

quo a Seraphim conspici se videbat, cuius pulchritudo inestimabilis erat nimis, sed omnino ipsum crucis affixio et passionis illius acerbitas deterrebat. Sicque surrexit, ut ita dicatur, tristis et laetus et gaudium atque maeror suas in ipso alternabant vices. Cogitabat sollicitus, quid posset haec visio designare, et ad capiendum ex ea intelligentiae sensum anxiabatur plurimum spiritus ejus. Cumque liquido ex ea intellectu aliquid non perciperet et multum ejus cordi visionis huius novitas insideret, coeperunt in manibus ejus et pedibus apparere signa clavorum, quemadmodum paulo ante virum supra se viderat crucifixum.»[30] Franz macht einen *Aufenthalt* auf dem *Alverno, 2 Jahre vor seinem Tode*, da erscheint ihm ein *gekreuzigter Seraph*, mit *6 Flügeln*, die in verschiedener Weise ausgebreitet sind. Er bleibt *ratlos* über den Sinn der Vision, bis sich die *Wundmale* des Seraph auf seinen eigenen Körper übertragen. Auch hier folgt nun eine Beschreibung derselben.

Die *Bulle Gregor IX* (Confessor Domini) *1237* berichtet Folgendes: «... Videlicet, quod idem Sanctus cum adhuc spatium praesentis vitae percurreret, et postquam illud foeliciter consummavit, manibus, latere, ac pedibus, specie Stigmatum divinitus extitit insignitus.»[31] Entsprechend dem offiziellen Charakter des Aktenstücks begnügt es sich mit bloßer *Konstatierung des Faktums* ohne ausschmückende Zutat. – *1255* wird die Glaubwürdigkeit der Stigmen aufs neue bestätigt in der *Bulle Alexander IV* (Benigna operatio) u. da lesen wir: «... admiranda illa satis jocunda dominicae passionis insignia, quae in ejusdem Sancti corpore, dum adhuc vitali spiritu foveretur, manus caelestis operationis impressit.»[32] In etwas andern Worten also ziemlich die gleiche Feststellung wie bei Gregor IX.

Aus der *Historia major des Matth. von Paris 1260,* die mir im Texte nicht vorliegt, ist nach Sabatier hervorzuheben, daß sie den Akt der Stigmatisation 14 Tage vor dem Tode Fr's ansetzt[33]

Immer mehr in das Halbdunkel der kirchlich gefärbten Tradition treten wir mit der Legenda des hl. *Bonaventura.* Da hören wir: «A Christo sub specie Seraph cernebat se conspici, ... ut amicus Christi prae-

---

[30] Thomas von Celano, II, 1, 94; *Acta Sanctorum*, a.a.O., S. 709AB; *Analekten*, a.a.O., S. 92, Z. 26–S. 93, Z. 14 (= 1961³, S. 63, Z. 19–35).
[31] *Magnum Bullarium Romanum*, a.a.O., S. 79 (§1).
[32] *Magnum Bullarium Romanum*, a.a.O., S. 109 (§3).
[33] Vgl. P. Sabatier, a.a.O., S. 260.

nosceret, se non per martyrium carnis, sed per incendium mentis totum in Christi crucifixi similitudinem transformandum.»[34] Ferner der eigentliche Bericht: «Dum una dierum sic sequestratus oraret et prae nimietate fervoris totus esset absorptus in Deum, apparuit ei Christus veluti cruci confixus: ad cuius conspectum liquefacta est anima ejus et memoria passionis Christi visceribus cordis ipsius adeo impressa medullitus, ut ab illa hora, cum Christi crucifixio veniret in mentem, vix posset a lachrymis contineri sicut ipse post modum familiariter retulit, cum appropinquaret ad finem.»[35] Das Charakteristische an dieser Schilderung ist, daß hier *Christus selbst,* nur unter der Gestalt eines *Seraph,* dem Franz erscheint, um ihm die *Stigmata* beizubringen, was übrigens nur *angedeutet,* nicht erzählt wird. Hier vernehmen wir nun auch, angeblich aus Fr's eigenem Munde, etwas über die Anrede der Erscheinung: «quod is, qui sibi apparuerat, aliqua dixerit, quae nunquam dum viveret alicui hominum aperiret. Credendum sane tam arcana illa fuisse sacri illius Seraphim in cruce mirabiliter apparentis eloquia, quod forte non liceret hominibus ea loqui.»[36]

Die Inschrift auf der Stigmenkirche auf dem Alverno[,] von 1264, besagt: «... Simon ... D. G. in Tuscia palatinus fecit fundari istud oratorium ad honorem b. Francisci, ut ipse cui in loco isto Seraph apparuit sub anno Dom 1225 ... et corpori ejus impressit stigmata Jesu Christi, consignet eum gratia Spiritus sancti.»[37]

*Thomas d'Eccleston* weiß über die Erscheinung Folgendes: «... quod apparitio Seraphim facta fuit sancto Francisco in quodam raptu contemplationis, et satis evidentius, quam scribebatur in vita et quod multa fuerunt tunc sibi revelata, quae nulli viventi unquam communicavit. Verumtam dixit fratri Rufino socio suo, quod, cum a longe videret angelum nimis territus fuit, et quod eum dure tractavit et dixit ei, quod ordo suus duraret usque ad finem mundi etc.»[38] Er verheißt ihm noch mehr Derartiges für die Zukunft seines Ordens, dann schließt der Bericht mit der Quellenangabe: «Ista scripsit Frater Garinus de Sedenefeld

---

[34] Bonaventura, XIII, 192; *Acta Sanctorum,* a. a. O., S. 777E.
[35] Bonaventura, I, 12; *Acta Sanctorum,* a. a. O., S. 745AB.
[36] Bonaventura, XIII, 194; *Acta Sanctorum,* a. a. O., S. 778A.
[37] *Speculum Perfectionis,* a. a. O., S. CCXIII.
[38] Thomas de Eccleston, Collatio XIII (alias XII); a. a. O., S. 245.

ab ore Fratris Leonis.»[39] Man wäre vielleicht geneigt wegen dieser Bemerkung das Stück unter die Quellen ersten Ranges zu zählen und es ist nicht ausgeschlossen, daß ein ächter Kern wirklich auf Leo zurückgeht. Allein die ganze *reflektierende Art* des Berichts und ganz besonders der *Panegyrikus auf den Orden* am Schluß weisen jedenfalls auf eine *spätere Fassung* und deshalb haben wir die Stelle hier eingereiht. – Nun mag es auch am Platze sein, den *Plagiator* od. Interpolator in den *«Tres socii»* zu Worte kommen zu lassen, der wohl zeitlich den eben angeführten Quellen nicht ferne stand. In diesem, von Sabatier ausgeschalteten Stück heißt es: «Singulari privilegio ipsum adhuc viventem in carne mirabiliter decoravit.» Die *Erscheinung* wird hier folgendermaßen beschrieben: «Inter alas gerens formam pulcherrimi hominis crucifixi manus quidem et pedes extensos habentis in modum crucis, effigiemque Domini Jesu Christi clarissime praetendentis.»[40] Also ein *gekreuzigter Mensch,* Arme und Beine *kreuzweise ausgespannt,* der Christus *gleicht,* denn so haben wir doch wohl das «effigiem praetendentis» aufzufassen! Im *Speculum perfectionis* cap. 99 finden wir die interessante Notiz: «Similiter in sacro monte Alvernae tempore quo recepit stigmata Domini in corpore suo tentationes et tribulationes passus fuit a daemonibus.»[41]

Werfen wir nun noch einen Blick auf die Notizen der *Actus B. Francisci,* wobei wir uns freilich bewußt sein müssen, daß wir auf einem Boden wandeln[,] wo sich die Glaubwürdigkeitsfrage mehr als je nur nach Wahrscheinlichkeit beantworten läßt, denn Mögliches und Unmögliches, originell-naive Züge aus dem Leben und barocke Legenden stehen hier dicht neben einander. Das beste Beispiel dafür ist gerade das *cap. IX*[,] das für uns hier wichtig ist. Wir hören da, wie Franz sich mit den Brüdern *Leo, Masseo* und *Angelus* auf den Alverno aufmacht, die «sorores nostrae aviculae»[42] zeigen ihm einen Platz, wo sie sich niederlassen[,] und nun will Franz hier eine *40täg. Buß- und Fastenübung* machen zu Ehren des hl. Michael. Nur einmal in der Woche darf ihn Leo mit Wasser und Brot versorgen. Fr. richtet sich mit ganzer Seele auf seinen Vorsatz: «erat aliquando in tanta mentis extasi, quod per noctem et

---

[39] Ebd.
[40] *Legenda trium sociorum* V, 69; *Acta Sanctorum*, a.a.O., S. 741D. Vgl. P. Sabatier, a.a.O., S. XXXVIf. und S. 259.
[41] *Speculum Perfectionis* 99; a.a.O., S. 194, Z. 22–S. 195, Z. 1.
[42] *Actus* 9,26; a.a.O., S. 34.

diem loqui non poterat, ita erat absorptus in Deum»[43]. Der neugierige Jünger aber kann es nicht lassen, den Meister bei der Andacht zu belauschen[,] und trifft ihn mehrere Male vor Inbrunst des Gebets nicht mehr stehend, sondern bis zu den Wolken *schwebend*. Dann wieder hört er ihn im Gespräch mit jemand, in das er sich mit dem naiven Rufe einmischt, auch Franz sei ein großer Heiliger! Dieser tadelt ihn streng, erzählt ihm aber auf seine Bitte sein Gespräch mit dem ihm als Feuerflamme erschienenen Gott. Er warnt ihn schließlich vor ähnlichen Eingriffen und schließt: «nam ad paucos dies faciet Deus tam stupenda et mirabilia in hoc monte, quod admirabitur totus mundus. Faciet enim nova quaedam, quae numquam in hoc mundo fecit alicui creaturae.»[44] Nun verläßt ihn Leo und der Bericht fährt fort: «In illa vero eadem quadragesima apparuit in ipso monte, circa festum exaltationis sanctae crucis, Christus in specie Seraph alatus et veluti crucifixus, imprimens tam clavos quam stigmata in manibus et pedibus ac latere sancto Francisco, prout dicit legenda sua.»[45] Die Erscheinung habe dabei so geleuchtet, daß Berg und Thal davon wiederstrahlt hätten, wovon in der Nähe weilende Hirten Zeugen wären. «Quare vero impressa fuerunt stigmata illa sacra sancto Francisco nondum per omnia innotuit. Sed sicut ipse sociis referebat hoc praefertur magnum mysterium in futuro.»[46] Dann folgt wieder eine quasi Genealogie der *Quellenüberlieferung*, die die Erzählung, d. h. ihre Details in unsern Augen nicht gerade glaubwürdiger machen wird. Der Schreiber nämlich hat seine Sache von *Hugolino*, dieser von *Jacobus de Massa*, dieser von Bruder *Leo*. Daß unter solchen Umständen ein Bericht von ca. 9 Druckseiten sich rein erhalten konnte, wird man uns nicht plausibel machen wollen, selbst wenn er nicht in den Fioretti stünde! Immerhin bleiben uns einige Züge wertvoll, so vor Allem die Thatsache, daß Franz sich bereits einige Zeit *vor* der Stigmatisation in einem Zustand ungewöhnlicher *Ekstase* befand. –

Wir stehen damit am Ende der Berichte über den *Stigmatisationsakt auf dem Alverno*. Eine Vergleichung und Kritik derselben werden wir später in größerem Zusammenhange vornehmen. Zunächst haben wir uns mit den verschiedenen *Beschreibungen der Stigmata selbst* zu be-

---

[43] *Actus* 9,31; a.a.O., S. 34.
[44] *Actus* 9,67; a.a.O., S. 38.
[45] *Actus* 9,68; a.a.O., S. 39.
[46] *Actus* 9,70; a.a.O., S. 39.

schäftigen, die unser Interesse vielleicht in noch höherem Maße beanspruchen dürfen als die bisherigen Berichte.

b) Berichte über die Stigmata

Die erste Schilderung der Stigmen finden wir bereits in dem mehrfach erwähnten Brief des *Elias von Cortona*. Sie giebt uns wertvolle Aufschlüsse nicht nur über die *Stigmata,* sondern auch über den allgemeinen *Körperzustand* Fr's:

«Manus ejus et pedes quasi puncturas clavorum habuerunt ex utraque parte confixas, reservantes cicatrices et clavorum nigredinem ostendentes. Latus vere ejus lanceatum apparuit et saepe sanguinem evaporavit.

Dum adhuc vivebat spiritus eius in corpore, non erat in eo aspectus, sed despectus vultus eius et nullum membrum in eo remansit absque nimia passione. Ex contractione nervorum membra ejus rigida erant sicut solent esse homines mortui, sed post mortem ejus pulcherrimus aspectus est, miro candore rutilans, laetificans videntes. Et membra, quae prius rigida erant, facta sunt mollia nimis sese vertentia huc atque illuc secundum positionem tamquam pueri delicati.»[47]

Die Sache ist ziemlich klar: *Hände* und *Füße* zeigten die *Stichwunden* auf beiden Seiten mit der von den Nägeln zurückgelassenen *Schwärze,* an der Seite war der noch blutende *Lanzenstich* sichtbar.

Viel ausführlicher ist die Beschreibung bei *Thomas von Celano:*
«Manus et pedes eius in ipso medio clavis confixi videbantur, clavorum capitibus in interiori parte manuum et superiori pedum apparentibus et eorum acuminibus existentibus de adverso. Erant enim signa illa rotunda interius in manibus exterius autem oblonga et caruncula quaedam apparebat quasi summitas clavorum retorta et repercussa quae carnem reliquam excedebat. Sic et in pedibus impressa erant signa clavorum et a carne reliqua elevata. Dextrum quoque latus quasi lancea transfixum cicatrice obducta erat, quod saepe sanguinem emittebat ita, ut tunicam ejus cum femoralibus multoties respargeret sanguine sacro.

Heu quam pauci, dum viveret crucifixus servus Domini crucifixi, sacrum lateris vulnus cernere meruerunt! Sed felix Helias, qui dum viveret sanctus, utcumque illud videre [meruit], sed non minus felix Ruphinus, qui manibus propriis contrectavit. Enim vero cum semel dictus frater

---

[47] *Analekten,* a.a.O., S. 91, Z. 14–25 (= 1961³, S. 62, Z. 22–30).

Ruphinus manum suam in sinu sanctissimi viri, ut eum scalperet, inmisisset, dilapsa est manus eius, ut saepe contingit, ad dextrum latus ipsius et occurrit ei pretiosam illam tangere cicatricem. Ad cuius tactum sanctus non modicum doluit et manum a se repellens, ut ei Dominus parceret, acclamavit. Studiosissime namque abscondebat hoc ab extraneis, celabat cautissime a propinquis ita, ut et collaterales fratres et eius devotissimi secutores hoc per multum tempus ignorarent.»[48] – In diesem Bericht muß sofort in die Augen fallen *1.* die starke Betonung der eigentümlichen Gestalt der *Hand- und Fußwunden.* Wunden sind es eigentlich gar nicht, sondern eine Art von *Auswüchsen* auf der innern u. äußer[n] Hand-, resp. Fußfläche in der Form von *Nägeln,* die an der Spitze *umgebogen* sind. *2.* Die Sorgfalt[,] mit der der Heilige die Stigmen zu *verbergen* trachtete, sogar vor seinen Getreusten.

Die zweite päpstliche *Bestätigungsbulle* von *Alexander IV,* der seiner Zeit im Gefolge des Gregor IX alias Kardinal Hugolin in Assisi Augenzeuge gewesen war, führt aus: «Viderunt namque oculi fideliter intuentes et certissime contrectantium digiti palpaverunt, quod in manibus ejus et pedibus, expressa undique similitudine clavorum, de subjecto propriae carnis excrevit vel de materia novae creationis accrevit, quae equidem idem Sanctus studiose ab oculis hominum quorum refugiebat gloriam dum viveret abscondebat. Inventa est patentius in ipsius defuncti corpore non inflicta humanitus, nec facta plaga vulneris lateralis ... quae quidem plaga sicut quosdam ex fratribus sibi familiariter adhaerentibus latere non potuit, propter defluxum humoris, diu antea viruerat in vivente.»[49] – Auch hier die Betonung der beiden nämlichen Punkte: nägelartige *Auswüchse,* die Franz aber sorgfältig *versteckt,* nach seinem *Tode* werden sie gefunden.

*Matthaeus von Paris* schreibt über die *Seitenwunde:* «Latus quoque eius dextrum adeo apertum et cruore respersum apparuit, ut etiam secreta cordis intima perspicua viderentur»[50], später: «Quo defuncto nul-

---

[48] Thomas von Celano, II, 95; vgl. die *Acta Sanctorum,* a.a.O., S. 709BC; *Analekten,* a.a.O., S. 93, Z. 14–S. 94, Z. 6 (= 1961³, S. 63, Z. 35–S. 64, Z. 16).
[49] *Magnum Bullarium Romanum,* a.a.O., S. 109 (§3).
[50] Matthaeus Parisiensis, a.a.O., S. 134f.; Barth zitiert wohl nach K. von Hase, *Franz von Assisi. Ein Heiligenbild,* Leipzig 1856, S. 168, Anm. 42, wieder abgedruckt in: ders., *Gesammelte Werke,* Bd. V: *Heilige und Propheten,* Leipzig 1892, S. 1–143, S. 121, Anm. 42.

la vulnerum praedictorum in latere, vel pedibus, sive manibus stigmata remanserunt»[51], beides höchst abenteuerliche Züge, die wohl kaum ernst zu nehmen sind. Immerhin werden wir dem erstern noch einmal begegnen.

Bei *Bonaventura* lesen wir: «Maximum sibi donum exhiberi credebat quivis de populo si admittebatur non solum ad videndum, sed ad osculandum sacra stigmata.»[52]

«Latere non potuit, quin aliqui stigmata manuum viderent et pedum, – plurimi se vidisse juramento firmarunt.»[53] «Manu sinistra dexteri lateris vulnus, ne videretur, obtexit.»[54] Und zum besondern Beleg der Wahrheit seiner Aussagen erzählt er weiter: «Unus ex eis miles, litteratus quidam et prudens, Hieronymus nomine, vir utique famosus, cum de hujusmodi sacris signis dubitasset, essetque incredulus, quasi Thomas, ferventius et audacius coram fratribus et aliis civibus movebat clavos, Sanctique manus, pedes, latus manibus propriis contrectabat, ut dum vulnerum Christi veracia illa signa palpando contingeret, et de sui et omnium cordibus omnis dubietatis vulnus amputaret.»[55]

Am Ausdrücklichsten wird die *Nägelgestalt* der Stigmen hervorgehoben bei dem *Plagiator der Tres Socii:* «Cernebant in manibus et pedibus ejus non quasi clavorum puncturas, sed ipsos clavos ex ejus carne compositos et eidem carni innatos ferri quoque nigredinem.»[56] Und in Übereinstimmung mit allen andern Berichten sagt er von den Stigmata: «quae vir Dei pro posse abscondit usque ad mortem nolens publicare Domini sacramentum, licet haec penitus celare nequiverit, quin saltem familiaribus sociis fu[er]it manifestum.»[57] Über dieses sorgfältige *Verstecken der Stigmen* lesen wir besonders Ausführliches in den *Actus B. Franc.*

Da lesen wir cap. 34: «Beatus pater noster Franc. illas sanctissimas

---

[51] Matthaeus Parisiensis, a.a.O., S. 135; s. K. v. Hase, a.a.O., S. 185, Anm. 65, bzw. S. 132, Anm. 65.

[52] Vielmehr: Thomas von Celano, II, 4,113 (vgl. oben S. 8); *Acta Sanctorum*, a.a.O., S. 715A. (Dort freilich: «non solum ad osculandum, et [forte sed] ad videndum»; vgl. K. v. Hase, a.a.O., S. 144, Anm. 3, bzw. S. 105, Anm. 3.)

[53] Bonaventura, XIII, 200; *Acta Sanctorum*, a.a.O., S. 778DE.

[54] Bonaventura, XIV, 208; *Acta Sanctorum*, a.a.O., S. 780E.

[55] Bonaventura, XV, 218; *Acta Sanctorum*, a.a.O., S.782D.

[56] *Legenda trium sociorum* V,70; vgl. die *Acta Sanctorum*, a.a.O., S. 741E.

[57] *Legenda trium sociorum* V,69; *Acta Sanctorum*, ebd.

plagas, quas sibi in manibus et pedibus et latere Christus Dei Filius miraculose impresserat, ita diligenter ab oculis omnium abscondebat, quod vix potuit aliquis illas dum viveret sanctus ad plenum aspicere.

Nam ivit deinceps calceatus et de manibus non nisi digitorum acumina sociis apparebant, ita manus cum manicis abscondebat, memorans illud quod dictum est per angelum sancto Tobiae: Bonum est sacramentum regis abscondere.

Potissime vero plagam lateris ita semper dum vixit obtexit, quod, excepto Rufino, qui quadam pia industria illam videre promeruit, nullus alius dum viveret videre valuit. Frater autem Rufinus triplici testimonio de sanctissima plaga lateris se et alios certissimos reddidit.»[58] Es folgen dann die Berichte, wie Rufinus zu drei Malen zufällig die Seitenwunde zu sehen bekam. Die Erzählung des einen Falles stimmt inhaltlich überein mit der bereits angeführten Erwähnung bei *Th. v. Celano.* Eine weitere Ergänzung giebt uns noch das cap. 39 der *Actus:* «Huic fratri Leoni solummodo sanctus Franciscus sua stigmata committebat tangenda, et novis petiolis remutanda, quas inter clavos illos mirabiles et carnem reliquam ad tenendum sanguinem et mitigandum dolorem, die qualibet hebdomadae [renovabat].»[59] An gewissen Tagen freilich verzichtete Franz dann auf diese medizinische Behandlung. «[...] ut ... in doloribus crucis vere crucifixus cum Christo penderet.»[60]

Die *eigentlichen Quellenstücke* über Stigmatisation und Stigmata sind damit *erledigt*. Wie bereits erwähnt könnten nun noch einige *Legendarische Züge aus späterer Zeit* angeführt werden, die in sofern interessant sind, als sie ein Licht werfen auf die *Beurteilung* und Wertschätzung des «Wunders» bei den *Zeitgenossen*. Allein *historisch* bleiben sie völlig belanglos und können deshalb in unserm Falle füglich *außer Betracht* fallen.

Wir gehen deshalb sogleich über zu der Aufgabe, das nun durchgegangene Quellenmaterial einer genauern Durchsicht zu unterziehen. –

---

[58] *Actus* 34,1–3; a.a.O., S. 116f.
[59] *Actus* 39,8; a.a.O., S. 129.
[60] *Actus* 39,9; a.a.O., S. 129.

## 3) Vergleichung und Kritik

Wir haben in der Einleitung bereits von der Schwierigkeit gesprochen, bei einer historischen Untersuchung völlig auf klösterliche oder doch kirchliche Quellen angewiesen zu sein. Wenn irgendwo, so muß diese Schwierigkeit in unserm Falle, bei den Berichten über die Stigmen des hl. Franz in die Augen springen, von denen *Tholuck* sagt: [«]Den Charakter der Nüchternheit lassen uns die Biographen des Franziskus in hohem Grade vermissen. Schon was ihren Ton betrifft, so wird jene Beschreibung vielfach zu einem dichterisch hyperbolischen Panegyrikus.»[61]

*Quellenkritik* ist daher auch hier ein unabweisbares *Bedürfnis*. Ohne Kritik keine historische Wissenschaft. Allein wenn wir dieselbe nun vornehmen, so müssen wir uns durchaus klar sein, daß wir damit auf einen völlig *subjektiven* und *relativen* Boden treten, der an sich ebenso unwissenschaftlich sein kann, wie es das Stehenbleiben z. B. bei der ältesten Quelle wäre. Ja, etwas anderes wäre es, wenn es wirklich einen absoluten Maßstab für die Wissenschaft gäbe, z. B. einen[62] «Doppelkanon von Denken und Erfahrung»[63]. Allein den haben wir nicht und werden wir nicht haben, – es ist vielleicht besser so – und wo man behauptet einen solchen unfehlbaren Maßstab zu besitzen – sei es nun an den Ufern des Tibers oder des Rheins[64] – da wird er zum *Prokrustes-*

---

[61] Vgl. A. Tholuck, *Über die Wunder der katholischen Kirche und insbesondere über das Verhältniß dieser und der biblischen Wunder zu den Erscheinungen des Magnetismus und Somnambulismus*, in: ders., *Vermischte Schriften größtentheils apologetischen Inhalts*, 1. T., Hamburg 1839, S. 28–148, S. 101.

[62] Barth schrieb zunächst: «Bolligers», strich dann aber den Namen und ersetzte ihn durch den unbestimmten Artikel. Zu dem Schweizer Theologen Bolliger vgl. die Art. «Bolliger, Adolf» von H. Mulert in: RGG¹, Bd. I, Sp. 1287; RGG², Bd. I, Sp. 1179f.

[63] In seinem Buch *Der Weg zu Gott für unser Geschlecht. Ein Stück Erfahrungstheologie*, Frauenfeld 1900², und in einer Reihe von Aufsätzen suchte Bolliger «zu beweisen», «dass Erfahrung und Denken zum Theismus führen» (*Zu Schutz und Trutz*, in: SThZ, Jg. 17 [1900], S. 1–11, S. 2) und daß wie überhaupt, so auch in der Theologie «Erfahrung bezw. logische Bearbeitung des Erfahrenen» «Richtschnur» der Erkenntnis sein müsse (*Zur Bedeutung der Erkenntnis für die Religion*, in: SThZ, Jg. 21 [1904], S. 201–227, S. 201).

[64] Bolliger war von 1891 bis 1905 Professor der systematischen Theologie in *Basel*.

*bett*. Letzteres darf aber auf keinen Fall zum Symbol der Quellenkritik werden, wenn es schon manchmal den Anschein haben möchte.

Andrerseits dürfen wir uns durch das Bewußtsein, daß «unser Wissen Stückwerk» [1. Kor. 13,9] ist, ebensowenig abhalten lassen, uns einen *subjektiven Standpunkt und Maßstab* zu schaffen. Ein ungesunder *Quietismus* od. *Agnosticismus* wäre die Folge, der nicht nur auf dem Gebiet der Wissenschaft, sondern der gesamten Lebensauffassung seine verhängnisvollsten Konsequenzen haben müßte.

In diesem Sinn muß daher auch unsre Kritische Untersuchung der Stigmata des hl. Franz aufgefaßt werden, wenn wir uns nun von dem *relativen* Boden der Quellen auf das *ebenfalls relative* Gebiet der histor. Untersuchung und Hypothese begeben. Dieselbe zerfällt naturgemäß in zwei Teile: in die *Vergleichung und Kritik der Quellen*, mit der wir uns zunächst zu befassen haben[,] und in die Darlegung unsres *eigenen Standpunktes*, den wir uns im zweiten Hauptteil der Arbeit zu bilden versuchen werden.

Der Übersichtlichkeit wegen werden wir uns, ähnlich wie im vorhergehenden Abschnitt, *einzeln* mit den *Hauptmomenten der Berichte* beschäftigen.


a) Ort, Zeit und Anlaß

Bereits hier zeigen sich unter den Quellen bemerkenswerte *Differenzen*, nicht sowohl in Bezug auf *Ort* und *Anlaß*, wo im Ganzen Übereinstimmung herrscht, als vielmehr auf die *Zeit*.

Vergleichen wir zuerst die Angaben über *Ort* und *Anlaß*, um dann auf die *Hauptfrage d. Datums* einzutreten.

Unsre älteste Quelle, *Elias von Cortona, schweigt* sich darüber vollständig aus. Das braucht aber nicht als ein verdächtiges Zeichen aufgefaßt zu werden, sondern ist aus dem *Charakter* und *Styl* des Briefes leicht zu erklären. Elias will den französischen Brüdern keine *Daten*, sondern ein *freudebringendes Faktum* mitteilen, von dem er weiß, daß es auch ohne genauere Angaben Glauben und Wiederhall findet. Dagegen schreibt *Bruder Leo* auf dem Zettel mit den Laudes: «fecit quadragesimam in loco Aluerne»: er hielt eine *40tägige Buß- und Fastenübung* auf dem *Alverno* ab. Damit deckt sich die Angabe bei *Th. v. Celano*, der zwar nur von einer *mora*, einem Aufenthalt und zwar in einem *Ere-*

*mitorium* auf dem *Alverno* berichtet.[65] Die beiden päpstlichen *Bestätigungsbullen* berichten über Ort und Anlaß nichts, während *Bonaventura* von einer längern *Gebetsandacht* ohne bestimmte Ortsangabe spricht. Von besonderem Gewicht muß uns der Bau der *Stigmenkirche* auf dem Alverno sein, wenn er auch erst 40 Jahre nach dem Ereignis erfolgte: Er beweist[,] daß der Alverno doch schon damals, trotz des Schweigens einiger Quellen, allgemein als Schauplatz des Ereignisses angesehen wurde. Endlich nennen auch das *Speculum perfectionis* und die *Actus*, letztere in ziemlicher Übereinstimmung mit *Celano* den Alverno und die *40tägige Bußübung*.

Wir dürfen also in Bezug auf *Ort* und *Anlaß* trotz des Schweigens bei *Thom. v. Celano*[66] und den *Bestätigungsbullen*, das sich leicht motivieren läßt, *Einstimmigkeit der Quellen* konstatieren.

Komplizierter sind die Verhältnisse beim *Datum*, resp. der Ansetzung der *Jahreszahl*, denn in bez. auf den genauern Zeitpunkt dürfen wir wohl die nirgends bestrittene Angabe auf der Cartula des Bruders Leo annehmen, die besagt, daß Franz seine quadragesima von *Mariä Himmelfahrt* bis zum *St. Michaelstag* abhielt[67] d. h. vom *15. August* bis *29. September*, was bei Ausrechnung unter *Abzug der Sonntage*, die als Fasttage nicht galten, in der That *40 Tage* ausmacht.

Allein die Jahreszahl?

«*Non diu ante mortem*», sagt Elias von Cortona[68]

«*Duobus annis ante mortem*» Bruder Leo[69]

«*Duobus annis ante quam animam redderet caelo*» Th. v. Celano[70]

«*Postquam illud* (spatium vitae) *feliciter consummavit*» Gregor IX[71]

«*Dum adhuc vitali spiritu foveretur*» Alexander IV[72]

*14 Tage vor dem Tod* Matth. v. Paris[73]

---

[65] *Analekten*, a.a.O., S. 69, Z. 24f. (= 1961³, S. 47, Z. 15f.). – Thomas von Celano, II, 94; *Acta Sanctorum*, a.a.O., S. 709A; *Analekten*, a.a.O., S. 92, Z. 26f. (= 1961³, S. 63, Z. 19f.).

[66] Verwechslung mit Elias von Cortona?

[67] *Analekten*, a.a.O., S. 69, Z. 25 (= 1961³, S. 47, Z. 15).

[68] *Analekten*, a.a.O., S. 91, Z. 11f. (= 1961³, S. 62, Z. 20).

[69] *Analekten*, a.a.O., S. 69, Z. 24 (= 1961³, S. 47, Z. 15).

[70] Thomas von Celano, II, 94; *Acta Sanctorum*, a.a.O., S. 709A; *Analekten*, a.a.O., S. 92, Z. 27f. (= 1961³, S. 63, Z. 21).

[71] *Magnum Bullarium Romanum*, a.a.O., S. 79 (§ 1).

[72] *Magnum Bullarium Romanum*, a.a.O., S. 109 (§ 3).

[73] Vgl. P. Sabatier, a.a.O., S. 260; Matthaeus Parisiensis, a.a.O., S. 134.

«*Sub anno Domini 1225*» die Inschrift an der Stigmenkirche[74] während die übrigen Quellen kein bestimmtes Datum angeben!!

Wie wir sehen, haben wir also die Wahl zwischen den Jahren *1224, 1225* und *1226*, wobei von 7 Berichten 2 auf das erste, 1 auf das zweite und 4 mit mehr oder weniger Deutlichkeit auf das dritte Jahr fallen. Man wäre stark versucht, hinter der Thatsache, daß gerade die *4 curialistischen* oder doch curialistisch beeinflußten Quellen die Stigmatisation unmittelbar vor Fr's Tode ansetzen, eine bestimmte *Tendenz* zu suchen, ebenso wie *Hase* speziell die Stellung des Elias v. Cortona als Grund *gegen die Echtheit* der Stigmen annimmt.[75] Unsres Erachtens ist Beides ein *Holzweg*. *1*. Die Aussagen der *Bestätigungsbullen* weisen nicht unbedingt auf das Jahr 1226. Das «postquam ... consummavit» etc. *Gregor IX*[76] kann sich auch auf die Besichtigung des Leichnams mit den Stigmen *nach* Fr's Tode beziehen, die er s. Z. als Cardinal Hugolino in Assisi vorgenommen. (Freilich scheint mir wieder die andere Auffassung grammatisch wahrscheinlicher.) Ebenso zweifelhaft steht es mit der Bulle *Alexander IV*. Wenn wir sie vorhin als hinweisend auf 1226 angenommen haben, so war uns das «adhuc» ausschlaggebend, «während er *gerade noch* lebte[».] Auch der Ausdruck «... vitali spiritu foveretur» schien uns auf einen kranken, abgematteten Körper hinzuweisen, allein gerade so gut kann das letztere ein *poetischer Ausdruck* sein, das «adhuc» einem bloßen *«noch»* entsprechen[.][77] – Beide Berichte sind *mindestens zweifelhaft*

*2*. Der Hauptgrund für das Jahr 1226 fällt dahin, wenn eine von Sabatier citierte *Variante im Briefe des Elias* ächt sein sollte, (Abt Amoni, 1880) nach der wir statt «non diu» *«nam diu»* zu lesen hätten!?[78]

*3*. Was die bei *Matth. v. Paris* ganz alleinstehende Angabe: 14 Tage vor dem Tode betrifft, so halte ich sie für ein einfaches Mißverständnis, indem sich aus irgend einem Grunde etwa die *«quadragesima»* in *«quarto decimo* (die)» verwandelte.[79]

---

[74] Vgl. *Speculum Perfectionis*, a.a.O., S. CCXIII.
[75] K. v. Hase, a.a.O., S. 170–178 bzw. S. 122–127.
[76] *Magnum Bullarium Romanum*, a.a.O., S. 79 (§ 1).
[77] *Magnum Bullarium Romanum*, a.a.O., S. 109 (§ 3).
[78] Vgl. P. Sabatier, a.a.O., S. 266, Anm. 1.
[79] Vgl. P. Sabatier, a.a.O., S. 260. Bei Matthaeus Parisiensis, a.a.O., S. 134, lautet die Angabe freilich: «quintadecima die ante exitum suum». Entsprechend übersetzt K. v. Hase, a.a.O., S. 168 bzw. S. 121: «am *fünfzehnten Tage vor seinem Abscheiden*».

Ebenso steht es mit der *Inschrift der Stigmenkirche,* die das Jahr *1225* annimmt, ohne daß sich dafür in den bekannten Quellen der leiseste Anhalt fände!

So kommen wir also doch auf das Jahr *1224,* das von *Bruder Leo* und *Thom. v. Celano übereinstimmend* bezeugt wird. Ihnen scheinen sich *Bonaventura* und der *Falsifikator der Tres socii* anzuschließen, während dies bei den *Actus* als sicher anzunehmen ist. Die gegenteilige Aussage der beiden Päpste, falls sie eine solche ist, kann unter Umständen auf jener falschen Lesart «non diu» des Elias beruhen.

Freilich müssen nun noch einige *innere Widersprüche*[,] die an der Annahme des Jahres 1224 haften, beseitigt werden: Wie ist es möglich, wird man fragen, daß die Stigmen, mag ihre Beschaffenheit gewesen sein, wie sie will, sich volle 2 Jahre halten konnten?

Wie ist es erklärlich, daß es Franz gelang, dieselben in so langer Zeit relativ so geheim zu halten?

Wie kommt es, daß in der Zeit von der Stigmatisation bis zum Tode so wenig über sie verlautet, während man doch mindestens im Jüngerkreis einige Sensation erwarten sollte?

Die Beantwortung aller dieser Einwürfe wird sich im zweiten Hauptteil von selbst geben, während wir sie hier nur anführen, damit niemand glaube[,] es bestünde die Meinung, mit der erlangten *Konkordanz der Quellen* sei unsre Untersuchung schon abgeschlossen.

*Resultat:* Die Stigmatisation fand nach den Quellen statt bei Anlaß einer *Fast[-] u. Bußübung* auf dem *Alverno* in der Zeit vom *15. August bis 29. September* des Jahres *1224* (resp. 1225, oder 1226).

b) Die Vision

Was die *Actus* Näheres über die Vorgänge auf dem Alverno vor der Stigmatisation erzählen, habe ich bereits angeführt. Eine kleine Differenz könnte hier darin bestehen, daß Thom. v. Celano als engern Schauplatz ein *schon bestehendes Eremitorium* annimmt, während die Actus von einem *improvisierten Bau* aus Baumzweigen reden. Die Sache ist an und für sich belanglos, doch scheint *das erstere* allgemeine Annahme gewesen zu sein, wie die bekannten Bilder des Malers *Giotto* zeigen[80].

[80] Vgl. H. Thode, *Franz von Assisi und die Anfänge der Kunst der Renais-*

Wertvoller ist uns die bereits hervorgehobene Stelle «*erat aliquando in tanta mentis extasi, quod per noctem et diem loqui non poterat, ita erat absorptus in Deum*»[81], ebenso jene bei Bonaventura, die Erscheinung sei ihm gekommen «*dum sequestratus oraret et prae nimietate fervoris totus esset absorptus in Deum*»[82], nach Thom. d'Eccleston, «*in quodam raptu contemplationis*»[83] Wir sehen den Heiligen in tiefer Andacht versunken auf einsamem Berg, in einiger Entfernung die drei Jünger in scheuer Ehrfurcht am Meister emporsehend. Das Objekt seiner Andacht war die *Passion Christi*, die ihm noch nie so deutlich nahe getreten war. Franz war vorbereitet auf große Dinge, wie wir aus seinem eigenen Mund in den Actus gehört haben. Wer wollte leugnen, daß ein solches Ereignis seine Schatten vorauswirft? Die angebl. Tres Socii haben völlig Recht, wenn sie dasselbe mit dem ganzen vorherigen Leben Franzens in Causal-Nexus stellen: «ab illa itaque hora», nämlich seiner Bekehrung «vulneratum et liquefactum est cor ejus ad memoriam Dominicae passionis, quod *semper dum vixit stigmata Domini in corde suo portavit, sicut postea luculenter apparuit* ex renovatione eorundem stigmatum in corpore ipsius mirabiliter facta».[84]

«Tritt nicht herzu, ziehe deine Schuhe aus von deinen Füßen, denn der Boden, da du stehst[,] ist heiliges Land»! [Ex. 3,5] Muß nicht Jeden dieses Gefühl überkommen, der sich einmal in das Ereignis vertieft hat, das wir nun schildern sollen, ein Ereignis, das nicht unbillig mit dem auf Horeb und Gethsemane Geschehenen verglichen werden darf. Es war einer der seltenen Augenblicke im Leben der Menschheit, daß *Gott* und *Mensch* in greifbare Nähe zu einander treten. Eine «quellenmäßige Darstellung» eines solchen Augenblicks ist ein Non sens: Hier mehr als je wird uns das Relative aller Geschichtsschreibung deutlich.

Wenn wir es daher unternehmen[,] auch hier eine *Nebeneinanderstellung der Berichte* vorzuführen, so erwarten wir daraus keinerlei *Aufschluß* über das eigentliche Wesen des Ereignisses, das uns in seinem innersten Kern immer ein Rätsel bleiben wird, dies um so mehr, als die

---

*sance in Italien*, Berlin 1904², S. 144–151, bes. S. 148 mit Tafel 3, Abbildung 6, und Tafel 13, Abbildung 19.

[81] *Actus* 9,31; a.a.O., S. 34.
[82] Bonaventura, I, 12; *Acta Sanctorum*, a.a.O., S. 745A.
[83] Thomas de Eccleston, Collatio XIII (XII); a.a.O., S. 245.
[84] *Legenda trium sociorum* I, 14; *Acta Sanctorum*, a.a.O., S. 727CD.

Berichte, die wir darüber haben[,] in ihrer überwiegenden Mehrzahl als *spätere Zuthat* anzusehen sind, wie sich deutlich aus ihren immer größer werdenden *Differenzen* ergiebt. Wieviel davon zu der jedenfalls nicht ausführlichen Erzählung Fr's gehört, die er seinen Jüngern gab, vermögen wir heute nicht mehr zu erkennen. Bei Träumen und Visionen ist eine solche Beurteilung unmöglich.

*Elias v. Cortona* schweigt sich, in Übereinstimmung zu den frühern Punkten, auch hier über das Nähere aus: «*apparuit crucifixus quinque plagas portans*»[85], das ist Alles, was wir vernehmen.

*Bruder Leo* sagt, die Stigmatisation sei geschehen «*post visionem et allocutionem Seraphym*».[86]

Sehr ausführlich ist dagegen die Schilderung bei *Th. v. Celano*[.] Der Heilige erblickt über sich einen «Mann Gottes» wie einen *Seraph*.[87] Dieser ist etwas unklar geschildert: Er ist *gekreuzigt*, hat aber *6 Flügel*, 2 über das Haupt erhoben, 2 zum Fliegen und zwei *bedecken den ganzen Körper*, sodaß man eigentlich gar nichts von ihm, geschweige denn von seinen Wunden sehen sollte.

*Bonaventura* sagt bereits: «*a Christo sub specie Seraph cernebat se conspici*» und dies scheint dann die herrschende Auffassung des Seraphs geworden zu sein, wie wir wiederum aus den Bildern *Giotto's* bemerken, die deutlich einen Christuskopf zeigen.[88] Und weiter unten sagt Bon. ausdrücklich: «*apparuit ei Christus veluti cruci confixus*».[89] Da hören wir nun auch, daß die Erscheinung Fr. anredet, ohne daß wir freilich etwas über den Inhalt seiner Worte vernehmen: «tam arcana illa fuisse eloquia»![90]

D. *Inschrift auf der Stigmenkirche* erwähnt wieder nur den Seraph, dasselbe thut *Thomas d'Eccleston*, der ausdrücklich von einem «angelus» redet.[91]

---

[85] *Analekten*, a.a.O., S. 91, Z. 12f. (= 1961³, S. 62, Z. 20f.).
[86] *Analekten*, a.a.O., S. 69, Z. 29 (= 1961³, S. 47, Z. 18f.).
[87] Thomas von Celano, II, 94; *Acta Sanctorum*, a.a.O., S. 709A; *Analekten*, a.a.O., S. 92, Z. 28 (= 1961³, S. 63, Z. 21).
[88] Bonaventura, XIII, 192; *Acta Sanctorum*, a.a.O., S. 777E; vgl. H. Thode, a.a.O., Tafel 3, Abbildung 6, und Tafel 13, Abbildung 19.
[89] Bonaventura, I, 12; *Acta Sanctorum*, a.a.O., S. 745AB.
[90] Bonaventura, XIII, 194; *Acta Sanctorum*, a.a.O., S. 778A.
[91] Vgl. *Speculum Perfectionis*, a.a.O., S. CCXIII. – Thomas de Eccleston, Collatio XIII (XII); a.a.O., S. 245.

Wieder eine andere Variante geben die sog. *«Tres Socii»*[,] die die Figur so beschreiben: Zwischen den Flügeln habe sich die Gestalt eines überaus *schönen gekreuzigten Menschen* befunden, Arme und Beine *kreuzweise ausgespannt* und dessen Gesicht *Christus geglichen* habe. Nach den *Actus* erscheint *«Christus in specie Seraph alatus et veluti crucifixus»*[92], was fast wörtlich zu den Angaben von Bonaventura stimmt.

Wir haben somit über die Vision *drei Lesarten:*

*1.* Ein *Seraph (Leo, Th. v. Celano, Th. d'Eccleston, Inschrift a. d. Stigmenkirche[)]*

*2.* Ein *Christus* in der Gestalt eines Seraph *(Bonavent., Actus)*

*3.* Ein gekreuzigter *Mensch,* der Christus gleicht. («Tres Socii»)

Am Besten bezeugt erscheint uns die *erstere,* indem sich leicht erklären läßt, wie die beiden andern aus ihr hervorgingen, nicht dagegen umgekehrt. Übrigens ist es auch nicht undenkbar, daß Franz selbst schon verschiedene Versionen gegeben hat, wie es bei einem Gefühls- und Phantasiemenschen leicht möglich ist

*Resultat:* Während seiner Buß- und Gebetsübung erhält Franz, sei es als Traum oder Wachvision[,] eine *Erscheinung,* die ihn anredet. Es bleibt nach den Berichten unklar, ob es ein *Seraph, Christus* oder ein *gekreuzigter Mensch* gewesen. Das erstere erscheint das Annehmbarste.

c) Die Stigmatisation

Die Meisten unsrer Quellen sind einig darin, daß die Einprägung der Stigmen *im Zusammenhang* stand mit der eben geschilderten *Vision.* Wo dies nicht der Fall ist, da sind es offizielle oder halboffizielle Aktenstücke, wie der Brief des Elias und die beiden Bestätigungsbullen, die eben nur das *Faktum,* nicht das wie? und wo? berichten.

*Bruder Leo* redet von einer *«impressio stigmatum Christi in corpore suo»*[93]. Wir können bei diesem Ausdruck an eine *direkte Übertragung* d. h. Eindrückung durch die erschienene Gestalt denken, etwa so, wie sie im Berner Jetzerhandel Jetzer im Kloster erlebt zu haben behauptete[94], aber es paßt auch auf die Auffassung *Th. v. Celano*'s und der Spätern, wie sie sich gerade auch in den Bildern *Giotto*'s äußert. Die Gestalt schwebt in einigem Abstand von dem Heiligen und gleich magne-

---

[92] *Actus* 9,68; a.a.O., S. 39.
[93] *Analekten,* a.a.O., S. 69, Z. 29f. (= 1961³, S. 47, Z. 19).
[94] Vgl. R. Steck, a.a.O., S. 68.70.

tischen Linien gehen Strahlen von seinen Händen und Füßen und seiner Seite an die Glieder Fr.'s. Th. v. C. erzählt, Franz sei starr gewesen vor Staunen und Schreck, habe nicht gewußt, was mit der Erscheinung anfangen[,] und während er ihren Sinn noch erwogen[,] seien die *Wundmale* an seinen Gliedern hervorgetreten, wie er sie vorher an denen der Erscheinung gesehen. –

Interessant ist der Bericht *Bonaventura*'s über die Stigmatisation. Wäre es nicht B., der hier spricht, so könnte man zur Annahme kommen[,] hier rede einer, der an die Stigmatisation gar nicht glaubt oder doch nur in sehr *spiritualisiertem* Sinne, so verhüllt und andeutend wird davon geredet. Da lesen wir[,] beim Anblick der Erscheinung sei er «memoria passionis Christi visceribus cordis ipsius adeo impressa *medullitus*»[95], sodaß er von da an beim Gedächtnis an die Passion immer habe weinen müssen. Dieses «medullitus», sowie eine andere, schon angeführte Stelle: «ut amicus Christi, praenosceret, se ... per incendium mentis totum *in Christi crucifixi similitudinem transformandum*»[96] zeigen, daß der Verf. doch an die Stigmata denkt. Die *Inschrift an der Stigmenkirche* und *Th. d'Eccleston* lassen wieder mehr direkte Übertragung vermuten[,] ebenso die *Actus*.

Wer will hier entscheiden? Über Visionen ist es schwer, historische Untersuchungen anzustellen. Dagegen scheint uns auch hier die Angabe *Th. v. Celano*'s älter und zuverlässiger, hauptsächlich darum, weil sie, wie schon erwähnt, die bildende Kunst auf ihrer Seite hat.

*Resultat:* Beim Anblick der Erscheinung ist Franz zuerst erschrocken und ratlos, da erscheinen an seinen Gliedern die Stigmata. Auch hier bleibt es fraglich, ob in den Quellen an *direkte Übertragung* oder eine Art magnet. *Fernwirkung* gedacht ist.

d) Die Stigmata

Von der ältesten und einfachsten Beschreibung der Stigmen haben wir bereits gesprochen: es ist die des *El. v. Cortona*. Sie werden hier als *beidseitige Stichwunden* beschrieben, bei denen noch die *Schwärze der Nägel* sichtbar ist. Die Seite erschien wie von einer *Lanze durchbohrt* und *sonderte Blut ab*.

Wesentlich verändert ist der Bericht bereits bei *Thom. v. Celano.*

---

[95] Bonaventura, I, 12; *Acta Sanctorum*, a.a.O., S. 745 B.
[96] Bonaventura, XIII, 192; *Acta Sanctorum*, a.a.O., S. 777 E.

Nach ihm sehen die Glieder Fr's in der Mitte aus *wie angenagelt,* wobei die *Köpfe der Nägel* aus der innern resp. äußern Fläche der Hände und Füße hervorragten, auf den umgekehrten Seiten aber «caruncula» *Fleischstückchen*[97], die Thom. mit umgebogenen Nagelspitzen vergleicht. Die rechte Seite weist einen *Lanzenstich* auf, dessen Blutergüsse sich in den *Kleidern* abdrücken.

An diesen Bericht schließt sich eng an der Alexander IV[,] der ebenfalls von der *«expressa undique similitudo clavorum»* spricht, nur mit dem Unterschied, daß er die Frage offen läßt, ob die *Auswüchse* aus *Fleisch* oder *«de materia novae creationis»* seien.[98] Von der *Seitenwunde* betont er, daß sie *nicht* etwa auf *Betrug* beruhe, wie bei ihr ja am Nächsten liegen mochte.

Nach *Matth. v. Paris* war die *Seitenwunde* so tief, daß man bis zum Herzen sehen konnte, eine Bemerkung, die mir schon anatomisch, soviel ich verstehe, anrüchig vorkommt. Ein zweiter merkwürdiger Zug ist der, daß sämtliche Wunden *im Tode verschwinden,* was sich deutlich als eine willkürliche *Steigerung des Wunderbaren* kennzeichnet. Die Reihe der Zeugnisse schließt ab mit den angebl. *Tres Socii.* Hier hat sich die spätere Auffassung bereits so versteift, daß sogar *deutliche Polemik* gegen den anders lautenden Bericht des Elias auftritt:

*Elias:* «Manus ejus et pedes *quasi puncturas clavorum* habuerunt ex utraque parte confixas.»[99]

*Tres Socii:* «Cernebant in manibus et pedibus ejus *non quasi clavorum puncturas, sed ipsos clavos»*[100]

Offenbar war man in späterer Zeit bemüht, um jeden Preis die *spätere Auffassung* zur alleingültigen, zur *kanonischen* zu machen.

Um die Beurteilung dieses Punktes wird sich im Wesentlichen die *Beurteilung der ganzen Frage* drehen. Das Naturgemäße ist, daß wir uns hier zunächst an den *ältesten Bericht,* den des Elias v. Cortona halten, da es sich hier um angebliche od. wirkliche *Realitäten* handelt, die einer rein historischen Betrachtung zugänglich sind. Von da aus werden die andern zu verstehen sein.

---

[97] Thomas von Celano, II, 95; vgl. die *Acta Sanctorum,* a.a.O., S. 709B; *Analekten,* a.a.O., S. 93, Z. 19 (= 1961³, S. 64, Z. 2).
[98] *Magnum Bullarium Romanum,* a.a.O., S. 109 (§ 3).
[99] *Analekten,* a.a.O., S. 91, Z. 14f. (= 1961³, S. 62, Z. 22f.).
[100] *Legenda trium sociorum* V, 70; vgl. die *Acta Sanctorum,* a.a.O., S. 741E.

Man wird bereits bemerkt haben, wo im Bericht des *Elias* der springende Punkt liegt, an den die Spätern anknüpften. Es ist dies die Bemerkung

«*clavorum nigredinem ostendentes*»[101]

«die Wunden zeigten die Schwärze der Nägel», womit Elias natürlich die Spuren des schwarzen Eisens in den blutigen, dann verharschten Wunden meint, resp. das was ihn an den Stigmen daran erinnerte, wie wir später sehen werden. Allein der nächste Geschichtsschreiber *Thom. v. Celano* abstrahierte anders: wo die Schwärze der Nägel ist, da sind auch die Nägel selbst – und dann hat er mit blühender Phantasie die letztern geschildert, wobei freilich nicht ausgeschlossen bleibt, daß vielleicht Einiges am Aussehen der Wundmale für seine Beschreibung paßte. Das scheint auch aus den Worten *Alexanders IV* hervorzugehen, der zwar mit Cardinal Hugolino einst Augenzeuge gewesen war, in seiner Bulle aber offenkundig auf den Aussagen Celano's fußt. So baute sich ein Mißverständnis auf das andere und bei dem *Falsificator der 3 socii* hat es bereits den Anschein, als ob er, mit gutem Verständnis für seine angenommene Rolle[,] in den Angaben des Elias eine *Minderung des Ruhmes des Meisters* bekämpfen wolle.

*Resultat:* Die Stigmata zeigen sich an *Händen* und *Füßen* und an der *Seite,* unsicher bleibt nach den Quellen[,] ob es bloße *Narben* waren, oder *Narben mit beidseitig hervorragenden Nagelenden,* wobei wieder die Unterfrage besteht, ob diese aus *Fleisch* oder aus einem *Fremdkörper* bestanden. Die Quellen zeigen auch hier eine bemerkenswerte *Climax* vom Einfachen, relativ *Erklärlichen* zum Komplizierten und *Übernatürlichen*

e) Die Zeugen

Es kommt hier vor Allem das Moment in Betracht, das in den meisten, bes. den spätern Quellen stark hervortritt: Die Thatsache, daß Fr. die Stigmen[,] soviel er kann, zu *verbergen* sucht. Das *gelingt* ihm aber *nicht*, hauptsächlich wegen des der *Seitenwunde* zeitweilig entströmenden Blutes, das die Kleider netzt. Dieser Umstand ist schon bei *Elias* hervorgehoben, ebenso bei *Th. v. Celano.* Er führt als Augenzeugen bei Lebzeiten Fr's *Helias* und *Rufinus* an, während er offenbar an-

---

[101] *Analekten*, a.a.O., S. 91, Z. 15f. (= 1961³, S. 62, Z. 23).

nimmt, daß nach dem Tode noch mehrere hinzukamen. *Rufinus* ganz besonders scheint sich um die Kenntnis der Wundmale in hohem Grade bemüht zu haben, wie ein bestimmter Fall zeigt, bei welchem er sich zwar eher täppisch benommen zu haben scheint, indem er Franz durch scheinbar unabsichtliches Betasten der Seitenwunde große Schmerzen verursacht. Dieselbe Geschichte, mit noch 2 andern ähnlichen erzählen von ihm die *Actus. Alexander IV* erzählt offenbar von jener Besichtigung der Leiche mit Hugolino, sichere Leute hätten die Sache gesehen und die Wunden berührt: «palpaverunt»[102], was augenscheinlich auf die angeblichen Fleischnägel geht. Auch er hebt hervor, wiesehr der Heilige bei Lebzeiten mit seinen Wunden zurückhielt[,] nur der Ausfluß aus der Seitenwunde verriet ihn dann und wann. Verdächtig mutet auch hier das Zeugnis *Bonaventura*'s an, der Mann ist offenbar seiner Nachrichten nicht ganz sicher. Nachdem er erzählt, wie es im Volke als großes Glück galt[,] die Stigmen zu sehen und zu küssen[103][,] fährt er fort: «Latere non potuit quin *aliqui* stigmata viderent» und dann sogleich: «*Plurimi* se vidisse juramento firmarunt».[104]

Auch durch das schon angeführte Beispiel von dem vom Zweifel geheilten Ritter *Hieronymus,* der sonst in Fr's Geschichte gar nirgends vorkommt, werden *wir* im Glauben an die Existenz der Stigmen nicht sehr bestärkt werden. *Hase* hat vielleicht nicht unrecht, wenn er diesen zweiten Thomas als *unhistorisch* ausschaltet[105]

In den *Actus* haben wir gefunden, daß Franz sogar soweit gegangen sei, nach der Stigmatisation mit *Schuhen* und *Handschuhen* umherzugehen. Auch das dürfen wir ruhig auf das Gebiet der Erfindung verweisen, die den Meister mit einem übernatürlich reichen Kranze von edlen Zügen, hier der Demut, zu schmücken liebte. *Franz hatte das nicht nötig*. Und vor Allem hätte das Tragen jener Kleidungsstücke einem Fundamentalgesetz der Minores widersprochen: «nihil tuleritis in via».[106] Freilich mußten die Stigmen anders beschaffen sein, als wir in der Mehrzahl der Quellen gesehen haben. Nach ihnen wäre Franz in einer

---

[102] *Magnum Bullarium Romanum*, a.a.O., S. 109 (§3).
[103] Vgl. oben S. 22, Anm. 52.
[104] Bonaventura, XIII, 200; vgl. die *Acta Sanctorum*, a.a.O., S. 778DE.
[105] Vgl. K. v. Hase, a.a.O., S. 179f. bzw. S. 128f., s. auch S. 146 bzw. S. 107.
[106] *Speculum Perfectionis* II, 3, a.a.O., S. 8, Z. 20; vgl. die *Regula non bullata quae dicitur prima* 14, in: *Analekten*, a.a.O., S. 13, Z. 19f. (= 1961³, S. 9, Z. 23).

Weise auffällig geworden, daß er allerdings solcher Schutzmittel bedurft hätte. Fraglich bleibt nur, ob er überhaupt noch hätte *gehen* können!!

Die *Actus* geben uns übrigens noch einen weitern Augenzeugen mit Namen an: Bruder *Leo,* der offenbar mit der, wenn auch sehr primitiven medizinischen Behandlung der Wundmale betraut war.

*Resultat:* Trotz Franzens Bemühungen, die Stigmata selbst vor den Vertrauten geheim zu halten, werden sie doch von diesen, bald aber auch von einem weitern Kreise bemerkt und von weitem verehrt.

Wir stehen damit am *Ende* unsers ersten, *rein historischen Hauptteils.* Wir haben darin zuerst die in Betracht kommenden Quellen rasch durchgangen, dann im Einzeln[en] kritische Nachlese gehalten und sollen nun die gewonnenen *Einzelresultate* zu einem kritisch historischen *Gesamtresultat* zusammenstellen. Wir verlassen zu diesem Behuf die Quellen, an deren Hand wir bis jetzt vorgegangen, um von mehr *allgemeinem Standpunkt* aus an unser Problem heranzutreten.

## II.
## Historisch-Kritische Resultate

Es sollte mich nicht wundern, wenn jemand[,] der unsrer Untersuchung bis hieher gefolgt ist, nun etwa mit folgender *Zwischenfrage* vor uns träte: «Was nützen mir deine zehn Berichte, die die Stigmatisation und Stigmata behaupten? Sie sind alle parteiisch od. mindestens kirchlich gefärbt und du hast uns selbst auf ihre vielfache Diskrepanz aufmerksam gemacht. Ich halte die Sache für Aberglaube und Klosterbetrug.»

Solche Bedenken wären begreiflich. Allein damit ist das Problem nicht aus der Welt geschafft. Und eine Frage, der die bedeutendsten Franz v. Assisibiographen *K. Hase* und *P. Sabatier* in ihren Werken einen besondern Anhang gewidmet haben[107], ist denn doch wohl «des

---

[107] Vgl. K. v. Hase, a.a.O., S. 143–202 bzw. S. 105–143; P. Sabatier, a.a.O., S. 256–262.266f.

Schweißes der Edlen»[108] und einer eingehendern Untersuchung würdig.

Ja, wenn wir uns mit unserm Faktum außerhalb alles Zusammenhangs der Natur- und Menschheitsgeschichte befänden, wenn es *vereinzelt* dastünde, so könnte jener Einwurf mit einem Schein von Recht auftreten, obgleich auch damit noch nichts bewiesen wäre! Allein dem ist nicht so. Wenn auch unser Ereignis keines von den alltäglichen ist, so wird es doch nur der *Einreihung in jenen großen Zusammenhang* bedürfen, um es historisch in ein ganz anderes Licht zu setzen. Ein Komet, der unsre bekannte Sternenwelt durchquert, ist auch nichts Alltägliches und doch verweisen wir ihn nicht aus dem Gebiet des Möglichen – weil seine *Existenz* mehrfach *konstatiert* worden ist. Ganz demselben Prinzip folgt auch die *historische Wissenschaft*. Sie kennt an sich *nichts Unmögliches*, hat aber das Recht alle ihr entgegentretenden Erscheinungen an der Erscheinungswelt der *Vergangenheit* und *Gegenwart* zu prüfen und daraus ihre *provisorischen Schlüsse* zu ziehen. Nur muß sie sich hüten, was wir schon einleitend betonten, aus diesem Provisorium hinauszutreten, denn die *Erfahrungswelt* ist kein abgeschlossenes Ganzes, sondern erfährt ihre täglichen *Korrekturen* in jeder Richtung. Sobald wir uns das klar gemacht haben, so werden wir aufhören von «Unmöglichkeiten» und «Wundern» d. h. Ereignissen[,] die *contra, praeter aut supra naturam*[109] gehen[,] zu reden. Und dazu berechtigen uns gerade die modernen Fortschritte der Naturwissenschaften, die Resultate gezeigt haben, vor denen man vor 100 Jahren geschwindelt hätte. Diese *Vertiefung der Naturerkenntnis* muß zur notwendigen Konsequenz die Einsicht haben, daß wir das Protokoll über Geschichten «übernatürlichen» Inhalts nie zu geschwind abschließen dürfen.

Und ganz besonders gilt dies auf dem subtilen Gebiet der Beziehungen zwischen *Geist* und *Körper*, das erst in neuerer Zeit tiefergehende

---

[108] Vgl. Fr. G. Klopstock, *Der Zürchersee*, Z. 50–52, in: *Friedrich Gottlieb Klopstocks Oden*, hrsg. von Fr. Muncker und J. Pawel, Bd. I, Stuttgart 1889, S. 85:
... die Unsterblichkeit
ist ein großer Gedanke,
ist des Schweißes der Edlen wert!

[109] Vgl. zu dieser traditionellen Bestimmung des «Wunders» Chr. E. Luthardt, *Kompendium der Dogmatik*, Leipzig 1873⁴, S. 109, nach J. A. Quenstedt, *Theologia didactico-polemica, sive Systema theologicum*, Pars I, c. XIII, Sectio I, θέσις XXVII, Wittenberg 1701⁴, (Teil 1), S. 535.

wissenschaftliche Berücksichtigung gefunden hat (*Forel, Dubois*[110] u. A.) In dieses Gebiet gehört auch die Frage der Stigmata.

Zur Einführung in die hier in Betracht fallenden Probleme dient vielleicht am Besten eine kurze Darstellung der Standpunkte der beiden großen Antipoden in dieser Frage, *Hase* und *Sabatier* mit Konfrontierung ihrer Beweisgründe für ihre Auffassung.

*Hase,* der uns hier als der Vertreter einer rationalisierenden Anschauung entgegentritt[,] glaubt den Schlüssel des Rätsels bei *Elias v. Cortona* zu finden. *Dieser habe nämlich dem Heiligen in der Sterbenacht die Stigmata mit einem glühenden Eisen eingebrannt.* Als Beweise führt er an:

*1.* den *Arzt mit dem glühenden Eisen,* der, wahrscheinlich nach einer mittelalterlichen medizin. Praxis, dem kranken Franz in die Stirne brannte; an welches Ereignis dieser die Feuerstrophe seines Canticum solis anschloß.

*2.* die von mehreren Quellen überlieferte *Schwärze der Wunden.*

*3.* die in der Zeitrichtung überhaupt liegende *Gier nach Reliquien,* wobei an die rohe Verstümmelung der hl. Elisabeth von Ungarn erinnert wird.

*4.* das auffallend *rasche Begräbnis.*[111]

Auch *Sabatier,* der *originale Entstehung der Stigmen durch neuropathische Einwirkung* annimmt[112], führt zunächst eine Reihe von *Gegengründen* an:

*1.* das *rasche Begräbnis* (s. oben)

*2.* der Umstand, daß die *Leiche in einen Sarg* gelegt wurde.

*3.* die spätere *Unkenntnis des Grabortes*

*4.* die *Nichterwähnung in der Canonisationsbulle*

*5.* der *Widerspruch mancher Zeitgenossen*

---

[110] Zu den Forschungen und Veröffentlichungen des Mediziners und Psychiaters August Forel vgl. dessen *Rückblick auf mein Leben,* Zürich 1935; von dem Neuropathologen Paul Dubois ist zu vergleichen: *Die Psychoneurosen und ihre psychische Behandlung. Vorlesungen gehalten an der Universität Bern,* Bern 1905.
[111] Vgl. K. v. Hase, a.a.O., S. 176–183 bzw. S. 126–131, s. auch a.a.O., S. 131f. bzw. S. 97.
[112] Vgl. P. Sabatier, a.a.O., S. 257f.

Diese Punkte *widerlegt* er dann einen nach dem andern:

ad *1*. Das Mittelalter zeigt *noch mehr Beispiele* solch rascher Beerdigung

ad *2*. Der sonst ungebräuchliche Sarg war hier ein *Mittel der Vorsicht*, damit dem in der Volksmeinung bereits heiliggesprochenen Franz nicht im Tode dasselbe widerfahre, wie jener hl. Elisabeth

ad *3*. Das versteckte Grab wurde ebenfalls *aus Vorsicht* gewählt, weil man einen Raubanfall der benachbarten Perusianer auf den hl. Leichnam fürchtete, wie solche vorzukommen pflegten

ad *4*. Das Schweigen der Kanonisationsbulle beweist nichts, da die Stigmata in einer besondern Bulle des Papstes ja *offiziell bestätigt* waren.

ad *5*. Der Widerspruch einiger Bischöfe ist nur ein Teilstück aus dem großen *Kampf zwischen Ordens*[-] und *Säkulargeistlichkeit*

Der Widerspruch der Dominikaner kennzeichnet sich ohne Weiteres als *Konkurrenzneid*.[113]

Was nun die *Hypothese Hases* betrifft, so scheint sie mir am Besten widerlegt zu sein durch die Thatsache, daß der angebliche Fälscher *Elias* seine sonstigen Gegner im Orden, die Brüder *Leo* und *Rufinus* in diesem Falle hätte zu Mitwissern machen müssen. *Die Thatsache, daß die Berichte Beider übereinstimmen, scheint mir das gewichtigste historische Zeugnis für die Ächtheit der Stigmen zu sein.*

Noch in anderer Weise sucht der katholische Geschichtsschreiber *Hurter* in seiner «Geschichte Innozenz III» (Bd. 4, pag. 267) die Wundmale zu erklären: Er setzt sie in Zusammenhang mit der *Krankheit* Fr's, infolge deren sich an seinen Händen und Füßen Wunden öffnen, die er mit den Wunden Christi *vergleicht.* «So dürften wir am Ende nicht einmal lebhaften Glauben und Einbildungskraft zur Erklärung jener Sage zu Hülfe nehmen.»[114] Diese Erklärung mag auf den ersten Blick etwas Einleuchtendes haben[,] allein *1*. ist es denkbar, daß die aufrichtigen Jünger, von Franz selbst ganz abgesehen, *Geschwüre* oder dgl. als *Stigmata* aufgefaßt hätten? *2*. Darf man im Anblick unsres angeführten Quellenmaterials von einer *«Sage»* reden? Hurter könnte mit ganz dem-

---

[113] Vgl. a. a. O., S. 261f.
[114] Fr. Hurter, *Geschichte Papst Innocenz des Dritten und seiner Zeitgenossen*, Bd. IV (= Kirchliche Zustände zu Papst Innocenz des Dritten Zeiten, Bd. II), Hamburg 1842, S. 267.

selben Recht jede evangelische Wundererzählung zur «Sage» degradieren: es giebt keine, die so gut bezeugt ist wie die Stigmata des Fr. v. Assisi!

Wir dürfen vielmehr wohl *im Ganzen* auf unsre Quellen bauen, hauptsächlich aus dem eben angeführten Grunde der *Übereinstimmung der aus verschieden gerichteten Kreisen stammenden Quellen*. Wir dürfen dies um so mehr[,] als auch ein sonst so scharfer Kritiker wie *Sabatier* die Berichte über die Stigmen als *durchaus ächt* und der Wahrheit entsprechend ansieht; er geht darin soweit, daß er sogar die in den Quellen von Celano an vorhandene Betonung der *Nägelgestalt der Stigmen* annimmt[115], wohin wir ihm freilich zu folgen nicht vermögen aus historischen wie allgemeinen Gründen. Wir haben bei der Quellenbehandlung gezeigt, wie diese Version aus dem Urbericht hervorgegangen ist. Wäre es denkbar, daß Franz die so beschaffenen Stigmen *zwei Jahre* hätte *verbergen* können? Bei einer einfachen Wunde war dies möglich, nicht aber bei fleischernen Nägeln, die den Heiligen übrigens, wie bereits berührt, auch am Gehen hätten verhindern müssen.

Soviel geben wir dem Katholiken *Görres* ohne Weiteres zu: «Ohne Keimgestalt und ohne bildendes Gesetz keine Krystallisation, so auch ohne Wahrheit in der tiefsten Wurzel und ohne Bildungsgesetz keine Sage.»[116]

Und was bleibt nun für uns übrig als Kern, als Keimgestalt der Erzählung von den Stigmen? Am Besten scheint uns der Vorgang definiert durch *Tholuck,* der die Stigmatisation als *«Verleiblichung der Affekte»* erklärt.[117] Wir haben in den Quellen gesehen, wie Franz sich in einer 40tägigen Andachtsübung zu Ehren des hl. Michael mit verstärkter Inbrunst in das *Leiden Christi* versenkt, wohl nicht zum ersten Mal, sondern nach den Tres Socii offenbar anhaltend häufig seit der Stunde der Bekehrung. In einer Stunde besonders intimer *mystischer Versenkung* in diesen Gegenstand erhält er nun die Vision des *gekreuzigten Seraph,* die *Sabatier* mit viel Geist als Kombination zwischen den Ideenkomplexen des *Erzengels Michael* und der *Passion* bezeichnet.[118] Wir rufen

---

[115] Vgl. P. Sabatier, a.a.O., S. 338, Anm. 482.
[116] J. Görres, *Der heilige Franziskus von Assisi ein Troubadour,* in: Der Katholik; eine religiöse Zeitschrift zur Belehrung und Warnung, 20. Bd., 6. Jg., IV–VI Heft, Straßburg 1826, S. 14–53, S. 36, Anm. *. Vgl. A. Tholuck, a.a.O., S. 103f.
[117] Vgl. A. Tholuck, a.a.O., S. 106.
[118] Vgl. P. Sabatier, a.a.O., S. 258.

noch einmal die äußerst bedeutsame Anmerkung der *Actus* in Erinnerung: «*erat aliquando in tanta mentis extasi, quod per noctem et diem loqui non poterat, ita erat absorptus in Deum!*»[119] «Sollte es wohl undenkbar sein», sagt *Tholuck*, «daß in einem so disponierten ekstatischen Menschen durch die fortgesetzte Fixierung auf das Kreuz Christi in einem Momente, wo dieselbe vorzugsweise sich gesteigert, das Abbild dieser Vorstellung ihm körperlich aufgeprägt worden?»[120]
*Die moderne Physiologie hat gezeigt, daß dergleichen möglich ist[,]* und ganz im selben Sinne sagt *Ad. Harnack:* «Wir sehen, daß ein fester Wille und überzeugter Glaube einwirken auch auf das leibliche Leben und Erscheinungen hervorrufen, die uns wie Wunder anmuten»[121] «Es ist der Geist, der sich den Körper schafft», sagt *Schiller* irgendwo[.][122] Die *Stigmatisation des heil. Franz* steht auch als Ereignis dieser Art nicht allein.

Wir wollen zwar völlig absehen von jenen *hysterischen Frauenzimmern* in der ersten Hälfte des XIX Jahrhunderts: *Margar. Ebner,* der Beghine *Gertrudis* in Delft und dem bekanntesten Falle: der *Kath. Emmerich,* von denen die Stigmatisation ebenfalls behauptet wurde. Gerade bei der letztern, wo sogar ärztliche Atteste beigebracht worden waren, scheint zuletzt ein Betrug entdeckt worden zu sein.[123]

Etwas vertrauenerweckender scheint der Fall der hl. *Katharina von Siena,* immerhin entzieht er sich einer genauern Kontrolle dadurch, daß ihre Stigmen *nicht äußerlich sichtbar* waren und nur als Schmerzen von ihr *empfunden* wurden[.][124] Wir thun auf jeden Fall besser, auf *Analogieschlüsse* nach andern *Stigmatisierten,* wie ihrer *Görres* noch mehr aufzählt[125], zu *verzichten,* da die Beobachtungen jener Fälle zum Mindesten *unsicher* sind. Dagegen ständen sonstige Beispiele von einer solchen *plastisch gestaltenden Wirkung* des Geistes auf den Körper zur

---

[119] *Actus* 9,31; a.a.O., S. 34.
[120] Vgl. A. Tholuck, a.a.O., S. 106f.
[121] A. Harnack, a.a.O., S. 18.
[122] Vgl. Fr. von Schiller, *Wallensteins Tod,* III,13 (V. 1813).
[123] Vgl. K. von Hase, *Kirchengeschichte auf der Grundlage akademischer Vorlesungen,* Dritter Theil, 2. Abth., Leipzig 1892, S. 926–929; ders., *Franz von Assisi,* a.a.O., S. 129f. bzw. S. 95f.; A. Tholuck, a.a.O., S. 98, Anm. \*; S. 111–133; ders., *Vermischte Schriften,* 2. T., Hamburg 1839, S. 477f.; J. Görres, *Die christliche Mystik,* Bd. II, a.a.O., S. 424f.437.453–456.
[124] Vgl. K. v. Hase, *Franz von Assisi,* a.a.O., S. 199 bzw. S. 141f.
[125] Vgl. J. Görres, *Die christliche Mystik,* Bd. II, a.a.O., S. 410–456.

Genüge zur Verfügung, ohne daß wir eine «Geschichte der christl. Mystik» zu Hilfe zu ziehen brauchten.

Ich möchte an ein alttestamentliches Beispiel erinnern, an die Geschichte von *Jakob*, der an der Furt des Jabbok *mit Gott kämpft* und dabei das *Hüftgelenk ausrenkt* (Genes XXXII 25-26)

Besonders bedeutsam scheinen diese Beziehungen von Geist und Körper für das Gebiet des *Embryonenlebens* zu sein. Ein jedenfalls eigentümlicher Fall, von dem ich persönlich weiß, kann das erläutern: Eine Mutter hat einige Wochen vor der Geburt eines Kindes einen heftigen Schreck, indem einer kostbaren Statue der *Arm* abbricht. Das Kind wird geboren – aber *ohne Arm!*

Neuerdings ist man sogar so weit gekommen, daß *experimentiell* auf dem Wege der *Suggestion Wunden,* Blasen und dgl. erzeugt wurden. Es wird sich also nur noch darum handeln müssen, ob dasselbe auch durch *Auto-Suggestion* möglich ist. Wenn bis jetzt noch kein solcher Fall bekannt ist, so beweist das noch nichts gegen die Realität des unsern, weil er eben aus guten Gründen *einzigartig* ist.

Es ist natürlich nicht anzunehmen, daß mit der Stigmatisation die *ekstatische Veranlagung* Fr's verschwunden sei, im Gegenteil ist sie wohl von da an erst recht *zum Durchbruch* gekommen, er befand sich nun bis zu seinem Ende «in quodam raptu contemplationis»[126]. Wie hätten sich sonst die Wundmale 2 Jahre lang halten können? Wir können hier nicht anders als eine konstante *Konservierung der Stigmen* anzunehmen durch dieselben Kräfte[,] die sie entstehen ließen. Darauf weist ja auch die fortwährend blutende *Seitenwunde* hin.

Wir können somit *zusammenfassend resultieren:*
*1.* Durch eine ganz besondere physische und psychische Empfänglichkeit war Franz v. Assisi bereits seit seiner Bekehrung disponiert zu außerordentlichen neuropathischen Einwirkungen.
 *2.* Diese Empfänglichkeit wird auf dem Alverno noch gesteigert
   a. durch eine 40tägige Andachts- und Gebetsübung
   b. durch eine besonders intensive mystische Versenkung in d. Thatsache der Passion Christi
 *3.* In einem Moment, da diese Contemplation sich auf einen Höhe-

---

[126] Vgl. Thomas de Eccleston, Collatio XIII (XII); a. a. O., S. 245.

punkt gesteigert hat, erhält Franz eine Vision und die fortgesetzte geistige Konzentrierung auf das Leiden Christi äußert sich leiblich durch Auftreten der Wundmale am Körper des Heiligen.

4. Über die Beschaffenheit der Stigmen bleiben wir im Unklaren. Die Darstellung der Berichte von Th. v. Celano an erscheint als ausgeschlossen.

### III.
### Allgemeine Würdigung

Jemand, mit dem ich jüngst über unser Thema sprach, bekannte mir seine Meinung darüber, die dahin ging, selbst wenn die Sache wahr sei, so hätten wir es doch mit einem *rein pathologischen Fall*, mit einem Vorgang aus den untersten Lebensgebieten zu thun, der *sittlich-religiös völlig indifferent* sei.

Und in ähnlichem Sinn geht *Hase* am Schluß seiner Spezialstudie über die Stigmata zur Tagesordnung über: «Gott sieht nicht auf Kutte oder Wundmale, sondern auf den innerlichen Menschen».[127] Das ist ohne Zweifel richtig, allein mit solchen Machtsprüchen ist die Frage nicht erledigt.

Ist es nicht eigentümlich, wie sehr man es liebt, sich in *Extremen* zu bewegen?! Entweder muß die Sache ein *supranaturales Wunder* sein oder dann ein *banales Vorkommnis* «aus den untersten Lebensgebieten»!

Wir wollen nicht leugnen, daß für die letztere Anschauung einige Stützpunkte vorhanden sind. Wie würden wir, fragt man uns vielleicht, die Bedeutung der Stigmen beurteilen, wenn sich nun, was gar nicht ausgeschlossen ist, auch die angebl. Stigmatisierung einer *Emmerich* und dergl. Leute als *thatsächlich* herausstellen sollte? Und was sagen wir dazu, wenn nach neuester Annahme von Prof. *Steck* («Kulturgeschichtl. aus d. Akten d. Jetzerprozesses» pag. 21)[128] sogar ein notori-

---

[127] K. v. Hase, a.a.O., S. 202 bzw. S. 143.
[128] Vgl. R. Steck, *Kulturgeschichtliches aus den Akten des Jetzerprozesses*, in: Blätter für bernische Geschichte, Kunst und Altertumskunde, Jg. 1 (1905), S. 161–186, S. 178, vgl. S. 176f. (Barth scheint den Aufsatz, der das mit «*August 1905*» datierte Heft 3 des Jahrganges eröffnet, nach dem Manuskript, nach Fahnen- oder Umbruchabzügen oder nach einem Separatum mit abweichender Paginierung anzuführen.)

scher Schwindler wie *Jetzer* die Stigmen thatsächlich gehabt hätte?! – Nun, erstens ist das Alles *noch nicht bewiesen,* und dann, sollte es auch der Fall sein, so gilt für uns hier der alte Spruch: *Duo, cum faciunt idem, non est idem!*[129]

Wir haben im vorigen Abschnitt gezeigt, wie wir uns eine relativ «natürliche» Erklärung des Stigmenwunders denken. Wir haben dabei bereits das Wort «Suggestion» fallen lassen. Nun, da haben wir es, wird man rufen und wird beginnen, uns eine ganze Menge von Fällen aus dem weiten Gebiet von Hypnose und Suggestion aufzuzählen, die mit Heiligen und Heiligkeit auch nicht die geringste Gemeinschaft haben.

Hier gilt es nun vor Allem jenem Irrtum entgegenzutreten, als ob ein sog. «Wunder», d. h. ein Vorgang, bei dem wir *Gottes Willen* in besonderer Weise thätig glauben, dadurch an *religiösem Wert* für uns verliere, daß wir zur Erkenntnis derjenigen Mittel kommen, die Gott bei diesem Willensakt angewendet, oder dadurch daß wir zu dem betreff. Vorgang *Analogieen* entdecken, bei denen uns eine besondere Willensthätigkeit Gottes ausgeschlossen scheint.

Die Erzählungen des NT sind uns nicht weniger wertvoll geworden deshalb, weil wir Manches, wie z. B. die Krankenheilungen, heute in seinen Ursachen besser verstehen, als frühere Zeiten.

Für die Thatsache, daß Gott bis heute auch im Einzelnen *lenkend in die Geschichte der Menschheit* eingreift, ist es völlig *indifferent,* ob wir die *Mittel* kennen, die er dazu anwendet, oder nicht. Ebenso irrelevant ist es an und für sich[,] ob wir ein «Wunder» *Wunder* oder *hypnot. Erscheinung* und dgl. nennen wollen. Beides ist gleich unerklärlich für das gewöhnliche Denken.

Und so steht es auch in unserm Fall:

Mag es mit den sog. «natürlichen» Ursachen der Stigmata des Franz v. Assisi beschaffen sein, wie es wolle, wir erkennen darin eine höhere Hand, die dem treuen Knecht des Herrn zu verstehen geben sollte: Du stehst nicht allein in deinem Streiten um das Reich Gottes; der gekreuzigte Meister ist dir allezeit nahe!

Und in diesem Sinn unterschreiben auch wir jene Worte Bonaventura's:

«*Signaculum Christi crucifixi in corpore ipsius fuit impressum non per*

---

[129] Vgl. P. Terentius Afer, *Adelphoe* V, 3 (V. 37–39).

*naturae virtutem, vel ingenium artis, sed potius per admirandam potentiam spiritus Dei vivi»!*[130]

Finis[131]

13. Juli 1905
2ʰ mat.

---

[130] Bonaventura, *Prologus*, 2; vgl. die *Acta Sanctorum*, a.a.O., S. 743A.
[131] Unter das Wort ist der Zirkel der Zofingia gesetzt (s. unten S. 99). Daneben steht: «ὢ πωποι (2 Jahre später)».

# DER HAUPTMANN ZU KAPERNAUM
## 1905

*Im Winter-Semester 1905/06 belegte Karl Barth u. a. – neben einer «Leben Jesu»-Vorlesung seines Vaters – «Übungen zur synopt. Frage» bei R. Steck. Auf diese exegetische Arbeit hatte er sich im Sommer insbesondere durch die Lektüre von P. Wernles «Die synoptische Frage» (s. Anm. 4) vorbereitet. Aus den Ferien, die er in Coffrane im Kanton Neuenburg verlebte, schreibt er darüber am 18. 8. 1905 an den Vater: «Habe auch die synopt. Frage von Wernle begonnen, weiß nicht, ob ich nicht doch das Seminar bei Steck nehmen möchte, da die Sache mir immerhin von einiger Importanz vorkommt und wert, von einigen Seiten beleuchtet zu sehen.» Am 23. 8. berichtet er dem Vater: «Hinter der Theologie bin ich so hitzig, daß ich heute lebhaft über die synoptische Frage geträumt habe, die sich mir, ich weiß nicht wie, dramatisierte». Bis zum 31. 8. hatte er Wernles Buch vollständig exzerpiert[1], so daß er seinem Vater ausführlich über seine Eindrücke und Gedanken schreiben konnte. Im Rückblick heißt es später (in einem Brief vom 28. 12. 1905 an die Großmutter und die Tante in Basel) über die für das neutestamentliche Seminar geschriebene Untersuchung: «À propos wenn ihr etwas Gutes lesen wollt über die Historie vom Hauptmann zu Kapernaum, so kann ich dienen, ich habe ihn vor einigen Wochen für Hrn. Steck ausgelegt.»*

*Das Manuskript – mit dem Untertitel: «(Synoptisch untersucht). Arbeit für das NTliche Seminar bei Prof. D. Steck W. S. 1905/06» – ist Teil des Bandes «Excerpta II», in dem Barth sich neben Aufzeichnungen zur «Bibelkunde des A.T.» und Exzerpten aus Ueberwegs «Geschichte der Philosophie» die «Seminararbeiten» «Der Hauptmann zu Kapernaum» und «Zwinglis 67 Schlußreden» (s. unten S. 104) und den «Aufsatz für den akadem. theol. Verein» «Die ursprüngliche Gestalt des Unser Vaters» (s. unten S. 126) binden ließ. Dem Text der Seminararbeit über den «Hauptmann von Kapernaum» ist in den «Excerpta» eine Seite «Präparation. Nach Wilke, Clavis NT'i» (Übersetzung einiger griechischer Vokabeln ins Lateinische) vorangestellt.*

---

[1] Diese Exzerpte finden sich den «Excerpta I» (s. oben S. 1).

*Einleitung*

Die Perikope vom Hauptmann zu Kapernaum ist uns in der synoptischen Tradition nur erhalten bei Mt 8,5–13 und Lc 7,1–10 wobei Lc 13,28–30 ebenfalls in Betracht zu ziehen ist.

Behält die *Zweiquellentheorie* über die Entstehung der synoptischen Evangelien Recht, die Alles dem Mt und Lc über Mr hinaus Gemeinsame einer gemeinsamen verlorenen Quelle, hinter der man die bekannten *Logia* des Papias[2] gesucht hat[3], zuschreibt, so muß unser Stück notwendig eben der letztern zuzuweisen sein, da es bei Mr fehlt.

Diese Konsequenz finde ich denn z. B. gezogen bei *Wernle* «Die synopt. Frage» (1899) pag. 64ff.[4], der von dem Kanon ausgeht: «*Überall wo Mt und Lc wörtlich zusammentreffen, liegt der Text der Spruchsammlung vor*» (pag. 80), natürlich immer abgesehen von den Mrstükken.

Allein dem gegenüber erheben sich bedeutende *Schwierigkeiten*

*a)* Schon der Vordersatz jener These ist anfechtbar, indem *wörtliches* Zusammentreffen zwischen Mt und Lc über Mr hinaus relativ selten ist (vgl. Bergpredigt od. Rede über Joh. d. Täufer) vielmehr bei kongruentem Inhalt größte Variation im Einzelnen herrscht. So steht es auch bei den Redestücken unsres Abschnittes.

*b)* Unser Stück würde als größere erzählende Partie in der Spruch-

---

[2] Vgl. *Antilegomena. Die Reste der ausserkanonischen Evangelien und urchristlichen Ueberlieferungen,* hrsg. und übers. von E. Preuschen, Gießen 1901, S. 54–63.145–152.

[3] Barth spielt auf die von *Fr. Schleiermacher* wirkungsvoll in die exegetische Forschung eingeführte Überlegung an, die Aussage über die λόγια Christi in dem von Euseb (h. e. III 39,17) überlieferten Papias-Satz: Ματθαῖος μὲν οὖν ἑβραΐδι διαλέκτῳ τὰ λόγια συνεγράψατο, ἡρμήνευσε δ' αὐτὰ ὡς ἠδύνατο ἕκαστος so zu verstehen, «daß der Apostel Matthäus in palästinensischer Mundart eine Zusammenstellung von Reden und Aussprüchen Christi verfaßt habe, über welche hernach viele andere, jeder auf seine Weise, gearbeitet haben» – woran Schleiermacher die Vermutung anschloß, «unserm Matthäusevangelium liege die Redensammlung des Apostels Matthäus, unserm Markusevangelium die Geschichtssammlung des Dolmetschers Markus zu Grunde, und beiden sei ihr Name aus diesem Verhältniß entstanden» (*Ueber die Zeugnisse des Papias von unsern beiden ersten Evangelien,* in: Fr. Schleiermacher, Sämmtliche Werke, Abt. I, Bd. II, Berlin 1836, S. 361–392, S. 372 und S. 391).

[4] P. Wernle, *Die synoptische Frage,* Freiburg i. B./Leipzig/Tübingen 1899, S. 61–80, bes. S. 64f.

sammlung fast völlig vereinzelt dastehen, wie auch Wernle (vgl. pag. 224)⁵ einräumt.

*c)* Der historische Rahmen der Worte Jesu in userm Stück ist bei Lc und Mt so verschieden, daß bei Annahme gemeinsamer Quelle eine willkürliche Änder[un]g durch den Ev[an]g[eli]sten angenommen werden müßte, wozu die Motive aber schwer erfindlich sind.

*Die beiden Berichte machen mir vielmehr den Eindruck, als ob sie aus verschiedenen Quellen stammten,* was noch im Einzelnen nachgewiesen werden soll.

Das *kritisch-exeget. Material* zu meiner Arbeit habe ich hauptsächlich folgenden Handbüchern entnommen:

*H. A. W. Meyer* «Krit.-exeget. Handbuch über d. Evg. Mt» Göttingen 1858⁶

*H. A. W. Meyer* «Krit.-exeget. Handbuch über d. Evg. Mr u. Lc» Göttingen 1860⁷

*F. Godet* «Commentaire sur l'Evangile de Saint Luc» Neuchâtel 1888⁸

*Meyers* «Handb. üb. Mt» neubearbeitet von *B. Weiß* Göttingen 1890⁹

*Meyers* «Handb. üb. Mr u. Lc[»] neubearbeitet von *B. Weiß* Göttingen 1885¹⁰

*Holtzmann,* Handcommentar zum Nt (I Band: Synoptiker u. Act) Freiburg i/B. 1892¹¹

Wir geben zunächst eine kurze *Analyse* der zwei Berichte, um dann eine *Vergleichung* anzuschließen, aus der sich die *Resultate* betr. Priorität und Verhältnis der Berichte zueinander von selbst ergeben werden.

---

⁵ Vgl. a. a. O., S. 224f.

⁶ H. A. W. Meyer, *Kritisch exegetisches Handbuch über das Evangelium des Matthäus,* KEK, 1. Abt., 1. Hälfte, Göttingen 1858⁴.

⁷ H. A. W. Meyer, *Kritisch exegetisches Handbuch über die Evangelien des Markus und Lukas,* KEK, 1. Abt., 2. Hälfte, Göttingen 1860⁴.

⁸ Fr. Godet, *Commentaire sur l'Évangile de Saint Luc,* Tome premier, Neuchâtel 1888³.

⁹ B. Weiß, *Das Matthäus-Evangelium,* KEK, 1. Abt., 1. Hälfte, Göttingen 1890⁸.

¹⁰ B. Weiß, *Kritisch exegetisches Handbuch über die Evangelien des Markus und Lukas,* KEK, 1. Abt., 2. Hälfte, Göttingen 1885⁷.

¹¹ H. J. Holtzmann, *Die Synoptiker. – Die Apostelgeschichte,* HC 1, Freiburg i. B. 1892².

## I. *Mt 8,5–13*

a) Der Zusammenhang. Die Geschichte vom Hauptm. z. K. ereignete sich nach Mt nach der Zurückkunft Jesu von der Bergpredigt nach Kapernaum. Zwischenhinein (8,1–4) fällt nach Mt die *Heilung des Aussätzigen*, die Lc an anderer Stelle: 5,12–14 *vor* der Bergpredigt bringt. Unsrer Geschichte folgt dann bei Mt die *Heilung der Schwiegermutter des Petrus* u. anderer.

b) Der Inhalt. Jesus wird bei seinem Eintritt in Kapernaum von einem Hauptmann mit der Nachricht empfangen, sein Sohn sei krank, offenbar mit der unausgesprochenen Bitte, denselben zu heilen. – Unter dem ἑκατοντάρχης haben wir uns nach der übereinstimmenden Meinung d. Exegeten einen *Militärbeamten im Dienste des Herodes Antipas* zu denken, nach v 10 ein Heide, kaum, wie *Godet* annimmt[,] ein «Proselyt des Thores»[12]. Schwierig ist die Bedeutung von παῖς, das «Sohn» und «Diener» heißen kann. Das letztere hat zwar mehr Beispiele im NT für sich, dazu die Auffassung des Lc, andrerseits scheint mir aber der Hinweis von *Holtzmann* auf v 9[13], wo Mt für Diener: δοῦλος hat[,] sowie auf die johanneische Parallele, von der noch zu reden sein wird[14], die ausdrücklich υἱός giebt, ausschlaggebend für *«Sohn»*. Die Krankheit desselben, Mt beschreibt sie: βέβληται παραλυτικός δεινῶς βασανιζόμενος[,] faßt *Godet* wohl mit Recht als *«un rhumatisme aigu. En se portant sur certains organs, le coeur, par exemple, cette maladie peut devenir mortelle»*[15]. Daß das Letztere der Fall war, zeigt die Eile, die d. Hauptmann hat, sowie die ausdrückliche Konstatierung bei Lc und Joh.

Jesus antwortet mit der einfachen *Zusage: Ich* will kommen und ihn heilen! (wobei Nachdruck auf ἐγώ) Mit Recht lehnt *Meyer*[16] die Auffassung von *Fritzsche*[17] als «unnötig gesucht» ab, der eine Frage herauslesen will: «Soll ich kommen und ihn heilen?» Neuerdings ist diese An-

---

[12] Vgl. a.a.O., S. 463.
[13] A.a.O., S. 128.
[14] Siehe unten S. 59f.
[15] A.a.O., S. 463.
[16] H. A. W. Meyer, *Kritisch exegetisches Handbuch über das Evangelium des Matthäus*, a.a.O., S. 201.
[17] *Quatuor N. T. Evangelia recensuit et cum commentariis perpetuis edidit C. Fr. A. Fritzsche*, Tom. I: *Evangelium Matthaei*, Leipzig 1826, S. 311.

sicht übrigens von *Zahn* wieder aufgenommen worden.[18] «Herr, ich bin nicht würdig, daß du unter mein Dach eintretest» entgegnet der bescheidene Centurio v 8ª. Vor der Erscheinung Jesu fühlt er tief seine Unwürdigkeit oder wie der S. J. *Maldonatus* sich ausdrückt: «non superstitione sed fide dixit, se indignum esse»[19] Vielmehr spricht er (v 8ᵇ-9) seinen Glauben aus, daß Xϱ [Christus] nur zu *befehlen* brauche (*μόνον εἰπὲ λόγῳ*) so werde sein Sohn gesund werden, wobei er die *militärischen Dienstverhältnisse* zum Vergleich heranzieht: Wie er, der Hauptmann selbst, seinen Vorgesetzten zu gehorchen hat und wie ihm wiederum seine Soldaten und Knechte gehorchen, so gehorchen die Krankheiten Jesu, sind ihm *ὑπὸ ἐξουσίαν*: er kann sie kommen und gehen heißen. Schwerlich ist hier mit *Ewald* an *Dämonen*[20], od. mit *Olshausen*[21] und *Hahn*[22] an *Engel* zu denken.

Jesus *staunt* darüber, worin *Holtzmann* einen erstmaligen Hinweis erblickt: «auf den erfahrungsmäßigen Weg hin, auf welchem Jesus zur Erweiterung seines messianischen Programms über die national bedingten Grenzen gelangte»[23], und spricht die für die Zukunft des Chr[isten]t[um]s bedeutungsvollen Worte: *«Nicht fand ich in Israel solchen Glauben!»* oder wie eine andere Lesart (*παϱ' οὐδενί* statt *οὐδέ*) will: «bei keinem in Israel» Und weiter: die Heiden aus Ost und West werden kommen u. mit den Erzvätern zu Tische sitzen, die «Söhne des Reiches» aber verbannt sein *εἰς τὸ σκότος τὸ ἐξώτεϱον*[,] wo das Heulen und das Zähneknirschen herrscht. – Die ganze eschatologische Schilderg v 11-12 weist stark *jüdische Färbung* auf. *πολλοὶ ἀπὸ ἀνατολῶν καὶ δυσμῶν* ist Reminiscenz an Jes 45,6 (LXX in denselben Ausdrücken!) Die Tischgemeinschaft mit den Heroen des Judentums,

---

[18] Th. Zahn, *Das Evangelium des Matthäus*, KNT 1, Leipzig 1903, S. 336.
[19] J. Maldonatus, *Commentarii in Quatuor Evangelistas*, curavit C. Martin, Tom. I: *Qui complectitur Evangelium Matthaei et Marci integrum*, Mainz 1853², S. 121.
[20] H. Ewald, *Geschichte des Volkes Israel bis Christus*, Bd. V: *Geschichte Christus' und seiner Zeit*, Göttingen 1855, S. 242.
[21] H. Olshausen, *Biblischer Commentar über sämmtliche Schriften des Neuen Testaments, zunächst für Prediger und Studirende*, Bd. I: *Die drei ersten Evangelien bis zur Leidensgeschichte enthaltend*, Reutlingen 1834², S. 269.
[22] G. L. Hahn, *Die Theologie des Neuen Testaments*, Bd. I, Leipzig 1854, S. 310.
[23] A.a.O., S. 129.

den Patriarchen, gehörte besonders zu der erwarteten Glückseligkeit des Messiasreiches, (Vgl. auch den «armen Lazarus»[,] der (Lc 16,23) ἐν τοῖς κόλποις des Abraham sitzt) von der die Heiden natürlich ausgeschlossen sind. Noch in dem Midrasch *Tanchuma* (zum Pentateuch) aus dem 9ten Jahrh[un]d[e]rt n. Chr. heißt es (citiert nach *Meyer*)[24]: «In mundo futuro, (dixit Deus) mensam ingentem vobis sternam, *quod gentiles videbunt et pudefient.*» Diese Hoffnung *zerstört* hier Jesus: umgekehrt wird es sein: die Heiden werden in die Gemeinschaft von Abraham, Isaak u. Jacob kommen, die υἱοὶ τῆς βασιλείας aber draußenstehen. «Söhne des Reichs» sind die Juden insofern, als sie als das historische «Volk Gottes» eigentlich das nächste Anrecht an das Messiasreich hätten. *Holtzmann* sieht die ganze Stelle v 11–12 als *Einschub aus einem Stück der Spruchsammlg* (bei Lc 13,28–30) an, von der Mt den Anfang (d. h. Lc 13,26–27) bereits in der Bergpredigt Mt 7,21–23 gebracht hätte.[25] Ohne mir ein abschließendes Urteil erlauben zu wollen, sehe ich nicht ein, warum der Sachverhalt nicht gerade so gut *umgekehrt* sein könnte, indem die Worte von d. engen Pforte, den falschen Bekennern etc. Lc 13 denen über die Verwerfg der Juden und Annahme d. Heiden *nicht notwendig* vorangehen müssen, während die letztern wiederum sehr gut in den Zusammenhang unsrer Geschichte passen. In diesem Fall stünden also die Verse 11 u. 12 zu Recht an ihrer Stelle. –

Daß etwas Längeres vorangegangen, darauf läßt auch die Wiederholung des εἶπεν ὁ Ἰησοῦς v 13 schließen, das sich bei Streichung von 11 u. 12 seltsam ausnehmen würde

«*Gehe, wie du geglaubt, geschehe dir!*» *Und der Sohn wurde geheilt zu jener Stunde.* Mit diesen Worten schließt der merkwürdige Bericht. Durch die in die Ferne wirkende Kraft, die Jesu innewohnte, ist der Kranke geheilt. Behält die Zweiquellenhypothese auch in unserm Fall Recht, so mag der Zusatz 13b ἐν τῇ ὥρᾳ ἐκείνῃ[,] wie *Holtzmann* annimmt[26], *vom Evgsten* stammen.

---

[24] H. A. W. Meyer, *Kritisch exegetisches Handbuch über das Evangelium des Matthäus*, a.a.O., S. 202.
[25] A.a.O., S. 129.
[26] Ebd.

## II. Lc 7,1–10  13,28–30

a) Der Zusammenhang ist hier insofern ein wenig ein anderer als unsre Geschichte deutlich *unmittelbar* an die Berg- resp. *Feldpredigt* (Lc 6,20–49) sich anschließt, während die Heilung des Aussätzigen, wie schon oben erwähnt, bereits Lc 5,12–14 erzählt ist, zwischen der Berufung der Fischerapostel und der Heilung des Gichtbrüchigen. Der Erzählung vom Hauptm. z. K. folgt dann Lc 7,11–17 die vom *Jüngling zu Nain*

b) Der Inhalt. Mit den Worten ἐπειδὴ ἐπλήρωσεν πάντα τὰ ῥήματα αὐτοῦ wird der unmittelbare Übergang von der Feldpredigt zu unserm Stück gezeichnet. Wie bei Mt zieht Jesus in Kapernaum ein, aber nun haben wir eine veränderte Situation: v 2 berichtet zunächst der Evgst selbst über den *Kranken im Hause des Hauptmanns*, der hier ausdrücklich δοῦλος genannt wird. Der Hauptmann hört von der Anwesenheit Jesu, offenbar ist letzterer also bereits *in der Stadt*, wenn auch noch nicht in seinem gewöhnl. Absteigequartier, dem Haus d. Petrus angelangt, wie v 9 zeigt, wo das *Volk Jesu nachfolgt*. Statt nun aber[,] wie bei Mt, Jesum selbst aufzusuchen[,] sendet er πρεσβυτέρους τῶν Ἰουδαίων zu ihm. *Godet* verstand in den frühern Auflagen seines Lukascommentars darunter: *Synagogenvorsteher* (ἀρχισυνάγωγοι)[27], was Manches für sich hätte, kam dann aber davon ab und auf die Bedeutg *Volksälteste* «magistrats urbains»[28], wie er sich ausdrückt, so auch *Meyer*[29], *Holtzmann*[30], *Weiß*[31]. – Diese sollen in seinem Auftrag Jesum bitten ὅπως ἐλθὼν διασώσῃ τὸν δοῦλον αὐτοῦ. Man beachte das anschauliche διασώσῃ[,] das etwa unsrem «durchbringen» entsprechen dürfte. Zur Verstärkung der ihnen aufgetragenen Bitte fügen die Ältesten von sich aus hinzu: *Er ist würdig, daß du ihm das gewährest. Denn er liebt unser Volk und hat uns die Synagoge gebaut.* Offenbar aus letzterer Angabe hat *Godet* den oben angeführten[32] Schluß gezo-

---

[27] Fr. Godet, *Commentaire sur l'Évangile de Saint Luc*, Tome premier, Neuchâtel 1871, S. 357.
[28] Fr. Godet, *Commentaire sur l'Évangile de Saint Luc*, 1888³, S. 463.
[29] H. A. W. Meyer, *Kritisch exegetisches Handbuch über die Evangelien des Markus und Lukas*, a.a.O., S. 338.
[30] A.a.O., S. 128.
[31] *Kritisch exegetisches Handbuch über die Evangelien des Markus und Lukas*, a.a.O., S. 386.
[32] Siehe oben Anm. 12.

gen, der Hauptmann sei ein «Proselyte des Thores»[,] ein גר שער gewesen. Unter Solchen verstand man nach *Schürer*'s «Gesch. d. jüd. Volkes» II pag. 564ff.[33]: Nicht-Juden[,] die dauernd im Lande Israel wohnten und daher den hauptsächlichsten Gesetzen desselben sich unterwarfen. Allein, wie Schürer ausführt, war das letztere eine unfruchtbare Theorie, «um die sich die palästinensischen Griechen und Römer schwerlich viel gekümmert haben.»[34] Auch beachte man, daß *unsrer Erzählung die Pointe abgebrochen wird, wenn man den Hauptmann halb und halb zum Juden macht.* Es bliebe noch übrig, ihn als einen der φοβούμενοι τὸν θεόν aus der Heidenwelt, die nach Schürer von den גרי השער wesentlich verschieden sind[35], anzusehen, wie wir z. B. einen im Hauptmann Cornelius Act 10,1–2 geschildert finden. Allein dagegen ist wiederum einzuwenden, daß unter dieser Bezeichnung der Anhang «gottesfürchtiger» Heiden verstanden wurde[,] der sich *an die jüdischen Gemeinden der Diaspora* anschloß. Zur letztern darf das heidnische Cäsarea Act 10 gerechnet werden, nicht aber Kapernaum. So scheint es mir noch immer am Einfachsten, sich den Hauptmann als gewöhnlichen unbeschnittenen *Heiden* zu denken, so auch *Zahn* (Mt.-Komm. pag. 335)[36] womit ja ein freundliches Verhältnis zum Judentum nicht ausgeschlossen ist. Wäre es anders, so müßte sich von seiner Gesinnung irgend eine Spur in den Texten erhalten haben. Dies ist aber *nicht* der Fall. –

In v 6 geht Jesus sofort auf die Bitte ein und folgt ihnen nach dem Hause des Hauptmanns. Unterwegs begegnet ihnen dessen zweite Gesandtschaft, diesmal aus *Freunden* von ihm bestehend, die Jesus nun in seinem Namen jenes Bedenken vortragen, das bei Mt der Hauptmann selbst ausspricht: *«Herr, ich bin nicht würdig, daß du unter mein Dach eingehest»* mit dem Vordersatz μὴ σκύλλου «mache dir keine Mühe» und dem Zwischensatz v 7ª: *«deshalb habe ich mich nicht würdig gehalten, zu dir zu kommen»* v 8 und 9 weisen fast völlige Übereinstimmung auf mit v 9 und 10 bei Mt, abgesehen von zwei erklärenden Er-

---

[33] E. Schürer, *Geschichte des jüdischen Volkes im Zeitalter Jesu Christi*, 2. T.: *Die inneren Zustände Palästina's und des jüdischen Volkes im Zeitalter Jesu Christi*, Leipzig 1886², S. 564ff. und bes. S. 569.
[34] A.a.O., S. 569.
[35] A.a.O., S. 567.
[36] A.a.O., S. 334f.

weiterungen: v 8ᵃ fügt Lc zu dem ὑπὸ ἐξουσίαν noch τασσόμενος, v 9ᵃ das «malende» (Holtzmann)³⁷ στραφείς und die ausdrückliche Erwähnung, daß unter den ἀκολουθοῦντες das *Volk* zu verstehen sei, während das ἀμήν des Mt vor den Worten Jesu unterdrückt wird. – Die nun bei Mt folgenden *eschatologischen Verse 11 und 12 fehlen* im Text des Lc, dieser schließt vielmehr nach dem kurzen Wort Jesu v 9ᵇ mit dem Bericht, daß die Freunde ins Haus d. Hauptmanns zurückkehren und den *Knecht gesund* finden. – Mit Recht fügt aber *Huck* in seiner Synopse *zwischen v 9 u. 10* jene bereits mehrfach erwähnten Worte Lc 13,28–30 ein.³⁸

Noch mehr als bei Mt leuchtet ein, daß sie sehr gut *hier* an ihrer ursprünglichen Stelle stehen können, bes. wenn wir beachten, daß die Verse bei Lc in umgekehrter Reihenfolge gegeben sind, sodaß anzunehmen ist, daß v 30 (die Letzten, die die Ersten sein werden etc.) an der Spitze des ganzen Passus gestanden habe. Er paßt hier mindestens ebenso gut hin, als an den Schluß der Jüngerrede, wo ihn Mt 19,30 bringt. Hier giebt er einen einfachen Übergang von v 9ᵇ zum Folgenden d. h. Lc 13,29, dem dann Lc 13,28 und der Schluß der Perikope Lc 7,10 folgt

III. *Vergleichung der synopt. Berichte und Resultate derselben*

Wir haben uns die beiden Texte soeben im Einzelnen angesehen, auch bereits die hauptsächlichsten *Differenzen* konstatiert, es erübrigt nun noch, sie im Zusammenhang kurz zu rekapitulieren, sowie uns eine Ansicht über die *Entstehungsverhältnisse* der beiden Stücke daraus zu bilden.

a) Der *Ort* der Erzählg ist bei Mt durchwegs derselbe: *am Eingang* der Stadt Kapernaum spielen sich der erste und der zweite Teil des Ereignisses ab. (εἰσελθόντος αὐτοῦ εἰς Κ.)

bei Lc ist es fraglich, wo wir uns die erste Anfrage zu denken haben, wir haben aus der Notiz ἀκούσας δὲ περὶ τοῦ Ἰησοῦ angenommen, bereits *in* der Stadt. Die zweite Anfrage ist sicher in der Nähe des Hauses des Hauptm's[,] also ebenfalls *in* der Stadt

---

³⁷ A.a.O., S. 129.
³⁸ *Synopse der drei ersten Evangelien*, bearb. von A. Huck, Freiburg i. B./Leipzig/Tübingen 1898², S. 49.

b) Die *Personen* sind bei Mt: Jesus, der Hauptmann und die ἀκολουθοῦντες, d. h. wohl das neugierige Volk

bei Lc dagegen Jesus, die Stadtältesten, die Freunde des Hauptm's und wiederum ὁ ἀκολουθῶν ὄχλος, während der Hauptm. selbst gar nicht auf der Bildfläche erscheint.

c) Die *textlichen Abweichungen* will ich nicht wiederholen, ich erinnere nur noch einmal an die bedeutendste derselben, die Auslassung der kurzen eschatologischen Rede bei Lc, zwischen v 9 und 10

Daß diese Verschiedenheiten, bes. die sub a) und b) angeführten *nicht* oder nur höchst *künstlich* in Einklang zu bringen sind, ist ohne Weiteres klar. Zur Zeit der Herrschaft der wörtlichen Inspirationstheorie mußten deshalb wohl oder übel zwei verschiedene Geschichten angenommen werden.

Wir haben es heute einfacher.

Suchen wir zunächst dem «*Woher?*» unsres Stückes wenn nicht auf den Grund, so doch näher zu kommen.

Die gangbare Ansicht über diese Frage ist die, welche wir gleich bei der Einleitung festgestellt haben:

*Der Hauptm. v. Kapernaum stammt mit den übrigen nur bei Mt und Lc, nicht aber bei Mr vorhandenen Redestücken aus der verlorenen Spruchsammlung,* apostol. Quelle, Logia oder wie man sie nennen will. So z. B. *Holtzmann*[39] u. *Weiß*[40]

In der That hat das Manches für sich, so vor Allem die übereinstimmende Einordng unsres Stückes in den Gang der Evg: *Bei Mt und Lc unmittelbar nach der Bergpredigt*, wogegen die aus Mr 1,40–44 entnommene Geschichte vom Aussätzigen bei Mt[,] die zwischen d. Bergpredigt u. unser Stück fällt, nichts beweist (gegen *Godet*[41]). Muß nicht, folgert man, *Bergpredigt und Hauptmann v. Kapernaum ein zusammenhängendes Ganzes innerhalb jener Quelle* gebildet haben? Beachtenswert ist zunächst der Umstand, daß dieselben Forscher, die[,] wie wir oben[42] gesehen haben, den Abschnitt Mt 8,10–12 aus unsrem Stück streichen, nun das letztere in die Spruchsammlung setzen wollen,

---

[39] Vgl. a.a.O., S. 10–12.128–130.
[40] *Das Matthäus-Evangelium*, a.a.O., S. 165.
[41] *Commentaire sur l'Évangile de Saint Luc*, 1888³, S. 461f.
[42] Siehe oben S. 51.

in der es[,] wäre es darin gewesen, höchstens wegen jenes Abschnittes Existenzberechtigung gehabt hätte!! Gehen wir noch näher auf diese Anschauung ein. Sie hat die notwendige Konsequenz, wie sie auch *Holtzmann* zieht[43], daß der eine oder der andre oder beide Evgsten den ihnen vorliegenden *Stoff verändert* haben, denn daß die beiden Texte ohne eine solche Annahme vereinbar wären, wird niemand behaupten. Die Annahme einer solchen Alteration des Textes wäre an sich möglich, allein es müßten dafür *Gründe* vorliegen. – Das Nächstliegendste ist, an eine der bekannten *dogmatischen Tendenzen,* die gerade der erste und dritte Evgst unbestreitbar verfolgen, zu denken. Hervorhebung und Unterstreichg dieser dem Paulinismus so günstigen Erzählung erwarten wir bei *Lc*, Zurückhaltung, vielleicht sogar Verwischung der Tatsachen bei *Mt*. Betrachten wir nun aber die Texte[,] so finden wir zu unserm Erstaunen beinahe das *Gegenteil: Mt bietet in seiner Erzählg nicht nur gleichviel[,] sondern ein Plus an paulinischen resp. heidenmissionsfreundlichen Zügen:* Während bei Lc der heidnische Hauptmann nur durch das Sprachrohr der Juden mit Jesus verkehrt, sehen wir ihn bei Mt persönlich an ihn herantreten; während Lc mit v 9$^b$ die Rede Jesu abbricht, giebt uns Mt 8,11 u. 12 jene eschatolog. Gerichtsrede über die Juden. *Spricht das für Benutzung und Umarbeitung einer gemeinsamen Quelle?* Im Lichte dieses Umstandes sind nun alle übrigen möglichen Variationen über das *Verhältnis der Berichte zu einander* zu betrachten.

Da wäre zuerst die Annahme, *die Perikope ist eine doppelte Umarbeitung eines Stückes des Urmr.* Da erhebt sich die gleiche Schwierigkeit, wie vorhin: woher die historischen Differenzen, wenn kein dogmatischer Grund dazu vorliegt? Und warum hätte Mr später ein so wertvolles Stück fallen gelassen? Weiter die Annahme *Mt habe den Lc oder Lc den Mt umgearbeitet*. Mit Recht entgegnet hier *Godet*: «Mais comment Luc eût-il ainsi brodé sur le canevas de Matthieu, ou celui-ci taillé dans le tableau de Luc? Nos évangélistes sont des hommes croyants et sérieux.»[44] *Wie mir scheint, ist von der Idee einer Umarbeitung desselben Stoffes in diesem Fall völlig abzusehen.*

Das führt uns notwendig zur Annahme, daß *den Evgsten verschiedene Quellen für unser Stück vorgelegen haben*. Dabei haben wir wiederum zwischen zwei Möglichkeiten die Wahl:

[43] A.a.O., S. 128–130.
[44] *Commentaire sur l'Évangile de Saint Luc,* 1888³, S. 464f.

*1. Beide Evgsten schöpfen der eine aus einer ältern, der eine aus einer jüngern Version derselben Quelle.* An und für sich ist diese Ansicht nicht unmöglich; allein, was gegen sie spricht, ist ihre Kompliziertheit, die sich herausstellt, wenn man versucht, aus unsern Texten den Bestand der beiden Versionen zu rekonstruieren.

2. Es bleibt nur noch eine Annahme, und auf diese bin ich schließlich herausgekommen:
*Die beiden Evgsten schöpfen aus zwei völlig verschiedenen Quellen*[.]
So auch *Meyer*[45] und *Godet*[46]. – Unnötig zu bemerken, daß damit gegen die *synopt. Zweiquellentheorie* im Allgemeinen kein Wort gesagt sein soll. Allein keine Regel ohne Ausnahmen. Man beachte, daß auch konsequente Anhänger jener Hypothese wie *Wernle*[47] ohne solche nicht auskommen; denn bei Mt und Lc sind zahlreiche Stücke, die in keinem andern Evg vorkommen[,] also weder aus der Mr- noch der Redequelle stammen: das sog. *matthäische und lukanische Sondergut,* worunter gerade das letztere von höchstem Werte ist (ich erwähne nur Gleichnisse, wie das vom barmherzigen Samariter, vom verlorenen Sohn, vom reichen Mann und armen Lazarus, vom Pharisäer und Zöllner, die Geschichte vom Gang nach Emmaus u. v. A., alles Stücke, die wir im Evg ungern vermissen würden!) – Giebt es nun Stücke, die man weder aus Mr noch aus der Spruchsammlung ableitet, nur deshalb, weil sie nur ein Evgst, Mt *od.* Lc, hat, so sehe ich nicht ein, warum nicht auch einmal *ein Stück, das bei Mt und Lc vorkommt, anderswoher stammen kann als aus einer jener Hauptquellen,* das umsomehr, wenn die beiden Berichte solche historischen Differenzen aufweisen, wie in unserm Falle.

Gerade aus der Existenz jenes Sondergutes ist der Schluß zu ziehen, daß die evangelische Tradition sehr vielgestaltig war. Man beachte z. B. im Prolog des Lc 1,1 das ἐπειδήπερ πολλοὶ ἐπεχείρησαν. Man hat Gründe[,] von manchen Stücken des Sondergutes von Mt und Lc anzunehmen, daß sie ursprünglich separat überliefert wurden, dasselbe gilt sogar von einem Stück, das in allen drei synopt. Evgln Aufnahme

---

[45] Vgl. B. Weiß, *Kritisch exegetisches Handbuch über die Evangelien des Markus und Lukas,* a.a.O., S. 386.
[46] *Commentaire sur l'Évangile de Saint Luc,* 1888³, S. 461f.
[47] A.a.O., S. 91–108.188–195.

gefunden, der kurzen Apokalypse Mr 13, das *Wernle* als eschatologisches Flugblatt aus der ältesten Zeit ansieht[48].

Dürfen wir nicht für den Hauptm. v. Kap. etwas Ähnliches vermuten? Oder wäre am Ende an blos *mündliche Tradition* zu denken. Daß die letztere beiden den Evgsten vorliegenden Berichten zu Grunde lag, ist selbstverständlich. Dagegen ist kaum anzunehmen, daß Mt und Lc direkt aus ihr geschöpft haben, wie *Godet* glaubt[49], vielmehr haben wir an *zwei schriftliche Aufzeichnungen* zu denken. Den Kern beider bildeten die *Rede des Hauptmanns* in Mt 8,8 u. 9 = Lc 7,6$^b$ 7 u. 8 und die *Antwort Jesu* darauf Mt 8,10–12 = Lc 7,9$^b$ + 13,30,29,28, der historische Rahmen um diese parallelen Partieen hat sich dann[,] wie wir gesehen haben[,] in den beiden Quellen verschieden gestaltet: warum sollten sich nicht nach 50 Jahren solche Einzelheiten in der Erinnerg verschoben haben? *Jedenfalls stammt aber keine der wesentlichen Differenzen von dem einen od. andern der Evgsten her*, außer event. bei Mt die Verlegg d. Wortes Lc 13,30 nach Mt 19,30 u. die Versetzg d. eschatolog. Rede bei Lc nach cap. 13, was aber noch keine Differenzen im eigentlichen Sinne sind. Gerade der Umstand, daß der judaistische Mt die letztere hier anführt, scheint mir Beweis dafür, daß sie hieher gehört.

Die Beantwortung der *Prioritätsfrage* für unser Stück wird damit zusammenhängen, ob man gewisse ausführliche, «malende»[50] Züge bei Lc dem Evgsten selbst oder seiner Quelle zuschreibt. Nach Analogie anderer Stücke ist das erstere anzunehmen. Man beachte Worte wie Lc 7,2 ὃς ἦν αὐτῷ ἔντιμος, 6: μὴ σκύλλου[,] 7: διὸ οὐδὲ ἐμαυτὸν ἠξίωσα πρὸς σὲ ἐλθεῖν[,] 8: das τασσόμενος nach ἐξουσία[,] 9: στραφείς[,] 13,28 zu den Patriarchen noch πάντας προφήτας[,] 29: zum Ost und West noch Nord u. Süd etc.

*Alle diese Ausführlichkeiten bei Lc lassen auf höheres Alter des Mtberichtes schließen*, womit aber in bez. auf die *historische Treue* nichts ausgesagt wird.

Vielmehr kann sich die *Richtigkeit der histor. Angaben im Einzelnen auf beide Evgsten verteilen*, indem m. E. der erste Teil der Erzählung nach Lc, der zweite nach Mt historisch ist. Indes geraten wir hier auf das Gebiet der Vermutungen.

---

[48] A.a.O., S. 213.
[49] *Commentaire sur l'Évangile de Saint Luc*, 1888³, S. 465.
[50] Siehe oben (bei) Anm. 37.

Unsre synopt. Untersuchung ist damit zu Ende. Ursprünglich hatte ich mir vorgenommen, auch auf den *johanneischen Bericht vom «Königischen zu Kapernaum»* (Joh 4,46–54) näher einzugehen und habe mir auch die betr. Abschnitte der Commentare darüber angesehn. Zeitmangel verhindert mich nun, hier eine ausführlichere Darstellung der in Betracht kommenden Probleme (das Schwierigste liegt in Joh 4,48!) zu geben, wie es zur Vollständigkeit meiner Arbeit gehören würde. – Es genüge, daß ich (mit *Holtzmann*[51] u. *Weiß*[52] gegen *Meyer*[53] und *Godet*[54]) zur Ansicht gekommen bin, daß *der synoptische Bericht vom Hauptm. z. Kapernaum mit dem johanneischen vom Königischen z. Kapernaum identisch* ist. (Vgl. darüber bes. die Ausführungen von *B. Weiß* in seinem Joh. Kommentar pag. 215–16)[55]

*Godet*[56] meint zu dieser Hypothese, die übrigens schon *Irenaeus*[57] aufgestellt: «En vérité, si ces deux récits se rapportaient au même fait, les détails des narrations évangéliques ne mériteraient plus la moindre créance» Ich glaube *nicht*[,] daß die Sache so gefährlich sei, doch würde eine ausführliche Begründg dazu Eingehen auf den Stoff selbst erfordern. Ich führte den Satz auch nur an, um zu zeigen, daß in der Frage weitgehende Differenzen existieren, deren Erörterung für heute zu weit führen würde.

*Die ursprünglichere Form unsres Stoffes ist aber jedenfalls nicht in der johanneischen* (gegen *Weizsäcker*[58] u. A.), *sondern in der synoptischen*

---

[51] H. J. Holtzmann, *Evangelium, Briefe und Offenbarung des Johannes*, HC 4, Freiburg i. B./Leipzig 1893², S. 87.

[52] B. Weiß, *Kritisch exegetisches Handbuch über das Evangelium des Johannes*, KEK, 2. Abt., Göttingen 1886⁷, S. 215f.

[53] H. A. W. Meyer, *Kritisch exegetisches Handbuch über das Evangelium des Johannes*, KEK, 2. Abt., Göttingen 1869⁵, S. 214f.

[54] *Commentaire sur l'Évangile de Saint Luc*, 1888³, S. 466.

[55] *Kritisch exegetisches Handbuch über das Evangelium des Johannes*, a.a.O., S. 215f.

[56] *Commentaire sur l'Évangile de Saint Luc*, 1888³, S. 466.

[57] Irenäus, *Contra haereses* II, 22,3; *Sancti Irenaei episcopi Lugdunensis quae supersunt omnia*, edidit A. Stieren, Tom. I, Leipzig 1853, S. 357.

[58] Vgl. B. Weiß (*Kritisch exegetisches Handbuch über das Evangelium des Johannes*, a.a.O., S. 216), dessen referierende Bemerkung auf eine mißverstehbare Formulierung bei H. A. W. Meyer (*Kritisch exegetisches Handbuch über das Evangelium des Johannes*, a.a.O., S. 215) zurückgehen könnte. Zu Weizsäckers eigener These ist zu vergleichen: C. Weizsäcker, *Untersuchungen über die evan-*

*Form* erhalten, wiederum ohne daß eine tendenziöse Verdrehung auf Seiten des Verf. d. Johevgs vorläge, möge derselbe nun der Apostel Joh selbst oder ein christl. Gemeindelehrer aus d. kleinasiatischen Wirkgskreis des Joh sein.

*Die Differenzen des johanneischen von den synoptischen Berichten sind, ähnlich wie die der letztern untereinander, zu erklären als gedächtnismäßige Verschiebungen beim Autor resp. dessen schriftl. od. mündl. Vorlagen.*

Was dagegen den Gedankeninhalt anbelangt, so ist er, wie *Weiß* a. a. O.[59] gut ausführt[,] hier wie dort, wenn auch unter etwas abweichender Gestalt, derselbe.

29. XI. 05.

---

*gelische Geschichte, ihre Quellen und den Gang ihrer Entwicklung,* Gotha 1864, S. 270–289, bes. S. 274.277.

[59] *Kritisch exegetisches Handbuch über das Evangelium des Johannes,* a. a. O., S. 215f.

## ZOFINGIA UND SOCIALE FRAGE
## 1906

*Wie vor ihm sein Vater und wie mit und nach ihm seine Brüder gehörte Karl Barth zur Studentenverbindung Zofingia. Kurz nach seiner Immatrikulation, am 22. 10. 1904, reichte er das «Candidaturgesuch» ein; am 8. 11. 1904 wurde er daraufhin – unter dem Cerevis, dem Verbindungsnamen «Sprenzel» («Leichtgewicht» im Sinne von «schmächtig», «dünn») – in die Berner Sektion des «Schweizerischen Zofingervereins» aufgenommen; am 9. 12. 1905 wurde er «burschifiziert»*[1] *und am 31. 10. 1908 zum A[lt]-Z[ofinger] erklärt.*

*Die Schweizerische Zofingia ist aus einer Zusammenkunft hervorgegangen, zu der sich 1819 zunächst Zürcher und Berner Studenten – auf halbem Wege zwischen den beiden Städten – in Zofingen trafen – daher der Name. Bei den folgenden jährlichen Festen kamen Studenten von den anderen Schweizer Universitäten bzw. Akademien hinzu. Ursprünglich verstand sich der Verein als «eine vaterländische Verbindung», die für «eine gegenüber dem Ausland mutige und im Innern geeinigte Schweiz» «die gesamte studierende Jugend in einem einzigen Bund zu vereinigen und so die geistige Einheit der Schweiz vorzubereiten» hoffte.*[2] *Im folgenden war die wechsel- und z. T. spannungsvolle Geschichte der Zofingia einerseits durch Auseinandersetzungen um die eigentlich politischen Entscheidungen auf dem Wege zu diesem gemeinsamen Ziel und andererseits durch Diskussionen bestimmt, die die – zunächst, in den Anfängen bewußt abgelehnte – Übernahme gewisser Elemente des deutschen studentischen Comments immer wieder hervorrief; dabei ging es, in einer knappen Formel ausgedrückt, um die Frage, ob sich die Zofingia in erster Linie als «Verbindung» oder primär als «Verein» verstehen solle.*

*Auch Karl Barths Stellung zur Zofingia ist durch diese beiden Probleme gekennzeichnet. Gerade erst offiziell aufgenommen, fand er den «herrschenden Ton» in der Berner Sektion schon «etwas allzusehr blos biergemütlich».*[3] *Seine kritischen Bedenken zum «wahrhaftig unerschöpf-*

---

[1] Über die Unterscheidung von Füchsen (Couleurstudenten in ihren ersten zwei Semestern) und Burschen s. unten Anm. 95.
[2] Ch. Gilliard, Art.: «Zofingia», in: HBLS, Bd. VII, S. 673.
[3] Brief an W. Spoendlin vom 28. 11. 1904.

*liche[n] Thema ‹Die Stellung des Zofingergedankens in der Zofingia Bern›»* verdichten sich in einem Brief vom 17./18. 5. 1905 an den ehemaligen Schul- und nun Studienkollegen und Co-Zofingien Otto Lauterburg, damals in Neuchâtel, der ihm anscheinend von ähnlich vorbehaltvollen Eindrücken geschrieben hatte. Barths recht ausführliche Antwort – sieben Seiten Klein-Oktav, auf S. 5 (mitten im Satz, ja anscheinend mitten im Wort «Zofingergeist»!) durch die Mitteilung unterbrochen: «Inzwischen war ich am Kneipabend. Nun ist es 12½ Uhr, mithin 18. Mai» – bietet gewissermaßen eine Vorstudie zu den Gedanken, die er im nächsten Semester seiner Verbindung zur Selbstprüfung vorlegte.

Barth räumt Lauterburg ohne weiteres ein («Hältst du mich für im Begriff zu verbernern, he?»): «die Verhältnisse in unsrer Sektion ..., besonders in ihrer finanziellen Seite verstoßen gegenwärtig direkt nicht nur gegen die Centralstatuten sondern – was mehr ist – gegen die idealen Zwecke unsrer Verbindung aufs Gröblichste». Auch in diesem Brief schon stützt sich Barths Kritik auf den «Bericht über die erste Centraldiskussion» 1904/05.[4] Von daher freut es ihn «kolossal daß Robert hieher kommen will, der nach seinem Votum in der Centraldiskussion den faulen Punkt im Staate Dänemark gut erkannt hat».[5] Anstoß bieten für Barth vor allem die hohen Vereinsausgaben – ein Punkt, der dann auch im Referat über «Zofingia und Sociale Frage» eine besonders wichtige Rolle spielt: «wenn es dahin kommt, daß man wegen dem leidigen Mammon nicht mehr aktiv wird, dann steht es bös».[6] Immerhin sei «das

---

[4] Siehe unten S. 77.86.
[5] Siehe unten S. 86 (bei) Anm. 70 und S. 93, Anm. 90
[6] Ein altes Thema: «Von jeher steht die Sektion Bern im Verrufe wegen ihres hohen Budgets, wegen der zu grossen finanziellen Lasten, die sie trotz der Centralstatuten ihren Mitgliedern auflegt», räumt der Berner Centralblattkorrespondent im Bericht über das SS 1906 ein (Centralblatt des schweizerischen Zofingervereins, Jg. 47 [1906/07], S. 246), um die «vielgenannte finanzielle Inanspruchnahme» dann freilich sofort wieder wegzuweisen, wie der Centralpräsident H. Däniker in seinem Bericht über das Vereinsjahr 1906–07 kritisiert (Centralblatt, Jg. 48 [1907/08], S. 87f.). Nachdem er ausführlich dargetan, «dass Bern keineswegs ungünstiger dasteht als Basel und Zürich», versichert der Berner Berichterstatter zum Schluß: «Bei uns ist noch nie ein senkrechter Bursch[,] dem es wirklich daran gelegen war, Zofinger zu werden, wegen finanzieller Schwierigkeiten zurückgewiesen worden» (Centralblatt, Jg. 47 [1906/07], S. 246f.). Die Protokolle der Berner Zofingia (im Staatsarchiv Bern) zeigen, daß das Thema auch in der Sektion immer wieder kontrovers besprochen wurde (in

*Monatsgeld auf 10 sfr heruntergegangen»* – «*zwar immer noch viel zu viel*»[7], *aber doch ein «Exempel» dafür, daß «ein neues Geschlecht ans Ruder gekommen» sei, ‹von dem ich das Beste erwarte, wenn es auch noch mit allerlei residuis aus einer verrotteten Bourgeoisperiode behaftet ist». Denn «in keiner Sektion hat vielleicht die Tradition einen solchen Einfluß, wie gerade bei uns. ‹Es ist immer so gewesen, folglich ist es gut›! Das ist die große Weisheit der Berner!» Deshalb sei die Hilfe von auswärtigen Zofingern – «die 14 Tage die ich in den Ferien mit Basler Zofingern zubrachte, sind mir in wehmütig-freudiger Erinnerung» – so wichtig. «Wenn es irgendwo gilt von Zofingeridealen nicht zu reden, sondern für sie zu handeln und zu kämpfen, so ist es in Bern.» Ihm sei «es schon oft mehr ums Austreten als ums Bleiben gewesen; aber weil ich nun einmal auf diesen Posten gestellt bin, so werde ich ihn so gut und konsequent als möglich ausfüllen, wiewohl es kein großes Vergnügen ist, immer die Opposition zu bilden! Wenn nun aber Mitglieder aus Sektionen in denen notorisch der rechte Zofingergeist waltet, nach Bern kommen, so sollte es ihnen doch einfach Pflicht sein, mitzuthun und jenen Geist auch hier zu pflanzen [zu] suchen.» Gegen Schluß ermahnt Barth seinen Freund: «wenn ich mich manchmal kräftig ärgere über manchen Unfug, Zeit- und Geldverlust in der Sektion Bern, dann stärkt und erhebt mich mächtig der Gedanke an den ‹Gsamtverein›, der eine Idee vertritt, wie sie trotz Allem dreimal fein ist, einzig unter den verschie-*

der hier interessierenden Zeit z. B. am 18. 2. 1905, 6. 5. 1905, 29. 10. 1905, 5. 5. 1906 [mit Sparvorschlägen Barths], 3. 11. 1906). In der Besprechung des Centraldiskussionsthemas «Die Eintrittsbedingungen in die Zofingia» am 9. 6. 1906 brachte Barth seine Stellung zu dem «leidigen Finanzpunkt» wieder in Erinnerung, erntete aber nach dem Protokoll «grosse Heiterkeit» mit dem Vorschlag, zwar nicht auf den festlichen Commers zum Gedenken an die Schlacht von Laupen (1339) zu verzichten, aber doch «Ball und Besenbummel sein» zu «lassen». («Besen» war ein studentischer Ausdruck für «junge Damen», «Commers» der Name für eine besondere, feierliche Sitzung einer Studentenverbindung.)

[7] Schon in diesem Brief klagt Barth: «Es ist ... nur *eine* Sache, die unsern Betrieb so teuer macht: und das sind die d... [= dämlichen?] Besen. Ball und Besenbummel sind ja sehr nette Sachen (?) allein zum mindesten sollte man ... die Kosten gleichmäßig auf die *Teilnehmer* verteilen, statt sie auf die *Kasse* zu nehmen.» Ein gleichgezieltes Mißvergnügen wird in einem Brief an den Vater vom 31. 8. 1905 laut: Vielleicht hebe in der Zofingia «diesen Winter ein wenig eine andere Melodie an, aber nun erheben sich bereits als schwarze Gespenster die Tanzeten [= Tanzabende], die mir blödsinniger als je vorkommen.»

*denen Blasen zur Linken und zur Rechten! Möchtest du auch sprechen lernen: Einewäg [= dennoch]!»*

Auf der gleichen Linie bewegt sich auch die Klage in einem Brief an den Vater vom 31. 8. 1905: «*Ich bedaure es sehr, daß mir die Berner Zofingia außer dem Verkehr mit meinen Basler und Neuenburger Freunden und dem abstrakten freudigen Bewußtsein als Überhaupt-Zofinger wenig bietet. Du hattest es seiner Zeit besser in Basel.»*

Karl Barths Kritik entzündete sich also vor allem an Eigenarten der Berner Zofingia, in der von den drei Elementen der Zofingerdevise «Patriae – amicitiae – litteris!» vor allem die amicitia gepflegt wurde und die deshalb auf «den Ehrentitel ‹Freundschaftssektion›» stolz war (Jahresbericht 1907/08, ähnlich 1906/07 [Staatsarchiv Bern]).[8] Darum wohl wird im Jahresbericht 1908/09 etwas mokant notiert, «seit mehreren Semestern» würden «immer wieder die Devisen heruntergeholt und frisch abgestaubt. Insbesondere die ‹Patria› scheint einigen in die Ecke gedrängt und deshalb verlangen sie hauptsächlich, dass man sich sozial und politisch mehr betätigen solle.» Doch habe sich die Mehrzahl von «positiven Anträgen ... meist als unbrauchbar und unausführbar erwiesen», so daß das Interesse erlahmt sei. Daß sich Karl Barth – einer von den hier kritisch Apostrophierten – viel stärker dem Basler Zofingerstil verbunden fühlte, kam in bemerkenswerter Weise zum Ausdruck, als die Berner Sektion am 7. 7. 1906 beschloß, auch das Tragen von sogenannten «Stürmern» zu erlauben (eine damals in Deutschland bei manchen Verbindungen übliche Mütze). Das Protokoll vermerkt nach der Abstimmung: «*Barth theol: Macht die Mitteilung, dass er in Zukunft an Festen eine Basler-Mütze tragen wolle.»* Notierenswert ist in diesem Zusammenhang auch, daß Karl Barth – von seinem Vater her? – gewohnt war, seinem Namen den alten Basler Zofingerzirkel beizufügen, während sonst seit 1884 offiziell eine etwas variierte Form eingeführt war.

---

[8] Nach dem Semesterbericht WS 1903/04 im Centralblatt (Jg. 44 [1903/04], S. 433) verdankt die Berner Zofingia den Namen dem Central-Präsidenten: «Bern war von jeher die ‹Bechersektion› der Zofingia ... Sogar unserm C.-P., dem gestrengen Wächter über studentische Tugend und Sitte, ... konnte der wohltätige ‹Einfluss› des schäumenden Pokals auf den Verkehr der Mitglieder untereinander nicht entgehen: er selbst sang begeisterndem Bechern ein Loblied und nannte Bern die ‹Freundschaftssektion›.» Im gleichen Jahrgang des Centralblattes (S. 692) findet man übrigens ein Photo des «Kneipzimmers der Sektion Bern».

*Wodurch Fritz Barth die Zofingia in Basel – er war Mitglied dieser Sektion von Mai 1874 bis Mai 1879*[9] *– «je länger je lieber geworden» war und was sich nun wohl auch sein Sohn in Bern von ihr erwartete, das läßt sich am lebendigsten in einem Vortrag fassen, den Fritz Barth – «als begeisterter Zofinger, der ich immer gewesen bin» – 1902 vor dem Berner Altzofingerverein zum Thema «Idealismus und Materialismus an der Hochschule und im Philisterium» gehalten hat.*[10] *In Auslegung der Zofingerdevise beschwört Fritz Barth den «Zofingergeist», «dessen unser Vaterland bedarf», den «Idealismus der Vaterlandsliebe und des Brudersinns».*[11] *Rechter Idealismus könne jedoch nur da sein, «wo Persönlichkeiten sind» und «wo Liebe waltet», deren es zumal angesichts der «socialen Missstände» bedürfe; dieser Idealismus werde «unserm Volk aber nur dann erhalten bleiben, wenn ihm der Glaube erhalten bleibt».*[12]

*Von dieser Betonung der «Ideale», die die Zofingia «uns ... gegeben hat»*[13]*, ist auch der Sektionsvortrag Karl Barths bestimmt. In seinen Ausführungen verbindet sich die Infragestellung eines übertriebenen Couleurcomments*[14] *mit der Kritik an einer unzureichenden politischen («freisinnig»-konservativen) Einstellung zur «socialen Frage». Das Referat ist demgemäß – wie wohl schon die entsprechenden Voten Fritz Barths*[15] *– als ein Element in den immer wieder aufkommenden Aus-*

---

[9] Centralblatt, Jg. 52 (1911/12), S. 578 (vgl. S. 478).
[10] Centralblatt, Jg. 42 (1901/02), S. 528–535, dort S. 529.535 (wieder abgedruckt in: Fr. Barth, *Christus unsere Hoffnung. Sammlung von religiösen Reden und Vorträgen*, Bern 1913, S. 140–149, dort S. 141.149).
[11] A.a.O., S. 529f.535 (bzw. S. 141f.149).
[12] A.a.O., S. 533f. (bzw. S. 145–147).
[13] A.a.O., S. 529 (bzw. S. 141).
[14] Der Semesterbericht WS 1903/04 beklagt: «Wir haben eine zu grosse Anzahl Mitglieder, denen die Lösung der Frage, ob man einem betrunkenen Mitbürger, der einen auf der Strasse in ‹Couleur› anrempelt, ‹Eine› heruntenhauen soll oder nicht, viel wichtiger erscheint als jegliche litterarische oder ökonomische Aufgabe. Ja wir haben Leute, die beim, an und für sich harmlosen, Wörtchen ‹sozial› von einem noblen Unbehagen befallen werden» (Centralblatt, Jg. 44 [1903/04], S. 432). Der Jahresbericht 1908/09 (Staatsarchiv Bern) meldet dann übrigens, «dass totale Commentrevision beantragt und beschlossen wurde», weil der Comment «seit einiger Zeit schon ... häufig einen Stein des Anstosses bildete».
[15] Vgl. etwa noch: Centralblatt, Jg. 37 (1896/97), S. 71f.; Jg. 48 (1907/08), S. 597 (Bericht aus der Berner Sektion über das Wintersemester 1907/08: «Ein

*einandersetzungen zwischen den Zofingern, die vor allem das überkommene Verbindungsleben mit dem studentischen Comment pflegen, und solchen, die die Zofingia «im Sinne eines Zurückgehens auf die Ideale unserer Gründer einerseits, im Sinne der Fragen unserer Zeit andererseits» reformieren wollten*[16]*, zu verstehen. Zwar scheint sich in der hier interessierenden Zeit der Gegensatz besonders deutlich in Zürich entwickelt zu haben (wie dort auch die beiden Richtungen die Namen «Idealzofinger» [«IZ»] und – nach dem von diesen bevorzugten Platz am unteren Burschen-Tisch – «Ubetonen» bekamen).*[17] *Man liest aber in dem Semesterbericht vom Wintersemester 1907/08, der den Richtungsstreit in der Zürcher Verbindung publik machte: «Wir leisten uns ... so gut wie die Kunst, das Strafrecht, die Sektion Bern, die Nationalökonomie oder der Katholizismus eine ‹klassische› und eine ‹moderne› Richtung.»*[18] *Zweifellos ist das Referat Karl Barths ein Dokument der Anfänge der «modernen Richtung» in der Sektion Bern und so auch der freilich erst später so genannten «Idealzofinger». Um deren Forderungen gab es bis zum Beginn der zwanziger Jahre in den Sektionen und im Gesamtverein immer wieder heftige Auseinandersetzungen, in denen die IZ oder doch einige ihrer führenden Köpfe auf sozialistisch-revolutionäre Positionen geführt wurden.*[19]

Vortrag von Herrn A[lt]-Z[ofinger] Prof. Barth über die Aufgaben der Zofingia ... brachte die Diskussion während des Winters noch mehrmals auf soziale Fragen»).

[16] Diese Formulierung steht in einem zusammenfassenden Memorandum vom Mai 1910, zu dessen Unterzeichnern u. a. Karl Barths Brüder Heinrich und Peter und sein Freund Eduard Thurneysen gehören (s. W. Kundert/U. Im Hof, *Geschichte des Schweizerischen Zofingervereins im Überblick*, in: M. Burckhardt [u. a.], *Der Schweizerische Zofingerverein 1819–1969. Eine Darstellung*, hrsg. vom Schweizerischen Zofingerverein und vom Schweizerischen Altzofingerverein, Bern 1969, S. 90; s. auch A. Lindt, *Zofingerideale, christliches Bewußtsein und reformierte Theologie 1819–1918*, in: *Der Schweizerische Zofingerverein 1819–1969*, a. a. O., S. 208f.).

[17] W. Kundert/U. Im Hof, a. a. O., S. 83f. Vgl. D. Barth/M. Burckhardt/O. Gigon, *Der Schweizerische Zofingerverein 1819–1935*, Basel 1935, S. 97ff.; dazu: Centralblatt, Jg. 76 (1935/36), S. 749–760 (Kritik) und S. 761f. (Replik).

[18] Centralblatt, Jg. 48 (1907/08), S. 486. Auch der Berner Jahresbericht 1907/08 (Staatsarchiv Bern) erwähnt, «dass man bei uns in Bern 2 Parteien unterscheidet, die moderne und die klassische». Freilich will der Referent «eine solche Trennung» nicht anerkennen.

[19] Vgl. W. Kundert/U. Im Hof, a. a. O., S. 81–108; D. Barth/M. Burck-

*Anders als seine Brüder*[20] *scheint Karl Barth auf diese Entwicklungen nicht mehr unmittelbar Einfluß genommen zu haben. Dem programmatischen Referat vom 20. 1. 1906*[21]*, mit dem er schon am 28. 12. 1905 «schwer beschäftigt war» (Brief an die Großmutter und die Tante in Basel), folgten offenbar keine weiteren Vorstöße – fast möchte man sagen: im Gegenteil. Karl Barth wurde mit drei anderen Theologen für das SS 1907 in die «Kommission» (Leitung) der Sektion Bern gewählt – und zwar zu deren «Präsidium». Die Wahl fand in der ersten Ordentlichen Sitzung des Semesters am 27. 4. 1907 statt. Barth siegte im 6. Wahlgang mit einer Stimme Mehrheit.*[22] *Die Wahl gab – nachdem der Centralblattkorrespondent vernehmlich darüber aufgeatmet hatte, daß die «Sektion Bern ... vergangenen Winter [WS 1906/07] nach einigen etwas bewegtern Semestern wieder in ruhigere Bahnen» gekommen sei*[23] *– Anlaß zu zunächst gespannt-erwartungsvollen und später zu erleichterten Kommentaren: «Wenn ein erbauliches Gemüt ... bemerkt, dass die Berner den diessemestrigen Bedarf an Kommissionsmitgliedern zu* $^3/_4$*, an Fuxenmajoren zu* $^1/_1$ *mit mehr oder minder hoffnungsvollen Theologen gedeckt haben, dann wird er die Hände über seinem Philisterbauch falten und sprechen: ‹Ja, hier ist endlich einmal aus der Mördergrube ein Bethaus geworden!›» Nach einer ironischen Korrektur des «schnöden Ausdrucks» «Mördergrube» – «anständige Menschen ... reden da ... von schneidigem Couleurstudentum» – werden diese Hoffnungen resp.*

---

hardt/O. Gigon, a. a. O., S. 115ff. Übrigens sah sich G. Strasser bereits beim Jubiläumsfest 1893 veranlaßt, in «dem Vaterland» dargebrachten Strophen vor der «Lockung» zu warnen, den «Fortschritt», dem sich die Zofingia durchaus verpflichtet fühlte (s. Centralblatt, Jg. 42 [1901/02], S. 214f.; auch unten Anm. 46 und S. 91), etwa bei und mit den Sozialdemokraten zu suchen («Heut' ruft uns Mancher zu: ‹Heda!/*Sozialdemokratisch*, Zofingia!/ ... /Fort mit dem Kreuz im Schweizerschild!/Nur Roth sei unser Fahnenbild!›»): F. Staehelin, *Bericht über das 75. Jubiläum des Zofinger-Vereins 1.–3. August 1893*, Basel 1894, S. 63f.

[20] Siehe oben (bei) Anm. 16.

[21] Im Semesterbericht WS 1905/06 wird es übrigens als einer der Vorträge erwähnt, aus denen sich «eine belebte, und was sonst in Bern eine Seltenheit ist[,] von einigen Mitgliedern gut vorbereitete Diskussion entwickelte» (Centralblatt, Jg. 46 [1905/06], S. 428).

[22] Barth hatte dann übrigens als deren Präses zwei Anträge seiner Sektion beim Zofinger Centralfest am 23. 7. 1907 zu vertreten, wie das Centralblatt (Jg. 48 [1907/08], S. 135) dokumentiert.

[23] Centralblatt, Jg. 47 (1906/07), S. 513.

*Befürchtungen im folgenden zerstreut: «Einmal sind jene Theologen alle Schweizer» und «als rechte Eidgenossen stets zu Kompromissen geneigt. Ferner zählen sie alle vier zu jenen Hirten, die vor der Thüre ihres künftigen reinen Lebens ein kleines qualmendes, nicht immer Weihrauch duftendes Feuerlein anzünden, natürlich nur, um so die nötige dunkle Folie für jene bessere Lebensperiode und ein paar Biertöpfe zur geschmackvollen Dekoration ihrer künftigen endlichen Behausung zu erlangen. Schliesslich aber und vor allen Dingen sind ‹Wir› auch noch da.»*[24] *Etwas später kann man – in einem Bericht, der die Anlässe und Feste der Berner Sektion mit verschiedenen Schweizer Bergen vergleicht – lesen: «Noch weiter gegen Westen, wer schiebt da an den Wolken herum und scheuert die Schneefelder blank? Richtig, es sind unsere vier nun bald weltberühmte Theologen, diesmal aber in Engelsgestalt, mit rot-weiss-roten Flügeln und dito Bäuchlein. ... Leider sehe ich noch nicht recht, was für einen Berg sie herausputzen wollen.»*[25] *Der Jahresbericht 1906/07 relativiert die Bedeutung des Wechsels in der Kommission, indem er spöttisch von den «glücklichen Naturen» spricht, «die aus allerhand Kleinigkeiten gleich Haupt- und Staatsaktionen machen können. Diese verstehen es z. B. klar darzulegen, von welch unmessbarem Einfluss es war, dass im Winter der Hans & C$^{ie}$, im Sommer der Heiri & Gen. die Kommission bildeten, dass der Hans sanftmütig & ehemaliger Musterfux war, der Heiri dagegen nicht so sehr, dass gerade nur deshalb der Winter ruhiger gewesen sei, als der Sommer u. s. f.» Ähnlich ist der Ton des zusammenfassenden Semesterrückblicks, der die Rolle des «Präses» im besondern bespricht: «Mit grossen Aengsten und mit grossen Hoffnungen hat das Semester begonnen. Die Wahlen brachten eine Ueberraschung: Ein Ketzer war Papst geworden. Die Mitketzer frohlockten, die Strenggläubigen waren voll Kummers. Aber Hoffnungen und Aengste ... wurden nicht erfüllt. Der neue Kirchenfürst versuchte es kaum, mit den alten geheiligten Ueberlieferungen zu brechen. Bald handelte er ganz orthodox, ganz commentmässig. Und daran tat er wohl. ... Ein trotzgrindiges, verfrühtes Revolutionieren hätte nur Aufregung und Hass gebracht, hätte uns nur das ruhige Blut geraubt, über das wir vielleicht doch gelegentlich froh sein werden. In seinen friedfer-*

---

[24] Centralblatt, Jg. 47 (1906/07), S. 517f.
[25] A.a.O., S. 611.

*tigen Bestrebungen wurde das Präsidium von dem Reste der Kommission und überhaupt von den meisten Mitgliedern unterstützt.*»[26]

*Es war hier aber wohl nicht nur friedfertige Gesinnung im Spiel. Die in der Diskussion seines Referats ausgesprochene – von Barth durchaus mit Skepsis aufgenommene – Prophezeiung scheint sich vielmehr in gewissem Maße erfüllt zu haben: Barth dachte in diesem Semester wirklich etwas anders über das Couleurstudententum*[27] *und brachte seine Tage in diesem Sommer 1907, wie er es selber im Alter ausgedrückt hat, «mit studentischer Herrlichkeit» zu*[28]. *Bis er die «sociale Frage» in anderer, neuer Weise wahrnahm, bis er selber auch in der Tat «Präsident eines Temperenzvereines» wurde*[29], *sollten noch einige Jahre vergehen.*

*Natürlich kam Barth in den Folgejahren auch im Verhältnis zur Zofingia und zum Zofingertum zu neuen Einschätzungen. Eine vorläufige Zusammenfassung gibt der Brief vom 19. 5. 1934, in dem er seinem Sohn Markus mitteilt, «dass ich dir ... meine Einwilligung zum Eintritt in die Zofingia gerne (und sogar nicht ohne eine Anwandlung von gerührter Vaterfreude) zu erteilen bereit bin. Als ich hörte, dass du auch bei den Zähringern hospitierest, habe ich mich mit einem kleinen Seufzer gefragt, ob es wohl wirklich sein müsse, dass du mir mit diesem mir fremden blauen Hut auf dem Kopf entgegentreten werdest. Nun soll und wird es also der weisse sein. Du wirst dir von Grossmuttern sagen lassen, wieviele Generationen ihn in unsrer Familie schon in Ehren getragen haben[,] und wirst dir vornehmen, diese Reihe würdig fortzusetzen. Dass es sich dabei um einen von allerlei Problematik umgebenen Schritt handelt – insbesondere wenn es gerade die Berner Zofingia ist –*

---

[26] Centralblatt, Jg. 48 (1907/08), S. 279f. Ähnlich H. Dänikers *Bericht des Centralpräsidenten über das Vereinsjahr 1906–07:* «... vier Theologen in einer Berner Kommission war für die Schwestersektionen eine verblüffende Neuheit. Dass diese Führung eine nachhaltige Umgestaltung des Sektionslebens mit sich gebracht habe, behauptet Niemand. In Bern ist man nicht für plötzliche Aenderungen und namentlich in Zofingerdingen hat man konservative Neigungen; ... dem Aufwande von Zeit und Kraft, den die Berner Sektion von ihren Mitgliedern fordert, entspricht dann auch das, was sie bietet: das gemütliche Gefühl enger Zusammengehörigkeit aller Weissmützen» (s. unten S. 85 mit Anm. 69 – Centralblatt, Jg. 48 [1907/08], S. 86f.).

[27] Siehe unten S. 101.103.

[28] K. Barth, *Letzte Zeugnisse*, Zürich 1969, S. 18.

[29] Siehe unten S. 93. Im Oktober 1911 trat Karl Barth dem Safenwiler Blauen Kreuz bei; im Januar 1912 wurde er zu dessen Präsidenten gewählt.

*das wird dir ... nicht unbekannt sein ... Ich weiss ja nicht, wie die Berner Zofinger im Augenblick sind. Aber die Tradition ist dort bekanntermaßen so stark, daß ich mir wohl vorstellen könnte, daß die Grundzüge des Bildes noch immer dieselben sind. ... Es hat ja nun in der Zofingia immer auch eine andere, sagen wir ‹idealistische› Tradition gegeben, von der man freilich zu meiner Zeit und zu den ihr vorangehenden in Bern nie allzu viel wissen wollte. Ihr Wert und ihre Bedeutung hat ja auch in der Tat ihre starken Grenzen. Ich weiss das heute besser als damals. Immerhin: ist man einmal Zofinger, so wird wohl nichts übrig bleiben, als sich auf dieses Bein zu stellen und durch Wort und Tat dafür einzustehen, daß amicitia in der Zofingia nur im Rahmen von patria und scientia sinnvoll und legitim ist und nicht Selbstzweck sein kann.»*

*Auch hier deutet sich an, «daß es» in der Tat (wie der Centralarchivar Andreas Staehelin 1969 in seinem Nekrolog[30] formulierte) «mit Barths Verhältnis zum Zofingerverein ... seine spezielle Bewandtnis hatte». Das zeigte sich erst recht in den Jahren und Jahrzehnten nach 1935, nach Barths Rückkehr in die Schweiz, als ihm «die weitgehende Übereinstimmung zwischen Zofingerverein und der ‹offiziellen› Politik» nicht behagte und umgekehrt seine «politische Haltung ... von zahlreichen Zofingern und Altzofingern mißbilligt» wurde, so daß es denn auch «zu einem eigentlichen Zwist» zwischen Barth und Teilen der Basler Sektion kam.[31] Immerhin scheint Barth bei allen Wandlungen seines Verhältnisses zur Zofingia seiner Aktivenzeit doch eine gute Erinnerung bewahrt zu haben. Ein schönes Beispiel geben die «Erwägungen zum Christfest» für das «Centralblatt» 1935[32], in denen er der «festkundigen Zofingia» in Erinnerung ruft, daß «es bekanntlich auch so etwas wie eine zofingerische Weihnacht» gebe, «mit Sang und Klang und allerlei freundschaftlicher Anödung und festlicher Zeremonie (in Bern zum Beispiel mit dem jedem, der einmal dabei war, unvergeßlichen ‹Weihnachtsesel›) gebührend gefeiert».[33]*

---

[30] Centralblatt, Jg. 109 (1968/69), S. 152.
[31] Ebd. Siehe Centralblatt, Jg. 82 (1941/42), S. 266–268, S. 472; s. auch Jg. 100 (1959/60), S. 46 und 303; aber auch Jg. 90 (1949/50), S. 421–424.
[32] Centralblatt, Jg. 76 (1935/36), S. 126–134 (EvTh, Jg. 3 [1936], S. 457–462: um die Zofinger-Anspielungen gekürzter Abdruck).
[33] Centralblatt, a.a.O., S. 127f. Vgl. dazu den Bericht über den Berner Weihnachtscommers 1907, an dem Barth von Tübingen aus teilnahm: Centralblatt, Jg. 48 (1907/08), S. 292–294.

*Das Manuskript des Referates «Zofingia und Sociale Frage» (es vermerkt nach dem Titel: «Vorgelesen in der Sektion Bern am 20. Januar 1906») ist Teil des Bandes «Excerpta III», in dem Barth sich neben vielen Präparationen zu alttestamentlichen Texten u. a. auch seine Notizen von «Harnack, Seminar über Acta» und seine im Winter 1906/07 in Berlin erarbeiteten Exzerpte aus «Herrmann, Ethik» (3. Aufl. 1904) binden ließ.*

Jacta alea esto![34]

## I.

Im letzten Wintersemester (1904/05) hatten wir in der Berner Zofingia eine Diskussion über die Frage, wie der wissenschaftliche Teil unsrer Sitzungen nutzbringender und anregender gestaltet werden könnte. Man klagte, wohl nicht ganz mit Unrecht, darüber, daß in der besten Meinung bei unsern Vorträgen zu viel «gefachsimpelt» werde. Besonders ein Votum aus jener Debatte ist mir eindrücklich geblieben: der Ratschlag eines ältern Aktiven, die postulierte *freie Aussprache,* bes. auch der Jüngern, die man bei den sog. wissenschaftlichen Diskussionen oft vermisse, solle vielmehr auf dem Gebiet der *Verbindungsangelegenheiten* mehr hervortreten, hier sei der geeignete Tummelplatz für die Aussprache verschiedener Ideen in formaler und materialer Hinsicht. Ohne im Übrigen diesem Standpunkt principiell beizustimmen, habe ich mir diesen Rat bei der Wahl meines heutigen Themas zu Herzen genommen, weniger, weil ich etwa gefürchtet hätte, für einen Gegenstand aus meinem akademischen Fach geringeres Interesse zu finden, als vielmehr, weil das Problem, von dem ich heute zu euch reden möchte, mich seit dem Tage meines Eintritts in die Zofingia beschäftigt hat, ja mir zu einer Herzenssache geworden ist.

*«Zofingia und soziale Frage!»*
Eine abgethane Sache, denkt vielleicht der Eine oder Andre, denn wie

---

[34] Wörtliche lateinische Übersetzung des Menander-Wortes, das Caesar beim Entschluß, den Rubicon zu überschreiten, zitierte (vgl. G. Büchmann, *Geflügelte Worte. Der Zitatenschatz des deutschen Volkes,* 32. Auflage, vollständig neubearbeitet von G. Haupt und W. Hofmann, Berlin 1972, S. 620 und S. 143).

ein Blick in ältere Jahrgänge unsres Centralblattes lehrt, ist es *nicht das erste Mal,* daß unser Gegenstand in der Zofingia behandelt wird.³⁵

Aber gerade aus dem Umstande, daß schon mehr als eine Generation an der Lösung dieser Frage gearbeitet hat, daß man sie je und je für wichtig und aktuell angesehen hat, scheint mir hervorzugehen, daß es sich hier um ein Problem handelt, das mit der ganzen weitschichtigen Frage nach der *Aufgabe und Bedeutung des Zofingervereins* aufs Intimste zusammenhängt, und zu dem darum jeder rechte Zofinger einmal in irgend einer Weise eine Stellung genommen haben soll und muß.

Und weil zudem in unserm Zofingerstaat, in unsrer «Schweiz im Kleinen», wie man uns schon genannt hat³⁶, die Verhältnisse derart sind, daß seine Bürgerschaft ungefähr alle 5–6 Jahre eine total andere ist, so sehe ich nicht ein, warum nicht gelegentlich auch Gegenstände, an die schon «vor uns ein weiser Mann gedacht»³⁷, wieder aufs Tapet gebracht werden dürften, umso mehr, als wir nicht genug nach Klarheit streben können über die Grundfragen unsres Verbindungslebens.

Nach diesen einleitenden Bemerkungen zur Wahl meines Themas können wir nun sogleich an dieses selbst herantreten. Über das, was wir unter *«sociale Frage»* verstehen, ist wohl eine theoretische Auseinandersetzung in diesem Kreise überflüssig. Jedem, der offene Augen besitzt, tritt sie in concreto tagtäglich in hundertfältiger Gestalt entgegen, selbst wenn nicht gerade Streiks, Wahlen oder dgl. an der Tagesordnung sind. Man durchgehe den ersten besten Bericht eines Armen- od. Krankenvereins, einer Mäßigkeits- oder Sittlichkeitsvereinigung, eines Spitals oder Irrenhauses, ja die Spalten einer beliebigen Tageszeitung – zwischen den Zeilen wird das soziale Problem hervortreten als ein Gespenst von erschreckender Realität.

Die *Socialdemocratie,* die Manchem als das Bedeutsamste an der socialen Frage vorkommt, ist nur eine Begleiterscheinung des großen Pro-

---

³⁵ Vgl. z. B. L. Christ, *Bericht über die erste Centraldiskussion. Wie erfüllt der Zofingerverein heute seine nationale Aufgabe?,* in: Centralblatt, Jg. 45 (1904/05), S. 375–385, bes. S. 382–384; L. de Vallière/J. Gonin/H. Poudret, *Le comité central aux sections,* in: Centralblatt, Jg. 33 (1892/93), S. 1–3; weiter auch die unten in Anm. 48 und Anm. 50 genannten Aufsätze.
³⁶ Vgl. L. Christ, a.a.O., S. 382 (Votum von [P. G.] Rüfenacht [Theologe, aus Thun, Student in Basel]).
³⁷ J. W. von Goethe, *Faust I,* V. 572 (Nacht).

cesses und doch, was liegt nur schon in diesem Begriffe! Es gehört zum Wesen der sog. «socialen Gefahr», daß sie nicht stillesteht, sondern von Jahrzehnt zu Jahrzehnt bedrohlichere Gestalt annimmt. Ich erinnere, um das zu illustrieren, an Altbekanntes, wenn ich z. B. Einiges aus den Ergebnissen der deutschen *Reichstagswahlen* von 1903[38] hier citiere: Im Königreich Sachsen wurden 1903 von 23 Abgeordneten 22 Socialdemocraten gewählt, wovon 18 im ersten Wahlgang. In den Hansastädten Lübeck, Bremen und Hamburg wurde ausschließlich socialdemocratisch gewählt: von rund 220 000 abgegebenen Stimmen entfielen 136 000 auf die Socialdemocratie. Die Reichshauptstadt Berlin wählte von 6 Abgeordneten 5 Sozis! Städte wie München, Stuttgart, Karlsruhe, Weimar, Braunschweig, Speyer, Nürnberg, Mannheim, Darmstadt, Mainz, Eßlingen u. A., sowie bezeichnenderweise auch mehrere der kleinen thüringischen Fürstentümer wählten durchgehend nach socialdemocratischem Vorschlag. – Das sind Zahlen und Namen, aber ich denke, sie reden eine deutliche Sprache! Wird mir etwa jemand entgegnen wollen: Nun, bei uns in der *Schweiz* ist das aber anders und besser!? Er hätte insofern Recht, als es bei uns allerdings weder einen Zarismus und eine Kosakenknute giebt, wie in Rußland[,] noch ein byzantinisches Fürstenwesen verbunden mit einem unerträglichen Militarismus wie in Deutschland. Unsere Wahlen haben bis jetzt noch keine solchen Resultate gezeitigt, wie die eben angeführten[39][,] und erst recht eine offene soziale Revolution, wie wir sie gegenwärtig im großen östlichen Kaiserreich vor uns haben[40], dürfte bei uns noch lange auf sich

---

[38] Vgl. Vierteljahrshefte zur Statistik des Deutschen Reichs – Ergänzungsheft zu [Jg. 12,] 1903, IV[. Heft], S. 45–47.58f.12.39.48.51.55.56.41–43.51.53. 48.57f.
[39] Vgl. *Die Wahlen in den Schweizerischen Nationalrat 1848–1919 (Les élections au Conseil national Suisse 1848–1919). Wahlrecht, Wahlsystem, Wahlbeteiligung, Verhalten von Wählern und Parteien, Wahlthemen und Wahlkämpfe.* Bearbeitet von E. Gruner [u. a.], Bd. I, Zweiter Teil (Helvetia Politica, Series A, Vol. VI/1B), Bern 1978, bes. S. 762–768; dazu auch Bd. III: Tabellen, Grafiken, Karten (Helvetia Politica, Series A, Vol. VI/3), Bern 1978.
[40] Nach dem sog. «Blutigen Sonntag» (22. 1. 1905) schlugen im gesamten Zarenreich die Streikbewegungen in revolutionäre Unruhen um. L. Ragaz geht übrigens auf diese Ereignisse in seiner bei Anm. 43 zitierten Bettagspredigt vom 17. Sept. 1905 ebenfalls ein; vgl. dort S. 6.

warten lassen. Allein hüten wir uns wohl, uns darüber einem falschen Optimismus hinzugeben:

*Tunc tua res agitur, paries cum proximus ardet!*[41]

Was nicht ist, könnte eines Tages auch bei uns werden. Welche Töne auch bei uns gerade bei Anlaß von Wahlen und Ausständen bereits angeschlagen werden, weiß ja ein Jeder[,] und daß sich nach und nach auch anarchistische Tendenzen (wie neuerdings die antimilitaristische Propaganda im Schoß unsrer schweizerischen Socialdemocratie[42]) breit zu machen beginnen, scheint auch auf wenig Gutes hinzuweisen. Ich kann mir nicht versagen, hier einige Worte aus einer im Herbst 1905 gehaltenen Bettagspredigt von Pfr. *Ragaz* in Basel zu citieren; er sagt da: «Auf der ganzen Linie ist der soziale Streit entbrannt. Er hat eine unerhörte Heftigkeit angenommen. In der allerletzten Zeit ist es zu unsrer nationalen Beschämung bis zu gewaltthätiger Störung der bürgerlichen Ordnung gekommen. Eine tiefgehende Verbitterung hat sich der Gemüter bemächtigt. In zwei feindliche Heerlager droht unser Volk sich zu trennen, ganz wie in den schlimmsten Zeiten unsrer Geschichte; und wenn einmal das Militär mit scharfer Munition versehen durch die Straßen unsrer Städte zieht, dann steht schon das Gespenst des blutigen Bürgerkrieges vor uns. Auf beiden Seiten zeitigt der Kampf Erscheinungen, die uns wehe tun und die nichts Gutes weissagen. Alle Verhältnisse werden immer mehr von der Bewegung erfaßt; viele Existenzen sehen sich äußerlich bedroht, andere leiden an den innern Konflikten, die diese Lage nach sich zieht.»[43]

Das klingt pessimistisch, aber wer wollte behaupten, daß es nicht *wahr* ist?! Nein, wer sehen will, der muß es sehen, daß auch bei uns die Verhältnisse sich immer mehr und mehr verschärfen, daß der Riß zwischen *Kapital* und *Arbeit*, zwischen *Mammonismus* und *Pauperismus*, kurz gesagt: zwischen *Reich* und *Arm*, mag er nun im Munde socialdemocratischer Agitatoren eine Phrase sein oder nicht, thatsächlich immer größer wird.

---

[41] Q. Horatius Flaccus, *Epistulae* I, 18, 84.
[42] Vgl. *Die Wahlen in den Schweizerischen Nationalrat 1848–1919*, Bd. I, Zweiter Teil, a.a.O., S. 762f., dazu die Anm. in Bd. II (Helvetia Politica, Series A, Vol. VI/2), Bern 1978, S. 198.
[43] L. Ragaz, *Buße und Glauben*. Bettagspredigt, gehalten am 17. Sept. 1905 im Münster zu Basel, Basel 1905, S. 7f.

Und damit haben wir die soziale Frage erst von einer Seite: ich möchte sagen vom Standpunkt des in seiner Ruhe aufgeschreckten Spießbürgers betrachtet. Freilich ist er zugleich der Standpunkt weitester Schichten der sog. «guten Gesellschaft», deren Motive zur Teilnahme an socialen Werken großen Teils, bewußt oder unbewußt, *prophylaktisch*, defensiv sind. Man will Dämme bauen gegen die drohende Sündflut, die «Gesellschaftliche Ordnung» sichern vor dem Umsturz etc. An diese Anschauung wurde ich unwillkürlich erinnert als ich z. B. vor einigen Wochen eine große Menagerie besuchte. Es war gerade die Stunde der Fütterung der Raubtiere. Man mußte da diese Löwen und Tiger sehen und hören, wie sie zuerst wie wahnsinnig in ihren Käfigen auf- und absprangen, am Gitter rüttelten, brüllten und überhaupt alle Zeichen ihres tierischen Hungers von sich gaben. Nun kam der Wärter, warf jedem sein Stück Fleisch hin und damit trat plötzliche Ruhe und Stille ein, durch nichts unterbrochen, als durch das Knirschen der Zähne! – So stellen sich viele Leute die Lösung der socialen Frage vor: «Werft ihnen etwas hin, damit sie ruhig sind!» Diese Anschauung ist grundverkehrt: die sociale Frage fällt nicht zusammen mit der Magenfrage, wenn es schon manchmal so scheinen mag. Menschen sind eben keine Raubtiere! Ja, und dann, um bei meinem Gleichnis zu bleiben, die Stille in der Menagerie wird einige Stunden währen, dann meldet sich der Hunger wieder und die Bestie wird euch anbrüllen ärger denn zuvor. – In diese Linie fallen z. B. die Bestrebungen der *christlich-socialen Partei* Deutschlands, so sympathisch uns der Idealismus eines Stöcker berühren mag.[44] Sociale Wirksamkeit, mit dem Nebenzweck «Thron und Altar» zu erhalten, ist und bleibt ein Unding. Es heißt «neue Lappen auf ein altes Kleid flicken» oder «neuen Wein in alte Schläuche gießen» [Mt. 9,16f. par.].

*Die moderne soziale Frage ist mehr als eine Gefahr.* Wer etwas tiefer geht, sieht in ihr ein Glied in der Entwicklungsreihe eines, besser *des* Menschheitsproblems, das einst Jesus der antiken Welt gegenübergestellt hat, das in der *Reformation* seine religiöse, in der *Revolution* seine politische Lösung gefunden, jener Aufgabe, die Jesus formuliert hat:

---

[44] Vgl. K. Kupisch, Art. «Stoecker, Adolf», in: RGG³, Bd. VI, Sp. 387; E. Wolf, Art. «Christlich-sozial», in: RGG³, Bd. I, Sp. 1740–1743, bes. Sp. 1741f.

«Du sollst Gott deinen Herrn lieben von ganzem Herzen, *und deinen Nächsten wie dich selbst*[»] [Mt. 22,37.39 par.], anders ausgedrückt: das Problem der doppelten *Verantwortlichkeit des Individuums einerseits der Gottheit, andrerseits der Menschheit gegenüber*. Wohlverstanden, die Meinung ist nicht die, daß die Lösung der sozialen Frage das Ende jener Entwicklung, religiös formuliert: das «Reich Gottes» brächte, wie man es heute oft hört. Ich halte diese Lösung, ebenso wie die, welche Reformation und Revolution brachten[,] nur für *notwendige Prämissen* zur Erreichung jenes Zieles, aber eben für notwendige, deren Entwicklung nicht durch eine schwächliche Prophylaxe aufgehalten werden soll noch kann.

Unter diesem Gesichtspunkt sehen wir also die soziale Frage an, wenn sie uns nun als Entwicklungsglied eines Menschheitsproblems von einer allgemeinen sofort zu einer *patriotischen Frage ersten Ranges* wird; das letztere nicht nur darum, weil, wie wir vorhin gezeigt haben, auch bei uns die Verhältnisse einer Verschärfung, vielleicht einmal einer Katastrophe entgegengehen, sondern auch, weil wir als Schweizer mit Recht den Anspruch machen, bei derartigen Entwicklungen im ersten Rang zu stehen. Ein Zwingli, Oekolampad, Calvin gehörten uns an und das Princip der Gleichheit aller Bürger vor dem Staate kannte man in schweizerischen Städterepubliken wie Basel und Zürich[45] schon lange vor der französischen Revolution.

Ist die soziale Frage aber eine *vaterländische*, so ist sie eo ipso auch eine *zofingerische* und damit werden wir nun ins Centrum unsres Themas geführt:

*«Wie stellt sich die Zofingia zur sozialen Frage?»*

## II.

Unerwähnt, weil nicht hieher gehörend, lasse ich die notwendige Voraussetzung, die conditio sine qua non meiner Fragestellung, *daß der Zofingerverein nämlich überhaupt noch eine ideale Aufgabe hat*, obwohl ich sehr gut weiß, daß das lange nicht Allen selbstverständlich ist. Wer in der Zofingia nur noch eine «stramme Couleurverbindung»

---

[45] Vgl. L. von Muralt, *Renaissance und Reformation*, in: *Handbuch der Schweizer Geschichte*, Bd. I, Zürich 1972, S. 410–412 (wo auch das entsprechend lautende berühmte Urteil N. Machiavellis referiert [und relativiert] wird).

sieht, deren wesentliche nationale (!) Aufgabe darin besteht, die «ehrwürdigen alten Studentensitten» der Nachwelt möglichst intakt zu überliefern, der wird allerdings für ihre Stellung zur sozialen Frage wenig bis kein Verständnis haben. Mit ihm brauche ich mich hier *nicht* auseinander zu setzen.

Ebenso fest steht es mir, daß es durch unsre Geschichte, unsre Principien, durch den Wortlaut von § 1 der C. St.[46] wie durch die eben angeführten allgemeinen Erwägungen *von vornherein gegebene Sache ist, daß wir in irgendwelcher Weise eine positive Stellung zur sozialen Frage einnehmen.*

Beide Voraussetzungen sind nach meinem Dafürhalten einfach undiscutierbar, wenn man nicht auf die fundamentalsten Grundsätze unsrer Verbindung verzichten will. –

Eingehend muß dagegen nun die Frage behandelt werden: *«Wie soll sich diese positive Stellung gestalten?»*

Man würde darauf in den verschiedenen Sektionen des Vereins eine ganze Stufenleiter verschiedener Antworten bekommen. Zur Klassifizierung der Postulate, die da etwa laut werden möchten, akzeptiere ich die Unterscheidung[,] die in der Centraldiskussion des W.S. 1904/05 für die Anschauungen über die nationale Aufgabe des Zofingervereins gemacht wurde [[vgl. C. B. XXXXV. Jahrg. (1904/05) Nr 6. pag. 375ff.[47]]] die Unterscheidung einer *unmittelbaren* und *mittelbaren* Thätigkeit *(«action extérieure» et «action intérieure»)* Unter diese zwei Gesichtspunkte lassen sich wohl auch alle Standpunkte, die man in Bez.

---

[46] *Centralstatuten des Zofinger-Vereins. Statuts centraux de la Société de Zofingue*, Lausanne 1910, S. 2 [A]: «Artikel 1. Der Zofingerverein hat zum Zweck, in seinen Mitgliedern eine wahrhaft vaterländische Gesinnung, gegründet auf der Idee eines schweizerischen Volkstums, zu entwickeln. Frei und unabhängig von jeder politischen Parteistellung sucht er auf Grundlage der demokratischen Prinzipien seine Mitglieder zu tüchtigen, den Fortschritt auf allen Gebieten des politischen und socialen Lebens erstrebenden Bürgern heranzubilden. ...» (Vgl. ebd. Art. 2: «Um seinen Zweck zu erreichen, knüpft der Zofingerverein Bande der Freundschaft zwischen den Studierenden aller Kantone und lenkt ihre Tätigkeit hauptsächlich auf solche Fragen, welche sich auf die Geschichte, das politische und sociale Leben unseres Vaterlandes beziehen.») Vgl. auch W. Buchmann, *Übersicht über die Fassungen der Artikel 1 und 2 der Centralstatuten*, in: M. Burckhardt [u. a.], *Der Schweizerische Zofingerverein 1819–1969*, a. a. O., S. 341–350.

[47] L. Christ, a. a. O., bes. S. 378.

auf eine positive Stellung der Zofingia zur sozialen Frage einnehmen kann, unterordnen.

Sehen wir zuerst, was wir uns unter unmittelbarer sozialer Thätigkeit (*«action extérieure»*) zu denken haben. Eine klassische Definition dieses Standpunktes finde ich im XXXIII. Jahrg. (1892/93) unsres Centralblattes in einem Artikel des Lausanner *Benoît*[,] betitelt: «Le rôle de Zofingue dans la question sociale» (pag. 103ff.)[48] Um Euch nicht zu lange in Anspruch zu nehmen, verzichte ich hier auf eine detaillierte Inhaltsangabe und hebe nur die Resultate hervor, auf die Benoît's Erwägungen führen: Die Zofingia soll «se rapprocher du peuple, entrer en contact avec la classe ouvrière et lui montrer qu'on ne la méprise pas, faire voir à ces hommes qu'ils sont nos frères, que nous les considérons comme tels et que nous sommes tous enfants de la même Patrie.» Und weiter wird dann konsequent gefordert «que chaque Zofingien prenne à coeur de travailler individuellement dans cette voie».[49] Diese idealistischen Worte waren denn auch, bes. bei den welschen Sektionen[,] nicht umsonst geredet. Hatte man schon vorher in Lausanne einzelne Versuche in dieser Richtung gemacht, so bildeten sich nun im Laufe des nächsten Jahrzehnts in Lausanne und Genf förmliche «groupes sociaux»[,] die sich teils direkt die Ausführung der oben genannten Ideen zum Ziel machten, teils, aber ebenfalls durch aktive soziale Arbeit, besonders die soziale Ausbildung ihrer Mitglieder ins Auge faßte[n].[50] Es wurden gesellige Vereine für junge Arbeiter (etwa nach Art der hiesigen Philadelphia[51]) gegründet oder man trat in schon bestehende Gesellschaften

---

[48] L. Benoît, *Le rôle de Zofingue dans la question sociale*, in: Centralblatt, Jg. 33 (1892/93), S. 103–111.

[49] A.a.O., S. 106 und S. 107 (dort zum größten Teil hervorgehoben).

[50] Vgl. W. Kundert/U. Im Hof, a.a.O., S. 81f.; Ch. Gilliard, *La Société de Zofingue 1819–1919. Cent ans d'histoire nationale*, Lausanne, S. 163f.; J. Debrit, *Rapport présenté à la section genevoise sur l'activité du Groupe social zofingien pendant l'année 1902–1903*, in: Centralblatt, Jg. 44 (1903/04), S. 290–299, bes. S. 291–293.

[51] Die 1885 in Bern gegründete «Philadelphia» wollte «der sittlichen Charakterbildung und Stärkung» ihrer Mitglieder dienen. Sie sah von 1887 an «in der *Mischung aller Stände*» «einen ganz besonderen Wert ihres Vereinslebens»; nach seinen Statuten sollte der Verein «die Mitglieder zur ‹Mitarbeit an der Lösung sozialer Aufgaben› anregen und die Vaterlandsliebe pflegen». In diesem Sinne veranstaltete man eine Zeitlang Unterhaltungsabende für Arbeiter und richtete

dieser Art ein, man veranstaltete musikalische und theatralische Familienabende, man besuchte Arbeiterfeste[,] Arbeiterdelegierte nahmen an den Grütlicommersen[52] teil. Endlich wurden und werden noch die jährlichen Konzerte unsrer drei welschen Sektionen als «Séances populaires» zu reduzierten Preisen für das Arbeiterpublikum wiederholt.[53] Man sieht, an Mannigfaltigkeit der Betätigung ist kein Mangel. Besondere Erwähnung verdienen die Teilnahme der Lausanner an dem gemeinnützigen Werk der «Maison du peuple»[54], der Genfer an einer statistischen Enquête über Unterstützungskassen 1903 (Vgl. C. B. XXXXIV. Jahrg. pag. 290ff.)[55] Es ist mir nichts davon bekannt, daß eine deutsche Sektion etwas von alledem nachgeahmt hätte, wenn es vorgekommen ist, so war es wohl sehr sporadisch.

Sehr mit Unrecht haben sich manche Leute bei uns daran gewöhnt, sich über diese Versuche höchstens lustig zu machen. Geringschätzung ist wahrlich das Letzte, was solche Bestrebungen verdienen. Das verhindert aber nicht, daß wir diese «action extérieure» auf ihre *innere Begründung* prüfen und dabei zu dem Resultate kommen, sie dennoch *abzulehnen*. Meiner Ansicht nach beruht sie, so wie sie [in] Lausanne und Genf getrieben wird, trotz des erfrischenden Idealismus, der durch die Sache weht[,] auf einem *Mißverständnis* des Zweckes einer Studentenverbindung überhaupt und desjenigen der Zofingia im Besondern, deren herrschende Tendenz es zu allen Zeiten gewesen ist, ihre Ideale vor Allem *in ihren Mitgliedern* zur Ausgestaltung und Verwirklichung zu bringen, erst in zweiter Linie, u. zw. *durch die* von der Hochschule abgehenden *einzelnen Mitglieder,* jene Ideale ins öffentliche Leben hinauszutragen.

---

Weihnachtsfeiern in der Armenanstalt Frienisberg aus. Vgl. O. Lauterburg, *Die Philadelphia während 25 Jahren,* in: *Philadelphia Bern. Festschrift zur Erinnerung an die Feier des 25jährigen Bestehens 1885–1910,* Bern o. J., S. 1–69, S. 4f.7.46.65.

[52] L. Benoît, a.a.O., S. 107f. – Zum Gedenken an den Rütlischwur wurden in allen Sektionen der Zofingia jeweils am 17. 11. festliche «Grütlicommerse» veranstaltet («Grütli» ist eine ältere Nebenform zu «Rütli»).

[53] L. Benoît, a.a.O., S. 107; W. Kundert/U. Im Hof, a.a.O., S. 81.

[54] W. Kundert/U. Im Hof, a.a.O., S. 81f.; Ch. Gilliard, a.a.O., S. 162; vgl. L. Christ, a.a.O., S. 384.

[55] J. Debrit, a.a.O., bes. S. 293–298; s. auch W. Kundert/U. Im Hof, a.a.O., S. 82; Ch. Gilliard, a.a.O., S. 163f.

Die Zeiten waren nicht glücklich, wo man es anders machte, wo die Zofingersektionen als solche aktiv ins öffentliche Leben eingriffen, sei es nun in konservativem Sinn, wie in den 30er Jahren, wo die Neuenburger und Basler mit bewaffneter Hand gegen den Liberalismus zu Felde zogen[56], sei es als radikale Parteivereine, wozu die Berner und Zürcher in den 70er und 80er Jahren geworden waren[57] und was die Luzerner leider heute noch sind.[58]

Ich wiederhole: *die Zwecke des Zofingervereins gehen in erster Linie nach innen* und das vor Allem, weil wir eine *Studentenverbindung* sind. *Studenten* aber sind Lernende, Leute, die selbst noch viel [zu] lernen haben, die erst *empfangen* sollen, bevor sie ans *Geben*, ans Lehren denken können. Diese Arbeit an den untern sozialen Schichten wird ja mit Andern das *Ziel* unsrer akadem. Studien sein. Warum nun verfrüht aus unserm momentanen natürlichen Arbeitsfeld hinaustreten in ein anderes, in dem reife Männer nötig sind, nicht Lehrlinge?!

Ich will mir kein abschließendes Urteil erlauben, da ich die Lausanner und Genfer Verhältnisse zu wenig kenne, allein es scheint mir sehr wahrscheinlich, daß endlich bei allzu intensiver «action extérieure» das *innere Leben* einer Sektion zu kurz kommen muß, und damit geht unvergleichlich viel mehr verloren[,] als mit jener gewonnen wird.

Wir werden also mit Notwendigkeit auf eine mittelbare soziale Thätigkeit, auf eine *«action intérieure»* gewiesen, die sich mit unserm Charakter als Studenten besser vereinigen läßt. Ihr Zweck wird, kurz zusammengefaßt, der sein: *den einzelnen Zofinger theoretisch und praktisch sozial zu schulen*. Auch zu diesem Ziel sind verschiedene Wege möglich. Von vornherein im Vorsprung sind hierin natürlich die Welschen, deren «action extérieure» allein ihnen alles Weitere ersetzen könnte. Wie kann man die Arbeiterfrage besser studieren, als eben an den Arbeitern selbst? In diesem Lichte besehen erscheinen nun alle jene Versuche doch etwas bedeutsamer. – Wiederum liegt es sehr nahe, die soziale Frage mit all ihren Unterproblemen *in den ersten Akten unsrer Sitzungen*[59] zur Sprache zu bringen[,] und hierin wenigstens stehen die

---

[56] W. Kundert/U. Im Hof, a.a.O., S. 42.
[57] A.a.O., S. 64–66.
[58] A.a.O., S. 88f.; vgl. auch D. Barth/M. Burckhardt/O. Gigon, a.a.O., S. 104–114.
[59] Die im Semester wöchentlich stattfindenden «Ordentlichen Sitzungen»

deutsch-schweizerischen Sektionen den welschen um nichts nach, – es ist ja genau besehen die einzige Art, wie wir gegenwärtig positiv zur sozialen Frage Stellung nehmen; ich sehe nämlich mit Bewußtsein ab von der Thatsache, daß einzelne Sektionen in ihren Städten Mitglieder gewisser wohlthätiger Gesellschaften sind, die zwischen «action extérieure» und «intérieure» in der Mitte liegt.

Das wäre nun Alles schön und gut. Allein haben wir nicht bei den Welschen das Gefühl, daß da viel Künstliches, Gemachtes ist, neben manchem Ächtem und Originellem?! Ja und was soll andrerseits bei uns das fortwährende sociale Theoretisieren oder was sagt eine Summe Geldes, die man für diesen oder jenen gemeinnützigen Zweck gelegentlich auswirft? Gehört das nicht alles zu jener schwächlichen Prophylaxe, von der ich im ersten Teil meiner Arbeit geredet habe?! Ich möchte einmal einen neuen Gesichtspunkt vorschlagen: Ich glaube:

Wenn die zofingerischen Ideale positive Stellungnahme zur sozialen Frage von uns fordern, so ist damit etwas ganz Anderes gemeint, als das was wir bis jetzt genannt haben, freilich ein ungleich Schwereres: weder Gründungen, noch Vorträge, noch milde Beiträge an dies und das[,] sondern

*Sociale Gesinnung und Übertragung derselben ins aktive Zofingerleben*[,] mit andern Worten:

*Weckung und Stärkung des sozialen Verantwortlichkeitsbewußtseins beim Einzelnen*

Ich möchte ganz besonders den Begriff «Verantwortlichkeit» betonen. Denn daß wir Studenten eine hohe sociale Verantwortung tragen, dessen können wir uns nicht klar genug bewußt werden: Während

---

bestanden aus zwei «Akten»: dem I. Akt, der der Besprechung eines politischen oder wissenschaftlichen oder sonst eines allgemeiner interessierenden Themas beispielsweise anhand eines Referates wie des hier vorliegenden (ein anderes Beispiel bietet die Ende 1907 ebenfalls in der Sektion Bern vorgelesene Arbeit von [E.] A. Schläfli, *Wesen und Ursprung der Religion*, in: Centralblatt, Jg. 58 [1907/08], S. 434–447.498–512) und danach der Regelung anstehender Vereinsangelegenheiten vorbehalten war und etwa zwei bis drei Stunden dauerte. Der darauf folgende II. Akt war mit Gesang und Produktionen der Pflege der Freundschaft und der Geselligkeit, d. h. der freien, jedoch nicht unmaßgeblich durch den Trinkcomment geordneten Unterhaltung gewidmet. Vgl. auch E. Müller, *Die Hochschule Bern in den Jahren 1834–1884. Festschrift zur fünfzigsten Jahresfeier ihrer Stiftung*, Bern 1884, S. 201f.

Hunderte und Tausende unsrer Altersgenossen in der Werkstatt, am Räderwerk der Fabriken, am staubigen Bureaupult oder in Feld und Wald ihren täglichen Lebensunterhalt oft mühevoll erwerben müssen, genießen wir das hohe Vorrecht, uns jahrelang dem freien Studium des Höchsten und Schönsten[,] was Menschenbrust gedacht, hingeben, im Freundeskreis und im Reich der Kunst so manche angenehmen Stunden verleben zu dürfen! Ich glaube nicht, daß es Einen unter uns giebt, der nicht wenigstens schon gestutzt hat[,] wenn er z. B. zu irgend einem Fest auszog, die Mütze verwegen aufs Haupt gestülpt, und dann begegnet ihm unter der Hausthüre ein junger Arbeiter, ein Briefträger etc. – *er* hat seine verdammte Pflicht und Schuldigkeit[60] zu thun, heute wie Alle Tage – *ich* habe einen Tag lang nichts zu thun, als mich zu amüsieren? Womit habe ich das verdient? Welchen Vorzug habe ich vor ihm? Das ist nun so eines der Rätsel, die uns das Leben aufgiebt, eins aber ist sicher:

«*Wem viel gegeben ist, von dem wird viel gefordert werden.*» [Lk. 12,48]

Die Verhältnisse haben uns in mancher Beziehung einen großen Vorsprung vor der Mehrzahl unsres Volkes gegeben und wir haben ein Recht, uns darüber zu freuen. Aber wehe uns, wenn es dabei bleibt, wenn wir nicht stets bewußt sind, daß wir diesem Volk gegenüber eine hohe *Schuld* abzutragen haben, daß wir Rechnung ablegen müssen über das, was wir mehr empfangen als andre.

Wenn wir dagegen diese *sociale Verantwortlichkeit* nicht nur fühlen, sondern uns einmal entschließen, damit Ernst zu machen, die Konsequenzen zu ziehen und unser tägliches Leben danach zu gestalten, dann ist die solide Grundlage für unsre spätere *aktive sociale Thätigkeit* gegeben, auf die wir m. E. als Studenten füglich noch verzichten können, wenn nämlich jene *soziale Gesinnung* da ist.

Ich bitte nun von vornherein, sich unter letzterer nicht blos eine *Theorie* vorzustellen. Wir haben deren schon zu viele in der Zofingia! Was ich postuliere[,] ist durch und durch *That*, wenn auch nicht äußere That, so doch That der Zofingia in und an sich selbst und an ihren Mitgliedern.

---

[60] O. von Bismarck benutzte diese Wendung am 12. 6. 1882 im Deutschen Reichstag, vgl. G. Büchmann, *Geflügelte Worte*, a.a.O., S. 692.

Was ich mir nun dabei denke, wenn ich *«sociale Gesinnung und Übertragung derselben in unser Verbindungsleben»* gefordert habe, will ich gleich an einigen *praktischen Punkten* im Einzelnen zeigen, die selbstredend auf Vollzähligkeit nicht Anspruch machen, mir speziell aber schon viel zu denken gegeben haben.

Wir kommen damit zum 3$^{ten}$ Teil meiner Arbeit.

## III.

Vorausschicken möchte ich, daß ich bei den nun folgenden Einzelanführungen, vorab an unsere *berner-zofingerischen Verhältnisse* denke und den Gesamt-Verein und die andern Sektionen höchstens beiläufig erwähnen werde. Das schon deshalb, weil ich die Verhältnisse in den andern Städten zu wenig kenne, dann aber vor Allem, um der bloßen Theorie möglichst fern und dem praktischen Leben möglichst nahe zu bleiben. –

Von den verschiedenen Unterproblemen, die in der socialen Frage enthalten sind, ist mir besonders eines für die Zofingia wichtig geworden, ich meine das *Klassenproblem*.

In Festreden, Centraldiskussionen etc. thun wir uns, und das mit Recht, etwas darauf zu gute, daß der Zofingerverein es vermag, die scheinbar unmöglichsten Gegensätze in seinem Schoße zu vereinen. «Steht nicht der Eine bei den Centralisten, der andre bei den Föderalisten, der Eine bei den Konservativen od. bei den Liberalen, der Andere bei den Radikalen, der Eine bei den kirchlich Orthodoxen, der andere bei den Reformern, der Dritte da, wo man über Beide die Achsel zuckt, der Eine bei den Größen der Finanz, den Banken und Eisenbahnen, der Andere für die Gedrückten und Benachteiligten im Volke streitend mit Wort und Schrift?» So sagte schon am Altzofingerfest 1880 der jetzige Regierungsrat *E. v. Steiger*[61] (C. B. XXI. Jahrg. 1880/81 Nr 1. pag. 2ff.)[62]

[61] Edmund von Steiger (1836–1908), als stud. theol. Zofinger in Basel und Bern; zunächst Pfarrer in Landgemeinden; 1878–1908 Regierungsrat des Kantons Bern; Mitglied des Schweizer Nationalrats 1888–1890 und 1891–1908. «Für Steiger war der Zofingerverein ... weit mehr als ein blosser Studentenverein». Vom Zofingergedanken aus hätte er «gern das Ideal einer selbstlosen ‹Partei des Vaterlandes› verwirklicht» (Centralblatt, Jg. 48 [1907/08], S. 463).
[62] E. von Steiger, *Festrede, gehalten am letzten Alt-Zofingerfest, den 26. Juli in Zofingen*, in: Centralblatt, Jg. 21 (1880/81), S. 2–8, S. 3.

und die von ihm angeführten Gegensätze ließen sich heute leicht noch vermehren. In der That, das ist etwas Großes, das wir vor ausnahmslos jeder andern Verbindung voraus haben. Helvetia, Concordia, Burgundia, Zähringia[63] oder wen man immer nennen will, sind und bleiben mehr oder weniger selbstzugestandener Maßen *Cliquen,* um nicht einen bekannten studentischen Ausdruck dafür zu brauchen[64], d. h. Verbindungen, die sich mit prompter Ausschließlichkeit aus bestimmten Interessen-, Berufs- oder Gesinnungskreisen zusammensetzen, wenn nicht gar plumpster Opportunismus d. h. das freimaurerische System des «Stellenzuhaltens» im spätern bürgerlichen Leben sie zusammenführt.[65] – Dem gegenüber will sein und ist die Zofingia gewesen seit allen Zeiten eine *«freie Schule freier Überzeugungen»*[66], eine Stätte auf der sich die verschiedensten Ansichten und Standpunkte zusammenfanden im gemeinsamen Gedanken ans Vaterland.

Das ist ein gewaltiger Vorsprung, der uns vor allen Konkurrenten und für alle Zeiten gegeben ist, wenn wir ihn nämlich *zu wahren wissen.* Darum dürfen wir aber nicht dabei stehen bleiben, uns dieses Vorzugs zu freuen. Wenn die Zofingia ein lebendiges Salz bleiben will unter der Studentenschaft, muß sie ihre Stellung, ihre Institutionen etc. einer fortwährenden scharfen *Selbstkritik* unterwerfen, ob sie mit jenem Ideal noch harmonieren, oder ob wir am Ende auf dem Wege sind,

---

[63] Knappe Angaben über die genannten Verbindungen finden sich bei M. Vasalli, *Das Farbenstudententum in der Schweiz,* in: Civitas, Jg. 13 (1957/58), S. 480–509, S. 492f.

[64] «Blasen» (vgl. oben S. 64).

[65] Während die anderen Verbindungen nicht zu Unrecht als Vor- oder «Baum»-Schulen bestimmter Berufe, Parteien und Richtungen galten, waren die Mitglieder des Zofingervereins beruflich und politisch nicht festgelegt. Aus ihm gingen z. B. «positive» *und* «freisinnige» Pfarrer hervor, während etwa aus der Helvetia nur solche dieser, aus der Zähringia nur solche jener Richtung kamen.

[66] Die Wendung stand von 1855 bis 1870 in Art. 2 der Centralstatuten: «Als freie Schule freier Überzeugungen nimmt er [scil. der Zofingerverein] alle Meinungen in sich auf und enthält sich als Verein jeder unmittelbaren Einwirkung in die praktische Politik» (1848 hieß es an der betreffenden Stelle: «als Schule freier Überzeugungen»); vgl. W. Buchmann, a.a.O., S. 342–344. Über die im Zusammenhang mit dieser Charakterisierung aufbrechenden Spannungen berichten D. Barth/M. Burckhardt/O. Gigon, a.a.O., S. 44–48.58f.63. Die Wendung fiel 1870 bei der Neufassung der Artikel weg; vgl. den dann (bis 1934) gültigen Text oben Anm. 46. Vgl. übrigens die Anspielung bei E. v. Steiger, a.a.O., S. 4 (*«eine freie Schule freier Ueberzeugung»*).

*ebenfalls zu einer Clique*, wenn auch zu einer anders organisierten, herabzusinken?!

Ich halte dafür, daß speziell die letztere Gefahr bei uns in Bern ins Auge gefaßt werden muß. Wer sich diese Frage aufrichtig und hauptsächlich *selbstlos* stellt, wird mir zugeben müssen: es ist in Bezug auf unsre Zusammensetzung nicht Alles, wie es sollte. Wohl finden sich bei uns Konservative und Freisinnige, Positive und Reformer, Leute von Stadt und Land, Studierende aller Fakultäten (was ja gar nicht für alle Verbindungen selbstverständlich ist) Finden sich aber auch *sozial* d. h. in unserm Fall *finanziell* hoch resp. gut und niedrig stehende[?] Bei den Letztern denke ich nicht an das studierende Proletariat unsrer Hochschule, das ja, weil ausländisch, für uns nicht in Betracht fällt[67], wohl aber an zahlreiche Schweizerstudenten aus untern resp. mittleren Kreisen, deren Zahl in unsern Reihen nicht groß ist.[68] Und doch wäre es eine hohe Aufgabe der Zofingia – andere Sektionen wissen, ihr nachzukommen – gerade schon durch ihre Zusammensetzung auf eine Überbrückung der socialen Kluft hinzuwirken. Einige Ausnahmen will ich abrechnen, im Ganzen wird man mir aber zugeben müssen, daß wir unterwegs sind, die *Studentenverbindung der «guten Gesellschaft»* zu sein, was ja, wie ich wohl weiß, vielen geradezu als Ideal vorkommt. Vom socialen, daher auch vom allgemein-zofingerischen Standpunkt aus ist es *direkt zu bedauern, daß es zu Stadt und Land Bern als «guter Ton»* gilt, *die weiße Mütze*[69] *zu tragen*. Denn damit werden wir un-

---

[67] Barth denkt an die vielen russischen Studenten und – damals besonders bemerkenswert – Studentinnen, die zu Anfang des Jahrhunderts dank der fremdenfreundlichen Hochschulpolitik des Erziehungsdirektors A. Gobat in Bern, hauptsächlich an der medizinischen Fakultät, studierten. Vgl. *Hochschulgeschichte Berns 1528–1984. Zur 150-Jahr-Feier der Universität Bern 1984*, Bern 1984, S. 70.424.

[68] Die Zofingia galt zumindest in Genf, Lausanne, Bern und Basel als die vornehmste Verbindung. Das spiegeln auch Bemerkungen in den Jahresberichten der Berner Sektion (Staatsarchiv Bern). 1903/04: «Wir stehen jetzt in der Studentenschaft Berns wie auch bei der Bevölkerung so da, dass sich keine andere Verbindung anmassen darf mehr zu sein als wir ...» Oder 1906/07: Die Zofingia «hat sich als die erste oder doch als eine der ersten Verbindungen unserer Hochschule behauptet». Ahnungsvoll fügt der Berichterstatter an, daß es sehr schwer sein würde, von dieser anspruchsvollen Selbsteinschätzung abzugehen: «Wer lange einen prächtigen Rock getragen hat, legt nicht auf blosses Zureden eine Einsiedlerkutte an.»

[69] Die Mütze der Zofingia ist weiß, s. *Couleurstudenten in der Schweiz*,

rettbar zur Clique, ja noch mehr: eine Zähringia z. B. kann, trotzdem sie in anderer Beziehung eine Clique ist, gewisse sociale Ziele erreichen, wenn aber die Zofingia zur Clique wird, und zwar zur Clique der «guten Gesellschaft», dann ist eine sociale Thätigkeit in ihrem Innern, d. h. eine sociale Erziehung ihrer Mitglieder in dem früher genannten Sinn von vornherein schwer gefährdet, wo nicht lahmgelegt, weil sie ja im sozialen Kampf selbst Partei geworden ist.

Und wahrhaft beschämend wird die Sache für uns, wenn man einmal dahinter gekommen ist, daß das Schibboleth [Ri. 12,6] dieser «guten Gesellschaft» nicht etwa geistige oder ethische Aristokratie ist, sondern die ganz ordinäre Frage nach dem Geldsack. Leider ist nun diese Frage auch in der Zofingia häufig eine der ersten, die an Neueintretende gerichtet wird. Was Wunder, wenn da eben Mancher, der mit unsern Principien einverstanden wäre, aber aus bescheideneren Verhältnissen, nicht aus der «guten Gesellschaft» kommt, von vornherein davon abstehen muß, bei uns einzutreten. Ein Referent bei der bereits angeführten Centraldiskussion des letzten Winters sagte über diesen Punkt mit vollem Recht: «Demandons-nous sérieusement, si par les charges financières ... que nous imposons à nos membres, nous n'écartons pas de Zofingue des étudiants peu fortunés pour lesquels cette question matérielle constitue le seul obstacle à leur entrée dans la société et qui sont trop fiers pour y accepter une position d'exception humiliante pour eux. Si tel était le cas et je crois que çà l'est dans certaines sections je n'hésiterais pas à le dire, *nous aurions failli à notre devoir qui est d'ouvrir la porte de notre société à tous les étudiants suisses sans distinction de fortune*»[70]

Übrigens kommt in dieser Frage auch § 31 al. 3 der C. St.[71] in Betracht, allein ich kann nur konstatieren, daß er für Bern nicht zu existieren scheint.

Als erste Konsequenz einer sozialen Zofingergesinnung postuliere ich daher zum so und so vielten Male:

Schweizerisches Museum für Volkskunde Basel. Ausstellung 1979/80 [Katalog], S. 87.

[70] Vgl. L. Christ, a.a.O., S. 383 (Votum von [L.] Robert [cand. jur., aus Peseux, Student in Neuenburg]; Hervorhebung von Barth).

[71] Vgl. *Centralstatuten*, a.a.O., S. 10. Art. 31, Abs. 3 lautet: «Die Sektionen sollen sich bestreben, die finanziellen Lasten so zu legen, dass ihretwegen kein Student vom Eintritt in die Zofingia abgehalten wird.»

*Die offizielle und inoffizielle finanzielle Belastung d. Mitglieder muß um jeden Preis vermindert werden.*⁷² Ich weiß zum Voraus, was man mir nun von allen Seiten zurufen wird, nämlich, daß uns das unsre sog. «gesellschaftliche Stellung» kosten würde. Allein ich habe mit Absicht gesagt: um jeden Preis! Hier liegt eben der Hase im Pfeffer und wir kommen damit sofort auf einen zweiten Punkt:

Hätten wir nicht die Prätention, die Verbindung der «guten Gesellschaft» zu sein, dann hätten wir dieser «guten Gesellschaft» gegenüber keine Verpflichtungen, hätten wir diese sog. Verpflichtungen nicht, so wäre der Betrieb bedeutend billiger, dann könnte, wenn wir uns noch an einigen andern Punkten etwas einschränkten, jeder Schweizerstudent, ob reich oder arm, bei uns eintreten und eine der wichtigsten Prämissen zu zofingerischer socialer Thätigkeit wäre vorhanden!

So aber opfert man dem Moloch der «gesellschaftlichen Stellung» jährlich wahre Unsummen, *ohne daß dabei für die eigentlichen Zwecke der Zofingia das Geringste herauskäme!* Ja, im Gegenteil, ganz abgesehen von dem finanziellen Schaden, den diese Sache verursacht, hat sie es uns angerichtet, daß man vom «Heiratsbureau Zofingia» redet, und, so wie die Sachen stehen, wahrhaftig nicht immer mit Unrecht! Als zweite Konsequenz folgt deshalb notwendig:

*Eine gewisse Klasse von Festlichkeiten[,] die nur der «guten Gesellschaft» zu Ehren abgehalten werden, müssen aus der Reihe der offiziellen Sektionsanlässe wegfallen.* Inoffiziell, von Einzelnen veranstaltet und hauptsächlich aus der Tasche des Einzelnen bezahlt, selbstverständlich auch für niemand obligatorisch, mögen ja solche Anlässe immerhin auch in Zukunft abgehalten werden, aber *der* Zustand ist unleidlich, daß auch Solche, die auf die ganze Geschichte pfeifen, fort und fort dafür berappen müssen und daß deshalb Unbemitteltere vom Eintritt in die Zofingia abgehalten werden.⁷³

Ich weiß, daß ich nun damit Manchem «ans Läbige recke»!⁷⁴ Alle

---

[72] Für das WS 1905/06 war eine Monatssteuer von Fr. 14.– und eine nach den Gegebenheiten festzusetzende Sondersteuer beschlossen worden. Dazu kamen die Ausgaben für die besonderen Anlässe.
[73] Barth denkt wohl vor allem an den Zofingerball und die verschiedenen «Besenanlässe» (s. oben Anm. 6f.).
[74] Etwa: «empfindlich treffen», vgl. *Schweizerisches Idiotikon. Wörterbuch der schweizerdeutschen Sprache*, s. v. rĕckeⁿ, Bd. VI, Frauenfeld 1909, Sp. 807.

diese möchte ich bitten, sich einmal, abgesehen von allen egoistischen Motiven, zu fragen, was größer ist: der *Nutzen*[,] den die Zofingia davon hat, wenn sie, die einzelnen Zofinger[,] zu Frauen (um es kurz zu sagen) u. zw. aus der «guten Gesellschaft» kommen, oder der *Schaden,* den sie ihr zufügen, indem bei dem jetzigen teuren System die Leute den andern Verbindungen zugetrieben werden oder wild bleiben[75]?! Die Antwort scheint auf der Hand zu liegen und die Konsequenz daraus ebenfalls: hier wäre es nun einmal am Platz, von einem *Opfer* zu reden, das es gelten würde, der Zofingia zu bringen. Doch genug von der Sache!

Ich weiß, daß die Mehrheit der Sektion darüber anders denkt, resp. überhaupt nichts dabei denkt, sondern mitmacht, «weil mans immer so gemacht hat». Ich mußte sie in diesem Zusammenhang zur Sprache bringen, weil sie dahin gehört (nicht zum ersten und wohl auch nicht zum letzten Mal!)

Nun zu einem weitern Punkt, der ebenfalls mit dem Klassenproblem zusammenhängt.

Der Zofingerverein hat nach § 1 der C. St. den Zweck in seinen Mitgliedern eine «wahrhaft vaterländische Gesinnung, gegründet auf die Idee eines *schweizerischen Volkstums* zu entwickeln».[76] Unhaltbar gegenüber dem letztern Begriff, unhaltbar gegenüber einer socialen Zofingergesinnung ist die bei uns immer noch halb und halb offizielle Anschauung über die Bedeutung unsrer Farben, der sog. *«Couleurstandpunkt»[,] der einer Revision dringend bedarf*

So wie die Dinge jetzt stehen, beruht er auf einer durchaus undemocratischen und unsocialen Basis, nämlich auf der veralteten Anschauung, der Student sei als solcher das Glied einer über die sog. Philisterwelt[77] schlechthin erhabenen *Kaste,* deren Abzeichen naturgemäß die farbige Mütze ist. Mit Konsequenz folgt daraus jener Couleurkultus, der notwendig in der Institution des studentischen Duells gipfelt.[78]

---

[75] D. h. keiner Verbindung beitreten, vgl. *Couleurstudenten in der Schweiz,* a.a.O., S. 102.
[76] Vgl. oben Anm. 46.
[77] Über «Philister» als «Bezeichnung für den Nichtstudenten oder den Widersacher fröhlichen Studententums» vgl. G. Büchmann, *Geflügelte Worte,* a.a.O., S. 22f.
[78] Zum Aufkommen von Mensur und Duell in der Schweiz und zu den dar-

Diese Anschauungsweise mag einst ihre Poesie gehabt haben; auf einer modernen Universität, für eine moderne Verbindung, ganz besonders aber für die Zofingia ist sie ein Zopf, mit dem man schleunigst abfahren sollte. Durch Aristokratie der Denkungsart soll der Student seinem nicht akademischen Mitbürger voranstehen: es wäre ja seltsam, wenn es nicht so wäre, aber daraus ein mittelalterlich anmutendes äußerliches *Standesgefühl* abzuleiten, ist einfach verkehrt.

Ein großer Schritt zur Besserung ist ja auf diesem Gebiet bereits geschehen[,] seit die Mensur auf der ganzen Linie aus der Zofingia verschwunden ist.[79] Allein unser Couleurstandpunkt ist nichts anderes als ein residuum vom Duellwesen her. Ohne jenes hat er keinen Sinn mehr und es wäre an der Zeit[,] zu einer freieren Anschauungsweise überzugehen, wie sie unsre Welschen längst angenommen haben, ohne daß damit jeder Laxheit, die man sich dort aus einfacher Bequemlichkeit erlaubt, das Wort geredet sein soll. Aus dem lächerlichen Codex über «couleurfähige» und «nicht-couleurfähige» Handlungen, Lokalitäten, Personen[80] etc. will ich gar nicht Beispiele citieren:

um in der Zofingia geführten Auseinandersetzungen vgl. D. Barth/M. Burckhardt/O. Gigon, a.a.O., S. 83-92; W. Kundert/U. Im Hof, a.a.O., S. 48f.66-70. 78-80.
[79] Duell und Mensur wurden im Gesamtverein 1865 verboten, eine 1887 der Sektion Zürich in dieser Frage gewährte Ausnahmestellung wurde unter heftigen Auseinandersetzungen 1903 aufgehoben: vgl. D. Barth/M. Burckhardt/O. Gigon, a.a.O., S. 83-92; W. Kundert/U. Im Hof, a.a.O., S. 69.78-80.
[80] Schon 1893/94 wurde im Semesterbericht der Sektion Bern davor gewarnt, «das Blühen der Zofingia nach dem Grade zu bemessen, wie der Comment gehandhabt wird. Wer sich gegen den Comment vergeht, begeht keine Sünde an seiner Verbindung, er verstösst ... einfach gegen die Grammatik der studentischen Gebräuche.» Auch sei es keineswegs schon »eine anticommentistische Bewegung», wenn etwa «das Obligatorium des Sonntagsfrühschoppens» in Frage gestellt werde (Centralblatt, Jg. 34 [1893/94], S. 447). Die Auseinandersetzungen um den Comment gingen aber weiter. So wurde im Centralblatt, Jg. 47 (1906/07), darüber diskutiert, ob nicht gegen eine drohende «Couleurschlappschwanzigkeit» ein «Centralcomment» vonnöten sei: «eine Art fundamentale Anstandslehre für den Zofinger in Farben». Dabei ging es etwa um die Frage, ob es nicht dem «Comment», d.h. also der Ordnung der Sitten und Gebräuche nach herkömmlich studentischer («commentmäßiger») Art, widerspreche, «in Farben» (d.h. mit Mütze [und Band] der Verbindung) im Theater einen der Stehplätze auf dem «Olymp» einzunehmen oder einen Schirm zu benutzen, einen Marktkorb oder Pakete zu tragen – damit «das Publikum die Zofingermütze nicht für eine Dienstmännermütze hält», solle man sich «für diesen Moment ...

«Man kennt die ganze Melodie schon an den Initialen!»[81] – Gerade wir als Zofinger sollten einer moderneren und eben auch socialeren Auffassung der Dinge Bahn brechen helfen, als derjenigen, die jetzt zu Recht besteht und die nur dazu beiträgt, die sociale Kluft in unserm Volke zu vermehren. Oder glaubt man, es vermehre das Ansehen unsrer Farben, die die Farben des Vaterlandes sind[82], wenn der gemeine Mann erfährt, daß, wenn der Student mit ihm verkehren will, der Filzhut gut genug ist?![83]

Resümieren wir das, was wir über unsre *Stellung zur Klassenfrage* gesagt haben, so haben wir also ein Doppelpostulat, von denen das erste unsre *innere*, das zweite unsre *äußere* sociale Haltung angeht:

Nach Innen: *Schaffung der Möglichkeit einer größern socialen Mannigfaltigkeit in der Zusammensetzung der Sektion*

Nach Außen: *Aufhebung einer veralteten Betonung des äußern Standesunterschiedes gegenüber den untern socialen Schichten*

Ich bin nun nicht so optimistisch, zu glauben, wenn in diesen zwei Punkten Wandel geschafft würde, wäre das Ziel in Bez. auf unsre soziale Stellung erreicht. Hier müßte die eigentliche Arbeit erst einsetzen. Ich möchte mir nun auch hier erlauben, auf zwei spezielle Punkte hinzuweisen, an die ich etwa denke, auf Gebiete, die in der socialen Frage von großer Bedeutung sind und die auch für unser Zofingerleben in Betracht kommen.

Da ist einmal die *Alkoholfrage*. Ich hoffe nicht, daß man mich philiströs nennen wird, wenn ich es nämlich nicht so zu machen gedenke, wie jener Referent im letzten Sommersemester, der bei der Besprechung eines ebenfalls in das sociale Gebiet einschlagenden Problems bei

---

mit schlicht-bürgerlicher Kopfbedeckung begnügen» (a.a.O., S. 430–433, Zitate dort S. 432f.; S. 495–498; S. 578–581; s. auch Centralblatt, Jg. 48 [1907/08], S. 614–616; späteres kritisches Echo: Centralblatt, Jg. 52 [1911/12], S. 50f.; s. auch W. Kundert/U. Im Hof, a.a.O., S. 83f.).
[81] J. V. von Scheffel, *Die Maulbronner Fuge* (6. Strophe), in: *Liederbuch für die schweizerische Studentenverbindung Zofingia (Deutsche Sectionen)*, Zürich 1891⁴, Teil 2, S. 132f.; auch in: J. V. von Scheffel, *Gesammelte Werke*, Bd. VI, Stuttgart o. J., S. 195–198.
[82] Die Farben der Zofingia sind rot-weiß-rot; s. *Couleurstudenten in der Schweiz*, a.a.O., S. 87.
[83] Vgl. oben Anm. 80.

diesem Punkt stehen blieb mit der Erklärung, hierüber wolle er nichts sagen: «er würde nur ausgelacht».[84] Der Fall ist typisch für die Behandlung des Gegenstandes nicht nur in unsern, sondern überhaupt in den weitesten Kreisen. Sie geht genau nach dem ovidischen Recept:

«Video meliora proboque
Deteriora sequor»[85]

oder nach dem des Vogels Strauß, der den Kopf in den Sand steckt, um den Jäger nicht zu sehen.

Allein es läßt sich auch eine andere Behandlung der Sache denken und eine solche möchte ich hier versuchen.

Ich gehe wiederum von dem aus, was die Zofingia eigentlich will: «... ihre Mitglieder zu tüchtigen, den *Fortschritt* auf allen Gebieten des politischen und sozialen Lebens erstrebenden Bürgern heranzubilden».[86] Ich unterstreiche das Wort *«Fortschritt»* und unsre Stellung auch in dieser Sache ist ohne Weiteres gegeben. Ich brauche nicht auf Einzelheiten einzutreten: wer einigermaßen ehrlich ist, und den Sinn für Logik nicht verloren hat, wird mir ohne Weiteres zugeben, daß die Wirklichkeit dem Ideal gegenüber nicht ist wie sie sollte. Wohl mag sich ja auch hier im Vergleich zu frühern Zeiten Manches vorteilhaft verändert haben, aber trotzdem ist nicht zu leugnen, daß noch immer des «Guten» zu viel geschieht auf diesem Gebiete. Ich weiß, was man mir nun entgegenhalten wird: Saufen u. zw. ziemlich viel Saufen gehöre nun einmal zur «alten Burschenherrlichkeit»[87]. Ich räume auch hier ein, daß diese Anschauung einst ihre gewisse Poesie mag gehabt haben, allein «es ist schon lange her»[88], es war nämlich damals[,] als man über den Alkohol und seine verheerenden Wirkungen auf das Volksleben noch nicht so im Klaren war, wie es in der Gegenwart der Fall ist, oder doch der Fall sein sollte, denn daß man darüber *nicht* ins Klare kommt, wenn man jene erwähnte Scheulederpolitik praktiziert, ist sehr einleuchtend! Ich sa-

---

[84] Es handelt sich anscheinend um O. König, med., der am 20. 5. 1905 über «Ursachen und Bekämpfung des Schwachsinns» referierte.

[85] P. Ovidius Naso, *Metamorphoses* VII, 20f.

[86] *Centralstatuten*, Art. 1; vgl. oben Anm. 46.

[87] Anfang des Liedes «Rückblick» von E. Höfling, in: *Liederbuch für die schweizerische Studentenverbindung Zofingia*, a.a.O., Teil 2, S. 22f.: «O alte Burschenherrlichkeit». Vgl. G. Büchmann, *Geflügelte Worte*, a.a.O., S. 333.

[88] A. Lortzing, *Zar und Zimmermann* oder *Die beiden Peter*, 3. Akt, Nr. 13 und Nr. 16 (Finale).

ge: *Für die Gegenwart ist unsre Stellung zum Alkohol immer noch ein non sens*, d. h. wenn wir nicht einlenken[,] so geben wir einen guten Teil unsrer Principien preis; man wird die Institutionen der Zofingia in weiten Kreisen, die sich unterdessen eines Bessern besonnen haben, nicht mit Unrecht rückständig und überlebt nennen.

Speziell *social* haben wir in doppelter Hinsicht auch hierin einfach die Pflicht, der übrigen Studentenschaft in einer moderneren Auffassung voranzugehen.

Ich habe als Leitmotiv für meinen ganzen Standpunkt bereits mehrfach den Begriff «*Verantwortlichkeit*» genannt. Diese möchte ich nun nicht etwa blos theoretisch und indirekt, sondern gerade in unserm Fall sehr *direkt* verstanden wissen.

Aus gut informierter Quelle weiß ich, daß es vorkommt, daß in gewissen geselligen Vereinen, die sich großenteils aus Gliedern der untern Stände zusammensetzen[,] der *studentische Trinkcomment nachgeahmt* wird, jedermann kann sich denken[,] mit welchen Mißverständnissen und Ausschreitungen, die wir vielleicht in der Mehrzahl zu umgehen wissen, nicht aber der Ungebildete und Halbgebildete, der in guten Treuen glaubt, was der Student dürfe, das dürfe und könne er auch. Täuschen wir uns nicht: jeden jungen Arbeiter, der an den Konsequenzen der Nachahmung *unsrer* Bräuche physisch oder moralisch zu Grunde geht, haben *wir* zu unserm Teil auf dem Gewissen. *Er* weiß es nicht besser, *wir* aber wissen es und danach sollte sich das Beispiel richten, das wir geben. Gerade uns Akademikern gilt das alttestamentliche Prophetenwort: «Menschensohn, zum *Wächter* habe ich dich bestellt unter dem Hause Israel!»[Ez. 3,17; 33,7] Oder wollen wir etwa eine *doppelte Sittlichkeit* aufstellen, wollen wir behaupten: was für den Studenten moralisch ist, ist für den Arbeiter unmoralisch!? Hüten wir uns, daß nicht jenes andere Bibelwort auf uns zutreffe: «Wehe dem, von welchem das Ärgernis kommt!» [Mt. 18,7] –

Und nun noch ein zweiter Gesichtspunkt. Nichtwahr, wenn wir einst ins Leben hinaustreten, soll es unsre Aufgabe sein, die *Führer unsres Volkes* zu werden, kraft der auf der Hochschule gewonnenen höhern Einsicht für das Gute zu wirken u. gegen das Böse zu kämpfen unter unsern Mitbürgern, gleichviel, ob auf der Kanzel oder in der Krankenstube, in der Schule oder im Gerichtssaal. Können wir diese hohe Aufgabe *mit gutem Gewissen* übernehmen, wenn wir es nötig haben, bei unserm Übertritt aus dem akademischen ins bürgerliche Leben eine plötzliche Schwenkung in unsrer ganzen Lebensführung, speziell auch in unsrer Stellung zum Alkohol eintreten zu lassen? – Nichts ist doch z. B. lächerlicher und trauriger zugleich, als ein Theologe, der, bei jenem Wendepunkt angelangt, sich mit plötzlicher Frontveränderung in ein Priestergewand hüllen muß, den Ehrbaren *spielt* (denn wahr ist es nicht) und dann womöglich Präsident eines Temperenzvereines wird! Und ich denke, was für uns gilt, gilt ebenso sehr für die andern Fakultäten! Ja, und wie Manchem gelingt dann die Schwenkung nicht einmal: semper aliquid haeret!![89]

Mit einem Wort: *Wenn wir später eine führende sociale Stellung einnehmen wollen, so muß unser jetziges praktisches Verhalten zur Alkoholfrage so beschaffen sein[,] daß wir uns seiner im Leben nicht zu schämen haben.*

Und hier wäre nun der Punkt, wo von Vereins wegen etwas Positives gethan werden könnte, hier könnte die berühmte «Erziehung der Mitglieder»[90] einsetzen, von der man so viel zu *reden* weiß, die aber tatsächlich nur zu oft auf das Gegenteil hinausläuft.

Man verstehe mich nicht falsch: ich postuliere weder Abschaffung des Biercomments[91] noch etwa Einführung zähringermäßiger Sit-

---

[89] Vgl. G. Büchmann, *Geflügelte Worte*, a.a.O., S. 598.
[90] Diese Aufgabenformulierung konnte an Art. 1 der Centralstatuten anknüpfen (vgl. oben Anm. 46). In diesem Sinne nennt etwa L. Robert «l'éducation des jeunes gens en vue de la patrie» «la tâche essentielle de Zofingue celle qui subsistera en dépit des changements» (L. Christ, a.a.O., S. 378). Den gegebenen Ort solcher «Erziehung» sah man vielfach v. a. im Verhältnis zwischen «Füchsen» (vgl. unten Anm. 95) und «Fuchsmajor» bzw. zwischen «Leibfuchs» und «Leibbursch» (vgl. A. Vernet, *Burschen et Füchse. Droits et devoirs réciproques*, in: Centralblatt, Jg. 37 [1896/97], S. 374–384). Wenn Barth im Nachsatz beklagt, die Erziehung laufe «nur zu oft auf das Gegenteil» hinaus, denkt er wohl auch an Auswüchse und Mißbräuche, die in diesem Zusammenhang vorkamen (vgl. z. B. Centralblatt, Jg. 52 [1911/12], S. 51). Grundsätzlich erörtert wurde die Frage: «Welches sind die erzieherischen Aufgaben der Zofingia gegenüber ihren Mitgliedern?» 1893/94 in der ersten Centraldiskussion (vgl. den Bericht im Centralblatt, Jg. 34 [1893/94], S. 360–379.407–420; im besonderen zur Diskussion in Bern: S. 445).
[91] *Biercomment der Zofingia Bern*, Bern 1900, S. 3: «§§ 1–10. Dieser Biercomment hat den edeln Zweck, die bierrechtlichen Verhältnisse bei den Zofingern zu regeln... Er bezieht sich auf einen Bierstaat und soll in ihm Ruhe und Ordnung aufrecht erhalten, wie in jedem geordneten Staate Gesetze zu diesem

ten⁹². Beides wäre m. E. unstudentisch ebenso wie unnötig. Aber zwischen solchen Standpunkten und dem status quo giebt es eben einen *Mittelweg*, der sich bei gutem Willen leicht finden ließe. Er besteht einerseits in einer *Modifizierung des Trinkcomments*[93] hauptsächlich im Sinne einer Heruntersetzung sämtlicher Straf- und sonstigen üblichen Quanten, die nach dem jetzigen Modus ein Hohn sind auf alle Resultate der modernen Alkoholforschung. Seinen Zweck, «Betrieb» in unsre 2ten Akte zu bringen, würde der Comment wahrhaftig in demselben Maße erreichen, wenn von all den vorgeschriebenen «Ganzen» die Hälfte oder noch lieber zwei Drittel gestrichen würden.

Mein zweites Postulat in dieser Sache ist *Einschränkung des mehr oder weniger obligatorischen Wirtshausbesuchs.*[94] Ich nenne nämlich das Kind absichtlich beim rechten Namen, wenn man es schon liebt, ihm allerlei schöne Mäntelchen umzuhängen. Wohlverstanden, ich will auch das Schoppenwesen nicht principiell bekämpfen, da ich weiß, daß

Zwecke notwendig sind. Ihm gebührt deshalb auch dieselbe tiefe Achtung und Verehrung, wie sie jenen jeder rechte Bürger zu zollen gewohnt ist.» «§ 12. Dieser Biercomment gilt überall da, wo Berner-Zofinger (mindestens 3) zusammen commentmässiges Getränk kneipen.» Barths Exemplar des *Biercomments* ist erhalten (Karl Barth-Archiv, Basel). Es ist, insbesondere im Abschnitt «Strafrecht», mit Anstreichungen und Voces memoriales versehen, die Barth wohl, er selber während seiner Zeit als Präsident der Berner Zofingia «eo ipso» auch jeweils bei den «Kneipen» (vgl. unten Anm. 99) «als Bierpräses fungiert[e]» (§ 43), die Übersicht über Strafen und Strafanlässe erleichtern sollten.

[92] «Motive der Gründung» der «Zähringia» (am 3. 11. 1888) «waren ein Verbindungsleben in christlichem Geist und die Bekämpfung studentischer Unsitten» (Vasalli, a.a.O., S. 493). Das Alkoholproblem wurde aber auch in der Zofingia diskutiert, seitdem A. Bertholet (*Die Alkoholfrage*, in: Centralblatt, Jg. 32 [1891/92], S. 151–161.187–199) vor allem die soziale Bedeutung der Frage behandelt und (mit Erfolg) gefordert hatte, auch «Temperenzler» in die Zofingia aufzunehmen. Immerhin gab es noch 1911/12 in der Sektion Bern heftige Auseinandersetzungen um die Ablehnung eines Aufnahmekandidaten durch «zopfige Commentverfechter und Anti-Abstinenzfanatiker» (Centralblatt, Jg. 52 [1911/12], S. 192–195; S. 291; S. 811f.; Zitat dort S. 193).

[93] Als Beispiel (bei dem man sich natürlich die eigentümliche Mischung aus Spiel und Ernst gegenwärtig halten muß, in der man den Comment überhaupt betrieb): *Biercomment*, S. 22: Nach § 87 muß «zu 2 Ganzen ... verdonnert werden: *a)* Wer in den Bauch säuft» [d. h. nicht nach der Ordnung von Vor- bzw. Nachtrinken verfährt (§ 52)] «und sich weigert, dafür einen Ganzen aufs Wohl der Corona zu leeren».

[94] Außer den «Ordentlichen Sitzungen» fanden auch «Früh-», «Abend-» und «Nachtschoppen» und der «Kneipabend» in einem Wirtshaus statt.

es für die Pflege der Freundschaft gerade unter Studierenden verschiedener Fakultäten eine relative Bedeutung hat. Aber damit sollte abgefahren werden, daß man eins und alles im Verbindungsleben darauf abstellt, daß man die Qualität eines Zofingers nach der Zahl seiner wöchentlichen Schoppenbesuche bemißt, wie das Wetter am Barometer[,] und ihn danach als «guten Zofinger», «Musterfuchs»[95] etc. oder als «schlechten Zofinger, Schlappschwanz, Kneifer[»] etc. taxiert. Es ist doch nachgerade allgemein bekannt, oder sollte es doch sein, daß mancherorts die Wirtshäuser geradezu der Fluch ganzer Gegenden sind. Ja, wie können wir später mit gutem Gewissen dagegen auftreten, wenn wir selbst einen großen Teil unsrer Studienjahre im Wirtshaus – wäre es auch das Zofingerlokal, zugebracht haben?! – Und wiederum sollte uns gerade jenes sociale Verantwortlichkeitsbewußtsein davon abhalten, täglich stundenlang, u. zw. an den besten Stunden des Tages untätig am Wirtshaustisch zu hocken, während der sog. «gemeine Mann» seiner Arbeit nachgeht. Auch hier gilt es: *Weniger wäre mehr!*[96] und ich wollte den sehen, der mir behaupten wollte, die wahre Zofingerfreundschaft würde darunter leiden!

Ich habe mich über diesen Punkt etwas ausführlicher auslassen müssen, weil gerade hier uralte Vorurteile am Tiefsten eingewurzelt sind. Nun noch zu einem weitern, dem in der socialen Frage ebenfalls große Bedeutung zukommt, ich meine die *Sonntagsfrage*.

Ich erwähne übrigens, daß mir ihre Bedeutung für die Studentenverbindungen resp. die Bedeutung der Studentenverbindungen für die Sonntagsfrage von einem unsrer akademischen Lehrer[97] mehrfach ist nahegelegt worden, dessen Anregungen ich hier gerne einmal in unserm Kreis vorbringe.

Was der Sonntag für die socialen Verhältnisse sagen will, darüber

---

[95] «Fuchs» (bzw. «Fux») heißen die Mitglieder einer studentischen Verbindung in den ersten beiden Semestern, bevor sie in den Stand der Burschen erhoben («burschifiziert») werden (vgl. etwa *Biercomment*, S. 6 [§ 25], weiter S. 7 [§ 28]: «Nach dem ihnen anhaftenden Charakter heissen sie im ersten Semester ‹*krasse Füchse*›, im zweiten ‹*Brandfüchse*›.»)
[96] Vgl. G. Büchmann, *Geflügelte Worte*, a.a.O., S. 172.
[97] Der Text einer zu dieser Stelle an den Fuß des Blattes gestellten Anmerkung ist verloren gegangen, als die «Excerpta» zum Binden beschnitten wurden.

sind wir wohl Alle einer Meinung, ganz abgesehen von dem, was er uns als Christen zu sagen hat. In vollständigem Widerspruch zu dieser socialen Bedeutung des Sonntags steht nun aber die Tatsache, daß der *Samstag-Abend* ganz allgemein, und wir Studenten gehen darin voran, zur Abhaltung der Vereinssitzungen benützt wird. An und für sich wäre dagegen nichts zu sagen, allein nun dauern diese Sitzungen bekanntlich ziemlich viel länger als bis Mitternacht: sie erstrecken sich tief in den Sonntag hinein und werden regelmäßig von Einzelnen noch ad infinitum verlängert. Jeder weiß, wie dann der Sonntagmorgen beschaffen zu sein pflegt: wer keinen besondern Grund hat, schläft eben aus bis zum Frühschoppen. Wirklich eine ideale Ouvertüre zur Sonntagsfeier, bes. wenn man sich die bekannten Frühschoppenphysiognomien darauf hin ansieht! Bedenken wir, daß wir damit weiten Kreisen ein verhängnisvolles Beispiel geben, aber noch mehr: nicht nur uns selbst, sondern regelmäßig auch einem Teil des Wirtschaftspersonals, das der Ruhe ebenso nötig hätte, rauben wir damit den besten Teil seines Sonntags! Heißt das social gedacht und gehandelt? Und wiederum: wie können gerade wir Theologen später für den Sonntag eintreten, wenn wir selbst uns in der Studienzeit einen Sonntagmorgen kaum mehr anders als mit einem gelinden Kater oder doch einer leisen Müdigkeit behaftet denken können?!

Wieder ein Fall, in dem wir Zofinger als patriotische und darum social denkende Verbindung vorangehen sollten, um einer neuen Praxis den Weg zu bahnen, wie es übrigens unsre Schwestersektionen in Genf, Neuenburg, Luzern und St. Gallen bereits thun, die ihre Sitzungen am Dienstag, Mittwoch oder Donnerstag abhalten. Ich weiß, daß gerade bei den Medizinern gewisse Schwierigkeiten dagegen vorhanden sein sollen; auch fände damit die Ausdehnung der $2^{ten}$ Akte bis in den hellen Morgen hinein ein natürliches Ende, allein das letztere dürfte jedenfalls kein Grund sein gegen meinen Vorschlag (wäre es auch nur versuchsweise:) *die Sitzung entweder auf Freitag*[98] *oder dann auf Mittwoch zu verlegen und den Kneipabend*[99] *dann entweder am Mittwoch zu belas-*

---

[98] «Die eventuelle Verschiebung der Sitzung auf den Freitag» ist im WS 1907/08 noch einmal diskutiert, schließlich aber doch abgelehnt worden (Jahresbericht [Staatsarchiv Bern]).
[99] Regelmäßiges (wöchentliches) durch den Trinkcomment geordnetes Zusammensein in der (Verbindungs-)«Kneipe» zum Singen und «Kneipen», auch

*sen oder Freitags resp. Samstags einzusetzen,* (da er aus natürlichen Gründen rascher zu Ende zu sein pflegt, als die Sitzung!!) Was anderswo geht, sollte doch bei uns auch gehen. Andere Verbindungen würden uns sicher folgen und wir hätten das Verdienst, einer nützlichen socialen Bewegung den Anstoß gegeben zu haben. –

Das sind nun so einige Wegleitungen, (wie ich schon gesagt habe, sollen sie nicht erschöpfend sein) wie ich mir das, was ich *sociale Zofingergesinnung* genannt habe, in die Praxis übersetzt, etwa vorstelle.

Im Vergleich zu der «action extérieure» der Welschen sind meine Thesen zugleich eine *Mehr-* und eine *Minder*-Forderung. Eine *Minderforderung,* insofern, als ich von allen außerhalb unsres bisherigen Verbindungslebens stehenden besondern «Thätigkeiten» absehe und einzig soziale Gesinnung und die Konsequenzen daraus im bisher üblichen täglichen Zofingerleben verlange. Eine *Mehrforderung,* indem, wie ich wohl weiß[,] der Verbindung und dem Einzelnen mit der Befolgung dieser Konsequenzen eine bedeutend größere Kraftleistung, ein viel größeres Opfer zugemutet wird, als mit dem Betrieb einer «action extérieure», die vom übrigen Vereinsleben völlig getrennt sein kann.

Wird die Zofingia Bern von dieser Mehrforderung etwas wissen wollen?

Manchem unter Euch ist jetzt vielleicht von Allem, was ich gesagt habe, nur das eindrücklich geblieben, daß ich an allerlei, was ihm zum «eisernen Bestand» des Berner Zofingerlebens zu gehören scheint, eine sehr radikale Kritik geübt habe. An Alle, bei denen dies der Fall sein sollte, möchte ich noch einmal zwei Bitten richten:

*1.* diejenige, bei der Beurteilung meiner Ausführungen, die sie sich jetzt im Stillen gemacht haben werden, für einen Moment einmal alle, aber auch ganz alle *egoistischen Motive auszuschalten* und mir dann zu sagen, was von ihrer Beurteilung noch übrig bleibt.

*2.* dieses Übrigbleibende von der Be- oder vielleicht Verurteilung meines Standpunktes ein zweites mal zu durchgehen in dem Sinne, ob sie nicht vielleicht reinem *Konservatismus,* einer gewissen unbestimm-

---

zur Besprechung eventuell anstehender Traktanden; vgl. *Couleurstudenten in der Schweiz,* a.a.O., S. 101.

ten Vorliebe für das Alte[,] weil es alt[,] und einer ebenso unbestimmten Abneigung gegen das Neue, weil es eben neu ist, entstammt!?

Nur auf dieser Basis wird nämlich eine ersprießliche *Diskussion* möglich sein.

Ich verspüre keine Freudigkeit, mich mit Votanten herumzuschlagen, von denen ich annehmen muß, daß ihre Opposition im tiefsten Grunde nur davon herrührt, daß sie mit dem gegenwärtigen Stand der Dinge *für ihre Person* zufrieden waren und sich nun in ihrer Ruhe aufgeschreckt fühlen, oder mit solchen, die meine Ansichten bekämpfen, weil sie eben von vornherein beschlossen haben, ihr Zofingerleben in den ausgetretenen Pfaden einer 20–30jähr. Tradition sich abspielen zu lassen, etwa nach dem Hegel'schen Satz

«das Seiende ist vernünftig»[100]

oder noch besser nach dem Grundsatz des Lindwurms in Wagners «Siegfried»:

«Ich lieg und besitz
Laßt mich schlafen!»[101]

Andere Opponenten[,] und diese werde ich ernst nehmen, kommen mir aber vielleicht mit folgendem Einwand: [«]Was du principiell über sociale Gesinnung in der Zofingia gesagt hast, ist schön und recht, allein du machst ja *nur negative Vorschläge,* du sagst uns, was wir *nicht* thun sollen, was anders werden sollte, ohne eine Garantie zu geben für das, was an seine Stelle treten wird. Mit einem Wort: deine Kritik ist niederreißend, ohne aufbauend zu sein.»

Ich nenne diesen Einwurf, weil ich im Voraus das Gefühl habe, daß er in irgend einer Form aufgetreten wäre oder noch auftreten wird. Allein die Schwierigkeit ist nur scheinbar, die Lösung sehr einfach:

Die äußern Formen unsres Verbindungslebens würden, wie ich mehrfach betont habe, abgesehen von einigen Modifikationen ganz dieselben bleiben, wie bisher, aber diese Formen wären von einem neuen

---

[100] G. W. F. Hegel, *Grundlinien der Philosophie des Rechts* oder *Naturrecht und Staatswissenschaft im Grundrisse* (Vorrede), Sämtliche Werke. Jubiläumsausgabe in zwanzig Bänden, Bd. VII, Stuttgart 1928, S. 33.
[101] R. Wagner, *Siegfried. Zweiter Tag aus der Trilogie: Der Ring des Nibelungen*, 2. Aufzug (1. Szene).

Geist, dem Geist *socialer Verantwortlichkeit den untern Volksschichten und vor Allem uns selbst gegenüber* erfüllt.

Der einzelne Zofinger würde in dem beständigen Gefühle leben, daß die Zwecke der Zofingia nicht in ihm und seinem Vergnügen gipfeln, sondern in das weite große Gebiet des öffentlichen und vaterländischen Lebens hineinragen, ja dort erst zur Vollendung und Reife kommen. Dieses Leben aber verlangt Männer, die wissen was sie wollen[,] um dann auch zu wollen was sie wissen. Damit dies in Bez. auf d. soziale Frage der Fall sein kann, ist es aber unerläßlich, daß diese Männer aus einer Verbindung hervorgehen, in der sie *social etwas gelernt haben,* nicht blos theoretisch[,] sondern *praktisch*. Eine solche Verbindung will uns die Zofingia sein und es ist unser Aller Aufgabe, sie von denjenigen Akzidenzien reinigen zu helfen, die diesem ihrem Zweck hindernd im Wege stehen, um unsrer selbst wie um all derer willen[,] die nach uns das rot-weiß-rote Band tragen werden. Dann können wir beim Übertritt ins bürgerliche Leben ohne Reue auf unsre akademische und zofingerische Laufbahn zurückblicken als auf eine Zeit fröhlichen Schaffens und Werdens, um dann mit reinem Gewissen und einheitlichem Bewußtsein an unsre Arbeit unter und mit unserm Volke heranzutreten.

Gerne hätte ich meinen Gedanken einen beredteren Ausdruck verliehen. Wenn es mir aber vielleicht dennoch gelungen sein sollte, den Einen oder Andern wieder aufmerksam gemacht zu haben auf diese Seite an der hohen Aufgabe unsrer Zofingia, so ist der Zweck meiner Arbeit erfüllt.

Karl Barth, stud. theol.
Am 14. Jänner MDCCCCVI

## Discussion[102]

*Motto:* «Sie konnten zusammen nicht
kommen, das Wasser war gar zu tief.»[103]

*Amsler*[104]: Bedauert daß Barth seine Zeit mit unnützem Korrigieren des Zofingergebäudes zubringt. Er kämpft mit einem Feind, der nicht existiert. Das arbeitende Volk hat *keine Vorurteile* gegen uns, sympathisiert mit uns so wie wir sind. Sehr der Korrektur bedürftig ist B's Anschauung über *«Zof. und gute Gesellschaft»* Damit hängen zusammen die Auseinandersetzungen über den *Finanzpunkt*[.] Wer nicht in der Kommission[105] gewesen ist, kann darüber nicht urteilen. Wir haben mit einer Konkurrenz zu kämpfen, wie keine andre Sektion (außer Zürich) Für einen *offiziellen Ball* sprechen viele Gründe. Endlich der *Couleurstandpunkt.* Eine Verbindung, die Mützen trägt, muß intensiven Betrieb haben (Schoppen!)

Man verlangt von uns wie von Offizieren eine besonders gute Aufführung. Bes. puncto *Biercomment* kämpft B. mit einem imaginären Gegner. Zähringer etc. (!) Amsler weiß nichts von Commentbetrieb bei Arbeitern. *Schoppen* sind etwas sehr Wesentliches am Verbindungsleben. Eine *andere Ansetzung der Sitzung* ist äußerst schwer.

*Schläfli*[106] spricht seinen Dank aus etc. Wenn B. weitgeht, so ist das aus dem Benehmen der Berner Zofinger B. gegenüber zu erklären. (Zwischenrufe von rechts)[107] Pflicht der ältern Mitglieder wäre es, sich der Jüngern mehr anzunehmen.

---

[102] Barth hat den Verlauf der Diskussion selber zunächst mit Bleistift protokolliert, später dann seine Schrift – unter einigen Modifikationen – mit Tinte nachgezogen und das Résumé seines eigenen «Schlußvotums» nachgetragen. Außerdem liegt das offizielle Protokoll der ganzen Sitzung vor (Staatsarchiv Bern), das der Aktuar stud. med. Otto König aufgenommen hat. Es kann Barths Wiedergabe in Einzelpunkten ergänzen.

[103] Aus dem Lied «Edelkönigs-Kinder» (1. Strophe), in: *Des Knaben Wunderhorn. Alte deutsche Lieder*, gesammelt von L. A. von Arnim und Cl. Brentano.

[104] Hermann Amsler (1883–1926), theol., Präses der Berner Sektion im WS 1905/06.

[105] Der Kreis der Verantwortlichen der Sektion (Präsidium [Präses], Quästor, Aktuar, Beisitzer, Fuchsmajor).

[106] Emanuel Arthur Schläfli (1884–1961), theol.

[107] Anscheinend gab es in Bern (wie später dann in Zürich und auch in Basel)

Gegen Amsler: der Feind, gegen den B. kämpft, ist nicht so luftig, wie A. sagt. Gerade in der *gesellschaftlichen Frage* herrschen reale Gegensätze. A. hängt am Traditionsstandpunkt, bes. in Bezug auf die *Couleurfrage*. Barth will ja die Zofingerfröhlichkeit nicht unterdrücken, wenn er auch etwas selten «erscheint»[.] An den Schöppen steigen oft sehr fade Bierwitze. In Bez. auf die *Finanzfrage* herrschen Schwierigkeiten, wie der Quästor weiß. Die einzelnen Mitglieder könnten Vieles thun. Wohl ist keiner verpflichtet, viel zu trinken, aber doch giebt es infolge des *Comments* «gräßliche Räusche». In der Tat gehen studentische Trinksitten in die untern sociale Schichten über. Der Umschwung aus dem akademischen Bierleben ins bürgerliche ist sehr schwer, sollte nicht nötig sein. Auch kommt Mißvergnügen unter den Bauern, Arbeitern etc. wirklich vor.

*Steck*[108]: Gegenstand gehört eigentlich in die geschlossene Sitzung[109]. Was Barth brachte, ist *nichts Neues*. Vorläufig ist nichts abzuschaffen[.] Das sind Erfahrungen, die jeder macht und Barth bis in ca. 2 Jahren auch. Thema ist *Deckmantel*[.] Der Kern bei B. ist: *Er sieht die Andern für übelwollend od. ignorant*[110]

*Lauterburg*[111] begrüßt den Anlaß, seine Ansichten über die Berner Zofingia auszusprechen. Gewisse Grundprincipien kann man erfassen ohne Schoppen. Steck hat eine ideale Auffassung, faktisch liegt die Sa-

---

verschiedene Tische, an denen sich einerseits die Anhänger des «klassischen» Verbindungsgedankens, andrerseits die «moderner» Reformvorstellungen sammelten (s. oben S. 66).

[108] Johann Rudolf Gerhard Steck-von Erlach (1879–1952), iur.

[109] So heißt *allgemein* die Sitzung oder der Teil einer Sitzung, zu dem Gäste nicht zugelassen waren. Nach dem Sektionsprotokoll hielt Barth sein Referat jedoch in einer solcherweise «Geschlossenen Sitzung». Steck gebraucht den Begriff also wohl in dem *spezifischen* Sinn, in dem er den Traktandenteil bezeichnete, der üblicherweise als Abschluß des I. Aktes zwischen dem Referat-Teil des Abends und dem II. Akt eingeschoben wurde und während dessen die Gäste «abtraten». Stecks Kritik besagte dann (auch): Barths Ausführungen stellten eigentlich gar kein Referat, sondern nur ein ausführlich begründetes Traktandum dar.

[110] Der Aktuar protokolliert: «Barth betrachtet alle, die nicht seinen Ideen huldigen als minderwertig. Ein richtiger Zofinger muss aber so weit kommen, dass er von dem allgemeinen Grundsatz ausgeht: ein anderer ist nicht schlechter, wenn er meinen Idealen nicht huldigt.»

[111] Otto Lauterburg (1886–1975), theol. Vgl. oben S. 62.

che anders. Der *Finanzpunkt* ist schwerwiegend. Manche A.-Z. lassen ihre Söhne nicht mehr eintreten. L. bedauert, nicht Tänzer zu sein, aber die *Tanzanlässe* nehmen doch in den Zofingerzwecken keine wesentliche Stellung ein. Bes. der Traditionsstandpunkt ist verwerflich, hier wie auf allen Gebieten. Auf das *Couleurswesen* wird wirklich zu viel Wert gelegt. (Zwischenrufe) Einfluß des *Biercomments* auf Gymnasialvereine ... Einzelheiten daraus: ich erkläre, daß ich mich demselben nicht füge! (Zwischenrufe von rechts)

*Ed. von Steiger*[112] (A.-Z.) Lebte auch in einer welschen Sektion. B. tritt ein auf die großen Schwierigkeiten der 30er Jahre.[113]

*Ethischer Gedanke der Sektion Bern*[114], den B. als konservat. Basler nicht versteht: Ein Farbenbruder will d. Leben mit dem andern zubringen, daher die vielen Anlässe, die sich mit Fehlern etc. vererbt haben. In andern Sektionen hat man die größten Gegensätze. Wir wollen nicht bloße Vergnügungen, sondern *gemeinsame Anlässe*. Im «Bierhaus» können wir uns am Besten u. Billigsten finden. Der Berner Zofinger wird von seiner Verbindung gesellschaftlich absorbiert. Die Individualität darf die *Solidarität* nicht schädigen.

*Schlußvotum des Referenten:* Ich danke den Votanten für ihre loyalen und offenen Worte. Die Gegensätze mußten sich einmal aussprechen u. werden es wohl noch mehr thun. Den Vorwurf der *Intoleranz* (Steck) muß ich ablehnen, sie liegt doch wohl mehr auf d. andern Seite. Meine *Einzelpostulate* sind angegriffen, aber nicht widerlegt worden, ich brauche deshalb die Ausführungen meines Referates nicht zu wiederholen. Wirksame Opposition hätte sich vor Allem gegen meine *principielle Stellung* richten müssen, aber das ist nicht geschehen. Was die *Schoppen* betrifft, so räume ich ein, daß man darüber andrer Ansicht

---

[112] Eduard von Steiger (1880–1962), iur.; 1914–1939 im Großen Rat des Kantons Bern; 1939 Regierungsrat des Kantons Bern; 1940–1951 Schweizer Bundesrat; vgl. Busch, S. 41.323f.

[113] Vgl. oben S. 80 mit Anm. 56. In der länger nachwirkenden «Krise von 1831» ging es im Kern darum, ob sich die in einem weiteren Sinn liberal geprägte Zofingia insgesamt auf den (damaligen) *politischen* Liberalismus festlegen solle und dürfe (s. W. Kundert/U. Im Hof, a. a. O., S. 40–44).

[114] Eduard von Steiger spielt auf die traditionelle Betonung der amicitia in der Berner Sektion an (s. oben S. 64).

sein d. h. Gefallen daran finden kann, mir persönlich haben sie bis jetzt zu wenig geboten, als daß ich sie als wesentlich anerkennen könnte. – Meine Oppositionsstellung rührt nicht, wie Amsler meint, aus müßiger Freude am Kritisieren her. Gewisse Schäden an unserm Sektionsleben habe ich von Anfang an empfunden und hielt es für meine *sittliche Pflicht* meine Bedenken einmal auszusprechen, weil ich nicht zu denen gehören will, die «Friede, Friede»! rufen, wo kein Friede ist [Jer. 6,14; 8,11]. Ob ich in 2 Jahren anders denken werde als jetzt, weiß ich so wenig wie Steck: ich wage daran zu zweifeln.

*Ris*[115]: Es ist typisch, daß B. und Lauterburg so erstaunt sind, daß es unter den Bernern so «ideale Geister» wie Steck und v. Steiger giebt.[116] Die Opposition gegen den Biercomment zeigt, daß die Leute den Geist der Verbindung (Sektion Bern) noch nicht erfaßt haben. Man sollte erst die Sache kennen lernen, ehe man reformieren will.

*Lauterburg* repliziert

*Amsler* schließt unter Verdankung von Referat u. Diskussion.

---

[115] Fritz Ris (1880–1938), med.
[116] Der Aktuar faßt Ris' Ausführungen so zusammen: «Mir sind nur die erstaunten Gesichter aufgefallen von Barth u. Lauterburg als sie Steck und Steiger so sprechen hörten ..., als sie inne wurden, wie auch alte Saufbrüder wie wir unsere Sache ideal auffassen und vertreten.» Die «Idealzofinger» waren leicht der Meinung, daß nur sie die Zofingerfragen prinzipiell und unter vernünftigen Gesichtspunkten behandelten. Dagegen möchte Ris betonen, daß auch die strengeren Verfechter des Comments nicht nur gemütliche Biertrinker, sondern durchaus von «Idealen» bestimmt sind.

## ZWINGLIS «67 SCHLUSSREDEN»
## AUF DAS ERSTE RELIGIONSGESPRÄCH ZU ZÜRICH 1523
### 1906

*Im Winter-Semester 1905/06 belegte Karl Barth wieder – wie schon im Sommer-Semester 1905 – die «Kirchenhistor. Übungen» bei seinem Vater Fritz Barth. Für diese Übungen ist wohl die vorliegende «Seminararbeit über eine Schrift von Zwingli» verfaßt, von der Barth am 28. 12. 1905 der Großmutter und der Tante in Basel – «gegenwärtig» mit dem Zofingia-Vortrag (s. oben S. 61) «schwer beschäftigt» – als von einer «dazu noch» drohend wartenden Aufgabe schreibt. Weitere biographische Dokumente liegen nicht vor. Barth scheint seinen Stoff hauptsächlich aus der in Anm. 1 genannten Zwingli-Monographie von R. Staehelin geschöpft zu haben.*

*Der Text ist eines der in den «Excerpta II» (s. oben S. 46) gebundenen Stücke. Unter der Überschrift steht der Vermerk: «Kirchenhistorisches Seminar W. S. 1905/06».*

### I.

Am 15. Dezember 1522 faßten die eidgenössischen Stände den schwerwiegenden Beschluß, es solle jeder Ort «solch neue Predigt» unterdrücken, «denn es ist zu besorgen, wo man solchen nicht tapfern Widerstand thun würde, daß daraus große Unruhe und Schaden entstehen würde».[1]

Die Verhältnisse waren gespannt: in den Städten Basel, Bern und Zürich hatten die Kampfrufe des Wittenberger Reformators freudigen Wiederhall gefunden, im Osten und Westen der Schweiz schienen die Grundlagen der alten Kirche ins Wanken geraten. Andrerseits bildeten die Waldstätte mit Luzern noch immer den festen Hort aller derjenigen, die vom Glauben der Väter, d. h. von Rom, nicht lassen mochten. Mit wachsendem Unwillen sahen die letztern, wie bes. Zürich, vorläufig noch ohne principielle Stellungnahme[,] sich praktisch immer mehr der reformatorischen Sache zuwandte.[2] Die Ereignisse drängten einer Ent-

---

[1] Zitiert bei R. Staehelin, *Huldreich Zwingli. Sein Leben und Wirken, nach den Quellen dargestellt*, Bd. I: *Die reformatorische Grundlegung*, Basel 1895, S. 259.

[2] Vgl. R. Staehelin, a. a. O., S. 166–177.231.247–249 u. ö.

scheidung zu, das sah man hüben und drüben ein, und wohl niemand klarer als das Haupt der reformatorischen Bewegung in der Schweiz, *Ulrich Zwingli,* der streitbare «chorherr und prädikant im grossen münster zu Zürich»[3]. Vermutlich erkannte er schon damals, daß es dereinst zu einer kriegerischen Austragung der Streitfrage zwischen den beiden Richtungen kommen müsse, doch sollte kein Mittel unbenützt bleiben, um womöglich doch eine friedliche Schlichtung herbeizuführen. Eine *öffentliche Aussprache,* veranstaltet und geleitet von der in theologischen und kirchlichen Dingen nach damaligen Anschauungen durchaus kompetenten weltlichen Obrigkeit, schien dazu das Geeignetste. Hiezu mochte Zwingli schon gedrängt sein durch die fortwährenden Angriffe auf seine Person aus dem katholischen Lager, wo man ihn als den Urheber alles Bösen betrachtete. Schon in seiner Schrift «Archeteles» 1522 hatte er deshalb gefordert: «Auf Grund der heiligen Schrift, in einfacher, nicht gezwungener Auslegung, in öffentlicher Zusammenkunft, wo nur die Schrift und nicht die menschliche Lehre die Entscheidung hat, werdet ihr mit mir streiten und Auge in Auge, nicht blos von ferne, mir entgegentreten müssen.»[4] In der Augustinerkirche in Zürich kam es zwischen einem predigenden Mönch und *Leo Jud* sogar zu Auseinandersetzungen, beinahe zu Tätlichkeiten[5] und dieses öffentliche Ärgernis, verbunden mit der ganzen unhaltbaren provisorischen Situation und dem ausdrücklichen Ersuchen Zwinglis, bewog endlich den Zürcher Magistrat zum entscheidenden Schritt: Am 3. Jan. 1523 er-

---

[3] Mit diesen Titeln wird Zwingli in dem Disputationsbericht von E. Hegenwald genannt: *Handlung der versammlung in der löblichen statt Zürich uf den XXIX. tag jenners von wegen des heiligen Evangelii zwischen der eersamen treffenlichen botschaft von Costenz und Huldrychen Zwingli, prediger des Evangelii Christi, sammt gemeiner priesterschaft des ganzen gebiets der eegenannten statt Zürich, vor geseßnem rat beschehen im MDXXIII jar,* in: Huldreich Zwingli's Werke, hrsg. von M. Schuler und J. Schulthess, Bd. I, Zürich 1828, S. 105. 114–168, S. 153 (= Huldreich Zwinglis Sämtliche Werke, hrsg. von E. Egli und G. Finsler, Bd. I, CR 88, Berlin 1905, S. 472.479–569, S. 569, Z. 3f.).

[4] H. Zwingli, *Apologeticus Archeteles adpellatus quo respondetur paraenesi a rev. domino Constantiensi (quorundam procaci factione ad id persuaso) ad senatum praepositurae Tigurinae quem capitulum vocant missae,* in: Werke, a.a.O., Bd. III, Zürich 1832, S. 26.27–76, S. 74f. (= Sämtliche Werke [CR], a.a.O., Bd. I, S. 249.256–327; S. 324, Z. 28–32; S. 326, Z. 36–38); R. Staehelin, a.a.O., S. 236.

[5] R. Staehelin, a.a.O., S. 259.

ging ein *Ausschreiben des Rates an sämtliche Geistliche der Stadt und Landschaft Zürich:* Auf den 29. Jan. sollten sie sich Alle im Ratshause einfinden, und daselbst «vor versammeltem Rat ihre Ansicht mit wahrhafter göttlicher Schrift in deutscher Sprache darlegen und verteidigen und für ihr weiteres Verhalten den Bescheid des Rates entgegennehmen.»[6] Auch die zuständige geistliche Behörde, der Bischof von Konstanz, wurde eingeladen, sich durch Abgeordnete bei der Verhandlung vertreten zu lassen, doch war die ihnen zugedachte Rolle ausdrücklich mehr die von *Beisitzern,* die an Kompetenz dem Rat coordiniert waren, als von ausschlaggebenden *Richtern,* wie es der Natur der Sache nach eigentlich hätte der Fall sein müssen.[7] Ja noch mehr: durch sein entschiedenes Eintreten für die ausschließliche Geltung der Schriftautorität stellte sich der Rat, wie *Stähelin* mit Recht bemerkt, von vornherein auf Zwinglis Seite.[8]

Mit welcher Ruhe und Zuversicht *Zwingli* den Ereignissen entgegensah, erfahren wir u. A. aus einem seiner Briefe an Oekolampad, er sagt da: «Spargitur rumor, Constantiensem vicarium adfore. Faxit Deus, ne retineatur, ne solitis triumphis fraudetur vel Roma vel Constantia, quos scilicet hactenus reportare solitae sunt.»[9]

Um dem abzuhaltenden Religionsgespräch Basis und Ausgangspunkt zu geben, wie auch um Freund und Gegner gegenüber ein für alle Mal sein Verhältnis zu Evangelium und Tradition klarzustellen, verfaßte er dann bald nach dem Erlaß jenes Ausschreibens seine *67 Schlußsätze*[10], eine Zusammenfassung seiner Lehre wie seines reformatorischen Programmes, die einer nähern Betrachtung umso würdiger ist, als sie uns in der wünschenswertesten Knappheit und Prägnanz ein Bild giebt von der gesamten theologischen und kirchlichen Position des Zürcher Reformators mit klarer Abgrenzung der Anschauungen nach links wie nach rechts hin, gegenüber dem *Papsttum,* wie gegenüber der parallelen

---

[6] R. Staehelin, a.a.O., S. 260; vgl. *Handlung der versammlung,* a.a.O. (Werke), S. 115f. (= [CR] S. 482, Z. 6–11).

[7] Vgl. R. Staehelin, a.a.O., S. 260.

[8] Ebd.

[9] *Huldrichus Zuinglius Io. Oecolampadio* (Brief vom 14. Jan. 1523), in: Werke, a.a.O., Bd. VII, Zürich 1830, S. 261 (= Sämtliche Werke, hrsg. von E. Egli, G. Finsler und W. Köhler, Bd. VIII, CR 95, Leipzig 1914, S. 3f., S. 4, Z. 13–16).

[10] *Die 67 Artikel Zwinglis,* in: Werke, a.a.O., Bd. I, S. 153–157 (= Sämtliche Werke [CR], a.a.O., Bd. I, S. 458–465).

deutschen reformatorischen Bewegung, wie sie bes. in *Luther* verkörpert ist.

Wir verzichten hier auf eine Darstellung des *Religionsgespräches* selbst (bekannt als «erste Zürcher Disputation»), obwohl es für das Verständnis jener Verhältnisse das größte Interesse bietet. Es drehte sich, wie ja bei der Weitschichtigkeit der in Frage stehenden Probleme leicht erklärlich, fast ausschließlich um einen Punkt, um das Verhältnis von göttlicher und menschlicher Autorität, d. h. speziell von Schrift und Kirchentum.

Vielmehr gehen wir nun über zu einer kurzen Übersicht über den Inhalt jener 67 Thesen, um dann am Schlusse einige allgemeine Bemerkungen darüber zu machen.

## II.

Die 67 Thesen lassen [sich] in *zwei Gruppen* einteilen, nämlich
a) in einen *theoretisch-dogmatischen* (1–16) und
b) in einen *praktisch-kirchlichen* (17–67) Teil

Quantitativ nimmt der letztere naturgemäß weitaus den größern Raum ein. Giebt uns der erste Teil gewissermaßen das religiöse *Fundament* des zwinglischen Lehrgebäudes[,] so haben wir im zweiten seinen praktischen *Ausbau*, die Konsequenzen, die aus jenen Grundanschauungen für das kirchliche und bürgerliche Leben hervorgehen, vor uns. Treten wir auf das Einzelne ein!

Der *theoretisch-dogmatische Teil*
beginnt mit einer Negation und zwar, für Zwingli sehr charakteristisch[,] mit der *Bestreitung der Notwendigkeit der «bewährnuß der kilchen»* für Auslegung und Gebrauch des Evangeliums[11][.] Als Gegenstück dazu nennt These 2 die «Summa des Evangeliums» *«daß unser Herr Xρ [Christus] Jesus, warer Gottes sun, uns den willen sines himmlischen vaters kund gethon, und mit siner unschuld vom tod erlöst und gott versünt hat».*[12] Er ist daher der einzige Weg zur Seligkeit (3) der «wegführer und hauptmann» des menschlichen Geschlechtes. (6)[13]

---

[11] A.a.O. (Werke), S. 153 (= [CR] S. 458, Z. 11f.).
[12] A.a.O. (Werke), S. 153 (= [CR] S. 458, Z. 13–15).
[13] A.a.O. (Werke), S. 153 (= [CR] S. 458, Z. 16f.22f.).

Die *christliche Kirche* besteht aus den an ihn Gläubigen, der Leib an einem Körper gleichsam, an dem er das Haupt ist. Wer in ihm lebt, ist auch ein Kind Gottes: «das ist die kilch od. gemeinsame der heiligen, ein husfrow Xọ'i [Christi], ecclesia catholica». Ohne das Haupt vermögen die Glieder nichts, so auch nicht die Kirche ohne Xọ. (7-10)[14]

Daraus ergiebt sich, daß die zum Evangelium hinzugekommenen *kirchlichen* (also menschlichen) *Satzungen* die Ursache alles Irrtums sind (11-12)[15] Auf Xọ und seinen Geist gilt es zu hören, im Glauben an ihn steht das Heil der Menschen, nicht in Menschenlehre (13-16)[16]

Damit ist der grundlegende erste Teil bereits zu Ende. Wenn ich ihn vorhin den dogmatischen Teil des zwinglischen Bekenntnisses genannt habe, so ist darunter also nicht zu verstehen, als ob er eine systemsmäßige Darstellung des vollständigen Credo's Zwinglis bildete, etwa so, wie der erste Teil der Augustana[17] für Luther und Melanchthon. Vom Wesen Gottes, von der Trinität, von der Erbsünde u. s. f. ist hier nicht die Rede, vielmehr wird mit größter Schärfe der eine *Controverspunkt* herausgegriffen, um den sich nach Zwinglis Anschauung der ganze Streit drehte: Der *Gegensatz zwischen göttlicher und menschlicher Autorität*, der[,] wie ich bereits erwähnt habe, dann auch das Thema der öffentlichen Disputation geworden ist. Man könnte den Inhalt dieser ersten 16 Sätze füglich in die moderne Parole zusammenfassen: «*Los von Rom! Zurück zum Evangelium»!*[18] Gegenüber einem Kirchentum, das die Vermittlung zwischen Gott und Mensch usurpiert hat, das als «alleinseligmachende»[19] jedem die Pforten des Himmelreichs verschließt,

---

[14] A.a.O. (Werke), S. 153f. (= [CR] S. 459, Z. 1-13, bes. Z. 1-8).
[15] A.a.O. (Werke), S. 154 (= [CR] S. 459, Z. 14-20).
[16] A.a.O. (Werke), S. 154 (= [CR] S. 459, Z. 21-29, bes. Z. 21-23.26).
[17] CA, Art. 1-21.
[18] Über die 1897-1899 in Österreich entstandene «religiöse Bewegung» gegen den Ultramontanismus, die man «‹Los von Rom-Bewegung› getauft» habe, die man aber, «Gott lob», «mit vollem Recht ‹Hin zum Evangelium-Bewegung› nennen» könne, vgl. R. Aeschbacher, *Los von Rom! Die evangelische Bewegung in Oesterreich. (Mit Berücksichtigung anderer Länder.)*, Zürich 1902, bes. S. 2 und S. 9 (über R. Aeschbacher, Karl Barths Konfirmator, s. unten S. 122, Anm. 9); s. auch A. Fürer, *Hin zum Evangelium! Überblick über die evangelische Bewegung in Österreich und verwandte Bewegungen in aller Welt*, Karlsruhe 1902², und unten S. 332, Anm. 1.
[19] In den Katechismen der Gegenreformation ist von der «alleinseligmachenden Catholischen Religion» bzw. der «alleinseligmachenden Lehre» oder dem

der sich ihm nicht unterwirft, will Zwingli die Gemeinde Christi zurückführen zur einfachen frohen Botschaft ihres Gründers, «der uns den Willen seines himmlischen Vaters kundgethan und mit seiner Unschuld vom Tod erlöst hat.»[20] Die wahre ecclesia catholica besteht daher nicht aus den gehorsamen Mitgliedern einer äußerlichen Institution, sondern aus all denen[,] die Xρ zum «Wegführer und Hauptmann» ihres Lebens gemacht haben:

> «Er das Haupt, wir seine Glieder
> Er das Licht und wir der Schein
> Er der Meister, wir die Brüder
> Er ist unser, wir sind sein.»[21]

Ist dem aber so, so erfahren notwendig auch die *Anschauungen über die sichtbare irdische Kirche* eine wesentliche Alteration und davon redet Zwingli im zweiten

*Praktisch-kirchlichen Teil* seiner «Schlußreden»

Weil Xρ der wahre Hohepriester ist, so fällt das *Papsttum* als menschliche Anmaßung weg. (17)[22] Weil sich Xρ einmal für uns geopfert hat, so können wir die *Messe* nicht als Opfer und Vermittlungsakt, sondern nur zum «wiedergedächtnuß» desselben feiern. (18, 19)[23] Weil Xρ'i Gerechtigkeit uns erlöst hat, so bedürfen wir fernerhin weder der *Fürbitte der Heiligen* noch unsrer eigenen *guten Werke* (20–22)[24] Weil

---

«wahren alleinseligmachenden Cath. Glauben» die Rede (vgl. Fr. X. Thalhofer, *Entwicklung des katholischen Katechismus in Deutschland von Canisius bis Deharbe. Historisch kritisch dargelegt*, Freiburg i. Br. 1899, S. 28, Anm. 1; S. 50, Anm. 2; S. 52, Anm. 1.3). Auf die *Kirche* ist das Attribut offenbar erst später, aber jedenfalls seit dem beginnenden 19. Jahrhundert, übertragen worden: Vgl. J. S. Drey, *Ueber den Satz von der alleinseligmachenden Kirche* [1. Teil], in: Der Apologet des Katholicismus. Eine Zeitschrift, H. 5, 1822, S. 39–85 (wieder abgedr. in: *Geist des Christentums und des Katholizismus. Ausgewählte Schriften katholischer Theologie im Zeitalter des deutschen Idealismus und der Romantik*, hrsg. von J. R. Geiselmann [Deutsche Klassiker der katholischen Theologie aus neuerer Zeit, Bd. V], Mainz 1940, S. 333–357).

[20] *Die 67 Artikel Zwinglis*, a.a.O. (Werke), S. 153 (=[CR] S. 458, Z. 14f.).
[21] Aus N. L. Graf von Zinzendorfs Lied «Herz und Herz vereint zusammen» (bearbeitet von Chr. Gregor), GERS 161 (EKG 217), Strophe 1.
[22] *Die 67 Artikel Zwinglis*, a.a.O. (Werke), S. 154 (= [CR] S. 460, Z. 1–4).
[23] A.a.O. (Werke), S. 154 (= [CR] S. 460, Z. 5–12, bes. Z. 8f.).
[24] A.a.O. (Werke), S. 154 (= [CR] S. 460, Z. 13–21).

Xɢ uns Freiheit gebracht, sind alle Gebote über *Speisen, Feiertage[,] Wallfahrten, Kleidung* u. s. f. unchristlich (24–26)[25] Weil in Xɢ'o alle Menschen Brüder sind, geht es nicht an, durch *Mönchsorden, ehelose Priesterschaft* u. s. f. einen besondern Christenstand zu statuiren. (27–30)[26] Verwerflich ist der *hohe irdische Besitz der Geistlichen* (23)[27] bes. wenn er durch *Einziehung ungerechter Güter* zu stande kommt (33)[28] Die Kompetenz zum Aussprechen des *Bannes* muß eingeschränkt werden. (31–32)[29] Weltliche Macht kommt allein der *weltlichen Obrigkeit* zu. Diese ist von Gott eingesetzt, um das Recht zu schützen. Daher sind die Christen verpflichtet, ihr Gehorsam zu leisten, solange sie «allein mit Gott herrschet». «So sie aber untrüwlich und usser der schnur Christi faren wurdind, mögend sy mit Gott entsetzt werden» (34–43)[30]

Das wahre *Gebet* geschieht «im Geist u. warlich, alle Äußerlichkeiten, tempelgesang oder gschrey» sind darum verwerflich. (44–46)[31] Ein Hauptziel der reformatorischen Predigt muß es ferner sein, die Christen vom *«Ärgernuß»* d. h. von der durch unbefugte Verbote hervorgerufenen Versuchung zur Sünde zu befreien, worunter beim status quo wiederum das Priestercoelibat vorneansteht. (47–49)[32] Gott allein kann *Sünden vergeben* durch Jesum Xɢ, nicht aber Menschen untereinander durch auferlegte äußere Bußwerke oder gar finanzielle Leistung! (50–56)[33] Von einem *Fegfeuer* weiß die Schrift nichts, über die Dinge nach dem Tode weiß überhaupt nur Gott. Daher sind, wenn auch nicht die Gebete für die abgeschiedenen Seelen, so doch alle speziellen Definitionen und Abmachungen auf diesem Gebiet verwerflich. (57–60)[34] Das Wesentliche am Priestertum besteht nicht in dem ihm durch die Weihe anhaftenden character indelebilis, sondern in der Verkündigung

---

[25] A.a.O. (Werke), S. 155 (= [CR] S. 461, Z. 3–14).
[26] A.a.O. (Werke), S. 155 (= [CR] S. 461, Z. 15–S. 462, Z. 4).
[27] A.a.O. (Werke), S. 154f. (= [CR] S. 460, Z. 22–S. 461, Z. 2).
[28] A.a.O. (Werke), S. 155 (= [CR] S. 462, Z. 10–13).
[29] A.a.O. (Werke), S. 155 (= [CR] S. 462, Z. 5–9).
[30] A.a.O. (Werke), S. 155f., bes. S. 156 (= [CR] S. 462, Z. 14–S. 463, Z. 11, bes. S.463, Z. 8–11).
[31] A.a.O. (Werke), S. 156 (= [CR] S. 463, Z. 12–19, bes. Z. 13.17).
[32] A.a.O. (Werke), S. 156 (= [CR] S. 463, Z. 20–27, bes. Z. 20).
[33] A.a.O. (Werke), S. 156 (= [CR] S. 463, Z. 28–S. 464, Z. 15).
[34] A.a.O. (Werke), S. 156f. (= [CR] S. 464, Z. 16–23).

des Wortes Gottes (61–63)[35] – In den letzten 4 Thesen wird noch einmal kategorisch «Abstellung der Mißbräuche» verlangt[36]: Dabei soll von keiner Seite Zwang und Gewalt angewandt werden, die *geistlichen Behörden* aber «sich ylends niderlassen und einig das krüz Xṛ'i, nit die kisten, ufrichten; oder sy gond um, denn ich sag dir: die ax stat am boum».[37] Und der resolute *Abschluß* lautet dann: «Hie undernem sich keiner zu stryten mit sophistery oder menschentand, sunder kumme an die gschrift, die für ein richter ze haben ... damit man die warheit find, oder so sy funden ist, als ich hoff, behalt. Amen. Deß walt Gott.»[38]

Wir sehen: auf der ganzen Linie offene Absage an das bisherige Kirchentum: von den irenischen Tendenzen eines Melanchthon ist hier keine Spur. Zwingli war nicht Vermittler. Die «Kirche» ist krank an Haupt und Gliedern, krank an dem seit Jahrhunderten in sie eingedrungenen Irrtum, die Botschaft Xṛ'i von der Erlösung könne in eine für Alle verbindliche Formel gebracht werden, in eine Formel, die von Menschen gemacht ist und doch für Menschen autoritativ sein soll. Mit einem Ruck sprengt hier Zwingli dieses ganze Gebäude. Fort mit allem Autoritätsglauben! Zurück zur persönlichen Anschauung und Erfahrung Gottes, wie sie uns im Evangelium *Jesu* möglich gemacht ist! Los von aller äußern Werkheiligkeit und zurück zu einem beständigen Leben im Glauben und in der Liebe, wie es *Jesus* uns vorgelebt hat! Los von der Unfreiheit durch die von Menschen erdachten und überlieferten Dogmen und Gesetze und zurück zu der «herrlichen Freiheit der Kinder Gottes» [Röm. 8,21], die *Jesus* dem Menschen anbietet! – Das riefen Zwinglis Schlußsätze mit mächtiger Stimme in ihre Zeit hinaus. Sie waren die abgewogenen Worte eines Mannes, der wie Luther, wenn auch in andrer Weise, an sich selbst erfahren hatte, was Glaubens- und Gewissensknechtschaft ist[,] und nun mit umso freudigerer Gewißheit auf das Evangelium der Freiheit hinweisen durfte.

Ob wir die 67 Schlußreden mit *Stähelin* geradezu «das Muster eines evangelischen Bekenntnisses»[39] nennen wollen, möge dahingestellt

---

[35] A.a.O. (Werke), S. 157 (= [CR] S. 464, Z. 24–S. 465, Z. 3).
[36] A.a.O. (Werke), S. 157 (= [CR] S. 465, Z. 4–16, bes. Z. 4).
[37] A.a.O. (Werke), S. 157 (= [CR] S. 465, Z. 11–13).
[38] A.a.O. (Werke), S. 157 (= [CR] S. 465, Z. 18–21).
[39] A.a.O., S. 263.

bleiben; dazu sind sie vielleicht doch etwas zu einseitig negativ-polemisch gehalten, aber soviel ist sicher, daß sie in ihrer kraftvollen Bestimmung und Abgrenzung dessen, was Evangelium, Christentum, Unvergängliches[,] und dessen[,] was Menschenwort, Kirche, Vergängliches ist, auch für Gegenwart und Zukunft ihre bleibende Bedeutung behalten, selbst wenn wir vielleicht bei diesem und jenem Punkt die Grenzen etwas anders ziehen oder sogar mit einem Fragezeichen uns begnügen würden.

Über diese Beziehungen zwischen dem in den 67 Schlußreden niedergelegten Standpunkt Zwinglis und unserm heutigen kirchlich-theologischen Leben möchte ich hier noch einige Beobachtungen anschließen.

### III.

Der große Gegensatz, den Zwingli, wie wir gesehen haben, durch seine Thesen hindurchführt, ist der zwischen *göttlicher* und *menschlicher* Autorität, zwischen *evangelischer* und *kirchlicher* Lehre. Menschliches, Kirchliches hatte er im katholischen Kirchentum vor sich, hier kann keine Unklarheit bestehen, aber wo war für ihn die *göttliche Autorität* zu finden, an die er appellierte? Seine Antwort, wie die aller Reformatoren, lautete: *in der heil. Schrift alten und neuen Testamentes.* Man hat das, gegenüber dem Materialprincip der Rechtfertigungslehre, das *Formalprincip der reformatorischen Verkündigung* genannt[40], und speziell bei Zwingli tritt es mehr in den Vordergrund, als bei irgend einem andern Reformator. «Wer ein Dogma lehren will», sagt er in der einige Zeit später erschienenen Schrift «Auslegung und Begründung der Schlußreden»[41] – «d. i. eine Meinung, welche die göttliche Weisheit

---

[40] Zu diesem anfangs des 19. Jahrhunderts aufgekommenen Sprachgebrauch ist zu vergleichen: C. Beck, *Das Princip des Protestantismus. Anfrage in einem Schreiben an D. Ullmann*, in: ThStKr, Jg. 24 (1851), S. 408–411; A. Ritschl, *Ueber die beiden Principien des Protestantismus. Antwort auf eine 25 Jahre alte Frage*, in: ZKG, Jg. 1 (1877), S. 397–413; C. Stange, *A. Ritschls Urteil über die beiden Prinzipien des Protestantismus*, in: ThStKr, Jg. 70 (1897), S. 599–621.

[41] H. Zwingli, *Uslegen und gründ der schlussreden oder artikel durch Huldrychen Zwingli Zürich uf den XIX tag jenners im MDXXIII jar usgangen*, Werke, a.a.O., Bd. I, S. 169.170–424 (= Sämtliche Werke, hrsg. von E. Egli und G. Finsler, Bd. II, CR 89, Leipzig 1908, S. 1.14–457).

und Wahrheit anbetrifft, da hilft keine Heiligkeit, keine Kunst, kein Geschwätz, wo man die nicht mit der heil. Schrift bewähren mag.»[42]

So einfach ist die Frage für uns nicht mehr. Gerade in der Gegenwart ist ja die Kontroverse sehr akut geworden über die autoritative Geltung der heil. Schrift. Zwei extreme Standpunkte liegen vor; der *orthodoxe:* die heil. Schrift ist in ihrem Wortlaut verbindlich für Christentum und Kirche zu allen Zeiten[,] und der (ultra-) *religionsgeschichtliche:* die Bibel ist wie andere Schriftwerke des Altertums eine historische Größe, und hat daher auch nur historische d. h. endliche Bedeutung und Verbindlichkeit. Würde Zwingli heute hüben oder drüben stehen? Aus seinen Schriften, speziell auch aus den Thesen geht weder das eine noch das andere hervor, wenn es gleich bes. durch das wiederholte Citat der berühmten Stelle II Tim 3,16[43] den Anschein haben möchte, als ob deutliche Stellungnahme für die *«Inspirations»-theorie* vorliege. Das ist aber nur der Schein! Vergessen wir nicht, daß diese Theorie ein *nachreformatorisches* Produkt ist[44], also für Zwingli ebensowenig vorhanden sein konnte als die Resultate der bibelkritischen Forschungen der Neuzeit. Ist ihm also die Schrift einerseits gotteingegeben, θεόπνευστος[45][,] so meinte er doch damit, wie *Stähelin* richtig hervorhebt: «nicht die Schrift als äußeres Lehrgesetz, sondern in ihrer Zusammenfassung als Evangelium und in ihrer lebendigen Beglaubigung durch den ihr innewohnenden Geist.»[46] Die weitere Frage, die sich dem modernen, historisch denkenden Theologen nun sofort aufdrängt: *Wodurch unterscheidet sich «das sich selbst beglaubigende Wort Gottes von der Schrift als*

---

[42] A.a.O. (Werke), S. 295 (= [CR] S. 212, Z. 11–14); vgl. R. Staehelin, a.a.O., S. 281.

[43] *Die 67 Artikel Zwinglis*, a.a.O. (Werke), S. 153 (= [CR] S. 458, Z. 5f.); *Uslegen und gründ*, a.a.O. (Werke), S. 424 (= [CR], S. 457, S. 11f.).

[44] Der Gedanke der Schriftinspiration wurde zuerst in der lutherischen Orthodoxie zu einer Inspirationslehre ausgearbeitet. Vgl. den «Locus primus ‹De Scriptura Sacra›» in J. Gerhards «Loci Theologici», bes. c. II: «De causa efficiente Scripturae Sacrae» (J. Gerhard, *Loci Theologici*, Bd. I, hrsg. von E. Preuss, Berlin 1863, S. 13–240, bes. S. 16–25); s. auch H. Vollmer, Art. «Inspiration der Schrift, dogmengeschichtlich», in: RGG¹, Bd. III, Sp. 552–561, und auch RGG² und RGG³ s. v.

[45] Mskr.: θεόπνευστα; Korrektur nach einer Anstreichung des Seminarleiters Prof. Fritz Barth.

[46] A.a.O., S. 281.

*solcher*»?[47] konnte und brauchte sich Zwingli noch nicht in dieser Schärfe zu stellen, wie es für uns unerläßlich geworden ist. «Infolge dessen leidet seine Stellung zur Schrift wie die aller Reformatoren an einer innern Unklarheit, die ihn bald die innere Belehrung durch den Geist der äußern durch die Schrift gegenüber stellen und bald wieder den Aussagen der Schrift schon auf Grund ihrer äußerlichen Zugehörigkeit zu ihr die Geltung einer göttlichen Offenbarung zuerkennen läßt» (Stähelin)[48] In der That: die Art, wie sowohl Zwingli als Luther in ihren Schriften gelegentlich die Bibel nach dicta probantia für ihre gerade vertretene Meinung absuchen, hat für uns oft etwas scholastisch Anmutendes; es ist jene exegetische Methode, die, besonders dann auch in der nachreformatorischen Periode überreichlich angewendet, den Basler Antistes *Werenfels* einst zu dem boshaften Distichon veranlaßt hat:

«Hic liber est in quo quisque sua dogmata quaerit,
Invenit et iterum dogmata quisque sua.»[49]

Allein diese unklare Stellung der Reformatoren zur Schrift, («unklar» von unserm heutigen Standpunkt aus besehen!) hat ihren guten Grund, ja noch mehr: sie ist in gewisser Beziehung geradezu ihre Stärke: Luther, Zwingli und alle übrigen Reformatoren (vielleicht abgesehen von Melanchthon) waren *Männer der Gegenwart und Zukunft*, nicht der Vergangenheit; ihr Blick war vorwärts und nicht nach dem[,] was dahinten ist [vgl. Phil. 3,13], gerichtet. Ihnen gegenüber stand die historisch gewordene Größe des römischen Kirchen- und Papsttums, von dessen Druck es die Christenheit zu befreien galt. Das Studium der heil. Schrift hatte sie zu dieser Einsicht geführt, sie wurde daher auch die Grundlage der neuen Verkündigung, an die sie immer und immer wieder appellierten. Wollen wir es ihnen übel nehmen, daß ihnen darüber

---

[47] R. Staehelin, ebd.
[48] Ebd.
[49] Vgl. S. Werenfels, *Fasciculus Epigrammatum*, LX. S. Scripturae abusus:
Hic liber est, in quo sua quaerit dogmata quisque;
Invenit & pariter dogmata quisque sua
in: ders., *Opuscula theologica, philosophica et philologica.* Editio altera, Tom. II, Lausanne/Genf 1739, S. 509. Die abweichende Form, die Barth hier (und auch sonst) zitiert, geht wohl zurück auf das ungenaue Referat bei K. R. Hagenbach, *Die theologische Schule Basels und ihre Lehrer von Stiftung der Hochschule 1460 bis zu deWette's Tod 1849,* Basel 1860, S. 39.

die Überlegung völlig fern blieb, daß auch die *heil. Schrift* in ihrer Art
eine *historische Größe* sei? Im Katholicismus sahen sie das «Wort Gottes» überwuchert von Menschensatzungen. Die Beseitigung dieser letztern gab ihnen Arbeit genug, was Wunder, wenn sie gar nicht dazu kamen, sich zu sagen, daß auch das *Bibelbuch von Menschen geschrieben und gesammelt* sei! – Es geht nicht an, die Reformatoren von der einen
oder andern der heutigen Richtungen für sich zu reklamieren, schon
deshalb nicht, weil die heute brennende Frage für sie noch gar nicht bestand. Wie sich Luther und Zwingli heute stellen würden, darüber sind
demnach nicht mehr als *Vermutungen* zu äußern. Wohl hatten ja auch
sie ein Kriterium, wenn auch kein wissenschaftliches, für das[,] was göttlich und menschlich in der Schrift ist. So sagt Zwingli in der «Auslegung» seines ersten Artikels: *«An diesen Goldstein, Christum, strych aller menschen ansehen, ratschlag und urteil; färbt es nun Christum, so ist es us dem geist gottes»*[50] und ähnlich nennt ja auch Luther die Schrift
göttlich *«so sie Christum treibet»*[51]. Ich denke, dieses gut evangelische
Kriterium wird seinen bleibenden [Wert] behalten auch für uns, wenn
wir auch damit theologisch noch nicht am Ende der Frage angelangt
sind. Unter diesem Gesichtswinkel betrachtet müssen auch die weitgehendsten Resultate oder Aufstellungen der modernen historischen Bibelforschung, wie die der Baur'schen oder der Wellhausen'schen Schule[,] das ihnen in manchen gläubigen Kreisen noch anhaftende Odium
verlieren. Soviel ist sicher: Sowohl Zwingli als Luther hätten über die
sog. «moderne» Theologie bedeutend weniger Bestürzung verraten als
Manche von denen, die sich heute nach ihrem Namen nennen! Mag nun
die Geschichte Israels nach diesem oder jenem *Schema* verlaufen sein,
mögen nun das Ev[an]g[elium] Johannis[52] und einige oder gar alle pau-

---

[50] *Uslegen und gründ,* a.a.O. (Werke), S. 178 (= [CR] S. 26, Z. 7–9).
[51] Vgl. M. Luther, *Vorrede auf die Episteln S. Jakobi und Judä* (1522), WA.DB 7, 384, Z. 26f.
[52] Die zuerst von K. G. Bretschneider (*Probabilia de evangelii et epistolarum Joannis, Apostoli, indole et origine eruditorum judiciis modeste subjecit Carolus Theoph. Bretschneider* ..., Lipsiae ... 1820; s. bes. § 21: Genesis evangelii, quae probabilis videtur, S. 115–119) vertretene These, das Johannes-Evangelium sei im 2. Jahrhundert verfaßt worden, entwickelte mit ausführlicher Begründung F. Chr. von Baur (*Ueber die Composition und den Charakter des johanneïschen Evangeliums,* in: Theologische Jahrbücher, hrsg. von E. Zeller, Jg. 3 (1844), S. 1–191.397–475.615–700, bes. S. 631–700; auch in: ders., *Kritische Untersu-*

linischen Briefe aus dem zweiten Jahrh[un]d[e]rt[53] stammen – es wird doch bei dem Worte Zwinglis sein Bewenden haben: «*Summa, alle so Jesum Xϱ recht erkennend, sind von gott nit von menschen geleert; die hörend und lernend vom vater die in jren inneren gliden und herzen von jm erlücht und gezogen werdend.*»[54]

Etwas kürzer möchte ich noch auf einige weitere bemerkenswerte Punkte hinweisen.

Die 67 Thesen werfen auch ein interessantes Licht auf *Zwinglis Sakramentsauffassung* u. zw. fast mehr durch das, was nicht dasteht, als durch das, was dasteht. Man beachte, daß über die *Taufe* überhaupt nichts gesagt wird, über das *Abendmahl* nur die kurze Bemerkung These 18: Die Messe soll «nit ein opfer, sunder des opfers ein *wiedergedächtnuß* syn, und *sichrung der erlösung*, die Xϱ uns bewiesen hat».[55] Wir haben hier in nuce bereits jenen Standpunkt vor uns, der dann später zu dem verhängnisvollen Zwist mit Luther geführt hat. Über die dogmatische Frage der Transsubstantiation, deren Beantwortung z. B. in der Augustana mit der Definition des Abendmahlsbegriffs überhaupt zusammenfällt[56], wird hier kein Wort verloren. Das Abendmahl ist vor Allem *Gedächtnisfeier* an den Tod Xϱ'i, die Erinnerung an den letztern verbürgt uns «sichrung der Erlösung». Die Nichterwähnung der Taufe mag ja zusammenhängen damit, daß Zwingli im Ganzen nur stritige Punkte anführt, hat aber auch einen tiefern Grund: Er will *das Sakramentale überhaupt in den Hintergrund* gedrängt wissen. Der nüchterne Ostschweizer mag hier bei Zwingli etwas mitspielen, doch hat sein Standpunkt gewiß einen tiefen Wahrheitsgehalt gerade dem katholisierenden Luthertum gegenüber. Auch hier tritt sein

*chungen über die kanonischen Evangelien, ihr Verhältniß zu einander, ihren Charakter und Ursprung*, Tübingen 1847, S. 84–389, bes. S. 311–389). Siehe weiter z. B. A. Jülicher, *Einleitung in das Neue Testament* (GThW 3,1), Tübingen/Leipzig 1901[3-4], S. 314ff.

[53] Diese Behauptung hatte nach und neben anderen auch R. Steck, seit 1881 Professor in Bern, vertreten (*Der Galaterbrief, nach seiner Echtheit untersucht, nebst kritischen Bemerkungen zu den paulinischen Hauptbriefen*, Berlin 1888); vgl. im übrigen A. Schweitzer, *Geschichte der Paulinischen Forschung von der Reformation bis auf die Gegenwart*, Tübingen 1911, S. 92–111.
[54] *Uslegen und gründ*, a. a. O. (Werke), S. 177 (= [CR] S. 24, Z. 14–17).
[55] *Die 67 Artikel Zwinglis*, a. a. O. (Werke), S. 154 (= [CR] S. 460, Z. 8–10).
[56] Vgl. CA, Art. 10.

Grundprincip hervor: Die ewigen Wahrheiten des Evangeliums sind nicht in äußere Formen zu fassen, sondern stets geistig zu verstehen. Wenn wir gleichwohl solche Formen behalten, so sind sie uns nichts mehr als Sinnbilder einer geistigen Realität. – Von da aus verstehen wir, weshalb Zwingli später beim Abendmahlstreit ebenso fest wie Luther auf seinem Standpunkt verharrte. Die Auffassung der Augustana: «... quod corpus et sanguis Christi vere adsint et distribuantur ...»[57] konnte und durfte Zwingli nicht annehmen. Sein *«significat»*[58] hat seinen guten Grund in seiner ganzen theologischen Position. – Gerade auch in Bez. auf diesen Punkt wäre auch in der Gegenwart, auch in der reformierten Kirche Einiges zu sagen. Gegenüber der noch vielverbreiteten Auffassung des Abendmahls als mysterium tremendum[59], mitverursacht durch die unglückliche Aufnahme von I Cor 11 in alle Liturgieen, dürfte etwas von Zwinglis «Nüchternheit» am Platze sein.

Etwas zu weit geht uns indessen Zwingli, wenn er These 46, wo vom Gebet, d. h. vom *Gottesdienst* die Rede ist, alle musikalische Verschönerung desselben ohne Weiteres als «tempelgesang und gschrey» brandmarkt.[60] Die Folge davon war der im Zürichbiet[61] bekanntlich

---

[57] Ebd., BSLK 64,2–4.
[58] Vgl. vor allem H. Zwingli, *De vera et falsa religione commentarius*, in: Werke, a.a.O., Bd. III, S. 145.147–325, S. 255–260 (= Sämtliche Werke, hrsg. von E. Egli, G. Finsler und W. Köhler, Bd. III, CR 90, Leipzig 1914, S. 590. 628–911, S. 795, Z. 9–S. 801, Z. 28); s. auch ders., *Ad Matthaeum Alberum Rutlingensium Ecclesiasten de Coena Dominica epistola*, Werke, a.a.O., Bd. III, S. 589.591–603, S. 598f. (= Sämtliche Werke [CR], a.a.O., Bd. III, S. 322. 335–354, S. 344, Z. 9–S. 346, Z. 30).
[59] Bezogen auf die *Taufe* begegnet der Ausdruck bei A. Harnack, *Die Mission und Ausbreitung des Christentums in den ersten drei Jahrhunderten*, Leipzig 1902, S. 281 (2. Aufl., Bd. I: *Die Mission in Wort und Tat*, Leipzig 1906, S. 326f.). Er ist dort aus dem Zusammenhang der Analyse des Einflusses der Mysterien auf den christlichen Glauben zu verstehen, die wesentlich durch G. Anrich gefördert worden war: *Das antike Mysterienwesen in seinem Einfluss auf das Christentum*, Göttingen 1894. Anrich schreibt vom *Abendmahl*, auf entsprechende Wendungen vor allem bei Johannes Chrysostomus anspielend: «Die Feier selbst war zum Mysterium geworden, und ihre Bezeichnung als ‹furchtbares und schauervolles Mysterium› zeigt, dass dieser Umschwung grade in der Sphäre des religiösen Gefühls sich bedeutsam geltend machte» (S. 198; vgl. S. 156f.171.220).
[60] *Die 67 Artikel Zwinglis*, a.a.O. (Werke), S. 156 (= [CR] S. 463, Z. 17).
[61] Landschaft (Herrschaftsgebiet) der Stadt Zürich.

besonders radikale Bilstursturm[,] dem auch sämtliche Orgeln zum Opfer fielen.[62] Das ist gewiß ein Extrem, indessen giebt uns doch Zwingli auch hier einen nicht unwichtigen Wink. Existiert doch gerade heute wieder eine Tendenz nach «religiöser Kunst», die, wenn sie nicht fest und bewußt in ihren Schranken gehalten wird[,] auf Bahnen geraten kann, wie sie *G. Keller* im «Verlorenen Lachen» ironisiert.[63] Hüte man sich bei all den Versuchen zu «liturgischen Gottesdiensten», in die neuerdings auch Violinsoli u. dgl. Aufnahme finden sollen, daß nicht über der Kunst die Religion und über der Religion die Kunst abhanden kommen! Sonst könnte doch auch hier Zwingli Recht behalten, wenn er sagt: «Glysner thund jre werk, daß sie von den menschen gesehen werden ... on andacht und um lon, eintweders rumsucht vor den menschen oder gewünn.»[64]

Endlich ein Letztes: Es ist bezeichnend für den Politiker Zwingli, daß er von seinen 67 Sätzen ganze 9 der Definition einer idealen *christlichen Obrigkeit* widmet[65], und beim Durchlesen derselben findet man unschwer im Hintergrund das Bild der theokratischen Demokratie *Zürich*, wie sie sich dann gerade in den nächsten Jahren unter der zielbewußten geistigen Leitung Zwinglis entwickelte. Besonders bemerkenswert ist der Passus über das Verhalten des christlichen Bürgers einer eventuell *schlechten* Obrigkeit gegenüber. Hier wird besonders deutlich, daß ein Republikaner die Feder führt. «So sy aber untrüwlich und usser der schnur Christi faren wurdind, *mögend sy mit Gott entsetzt werden*».[66] Ein Luther hätte das schwerlich so geschrieben; denn daß dieses «mit Gott entsetzen» in vielen, den meisten Fällen auf gewaltsa-

---

[62] Vgl. R. Staehelin, a.a.O., bes. S. 446.
[63] «Das verlorene Lachen» ist die letzte aus der zweiten Hälfte der Erzählungen «Die Leute von Seldwyla»; vgl. G. Keller, *Die Leute von Seldwyla. Erzählungen*. Zweite vermehrte Auflage, Bd. IV, Stuttgart 1874, S. 103–258, bes. S. 171–174, wo die mit dilettantischen Mitteln unternommene Wiedereinführung kirchlicher Kunst persifliert wird.
[64] *Die 67 Artikel Zwinglis,* 45. und 46. Artikel, a.a.O. (Werke), S. 156 (= [CR] S. 463, Z. 15–19).
[65] *Die 67 Artikel Zwinglis,* 34.–42. Artikel, dazu der 43. Artikel als «Summe», a.a.O. (Werke), S. 155f. (= [CR] S. 462, Z. 14–S. 463, Z. 9 bzw. 11).
[66] *Die 67 Artikel Zwinglis,* 42. Artikel, a.a.O. (Werke), S. 156 (= [CR] S. 463, Z. 8f.).

me *Revolution* hinausläuft, giebt Zwingli selbst in der «Auslegung» zu[67]. Die Bedeutung dieses Satzes für die moderne Staatsgeschichte ist ohne Weiteres einleuchtend!

Solcher Berührungspunkte zwischen Zwinglis Reformprogramm von 1523 und dem Leben der Gegenwart wären wohl noch mehrere zu finden. Begnügen wir uns für jetzt mit diesen.

Die 67 Schlußreden geben einen eigentümlichen Querschnitt durch die gesamte Lebensanschauung wie Theologie des großen Zürcher Reformators. Möglich ist, daß er hie und da abstoßend wirken mag durch die realistische Prosa seiner Betrachtungsweise. Aber ich glaube nicht, daß man sich durch diese denn doch äußerliche Seite von seiner Persönlichkeit definitiv darf abschrecken lassen: in der oft herben Schale steckt ein guter Kern, ja gerade dem modernen Menschen muß er bei näherer Betrachtung lieb werden. Bei den gegenwärtigen Kämpfen um Theologie und Kirche wird man jedenfalls gut thun, auch auf seine Stimme zu hören.

28. I. 06

---

[67] *Uslegen und gründ*, a.a.O. (Werke), S. 369–371, bes. S. 370f. (= [CR] S. 342–346, bes. S. 344, Z. 17–S. 346, Z. 13).

## X. CHRISTLICHE STUDENTENKONFERENZ IN AARAU
1906

*Die christlichen Studentenkonferenzen in Aarau entstanden aus Anregungen aus der internationalen Studentenmissionsbewegung, insbesondere der ersten Studentenkonferenz der französischen Schweiz in Ste-Croix 1895 und der ersten internationalen Studenten-Missions-Konferenz in Liverpool 1896. Ein Initiativkomitee lud auf den 23. und 24. März 1897 in einem an alle Studenten der deutschschweizerischen Universitäten gesandten Zirkular zu einer ersten Konferenz nach Aarau ein, die «eine Gelegenheit» sein sollte, «da sich alle Studenten, denen die Sache des Reiches Gottes am Herzen liegt, kennen lernen und mit ihren Lehrern, die gleichen Sinnes sind, in Berührung treten können. Wir wollen in ernster, nüchterner Weise Fragen behandeln, welche die Köpfe und Gemüter vorab der studierenden Jugend beschäftigen.»[1] Bei dieser ersten Tagung hielt Prof. Fritz Barth einen Vortrag zum Thema «Hindernisse des Glaubens».[2] Er blieb auch fortan den Christlichen Studenten-Konferenzen Aarau verbunden: als Mitglied des Komitees älterer Herren und durch Referate in den Jahren 1898, 1900, 1902 und 1910.[3] Karl Barth nahm als Student, als Genfer Vikar und als Safenwiler Pfarrer häufig an diesen Konferenzen teil. Auf wessen Veranlassung er 1906 für das «Berner Tagblatt» die mit den Initialen K. B. gezeichneten Berichte schrieb, wie es also zu diesen ersten gedruckten Texten Karl Barths kam, ist nicht bekannt. Später trug er mehrfach selber zur Konferenz bei: 1916 durch eine Predigt über Gen. 15,6 («Das Eine Notwendige»), 1920 und 1927 durch große Referate («Biblische Fragen, Einsichten und Ausblicke» und «Das Halten der Gebote»). Neben ihm kamen in dieser Zeit in Aarau außer seinem Bruder Heinrich u. a. auch die Freunde und Weggefährten E. Thurneysen, E. Brunner, Fr. Gogarten zu Wort.*[4]

---

[1] Zitiert bei P. Gruner, *Menschenwege und Gotteswege im Studentenleben. Persönliche Erinnerungen aus der christlichen Studentenbewegung*, Bern 1942, S. 156. Zur Geschichte der Studentenkonferenzen s. bes. S. 154–193; weitere Literaturhinweise a. a. O., S. 453–456.
[2] A. a. O., S. 157 und 431.
[3] A. a. O., S. 172. 184ff. und 431f.
[4] A. a. O., S. 433f.

# [I]

Zum zehntenmal tagt gegenwärtig (15.–17. März) in Aarau die alljährliche christliche Studentenkonferenz für die deutsche Schweiz.[5] Eine stattliche Anzahl Studierender aller Fakultäten aus *Bern*, Basel und Zürich haben sich auch dies Jahr wieder eingefunden, aufs beste aufgenommen von der gastfreundlichen Bürgerschaft des aufstrebenden aargauischen Kulturzentrums.

Die Verhandlungen wurden eröffnet durch eine Bibelbetrachtung von Cand. theol. *Karl Buxtorf* aus Basel über Luk. 10,21. Nach Abwicklung der Bureauwahlen ging man über zum ersten Haupttraktandum der Konferenz, zu dem Referat des Herrn Privatdozent Dr. phil. *Fr. v. Huene* über «Naturanschauung und wahrer Christenglaube»[6]. Naturwissenschaft und Christentum scheinen heute manchen in unvereinbarem Gegensatz zu stehen: hüben und drüben waltet Mißtrauen. Das müßte aber nicht so sein: die Naturwissenschaft soll sich stets bewußt sein, daß wohl ihre induktive Einzelforschung, nicht aber ihre Verallgemeinerungen, d. h. nicht die metaphysischen Konsequenzen, die sie aus jener zieht, objektive Gültigkeit haben können. Schon die bloß ästhetische, vollends die wissenschaftliche Betrachtung der Natur in ihrer Vollendung und Zweckmäßigkeit eröffnet dem gläubigen Auge den Ausblick auf das schöpferische Walten eines höchsten Gottes; ja erst der christliche Glaube vermag es, der Schlüssel zu werden zu einer erfreulichen und einheitlichen Weltanschauung. In der dem Referat folgenden belebten *Diskussion*[7] wurde namentlich das Problem besprochen: Wie haben wir uns zu stellen, wenn sich die Interessen der Offenbarungsreligion mit denen der naturwissenschaftlichen Erkenntnis kreuzen? Noch schärfer als im Referat wurde genaue Grenzregulierung zwischen beiden Gebieten gefordert.

Mit Recht wurde aber zum Schluß bemerkt: unsere religiöse Stel-

---

[5] Vgl. *Einleitender Bericht*, in: *Die X. Christliche Studentenkonferenz. Aarau 1906*, Bern 1906, S. 3–8.

[6] Im Berichtband nicht abgedruckt (vgl. *Die X. Christliche Studentenkonferenz*, a.a.O., S. 4, Anm. *). Photokopie und Transkription des Manuskripts des Vortrags in der Bibliothek des Evangelisch-theologischen Seminars der Universität Tübingen, Institut für Hermeneutik.

[7] Vgl. *Einleitender Bericht*, a.a.O., S. 4f.

lungnahme ist im letzten Grunde abhängig nicht von theoretischen Betrachtungen über die Natur, sondern von der sittlichen Entscheidung, die sich in jedem Einzelnen vollziehen muß.

Nach dem gemeinsamen Mittagessen im «Saalbau» kam man wieder zusammen, um einen Vortrag von Cand. theol. *O. Schmitz* aus Basel anzuhören über «Die Studentenzeit als Krisis».[8] Die Situation des modernen Studenten ist äußerst schwierig und kompliziert. Mehr als andere steht er mitten drin in den Kämpfen um die Weltanschauung, wozu das Ringen um die Schaffung einer Persönlichkeit noch hinzukommt. Als erfahrener älterer Freund und, was mehr ist, als Student zu Studenten redend, wußte uns der Referent zahlreiche praktische Winke und Ratschläge zu geben. Eine *Diskussion* fand nicht statt.

Abends 8 Uhr fand in der Stadtkirche ein Gottesdienst statt mit Predigt von Hrn. Pfr. *Aeschbacher* aus Bern, die in gehaltvoller und aktueller Weise den Text Matth. 5,14 behandelte.[9]

[II]

Der *zweite Tag* der Aarauer Konferenz begann mit einer Bibelbetrachtung von Hrn. Prof. D. *Barth* aus Bern über Luk. 22[,24].[10] Ihr folgte das interessante und umfassende Referat von Hrn. Missionsinspektor D. Th. *Oehler* aus Basel über «Moderne geistige Strömungen

---

[8] Veröffentlicht in: *Die X. Christliche Studentenkonferenz*, a.a.O., S. 23–50. Es handelt sich übrigens um den nachmaligen Neutestamentler Otto Schmitz (1883–1957), dessen Fakultätskollege Barth später in Münster wurde.

[9] Abgedruckt unter dem Titel: *Ihr seid das Licht der Welt*, a.a.O., S. 65–73. Über Pfarrer Robert Aeschbacher (1869–1910) berichtet Karl Barth in einem Brief vom 1.8.1951 an dessen Enkel J. Jaggi: «Er war ... Schüler und später naher Freund meines Vaters und ich selbst bin dann einer von den vielen ihm sehr dankbaren Konfirmanden Aeschbachers gewesen.» Er habe dem Konfirmandenunterricht bei Aeschbacher «nicht nur eine, sondern *die* Anregung zum Ergreifen des Theologiestudiums zu verdanken»: «Die Szene steht mir auch noch vor Augen, wie ich das am Abend des Konfirmationstages meinem Vater eröffnet habe! Wobei meine Absicht allerdings wenig oder gar nicht auf das Pfarramt gerichtet war, sondern darauf: Dahinter kommen, wie es sich mit den außerordentlichen Wahrheiten, von denen ich gehört, weiter und im Einzelnen verhalten möchte!! Der Weg von Pfr. Aeschbachers so intensiven Mitteilungen bis zur ‹Kirchl. Dogmatik› ist offenbar ein schnurgerader gewesen.»

[10] Vgl. *Einleitender Bericht*, a.a.O., S. 5.

in der heidnischen Welt und ihre Bedeutung für die Mission».[11] Die Berührung mit europäisch-christlicher Zivilisation hat in den heidnischen Ländern originale Bewegungen *kultureller, nationaler* und *religiöser* Natur wachgerufen. In Indien, China und Japan suchen die Gebildeten heute neue Wege; selbst in Afrika dringt die europäische Kultur langsam, aber sicher vor. Damit steht aber im Zusammenhang ein Aufschwung des National- und Rassenbewußtseins im Gegensatz zum Europäertum, besonders genährt und gefördert durch Japans Sieg über Rußland, dessen Folgen sich in ganz Asien geltend machen.[12] In Südafrika erhebt die sogenannte «äthiopische Bewegung» den Ruf: «Afrika den Afrikanern!»[13] In Verbindung damit stehen gewisse religiöse Strömungen gegenüber dem Christentum und seiner Mission. In Indien wirken die überzeugten Anhänger des Hinduismus mit Konsequenz und Energie für dessen Stärkung und Erneuerung. Besonders bedeutsam aber ist das Vordringen des Islam in Indien und Afrika. Alle drei genannten geistigen Strömungen sind kein absolutes Hindernis für das Christentum; ja vielfach beruhen sie auf seinen Anregungen und kommen wiederum seinen Intentionen entgegen. Wir glauben an die göttliche Kraft des Evangeliums, das auch heute noch die Welt überwindet. In der dem Vortrag folgenden lebhaft benutzten Diskussion[14] wurde namentlich der Gedanke hervorgehoben, daß es für den christlichen Missionar eines kräftigen sittlichen Charakters und festen Glaubens bedarf zu wirksamer Verkündigung der Botschaft von Christo. In der anschließenden *geschäftlichen Sitzung* wurde der Eintritt der Konferenz in den Weltbund christlicher Studenten im Prinzip beschlossen.[15] Über diese Angelegenheit soll später spezieller Bericht erstattet werden.[16] – Nachmittags vereinigte ein gemütlicher *Bummel nach Entfel-*

---

[11] Unter leicht verändertem Titel abgedruckt in: *Die X. Christliche Studentenkonferenz,* a.a.O., S. 51–64.

[12] Nach dem russisch-japanischen Krieg von 1904/05 mußte sich Rußland u. a. zur Räumung der Mandschurei und zur Anerkennung der Hegemonie Japans in Korea verpflichten.

[13] Zur «äthiopischen Bewegung» und ihrer panafrikanischen Ideologie vgl. z. B. B. Sundkler, Art. «Sektenwesen in den jungen Kirchen», in: RGG³, Bd. V, Sp. 1664f.

[14] Vgl. *Einleitender Bericht,* a.a.O., S. 5f.

[15] Vgl. a.a.O., S. 7f.

[16] Ein solcher Bericht ist allem Anschein nach nicht im Druck erschienen. Zur weiteren Entwicklung der Angelegenheit vgl. P. Gruner, a.a.O., S. 184–189.

*den*[17] die Teilnehmer der Konferenz. Cand. theol. *Ecuyer* von Genf überbrachte die Grüße der welschen Schweiz. Abends sahen wir uns an einem «geselligen Abend» mit unsern freundlichen Gastgebern in der Brauerei «Kettenbrücke», wobei herzliche Ansprachen von beiden Seiten von dem guten Einvernehmen zeugten, das zwischen der Bürgerschaft Aaraus und den Studenten nun seit so vielen Jahren herrscht.

[III]

Der *dritte* und letzte *Tag* unsrer diesjährigen Konferenz wurde durch Herrn Dr. *Gust. Senn* aus Basel eröffnet, der seine Bibelbetrachtung an Matth. 6,5-8 anknüpfte.[18] Ihr folgte als Höhepunkt der Tagung das tiefgehende Referat von Herrn *Prof. D. Schlatter* aus Tübingen über «Paulus und das Griechentum».[19] Die Quellen über Paulus, d. h. speziell seine Briefflitteratur, scheinen in Bezug auf diese Antithese zu versagen. Dennoch ist die letztere latent überall in ihr zu bemerken, wenn sie auch selten an die Oberfläche tritt. Die griechische Hervorhebung der Persönlichkeit (Selbstprinzip), die Betonung der Tugendmoral (Tugendprinzip) tritt bei Paulus stillschweigend zurück. Die hellenische Ethik faßte den Menschen als einheitliches selbständiges Gebilde; anders Paulus: keiner von uns lebt aus und für sich selbst [vgl. Röm. 14,7]. Für den Hellenen steht die Denktüchtigkeit im Vordergrunde, der methodologische Rationalismus; Paulus sagt: Gott hat die Weisheit der Welt zur Narrheit gemacht [1. Kor. 1,20]. Der Grieche verherrlichte und pflegte den menschlichen Leib, Paulus nennt ihn «Fleisch», nicht aus ästhetischen oder metaphysischen Gründen, sondern auf den Tatsachen fußend. Hier der dem Hellenen so bedeutsame Begriff des irdischen «Staates», dort eine «Bürgerschaft» [vgl. Phil. 3,20], die jenseits von Raum und Zeit liegt. Endlich der Zentralpunkt: bei Paulus wird

---

[17] Ausflugsziel südlich von Aarau.
[18] Vgl. *Einleitender Bericht*, a.a.O., S. 6.
[19] Abgedruckt in: *Die X. Christliche Studentenkonferenz*, a.a.O., S. 9-22, leicht verändert abgedruckt in: A. Schlatter, *Jesus und Paulus. Eine Vorlesung und einige Aufsätze. Mit einem Geleitwort von P. Althaus* (Kleinere Schriften von Adolf Schlatter, neu hrsg. von Th. Schlatter, Bd. II), Stuttgart 1961³, S. 127-141.

der Schwerpunkt des religiösen Lebens aus dem Menschen in Gott verlegt. Dieser Gegensatz dauert fort bis in die Gegenwart, ja mehr oder weniger wird auch jeder von uns sich entscheiden müssen zwischen Paulus und Griechentum. In der *Diskussion*[20] wurde aus der Mitte der Versammlung die nicht ganz neue Forderung aufgestellt, vielmehr müßten Paulinismus und Hellenismus eine Synthese eingehen als Christentum der Zukunft. Diese weitgehende Behauptung war denn auch nicht wohl anders zu stützen als durch das aus der Kirchengeschichte ebenfalls bekannte Mittel, Sokrates und Plato als Christen zu erklären.[21] – In der zweiten geschäftlichen Sitzung, die hier anschloß, trugen die Vertreter der verschiedenen Lokalkomitees ihre Berichte über die Tätigkeit des vergangenen Jahres vor, worauf man zu den Neuwahlen für die nächste Amtsperiode schritt. Es sei daraus erwähnt, daß an die Spitze des Zentralkomitees in Zürich cand. ing. Traugott *Bohnenblust* tritt, an die Spitze des Berner Ausschusses cand. theol. Ed. *Schätti*. Nach dem gemeinsamen Mittagessen im «Saalbau» fand eine letzte Versammlung in der «Evang. Kapelle» statt, in der Hr. Prof. Dr. P. *Gruner* aus Bern die Schlußansprache hielt.[22]

Die Frequenz der Konferenz war auch dies Jahr befriedigend. Wenn etwas zu bedauern ist, so wäre es das, daß das theologische Element allzu sehr überwog: von den 77 anwesenden Studenten gehörten 49 der ersten Fakultät an, gegenüber 5 Juristen, 7 Medizinern, 13 «Philosophen» und 3 Polytechnikern. Mit den Referenten und eingeschriebenen Gästen wurde auch dies Jahr das Hundert überschritten.

Es erübrigt uns zum Schluß noch, auch an dieser Stelle der Bürgerschaft Aaraus unsern herzlichen Dank auszusprechen für die gastfreundliche Aufnahme, die sie uns während der drei Konferenztage gewährt haben. Die Stunden ernster geistiger Förderung und wiederum studentischer Fröhlichkeit werden allen Teilnehmern in guter Erinnerung bleiben. Auf Wiedersehen im nächsten Jahr!

---

[20] Vgl. *Einleitender Bericht*, a.a.O., S. 6.
[21] Vgl. z. B. Fr. Loofs, *Leitfaden zum Studium der Dogmengeschichte*, Halle a. S. 1906⁴, S. 116f.124.800. Barth selber stellte Sokrates und Platon 1910 an den Anfang seiner «Lebensbilder aus der Geschichte der christlichen Religion» (s. *Vorträge und kleinere Arbeiten 1909–1914*, S. 73–81).
[22] Vgl. *Einleitender Bericht*, a.a.O., S. 6f.

## DIE URSPRÜNGLICHE GESTALT DES UNSER VATERS
1906

*Von den näheren Umständen der Erarbeitung dieses Vortrags für den Berner Akademischen evangelisch-theologischen Verein gibt es nur ein – freilich notierenswertes – indirektes Zeugnis. Am 13. 12. 1906 schreibt Barth aus Berlin an den Vater: «In die berühmte ‹Salome› von Strauß gehe ich nicht, es soll zwar interessant sein, aber ich kann jetzt dergleichen aufregendes Zeug nicht hören, sonst werde ich wieder fieberkrank und schwätze im Traum über Textkritik und s. f. wie weiland beim Unservater diesen Sommer.»*

*Der «Akademische evangelisch-theologische Verein»[1] an der Universität Bern wurde im November 1879 gegründet. Er bezweckte «Anregung des wissenschaftlichen theologischen Strebens und eine enge amicale Verbindung unter den Studirenden der theologischen Fakultät». In einer für die Festschrift der Universität 1884 verfaßten Selbstcharakterisierung heißt es weiter, das Gefühl habe sich «je länger je mehr Bahn» gebrochen, «dass wir Theologen doch wohl ungleich höhere Interessen an einem engen Zusammenschluss, an einem innigen Zusammenwirken haben müssten, als diess in andern Fakultäten der Fall ist. Letzterer Gedanke verdankt seinen Ursprung hauptsächlich dem Blick auf unsere zerrissenen kirchlichen Zustände, woraus sich schon die Idee der praktischen Nützlichkeit, der voraussichtlichen Erspriesslichkeit einer engern Verbindung unter den Theologiestudirenden, dem heranwachsenden Theologengeschlecht ergab». Von daher habe der Verein «eine im bessern Sinn des Wortes irenische, vermittelnde Tendenz. Natürlich ist dies nicht zu verstehen, als ob die Forderung einer öden und sinnlosen Formel in dogmatischer Hinsicht aufzustellen wäre, als ob ein jeder seine theologische Ueberzeugung, den im ernsten Studium errungenen theologischen Standpunkt aufgeben und dafür einen recht flachen, faden Allerweltsstandpunkt einnehmen sollte, ein jeder möge vielmehr auf's Klarste sich bewusst werden, wo er steht, die Ueberzeugung, die er gewonnen, in aller Entschiedenheit verfechten; darin besteht die vermittelnde Tendenz unseres Vereins, dass nämlich jeder einzelne sich bemü-*

---

[1] Zur Geschichte und zum Charakter solcher wissenschaftlichen theologischen Vereine im allgemeinen vgl. L. Cordier, Art. «Studentenverbände, christliche», in: RGG², Bd. V, Sp. 860.

*hen solle, von dem Standpunkt aus, den er selber einnimmt, nun auch den Standpunkt der andern, auch wenn er am weitesten davon entfernt ist ihn theilen zu können, doch, soviel er irgend vermag, zu besprechen, in seiner Berechtigung anzuerkennen. So ist denn die Devise unseres Vereins keineswegs Einerleiheit, sondern vielmehr Einigkeit in der Mannigfaltigkeit.»*[2]

Im Blick auf diese programmatische Zielsetzung gewinnen der Vortrag – anscheinend der einzige, den Barth im akademischen evangelisch-theologischen Verein gehalten hat – und besonders seine Schlußpassage spezifisches Gewicht; scheint doch Barth gerade in der hier vertretenen theologischen Arbeitsweise den «Standpunkt» gesehen zu haben, den er und mit dem er sich in diesem Kreis vorstellen und anderen Standpunkten gegenüberstellen wollte.

Das Manuskript ist Teil des Bandes «Excerpta II» (s. oben S. 46). Unter dem Titel steht der Vermerk: «(Arbeit für den akadem. evang.-theol. Verein) Karl Barth, stud. theol.».

### Einleitung

Das Unser Vater (oratio dominica, «Herrengebet») ist uns bekanntlich in zwei NTlichen Fassungen überliefert: *Mt 6,9–13* und *Lc 11,2–4*

Abgesehen von den erheblichen Differenzen, die zwischen den verschiedenen Mss [Manuskripten] der beiden Evangelisten bestehen, ergiebt sich auch bei Konfrontierung der letztern selbst, daß die Tradition hier eine Wandlung im Bestande des ursprüngl[ichen] Gebets mit sich gebracht hat, m. a. W. daß eine *ältere u. eine jüngere Form dess[elben] Stückes* vorliegt. Will man sich also nicht zu der nach Analogie der Verwendung der übrigen Redestücke unwahrscheinlichen Hypothese einiger älterer Theologen (*Tholuck*[3], *Keil*[4], *Achelis*[5], früher *Meyer*[6]) entschließen, nach der Xρ [Christus] den Jüngern diese Belehrung über

---

[2] E. Müller, *Die Hochschule Bern in den Jahren 1834–1884. Festschrift zur fünfzigsten Jahresfeier ihrer Stiftung*, Bern 1884, S. 195f.
[3] A. Tholuck, *Die Bergrede Christi*, Gotha 1872⁵ (2. Abdruck), S. 9–11.
[4] C. Fr. Keil, *Commentar über das Evangelium des Matthäus*, Leipzig 1877, S. 182f.
[5] E. Achelis, *Die Bergpredigt nach Matthaeus und Lucas, exegetisch und kritisch untersucht*, Bielefeld/Leipzig 1875, S. 294–300.
[6] Vgl. H. A. W. Meyer, *Kritisch exegetisches Handbuch über das Evangelium des Matthäus*, KEK, 1. Abt., 1. Hälfte, Göttingen 1844², S. 153f.

das Beten *zweimal* gegeben hätte, so gestaltet sich die Problemstellung unsrer Untersuchung folgendermaßen:

*1.* Welches sind die authent[ischen] Texte bei Mt u. Lc?
*2.* Welches ist der histor. Anlaß zum U[nser] V[ater]?
*3.* Welcher Text hat Priorität?

Bevor wir an die Beantwortung dieser dreifachen Frage herantreten, wird es zweckdienlich sein, zunächst die Berichte im Einzelnen einer Durchsicht zu unterziehen.

## I.

### a) *Mt 6,9–13*

*1. Der Context.* Das UV steht bei Mt im Zusammenhang der *Bergpredigt*. Hatte Jesus cap. 5 der jüdischen Ethik der Gesetzlichkeit *(Legalität)* die evangelische Ethik der Gesinnung *(Moralität)* gegenübergestellt, so werden nun im 6. cap. (1–18) einige Bethätigungen der Religiosität im engern Sinn: Almosengeben, *Beten* und Fasten, beleuchtet d. h. auf den Boden der von Χρ verkündeten βασιλεία τοῦ θεοῦ gestellt.

Für das Gebet eines Jüngers Χρ'i [Christi] ist die Erfüllung von zwei Forderungen notwendig: es darf *nicht öffentlich* geschehen (v 5–6) und es soll *kein Plappern* sein (v 7–8): μὴ βατταλογήσητε ὥσπερ οἱ ἐθνικοί, welche glauben ἐν τῇ πολυλογίᾳ beruhe der Erfolg des Gebets. Als Gegenstück zu dieser unwürdigen Art des Verkehrs mit Gott giebt nun Χρ nach Mt (v 9–13) unser sog. «Herrengebet» in 6 resp. 7 Bitten: οὕτως οὖν προσεύχεσθε ὑμεῖς. Mit Recht erklärt schon *Bengel* gegenüber der römisch-katholischen Gebetspraxis dieses οὕτως als: «*in hoc sensu ... neque non in his verbis*»[7]. Die alte βαττολογία soll nicht einfach durch eine neue ersetzt werden. – An das UV schließt Mt v 14–15 eine Erläuterung zur 5. Bitte desselben an, v 16–18 die Rede über das Fasten, während v 19–34 einen neuen Gedankengang bringen: die Stellung des Jüngers Jesu zur Welt und ihren Gütern.

*2. Der Text.* Ich führe denselben zunächst nach *Tischendorfs* VIIIᵃ in extenso an[8]

---

[7] Vgl. J. A. Bengel, *Gnomon Novi Testamenti, in quo ex nativa verborum vi simplicitas, profunditas, concinnitas, salubritas sensuum coelestium indicatur*, Stuttgart 1887⁸, S. 48.

[8] Vgl. [K. Tischendorf,] *Novum Testamentum Graece. Ad antiquissimos te-*

v 9)  ... πάτερ ἡμῶν ὁ ἐν τοῖς οὐρανοῖς
   ἁγιασθήτω τὸ ὄνομά σου (I)
v 10) ἐλθάτω ἡ βασιλεία σου (II)
   γενηθήτω τὸ θέλημά σου ὡς ἐν οὐρανῷ καὶ ἐπὶ γῆς (III)
v 11) τὸν ἄρτον ἡμῶν τὸν ἐπιούσιον δὸς ἡμῖν σήμερον (IV)
v 12) καὶ ἄφες ἡμῖν τὰ ὀφειλήματα ἡμῶν,
   ὡς καὶ ἡμεῖς ἀφήκαμεν τοῖς ὀφειλέταις ἡμῶν (V)
v 13) καὶ μὴ εἰσενέγκῃς ἡμᾶς εἰς πειρασμόν,
   ἀλλὰ ῥῦσαι ἡμᾶς ἀπὸ τοῦ πονηροῦ (VI a b)

Es kann sich bei der Formulierung unsres Themas nicht darum handeln, hier eine exegetische Behandlung des Stückes zu versuchen, die in den meisten Comm[entaren] den größten Raum einnimmt, obwohl die hier in Betracht fallenden Probleme von höchstem Interesse sind. Ich verweise dafür bes. auf *Bengel*[9] u. *Schlatter*[10]. Unsre Untersuchung hat sich auf das Isagogische zu beschränken.

Wir constatieren zunächst die wichtigsten Varianten zum Mt-Text (wobei ich von den blos grammatischen absehe)

*Did. 8,2*, übrigens eine der wichtigsten Bezeugungen des UV, in der Fassung im Allgemeinen an Mt anschließend, weshalb wir sie hier anführen[,] liest für ἐν τοῖς οὐρανοῖς (v 9): ἐν τῷ οὐρανῷ

Besonders zahlreich sind die Varianten zu v 11[11] d. h. zu dem schwerverständlichen Wort ἐπιούσιον. Soviel wir sehen, lassen sie sich in 4 Gruppen einteilen:

a) *sah: venientem, cop: crastinum*[,] *Hebr: mahar* d. h. d. Brot für den morgenden, zukünftigen Tag

b) *Chr: ἐφήμερον*[,] *It, Tert, Cyp, Aug* u. A.: *cottidianum* – also[,] entsprechend der luther. Übersetz[un]g, «unser täglich Brot»

c) *syr*[p]: *necessarium*[,] *syr*[sch]: *indigentiae nostrae* – also: das zum Lebensunterhalt notwendige Brot[;] vg: supersubstantialem

*stes denuo recensuit, apparatum criticum omni studio perfectum apposuit, commentationem isagogicam praetexuit Constantinus Tischendorf,* Editio octava critica maior, Vol. I, Leipzig 1869, S. 25f.

[9] A.a.O., S. 48–51.258f.
[10] A. Schlatter, *Das Evangelium des Matthäus, ausgelegt für Bibelleser* (Erläuterungen zum Neuen Testament, T. 5), Calw/Stuttgart 1895, S. 97–104; ders., *Die Evangelien des Markus und Lukas, ausgelegt für Bibelleser* (Erläuterungen zum Neuen Testament, T. 7), Calw/Stuttgart 1900, S. 255f.
[11] Vgl. den Apparat z. St. bei K. Tischendorf, a.a.O., S. 25f.

d) *Hier: egregium[,] Symm:* ἐξαίρετον d. h. das vorzügliche Brot

Es leuchtet übrigens ohne Weiteres ein, daß es sich bei dieser Stelle weniger um eigentliche Varianten, als um Erklärungsversuche handelt, die gerade in ihrem Neben-einander das schon nach *Origenes*[12] sonst ungebräuchliche ἐπιούσιον des Mt-Textes nur bestätigen können.

Zu ὀφειλήματα (v 12) giebt wieder Did die bemerkenswerte Variante τὴν ὀφειλήν

v 13 haben wir eine der bekanntesten Varianten des NT's.[13] Während nämlich die ältern cod. mit πονηροῦ schließen, hat Elz[evir] (nach ihm auch Luther!) im Anschluß an E G K L M S U V Δ Π (al pler) f g¹ q syr^utr et^cu et^hr aeth arm go sl etc. die sog. *Doxologie*, nämlich folgende Worte: ὅτι σοῦ ἐστιν ἡ βασιλεία καὶ ἡ δύναμις καὶ ἡ δόξα εἰς τοὺς αἰῶνας. ἀμήν[.] Weniger vollständig findet sich diese Doxologie auch bei *Did* (om ἡ βασιλεία, ἀμήν) *Const*²,¹⁸ (om καὶ ἡ δύναμις καὶ δόξα) *sah* («quoniam tuum est robur et potentia in aevum aevi amen») *k* («quoniam est tibi virtus in saecula saeculorum»).

Die Ansicht ist heute so ziemlich allgemein verbreitet, daß die Stelle als *liturgischer Zusatz* aus der Zeit der sich konsolidierenden christl. Gemeinde zu betrachten ist (So auch *Bengel*[14], *Schlatter*[15], *Zahn*[16]). Sie fehlt daher in den neuern Ausgaben (*Blaß*[17], *Westcott-Hort*[18], *Nestle*[19]) und Übersetzungen (*Weizsäcker*[20], *Stage*[21]) des NT. –

---

[12] Vgl. Origenes, *De oratione*, 27,7, GCS Origenes, Bd. II, S. 366, Z. 33– S. 367, Z. 2.

[13] Vgl. den Apparat bei K. Tischendorf, a. a. O., S. 26. (Bei Tischendorfs Stellenangabe für die *Constitutiones apostolorum* ist 2,18 in 3,18 zu verbessern.)

[14] Vgl. a. a. O., S. 50f.

[15] Vgl. *Das Evangelium des Matthäus*, a.a.O., S. 103f.; *Die Evangelien des Markus und Lukas*, a.a.O., S. 255.

[16] Th. Zahn, *Das Evangelium des Matthäus*, KNT 1, Leipzig 1903, S. 284.

[17] Fr. Blaß, *Euangelium secundum Matthaeum cum variae lectionis delectu*, Leipzig 1901.

[18] Br. F. Westcott/F. J. A. Hort, *The New Testament in the Original Greek, Text*, Cambridge/London 1881; s. auch dies., *Introduction, Appendix ...*, Cambridge/London 1882, Appendix, S. 8f.

[19] Mskr.: «Nestlé»; *Novum Testamentum Graece cum apparatu critico ex editionibus et libris manu scriptis collecto curavit E. Nestle*, Stuttgart 1904⁵.

[20] *Das Neue Testament, übersetzt von Carl Weizsäcker*, Freiburg i. B./Tübingen 1882².

[21] *Das Neue Testament, übersetzt in die Sprache der Gegenwart von Curt Stage* [Reclams Universal-Bibliothek], Leipzig 1897.

Aus dem bisher Gesagten würde sich ergeben, daß eine ernstliche Differenz in der Tradition nicht vorhanden ist. Allein nun haben wir neben dem Mt-Text eine von diesem erheblich abweichende *Lc-Rezension*, die zunächst der Gegenstand unsrer Aufmerksamkeit sein muß.

### b) *Lc 11,2–4*

*1.* Bereits der Context weist hier Mt gegenüber starke Abweichung auf: Χρ befindet [sich] ἐν τόπῳ τινί, (wo ist nicht gesagt), mit seinen Jüngern und betet; wie er fertig ist, bittet ihn einer derselben: «Herr, lehre uns beten, wie auch Johannes seine Jünger lehrte» Χρ antwortet (v 2–4): ὅταν προσεύχησθε λέγετε· worauf der lc'sche Text des UV folgt. Die Lesart von D, die vorher einschaltet: μὴ βαττολογεῖτε ὡς οἱ λοιποί· δοκοῦσιν γάρ τινες ὅτι ἐν τῇ πολυλογίᾳ αὐτῶν εἰσακουσθήσονται ... ist wohl von vornherein als Conformation zu Mt auszuschalten. (gegen Blaß[22]) –

An das UV schließt Lc weitere Ausführungen über das Gebet an: das Gleichnis «vom bittenden Freund um Mitternacht[»] und die Worte über Stein u. Skorpion.

*2.* Der Text des UV nach Lc lautet bei *Tischendorf*[23] folgendermaßen

v 2) ... πάτερ

| | |
|---|---|
| ἁγιασθήτω τὸ ὄνομά σου | (I) |
| ἐλθάτω ἡ βασιλεία σου· | (II) |

v 3) τὸν ἄρτον ἡμῶν τὸν ἐπιούσιον δίδου ἡμῖν

| | |
|---|---|
| τὸ καθ' ἡμέραν | (IV) |

v 4) καὶ ἄφες ἡμῖν τὰς ἁμαρτίας ἡμῶν, καὶ γὰρ αὐτοὶ ἀφίομεν

| | |
|---|---|
| παντὶ ὀφείλοντι ἡμῖν· | (V) |
| καὶ μὴ εἰσενέγκῃς ἡμᾶς εἰς πειρασμόν | (VIa) |

Dieser, wie man auf den ersten Blick sieht[,] von der Fassung des Mt stark abweichende Text brachte es von selbst mit sich, daß die Varianten in erster Linie in Conformationen zum Mt-Text bestehen.

So ergänzen *A C D P X Γ Δ Λ Π unc⁹ (al pler) a b c e f ff² i l q perus, harl\* sax cop syr^cur et^utr aeth* (nach ihnen Elz) zu πάτερ: ἡμῶν ὁ ἐν τοῖς οὐρανοῖς[24]

---

[22] Vgl. Fr. Blaß, *Euangelium secundum Lucam sive Lucae ad Theophilum liber prior. Secundum formam quae videtur Romanam*, Leipzig 1897, S. 51, Z. 7–9, und S. XLIf.
[23] Vgl. a.a.O., S. 562f.
[24] Vgl. den Apparat z. St. bei K. Tischendorf, a.a.O., S. 561.

D ergänzt aus unbekanntem Grund zu τὸ ὄνομά σου: ἐφ' ἡμᾶς[25]
Die wichtigste Variante im ganzen Abschnitt aber ist die zu Bitte II. Zwei alte Zeugen nämlich, *Greg. v. Nyssa* (1,737) u. *Maxim. Confess.* (1,350) außerdem *Min. Cod. 700 al. 604* u. *Cod. Vatic. olim Barb. IV 31* kannten anstatt ἐλθάτω ἡ βασιλεία σου die Bitte: ἐλθέτω σου τὸ πνεῦμα τὸ ἅγιον καὶ καθαρισάτω ἡμᾶς.[26] Einen ähnlichen Text scheint *Marcion* gelesen zu haben, wie aus *Tertull.* adv. Marc. IV 26 hervorgeht. Es ist bei dieser Stelle auch nicht ausgeschlossen, ja wahrscheinlich, daß das Ev[an]g[elium] d. Marcion *beide Bitten neben*einander aufgewiesen hat, während event[uell] Bitte I fehlte. [[ «A quo spiritum sanctum postulem? ... Eius regnum optabo venire quem nunquam regem gloriae audivi, an in cuius manu etiam corda sunt regum?»[27] ]] Indirekt bezeugt findet sich die Variante bei *Act. Thomae* (c. 27 Bonnet) u. *Liturg. Constantinop.* (p. 109 Swainson)[28] Wir werden auf die Lesart nachher in größerm Zusammenhang zurückkommen.

Die fehlende Bitte III ist nach Mt ergänzt bei ℵ *A C D P X Γ Δ Λ Π unc*⁹ *(al pler) b c e f i l q perus tol sax syr^sch et^p cop aeth*: γενηθήτω τὸ θέλημά σου ὡς ἐν οὐρανῷ καὶ ἐπὶ γῆς[29]

v 3 *unterdrückt Syr. Sin. das* ἡμῶν *nach* ἄρτον.[30]

v 4 liest D mit b c ff² statt ἁμαρτίας mit Mt: ὀφειλήματα ebenso

---

[25] Vgl. den Apparat z. St. bei K. Tischendorf, a.a.O., S. 562.
[26] Vgl. den Apparat z. St. bei K. Tischendorf, a.a.O., S. 562, und A. Harnack, *Über einige Worte Jesu, die nicht in den kanonischen Evangelien stehen, nebst einem Anhang über die ursprüngliche Gestalt des Vater-Unsers*, in: SPAW 1904, Berlin 1904, S. 170–208 (Anhang: S. 195–208), S. 196f. (Die ganze Abhandlung ist wieder abgedruckt in: ders., *Kleine Schriften zur alten Kirche*. [Bd. I:] *Berliner Akademieschriften 1890–1907* [Opuscula. Sammelausgaben seltener und bisher nicht selbständig erschienener wissenschaftlicher Abhandlungen, Bd. IX,1], Leipzig 1980, S. 663–701; der «Anhang» ist neubearbeitet eingegangen in von Harnacks Aufsatz *Der ursprüngliche Text des Vater-Unsers und seine älteste Geschichte*, in: ders., *Erforschtes und Erlebtes*, Reden und Aufsätze. Neue Folge, Bd. IV, Gießen 1923, S. 24–35.)
[27] Vgl. den Apparat z. St. bei K. Tischendorf, a.a.O., S. 562; s. auch A. Harnack, *Über einige Worte Jesu*, a.a.O., S. 197.
[28] Vgl. A. Harnack, ebd.; Acta Thomae 27, in: *Acta apostolorum apocrypha*, hrsg. von R. A. Lipsius und M. Bonnet, P. II, Vol. II, Leipzig 1903, S. 143, Z. 2f.; *The Greek Liturgies. Chiefly from Original Authorities*, edited by Ch. A. Swainson, Cambridge 1884, S. 109.
[29] Vgl. den Apparat z. St. bei K. Tischendorf, a.a.O., S. 562.
[30] Vgl. A. Harnack, *Über einige Worte Jesu*, a.a.O., S. 197.

mm u. cop statt παντὶ τῷ ὀφείλοντι ἡμῖν: τοῖς ὀφειλέταις ἡμῶν, ℵ $^c$
A C D R X Γ Δ Λ unc$^9$ (al pler) b c f ff$^2$ i l q cop syr$^{cur}$ et$^{sch}$ et$^p$ ergänzen Bitte VIb ἀλλὰ (καὶ) ῥῦσαι ἡμᾶς ἀπὸ τοῦ πονηροῦ.[31]

Aus der Thatsache, daß mehrere dieser dem Mt-Texte conformen Lesarten von sehr *alten Mss* wie ℵ A C D u. A. vertreten werden, darf nicht etwa der Schluß gezogen werden, sie repräsentierten den ursprünglichen Lc-Text. Die Tendenz zum Harmonisieren *mußte* schon in früher Zeit auftreten, ganz besonders bei einem Stück[,] das, wie dieses, *liturgische Verwendung* fand. Für die letztere Tatsache mögen sie als Beleg dienen, nicht aber für die ursprüngliche Gestalt des Lc-Textes. –

Wir haben im Bisherigen die beiden Rezensionen des UV in ihrem *getrennten* Bestande untersucht. Unsre nächste Aufgabe wird sein, ihr *wechselseitiges* Verhältnis klarzustellen, um daraus unsre Schlüsse zu ziehen auf eine den beiden event. zu Grunde liegende *Urform* des U. V.

## II.

Bevor wir an die Vergleichung der UV-Texte selbst herantreten, haben wir als Vorfrage das Problem zu besprechen, welches der mutmaßliche
*historische Anlaß*
zum UV. gewesen sei

Ich bemerke übrigens, daß ich für diesen und die weitern Teile meines Aufsatzes in erster Linie von folgenden 2 Schriften ausgehe:

*Ad. Harnack* «Die ursprüngliche Gestalt des Vater Unsers» (Erschienen in den «Sitzungsberichten d. kgl. preuß. Akademie d. Wissensch.» 1904 V (21. Jan. Phil. Hist. Klasse)[)][32] – und

*G. Klein* «Die ursprüngl. Gestalt d. Vater Unsers» (Erschienen in d. «Zeitschrift für NTliche Wissenschaft» 1906 Heft 1)[33]

Die betr. Stellen in den Commentaren etc. von *Meyer*[34], *Weiß*[35],

---

[31] Vgl. den Apparat z. St. bei K. Tischendorf, a. a. O., S. 563f.

[32] Siehe oben Anm. 26.

[33] G. Klein, *Die ursprüngliche Gestalt des Vaterunsers*, in: ZNW, Jg. 7 (1906), S. 34–50. (Als «Beilage» wieder abgedruckt in: ders., *Der älteste christliche Katechismus und die jüdische Propaganda-Literatur*, Berlin 1909, S. 256–273.)

[34] H. A. W. Meyer, *Evangelium des Matthäus*, a. a. O.; ders., *Kritisch exegetisches Handbuch über die Evangelien des Markus und Lukas*, KEK, 1. Abt., 2. Hälfte, Göttingen 1846².

[35] B. Weiß, *Das Matthäus-Evangelium*, KEK, 1. Abt., 1. Hälfte, Göttingen

*Holtzmann*[36], *Zahn*[37], *Wellhausen*[38], *Wernle*[39] u. A. habe ich zwar ebenfalls eingesehen, werde sie aber nur gelegentlich anführen, während uns die angeführten beiden Autoren als Vertreter von 2 radikal entgegengesetzten Standpunkten interessant sein müssen.

Was den Context des UV bei *Mt* anbetrifft, so ist die Kritik so ziemlich einig darin, daß er als *unhistorisch* zu betrachten ist. Die Gründe dafür sind zahlreich:

*B. Weiß*[40] sagt folgendes: «Hat Xρ das Gebet seine Jünger schon in der Bergrede gelehrt, so ist die Frage des Jüngers Lc 11,1 ungeschichtlich; ist diese aber geschichtlich, so kann das VU nicht schon vom Berge her im Jüngerkreise bekannt gewesen sein. Es kommt hinzu, daß der geschichtl. Anlaß, welchen Lc angiebt, durchaus keinen Verdacht eigener Kombination erweckt, während es sehr begreiflich ist, daß *bei der Redaktion unsres Mt da, wo die Bergpredigt von der rechten Art des Betens redet, dem Herrn auch schon jenes Mustergebet in den Mund gelegt wurde*»

*Harnack*[41] u. *Klein*[42] weisen auch mit Recht auf den Widerspruch hin, der darin liegt, wenn Xρ Mt 6,6 ermahnt: «Wenn du betest, so gehe in dein Gemach, schließe die Thür zu u. bete du zu deinem Vater im Verborgenen» während beim U. V. offenkundig an eine Mehrzahl von Betenden (ἡμεῖς!) gedacht ist.

Allein, während nun die meisten Kritiker die Historicität von Lc 11,1 festhalten, geht *Harnack* noch einen Schritt weiter und erklärt: nicht nur der bei Mt, auch der bei *Lc* genannte Anlaß zum UV ist *ungeschichtlich*. Sein Beweis dafür ist ziemlich weitläufig.[43] Er geht aus von der textkritischen Voraussetzung, daß jene Variante zu Bitte II im Lc-

---

1898⁹; B. Weiß/J. Weiß, *Die Evangelien des Markus und Lukas*, KEK, 1. Abt., 2. Hälfte, Göttingen 1892⁸.

[36] H. J. Holtzmann, *Die Synoptiker. – Die Apostelgeschichte*, HC 1, Freiburg i. B. 1892².
[37] Siehe oben Anm. 16.
[38] J. Wellhausen, *Das Evangelium Matthaei, übersetzt und erklärt*, Berlin 1904; ders., *Das Evangelium Lucae, übersetzt und erklärt*, Berlin 1904.
[39] P. Wernle, *Die synoptische Frage*, Freiburg i. B./Leipzig/Tübingen 1899.
[40] *Das Matthäus-Evangelium*, a.a.O., S. 131.
[41] Vgl. *Über einige Worte Jesu*, a.a.O., S. 204.
[42] A.a.O., S. 48.
[43] *Über einige Worte Jesu*, a.a.O., bes. S. 205f.

Text: ἐλθέτω σου τὸ πνεῦμα τὸ ἅγιον καὶ καθαρισάτω ἡμᾶς ursprünglich d. h. lukanisch sei sowie, daß Bitte I bei Lc alte Conformation nach Mt sei. Somit würde das ursprüngliche lc'sche UV *mit der Bitte um den heil. Geist beginnen* (s. u.). Diese Tatsache kombiniert nun Harnack – vielleicht mehr scharfsinnig als zutreffend – mit der Erzählung von den *Johannesjüngern in Ephesus* Act 19,1–7. P[au]l[us] fragt sie dort: «Habt Ihr, als ihr gläubig wurdet, den heil. Geist empfangen?» Sie antworten: *«Wir haben nicht einmal gehört, ob es überhaupt einen heil. Geist giebt.»* Und nun belehrt sie Pl: «Johannes taufte mit der Bußtaufe[,] indem er dem Volke sagte, an den, der nach ihm komme, sollten sie glauben d. h. an Jesum.» Und das hören die Joh[annes]-Jünger[,] werden getauft, Pl. legte die Hände auf sie und *«der heil. Geist kam über sie»* etc. (v 6) – Also folgert Harnack: Lc 11,1 bitten die Jünger Χρ'um [Christum], sie beten zu lehren, wie Johannes seinen Jüngern, Lc 11,2 heißt sie Χρ vor Allem um den heil. Geist bitten, aus Act 19,2 aber geht hervor, daß die Jünger d. Johannes den heil. Geist nicht kannten – ergo sind sowohl die Bitte um den heil. Geist Lc 11,2 als der Anlaß dazu Lc 11,1 eine gemachte Antithese des Ev[an]g[eli]sten Lc zu den Johannesjüngern – also *ungeschichtlich*. Ich kann mich nicht entschließen ihm in dieser komplizierten Annahme zu folgen. Sie mutet dem Schriftsteller eine Kombinatorik zu, die er schwerlich geübt hat[,] und ist dazu textkritisch ungenügend fundiert, wie wir unten noch zeigen werden.

Die Angabe *Lc 11,1* scheint mir gerade in ihrer Einfachheit und Natürlichkeit noch immer *wahrscheinlich* und kann, solange nicht gewichtigere Gründe gegen sie geltend gemacht werden, ruhig gehalten werden.

### III.

Wir kommen nunmehr zum Hauptteil unsrer Untersuchung, der sich mit der Vergleichung und Kritik der UV-Texte selbst befassen soll.

Konstatieren wir zunächst noch einmal den Befund, der sich aus der einfachen Nebeneinanderstellung des Mt- und Lc-Textes ergiebt.

Das *Plus des Mt gegenüber Lc* ist folgendes:
*1.* zu πάτερ der Zusatz ἡμῶν ὁ ἐν τοῖς οὐρανοῖς
*2.* event. Bitte II ἐλθάτω ἡ βασιλεία σου
*3.* Bitte III γενηθήτω τὸ θέλημά σου ὡς ἐν οὐρανῷ καὶ ἐπὶ γῆς

*4.* Bitte VIb: ἀλλὰ ῥῦσαι ἡμᾶς ἀπὸ τοῦ πονηροῦ
Außerdem weist *Lc folgende Abweichungen von Mt* auf:
*1.* Bitte IV δίδου statt δός und καθ' ἡμέραν statt σήμερον
*2.* Bitte V ... τὰς ἁμαρτίας ἡμῶν καὶ γὰρ αὐτοὶ ἀφίομεν παντὶ ὀφείλοντι ... statt
    τὰ ὀφειλήματα ἡμῶν ὡς καὶ ἡμεῖς ἀφήκαμεν τοῖς ὀφειλέταις ἡμῶν
Außerdem hat *Lc* event. *als Plus gegenüber Mt*
Bitte II ἐλθέτω σου τὸ πνεῦμα τὸ ἅγιον καὶ καθαρισάτω ἡμᾶς

In der neuern Kritik herrscht die Ansicht vor, daß der, wie wir sehen[,] bedeutend kürzere Text des *Lc* auch der *ursprüngliche* sei. So sagt *Wernle:* «Die Überlegung muß für Lc entscheiden, da Verkürzung eines auf Jesus zurückgeführten, von der Gemeinde stets gesprochenen Gebetes viel schwerer denkbar ist, als die Erweiterungen, die sich teils als Erklärung des Vorhergehenden (dein Reich komme) teils als positive Ergänzung des Negativen (führe uns nicht in Versuchung) leicht ergeben.»[44] – Allein so rasch ist die Sache nicht abgethan. *Wernle* übersieht dabei jene bereits mehrfach genannte Variante zu Bitte II bei Lc, die in diesen seinen Kanon freilich nicht hineinpaßt, resp. er fertigt sie als «zu schlecht bezeugt» kurzer Hand ab.[45] *Harnack* fordert mit Recht, es gelte die Zeugen nicht blos zu zählen, sondern zu wägen, dazu sind nach ihm die min. cod. auf diese Lesart noch nicht untersucht worden, sodaß der Zeugen leicht noch viel mehr als die angeführten werden können.[46]

M. E. ist nun die *Bitte um den heil. Geist in der That echt lukanisch,* wie auch *Harnack* annimmt[47][,] und dieses Faktum dürfte ein bedeutsames Licht auf die ganze Prioritäts- resp. Authenticitätsfrage werfen.

Unser Interesse koncentrirt sich daher zunächst auf jene *Variante zu Lc 11,2:*

*Greg. v. Nyss., Maxim. Conf.* und die *2* gen. *min* bieten, [wie] wir erwähnt haben[,] an Stelle der gewöhnl. Bitte II, *Marcion* vielleicht resp. wahrscheinlich an Stelle von Bitte I die «Bitte um den heil. Geist»: *ἐλθέτω σου τὸ πνεῦμα τὸ ἅγιον καὶ καθαρισάτω ἡμᾶς*[.] Ich bin zur

---

[44] A. a. O., S. 68.
[45] Ebd.
[46] *Über einige Worte Jesu,* a. a. O., S. 199.
[47] *Über einige Worte Jesu,* a. a. O., bes. S. 202f.205f.

Überzeugung gelangt, daß *diese Lesart an Stelle von* ἐλθάτω ἡ βασιλεία σου *den ursprünglichen Lc-Text repräsentiert*. Von den neuern Ausgaben hat sie daher *Blaß* mit Recht in seinen Text aufgenommen.[48] Die Bitte II, wie sie gewöhnlich vorliegt, kann nichts anderes sein, als eine frühe Conformation nach Mt. «Woher sollte ein Späterer»[,] fragt *Harnack,* «wenn er das UV bei Lc in derselben Form las, wie bei Mt, den Mut genommen haben, diese Form zu korrigieren und etwas ganz Neues einzusetzen? ... Umgekehrt aber, – wie nahe lag es, den Lctext auch hier mit Mt zu konformieren, zumal sich die von Mt gebotene Form in den Gottesdiensten durchgesetzt hatte!»[49]

Der Engländer *Chase* («The Lords Prayer in the Early Church» Cambridge 1891[50] vgl. «Theol. Litter[atur]zeit[un]g» 1891 Nr. 25 pag. 619ff.[51]) weist mit Recht hin auf Stellen wie Rom 8,15 Gal 4,6[,] wo das Gebet um den heil. Geist in erster Linie steht, um zu zeigen, welche Bedeutung es in den urchristlichen Gemeinden einnehme.[52]

*Harnack* bringt weiter eine Anzahl teilweise schlagender Parallelen zu unsrer Variante aus der Ap[ostel]gesch[ichte]: Act 1,8; 11,25, bes. aber 15,8,9: ... θεὸς ... δοὺς τὸ πνεῦμα τὸ ἅγιον καθὼς καὶ ἡμῖν ... τῇ πίστει καθαρίσας τὰς καρδίας αὐτῶν.[53] Völlig evident aber scheint mir die Richtigkeit der Variante erwiesen durch die vom UV nur um wenige Verse entfernte Stelle *Lc 11,13*, wo Lc Jesum als Abschluß seiner Erläuterungen über das Gebet sagen läßt: εἰ οὖν ὑμεῖς πονηροὶ ὑπάρχοντες οἴδατε δόματα ἀγαθὰ διδόναι τοῖς τέκνοις ὑμῶν, πόσῳ μᾶλλον ὁ πατὴρ ὁ ἐξ οὐρανοῦ δώσει πνεῦμα ἅγιον τοῖς αἰτοῦσιν αὐτόν. Das ist nur dann recht verständlich, wenn eben die Bitte um den heil. Geist vorher schon angeführt war[,] und das ist nirgends anders möglich, als eben im UV. selbst, d. h. an unsrer Stelle. Man vergl. dazu die im übrigen fast wörtlich gleichlautende Parallele bei Mt 7,11, die aber statt πνεῦμα ἅγιον das allgemeine ἀγαθά aufweist.[54]

---

[48] *Euangelium secundum Lucam*, a. a. O., S. 51, Z. 10f., und S. XLIIf.
[49] *Über einige Worte Jesu*, a. a. O., S. 199.
[50] Fr. H. Chase, *The Lord's Prayer in the Early Church* (TaS 1,3), Cambridge 1891.
[51] G. Dalman, [Rezenzion von:] Fr. H. Chase, The Lord's Prayer, in: ThLZ, Jg. 16 (1891), Sp. 619–621, vgl. bes. Sp. 619.
[52] Fr. H. Chase, a. a. O., S. 23f.
[53] *Über einige Worte Jesu*, a. a. O., S. 199.
[54] Ebd.

Da nun die lc'sche Lesart hier wie im UV selbst nicht wohl die ursprüngliche sein kann, aus der dann die des Mt hervorgegangen wäre, so drängt Alles zu der Annahme, *daß Lc den ihm vorliegenden Text (d. h. den Text der Logienquelle) umgestaltet hat.*

*Dasselbe läßt sich nun parallel auch von den übrigen Stücken des UV nachweisen*

Lc war *Pauliner* und wendete sich an ein vorzüglich *heidenchristliches Publikum.* Dazu zeigt er bei den Redestücken überhaupt die *Tendenz zum Verkürzen.* Aus diesen drei Faktoren sind auch seine Varianten gegenüber dem Mt-UV zu erklären:

Als einfache Verkürzung kennzeichnet sich die Weglassung des Mt'schen Attributs zu πατήρ

An Stelle des den Heidenchristen weniger geläufigen Begriffs der βασιλεία setzt er die bes. in den paulinischen Gemeinden bedeutsamere Bitte: «Dein heil. Geist komme auf uns!»

Die Bitte: «Dein Wille geschehe ...» mochte ihm überflüssig, ja, vom Standpunkt des paulinischen Gottesbegriffs aus, geradezu als anstößig erscheinen.[55] In Bitte IV ist δός in das korrektere δίδου verwandelt, καθ' ἡμέραν gegenüber σήμερον verrät eine von Mt abweichende Auffassung des schwerverständlichen ἐπιούσιον.

In Bitte V tritt an Stelle von ὀφειλήματα das paulin. ἁμαρτίας, an Stelle von ἀφήκαμεν das präcisere ἀφίομεν

Die Bitte VIb ist der Kürze halber gestrichen.

Der Sinn einiger kleiner Textänderungen muß uns freilich dunkel bleiben, doch ändert das nichts an der Erkenntnis, daß *der lc'sche UV-Text nichts Anderes ist, als eine Umarbeitung derselben Vorlage, die auch Mt (aber wohl wortgetreuer) benutzte*[.] Hier wirft nun zwar *Wernle* ein, eine solche Umgestaltung sei unwahrscheinlich bei einem als aus dem Mund Jesu überlieferten und von der Gemeinde stets gesprochenen Gebete.[56] Darauf ist zu entgegnen: Die Worte Jesu hatten noch zu Ende des ersten Jahrhunderts nicht kanonische Geltung[57], in dem Sinn, daß an ihrem Wortlaut nicht geändert werden durfte, sobald

---

[55] Dazu am Mskr.-Rand ein Fragezeichen mit Bleistift – von fremder Hand (Barths Vater?) oder von Barth selber?

[56] A.a.O., S. 68.

[57] Randnotiz Barths neben drei bis vier Manuskriptzeilen: «Zahnweh» (s. das Faksimile bei den Abbildungen in diesem Band).

es das Bedürfnis verlangte. Beweis dafür ist die vielgestaltige Form der Überlieferung gerade der Reden Jesu. – Ob und in welcher Form das UV zu jener Zeit (d. h. zur Zeit der ersten Abfassung unsrer Evangelien) in den Gemeinden gebetet wurde, können wir nur vermuten. Nichts berechtigt uns, anzunehmen, daß gerade die Mt-Form überall schon im offiziellen Gebrauch gestanden wäre. Wohl hat sie sich dann rasch eingebürgert, wie die Did. zeigt. Spätestens bis gegen 150 n. Chr. können wir sie als gottesdienstlich allein gebraucht annehmen. Aus dieser Zeit, wo sich die Gegensätze von juden- und heidenchristlich vermischten, mögen die zahlreichen Conformationen d. h. Re-Conformationen stammen, von denen der Lc-Text und seine Varianten zeugen.

Doch nun zurück zu *Harnack!* Wir gingen insofern mit ihm einig, als wir die «Bitte um den heil. Geist» als lukanisch anerkannten. Allein während wir uns damit begnügten, sie als lc'sche Umformung der Reichsbitte zu betrachten, geht er noch einen großen Schritt weiter.

Sein Ausgangspunkt ist wiederum die «Bitte um den hl. Geist». Wir haben bereits angedeutet, daß die Tertull.-Stelle für das Marcion-Evg wahrscheinlich eine *Untervariante* giebt. Harnack konstruiert danach den Marcion-Text in folgender Weise:

Πάτερ, ἐλθέτω τὸ ἅγιον πνεῦμά σου (ἐφ' ἡμᾶς) καὶ καθαρισάτω ἡμᾶς· *ἐλθέτω ἡ βασιλεία σου* ...

Gegenüber Greg. v. Nyss.[,] Maxim. Conf., 2 min:

Πάτερ, *ἁγιασθήτω τὸ ὄνομά σου·* ἐλθέτω τὸ πνεῦμά σου τὸ ἅγιον (ἐφ' ἡμᾶς) καὶ καθαρισάτω ἡμᾶς

Es ergiebt sich daraus, daß bei Marcion die Bitte um Heiligung d. Namens, bei den übrigen 4 Zeugen die Reichsbitte fehlt. Daraus zieht *Harnack* den Schluß, daß entweder Marcion oder die Übrigen bereits durch den Mt-Text beeinflußt gewesen seien. Er kann sich weder die eine noch die andere Ausmerzung erklären und folgert daraus, *daß der ursprüngliche Lc-Text überhaupt weder die erste noch die zweite Bitte enthalten, sondern nach der Anrede gleich mit der Bitte um den heil. Geist begonnen habe.*[58] Er stützt diese Behauptung durch die andere, daß das lc'sche UV ein *Initiationsgebet* gewesen sei d. h. ein Gebet, durch das der Christenstand erst begründet werden soll.[59] – So

---

[58] *Über einige Worte Jesu*, a.a.O., S. 200.
[59] A.a.O., S. 201f., Anm. 1; S. 205f.

kommt *Harnack* endlich, da natürlich auch die Bitte um den Geist (als von Lc oder aus dessen Kreisen herrührend) und die Bitte III des Mt-schen UV wegfallen und das ἡμῶν in Bitte IV nach Syr. Sin. gestrichen wird, schließlich zu einem Ur-UV von ganzen 3 Bitten:

*« Vater, das Brod für den kommenden Tag gieb uns heute,*
*und vergieb uns unsre Schulden, wie auch wir vergeben haben unsren Schuldigern,*
*und führe uns nicht in Versuchung »*[60]

Wir erwidern darauf Folgendes:

*1.* Es erscheint als methodisch unzulässig, sich zur Stützung einer so weit gehenden Streichungshypothese mit dem *Zeugnis einer einzigen Autorität, Marcion's,* zu begnügen, das noch überdies nur indirekt erhalten ist. Auch wenn man die Zeugen wägt und nicht blos zählt: die Namen Greg. v. Nyssa und Maxim. Conf. werden immerhin vertrauenerweckender sein, als der Gnostiker Marcion.[61]

*2.* Aus unsern vorigen Untersuchungen geht hervor, daß Harnack selbst uns teilweise (freilich ohne es zu wollen) das Material zu unserm Satze zusammengetragen hat: *Die Bitte um den heil. Geist trat bei Lc an Stelle der Reichsbitte bei Mt und in der Vorlage.* Nach dem vorhin Gesagten ist uns die «Ausmerzung», wie sie bei den Zeugen der Variante ohne Marcion vorliegt, nicht mehr unerklärlich. In derselben Erkenntnis findet sich, wie bereits erwähnt, in der *Blaß*'schen Lc'Ausgabe die Reichsbitte ersetzt durch die Bitte um den heil. Geist. Jedenfalls ist diese Auskunft einfacher und natürlicher als die gewaltsame Elimination der Bitte um die Heiligung des Namens auf Grund der immerhin etwas dunklen Marcionquelle.

*3.* Daß das *« UV in der lc'schen Gestalt auf alle Fälle ein Initiationsgebet »*[62] ist, müßte erst noch erwiesen werden. *Harnack* bleibt den Beweis dafür schuldig. Initiationsbitten sind z. B. jene von *Chase* angeführten paulinischen Stellen, eine Initiationsbitte ist die Bitte um den heil. Geist, (für sich allein betrachtet) wie aus den von *Harnack* citierten Parallelen in der Apgesch. hervorgeht. Er glaubt nun, bei einem In-

---

[60] A.a.O., S. 208.
[61] Vom Doppelpunkt bis zum Satzende Anstreichung mit Schlangenlinie am Mskr.-Rand – wenn von Barth, ein Zeichen späterer Selbstkritik.
[62] A. Harnack, *Über einige Worte Jesu*, a.a.O., S. 206.

itiationsgebet müßte die Bitte um den heil. Geist an erster Stelle stehen, deshalb sei die Bitte um Heiligung des Namens zu streichen.[63] Das erstere mag richtig sein, aber der Beweis ist eben nicht erbracht, daß das lc'sche UV als Ganzes ein Initiationsgebet ist. Folglich beruht die Ausschaltung der Bitte I auf einer Art von Cirkelschluß, den wir uns nicht genötigt sehen, mitzumachen.

4. Es sei noch einmal darauf hingewiesen, daß angesichts dieses Tatbestandes auch die Harnack'sche Hypothese betr. die *Ungeschichtlichkeit des bei Lc erzählten historischen Anlasses zum UV zweifelhaft wird*. Sie ruht, wie seine ganze Position, auf der Marcionstelle und auf der Voraussetzung, daß wir im lc'schen UV ein Initiationsgebet vor uns haben.

Die *Situation* ist somit, um kurz zu rekapitulieren, folgende:

Der Evgst Lc hat den ihm in der Logienquelle vorliegenden Text des UV benützt und für seine speziellen schriftstellerischen Zwecke bearbeitet.

In späterer Zeit, nachdem sich der bei Mt überlieferte Text für den gottesdienstlichen Gebrauch durchgesetzt hatte, wurden die Lc-Texte in verschiedenem Grade nach jenem konformiert.

Zwingende Gründe zu der Annahme, daß Mt bloß eine später erweiterte Lc-Version enthalte, liegen nicht vor.

Allein wir dürfen unsere Untersuchung nicht abschließen[,] bevor wir noch eine allerneuste Hypothese über das UV in Betracht gezogen haben, die für die von uns entwickelte Anschauung von Interesse sein muß, obwohl ich sie nicht annehmen kann, – nämlich diejenige des bereits genannten Stockholmer Theologen *G. Klein,* der sich besonders eingehend mit der Talmudlitteratur etc. befaßt zu haben scheint.

*Kleins* These ist folgende:

*Wir besitzen die Urform des UV bei Mt (mit Doxologie!) denn nur in dieser Form entspricht es den Anforderungen, die an ein jüdisches Gebet gestellt wurden.*[64]

Wir folgen zunächst seinem Beweisgang:

Nach Ps 119, 164 war das jüd. Gebet bis zur Zerstörung des Tempels Birkath Scheba, «*Siebengebet»*[,] es begann mit einer *Verherrlichung*

---

[63] A.a.O., S. 201f., Anm. 1.
[64] G. Klein, a.a.O., S. 35.

Gottes (שֶׁבַח) der das *individuelle Gebet* (תְּפִלָּה) folgt[,] während eine *Doxologie* ( הוֹדָיָה ) den Schluß bildet.

Das UV entspricht diesen Anforderungen in folgender Weise:

    Bitte I–III     = שבח  
    Bitte IV–VIab = תפלה  
    Doxologie     = הודיה

Aus Parallelen bei jüdischen Gebeten wird der Satz belegt[:] *das UV konnte nicht mit einer individuellen Bitte beginnen*. Besonders bemerkenswert scheint in dieser Beziehung das sog. *Kaddischgebet*[65]

Weiter wird verwiesen auf die Stelle *Mt 6,32–34*, in der *Klein* «gleichsam eine Erklärung u. nähere Begründung» des UV d. h. seiner ersten 4 Bitten erblickt. Die Parallelen[,] die er dabei aufstellt[,] sind folgende

| | |
|---|---|
| πατὴρ ὑμῶν ὁ οὐράνιος | = πάτερ ἡμῶν ὁ ἐν τοῖς οὐρανοῖς |
| ζητεῖτε (בַּקְּשׁוּ) | = προσεύχεσθε |
| πρῶτον τὴν βασιλείαν | = ἐλθάτω ἡ βασιλεία σου |
| καὶ τὴν δικαιοσύνην αὐτοῦ | = γενηθήτω τὸ θέλημά σου |
| μὴ οὖν μεριμνήσητε εἰς τὴν αὔριον | = τὸν ἄρτον ἡμῶν τὸν ἐπιούσιον δὸς ἡμῖν σήμερον |

In der Parallele Lc 12,31 fehlt δικαιοσύνη, daher auch Lc 11,2 Bitte III[66]

Aus Mt 6,34, das bei den Rabbinen ebenfalls Parallelen hat[,] geht hervor, daß in der Bitte IV das σήμερον des Mt gegenüber dem καθ' ἡμέραν des Lc im Rechte ist[67], ebenfalls aus Mt 6,14ff. Mr 11,25 Mt 5,23ff. in Bitte V das ἀφήκαμεν des Mt gegenüber dem ἀφίομεν des Lc.[68] Ebenso wird die Authenticität von Bitte VI (im Wortlaut des Mt[)] durch jüd. und NTliche Parallelen belegt.[69]

Die *Doxologie* hält Klein deshalb für ächt, weil Xρ nach «jüdischem Denken und Fühlen»[70] nicht mit etwas Bösem, sondern nur בְּדָבָר טוֹב, mit etwas Gutem schließen konnte. Und da das Schema der jüdischen Gebete bis zur 6[ten] Bitte des UV stimmte, «so wird wohl Jesus das

---

[65] A.a.O., S. 35f.  
[66] A.a.O., S. 36 mit Anm. 2.  
[67] A.a.O., S. 36–38.  
[68] A.a.O., S. 38.  
[69] A.a.O., S. 39.  
[70] Ebd.

Gebet dem jüdischen Schema gemäß mit einer הודיה, einer Doxologie, geschlossen haben», die I Chron 29,10 entlehnt ist. Damit wird das UV zum vollständigen «Siebengebet»[71]

Mit jener vielfach genannten Variante zu Bitte II bei Lc setzt sich *Klein* in folgender Weise auseinander: Jesus kann die Bitte um den heil. Geist nicht gesprochen haben, weil er schon im Besitz desselben war, vielmehr stammt sie von *Johannes d. T.*, dessen Predigt sich in dieser Bitte zusammenfassen läßt.[72] Und wie diese Johannespredigt sich, nach Klein, anschließt an *Ezech 36*[73], so auch das UV, das er dort (v 23–31) Bitte für Bitte nachweisen will:

| | |
|---|---|
| v 23 Und ich werde heiligen meinen großen Namen | *Geheiligt werde dein Name* |
| v 24 Und ich werde euch nehmen aus allen Völkern und euch sammeln aus allen Ländern ... | *Es komme dein Reich* |
| v 25–27 Und ich sprenge über euch reines Wasser, daß ihr rein werdet ... und ich gebe euch ein neues Herz und einen neuen Geist ... | *Dein heil. Geist komme über uns und reinige uns* |
| v 26b Und ich werde entfernen das steinerne Herz aus eurem Fleisch ... | *Erlöse uns vom Bösen* |
| v 28 Und ihr werdet mir zum Volke und ich euch zum Gotte sein | *Es geschehe dein Wille, wie im Himmel, so auch auf Erden* |
| v 29b 30 Und ich werde ... dem Getreide rufen und über euch keine Hungersnot lassen ...[74] | *Unser nötiges Brod gieb uns heute* |

Als Messias hätte dann Jesus die (überflüssig gewordene) Bitte um den heil. Geist aus seinem Gebet ausgeschaltet «und es kam an ihre Stelle die Doxologie aus I Chron 29,10»[75] In christlichen Kreisen der

---

[71] A.a.O., S. 39f.
[72] A.a.O., S. 44.
[73] A.a.O., S. 44f.
[74] A.a.O., S. 45f.
[75] A.a.O., S. 46 und ebd., Anm. 1.

spätern Zeit hätte man sich dann die Bitte um d. heil. Geist als Taufgebet angeeignet und dem UV beigefügt. – Der wesentl. Inhalt d. Kl'schen Schrift ist damit erledigt.

Wie stellen wir uns nun zu dieser neuen Phase in der UV-Kritik. Der erste Eindruck wird der der Überraschung sein – wir sehen hier plötzlich «Resultate» der kritischen Forschung wieder in Zweifel gestellt, die man seit langem als feststehend betrachtet hatte; so wird die Doxologie in den spätern Mss des Mt als von Xρ selbst herrührend bezeichnet, ebenso die Bitte III und VIb, die[,] als bei Lc nicht vorhanden, von den meisten Kritikern gestrichen wurden.

Wir haben unsre Stellung zu diesen verschiedenen Problemen bereits gezeichnet und sie wird durch die Ausführungen *Kleins* weder nach der einen noch nach der andern Seite hin erschüttert.

Wir sind zwar, was die Resultate anbelangt, abgesehen von der Doxologiefrage zu demselben Ergebnis gelangt, wie *Klein*, nämlich:

*das UV ist in der von Mt gebotenen Form für authentisch zu halten*
allein die Methode, die er einschlägt, um zu diesem Ziel zu gelangen, ist so beschaffen, daß wir nicht umhin können, noch ein Wort dazu zu sagen.

*Die Widerlegung Harnacks, die Klein versucht, scheint mir nicht gelungen.*

Um zuerst das hervorzuheben, was mich an den Aufstellungen *Kleins* befriedigt hat, resp. was mir wirksam scheint zur Haltung der von *Harnack* verworfenen 3 ersten Bitten, so möchte ich jene Berufung auf die Stelle *Mt 6,33 = Lc 12,31* nennen. In der That! Hier haben wir aus Jesu eigenem Munde – u. zw. nach beiden Evangelisten – die klassische Zusammenfassung dessen, was ein Jünger Jesu betet, denn das ζητεῖτε wird hier von *Klein* mit Recht mit dem hebr. בקשו in Parallele gesetzt[.][76] «Trachtet am ersten nach dem Reiche Gottes!» Einzig durch dieses Wort schon scheint mir ein Gebet, wie das Harnack'sche UV, das mit der Bitte ums tägliche Brot beginnt, ausgeschlossen. Wenn dann freilich *Klein* im weitern Verlauf seiner Untersuchung die Mt 6,33 genannte δικαιοσύνη mit der Bitte γενηθήτω τὸ θέλημά σου in Parallele setzt, so ist das eine jener Künstlichkeiten, an denen seine Arbeit nicht arm ist.

---

[76] A.a.O., S. 36.

Ihr Grundfehler scheint mir jene gerade bei derartigen historischen Untersuchungen nicht selten angewendete falsche Methode zu sein, daß bewußt oder unbewußt ein Satz, von dessen Wahrheit nur der Autor überzeugt ist, ohne Gründe dafür anzugeben[,] zur Stütze eines zweiten, zu beweisenden Satzes gemacht wird, wodurch die These des Autors zum *synthetischen Urteil a priori* wird, während historische Sätze nie andere als Urteile a posteriori sein dürfen[77].

Die hier vorliegende Voraussetzung *Kleins* ist der Satz: *das UV hat die Form eines jüdischen Gebetes*. Mit Hilfe desselben beweist er nach einander die Authenticität aller umstrittenen Bitten des UV's bis und mit der Schluß-Doxologie. Ich will natürlich nicht an *Kleins* offenbar umfangreiche Gelehrsamkeit auf dem Felde altjüdischer Litteratur rühren, allein woher weiß er, daß das UV die von ihm behauptete Form haben *muß?*

Treten wir auf die *Doxologiefrage* ein. Weil im jüdischen Gebet eine הודיה den Schluß bildet, muß das UV mit der Mt-Doxologie schließen, «dem jüdischen Schema gemäß.»[78] Allein gegenüber diesem Schema sollte doch *Klein* nur schon durch die Tatsache bedenklich gestimmt werden, daß die Mt-Doxologie textkritisch sozusagen unhaltbar ist! Auch mit ihrer Entlehnung aus I Chron 29,10 steht es m. E. zweifelhaft, indem in der dortigen Doxologie nach LXX gerade der wichtige Begriff der βασιλεία fehlt! Vollends unmöglich ist aber die Hypothese *Kleins,* wonach die Doxologie an Stelle der Bitte um den heil. Geist in das «7-Gebet» hineingekommen wäre, nachdem Jesus jene «ausgeschaltet».[79] Wie stellt sich *Klein* diesen Vorgang vor? Er selbst nennt irgendwo, und wir stimmen ihm zu, das UV ein «Kind des Augenblicks, aus der messianischen Stimmung herausgeboren»[80]. Wie vereinigt er das mit der Vorstellung, Jesus habe nachträglich an dem den Jüngern gelehrten Gebet in dieser Weise herumverbessert!?

Der Grund zu der Behauptung, jene *Bitte um den heil. Geist stamme von Johannes d. T.* [,] ist mir noch nicht ersichtlich. Der Weg, auf dem sie von ihm in den Lc-Text des UV gelangt wäre, ist auch nach den Ausführungen *Kleins* noch dunkel.

---

[77] Vgl. zu dieser Aufnahme Kantscher Begriffe bes. aus der *Kritik der reinen Vernunft*, Einleitung, IV.–VI., B 10–24.
[78] G. Klein, a.a.O., S. 40.
[79] A.a.O., S. 46 und ebd., Anm. 1.
[80] A.a.O., S. 48.

Ebenso ist m. E. der geheimnisvolle Zusammenhang zwischen dem UV und Joh. d. T. via *Ezech 36* nicht mehr als Vermuthung, wenigstens die von *Klein* aufgestellte, von uns bereits wiedergegebene Parallele zwischen Ezech 36 und UV macht doch den Eindruck großer Künstlichkeit. In dieser Weise könnten am Ende Parallelen zum UV in jedem Psalm gefunden werden.

Fassen wir zusammen u. zw. mit *Kleins* eigenen Worten: «*Jesus hat sicher nicht daran gedacht ein Gebetsformular für eine kultische Gemeinde zu schaffen[»],* vielmehr ist das UV ein «*Kind des Augenblicks*»[,] ein «*Aufschrei der Seele zu Gott*»[81] Damit ist aber auch jene Behauptung widerlegt, wonach Jesus das UV nach jüdischem «Schema», ja mit Citaten aus jüdischen Gebeten förmlich *gebaut* habe. Wohl mag er sich bei dieser und jener Bitte an die Gedanken- und Gebetswelt seines Volkes angelehnt haben, aber der Inhalt[,] den er ihnen gab, war ein vollständig neuer, vom Inhalt jener so verschieden, wie das Evangelium selbst vom Gesetze der Schriftgelehrten

Um das zu belegen, gebe ich nur eine von den bei *Klein* citierten Stellen aus jüdischen Gebeten: Im Traktat *Soferim* 14,22 heißt es: «Erhaben und gepriesen und *geheiligt … werde der Name des Königs aller Könige … in den Welten, die er geschaffen … nach seinem Willen und dem Willen seines ganzen Volkes Israel. Möge erscheinen und sich offenbaren sein Reich!*»[82]

Die Form der Gedanken mag ähnlich sein, aber einen wie ganz andern Inhalt gab Jesus diesen hier so beschränkt national gefaßten Ideen vom *Willen Gottes* und von seinem *Reich!*

Wir haben heute einen Blick gethan in die Werkstätte der histor. Kritik, die, und das von Rechts wegen, auch vor dem Höchsten und Heiligsten, einem als aus dem Munde Jesu selbst überlieferten Gebete, nicht Halt machen kann. Unsre Untersuchung hat sich dabei im Ganzen zu gunsten der bei Mt erhaltenen Form desselben ausgesprochen. Allein, wie auch *Harnack* zugiebt, das wirklich Wertvolle an einem solchen Stück ev[an]g[eli]scher Überlieferung kann uns durch die historische Kritik weder gegeben noch genommen werden[83]

---

[81] Ebd.
[82] A.a.O., S. 35f.
[83] Vgl. *Über einige Worte Jesu*, a.a.O., S. 205.207f.

*«Dein Reich komme!»* oder wie sich der andre Evangelist ausdrückt, *«dein heiliger Geist komme auf uns und reinige uns»*, das wird zu allen Zeiten das erste Gebet eines Jüngers Jesu sein und bleiben.

26. IV. 06

DIE MISSIONSTHÄTIGKEIT DES PAULUS
NACH DER DARSTELLUNG DER APOSTELGESCHICHTE
1907

*Nachdem Karl Barth sich im Sommer und Herbst 1906 den schriftlichen und mündlichen Prüfungen zum «Propädeuticum» unterzogen und diese sogenannte «erste Prüfung für den Dienst der evangelisch-reformierten Landeskirche des Kantons Bern» mit der Note 1 bestanden hatte, «strebte» er, wie er 1927 im Rückblick notierte*[1], *«nach Marburg, während mein Vater mich gerne nach Halle oder Greifswald hätte ziehen sehen. Das Resultat war, daß ich nach dem angeblich neutraleren Berlin kam, wo ich ... Harnack ... mit solcher Begeisterung hörte, daß ich über einer für sein kirchenhistorisches Seminar übernommenen Arbeit fast völlig versäumte, von den mannigfaltigen Anregungen der fremden Großstadt ... Gebrauch zu machen.» Einige Jahre später, in einem Brief an A. von Zahn-Harnack vom 23. 12. 1935, erinnerte sich Barth: «Begeisterter für die Persönlichkeit und für die Lehrart Ihres Herrn Vaters ist damals jedenfalls unter den vielen Schweizern, die mit mir dort waren keiner gewesen als ich. Es ging so weit, dass ich wegen der Arbeit, die ich für sein Seminar zu machen hatte und mit der ich Monate lang fast Tag und Nacht beschäftigt war, fast völlig versäumte, vom Kaiser-Friedrich-Museum und andern Schönheiten Berlins die gebührende Notiz zu nehmen und zum Schluss recht wenig gesehen und gehört hatte, Ihren Herrn Vater aber, wie ich wohl sagen darf, sehr gründlich.» Über dieses Berliner Winter-Semester 1906/07 und insbesondere über Barths Arbeit für Harnacks Seminar sind wir noch unmittelbarer durch die Briefe unterrichtet, die Barth aus Berlin an die Eltern, an Verwandte und Freunde schrieb.*

*«Aus der dürren Heide theologischen scepticismi ... auf eine grüne Weide gekommen», fühlte sich Barth schon nach sechs Wochen «wie ein anderer Mensch»: «hinter mir in wesenlosem Scheine Orthodoxie und illa pestis Reformlerei». Das im «letzten Sommer mit heißem Bemühen» unternommene Studium Kants habe die Grundlagen gegeben. So «bewaffnet» kam er nach Berlin, wo ihn «1. Kaftan mit seiner Dogmatik 2. Harnack der Historiker ohne Gleichen mit seiner Dogmenge-*

---

[1] Autobiographische Skizze für das Album der Evangelisch-theologischen Fakultät Münster (1927), in: Bw. B., S. 304.

*schichte* 3. *Herrmann (durch die Lektüre seiner Ethik, die ich eben zum zweitenmal durchnehme)» besonders beeindruckten.*[2] *Freilich war dieser dreifache Einfluß weder gleichartig noch gleichgewichtig. Die Briefe an die Familie schildern ungemein anschaulich, wie es dazu kam, daß Barth, im folgenden Sommer, auf die Zeit in Berlin zurückblickend, schlechthin vom «Harnack-Semester»*[3] *sprechen und sich später bei Gelegenheit auch nicht ohne Stolz als «Schüler Harnacks»*[4] *vorstellen konnte.*

*Am 26.10.1906 berichtet er dem Vater, er sei soeben «dank meines Examens (!!)» in Harnacks «Übungen im theol. Seminar (kirchenhist. Abteilung)» aufgenommen worden. Am 28.10. schreibt er der Großmutter, er sei «in das berühmte Seminar» Harnacks «hineingekommen», in dem «die Apostelgeschichte ... zum so und so vielten Male aufs Allergründlichste durchforscht werden» solle – «nun heißt es aber arbeiten». In diesem Sinne hatte er schon am 26.10. seinen Vater um die einschlägige Literatur von Blaß, Jülicher, Overbeck, Zeller, Hadorn und um die Kolleghefte von Stecks Einleitungsvorlesungen gebeten. Am 1.11. wiederholt und ergänzt er: «Könntest du mir Zeller's Apgesch. nicht von der Berner Bibliothek verschaffen? Ich möchte den Tübinger Standpunkt einmal gründlich u. authentisch kennen lernen ... Ferner habe ich dein Pl.-Heft [Nachschrift der Vorlesung Fritz Barths ‹Leben und Schriften des Paulus›, die Karl Barth im Sommer-Semester 1906 gehört hatte] vergessen und Harnacks Missionsgeschichte, es pressiert aber nicht. Ich werde mit Gemütsruhe und auf breitester Basis vorgehen, soll es doch ein ‹Buech› werden.» Worum es in diesem «Buech» gehen sollte, davon schreibt der Sohn im schon erwähnten Brief vom 26.10.: «Ich habe folgendes Thema auf den 14. Februar zu behandeln: ‹Wie zeichnet die Apgesch. den Pl. als Missionar? (Pflanzung u. Pflege der Gemeinden) Welche Bedeutung giebt der Verfasser dem Pl. im Ganzen seines geschichtlichen Ganges?› Sehr weitschichtig, nichtwahr,*

---

[2] Brief vom 30.11.1906 an Otto Lauterburg. Brief vom 22.11.1906 an den Vater: «Harnack und Kaftan hängen im Bild über meinem Bett, sie werden einmal mein Pfarrhaus würdig zieren – noch mehr hoffentlich ihr Geist, den ich gern noch besser und vollständiger ergreifen möchte.»

[3] Brief vom 3.6.1907 an Otto Lauterburg.

[4] Beispielsweise: Postkarte an Pfarrer P. Walter vom 5.11.1909 (Datum des Poststempels).

*eine förmliche Acceßarbeit!! Ich möchte möglichst rasch u. energisch dahinter, muß aber ausgreifende Vorarbeiten machen, dazu kommen die allwöchentlichen Vorbereitungen auf die Donnerstags-Stunden.»* Karl Barth unterzeichnet diesen Brief als «neuester Biograph des Paulus in spe!»

Über die «Donnerstags-Stunden» heißt es am 1.11. in einem Brief an den Vater: *«Harnacks Seminar ist sehr interessant. Er pflegt drei Dinge dranzunehmen. Zuerst teilt er mit, was es im Gesamtgebiet der Kgsch. Neues giebt an Ausgrabungen, Handschriften etc., dann wird der betr. Act.-Text textkritisch durchgenommen unter bes. liebreicher Polemik gegen die D-Hypothese von Blaß, endlich das nämliche inhaltlich unter ständiger Tendenz im Sinne von ‹Lc der Arzt›. Du kannst dir denken, daß das fein ist. Man merkt bes. bei letzterem, wieviel ihm an seiner Sache gelegen ist. ... Jedenfalls entwickelt er mächtiges Feuer und reißt alles mit.»* *«Das Seminar selbst sieht sich an wie eine Kirchenversammlung. ... Besonders ehrwürdig pflegt der Anfang zu sein, dann speit das doppeltgeöffnete Haus zwei Leoparden auf einmal heraus, nämlich Harnacken und seinen amanuensis, ein sehr gewixter und kluger Herr [Heinrich Scholz!], der zugleich Senior des Seminars ist, und seinem Herrn die Bücher nachträgt wie der Pudel den Stock. Dann erhebt sich Alles und setzt sich ebenso würdig wieder ab, das Konzil ist eröffnet.»*
Am 8.11. an den Vater: *«Die Sache ist in der Tat sehr konzilsmäßig, sogar ein Protokoll wird geführt und am Anfang jeder ‹Sitzung› (so heißt der offizielle Name!) vorgelesen. ... Harnack ist meisterhaft im Auffinden kleiner u. kleinster Indizien des Textes für seine Zwecke – etwas für das ich den Sinn bis jetzt gar nicht hatte.»*

Am 15.11. erzählt Barth den Eltern von einer ca. viertelstündigen *«Privatissimum-Audienz bei dem großen Harnack in der königl. Bibliothek über meine Arbeit. Ich weiß nun so ungefähr wo aus und ein und er sprach große und bedeutende Worte, die ich in einem feinen Herzen bewahrte. Nachher zeigte er mir noch zum Privatvergnügen den berühmten Cod. D in persona, den er persönlich hütet, wie Alberich den Hort der Nibelungen. Ich gab mir die größte Mühe, ein äußerst verständnisvolles Gesicht zu machen... Dann trollte ich mich mit großen Vorsätzen»* – die sich zunächst in der Bitte um *«die Act.-Kommentare von Holtzmann und den (revidierten) Meyer»* äußerten. Bald konnte er den Eltern berichten: *«Noch nie habe ich so regelmäßig gelebt, wie* hier.» Er wolle gerne «mit meiner Arbeit für Harnack ab Fleck» kommen; er sitze «daher jetzt meist alle Tage von 12–½ 8 zu Hause» und studiere «erst [Herrmanns] Ethik und dann Apostelgesch.». ‹Die Seminararbeit *ist* nun ebenfalls in guten Bahnen, wenigstens habe ich schon eine sehr gutmütige Einleitung geschrieben und stecke im ersten cap. (es giebt 4). Die Entschließung über Disposition etc. war das Schwerste, nun geht es munter hinein» (6. 12.). Am 13. 12. an den Vater: «Die vergangene Woche steht ganz unter dem Zeichen Lukas des Arztes. Die Arbeit wächst täglich, ja nur zu sehr, schon habe ich bald 2 Hefte (von je 40 Seiten, aber mit breitem Rand) vollgeschrieben und noch bin ich am 1. Abschnitt des ersten Kapitels... Die Sache droht zu einer Geschichte des apostol. Zeitalters auszuwachsen oder doch fast zu einer Biographie des Paulus. ... aber ich kann nicht helfen: die Verhältnisse sind heillos verwickelt und ich will dergleichen entweder gründlich oder gar nicht erledigen. Dem riesenhaften Gebäude der Tübinger Schule ist schlechterdings nicht anders beizukommen als mit minutiöser Detailarbeit, jedenfalls nicht mit Phrasen. Aber Harnack und sein Famulus werden reichlich für einen halben Tag beschäftigt sein, wenn sie all das lesen wollen. Q. F. F. F. Q. S. Den Profit kriege ich auf alle Fälle davon, daß ich einmal aufs gründlichste mit dem Stoff und den 1 000 Problemen vertraut werde. Und was mir ebenfalls fürs ganze Leben bleiben wird, das ist die Art, wie uns Harnack die Texte behandeln lehrt, nämlich daß man überall in erster Linie unerbittlich fragt: was ist die Meinung des Autors? eigentlich eine banale Sache, die aber gar nicht überall selbstverständlich ist, am Wenigsten bei den ‹Voraussetzungslosen›, von den Dogmatikern links und rechts gar nicht zu reden! Wenn einem eine solche Methode einmal in Fleisch und Blut übergegangen ist, (wozu ich Anstrengungen mache) dann ist eigentlich alles Übrige ... minder wichtig.» Gegen Schluß des Briefes schreibt Barth, er wolle «nun noch ein wenig apostelgeschichtlen», und der Unterschrift fügt er die Standesangabe an: «stud. act.».

Wegen der Studien für seine Untersuchungen verkürzt Barth selbst seine Reisepläne für die Weihnachtsferien: «ich möchte nach Neujahr wieder hier sein und weiter apostelgeschichtlen». Er sei «jetzt sozusagen den ganzen Tag am Werk. An mir soll es nicht liegen, wenn fürderhin noch jemand etwas wider den Autor ad Theophilum zu maulen hat. Ich verteidige diesen guten Mann (wenn er es auch wüßte!) durchaus und *gegen jedermann.» Bei «den Tübingern und ihren Nachfolgern» liege «eine gründliche Verkonstruktion» vor. «Man kann es Harnack nicht genug danken, daß er die Wissenschaft einmal von diesem Mehltau befreit hat, wenn es nur wirkt! Die Sache hat weittragende Konsequenzen, das ganze apostolische Zeitalter rückt damit in eine ganz neue Beleuchtung. – Ich habe jetzt schon ca. 140 Seiten zusammengeschrieben und glücklich mein erstes Kapitel: Die Missionsmethode beendigt... Nach Neujahr kommt nun Kapitel 2: Die Missionspredigt... Dann drittens: Die Missionsgemeinden... Dann muß ich diesen Berg – es wird ein wahres religionsgeschichtliches Volksbuch – noch abschreiben, mir graut davor und dann noch die Revision aller Citate, hu!» (am 21.12. an die Eltern und die Geschwister). Am 2.1.1907 an die Eltern: «Ich bin seit heute morgen wieder am Paulus und die Seiten häufen sich in der üblichen Weise.» Am 10.1., wieder an die Eltern: «Denkt Euch, ich habe geschlagene 5 Tage ohne Wank gesessen, immer schreibend schreibend... Abends war ich allerdings einige Mal ins Theater... Mein Leviathan Iobi wächst gewaltig und schlägt mit dem Schwanz. Heute habe ich das zweite Kapitel beendigt, macht zusammen 240 Seiten Oktav... Nun geht es morgen ans dritte... Ich werde einerseits wirklich froh sein, wenn dieses Monumentalwerk einmal vorbei ist, vorläufig sehe ich noch kein Ufer. Bisher hatte ich hauptsächlich mit Holtzmann u. Jülicher alle Hände voll zu thun, im dritten Kapitel... kommt Weizsäcker an die Reihe, hei, alle 3 liegen auf dem Bauch, ‹denn ich weiß zu bombardieren...› – Aber, Spaß beiseite, ist diese Tübingerei mit Gefolge nicht wirklich etwas Arges? Mir kommt es immer mehr so vor. Vor einem Jahr freilich als ich bei Steck saß und zuhörte, wie die pl'schen Briefe nach altmodischen Schablonen abgemurxt wurden (und ‹Ja, Herr› dachte!) wäre es mir auch nicht in den Sinn gekommen, daß ich nach 365 Tagen an einer solchen Behemoth sitzen würde, in der Verschiedenes oder Alles ganz anders herauskommt.» Am 17.1. an den Vater: «Nun ist auch das dritte und letzte Kapitel der Behemoth beendigt, es hat allerdings nur 50 Seiten. Morgen kommt nun noch eine rasselnde Schlußsymphonie zum Ganzen, wo ich noch einige Possen und Schnurrpfeifereien unterbringen werde und dann gilt es, diesen Haufen dicker Hefte, der da vor mir liegt, abzuschreiben und z. T. etwas zu verarbeiten.»*

*Am 31.1. kann Karl Barth dem Vater melden: «Die Arbeit ist nun fertig, vom Buchbinder geheftet und nimmt sich stattlich aus von außen.*

*Morgen trage ich sie zu Harnack, ich habe sehr Angst, denn die Arbeiten, die bis jetzt eingingen, waren von 20–60 kleinen Seiten und ich habe 160 in Quart!! Wenn er schimpft, so werde ich ihm sagen, bei uns in Bern mache mans principiell nicht unter 150. ... Heute in 14 Tagen wird mein Dies irae dies illa sein, auf den ich mehr Angst habe als weiland aufs Prope [Propädeuticum]. Ich sehe schon kommen, wie es mir gehen wird: Ein märkwürdiger Mensch, dieser Kreuzschnabel, ein merrrrrkwürdiger Mensch etc. In meiner Arbeit stehen nämlich ungeheure Harmlosigkeiten, wenn ich daran denke, daß sie morgen um diese Zeit auf dem Pult (oder im Papierkorb) von Adolf Harnack, theol. liegt.»* In der gleichen Stimmung banger Erwartung am 7. 2. an den Vater: «Heute in 8 Tagen wird mein Jena im Seminar vorüber sein, ich kann dann *die Arbeit gut brauchen, um meine Socken zur Heimreise einzuwickeln! Ich sehe der Geschichte mit einer Art Pessimo-Optimismus oder Optimo-Pessimismus entgegen, es kann kläglich werden.»* Aber am 14. 2. (Brief an die Eltern) heißt es dann doch im Ton erleichtert-bescheidenen Stolzes:

«*Die Schlacht ging fort, der Feind ward geschlagen
Und ich saß auf dem Bagagewagen!*
*Nun ist es erlebt und ich kann wieder sorgenfrei (oder doch relativ sorgenfrei) in die Zukunft sehen. Es waren große Momente. Das Volk lachte nicht übel, als der große Mann anfing: ‹Die Arbeit von Herrn Barth ist ein kleiner Foliant, er hat 160 Seiten zusammengeschrieben; mich wundert nur, wie Sie in Berlin dazu Zeit fanden!› Sachlich habe ich gehörige Kritik erhalten, aber auch einige ganz nette epitheta ornantia in der Schlußbemerkung am Fuß der Arbeit, mehrere ‹gut› u. ‹richtig› am Rand, an einer Stelle freilich auch eine zwei Seiten lange Schlange, gerade wo ich gemeint hatte, besonders listig gewesen zu sein!! ... Die mündliche Kritik lautete übrigens sehr viel freundlicher als die schriftliche, zum Glück hatte der erste Referent dieselbe Sünde begangen wie ich und Harnack meinte überdies selbst, er begreife sie gut, da wir die dazu nötige Kenntnis der übrigen zeitgenössischen Litteratur noch gar nicht haben könnten. – Freut euch also vorläufig auf den unterwegs seienden Wälzer. ... Morgen feiern wir übrigens (die Sache war als Freudenod. Trauerfeier angekündigt) im Kreise von 7 Freunden den überwundenen Drachen hier auf unsrer Bude mit Butterbrötern und etwas Bier.»*

*Schon am 21.2. kann Barth seinem Vater für eine grundsätzlich zustimmende, in Einzelpunkten kritische Beurteilung*[5] *der Seminararbeit auch von dessen Seite (Brief vom 20.2.) danken: «Als ich heute nach dem Seminar auf dem obligaten Automobil heimgerasselt kam, fand ich deinen Brief vor und danke nun vielmalst für die Anmerkungen zu Haupt, Rumpf u. Gliedern des Leviathan; das Tier ist unter viel täglichem und nächtlichem Schweiß geschaffen und freut sich nun, wenn die Sonne scheint! Ich überwinde standhaft die Versuchung, hier eine kleine Abhandlung oder vielmehr einige solcher niederzulegen über mythische und nicht mythische Erdbeben, über Pauli Bekehrung etc., sintemal das in einigen Wochen mündlich geschehen kann.» Heute mag man bedauern, daß der Sohn seine Stellungnahme auf spätere Gespräche verschob.*[6]

*Auch von einer anderen Diskussion über die vorliegende Arbeit wissen wir leider nur, daß sie geplant wurde. Doch dieses reine Daß ist wohl der Erwähnung wert; am 6.12.1908 bat Karl Barth, inzwischen als Redaktionsgehilfe bei der «Christlichen Welt» in Marburg, die Eltern: «Wollt ihr unter dem Sargdeckel meiner Effekten im Koffernstübli einmal nachsehen, ob meine Harnackarbeit in erreichbarer Nähe liegt; wenn ja, sie eilends schicken. Repetent Bultmann verlangt stürmisch sie zu sehen. Aber nur wenn erreichbar.»*

*Das Manuskript liegt in der von Barth selber geschilderten Form vor: 158 Seiten im Quartformat, vom Buchbinder in Karton geheftet. Der Text des Titelblattes lautet vollständig:*

«Die Missionsthätigkeit des Paulus nach der
Darstellung der Apostelgeschichte.
Für das Kirchenhistorische Seminar von Prof. D. Harnack
(Sitzung vom 14. Febr. 1907) untersucht.

Berlin S. W. Karl Barth
Hallesche Straße 18$^{III}$ cand. theol.»

*Die Seitenzahlen des dem Text vorangestellten Inhaltsverzeichnisses sind im folgenden Abdruck auf die vorliegende Ausgabe umgestellt.*

---

[5] Etwa zu der Stelle unten S. 169: «was ist an einem Erdbeben mythisches?»; zu Harnacks Anstreichung unten S. 222f. (s. Anm. 119): «Ich schlängle mit.»

[6] Schon im bereits erwähnten Brief vom 14.2.1907 kündigt Barth an: «Ausführlich werden wir wohl dann bei Gelegenheit eines der bekannten Wittighofen-Bummel darüber verhandeln müssen» (Wittighofen war ein Ausflugsziel im Osten Berns).

Sie hatte viel erlitten von vielen Ärzten!
(Markus 5,26)

*Inhaltsverzeichnis*

| | | |
|---|---|---|
| Einleitung | | S. 156 |
| 1. Kap. | *Die Missionsmethode* | S. 161 |
| I | Historische Übersicht | S. 162 |
| | Die «erste Missionsreise» | S. 163 |
| | Die «zweite Missionsreise» | S. 165 |
| | Die «dritte Missionsreise» | S. 175 |
| | Der Proceß | S. 176 |
| II | Konsequenzen | S. 181 |
| | Das Pneuma | S. 181 |
| | Die Selbständigkeit der paulinischen Mission | S. 182 |
| | Von den Juden zu den Heiden | S. 185 |
| 2. Kap. | *Die Missionsgemeinden* | S. 192 |
| I | Historische Übersicht | S. 193 |
| | Ost-Kleinasien | S. 193 |
| | Macedonien | S. 199 |
| | Hellas | S. 200 |
| | Westkleinasien | S. 202 |
| II | Konsequenzen | S. 204 |
| 3. Kap. | *Die Missionspredigt* | S. 207 |
| I | Historische Übersicht | S. 210 |
| | Die vorchristliche Religiosität | S. 211 |
| | Gott | S. 215 |
| | Jesus | S. 219 |
| | Das Evangelium als Imperativ | S. 227 |
| | Die letzten Dinge | S. 230 |
| | Sauli Bekehrung | S. 231 |
| | Mein Evangelium | S. 233 |
| II | Konsequenzen | S. 233 |
| Schluß | | S. 240 |

*Einleitung*

Die Geschichte der modernen Kritik der Apostelgeschichte – eine «Leidensgeschichte» ist sie neuerdings genannt worden[7] – setzt damit ein, daß der Satz aufgestellt wurde: Der Autor ad Theophilum verfolgt einen bestimmten *zeitgeschichtlich zu verstehenden Zweck* und trifft danach die Auswahl und Anordnung seines Stoffes. Deutlich ausgeprägt findet sich diese Beurteilungsweise zuerst 1841 bei dem Berner Theologen *Schneckenburger*, der als solche Zweckbestimmung eine *paulinisch-apologetische* zu finden meinte.[8] Er wurde aber überholt von den Forschern der *Tübinger Schule*, in deren, von der kritischen Untersuchung der paulinischen Briefe ausgehenden Geschichtskonstruktion die Apostelgeschichte vielmehr zum Werk eines *Conciliators* wurde.[9] So nennt sie *Zeller* (citiert nach Overbeck[10]) den «Entwurf eines Friedensvorschlages, von paulinischer Seite den Judaisten vorgelegt, der die Anerkennung des Heidenchristentums von Seiten der Judenchristen durch Zugeständnisse an den Judaismus erkaufen und in diesem Sinn auf beide Parteien wirken will».[11] So oder ähnlich urteilten *Baur*[12], *Schwegler*[13], *Hilgenfeld*[14] etc.

[7] A. Harnack, *Beiträge zur Einleitung in das Neue Testament. I. Lukas der Arzt, der Verfasser des dritten Evangeliums und der Apostelgeschichte*, Leipzig 1906, S. 9.

[8] M. Schneckenburger, *Ueber den Zweck der Apostelgeschichte. Zugleich eine Ergänzung der neueren Commentare*, Bern 1841, bes. S. 151f.217f.; vgl. [Fr. Overbeck,] *Kurze Erklärung der Apostelgeschichte*, von W. M. L. De Wette, 4. Auflage, bearbeitet und stark erweitert von Fr. Overbeck, Kurzgefasstes exegetisches Handbuch zum Neuen Testament, Ersten Bandes vierter Theil, Leipzig 1870, S. XXVIII.

[9] Vgl. Fr. Overbeck, ebd.

[10] A.a.O., S. XXIX.

[11] E. Zeller, *Die Apostelgeschichte nach ihrem Inhalt und Ursprung kritisch untersucht*, Stuttgart 1854, S. 358.363.

[12] F. Chr. Baur, *Paulus, der Apostel Jesu Christi. Sein Leben und Wirken, seine Briefe und seine Lehre. Ein Beitrag zu einer kritischen Geschichte des Urchristenthums*, Stuttgart 1845, S. 11f.; ders., *Ueber den Ursprung des Episcopats in der christlichen Kirche. Prüfung der neuestens von Hrn. Dr. Rothe aufgestellten Ansicht*, Tübingen 1838, S. 142.

[13] A. Schwegler, *Das nachapostolische Zeitalter in den Hauptmomenten seiner Entwicklung*, Bd. II, Tübingen 1846, S. 73–123.

[14] A. Hilgenfeld, *Historisch-Kritische Einleitung in das Neue Testament*, Leipzig 1875, S. 574–608, bes. S. 593–602.

Einen abweichenden Standpunkt vertrat dann, wenn auch im Ganzen ausgehend von den Positionen der Tübinger[,] *F. Overbeck* in Basel (Bearbeitung des De Wette'schen Commentars 1870[15]). Nach ihm ist die Apostelgeschichte «der Versuch eines selbst vom urchristlichen Judaismus schon stark beeinflußten Heidenchristentums, sich mit der Vergangenheit, insbesondere seiner eigenen Entstehung und seinem Begründer Paulus auseinanderzusetzen.» Dabei sind «allerdings die wesentlichen Seiten des Paulinismus aufgegeben mit alleiniger Ausnahme des Universalismus» (S. XXXI f.)[16]

Ähnlich *Hausrath*[17] und *Pfleiderer*[18].

Das Ergebnis dieser Phase faßt *Holtzmann* zusammen: «Wo der Verf. nach der Tübinger Kritik nicht sehen wollte, da konnte er der neuern Auffassung gemäß vielmehr meist nicht sehen», weil er «für die urchristlichen Gegensätze, insonderheit für die Lebensfragen des Paulinismus kein Verständnis mehr» hatte. (Handcommentar zum NT I[19] S. 308) «Daß die leitenden Gesichtspunkte, nach welchen die wirkliche Geschichte eine das Ganze der Auffassung und Darstellung berührende Verschiebung erleidet, nicht sowohl des Verfassers planmäßiger Reflexion entstammen, als vielmehr ihm sich unwillkürlich aufdrängen mußten, nimmt jetzt auch die entschlossenste Kritik an» (S. 309) In diesem Rahmen halten sich dann auch im Ganzen die Neuern, die *Holtzmann* (S. XVI) unter die Rubrik «Tübingische und verwandte Richtungen» bringt. *Weizsäcker* kommt im «Apostol. Zeitalter»[20] zu dem nun bereits als apodiktische Erkenntnis hingestellten Resultat: «Der Verfasser der Apostelgeschichte steht in einer solchen Ferne von dem Gegenstande seiner Erzählung, daß er nicht als Zeuge ersten Ranges gelten kann»

---

[15] Siehe oben Anm. 8.

[16] A.a.O., S. XXXI; vgl. E. Zeller, a.a.O., S. 353f.

[17] A. Hausrath, *Der Apostel Paulus*, Heidelberg 1872², S. 2f.; ders., *Neutestamentliche Zeitgeschichte*, Dritter Theil: *Die Zeit der Apostel. II*, Heidelberg 1875², S. 135, Anm. 2.

[18] O. Pfleiderer, *Das Urchristenthum, seine Schriften und Lehren, in geschichtlichem Zusammenhang*, Berlin 1887, S. 544–547; ders., *Der Paulinismus. Ein Beitrag zur Geschichte der urchristlichen Theologie*, Leipzig 1873, S. 500–504.

[19] H. J. Holtzmann, *Die Synoptiker. – Die Apostelgeschichte*, HC 1, Freiburg i. B. 1892².

[20] C. Weizsäcker, *Das apostolische Zeitalter der christlichen Kirche*, Tübingen/Leipzig 1902³.

(S. 203) wobei er allerdings mit seinen Vorgängern eine scharf pointierte Ausnahme macht in Bezug auf die sog. «Wir-Quelle»[21][.] Auch *Jülicher* («Einleitung in das NT») meint, was die «Tendenz» betrifft, «daß man irrtümlich Absichten des Verfassers konstatiert, wo nur Unkenntnis vorliegt.»[22] In Bezug auf den Quellenwert des Buches kommt er aber wie Weizsäcker zu dem Ergebnis: «in Act sind aufs Seltsamste Materialien von tadelloser Güte mit beinahe unbrauchbaren gemischt»[23], immerhin mit der Einschränkung, daß der Verf. «nicht durch kühne Fiktionen sein Nicht-Wissen zu verdecken suchte»[24] (S. 346f.)

*Holtzmann* rekapituliert: «Ist Lukas der an sich so bezeichnenden kirchlichen Überlieferung gemäß ein Maler, so gehört er entschieden in die Reihe jener ältern Meister, deren jedesmalige Gegenwart schon an der Gewandung erkannt werden kann, darin die Personen der heiligen Geschichte bei ihnen auftreten. Insofern tritt die Apostelgeschichte immerhin heraus aus dem Verband wirklicher Geschichtsbücher und reiht sich ein in die im Altertum so reichlich vertretene Classe derjenigen Darstellungen, deren Inhalt nur teilweise in der Vergangenheit, zum guten Teil aber auch in der unmittelbaren Gegenwart der betr. Schriftsteller liegt. *Man schreibt eben aus der Zeit und für die Zeit*» (S. 322) Der Passus ist typisch für alle kritischen Standpunkte

Den sämtlichen angeführten Thesen ist gemeinsam der Obersatz: *Der Autor ad Theophilum ist ein Unbekannter des ausgehenden ersten oder des beginnenden zweiten Jahrhunderts und schreibt für seine Zeit unter Benützung älterer Quellen*[.] Daraus folgt der selbstverständliche Untersatz: *Seine historische Glaubwürdigkeit kann nur sehr relativ sein* (d. h. sie richtet sich nach dem Maß der benützten schriftlichen Quellen) wobei die bona fides kontrovers ist.

Außer der Rechten («Apologetik» genannt, was seit Overbeck entschieden anrüchig lautet![25]) worunter immerhin Namen wie *Meyer*[26],

---

[21] A.a.O., S. 204–207.
[22] A. Jülicher, *Einleitung in das Neue Testament* (GThW 3, 1), Tübingen/Leipzig 1901³⁻⁴, S. 346.
[23] A.a.O., S. 350.
[24] A.a.O., S. 351.
[25] Vgl. a.a.O., bes. S. XVIII.
[26] H. A. W. Meyer, *Das Neue Testament Griechisch. Nach den besten Hülfsmitteln kritisch revidirt mit einer neuen Deutschen Übersetzung und einem*

*Wendt*[27][,] *B. Weiß*[28], *Klostermann*[29] u. A. figurieren, hat bis zum Sommer 1906 die ganze NTliche Wissenschaft jenen Sätzen zugestimmt. Wiederum *Holtzmann* konnte scheinbar mit gutem Recht sagen: «mehr als bei einem andern unter den angefochtenen Büchern des NT scheint bezüglich Act eine Verständigung möglich und bevorstehend»[30]

Es sollte aber nicht sein!

Im Mai 1906 ist *Harnack*'s «Lukas der Arzt»[31] erschienen, worin hauptsächlich durch lexikalisch-statistische und stilkritische Untersuchungen nachgewiesen wird, daß nicht nur die Verfasser der Wir-Quelle und der übrigen Stücke *eine Person* seien – welche Ansicht noch Jülicher «trotz ihres ehrwürdigen Alters» «abenteuerlich» genannt hatte (S. 353) – sondern auch, daß hinter diesem einheitlichen Autor kein Anderer, als der durch die Tradition angenommene Arzt und Paulusbegleiter Lukas zu finden sei.

Wir lassen die Frage nach der Richtigkeit dieser Annahme vorläufig auf sich beruhen. Sicher ist Eines: es wird sich angesichts der Fülle des neu beigebrachten Materials für die wissenschaftliche Erforschung der Apostelgeschichte nun darum handeln müssen, *alle bisherigen sachlichen und literarkritischen Ergebnisse einer sorgfältigen Revision zu unterziehen.*

Die nachstehende Arbeit möchte ein Versuch in dieser Richtung sein.

*kritischen und exegetischen Kommentar*, Zweiter Theil: *Kritisch exegetischer Kommentar über das Neue Testament* (KEK), Dritte Abt., Göttingen 1835, bes. S. 1–9. Vgl. auch die «Zweite, verbesserte und vermehrte Auflage», Göttingen 1854, S. 1–13, und die 3. bzw. 4. Aufl. (unter dem Titel «Kritisch exegetisches Handbuch über die Apostelgeschichte», KEK 3), Göttingen 1861, S. 1–15, bzw. Göttingen 1870, S. 1–16.

[27] H. H. Wendt, *Kritisch exegetisches Handbuch über die Apostelgeschichte,* von H. A. W. Meyer, 5. Aufl. neu bearbeitet von H. H. Wendt, KEK 3, Göttingen 1880, S. 1–24. Barths Anführungen im folgenden beziehen sich auf diese Auflage. Vgl. aber auch die «Sechste, resp. siebente Auflage», Göttingen 1888, S. 1–32, und die 8. Aufl. (unter dem Titel «Die Apostelgeschichte», KEK 3), Göttingen 1899, S. 4–34.

[28] B. Weiß, *Lehrbuch der Einleitung in das Neue Testament*, Berlin 1897³, S. 541–560.

[29] A. Klostermann, *Vindiciae Lucanae seu de itinerarii in libro Actorum asservati auctore*, Göttingen 1866, bes. S. 46.61–63.68.70f.

[30] A.a.O., S. 309.

[31] Vgl. oben Anm. 7.

Die Gestalt des *Paulus* steht im apostolischen Zeitalter für uns seit jeher im Centrum des Interesses. Er ist es gewesen, der nach dem einstimmigen und unbezweifelten Zeugnis der Tradition durch seine Lebensarbeit das junge Christentum hinausführte aus der national-jüdischen Beschränktheit in die Kulturwelt des griechisch-römischen Geistes und der ihm zugleich eine Form gab, die es jener ihm eigentlich heterogenen Welt ermöglichen sollte, es in sich aufzunehmen.

Auch rein äußerlich ist uns die einzigartige Bedeutung dieses Mannes dadurch nahegelegt, daß über ihn die Quellen unverhältnismäßig reichlicher fließen, als über die andern Apostel. Eine derselben ist eben unsre *Apostelgeschichte*, und so ist es nicht zu verwundern, daß bei der eben kurz skizzierten Kontroverse über die letztere seine Person und die ihr darin zugedachte Rolle in der erzählten Geschichte einen oder den Hauptgegenstand der Erörterung bildeten.

Einig war die ganze *Kritik* darin, daß *wir in Act nicht den historischen[,] sondern einen absichtlich oder unabsichtlich so oder so verzeichneten P[au]l[us] vor uns hätten*

Die *Tübinger* fanden diesen Pl in unionistischer Absicht «petrinisiert» (wie umgekehrt den Petrus paulinisiert)[32]

Ebenso *Overbeck*, aber ohne Annahme von dolus[33][.] *Jülicher* hält vielmehr Pl wie Petrus für «lukanisiert, d. h. katholisiert» (S. 347) Diese Urteile hatten sich ergeben aus der kritischen Vergleichung der Angaben von Act mit dem authentischen Pl in seinen Briefen und der daraus gefolgerten Erwägung, *daß die vorliegenden Differenzen Beider nur erklärbar seien als Absicht oder Nicht-Wissen des eine 30–40 Jahre hinter ihm liegende Vergangenheit beschreibenden Verfassers*

Eine systematische Vergleichung der Daten von Act und den Briefen kann ich hier nicht geben, da dies zu weit führen würde und außerdem für die einzuschlagende Betrachtungsweise nicht unerläßlich ist. Handelt es sich doch nicht darum, auf comparativem Wege zu zeigen: was ist geschehen? sondern:

«Was ist der Standpunkt des Verfassers?»

«Wieviel weiß, resp. erfindet er?»

---

[32] Vgl. F. Chr. Baur, *Ueber den Ursprung des Episcopats*, a.a.O., S. 142; E. Zeller, a.a.O., bes. S. 353.358.
[33] Vgl. a.a.O., bes. S. XXXIf.

«Hat seine Schriftstellerei Absicht?»
«Wenn ja, welche?» etc.

Aber auch innerhalb des bei Act gegebenen Stoffes muß ich aus äußern Gründen gleich eine Beschränkung vornehmen, die mir durch die Stellung des Themas geboten erscheint:

Nicht eintreten werde ich auf die hier ebenfalls einschlägige Kontroverse über den *Parallelismus zwischen Pl und Petrus*

«Dies steht in einem andern Buch
Und ist ein wunderlich Kapitel.»[34]

Ebenso fällt für mich nicht in Betracht die schwierige und komplizierte Frage betr. das *Verhältnis des Pl* zum *Judentum*, zum *Gesetz* und zur jerusalem. *Urgemeinde*.

Endlich bin ich auch, vielleicht mit Unrecht, allen Untersuchungen über die *Chronologie* aus dem Wege gegangen, da solche m. E. auf einer viel breiteren Basis unternommen werden müßten, als es mir hier möglich ist.

Vielmehr werde ich meine Untersuchung strikte auf das beschränken, was Act über die Missionsarbeit des Pl in der Diaspora berichtet, hoffe aber gleichwohl, genügend Material zu erhalten, um eventuell auf einige Beobachtungen von allgemeinerer Tragweite zu gelangen.

## *Erstes Kapitel*
## *Die Missionsmethode*

Die Fragen, die hier zu besprechen sind, sind notwendig etwas disparater Natur. Es handelt sich um das *Äußere* der paulin. Propaganda, also um Alles, was *Personalfragen, Reiserouten[,] Art der Anknüpfung* etc. betrifft, soweit es für unser Thema von Wichtigkeit ist, also mehr um peripherische Dinge. Immerhin sind schon hier einige Gesichtspunkte zu gewinnen, die für die Beurteilung des Ganzen von Einfluß sein können.

---

[34] J. W. von Goethe, *Faust I*, V. 2349f. (Hexenküche).

## I. Historische Übersicht

Wir folgen hier zunächst einfach den Berichten der Apostelgeschichte, indem wir uns mit den in Betracht kommenden Fragen auseinandersetzen und zugleich von Punkt zu Punkt das Material sammeln, dessen wir für die spätere allgemeinere Betrachtungsweise bedürfen. Wir setzen da ein, wo Pl als zukünftiger Missionar auf den Schauplatz tritt.

Act 9,30 vernehmen wir, daß *Saulus* durch die ἀδελφοί von Jerusalem nach Cäsarea, von da nach seiner Heimat Tarsus gebracht wurde, um ihn vor den Nachstellungen der Hellenisten sicher zu stellen. Die Fortsetzung giebt 11,25–26[35]: *Barnabas,* der als ἀνὴρ ἀγαθὸς καὶ πλήρης πνεύματος ἁγίου καὶ πίστεως von den Jerusalemern in die neuentstandene blühende Gemeinde von *Antiochia in Syr[ien]* geschickt ist, holt zu seiner Unterstützung den Saulus von Tarsus ebendahin. Gemeinsam entfalten sie eine wie es scheint ersprießliche Tätigkeit: «sie lehrten eine ansehnliche Menge»[.] Unter dem Einfluß von ἀπὸ Ἰεροσολύμων προφῆται (11,27–30) beschließen die Antiochener eine Liebessteuer für die von Hungersnot bedrohte Muttergemeinde und Barnabas und Saulus werden mit der Überbringung beauftragt. 12,24 13,1f.[36] wird der durch andre Erzählungen unterbrochene Faden wieder aufgenommen. Schon 11,27 haben wir gehört, daß in der antiochenischen Gemeinde das prophetisch-charismatische Moment eine hervorragende Rolle spielte, ja bestimmend in ihre Entschließungen eingriff. Nun hören wir ein Weiteres. Barnabas und Saulus (12,25 mit Johannes Markus aus Jerusalem zurückgekehrt) sind mit Simon Niger, Lucius von Kyrene und Manaen (als προφῆται καὶ διδάσκαλοι in selbstverständlicher Zusammenstellung!) zu einer Gebets- und Fastenandacht vereinigt (13,1) Da wird ihnen durch direkte Ansprache des heil. Geistes befohlen: ἀφορίσατε δή μοι Βαρναβᾶν καὶ Σαῦλον. Dem Befehl folgt unmittelbar der Gehorsam: Nach weiterm Gebet und Fasten erhalten die Berufenen die Handauflegung, diesmal wohl vor versammelter Gemeinde[,] und so sind sie denn vor Gott und den Menschen zur Verkündigung des Evangeliums, zu dem ἔργον ὃ προσκέκλημαι αὐτούς geweiht und werden entlassen (13,2,3) *Die Heiden-*

---
[35] Mskr.: «11,25–27»; von Harnack (?) korrigiert.
[36] Korrektur Harnacks (?): «12,25 13,1ff.».

*mission beginnt somit nach der Auffassung des Verfassers unter der intensiven Wirkung des heil. Geistes* d. h. in Erfüllung des speziellen Willens Gottes. Äußerlich ist zu bemerken: *Unter den ausgesendeten Missionaren steht zunächst Barnabas an Bedeutung voran* (vgl. 11,30 12,25 13,2) Aus der nachträglichen Anmerkung 13,5<sup>b</sup> (vgl. 12,12,25) hören wir außerdem, daß die Beiden von jenem *Johannes Markus* als ὑπηρέτης begleitet wurden

Die «erste Missionsreise»

Von der syrischen Hafenstadt Seleucia aus begeben sich die ἀφορισμένοι zunächst nach *Cypern*, das nach 4,36 die Heimat des Barnabas war und wo es nach 11,19 21,16 bereits Judenchristen gab. Sie durchziehen ὅλην τὴν νῆσον [13,6] von Salamis bis Paphos überall in den Synagogen *den Juden predigend*. Von *Versuchen zur Berührung mit den Heiden ist keine Rede*, wenn auch nicht principiell wie bei den Missionaren aus der Stephanusverfolgung 11,19, sie macht sich dann zufällig, aber unabhängig von der Synagoge durch das Entgegenkommen des Statthalters Sergius Paulus.

Von hier ab wird dem Saulus, der nach 13,9 «auch *Paulus* heißt» die *Priorität* gegeben: 13,13 heißt es bereits οἱ περὶ Παῦλον

Von Paphos geht die Reise übers Meer nach Perge in Pamphylien. Dort trennt sich, nach 15,38 wohl aus Mangel an Mut, Johannes Markus von ihnen, sie aber ziehen weiter nach *Antiochien in Pis[idien]* (13,14) ἐλθόντες εἰς τὴν συναγωγὴν τῇ ἡμέρᾳ τῶν σαββάτων. Nach der Lesung (ἀνάγνωσις) des Gesetzes lassen die Vorsteher (ἀρχισυνάγωγοι vgl. Mr 5,22 Act 18,8,17 etc.) die Fremden um eine erbauliche Ansprache (λόγος παρακλήσεως) bitten, nachdem diese sich wohl als Rabbinen zu erkennen gegeben hatten. (Wendt S. 282) Sofort steht Pl auf, winkt mit der Hand und hält dann eine längere Rede (13,16–41) in der hier bemerkenswert ist, daß auch die *φοβούμενοι τὸν θεόν* angeredet sind, was darauf hinweist, daß das Publikum z. T. aus jenen «Proselyten der Gerechtigkeit» bestand. Wie er geendigt hat, bittet man sie, am nächsten Sabbat wiederzukommen. Das geschieht 13,44 und da offenbar weitere Kreise aufmerksam geworden, kam wie es heißt πᾶσα ἡ πόλις um das Wort Gottes zu hören. Nun geschieht aber ein plötzlicher Umschlag in der Gesinnung der *Juden:* ἐπλήσθησαν ζήλου, sie *widersprechen* dem Pl und lästern. Daraufhin wendet dieser sich von ihnen ab und unter Berufung auf Jes 49,6 *zu den Heiden,* (13,46f.) die sich freuen und gläubig werden, «soviel ihrer zum ewigen Leben verordnet waren.»

Durch die in Antiochia ausbrechende Verfolgung vertrieben, ziehen die Missionare nach *Ikonium* (14,1–8), woselbst beinahe dasselbe Bild wie vorhin: auch hier sogleich *Predigt in der Synagoge* ... ὥστε πιστεῦσαι Ἰουδαίων τε καὶ Ἑλλήνων πολὺ πλῆθος (14,1) Also auch hier ist offenbar vorausgesetzt, daß es unter der Synagogengemeinde jene φοβούμενοι od. σεβόμενοι aus den Heiden gab[,] und diese waren es wohl vornehmlich, die von Nicht-Juden die Verkündigung des Pl annahmen. Nach 14,2,5 gelang es den Juden, die ἀπειθήσαντες blieben, die Heiden gegen die Apostel zu gewinnen. Aber wiederum sind offenbar außer jenen judenfreundlichen (Ἕλληνες) auch weitere Kreise in die Bewegung hineingezogen: die Bevölkerung (*πλῆθος*) teilt sich in *zwei Parteien,* deren eine zu den Juden, die andre zu den Aposteln hält. Die erstere gewinnt die Oberhand, Pl und Barnabas sind genötigt zu fliehen und wenden sich südöstlich in die «Städte von Lykaonien»: *Lystra, Derbe* und Umgegend. (14,6f.)

κἀκεῖ εὐαγγελιζόμενοι ἦσαν. *Von einer Anknüpfung bei der Synagoge wie in den drei ersten Fällen hören wir hier nichts,* vielmehr ist aus 14,19 zu schließen, daß es dort gar keine Juden gab. Aus dem, was nach der Heilung des Lahmen in Lystra geschieht, ist es wohl erlaubt, die Mutmaßung zu ziehen, daß unter dem εὐαγγελιζόμενοι trotz 14,9 nicht Straßenpredigt vor größerer Zuhörerschaft zu verstehen ist, denn wäre eine solche vorangegangen, so wären die Szenen 14,11f. unerklärlich. Vielmehr werden wir an eine Wirksamkeit in kleinerem Kreise zu denken haben, während erst die Wundertat größere Massen des Volkes herbeilockte. Dann kommen aber die Juden aus Antiochia und Ikonium u. Pl ist genötigt, sich auch von hier zurückzuziehen.

Er geht mit Barnabas nach *Derbe* (14,20) hier abermals: ... εὐαγγελιζόμενοι τὴν πόλιν καὶ μαθητεύσαντες ἱκανούς [14,21]. Auch hier also keine Anknüpfung bei den Juden!

Von hier aus erfolgt die Rückkehr über Lystra[,] Ikonium, Antiochia in Pis. In dem auf der Hinreise (13,13) nur berührten Perge wird noch einmal Station gemacht λαλήσαντες τὸν λόγον (14,25) und von da geht es über Attalia zurück nach dem Ausgangspunkt Antiochia in Syr[ien], ὅθεν ἦσαν παραδεδομένοι τῇ χάριτι τοῦ θεοῦ εἰς τὸ ἔργον ὃ ἐπλήρωσαν [14,26].

## Die «zweite Missionsreise»

15,1–34 folgt die Erzählung über den Streit um die Beschneidung und seine Schlichtung durch das «Apostelconcil» in Jerusalem. 15,35f. bringt dann die Fortsetzung der Missionsgeschichte: Nach ihrer Rückkehr von Jerusalem halten sich Pl und Barnabas in Antiochien auf und predigen dort einige Tage «neben vielen Andern». Dann ergreift sie neuer Thatendrang, zuerst den Pl, denn er ist es, der an Barnabas die Aufforderung richtet: wir wollen wieder hingehen (ἐπιστρέψαντες) und nach den Brüdern sehen, wie es bei ihnen steht. *Der anfängliche Zweck der diesmaligen Ausreise ist also zunächst nicht sowohl die Missionierung neuer Gebiete als vielmehr die Erhaltung und Festigung der bis dahin gegründeten Gemeinden.* Man wäre versucht, diese Beschränkung mit dem vorangehenden Konflikt in Beziehung zu setzen.

Mit Pl und Barnabas und der jerusalem[ischen] Delegation, aus *Judas Barsabbas* und *Silas* bestehend (15,22) ist offenbar auch jener 13,13 nach Jerusalem zurückgekehrte *Johannes Markus*, der Neffe des Barnabas (Col 4,10) wieder nach Antiochien gekommen. Barnabas will ihn auf die neue Reise mitnehmen, aber Pl verbittet sich dies (15,38) mit Hinweis auf seinen Abfall (ἀποστάντα) in Pamphylien. Darüber kommt es zu ernstlichem Streit zwischen Beiden (der Vers redet sogar von einem *παροξυσμός!*) und das Ende ist, daß man sich trennt: Barnabas wendet sich mit seinem Neffen zum zweiten Mal nach Cypern, Pl nimmt den *Silas*, der 15,32 mit Judas als προφήτης gezeichnet ist, als Begleiter zu sich und schlägt den Landweg nach Norden ein. *Holtzmann*[37] sieht den Passus 15,35–41 als Verwischungsversuch für das Gal 2,11f.[38] Erzählte an. Allein, abgesehen davon, daß gewichtige Gründe dagegen sprechen, den antiochenischen Konflikt zwischen Pl und Petrus schon hier, vor der zweiten Reise einzuschalten, ist nicht abzusehen, warum dem Verf. gerade hier eine so krasse Konstruktion imputiert werden muß. Der Bericht und die Motivierung der Trennung

---

[37] A.a.O., S. 386.
[38] Mskr.: «Gal 15,35–41»; Korrektur Harnacks (?): 2,11f.; Holtzmann schreibt: 2,11–14.

lesen sich sehr natürlich und die ganze Sache – eine Menschlichkeit, wie sie eben auch im apostolischen Zeitalter vorkommen konnte – scheint eher für als gegen die Aufrichtigkeit des Berichterstatters zu sprechen, seine Stellung zu den Ereignissen mag gewesen sein, welche sie wolle.

Das neue Unternehmen hat zunächst ganz den Charakter einer Visitationsreise. 16,4: διεπορεύοντο τὰς πόλεις d. h. diejenigen, in denen auf der ersten Reise Gemeinden entstanden waren, diesmal in umgekehrter Folge: *Derbe, Lystra, Ikonium*. Die Tätigkeit des Pl und Silas, zu denen 16,1–3 noch der Halb-Israelit *Timotheus* gestoßen ist, bestand nach 16,4 in der *Mitteilung der Resultate der jerusalemer Besprechung*. Es wäre sehr verfehlt, in dieser Stelle einen Beweis erblicken zu wollen für die Tendenz des Verf.'s, den Pl als gegenüber dem Judenchristentum besonders entgegenkommend hinzustellen. Der Zweck der Reise ist 15,36 ganz klar ausgesprochen und gleich der folgende Passus 16,5 zeigt deutlich, worauf sich das Interesse des Verf's konzentriert, nämlich nicht auf den Streit um Gesetz und Beschneidung, sondern auf die Tätigkeit und die Erfolge des großen Apostels im Werke der Heidenmission.

Der nun folgende Abschnitt 16,6–8 bildet eine crux der Exegeten wegen der äußersten Knappheit der gemachten Angaben. *Holtzmann* (nach Vorgang von Zeller[39] und Overbeck[40]) vermutet wieder Absicht: «Die fliegende Kürze dieses Itinerariums hat ihren letzten Grund in der Tendenz des Verf's, den Apostel nach Europa zu führen» (S. 386)[41] Allein nicht erklärt ist damit die sonderbare Form der Reiseroute. Hätte der Verf. nur jenes im Auge gehabt, so hätte er einfacher und einleuchtender auf andre Weise seinen Zweck erreichen können.

Die Anschauung des Verf's ist offenbar folgende: von Ikonium (Antiochien in Pis.?) aus hat Pl die Absicht, sich westwärts, d. h. in das stark bevölkerte Südwest-Kleinasien zu wenden, wo große Städte wie die in der spätern Entwicklung so wichtig gewordenen Laodicea, Philadelphia, Ephesus, Smyrna u. a. ihn anziehen mochten, jene Gegend, die nach 2,9 6,9 im Sprachgebrauch des Verf's *Asia* heißt (*Wendt*, S. 342)

---

[39] A.a.O., S. 383.
[40] A.a.O., S. 252f.
[41] H. J. Holtzmann, a.a.O., S. 387: «... so hat die fliegende Kürze dieses Itinerariums ... ihren letzten Grund in der Eile des Verfassers, den Apostel nach Europa zu führen».

Allein diese Absicht kommt nicht zu Stande: ... κωλυθέντες ὑπὸ τοῦ ἁγίου πνεύματος λαλῆσαι τὸν λόγον ἐν τῇ Ἀσίᾳ (16,6) – also wiederum wie damals bei der ersten Ausreise ein direktes Eingreifen göttlicher Faktoren in das äußere Handeln der Apostel. Die Frage *Holtzmann*'s: «Wo aber sind auf dieser Reise die dazu gehörigen Propheten?» (S. 386) wäre dem Verf. auf alle Fälle merkwürdig vorgekommen. So mechanisch dachte weder er noch das Urchristentum über die Geistesmitteilung, als ob diese an bestimmte Medien gebunden gewesen wäre. Vollends einem Pl gegenüber scheint mir nun die Vorstellung einer derartigen Beschränkung gar nicht am Platze (vgl. übrigens 13,1!) Wir haben es hier mit einem Stück des ewig Irrationalen zu thun, das zum Wesen echter Religion gehört hat zu allen Zeiten.

Das πνεῦμα ἅγιον läßt also eine Reise nach Westen nicht zu, und so geht es dann «durch *Phrygien* und das *galatische Land*» Hier entsteht nun die große Kontroverse über die Belegenheit des letztern. Sicher ist, daß an dieser Stelle (16,6) *nicht* das sog. Süd-Galatien gemeint sein kann. Von da (d. h. von Lystra, Ikonium etc.) kommt Pl ja her oder dann müßte doch mindestens Phrygien an zweiter Stelle stehen. (Künstliche Ausreden bei *Weizsäcker* S. 230) Vielmehr ist hier an das eigentliche nördliche keltische Galaterland gedacht. Hier sind im Vorbeigehen die aus dem Galaterbrief bekannten Gemeinden gegründet worden. (worüber im Zusammenhang) In der Mitte zwischen Mysien und *Bithynien* angelangt, haben sie die Absicht (ἐπείραζον) das letztere zu bereisen, da tritt abermals jene geheimnisvolle Geisteswirkung ein: οὐκ εἴασεν αὐτοὺς τὸ πνεῦμα Ἰησοῦ (16,7), sie lassen beide Länder rechts liegen (παρελθόντες) und wenden sich – eine andere Möglichkeit gab es nicht mehr – zwischen Asia einerseits und jenen nördlichen Ländern andrerseits an die Westküste hinab nach *Troas*. Die auffallende Kürze des Verf's erklärt sich damit, daß seine schriftlichen oder mündlichen Quellen spärlich flossen – und – würden wir hinzufügen, wenn *Harnack* recht behält – weil er den Moment kommen sieht, wo er selbst aktiv an dem Erzählten teilnahm und in psychologisch sehr erklärlicher Weise in etwas rascherem Tempo diesem Ziel zustrebt. (Auch 20,1–4 bemerken wir eine ähnliche Eile der Darstellung und 20,5 beginnt wieder die «Wir-Quelle»)

In Troas (16,9) tritt wieder eine (innerhalb weniger Verse die dritte!) Geisteswirkung ein: Pl hat des Nachts ein ὅραμα[,] nämlich: ἀνὴρ

Μακεδών τις ἦν ἑστὼς καὶ παρακαλῶν αὐτόν. Der Inhalt seiner Aufforderung ist: διαβὰς εἰς Μακεδονίαν βοήθησον ἡμῖν[.] Unmittelbar darauf 16,10 tritt zum ersten Mal das vielumstrittene «Wir» auf: εὐθέως ἐζητήσαμεν ... ! *Harnack* hat (im Seminar) die Vermutung geäußert, zwischen jenem ἀνὴρ Μακεδών τις von[42] Troas und dem am selben Ort hinzugekommenen großen Unbekannten, der später gerade für Macedonien besonderes Interesse und Sachkunde verrät, möchte ein sehr intimer Zusammenhang bestehen. Läßt man sich durch die etwas rationalistische Färbung des Gedankens nicht abschrecken, so wird man finden, daß er Manches für sich hat. Mag es damit stehen, wie es will: die Anschauung des Verf's ist jedenfalls die: *Die neue Phase des missionarischen Wirkens wird wiederum angetreten unter spezieller göttlicher Leitung* (16,10) Diese Vorstellung würde nach urchristlicher Empfindungsweise nicht gestört, auch wenn wir für die Offenbarung ein menschliches Medium annehmen wollten, das zeigen mehrfache Beispiele gerade aus unserm Buch (vgl. 9,17 21,11 etc.) Es wäre dann die Stelle ein neuer Beleg dafür, daß der, welcher hier redet, sich, bei aller Bescheidenheit[,] als selbständig und mitberufen ansieht bei dem großen Werke (vgl. 16,10 28,10)

So erfolgt denn zu Schiff die Ausreise. In der Seestadt *Neapolis*, auf thracischem Festlande *betritt die evangelische Verkündigung den Boden Europas*

Sie wenden sich nach *Philippi*. Der Ausdruck πρώτη τῆς μερίδος Μακεδονίας πόλις, κολωνία (16,12) ist mit *Wendt* (S. 344f.) als «angesehenste Koloniestadt»[43] zu verstehen, nämlich: (*Holtzmann* S. 387 *Harnack* im Seminar) in der Meinung des Verf's, denn an und für sich hatte die Stadt außer dem 42 a. Chr. von Augustus verliehenen Jus italicum keinen Anspruch auf eine derartige Sonderstellung.

Die Anknüpfung macht sich, ähnlich wie bei den ersten Stationen der ersten Reise[,] über das *Judentum und seinen Kultus*. Eine Synagoge gab es dort nicht, dafür, wie die Fremden richtig vermuten[,] eine προσευχή, die wegen der nötigen kultischen Waschungen παρὰ ποταμόν belegen war. Dorthin gehen sie 16,13 am Sabbat, (aber nicht zur Gottes-

---

[42] Harnack (?) schreibt über das «von» (korrigierend? variierend?): «in».
[43] A.a.O., 1880⁵, S. 345.

dienststunde) und finden einige συνελθοῦσαι γυναῖκες vor (*Holtzmann*[44] weist vergleichend auf die entsprechende katholische Sitte hin.) Wieder ist es eine σεβομένη τὸν θεόν, die Purpurhändlerin Lydia aus Thyatira, nach 16,15 vermöglichen Standes, der das Herz aufgeschlossen wird für die Verkündigung des Pl, ja sie nötigt (παρεβιάσατο) die Missionare, ihre Gastfreundschaft anzunehmen. Zum Verständnis des Nächstfolgenden haben wir etwas zwischen den Zeilen zu lesen, was der Verf. (weil sich sein Interesse auf die kommenden Wundergeschichten konzentriert) zu erwähnen vergißt, nämlich: *in den nächsten Tagen predigen sie öffentlich in der Stadt*. Dies geht hervor aus den nachher berichteten Worten des besessenen Mädchens 16,17: «Dies sind die Diener des höchsten Gottes [[τοῦ θεοῦ τοῦ ὑψίστου, Anspielung auf den in jenen Gegenden verbreiteten Geheimkult der Hypsistarier]] οἵτινες καταγγέλλουσιν ὑμῖν ὁδὸν σωτηρίας und ebenso aus der Formulierung der Anklage vor den Prätoren 16,20,21: οὗτοι οἱ ἄνθρωποι ἐκταράσσουσιν ἡμῶν τὴν πόλιν ... καὶ καταγγέλλουσιν ἔθη ἃ οὐκ ἔξεστιν ἡμῖν παραδέχεσθαι. Es erhellt daraus: *Die Apostel haben sich ohne weitern Übergang direkt an die Heiden gemacht*[.] Das Leben in der dortigen jüdischen Gemeinde pulsierte offenbar nur schwach, hatte sie es doch nicht einmal zu einer Synagoge gebracht[,] und so hat es Pl (ohne Bruch mit jener, er wohnte ja bei einem ihrer Mitglieder!) für besser befunden, gleich an die Heiden selbst heranzutreten. (Der Fall ist für die zusammenhängende Würdigung der hier schwebenden Frage wohl zu beachten)

Es ereignen sich dann jene zwei z. T. mirakelhaften Geschichten: die Austreibung des πνεῦμα πύθων und die Befreiung des Paulus und Silas aus dem Gefängnis, die für uns hier außer Betracht fallen. Ein einzelner Zug der letztern freilich ist wertvoll: *die Bekehrung des δεσμοφύλαξ*. (16,29f.) Auch wenn, wozu Gründe vorliegen, die Geschichte selbst als mythisch zum großen Teil in Wegfall kommt, so haben wir hier doch wieder einen Fall vor uns, wo Pl sich nach dem Zeugnis des Autor's ad Theophilum *direkt an Heiden* wendet. Wir dürfen mindestens sagen: Der Berichterstatter hat, wenn nicht dieses, so doch andere ähnliche Ereignisse in eigener Erinnerung oder doch in der Tradition vorgefunden und verwendet es hier ohne Rücksicht auf seinen

---

[44] A.a.O., S. 387.

sonstigen Pragmatismus. Das genügt um uns bes. 16,32 wichtig zu machen.

17,1–10 ist Pl in *Thessalonich*, wohin er, aus der Gefangenschaft in Philippi befreit[,] über Amphipolis und Apollonia gereist ist. Das «Wir» ist nun wieder verschwunden, auch das Verbleiben des Timotheus von 16,19–17,14 bleibt dunkel. Sie gehen in die *Synagoge der Juden* (17,2) [[d. h. die Synagoge jenes Kreises. Nach allen Anzeichen waren die Juden in jenen Gegenden nur spärlich gesät, sodaß derartige «Kreissynagogen[»] den Bedürfnissen genügten. Nach C ist nämlich mit *Harnack* (Seminar) gegen ℵ A B D Tischendorf[45], Nestle[46], Holtzmann[47] ἡ συναγωγή zu lesen statt blos συναγωγή[,] indem letztere wohl aus ersterer, aber erstere nicht aus letzterer Variante zu begreifen ist. Die Sache zeugt für die Ortskenntnis des Referenten]] κατὰ τὸ εἰωθός geht Pl dahin und διελέξατο αὐτοῖς ἀπὸ τῶν γραφῶν διανοίγων καὶ παρατιθέμενος... Der Rekurs auf das AT beweist, daß das Publikum vornehmlich aus *reinen Juden* bestand, der Erfolg der Rede aber, daß auch hier jene σεβόμενοι Ἕλληνες in größerer Anzahl vorhanden waren.

Aus beiden Kategorieen lassen sich Gläubige gewinnen, dies erregt den Neid (ζηλώσαντες) der übrigen Juden, sie gewinnen τῶν ἀγοραίων ἄνδρας τινὰς πονηρούς (*Weizsäcker*[48]: «einige schlechte Subjekte, Pflastertreter») und bewirken einen Auflauf (17,5–10) der damit endigt, daß Pl und Silas die Stadt verlassen müssen.

17,10–15 sehen wir Beide in *Beröa*, wohin sie über Nacht von den Brüdern befördert worden sind. Sofort nach ihrer Ankunft (παραγενόμενοι) gehn sie auch hier in die *Synagoge*. Im Übrigen sind die Verhältnisse hier anders: Die Juden lassen mit sich reden, ja, sie nehmen das Wort auf μετὰ πάσης προθυμίας «und forschten alle Tage in

---

[45] [K. Tischendorf,] *Novum Testamentum Graece. Ad antiquissimos testes denuo recensuit, apparatum criticum omni studio perfectum apposuit, commentationem isagogicam praetexuit Constantinus Tischendorf*, Editio octava critica maior, Vol. II, Leipzig 1872, S. 148. (Gelegentlich übernimmt Barth in der Wiedergabe der Texte orthographische Eigentümlichkeiten von Tischendorf.)
[46] Mskr.: «Nestlé»; von Harnack (?) korrigiert; *Novum Testamentum Graece cum apparatu critico ex editionibus et libris manu scriptis collecto curavit E. Nestle*, Stuttgart 1904⁵, S. 352.
[47] A. a. O., S. 389.
[48] *Das Neue Testament, übersetzt von Carl Weizsäcker*, Freiburg i. B./Tübingen 1882², S. 242.

den Schriften, ob es sich so verhielte»[17,11]. Auch hier sind jene «*Hellenen*» zugegen, vor Allem Frauen, aber auch Männer, doch hat Pl bei den geborenen Juden größern Erfolg. Wie dies aber in der Umgegend bekannt wird, befolgten jene Extremen von Thessalonich dieselbe Taktik wie ihre Genossen von Antiochia in Pis. 14,19: sie kommen herüber und hetzen die ὄχλοι auf, sodaß sich die Missionare auch von hier zurückziehen müssen. Sie werden an die Küste gebracht, wo Pl ein Schiff besteigt und von seinen καθιστάνοντες nach *Athen* geleitet wird. Die hier gemachten *Personenangaben* lassen Einiges unklar: Nach 17,14 ist der in Philippi unsichtbar gewordene Timotheus wieder bei Pl, bleibt dann aber mit Silas ἐκεῖ d. h. (*Wendt* S. 362) in Beröa, von Athen aus läßt sie dann Pl durch jene καθιστάνοντες (wer war das?) auffordern, ὡς τάχιστα zu ihm zu kommen. Die Informationen des Verf's sind hier sichtlich nicht die besten. Fest steht, daß die Angabe über Timotheus nach I Thess 3 zu korrigieren ist. Ein kritisches Argument ist aus diesem Lapsus nicht zu machen. Dergleichen ist auch bei einem Referenten, der seinem Gegenstand zeitlich noch näher stände, als wir es von dem unsern annehmen, nicht unmöglich.

Wir kommen nun zu dem interessanten Abschnitt 17,16–34: Pl in *Athen*.

Die historische Haltbarkeit des Berichts im Einzelnen ist fragwürdig, wie auch *Harnack* (im Seminar) betont hat. Wenn irgendwo im ganzen Buch, so mag hier die Annahme *idealer Konstruktion* naheliegen, äußerlich nur schon darum, weil Pl hier zum ersten Mal ohne einen Gefährten ist, auf dessen Bericht abzustellen wäre. Es wird später zu zeigen sein, inwiefern uns trotzdem das Hauptstück des Abschnitts, die sog. Areopag-Rede durchaus wertvoll ist. Dasselbe gilt uns aber auch von den hier interessierenden *Grundzügen* des Berichts über die äußern Ereignisse, das beweisen die auch hier nicht fehlenden Detail-Angaben, bes. 17,34, die unmöglich einfach aus der Luft gegriffen sein können.

Nach dem Bericht hätte Pl 17,17 wiederum zuerst in der *Synagoge* geredet, u. zw. τοῖς Ἰουδαίοις καὶ τοῖς σεβομένοις. Der Richtigkeit dieser Angabe steht – immer abgesehen von der bekannten kritischen General-Hypothese – weiter nichts entgegen, ebensowenig dem Folgenden: Pl predigt außerdem ... *καὶ ἐν τῇ ἀγορᾷ κατὰ πᾶσαν ἡμέραν πρὸς τοὺς παρατυγχάνοντας*. Ich lege vorläufig nur den Finger darauf, daß zwischen den beiden Daten *kein Zusammenhang* besteht (*Harnack* im Seminar) Zweifelhafter wird was nun folgt: Bei dieser Straßen- oder Marktpredigt binden «etliche von den *epicureischen* und *stoischen* Philosophen» mit ihm an. Sie enden damit, daß sie ihn ergreifen (ἐπιλαβόμενοι) auf den *Areopag* führen und dort sehr höflich (δυνάμεθα γνῶναι ...) um Auskunft über seine Lehre bitten (17,19,20) Darauf antwortet dann Pl mit jener Rede. Wieso fehlt unter den genannten philosophischen Richtungen die in Athen wichtigste[49], die *platonische?* Es giebt nur eine Antwort: weil der Verf. den Pl nicht mit ihr im Konflikt zu sehen wünscht, was sich dann ja auch in der Rede selbst zeigt. Ist aber das speciale unwahrscheinlich, so fällt auch auf das generale ein eigentümliches Licht, es wird *fraglich,* ob Pl überhaupt mit φιλόσοφοι verhandelt hat, insofern darunter, wie hier offenkundig geschieht, die *Schulhäupter* verstanden werden. Nur diesen konnte doch die Benutzung des Areopags, der den Mittelpunkt des staatlichen und kulturellen Lebens bildete[,] zu solchem Zweck so ohne Weiteres freistehen. – Aber außer jenen «akademischen» Philosophen hat es bekanntlich seit jeher in Athen eine vermeintliche oder wirkliche *Philosophie der Gasse* gegeben, die sich nicht wie jene an die Gebildeten, sondern direkt an das breite Publikum wandte. Ihr hat Pl schon äußerlich die Methode des Auftretens (17,17b) abgelauscht und an einen Zusammenstoß mit diesen Kreisen haben wir wohl als an die historische Grundlage unsres Berichts zu denken. Dazu paßt auch die Charakteristik des athenischen Publikums besser, die (17,21) auf die «Professoren» der Philosophenschulen angewendet, entschieden hart klingen würde. Wie der vorliegende Bericht zu Stande kommen konnte, ist sehr einfach und ohne Annahme von dolus zu erklären: Der Verf. hörte den mündlichen Bericht des Pl über einen Konflikt mit athenischen Weisheitslehrern. Als ortskundiger Hellene und in leichtverständlicher idealisierender Ausmalung hat er dann den Areopag, die Stoiker und Epikuräer hinzugefügt. Dagegen beweist auch die Schlußnotiz 17,34 über die Bekehrung des ἀρεοπαγείτης (d. h. Beisitzer des Areopaggerichts, *Holtzmann* S. 393) Dionysius nichts, ja sie kann vielmehr den Verf. gerade zu jener örtlichen Fixierung geführt haben.

18,1–17 finden wir Pl in *Korinth,* wo er nun (18,11) $1^{1}/_{2}$ *Jahre* bleibt. *Holtzmann* sagt darüber: «Es kommt hier darauf an, zu zeigen nicht

---

[49] Mskr.: «die wichtigste»; «die» von Harnack (?) gestrichen.

blos, wie die Heidenmission wieder durch das verstockte Betragen der Juden motiviert war, sondern auch, wie die heidnische Obrigkeit bei dieser Gelegenheit wieder eine dem Pl günstige Stellung einnahm» (S. 394)

Sehen wir des Nähern zu! Nach 18,2 findet Pl in Korinth das jüdische Ehepaar *Aquila* und *Priscilla*, das durch das Edikt des Claudius aus Rom vertrieben worden (*Sueton. «Claud.»* 25[50][:] «Judaeos impulsore Chresto assidue tumultuantes Roma expulit») Es findet sich, daß er mit ihnen ὁμότεχνος ist (nach der herrschenden rabbinischen Sitte hatte Pl neben der Wissenschaft auch ein Handwerk zu erlernen) und so läßt er sich als σκηνοποιός (Zeltschneider, *Wendt* (S. 383)[)] bei ihnen nieder. Pl wohnt also 1½ Jahre lang bei einem geborenen Juden, wobei der Autor sogar zu erwähnen vergißt, daß er getauft wurde, was erst aus 18,18 zu erraten ist. Ist das antijüdische Tendenz? Weiter 18,4: Pl redet alle Sabbate in der *Synagoge* ἔπειθέν τε Ἰουδαίους καὶ Ἕλληνας ja 18,8 sogar: Κρίσπος δὲ ὁ ἀρχισυνάγωγος ἐπίστευσεν τῷ κυρίῳ σὺν ὅλῳ τῷ οἴκῳ αὐτοῦ. Dazwischen 18,6 hören wir allerdings, daß auch hier aus der Mitte des Judentums sich heftige Opposition erhebt: «sie lehnten sich auf und lästerten», ja Pl gerät in eine bisher ungewohnte Erregung: «er schüttelte seine Kleider aus» und sagt: τὸ αἷμα ὑμῶν ἐπὶ τὴν κεφαλὴν ὑμῶν· καθαρὸς ἐγὼ ἀπὸ τοῦ νῦν εἰς τὰ ἔθνη πορεύσομαι. Das tönt in der That scharf und scheint auf den ersten Blick die Richtigkeit der tübingischen Beurteilung zu rechtfertigen wie wenig andre der zahlreichen Parallelen. Allein: ein Anderes ist es für die Glaubwürdigkeit des Berichtes[,] wenn die vorgetragene «Motivierung der Heidenmission durch die Verstocktheit der Juden»[51] einfache Konstruktion des Verf's, ein Anderes[,] wenn sie in der Sache selbst gegeben ist. Wäre es das erstere, was sollen dann die 18,4 den Ἕλληνες vorangestellten Juden, was vor allem 18,8 der bekehrte Synagogenvorsteher? Das spricht doch nicht für eine generaliter verstandene Judenverstocktheit, daß aber andrerseits die Mehrheit der europäischen Judenschaft dem Christentum tatsächlich feindselig gegenüberstand, das zeigt die

---

[50] C. Suetonius Tranquillus, *De vita Caesarum* V, 25,11.
[51] Vgl. H. J. Holtzmann, a.a.O., S. 394: Es kommt hier darauf an, zu zeigen, «wie die Heidenmission wieder durch das verstockte Betragen der Juden motivirt war».

ganze Geschichte des apostol. Zeitalters (Justin!)[52] und wird von Niemandem bezweifelt. Die Beanstandung des Berichtes läuft also letztlich einfach wieder auf den Satz heraus: Die Missionstätigkeit des Pl ging überhaupt nicht von der Synagoge aus. Darüber später. Nach jenem Bruch mit dem offiziellen Judentum verläßt Pl die Synagoge und geht in das Haus des σεβόμενος *Titius Justus*. Die Meinung des Verf's ist offenbar: um dort mit seinen Anhängern Versammlung zu halten (*Harnack*[53] nimmt gänzliche Übersiedlung an, dagegen scheint mir 18,18 zu sprechen.) Dort bekehrt sich wohl Crispus und eine Anzahl Korinther. In der (folgenden) Nacht hat Pl ein ὅραμα (18,9–10) Der Herr erscheint ihm und ermuntert ihn zu weiterer Tätigkeit[:] «Denn mein ist ein großes Volk in dieser Stadt» In diesem Passus finde ich nichts von tendenziöser Antithese zum Judentum. Ebenfalls in keinem Zusammenhang mit jenem streitbaren Auftritt in der Synagoge steht, was nun folgt: 18,12–17[.] Die Juden benützen die Einsetzung eines neuen Statthalters für Achaja, *Gallio*, «erheben sich einmütig» gegen Pl und «brachten» d. h. citierten (κατεπέστησαν) ihn vor dessen Gericht. Der Römer lehnt aber die Kompetenz über die ζητήματα περὶ λόγων καὶ ὀνομάτων καὶ νόμων τῶν καθ' ἡμᾶς[54] ab, ja ihr Führer Sosthenes (ob identisch mit dem I Cor 1,1 Genannten?) wird (vom Pöbel oder von ihnen selbst?) geprügelt.

«Und Gallion nahm sichs nicht an» Es steht nicht im Bereich meiner Aufgabe, zu entscheiden, ob das Referat über die Szene[,] wie die Tübinger etc. meinen[55], politisch-apologetisch ist. Immerhin scheint die verächtliche Antwort des Statthalters wenig dafür zu sprechen.

Pl bleibt nach dieser Affäre noch einige Zeit dort, dann nimmt er Ab-

---

[52] Vgl. A. Harnack, *Die Mission und Ausbreitung des Christentums in den ersten drei Jahrhunderten*, Leipzig 1902, S. 40f., Anm. 3.
[53] Barth gibt wohl auch hier eine Ansicht wieder, die Harnack *im Seminar* vorgetragen hat: Diese Interpretation von Act. 18,7 hat Harnack öffentlich anscheinend erst in seinen *Beiträgen zur Einleitung in das Neue Testament. III. Die Apostelgeschichte*, Leipzig 1908, S. 95f., Anm. 1, vertreten, wo er einen allgemeinen Hinweis aus *Lukas der Arzt* (a. a. O., S. 26, Anm. 1) präzisiert.
[54] E. Nestle, a.a.O., S. 357: ζητήματά ἐστιν περὶ λόγου καὶ ὀνομάτων καὶ νόμου τοῦ καθ' ὑμᾶς.
[55] Vgl. E. Zeller, a.a.O., S. 365–368, s. auch Fr. Overbeck, a.a.O., S. 294; H. J. Holtzmann, a.a.O., S. 394.

schied und reist 18,18 unter Mitnahme von Aquila und Priscilla nach *Syrien* ab. (In Kenchreae die berühmte Haarschur, auch dies ein «rocher de bronce» des kritischen Systems[56], mit dem ich mich aber hier nicht aufhalten darf) 18,19 verläßt er in *Ephesus* seine Begleiter, redet *in der Synagoge* zu den Juden, findet (18,20,21) Beifall und Anhänger. Dann geht es nach *Cäsarea* (ob darum, weil die Schiffsverhältnisse eine direkte Heimkehr nach Antiochia in Syr. nicht gestatteten? oder empfing er in Cäsarea schlechte Nachrichten aus Jerusalem und macht darum die sonst unerklärliche Kurve?) Er geht an Land (ἀναβάς 18,22 also nicht nach Jerusalem, gegen *Wendt* S. 392 *Weizsäcker*[57] S. 210 *Holtzmann* S. 395) begrüßt die dortige Gemeinde (vgl 21,8–14!) und reist dann auf dem Landweg hinunter nach *Antiochien in Syr*. [[Dort ereignet sich das Gal 2,11f. Erzählte. Warum sagt der Verf. nichts darüber? Entweder fehlen ihm (er befindet sich ja in Macedonien) Nachrichten darüber oder, was ich für wahrscheinlicher halte, er spricht nicht davon, weil es nicht zu seinem Thema (nicht Tendenz!) gehört]]

Die «dritte Missionsreise»

Die Apostelgeschichte führt uns 18,23 unmittelbar weiter. Nachdem Pl χρόνον τινά in *Antiochia in Syr*. zugebracht, zieht er aufs Neue aus, u. zw. zunächst wiederum in der Absicht, «die Jünger zu stärken». 18,23 sehen wir ihn in *Galatien* und *Phrygien*, 19,1–20,1 in *Ephesus*. Diese Berichte werden uns später zu beschäftigen haben, die grundlegende missionarische Tätigkeit[,] um die es uns hier zu thun ist, ist hier wie dort bereits geschehen. Aber auf einen Punkt ist schon hier hinzuweisen. Der Zweck der Apostelgeschichte darf nicht dahin mißverstanden werden, als wolle sie eine chronikartige Aufzählung aller wichtigen Ereignisse in der Geschichte der christlichen Welt bieten. Wer sie als historische Quelle in diesem Sinn behandelt, wird sich immer wieder an allerlei auffallenden Lücken und Unebenheiten stoßen. So steht es gerade auch bei cap. 19, das deshalb von *Weizsäcker* (S. 328f.)[58] eine besonders schlechte Note erhält. In der That müssen wir hier Verschiedenes, das uns wichtig ist, durch Rückschlüsse gewinnen.

---

[56] Vgl. H. J. Holtzmann, a.a.O., S. 395f.
[57] *Das apostolische Zeitalter*, a.a.O.
[58] *Das apostolische Zeitalter*, a.a.O., S. 328–330.

Hier ist uns Folgendes wichtig: Nach 19,10 macht Pl in *Ephesus* einen *zweijährigen* Aufenthalt. Wir haben uns, ohne daß einzelne Angaben gemacht werden, nach 19,10[b] zu ergänzen: er missioniert von da aus *Südwest-Kleinasien* überhaupt, unter Nachholung dessen, was er 16,6 unter Geisteswirkung unterlassen mußte. Dies erhellt auch aus 19,22: αὐτὸς ἐπέσχεν χρόνον εἰς τὴν Ἀσίαν, selbst wenn es sich hier nach *Holtzmann* (S. 399) nur um einige Tage handeln sollte; das Gewicht fällt auf die allgemeine Ortsbestimmung. Noch deutlicher aber wird dieselbe Tatsache aus 19,26. Da lautet die große Anklage des Silberschmieds Demetrius gegen Pl: ... ἀκούετε ὅτι *οὐ μόνον Ἐφέσου ἀλλὰ σχεδὸν πάσης τῆς Ἀσίας* ... μετέστησεν ἱκανὸν ὄχλον. Unter Ἀσία hier die 19,1 genannten ἀνωτερικὰ μέρη (nach 18,23 Galatien und Phrygien) zu verstehen, geht nach dem schon erwähnten Sprachgebrauch von Act nicht an. Auch waren wohl nach 14,11–13 im östlichen Kleinasien weniger die Artemisverehrung, als andre heidnische Kulte heimisch, so daß es als Absatzgebiet für die ephesinische Industrie (19,25,27) nicht in Betracht kam. ὡς δὲ ἐπληρώθη ταῦτα ... (19,21) d. h. als nach 19,20 die evangelische Verkündigung in Ephesus und an der ganzen Westküste festen Fuß gefaßt hatte, faßt Pl den Entschluß, auf einem Umweg über die macedonischen und achajischen Gemeinden nach Jerusalem zu gehen. (Auf eine Untersuchung der Motive verzichte ich hier) 20,1 ist er in *Macedonien* (d. h. wohl Philippi) 20,2 *Hellas* (d. h. Korinth) wo er drei Monate bleibt und dann, durch einen Anschlag der Juden von der Seereise abgehalten, umkehrt. In *Philippi* vereinigt er sich 20,5 mit dem 16,17 ebendaselbst unsichtbar gewordenen Subjekt des «Wir», nachdem (unbekannt wo) die 20,4 aufgezählten Freunde zu ihm gestoßen sind. 20,7–16 ist er in Troas, nimmt 20,17–38 Abschied von den nach *Milet* citierten Gemeindevorstehern von Ephesus und gelangt endlich 21,1–16 über *Tyrus* und *Cäsarea* nach Jerusalem.

Der Prozeß

Dieser Teil des Buches kommt für unsere Untersuchung nicht direkt in Betracht, insofern als von cap. 21 an von Missionstätigkeit nicht mehr die Rede ist. Trotzdem läßt sich aus diesen Texten einiges für unsern Gegenstand gewinnen, ja wir sind dazu genötigt, wenn wir ein vollständiges Bild davon erhalten wollen, wie der Verf. den Pl als Missionar zeichnen will.

cap. 21–28 interessieren uns nämlich hier insofern, als sie im Verlauf der Darstellung des Processes gegen Pl eine Anzahl *jüdischer Voten* gegen Pl wiedergeben, die sich speziell auch mit seiner Missionstätigkeit in der Diaspora abgeben. Dem gegenüber stehen die verschiedenen *Verteidigungsreden* des Pl, die wir in Bez. auf diesen Punkt ebenfalls zu berücksichtigen haben. Der letzte Abschnitt des Buches berichtet dann noch einmal – gewiß kein Zufall – von einem Rencontre des Pl mit dem Judentum, ganz ähnlich den früher geschilderten, in *Rom*.

21,20f. berichten die Ältesten der Gemeinde von Jerusalem dem ankommenden Pl, daß in den sehr zahlreichen (μυριάδες) judenchristlichen Kreisen der Stadt Verstimmung gegen ihn herrsche: ... ὅτι ἀποστασίαν διδάσκεις ἀπὸ Μωϋσέως τοὺς κατὰ τὰ ἔθνη πάντας Ἰουδαίους λέγων μὴ περιτέμνειν αὐτοὺς τὰ τέκνα μηδὲ τοῖς ἔθεσιν περιπατεῖν[.] Die hier gemachte Angabe über die judenchristliche Stimmung dem Pl gegenüber ist seitens der Kritik unbeanstandet! *Holtzmann:* «Der volle Paulinismus schließt sicher auch die Emanzipation der gläubig gewordenen Juden von den Sitten und Bräuchen des Mosaismus in sich» (S. 406) In der hier ausgesprochenen Schärfe der Form ist freilich ein gutes Teil der Anklage nichts als Fama und Verleumdung. Eines aber bleibt: *Pl hat in der Diaspora den Juden gepredigt.* Wie prekär gerade hier die Stellung der Kritik ist, zeigt *Holtzmann's* Ausrede: «Eben an diesem Punkt macht Act somit der wirklichen Geschichte wieder eine Concession, welche der sonst durchgeführten Zeichnung ihres Pl-Bildes gefährlich wird»[59]

21,27,28 will Pl eben im Tempel sein Nasiräatsopfer zu Ende bringen, da setzen *Juden aus Asia,* also eben die Gegner aus einem seiner hauptsächlichsten Missionsgebiete, alles Volk in Aufruhr: «Ihr israelitischen Männer, zu Hilfe! οὗτός ἐστι[ν] ὁ ἄνθρωπος ὁ κατὰ τοῦ λαοῦ καὶ τοῦ νόμου καὶ τοῦ τόπου τούτου πάντας πανταχῇ διδάσκων ... [».] Gemeint ist natürlich die gesetzesfreie Predigt in der Diaspora. Wiederum wird man zu den einzelnen Angaben der Zeloten ein Fragezeichen machen müssen, das Ganze ist, wie wieder der Galaterbrief zeigt, nicht aus der Luft gegriffen. Aber gerade der Kern dieser

---

[59] A.a.O., S. 318.

Anklage hat nur dann einen Sinn, wenn Pl eben thatsächlich draußen den Juden gepredigt hat.

Noch evidenter wird das aus dem 24,2–9 wiedergegebenen Plaidoyer des vom Hohepriester Ananias engagierten Redners Tertyllus. Wir hören 24,5[:] ... εὑρόντες γὰρ τὸν ἄνδρα τοῦτον λοιμὸν καὶ κινοῦντα στάσεις πᾶσιν τοῖς Ἰουδαίοις τοῖς κατὰ τὴν οἰκουμένην.

Ich wundere mich, bei den Tübingern und ihren Nachfolgern keine nähere Auseinandersetzung mit diesen Stellen zu finden, die doch für ihre kritische Position eher verhängnisvoll sind als nicht. Selbst wenn man mit ihnen mehr oder weniger alle Einzelanlässe, bei denen jene Anklagen gefallen wären, als unhistorisch stipulieren wollte, – wozu der nötige Beweis durchaus noch nicht geliefert ist – irgend einmal muß doch nach allen Regeln der Quellenbeurteilung jene nach Act von drei verschiedenen Seiten aufgestellte Behauptung gemacht worden sein. Sonst müßte man auch hier den Verf. als den raffiniertesten Pragmatiker, nein Falsifikator ansehen, den die Literaturgeschichte kennt. Das wird ja aber gerade von der neuern Kritik gegenüber *Zeller* etc. abgelehnt. –

Wie mir scheint, ist überhaupt der ganze jerusalemische Konflikt undenkbar ohne die vorangegangene Mission, die sich eben auch an die Diasporajuden richtete. Oder woher sonst diese Erbitterung gegen Pl, die sich doch unmöglich blos gegen seine Eigenschaft als Christen oder christlichen Heidenmissionar oder – es lagen lange Jahre dazwischen – als abgefallenen Pharisäer richten konnte.

Von den *Aussagen des Pl* will ich nur zwei hier hervorheben, die besonders charakteristisch sind.

Die eine steht 24,19 in der Rede vor Felix in Cäsarea. Pl beklagt sich über seine ungerechtfertigte Gefangennahme im Tempel zu Jerusalem: τινὲς δὲ ἀπὸ τῆς Ἀσίας Ἰουδαῖοι οὓς ἔδει ἐπὶ σοῦ παρεῖναι καὶ κατηγορεῖν ... Was in den drei zuerst genannten Stellen allgemein gehalten ist: die Juden κατὰ τὰ ἔθνη, πανταχῇ, κατὰ τὴν οἰκουμένην, das wird nun hier (mit Rückbeziehung auf 21,27[)] spezialisiert. Ist das wieder zufälliges Erraten oder Konstruktion? Warum nennt dann der pragmatisierende Verf., dem ja nach Meinung der Kritik an der Thatsächlichkeit der Angaben so wenig lag, nicht Antiochien in Pis., Mazedonien oder Korinth, wo die Juden nach seiner Erzählung eine so oppositionelle Stellung eingenommen haben, warum gerade Asia, wovon er nichts Derartiges berichtet hatte?!

Noch von einer andern Seite wird die Sache beleuchtet durch die Stelle 26,19,20 in der Rede vor Agrippa: Pl berichtet über seine Bekehrung und ihre Folgen: ... τοῖς ἐν Δαμασκῷ πρῶτόν τε καὶ Ἱεροσολύμοις πᾶσάν τε τὴν χώραν τῆς Ἰουδαίας καὶ τοῖς ἔθνεσιν ἀπήγγελλον μετανοεῖν ... Ob diese Angabe mit *Holtzmann* (S. 419) auf 9,27–29 (wobei Collision mit Gal 1,17,22 droht) oder mit *Wendt* (S. 504) auf 11,30 zu beziehen ist, wage ich nicht zu entscheiden. Der Grundgedanke, der immer wiederkehrt, ist offenbar auch hier der: *zuerst den Juden[,] dann den Heiden*

Endlich möchte ich noch auf ein Moment aufmerksam machen: Der Tenor der paulinischen Verteidigungsreden ist offenbar der: Das Evangelium, das ich verkündige, ist nicht nur nicht die Zerstörung der Religion des Moses und der Propheten, sondern ihre Vollendung und Erfüllung (24,14,15 25,8 26,6,22,23 28,17,20) Das setzt aber doch voraus, daß eine Mission an die Juden vorangegangen ist.

Zum Schluß dieser Übersicht nun noch jener Abschnitt 28,17–28, der, wie schon angedeutet, vom Verf. sicher nicht ohne Absicht an den Schluß seines Werkes gestellt ist, indem die hier enthaltene Erzählung als Typus gelten kann für Alles Vorangegangene.

Drei Tage nach seiner Ankunft in Rom läßt Pl τοὺς ὄντας τῶν Ἰουδαίων πρώτους zusammenberufen und hält ihnen die 28,17–20 angeführte Ansprache, deren Inhalt sich zusammenfaßt in das Wort: «um der Hoffnung Israels willen liege ich in dieser Kette» (28,20) Die Antwort der Juden lautet: «wir haben weder Briefe deinetwegen aus Judäa erhalten noch ist einer von den Brüdern gekommen, der uns von dir etwas Schlimmes berichtet oder erzählt hätte. *Wir begehren aber von dir zu erfahren, was du meinst; denn von dieser Sekte ist uns bekannt, daß ihr aller Orten widersprochen wird»* [28,21f.] Dies ist nun ebenso diplomatisch als für uns rätselhaft geredet. Die erste Hälfte ist wohl an und für sich richtig: Die palästinensischen Juden konnten unmöglich ihre Stammesgenossen in Rom bereits auf die Ankunft des Pl vorbereitet haben. Allein nun das Weitere? *Holtzmann* (S. 427) verweist auf Tacitus, Annal. 15,44[60][,] wo von einer *multitudo ingens* römi-

---

[60] Cornelius Tacitus, *Annales (Ab excessu divi Augusti)* XV, 44,4.

scher Christen die Rede ist, die sich[,] wie der Römerbrief erkennen läßt[,] wenigstens z. T. aus *geborenen Juden* zusammensetzte. Dazu kommt die schon citierte Sueton-Stelle[61], die erkennen läßt, daß das *Verbannungsurteil des Claudius* höchst wahrscheinlich in ursächlichem Zusammenhang steht mit Unruhen innerhalb der römischen Judenschaft infolge des Eindringens der christlichen Mission. Ist es angesichts dieser Daten wahrscheinlich, daß ein römischer Jude hätte sagen können: οὔτε ... τις ... ἐλάλησέν τι περὶ σοῦ πονηρόν? (Denn dies liegt, wie *Wendt* S. 539 andeutet, in jenen Worten)

Ist es wahrscheinlich, daß jene Vorsteher noch begehrt hätten παρὰ σοῦ ἀκοῦσαι ἃ φρονεῖς, daß sie wirklich über diese αἵρεσις nichts gewußt hätten als ὅτι πανταχοῦ ἀντιλέγεται? Man wird mit den Tübingern etc. hier mit «Nein» antworten müssen. Der Zweck der Angabe ist, «das Verhältnis, in welches sich die Judenschaft anfänglich zu Pl stellte, als ein nicht im Voraus feindliches, sondern zunächst unbefangen entgegenkommendes zu charakterisieren» (*Wendt* S. 540) Trotzdem wäre es ein Übergriff[,] daraus, daß dem Verf. hier im Einzelnen eine historische Unmöglichkeit nachgewiesen ist, schließen zu wollen, die ganze Szene sei ungeschichtlich (wie *Holtzmann* S. 427 meint) Der Annahme, daß auch diese irrtümliche Angabe (wie etwa 17,18) auf Nicht-Anwesenheit und mangelhafte Orientierung des Verf's zurückgeht, steht auch hier nichts im Wege als die kritischerseits geübte generalisierende Geschichtsbetrachtung. Einige lassen sich dann von Pl überzeugen, οἱ δὲ – offenbar die Mehrzahl – ἠπίστουν. Da wendet Pl das Wort Jes 6,9–10 auf sie an und eröffnet ihnen, daß nun das Heil den Heiden gesendet ist.

*αὐτοὶ καὶ ἀκούσονται*

So bildet diese letzte Erzählung mit Bewußtsein eine thematische Rekapitulation des äußern Verlaufs der paulinischen Mission überhaupt.

---

[61] Vgl. oben bei Anm. 50.

## II. Konsequenzen

Das Pneuma

*Die Missionstätigkeit geschieht unter beständiger pneumatischer Beeinflussung.*

Wir haben bei der hinter uns liegenden Einzelbetrachtung der paulinischen Mission gesehen, daß nach der Auffassung des Autor ad Theophilum an den entscheidenden Wendepunkten ein außermenschliches und außerweltliches Princip in das äußere Geschehen, ganz bes. in das Thun und Lassen der handelnden Personen eingreift und dasselbe lenkt bezw. modifiziert.

Die Vorstellungen davon sind immer konkret, geben aber formell ein buntes Bild verschiedener Anschauungen.

Der κύριος, also *Jesus selbst,* verkörpert diese geheimnisvolle Kraft in der Geschichte von der Bekehrung des Saulus (9,3–7,10–18,27 22,6–21 26,13–19 vgl. I Cor 9,1  15,8 Gal 1,15,16) und δι' ὁράματος 18,9 in Korinth.

Das πνεῦμα ἅγιον direkt redet 13,1–3 zu den fünf Propheten, zu Pl und Silas an der berühmten Stelle 16,6 und als πνεῦμα Ἰησοῦ 16,7, zu Pl allein 20,23

Von *Traumgesichten* hören wir 16,9–10 18,9 27,23–24

Endlich redet das πνεῦμα durch den Mund von *Propheten*: 11,28 21,11 durch Agabus[,] 15,32 Judas und Silas[,] 19,7 durch die Johannesjünger in Ephesus[,] 21,4 durch die Jünger von Tyrus[,] 21,9 durch die Töchter des Philippus.

Auch aus dem ersten Teil des Buches und aus dem Lukasevangelium wären Parallelen dazu unschwer beizubringen. Es handelt sich da um einen ganz eigentümlichen Zug, der in der lukanischen Theologie immer wieder sich bemerklich macht. Hier kommt nur das in Betracht:

Das ganze Geschichtsbild des Autor ad Theophilum ist getragen, ja bedingt durch die verschiedenen Pneuma-Wirkungen, wobei zu beachten ist, daß sie durchgängig im ganzen Buch, einerlei ob Wirstück oder nicht, vorkommen.

Der Kanon Holtzmann's ist bereits erwähnt worden: «*Man schreibt eben aus der Zeit und für die Zeit»* (S. 322). Acceptiert! Entspricht die Geisteswelt, in der der Verf. offenkundig lebt, dem enthusiastischen, durch die Auferstehungstradition und die eschatologischen Erwartun-

gen für alle übersinnlichen Wirkungen durchaus empfänglichen Zeitalter der 70er oder 80er Jahre des ersten Jahrhunderts oder aber der Zeit der sich konstituirenden altkatholischen Kirche, die gegen jene Geisteswirkungen bereits mißtrauisch wird? (Didache!)[62]
Doch vielleicht eher das erstere.

Die Selbständigkeit der paulinischen Mission

*Die Wirksamkeit des Pl vollzieht sich unabhängig[,] aber im Einverständnis mit der jerusalemischen Urgemeinde unter freier Beiziehung von juden- und heidenchristlichen Gehilfen*

Die spezielle Untersuchung der hier einschlägigen Probleme fällt in die Domäne anderer Arbeiten. Immerhin kann ich an dieser Seite meiner Aufgabe nicht ohne Weiteres vorübergehen, da sie gerade in den Positionen der Kritik eine wichtige Rolle spielt.

Zur Vorgeschichte der paulinischen Mission ist der Abschnitt 9,10–30 beizuziehen: Unter der Leitung des damascenischen Christen Ananias vollzieht sich die endgiltige Bekehrung des vorher Drohung und Mord schnaubenden Saulus. 9,20 kommt er nach Jerusalem, wird aber mißtrauisch empfangen. Das ändert sich dann durch die Fürsprache des Barnabas und von da an «ging er bei ihnen aus und ein», ja er tritt sogar auf im Namen des Herrn und disputiert mit den dortigen Hellenisten. Infolge der Nachstellungen der letztern geht er nach Tarsus, von wo er dann, wie wir früher gesehen, 11,26 von Barnabas nach Antiochien abgeholt wird.

Auf die sehr komplizierte Auseinandersetzung mit [dem Text] Gal 1,16–2,10, über den schon so viel Tinte geflossen ist, kann ich mich hier im Einzelnen nicht einlassen. Es genüge das Eine: Der Gedanke[,] der hier wie dort sichtlich hervorgehoben ist, ist der: die *Stellung des Pl* gegenüber Kephas, Jakobus etc. ist eine *souveräne,* das Verhältnis beider Teile zu einander ist weder das der Abhängigkeit noch das der Feindschaft, sondern das einer *Freundschaft von Weitem*. Dasselbe geht dann auch aus dem weitern Verlauf der Erzählung der Apostelgeschichte hervor: 13,2 werden der Jerusalemer Barnabas und Saulus gemeinsam ausgesendet, im Verlauf der Erzählung tritt aber der anfangs an zweiter Stelle genannte Saulus sichtlich immer mehr in den Vordergrund,

---

[62] Vgl. bes. Did. 11,7–12.

(13,13,16,43,46,50 14,9 etc.) ja 15,39 kommt es zur Trennung der Beiden und es gilt fortan durchgängig das Princip: «Getrennt marschieren, vereint schlagen»[63] 15,40 nimmt Pl den *Silas*, 16,2 den *Timotheus*, 16,10 den *Unbekannten von Troas* zu sich u.s.f.

*Die unabhängige Stellung des paulinischen Apostolats gegenüber Jerusalem* ist von da ab stillschweigend Voraussetzung des Berichts der Apostelgeschichte. – Ein Passus scheint hier eine große Ausnahme zu machen, ich meine den ebenfalls berühmt-berüchtigten Abschnitt 15,1–33, der das *jerusalemische Apostelkonzil* behandelt, in seinem Verhältnis zu Gal 2,1–10. Verschiedene Einzelheiten wie die Frage, ob Pl nur mit den δοκοῦντες (Gal 2,2) oder mit den ἀπόστολοι καὶ πρεσβύτεροι (Act 15,6) verhandelt, ob nur Pl und Barnabas oder auch Petrus und Jakobus die Sache der Freiheit vertreten haben, mögen hier kontrovers bleiben. Alle Anklagen der tübingisch orientierten Kritik gegen den Verf. unsres Buches konzentrieren sich schließlich auf einen Punkt, nämlich das Resultat der ganzen Verhandlungen.

| *Gal 2,6,10* | *Act 15,28,29* |
|---|---|
| ἐμοὶ γὰρ οἱ δοκοῦντες | ἔδοξεν γὰρ ... ἡμῖν μηδὲν |
| οὐδὲν προσανέθεντο ἀλλὰ | πλέον ἐπιτίθεσθαι βάρος |
| τοὐναντίον ... μόνον τῶν | πλὴν τούτων τῶν ἐπάναγκες |
| πτωχῶν ἵνα μνημονεύωμεν | ἀπέχεσθαι εἰδωλοθύτων |
| | καὶ αἵματος καὶ πνικτῶν |
| | καὶ πορνείας |

Soviel muß zunächst festgestellt sein: Ist es so, wie es auf den ersten Blick scheint und wie die Kritik unaufhörlich behauptet, daß *diese Referate sich gegenseitig ausschließen*, wobei der Gal-Stelle der Vorzug zu geben wäre, dann fällt auch auf den Quellenwert der Apostelgeschichte ein mehr als fatales Licht, ja ihre ganze Zeichnung der paulinischen Missionstätigkeit wird verdächtig. Denn es ist unmöglich[,] daß einer, der den Pl persönlich kannte, ihm ein solches Grundprinzip für seine propagandistische Tätigkeit hätte unterschieben und sich damit in direkten Gegensatz zu dessen klar ausgesprochenem Standpunkt hätte setzen können.

---

[63] Zu den Quellen dieser die strategischen Grundsätze Helmuth von Moltkes zusammenfassenden Wendung vgl. G. Büchmann, *Geflügelte Worte. Der Zitatenschatz des deutschen Volkes*, 32. Auflage, vollständig neubearbeitet von G. Haupt und W. Hofmann, Berlin 1972, S. 739.

Da ist nun einmal gegenüber der überlauten Schätzung des Berichts im Galaterbrief das einzuwenden, was *Harnack* zu seiner Charakteristik sagt: «er ist mehr hingewühlt als hingeschrieben und strebt so gewaltsam der Mitteilung des schließlichen Ausgangs zu, daß die Vorstufen aus den abgerissenen Sätzen teils gar nicht, teils nur unsicher zu erkennen sind» (Mission und Ausbreitung des Chr[isten]t[um]s etc. [1902] S. 42)

Dann aber ist es vor Allem *fraglich*, ob es sich wirklich in der Meinung des Verf's der Apostelgeschichte um ein *Grundprincip* handelte. Die Kritik behauptet es, denn auch ihre ganze Position ist darauf aufgebaut, bei den Ältern speziell noch die Hypothese des sog. Unionspaulinismus.[64]

Dagegen ist Folgendes zu sagen: Wäre dem so, so müßte die übrige Apostelgeschichte weitere Spuren von diesem «Grundprincip» aufweisen.

*Dies ist aber nicht der Fall,* mit einziger Ausnahme von 16,4, wo aber, wie bereits gezeigt, die Sache eine wesentliche Rolle *nicht* spielt. Das «Aposteldekret» ist weder überhaupt, noch vom Verf. der Apostelgeschichte als von principieller Bedeutung für die Mission angesehen worden, vielmehr als eine Art sozialer Klugheitsregel, aus der Not der Situation erlassen, die aber bald durch die Ereignisse überholt wurde, wenn sie sich auch in einzelnen christlichen Kreisen länger erhalten haben mag. Daß ihm sachlich eine urchristliche – auch paulinische – Anschauung zu Grunde lag, das ist durch Rom 14 I Cor 5 6,12–20 8 sichergestellt, aber weder nach Pl, noch nach dem Verf. der Apostelgeschichte hat die Sache mehr als sekundäre Bedeutung gehabt. Ebendahin erkläre ich mir die Nicht-Erwähnung Gal 2: Pl denkt nicht daran, jenes Dekret als korrelates gesetzliches Minimum mit absolut obligatorischem Charakter an Stelle der weggefallenen Beschneidung hinzustellen. Ebensowenig will dies der Verf. der Apostelgeschichte, sonst würde er nicht 16,3 Pl den Timotheus beschneiden lassen.

In der übrigen Apostelgeschichte hören wir nichts mehr, was einer Abhängigkeit des Pl von den στῦλοι in Jerusalem ähnlich sähe. (Zum Glück steht nämlich die Steuer für die jerusalemischen Armen nicht bei Act, sondern in den Briefen, sonst würde sie wahrscheinlich so gedeu-

---

[64] Vgl. etwa A. Hilgenfeld, a.a.O., S. 543–614, bes. S. 599–601.

tet!) Bewußt und unabhängig, nicht auf die Menschen, nur auf des Herrn Stimme hörend, sehen wir ihn durch die Geschichte schreiten, mehr und mehr verschiebt sich der Brennpunkt des Interesses westwärts, ja von cap. 15 an werden die Jerusalemer überhaupt nicht mehr erwähnt (außer 21,18 und dort in wenig rühmlicher Rolle!) Der eine Pl ist es, der das Interesse des Verf.'s erfüllt.

Könnte der abgefeimte unionisierende Pragmatiker *Zeller*'s oder der gutmütige[,] aber etwas ignorante Kompilator *Holtzmann*'s am Anfang des 2$^{ten}$ Jahrhunderts so vorgegangen sein? – Schwerlich glaubwürdig!

Der Eine hätte von seinem Tendenzstandpunkt aus ein Interesse daran haben müssen, über jenes für ihn so wichtige Verhältnis der paulinischen Mission präzisere Auskunft zu geben, als sie faktisch vorliegt.

Der Andere hätte mindestens von seinem zeitlichen Standort aus und als Chronikschreiber des apostolischen Zeitalters, zu dem ihn *Holtzmann* und überhaupt die Kritik immer wieder macht, seine Teilnahme nicht in dieser Weise auf Pl beschränken dürfen.

Die Tatsache, daß das Eine geschieht und das Andre nicht geschieht, scheint mir nicht anders erklärbar[,] als wenn der Autor ad Theophilum örtlich und zeitlich mehr[,] als bis dahin geschehen, in die Nähe der Ereignisse selbst gerückt wird.

Von den Juden zu den Heiden

*Paulus missioniert* διαμαρτυρόμενος Ἰουδαίοις τε καὶ Ἕλλησιν μετάνοιαν καὶ πίστιν *(20,21)*

Damit sind wir nun bei jener überall wiederkehrenden Aufstellung des Autor ad Theophilum angelangt, von der wir aus den vorangegangenen Erörterungen wissen, ὅτι πανταχοῦ ἀντιλέγεται! [vgl. Act. 28,22] Neben dem Parallelismus zwischen Pl und Petrus, neben dem jerusalemischen Konzil und Dekret haben wir hier eine der Hauptsäulen des kritischen Gebäudes vor uns.

Es wird das Gegebene sein, hier, weil die Sache den Kern unsres Themas berührt, mehr als bisher zunächst einmal die Kritik selbst in einigen ihrer modernen Vertreter zu Worte kommen zu lassen (Von den Ältern sehe ich ab, da ihre Positionen hier ja wesentlich in denen der Jüngern enthalten sind.[)]

*Ist die Missionspredigt des Pl von der Synagoge ausgegangen?*

Die Antwort *Weizsäcker*'s ist merkwürdig doppeldeutig. Zuerst lese ich: «nach der Erzählung der Apostelgeschichte ist dies für Pl überall, es ist jedenfalls der regelmäßige Weg gewesen» (S. 92) Bald darauf tönt es aber anders: «es ist nicht zu verkennen, daß die Gewohnheit des Anfangens in der Synagoge und Übergehens von da erst zu den Heiden den Charakter einer verdächtigen Regelmäßigkeit hat, die auch mit einer dogmatischen Voraussetzung des Verf's zusammenhängt[»] (S. 93) Dieser Verdacht wird dann belegt an Hand einer Anzahl paulinischer Stellen, auf die ich im Zusammenhang zurückkomme.

Bedeutend schärfer läßt sich *Jülicher* vernehmen: «Nach Act hätte Pl auf seinen Missionszügen immer zuerst die Synagoge aufgesucht und erst, wenn seine Volksgenossen den gekreuzigten Messias zurückwiesen, sich berechtigt geglaubt, nunmehr sich den Heiden zu widmen; ein undenkbarer Grundsatz für den Pl, der so klar die Arbeit an den Heiden als die von Gott ihm gestellte Aufgabe erkannt hatte.» (S. 351) Am Rückhaltlosesten und Eingehendsten sehe ich die behauptete Unhistorizität der Darstellung der Apostelgeschichte begründet bei *Holtzmann:* «Wer das (folgen Instanzen) geschrieben hat, konnte die prinzipielle Frage nicht immerdar von dem Umstande abhängig denken, daß zuvor die Juden ihr Recht stets aufs Neue verwirkt haben müßten» (S. 317)

Auch hier sei es gleich gesagt: Behält die Kritik Recht und ist die nach der Apostelgeschichte angewandte Methode tatsächlich unhistorisch, so könnten wir nicht anders als mit ihr den Verf. entweder als einen Pragmatiker im schlimmen Sinn oder mindestens als einen sehr schlecht orientierten Schriftsteller der spätern Zeit taxieren.

Ich bin aber nach längerer Abwägung des pro und contra *nicht* zu diesem Resultat gekommen.

Das wird nach zwei Seiten hin zu begründen sein: einmal durch eine *rekapitulative Untersuchung der einzelnen Daten der Apostelgeschichte* dann durch *Vergleichung und Kritik der von beiden Seiten angeführten paulinischen Instanzen.*

1. Zuerst seien jene Stellen der Apostelgeschichte erwähnt, in denen nach *Holtzmann* «ausdrücklich auf das Prinzip hingewiesen» wird, «welches der in Rede stehenden Praxis zu Grunde liegt» (S. 317) 13,46f.

18,6 28,26f. Hier im pisidischen Antiochien, dort in Korinth, endlich in Rom hören wir Pl angesichts der jüdischen Widerspenstigkeit die Aussage machen: *Den Juden mußte zuerst gepredigt werden, da sie aber verstockt sind, wende ich mich mit dem Evangelium an die Heiden.*

Dies ist nun nach Ansicht der Kritik die unerträgliche Schablone, das Schema, in das der Verf. die wirkliche Geschichte hineinzwängt um seiner dogmatischen Vorurteile willen.

In der Tat vollzieht sich nun nach dem Autor ad Theophilum die Missionstätigkeit des Pl in der Mehrzahl der Fälle in diesem Rahmen.

a) *Pl sucht zuerst die Synagoge auf*

13,5 in Salamis[,] 13,14 im pisid. Antiochien[,] 14,1 in Ikonium[,] 16,13 in Philippi[,] 17,2 in Beröa[,] 17,17 in Athen[,] 18,4 in Korinth[,] 18,19 und 19,8 in Ephesus, endlich 28,17 in Rom, das im Sinne des Verf's hier ebenfalls beizuziehen ist.

Ich habe mich zunächst nur mit der Möglichkeit einer innern Motivierung der hier unstreitig vorliegenden Methode zu beschäftigen. Diese wird, wie auch *Weizsäcker* und *Holtzmann* zugeben, nicht a priori verneint werden können, denn – ich benutze die ipsissima verba des letztern – «diese Praxis, zuerst immer die Synagoge der Juden zu besuchen und sie als Stützpunkt für eine Wirksamkeit unter den Heiden zu benutzen, *ist die der Natur der Sache nach gebotene ... zumal da ja die hier sich einfindenden* σεβόμενοι *den günstigsten Anknüpfungspunkt boten»* (S. 316)

Gegen die innere Wahrscheinlichkeit dieser Auffassung hat die Kritik bis jetzt etwas Wirksames nicht vorgebracht, wir haben vielmehr gesehen, daß *Weizsäcker* mit halbem Herzen bereit ist, sie anzuerkennen

Nun aber die andre Seite der Sache:

b) *Pl stößt in der Synagoge früher oder später auf Widerspruch und Verfolgung*

So 13,45 im pisid. Antiochien[,] 14,2 in Ikonium[,] 17,5 in Thessalonich[,] 18,6 in Korinth[,] 19,9 in Ephesus[,] 28,21–25 in Rom. – Entspricht diese Stellung des Judentums der tatsächlichen Situation jener Jahrzehnte oder nicht?

c) *Pl wendet sich deshalb von ihr ab und direkt an die Heiden*

So ausdrücklich erwähnt im pisid. Antiochien 13,46–48, in Korinth 18,6, in Ephesus 19,9, endlich in Rom 28,26–28[.] – Lag dieser Übergang in der Natur der Sache oder nicht?

Nun sind aber vor Allem die zahlreichen Fälle zu beachten, wo die Sache nach dem Bericht der Apostelgeschichte *anders verläuft*.

a) *Pl missioniert nicht in der Synagoge sondern direkt bei den Heiden*
So 14,8 in Lystra, 14,21 in Derbe[,] 14,25 in Perge[,] 15,6 in Phrygien u. Galatien.

b) *Pl missioniert in der Synagoge und findet bei den Juden Gehör*
17,11 in Beröa[,] 18,20,21 in Ephesus, überhaupt bei mehr oder weniger zahlreichen Einzelnen!

c) *Pl missioniert in der Synagoge und unabhängig davon auch bei den Heiden*
13,7-12 in Paphos[,] 16,32 in Philippi[,] 17,17$^{bf.}$ in Athen

Angesichts all dieser Abweichungen kann ich nicht einsehen, daß ein «Schema» im Sinn der Kritik hier vorliege. Wäre das der Fall, der Verf. hätte es nicht immer wieder in dieser Weise durchbrechen dürfen. Was thut man aber nicht einer Theorie zu Liebe? Ich wundere mich gar nicht, daß *Hilgenfeld* (Einleitung in das NT S. 584f.)[65] für jene vom «Schema» abweichenden Berichte eine *Sonderquelle* hat nachweisen wollen! Deutlicher könnte die Tatsache gar nicht demonstriert werden, daß schablonenhafte Geschichtsbetrachtung viel weniger auf Seiten des Autor ad Theophilum als auf der seiner modernen Kritiker vorliegt.

Das Geschichtsbild, das der Verf. der Apostelgeschichte vor sich hat, ist somit in diesem Punkt Folgendes:

a) Pl beginnt seine missionarische Thätigkeit in der Regel bei den Juden und geht von ihnen erst infolge ihrer Widerspenstigkeit zu den Heiden

b) Er findet bei den Juden meistens Ablehnung, vielfach teilweises und öfters völliges Gehör

c) Wo es die Verhältnisse nahelegen, wendet er sich direkt, mancherorts wenigstens unabhängig von der Synagoge[,] aber auch ohne in Gegensatz zu ihr zu treten, an die Heiden.

Nun aber zu dem, was *Weizsäcker* die «dogmatische Voraussetzung»[66] der Methode nennt. Soviel ist unbestreitbar, daß das im Allgemeinen abweisende Verhalten des Judentums und der daherige Übergang der Mission von ihm zu den Heiden das Interesse des Verf's in

---

[65] Vgl. auch H. J. Holtzmann, a.a.O., S. 316.
[66] *Das apostolische Zeitalter*, a.a.O., S. 93.

hohem Grade in Anspruch nimmt, ja daß dieses Verhältnis ein *Hauptthema* seines Buches bildet. Sonst würde er nicht immer und immer wieder darauf zurückkommen, sonst würde er nicht mit jenem typischen Abschnitt 28,17–28 schließen. Der dogmatische Gedanke, der hier zu Grunde liegt, ist offenbar der: nachdem den Juden der Messias gepredigt worden ist, haben sie ihn verworfen, nun kommt das Heil zu den Heiden.

Ist dieser Gedanke historisch d. h. in diesem Fall: war dies auch die Meinung des Pl?

2. Wir kommen damit auf die Aussagen der paulinischen Briefe über unsern Gegenstand. Jene zuletzt gestellte Frage ist angesichts von Rom 2 und 9–11, Gal 3–5 unschwer zu beantworten, auch die Kritik wird sie bejahen müssen. Schwieriger wird es dagegen, wenn sich nun die andre Frage erhebt: *hat Pl wirklich die bei Act angegebene Praxis befolgt:* «den Juden zuerst, dann den Heiden»?

«Unmöglich» antworten *Jülicher* und *Holtzmann* mit einer gewissen Emphase. Ihre Hauptargumente sind, um der Kürze halber nur die wirksamsten zu nennen, folgende: Vor Allem einige Stellen des *Galaterbriefs:* Gal 1,16 «Es gefiel Gott ... seinen Sohn in mir zu offenbaren ἵνα εὐαγγελίζωμαι αὐτὸν ἐν τοῖς ἔθνεσιν[«]

Gal 2,7 ... ἰδόντες ὅτι πεπίστευμαι τὸ εὐαγγέλιον τῆς ἀκροβυστίας

Gal 2,8 ... ὁ γὰρ ἐνεργήσας Πέτρῳ ... ἐνήργησεν καὶ ἐμοὶ εἰς τὰ ἔθνη

Gal 2,9 ... δεξιὰς ἔδωκαν ἐμοὶ καὶ Βαρναβᾷ κοινωνίας, ἵνα ἡμεῖς εἰς τὰ ἔθνη, αὐτοὶ δὲ εἰς τὴν περιτομήν

Gewiß, diese Arbeitsteilung war das wichtige Ergebnis des jerusalemer Konzils. Wem es Freude macht, der mag es mit *Holtzmann* (S. 317) ein «Programm» nennen. (Handelte es sich um den Verf. der Apostelgeschichte, so würde man wahrscheinlich von einer Schablone reden!) Keinenfalls ist aber darauf soviel abzustellen, wie es seitens der Kritik geschieht. M. E. ist der Gegensatz περιτομή – ἔθνη hier nicht national-religiös, sondern geographisch zu fassen, also: Pl in der *Diaspora*, die Urapostel in *Palästina*. Pl wäre jedenfalls nicht der Mann gewesen, sich ein Schema (hier wäre nun von einem solchen zu reden!) nach der Auffassung der Kritik aufnötigen, sich den wichtigsten, vielfach den einzig möglichen Ausgangspunkt für seine Heidenmission durch eine solche formale Konvention rauben zu lassen.

Die von *Holtzmann* (S. 317) weiter angerufene Stelle Rom 1,14 ist hier nur scheinbar wirksam: Ἕλλησίν τε καὶ βαρβάροις, σοφοῖς τε καὶ ἀνοήτοις ὀφειλέτης εἰμί. Der Nachdruck liegt (Pl redet eine vorwiegend heidenchristliche Gemeinde an) auf dem Gegensatz *gebildet – ungebildet* und die Nationalbezeichnung Ἕλληνες καὶ βάρβαροι spielt dabei eine an sich ganz untergeordnete Rolle.

Eine der wichtigsten Autoritäten für die kritische Position ist endlich *I Thess 2,1f.*[,] worüber bes. *Weizsäcker* (S. 93) ausführlich redet. Der Apostel giebt dort einen Bericht über sein erstes Auftreten in Thessalonich[,] mit dem nach der Meinung W.'s Act 17,1–10 unvereinbar sein soll[,] denn «von Judenpredigt ist dabei keine Rede, auch nicht von irgendwelchem Eingreifen der in Thessalonike vorhandenen Juden in den Gang der Sache» *Harnack* hat (im Seminar) hingegen auf I Thess 2,14 rekurriert. Allein da scheint mir *Weizsäcker*[67] mit Recht geltend zu machen, daß die ἴδιοι συμφυλέται dort als die heidnischen Landsleute der christlichen Thessalonicher zu verstehen sind, gegenüber den Ἰουδαῖοι in Palästina, die sich ähnlich oppositionell gegen die dortigen Gemeinden verhielten. Die Leser, die Pl im ersten Thessalonicherbrief anredet, sind sichtlich (I Thess 1,9) Heidenchristen. Dennoch ist zu bestreiten, daß die beiden Versionen sich ausschließen. Act 17,4 berichtet von einem πλῆθος πολύ bekehrter Hellenen, Act 17,5–10 von den Kämpfen, die Pl durchzumachen hat bei der Verkündigung des Evangeliums, ganz entsprechend dem ἐν πολλῷ ἀγῶνι I Thess 2,2. Vielleicht hat das Haus des Act 17,5 so plötzlich erwähnten Jason ein Centrum der heidenchristlichen Verkündigung gebildet, von der I Thess 2,3 die Rede ist. Jedenfalls aber läßt es sich aus der Angabe Act 17,4 τινὲς Ἰουδαίων ἐπείσθησαν erklären, daß Pl im Briefe nicht Anlaß nimmt, sie speziell zu berücksichtigen.

Auf die übrigen, bes. von *Holtzmann* (S. 317) zusammengestellten Instanzen einzutreten, verzichte ich. Es sind dies Gal 3,28 4,21–23 Rom 2,28–29 3,29–30 4,11,16 I Cor 1,24 u. A. Sie drücken alle den Gedanken aus: Juden und Heiden sind vor Gott gleichberechtigt. Dar-

---

[67] *Das apostolische Zeitalter*, a.a.O., S. 49.93.115; vgl. *Das Neue Testament, übersetzt von C. Weizsäcker*, a.a.O., S. 281.

über kann ja aber keine Kontroverse sein, daß der Verf. von Act diese Anschauung teilte! Gegen die Wahrscheinlichkeit der in der Apostelgeschichte geschilderten Praxis bringen sie jedenfalls nichts bei. Dagegen haben wir andrerseits sehr bestimmte Hinweise, die sie *bestätigen:*

Ich rechne dahin bes. *Rom 9–11.* Der Tenor dieser Kapitel ist doch sehr deutlich der: Die Juden sind insofern vom Heil ausgeschlossen, als sie es selbst verwerfen[;] aber für Juden *und* Heiden ist der Messias gestorben. «Gott hat sein Volk nicht verstoßen» (Rom 11,2) «Durch ihren Fehltritt kommt das Heil zu den Heiden» (Rom 11,11) «So sind sie denn dem Gang des Evangeliums nach Feinde um euretwillen, der Erwählung nach aber Lieblinge um der Väter willen» (Rom 11,28) u.s.f. Entspricht dem Allem nicht auch der Gesichtswinkel, unter dem der Autor ad Theophilum das Judentum betrachtet?

Weiter, konnte der Mann, der *Rom 9,1–5* in so herzbewegender Treue von seinem Volke spricht, an den jüdischen Gemeinden der Diaspora vorübergehen ohne doch überall, wo es anging, wenigstens einen Versuch gemacht zu haben, ihnen das Heil in Christo nahezulegen? Dann die klassische Stelle *Rom 1,16:* «Ich schäme mich aber des Evangeliums nicht δύναμις γὰρ θεοῦ ἐστιν εἰς σωτηρίαν παντὶ τῷ πιστεύοντι Ἰουδαίῳ τε πρῶτον καὶ Ἕλληνι[»]

Endlich das, wie *Holtzmann* sich bei einem andern Anlaß beklagt (S. 407) «unaufhörlich angerufene Wort» *I Cor 9,20,* das mit aller wünschenswerten Deutlichkeit dasselbe besagt: ἐγενόμην τοῖς Ἰουδαίοις ὡς Ἰουδαῖος, *ἵνα Ἰουδαίους κερδήσω·* τοῖς ὑπὸ νόμον ὡς ὑπὸ νόμον μὴ ὢν αὐτὸς ὑπὸ νόμον *ἵνα τοὺς ὑπὸ νόμον κερδήσω*

Ich kann aus alledem, auf Weiteres will ich verzichten, keinen andren Schluß ziehen als den: Auch Pl selbst hat die Missionierung des Judenvolkes als in seiner Lebensaufgabe mitinbegriffen aufgefaßt.

Seine Persönlichkeit und Tätigkeit waren eben schlechterdings nicht so eindeutig, als sie es nach Meinung der «tübingischen und verwandten Richtungen» gewesen sein sollen.

Ich fasse zusammen:

Die bedeutende Stellung, welche die Propaganda beim Judentum der Diaspora, seine ablehnende Haltung gegenüber dem Evangelium und der daherige Übergang des Apostels von ihm zu den Heiden im *Geschichtspragmatismus* des Autor ad Theophilum einnimmt, ist unverkennbar.

Dagegen ist die Hypothese der Tübinger Schule und ihrer Nachfolger, als ob die Darstellung der Apostelgeschichte nicht mehr bloßer Pragmatismus, sondern tendenziöse *Konstruktion* sei, *abzuweisen*, indem jene Darstellung[,] innerlich durchaus motiviert, auch der Anschauungsweise des Pl selbst entsprach.

Aber noch mehr. Auch hier ist wieder zu sagen: Ein Verf. der Apostelgeschichte, wie ihn die Kritik annimmt, hätte so die Vorgänge nicht beschreiben können.

Der Unionspolitiker *Zeller*'s hätte nicht überall von dem erbitterten Widerspruch der Juden berichten, er hätte vor Allem nicht mit der Verwerfung des Judenvolks sein Werk beschließen dürfen.

Der sachunkundige Chronikschreiber *Holtzmann*'s hätte wenigstens sein «Schema» allseitiger und konsequenter durchführen müssen, als es tatsächlich geschieht.

Beides ist auch hier *nicht* der Fall.

## *Zweites Kapitel*
## *Die Missionsgemeinden*

Der Stoff, der hier zu besprechen ist, fällt zu einem großen Teil auf das Gebiet einer andern Arbeit («Verfassung und Kultus nach Act»[68]) Dennoch darf ich hier nicht daran vorübergehen, da er einen integrierenden Bestandteil des Materials bildet, dessen ich bedarf, um ein abgerundetes Bild von der Missionstätigkeit des Pl, wie es aus der Apostelgeschichte zu gewinnen ist, herzustellen.

Dennoch werde ich einige Restriktionen vornehmen, die sich mir aus der Stellung meines Themas «Pflanzung und Pflege der Gemeinden» zu ergeben scheinen. Ich verstehe unter diesen Gemeinden ausschließlich die *paulinischen Missionsgemeinden,* d. h. diejenigen, die es nach dem Bericht der Apostelgeschichte sind. *Nicht* in Betracht fallen also die Gemeinden von Tyrus, Cäsarea und Cypern, obwohl Pl auch zu diesen z. T. sehr intime und interessante Beziehungen gehabt zu haben scheint, endlich und vor Allem Antiochien in Syr. und Rom.

---

[68] Das (für die Sitzung vom 21. 2. 1907 zu bearbeitende) Thema lautete nach Barths Aufzeichnungen (Excerpta III, S. 418) vollständig: «Was läßt sich über Gemeindeverfassung und Kultus in Jerusalem und in der Diaspora der Apgesch entnehmen?»

Die Missionsgemeinden, von denen zu reden sein wird sind folgende:

a) in *Ost-Kleinasien:* Ikonium, Lystra, Derbe, Antiochien in Pis., Perge, Galatien und Phrygien

b) in *Mazedonien:* Philippi, Thessalonich, Beröa

c) in *Hellas:* Korinth, Athen

d) in *Westkleinasien:* Ephesus, Troas

⟦Die Einteilung entspricht im Ganzen den vier «Provinzen» *Weizsäcker*'s (S. 190f.)[69]⟧

Die Frage, die zu erörtern ist, ist die: Was läßt sich aus der Apostelgeschichte über die *Gründung und Organisation dieser Gemeinden durch Pl* erkennen und wie gestaltet sich späterhin das *Verhältnis von Gemeinde und Apostel* zu einander?

Wiederum werde ich dann versuchen, wenigstens andeutungsweise von Fall zu Fall die Parallelen zu den Daten der paulinischen Briefe zu ziehen und mich mit den kritischen Problemen auseinander zu setzen, soweit mir dies im Rahmen einer Spezialdarstellung wie die vorliegende geboten erscheint

I. Historische Übersicht

Ost-Kleinasien

Notwendig erhebt sich hier gleich eingangs die vieldiskutierte Frage: was ist und wo liegt Γαλατία, denn je nach der Beantwortung muß sich auch die Anordnung unsres Stoffes so oder anders gestalten.

Entweder ist darunter zu verstehen das eigentliche, seit 280 v. Chr. von Kelten besiedelte Galaterland *am obern Halys[.]* So urteilen von den Neuern *Hilgenfeld*[70][,] *Holsten*[71], *Holtzmann*[72], *Schürer*[73], *Lipsius*[74], *Schmiedel*[75] etc.

---

[69] *Das apostolische Zeitalter*, a.a.O., S. 190–199, bes. S. 195.

[70] A.a.O., S. 250–252.

[71] C. Holsten, *Das Evangelium des Paulus*, Teil I: *Die äußere entwicklungsgeschichte des paulinischen evangeliums*, Abteilung 1: *Der brief an die gemeinden Galatiens und der erste brief an die gemeinde in Korinth*, Berlin 1880, S.35–43.

[72] A.a.O., S. 235.

[73] E. Schürer, *Was ist unter Γαλατία in der Ueberschrift des Galaterbriefes zu verstehen?*, in: JPTh, Jg. 18 (1892), S. 460–474.

[74] R. A. Lipsius, *Briefe an die Galater, Römer, Philipper*, HC 2,2, Freiburg i. B. 1891, S. 1–3.

[75] W. Schmiedel, Art. «Galatia. B. Galatians of the Epistle and Acts. II. Case for the North Galatian Theory», in: EB(C), Vol. II, 1901, Sp. 1596–1616.

Oder aber Galatien ist *die römische Provinz des Namens* und umfaßt somit außer jenen Gegenden auch die südost-kleinasiatischen Länder: Lykaonien, Pisidien etc. Dafür haben sich *Renan*[76], *Hausrath*[77][,] *Weizsäcker*[78], *Pfleiderer*[79], *Wendt*[80], *Zahn*[81] u. A. entschieden.

Trifft das letztere zu, so hätten wir hier also nur von galatischen (im weitern Sinn) Gemeinden zu reden.

Ich verzichte darauf, hier auf die bekannte Reihe von Argumenten und Gegenargumenten einzutreten, die sich bes. *Holsten*[82] und *Hausrath*[83] entgegengestellt haben. Das Problem ist eines von denen, das, wenn nicht einmal neue Funde oder Ausgrabungen ihr unwiderkliches Zeugnis ablegen sollten, schwerlich stringent für die eine oder andre Ansicht zu beweisen sein wird. «Der Worte sind genug gewechselt»[84] und neue Gesichtspunkte sind bei der Spärlichkeit der vorhandenen Daten nicht mehr beizubringen. Subjektiv bedingte Wahrscheinlichkeitsannahmen müssen hüben und drüben vorderhand ausschlaggebend sein.

Belehrung vorbehalten, habe ich mich für das sog. *Nordgalatien* entschieden. Was mich dazu führte[,] waren die Angaben der Apostelgeschichte, deren Sprachgebrauch, wie auch *Hausrath* zugiebt[85], an jenes denken [läßt] (Man beachte die Reihenfolge der Ortsangaben 16,6 und 18,23) Wer an Südgalatien festhält[,] muß diese entweder umdeuten oder überhaupt als unhistorisch verwerfen, wozu ich trotz der dem Galaterbrief entnommenen Argumente keinen Anlaß finde. Daß weder bei Act die südlichen Landschaften Galatien heißen, noch bei Gal die Galater Lykaonier oder dgl., das scheint mir immerhin gravierender zu sein als *Weizsäcker* (S. 232) einräumen will. Selbst wenn für die Apostelge-

---

[76] E. Renan, *Histoire des Origines du Christianisme*, L. III: *Saint Paul*, Paris 1869, S. 48–52.
[77] *Neutestamentliche Zeitgeschichte*, a.a.O., S. 135, Anm. 2.
[78] *Das apostolische Zeitalter*, a.a.O., S. 196f.228f.
[79] *Das Urchristenthum*, a.a.O., S. 57f.
[80] A.a.O., 1880$^5$, S. 341.
[81] Th. Zahn, *Einleitung in das Neue Testament*, Bd. I, Leipzig 1897, S. 123–138.
[82] A.a.O., S. 35–43.
[83] *Neutestamentliche Zeitgeschichte*, a.a.O., S. 135, Anm. 2.
[84] J. W. von Goethe, *Faust*, V. 214 (Vorspiel auf dem Theater).
[85] *Neutestamentliche Zeitgeschichte*, a.a.O., S. 135, Anm. 2.

schichte der Anfang des 2^(ten) Jahrhunderts als Entstehungszeit anzunehmen wäre, so würden ihre Angaben mindestens zeigen, daß man noch damals (vgl. auch II Tim 4,10 die Variante Γαλλίαν!) an das keltische Nordgalatien dachte. Vom Standort des Galaterbriefs aus beurteilt endlich, dürfte die von *Weizsäcker* (S. 228) ebenfalls sehr geringschätzig behandelte Beobachtung nicht ohne Wert sein, daß die z. B. aus *Caesar*, Bell. Gall. II,1[86] bekannten Charaktereigentümlichkeiten der keltischen Stämme, sich in der Zeichnung [,] die Pl von der Art der Galater giebt (Gal 1,6 4,12–20 5,1,7 etc.) in auffallender Weise wiederfinden.

Wir werden also hier zunächst von den südost-kleinasiatischen Gemeinden zu handeln haben, dann, getrennt davon, von den nördlichen, eigentlich galatischen.

## Antiochia in Pisidien

Pl hat in der Synagoge daselbst 13,43 zunächst mit *Juden* und *Proselyten* Fühlung gewonnen, die Apostel sprechen ihnen zu und es gelingt ihnen, sie zu überreden (ἔπειθον αὐτούς) Am nächsten Sabbat kommt σχεδὸν πᾶσα ἡ πόλις (13,44) um die Apostel zu hören, das weckt den Neid der Juden und so wendet sich Pl an die Heiden, die sich freuten und gläubig wurden (13,48) Ja, δι' ὅλης τῆς χώρας (13,49) wird das Wort getragen. Offenbar vergeht nun längere Zeit, dann erregen die Juden die höhern Kreise der Stadt und Pl und Barnabas müssen aus ihrem Gebiet entweichen. οἵ τε μαθηταὶ ἐπληροῦντο χαρᾶς καὶ πνεύματος ἁγίου (13,52) Pl und Barnabas bereisen nun Ikonium, Lystra, Derbe, dann kehren sie zurück[,] sin[d] dort und zuletzt wieder in Antiocha ἐπιστηρίζοντες τὰς ψυχὰς τῶν μαθητῶν, παρακαλοῦντες ἐμμένειν τῇ πίστει ... χειροτονήσαντες δὲ αὐτοῖς κατ' ἐκκλησίαν πρεσβυτέρους προσευξάμενοι μετὰ νηστειῶν παρέθεντο αὐτοὺς τῷ κυρίῳ εἰς ὃν πεπιστεύκεισαν (14,22,23)

Schon hier ist nun auf einen Umstand hinzuweisen, der bei allen hier in Betracht kommenden Texten auffällt: Die Angaben der Apostelgeschichte über die Missionsgemeinden sind fast durchgängig, abgesehen von der Gründungsgeschichte im engsten Sinn, äußerst knapp und geschehen überhaupt nur beiläufig. Vorläufig genüge der Hinweis auf die Thatsache, was als pro memoria im Voraus kaum überflüssig ist.

---

[86] C. Iulius Caesar, *Commentarii belli Gallici* II, 1,3f.

Ich stelle zunächst das Bild zusammen, das sich aus der oben gezeichneten Darstellung der Apostelgeschichte ergibt:

Im pisid. Antiochien hat sich aus den πιστεύοντες (13,48) die sich aus ehemaligen *Juden, Proselyten* (13,43) und *Heiden* (13,44) zusammensetzen, eine ἐκκλησία (14,23) gebildet, deren Glieder als solche μαθηταί (13,52 14,22) heißen. An ihrer Spitze stehen die von den Aposteln gewählten und unter Gebet und Fasten geweihten πρεσβύτεροι (14,22–23) Nach 13,44,48,52 hätte in dieser Gemeinde eine besonders *freudige Begeisterung* für den neuen Glauben geherrscht. Oder wäre die Betonung des letztern Punktes, die so ausgesprochen nicht wiederkehrt, eine Anticipation, indem der Verf. andeuten wollte: so ist es überall zugegangen?

*Ikonium*

13,52 ist Pl, aus Antiochien vertrieben, hieher gekommen. Er predigt in der Synagoge und die Folge ist ὥστε πιστεῦσαι Ἰουδαίων τε καὶ Ἑλλήνων πολὺ πλῆθος (14,1) Vielleicht dürfen wir aus 13,49 entnehmen, daß Pl den Boden schon von Antiochien aus vorbereitet hatte. Trotz der Opposition der Juden (14,2) verbleiben sie längere Zeit erfolgreich tätig dort. Dann müssen sie freilich weichen, aber auch hier ist nach 14,23 eine ἐκκλησία entstanden, aus μαθηταί (14,22) oder ἀδελφοί (16,2) *jüdischer* und *hellenischer* Herkunft (14,1) bestehend, an ihrer Spitze wie in Antiochien die πρεσβύτεροι (14,23) Von ihr und der Lystrenser Gemeinde empfohlen (ἐμαρτυρεῖτο) kommt 16,2 Timotheus in die Gefolgschaft des Pl.

*Lystra*

Vor den Bedrohungen der ikonischen Juden fliehend, sind nun Pl und Barnabas weiter südöstlich, dem cilicischen Bergland zu gekommen und leben nun εὐαγγελιζόμενοι in den Städten Lykaoniens und deren Umgebung (14,6,7) Es ereignet sich nun in Lystra 14,8–19 infolge der Heilung des Lahmen jene wunderliche Szene, die so deutlich für den Stand damaliger Religiosität zeugt. Sie endigt dank dem Dazwischentreten der antiochenischen und ikonischen Juden damit, daß Pl auch hier weichen muß. Doch sein Zweck ist erreicht: nach 14,23 giebt es nun auch hier eine ἐκκλησία der μαθηταί (14,20,22) oder ἀδελφοί (16,2) etc., die mit den übrigen 16,1 bei Beginn der 2[ten] Reise wieder besucht wird.

*Derbe*
Auch hier dasselbe Bild: Die Apostel verkünden das Evangelium μαθητεύσαντες ἱκανούς. Ohne Zweifel ist auch auf diese Gemeinde das 14,22–23 Gesagte anzuwenden. Ein Gajus von Derbe ist 20,4 im Gefolge des Apostels genannt.

*Perge*
Auf der Rückreise nach Attalia-Antiochien in Syr. berühren die Missionare diesen Ort λαλήσαντες τὸν λόγον (14,25) Ist auch hier eine ἐκκλησία entstanden? Offenbar, denn sonst wäre die Stadt kaum ausdrücklich genannt.

Von allen diesen Gemeinden hat man den Eindruck, daß ein reges christliches Leben in ihnen begonnen habe. πολλαὶ θλίψεις (14,22) scheinen zwar auch ihnen nicht gefehlt zu haben (wohl bes. von Seiten der Juden!) aber die Ermutigungen des Pl (14,22 15,41) haben ihren Zweck nicht verfehlt. αἱ μὲν οὖν ἐκκλησίαι ἐστερεοῦντο τῇ πίστει καὶ ἐπερίσσευον τῷ ἀριθμῷ καθ᾽ ἡμέραν (16,5) Das ist die erfreuliche letzte Nachricht, die über sie gemacht wird.

*Galatien* und *Phrygien*
Nach jenem zweiten Besuch der südlichen Gemeinden zieht Pl nordwärts: διῆλθον δὲ τὴν Φρυγίαν καὶ Γαλατικὴν χώραν (16,6)
Was ist hier geschehen? *Weizsäcker* nennt die Vermutung, hier habe die erste im Galaterbrief genannte Missionierung stattgefunden[,] «unfruchtbar» weil hier «gar nicht von einem Aufenthalt oder einer Mission, sondern nur von einer Durchreise die Rede» sei (S. 230) Von da aus betrachtet, steht ihm dann die Notiz 18,23 vgl. 19,1 (Pl reist von Antiochien in Syr. nach Ephesus διερχόμενος καθεξῆς τὴν Γαλατικὴν χώραν καὶ Φρυγίαν στηρίζων πάντας τοὺς μαθητάς) «völlig in der Luft»[87]. Diese Anschauung liegt selbstverständlich in der Konsequenz seiner *Voraussetzungen*. Wenn der Verf. der Apostelgeschichte ein *Chronist der Apostelzeit* sein wollte, dann ist es, falls er Zeitgenosse wäre, sehr rätselhaft, warum er von den für Pl so wichtigen galatischen Gemeinden nur so obenhin redet. Falls er aber Epigone war, dann wäre wieder einmal Nicht-Wissen oder Tendenz unwidersprechlich zu kon-

---

[87] *Das apostolische Zeitalter*, a.a.O., S. 230.

statieren und 18,23 müßte mit *Weizsäcker* als Bezugnahme auf den Galaterbrief aufgefaßt werden.[88]

Die Frage ist eben nur, ob jene Voraussetzung zutrifft. Meine bisherigen Beobachtungen haben mich dazu geführt, sie zu *verneinen*. *Pl hat 16,6 in Galatien und Phrygien missioniert*. Abgesehen von 18,23[,] das bei unsrer Beurteilung des Quellenwertes von Act genügen würde, scheint mir das, auch ohne ausdrückliche Angabe, aus dem Zusammenhang 16,6 hervorzugehen: Die ganze Reise 16,6–8 ist nur dann verständlich, wenn Pl da und dort gepredigt hat. Oder kann man sich den Mann vorstellen, als ob er schweigend, nur auf die Eingebungen des Geistes lauschend, diesen seltsamen voyage en zig-zag ausgeführt hätte? Mit der Absicht λαλῆσαι τὸν λόγον ἐν τῇ Ἀσίᾳ (16,6) ist er ja von Pisidien etc. ausgezogen. Nun lenkt ihn das πνεῦμα anders. Wird er deshalb die beabsichtigte Missionstätigkeit eingestellt haben?

Aber warum diese Kürze? wird man fragen. Ich habe bei einer frühern Untersuchung einige Motive zusammengestellt.[89] Das hauptsächlichste wird sein: *der Verf. drängt vorwärts*. In Klein-Asien ist das Evangelium nun heimisch, der Hergang bei der Gründung dortiger Gemeinden ist mehrfach beschrieben worden, nun eilt es ihn, ulterius zu kommen, Macedonien zu, von dem ja so Großes zu berichten war. Andrerseits ist zu vermuten, daß er *keine genaue Kunde* von den Ereignissen 16,6 in Galatien hatte. Für den Süden war ja der dort heimische Timotheus der gegebene Gewährsmann, während für den Norden ein solcher offenbar fehlte.

Festzuhalten ist jedenfalls, daß zwischen 16,6 und 18,23 19,1 eine Inkonzinnität nicht besteht und daß andrerseits beide Stellen durch die Angabe eines zweifachen Besuchs im Galaterbrief (Gal 4,13) ihre Bestätigung finden.

Von einer Parallele in den Wir-Stücken[,] die meine Ansicht jedenfalls bestätigt, wird weiter unten die Rede sein.

Nun wird man aber einwenden: *Wieso fehlt eine Beschreibung oder doch Erwähnung des galatischen Streits um die Beschneidung*, die nach dem Pl-Briefe jene Gemeinden so tief bewegt hat? Ist diese Eskamotierung nicht das untrügliche Zeichen dafür, daß der Verf. entweder ab-

---

[88] Ebd.
[89] Siehe oben S. 166f.

sichtlich conciliatorisch oder unabsichtlich, weil ignorant, verwischend arbeitete?

Doch wohl nicht. In einer Chronik freilich dürften jene Ereignisse nicht fehlen, ohne daß mit Recht der eine oder andre Verdacht wachgerufen würde. Allein die Apostelgeschichte ist eben keine Chronik: was sie erzählen will, das ist die Geschichte der ersten Auseinandersetzungen des Christentums mit der jüdischen und heidnischen Welt, während über die innere Geschichte der Gemeinden wenig mehr als einige Namen und Andeutungen aus ihr zu entnehmen sind.

So können wir ohne Gewaltsamkeit sagen: Der Verf. weiß von den galatischen Konflikten, allein weil sie nicht zu dem Thema gehören, das er sich vorgenommen, findet er keinen Anlaß, hier darauf einzugehen.

## Macedonien

Durch das Gesicht von *Troas* ist dem Pl klar geworden, wohin ihn das πνεῦμα leiten will: mit Silas, Timotheus und dem redenden Subjekt des «Wir» reist er von Kleinasien nach der Küste von Macedonien hinüber

### Philippi

Den Gang der dortigen Ereignisse brauchen wir nicht zu wiederholen. Was den Erfolg der Mission betrifft, so weise ich noch einmal darauf hin, daß aus 16,17,20 nach 16,15 in Gedanken zu ergänzen ist: sie predigten daselbst *Juden* und *Heiden*. Der Verf. hat sich begnügt, einige spezielle Fälle zu berichten: 16,14–15 die Bekehrung der *Lydia* und ihres Hauses, 16,30–34 die des Kerkermeisters, wobei von Beiden ausdrücklich gesagt ist, daß sie *getauft* wurden (16,15,33) Bereits 16,40 sind ἀδελφοί erwähnt, offenbar hat sich also – Pl verweilt ja nach 16,17 πολλὰς ἡμέρας in der Stadt – mindestens der Kern einer Gemeinde dort gebildet. Das ist auch die Voraussetzung von 20,1–2: Pl kommt von Ephesus aus nach Macedonien und durchreist die Landschaft παρακαλέσας αὐτοὺς λόγῳ πολλῷ. Daß unter den αὐτοί auch die Philipper, vielleicht hauptsächlich sie zu verstehen sind, ist wohl selbstverständlich, nachdem der Verf. Philippi πρώτη τῆς μερίδος Μακεδονίας genannt hat (16,12)

*Thessalonich*

Pl predigt mit Erfolg in der Synagoge und gewinnt auch hier ἀδελφοί (17,6,10) ihrer Herkunft nach τινές von den *Juden*, ein πλῆθος πολύ von den *Heiden*, οὐκ ὀλίγαι aber von den vornehmen Frauen. (17,4) Eine Auseinandersetzung mit I Thess 2 habe ich bereits früher versucht.[90] Aus diesen ἀδελφοί sind uns einige Namen erhalten[,] so *Jason* (17,5,6,9) in dessen Haus (17,7) wohl die Versammlungen stattgefunden haben. Ferner hören wir 20,4 von den Thessalonichern Aristarch (vgl. 19,29) und Secundus, die Pl auf der letzten Reise von Hellas nach Kleinasien zurückbegleitet haben.

*Beröa*

Hier sind die *Juden* εὐγενέστεροι als in Thessalonich[,] πολλοὶ ἐξ αὐτῶν werden gläubig und von den vornehmen *griechischen* Frauen und Männern οὐκ ὀλίγοι (17,12) So giebt es nun auch hier ἀδελφοί (17,14) von denen einer 20,4 genannt ist: Sopater, Sohn des Pyrrhus.

## Hellas

*Athen*

Hier besonders läßt die Knappheit der Angaben nichts zu wünschen übrig. Die Missionsunternehmung des Pl ist im Großen offenbar *mißglückt* (17,32) und er muß froh sein, unbehelligt von seinen Gegnern loszukommen. Immerhin ist sein Aufenthalt nicht nutzlos. τινὲς ἄνδρες κολληθέντες αὐτῷ ἐπίστευσαν, darunter der Areopagrichter *Dionysius* und eine gewisse *Damaris* καὶ ἕτεροι σὺν αὐτοῖς (17,34) Vermutlich ist 20,2 an einen Besuch auch dieser kleinen Gemeinde gedacht. – Mit großer Sicherheit erklärt *Weizsäcker* zu diesem Abschnitt: «Alles trägt nur den Stempel der Verwendung wohlbekannter Dinge und keine Spur wirklicher Begebenheiten» (S. 255) Credat Judaeus Apella![91] Den Beweis für diese Behauptung bleibt er uns schuldig, denn «daß Pl nie davon spricht» (d. h. wohl in den Korintherbriefen) ist doch noch lange nicht «entscheidend».[92]

Wahrscheinlich ist ja, daß es sich um einen wenig bedeutenden Anfang handelte, aber daß sich Pl auf dem Weg von Macedonien nach Ko-

---

[90] Siehe oben S. 190.
[91] Q. Horatius Flaccus, *Sermones* I, 5,100; s. G. Büchmann, a.a.O., S. 551.
[92] *Das apostolische Zeitalter*, a.a.O., S. 255.

rinth eine so bedeutende Stadt überhaupt hätte entgehen lassen, oder daß er gar keinen Anklang daselbst gefunden hätte, das ist doch wenig einleuchtend.

## Korinth

Pl predigt in der Synagoge zuerst mit Erfolg: ἔπειθέν τε Ἰουδαίους καὶ Ἕλληνας (18,4) Dann erfolgt jener Gegenstoß der ungläubig gebliebenen Juden und Pl verlegt seine Predigt in das Haus des *Titius Justus* (18,7) Κρίσπος δὲ ὁ ἀρχισυνάγωγος ἐπίστευσεν ... καὶ πολλοὶ τῶν Κορινθίων ἀκούοντες ἐπίστευον καὶ ἐβαπτίζοντο (18,8) Ein Jahr und sechs Monate (18,11) bleibt Pl dort διδάσκων ... τὸν λόγον τοῦ θεοῦ, offenbar mit Erfolg, was wir aus der ihm vom κύριος gemachten Verheißung schließen dürfen: ... λαός ἐστί μοι πολὺς ἐν τῇ πόλει ταύτῃ (18,10) – *Weizsäcker's* Kritik richtet sich hier hauptsächlich gegen die «ganze anfängliche und fortgesetzte Judenpredigt des Pl» (S. 259) Wir haben uns bereits ausführlich mit dieser Frage beschäftigt[93], ich verweise nur noch einmal auf Stellen wie I Cor 1,22,23 9,20 etc., die mindestens im Allgemeinen die Erzählung der Apostelgeschichte über die Entstehung der korinthischen Gemeinde bestätigen: erst Juden, dann Hellenen. Daß die Letztern schließlich die Mehrheit bilden, wie z. B. I Cor 12,2 voraussetzt, das läßt auch unser Bericht 18,8 durchblicken. Von der Wirksamkeit des Alexandriners *Apollos* (vgl. I Cor 1,12 3,4f.) ist 18,27–28 episodisch die Rede.

Nun könnte sich ja wieder die Frage erheben: warum ist nirgends, auch nicht 20,2[,] wo Pl die Gemeinde wieder besuchte, die Rede von den ihn so tief beschäftigenden Vorgängen in Korinth, von den σχίσματα I Cor 1,10f.[,] von den Irrlehrern I Cor 15,12 II Cor 10,7f. etc.? Wußte der Verf. nichts davon oder deckt er wieder einmal, irenischer Absicht voll, den Mantel der Liebe über diese Dinge?

Eines so wenig wie das andre. Aber wie die galatischen, so gehörten auch diese Konflikte nicht zu dem, was er erzählen wollte. Schriftstellerischer, nicht sachlicher Pragmatismus ist es somit, wenn sein Bericht den Eindruck macht, als habe es solche überhaupt nicht gegeben.

---

[93] Siehe oben S. 182–192.

## West-Kleinasien

*Ephesus*

18,19–21 kommt Pl ein erstes Mal dahin, verkehrt aber nur vorübergehend mit den *Juden,* 19,1 dann[,] aus Galatien herkommend, ein zweites Mal

19,2–7 gelingt es ihm, zunächst die *«Johannesjünger»* zum Anschluß an die übrige christliche Gemeinde zu bringen. Dann wirkt er 3 Monate lang in der Synagoge (19,8) und nach dem Zerfall mit den Juden (19,9) 2 Jahre lang in der σχολὴ Τυράννου (19,9–10) Die Person des Pl scheint δυνάμεις οὐ τὰς τυχούσας ausgeübt zu haben (19,11f.) was der Verf. mit sichtlichem Interesse berichtet, ebenso die Kollision mit jüdischen Exorzisten (19,13–16) die mit der schmählichen Niederlage der letztern und einem neuen Erfolg innerhalb der Gemeinde endigt: Die gläubig Gewordenen[,] die früher περίεργα getrieben, bringen ihre Zauberbücher herbei und verbrennen sie im Werte von 50 000 Drachmen (19,17–19)

οὕτως κατὰ κράτος τοῦ κυρίου ὁ λόγος ηὔξανεν καὶ ἴσχυεν (19,20)

Sichtlich ist die ephesinische Gemeinde ganz besonders blühend und ausgebaut gewesen, das zeigt späterhin die Rede von Milet (20,17–38) Die μαθηταί (19,2,9,30 20,1,30) setzen sich aus ehemaligen *Juden* (18,20 19,10 20,21) *Johanneschristen* (19,5) und *Heiden* (19,10 20,21) zusammen. An ihrer Spitze stehen die πρεσβύτεροι (20,17) unter denen die speziell angeredeten ἐπίσκοποι (20,28) wohl eine hervorragende Stellung einnehmen. Vielleicht ist bereits eine Art *Kirchenzucht* geübt worden, wie jene eifrigen Zauberbücherverbrenner zeigen: ἐξομολογούμενοι καὶ ἀναγγέλλοντες τὰς πράξεις αὐτῶν (19,18) Pl aber hat «öffentlich und in den Häusern» (20,21) gelehrt und «Nacht und Tag nicht abgelassen, unter Thränen einen jeden zu verwarnen» (20,31)

Auch *nach Außen* scheint die Gemeinde von einigem Ansehen gewesen zu sein. Von den *Asiarchen* wird als ὄντες αὐτῷ φίλοι (19,31) (d. h. dem Pl) geredet. Auch die Haltung des Stadtschreibers (γραμματεύς 19,35) zeugt für die selbe Thatsache.

Freilich fehlt es andrerseits nicht an einer starken Opposition, die den Pl sogar einmal in Lebensgefahr bringt, denn trotz der Abmahnungen seiner Freunde will er sich der fanatisierten Volksmenge im Theater entgegenstellen (19,30f.) Dies ist wohl das Ereignis, das Pl selbst I Cor 15,32 als θηριομαχία bezeichnet.

Bei der 19,10 erwähnten Tätigkeit des Apostels in Asia können wir an die Gründung der Gemeinden von *Laodicea* und *Colossae* denken.

*Troas*

Die Berichte über diese Gemeinde sind in mehrfacher Richtung höchst interessant.

Zunächst dadurch: 16,9 ist ein kurzer Aufenthalt des Pl daselbst erwähnt, aber *von Missionstätigkeit ist nicht die Rede*. Nach dem Maßstabe, nach dem *Weizsäcker* 16,6 mißt, (s. o.) wäre also auch hier eine solche nicht geschehen. Allein nun haben wir in 20,7-13 (einem Stück der auch nach kritischer Ansicht zuverlässigen sog. «Wir-Quelle»!) eine Erzählung, die deutlich eine bereits gegründete Gemeinde voraussetzt. Ob diese Gründung 16,6 oder eventuell auf der Durchreise 20,1 geschehen ist, ist irrelevant: jedenfalls ist sie vom Verf. nicht erwähnt. Die schriftstellerische Praxis, die in den Parallelen

16,6 – 18,23  19,1 und

16,9 – 20,7-13 zu Tage tritt, zeigt somit nicht nur, daß hier und dort derselbe Autor arbeitet, sondern erlaubt uns auch den historischen Schluß, *daß auch bei nicht ausdrücklicher Erwähnung Mission und Gemeindegründungen vorgekommen sind*

Der Bericht 20,7-13 giebt uns aber auch eine anschauliche Schilderung, wie wir uns die *urchristlichen Versammlungen* zu denken haben[.] Bemerkenswert ist schon die Zeit: die Christen kommen ἐν τῇ μιᾷ τῶν σαββάτων (20,7) zusammen. Ob dies ein Zufall ist? Andernfalls hätten wir hier (vgl. I Cor 16,2 Apoc 1,10) die Anfänge unsrer Sonntagsfeier. Der Gottesdienst geschieht *des Nachts*, u. zw. in einem ὑπερῷον, das mit Lampen versehen ist (20,8) Der nächste Zweck ist κλάσαι ἄρτον (20,7,11) das ganz nach den einfachen Voraussetzungen von 2,46 I Cor 11,20f. zu jedem christlichen Kultus gehört. Eingerahmt ist die Handlung, wie 20,11 erkennen läßt, von erbaulichen Vorträgen des Apostels (20,7,9,11) deren erste Hälfte bis Mitternacht, deren zweite sogar ἄχρι αὐγῆς sich ausdehnte.

Die Angaben der Apostelgeschichte über die Paulusgemeinden sind damit im Wesentlichen erschöpft. Es bleibt uns noch übrig, dazu Stellung zu nehmen d. h. zu untersuchen, wie sich der Bestand zu unsern übrigen Ergebnissen verhält.

## II. Konsequenzen

Die *formale* Beobachtung zunächst, die sich vor Allem aufdrängt und die auch schon mehrfach angedeutet worden ist, faßt *Holtzmann* richtig dahin zusammen: «*Die innere Seite, Alles, was Pl als Leiter und Hüter seiner Gemeinden gethan hat, tritt nur in flüchtigen Notizen, ja oft gerade da, wo man es am ehesten erwartet hätte, fast gar nicht hervor*» (S. 318)[94] Müssen wir angesichts dieser Tatsache mit ihm folgern: «eine solche Methode erscheint nur bei ganz abgeblaßten Erinnerungen an die Bedeutung der das apostolische Zeitalter bewegenden Fragen denkbar und natürlich»[95]? Allerdings – nämlich, wenn der Autor ad Theophilum eine Geschichte des apostolischen Zeitalters schreiben wollte. Daß dies aber nicht der Fall ist, zeigt ebenso deutlich die andre auch von *Holtzmann* anerkannte Tatsache, daß den Verf. der Apostelgeschichte «zumeist» – wir sagen: *nur* – «*der äußere Erfolg der apostolischen Reisen, das extensive Wachstum der christlichen Sache*»[96] interessiert.

Daß er als Schriftsteller nach Komposition und Darstellung geschickt und überlegt vorgeht, das sagen uns auch die meisten Kritiker; warum aber verlangen sie immer wieder, er hätte auch von solchen Dingen reden müssen, die seine literarische Aufgabe, die nach *Harnack* (Lukas d. Arzt S. 116) darin bestand, zu zeigen, wie *vexilla regis prodeunt*[97], gar nichts angingen?!

Im Sinn dieser Aufgabe lag es für ihn, wie wir im Einzelnen gesehen haben, die innern, wenn auch noch so wichtigen Vorgänge in Galatien und Korinth bei Seite zu lassen. *Wendt* verteidigt ihn folgendermaßen: «Wir müssen annehmen, daß er die Vorgänge eben wegen ihres unerfreulichen Charakters nicht in seiner Darstellung von der idealen Entwicklung der Kirche in ihrer Anfangszeit überliefern zu sollen meint»

---

[94] A.a.O., S. 318f.
[95] A.a.O., S. 318.
[96] Ebd.
[97] A. Harnack, *Lukas der Arzt*, a.a.O., S. 116, Anm. 1; über den mit diesen Worten beginnenden Prozessionshymnus des Venantius Fortunatus vgl. H. Lausberg, Art. «Vexilla Regis prodeunt», in: LThK², Bd. X, Sp. 760.

(S. 416) Das ist ebenso *unzutreffend,* denn anderwärts sehen wir, daß er auch Vorgängen von sehr unerfreulichem Charakter durchaus nicht aus dem Wege geht (6,1 13,13 15,2 15,38,39)

*Die Apostelgeschichte ist überall eine Geschichte der Anfänge,* zu diesen gehörten aber jene innerkirchlichen Auseinandersetzungen bereits nicht mehr.[98]

Ebenso steht es nun mit der überall zu konstatierenden *Dürftigkeit der Angaben über Verfassung und Kultus.*

Solche werden überhaupt nur episodisch und stets im Zusammenhang mit der Geschichte der Mission gemacht. Auch die *Rede von Milet* bildet davon nur scheinbar eine Ausnahme, da sie (*Harnack* im Seminar) als ein solenner Rückblick nicht nur auf die ephesinische, sondern auf die gesamte Missionstätigkeit des Pl zu betrachten ist.

Die Frage: inwiefern entsprechen die in den Berichten von Act vorausgesetzten Verfassungsformen, insbes. die *Gemeinde-Ämter* der historischen Wirklichkeit, müßte in größerem Zusammenhang besprochen werden und gehört auch nicht mehr strikte hieher. Ich deute daher nur an, wie ich mir die Situation denke.

*Weizsäcker* (S. 606) kritisiert diese Angaben[,] speziell die Einsetzung der πρεσβύτεροι (14,23 20,17) unter Hinweis auf die paulinischen Briefe, wo solche nicht vorkommen. In der That werden z. B. Phil 1,1 nur die ἐπίσκοποι καὶ διάκονοι angeredet.

Ich habe dagegen Folgendes einzuwenden. Gerade aus *Weizsäcker*'s Ausführungen über die Materie wird vor Allem klar, daß unsre positive Kenntnis davon auf einen engen Raum zusammengeht. Gerade in der ältesten Zeit, um die es sich hier handelt, scheinen die Begriffe und Namen, wenn nicht fließend, so doch schwankend gewesen zu sein. Es geht daher nicht an, aus den dürftigen Schlüssen, die wir da und dort machen können, einen derartigen Kanon zu bauen.

Das Wahrscheinlichste scheint mir, gerade angesichts der Daten der Pastoralbriefe, daß in der ältern Zeit der Titel *πρεσβύτερος Sammelbezeichnung für die christlichen* (Verwaltungs-)*Ämter überhaupt* war. Sonach wäre es nicht ausgeschlossen, daß Pl zwar Phil 1,1 die einzelnen

---

[98] Randbemerkung Harnacks zu diesem Absatz: «Gut!»

Chargen anredet, daß aber auch damals und dort die Sammelbezeichnung «Presbyter» für Beide vorhanden gewesen wäre.[99]

In diesen Rahmen passen dann auch die Angaben der Apostelgeschichte, indem, wie bereits erwähnt, die Presbyter von Ephesus 20,28 zum Teil als die durch den heiligen Geist bestellten ἐπίσκοποι der Gemeinde des Herrn angeredet werden.

Noch ein zweiter kontroverser Punkt, der mehr den *Kultus* betrifft, ist kurz zu erwähnen, nämlich die Stellung und Bedeutung der *Taufe*[.] 16,5,33 18,8 19,5 finden wir erwähnt, daß der Eintritt in die christliche Gemeinde äußerlich markiert wurde durch das βάπτισμα

*Weizsäcker* stößt sich speziell an der Stelle 19,2–6 (Johanneschristen) «nach welcher zur Vollendung der Taufe die Handauflegung gehört, *in welcher die Mitteilung des Geistes bewirkt wird* und welche durch die Apostel vollzogen wird.» (S. 552) Davon wisse der historische Pl nichts.

Zu erwidern wäre: Von den von W. für seine Behauptung citierten Stellen zeugen I Cor 12,13 Gal 3,27 vgl. 4,6 dafür, daß auch die Auffassung des Pl eine gewisse Verwandtschaft mit den Vorstellungen von Act 19,2–6 hat. – Dann aber ist darauf Gewicht zu legen, daß es sich da, was Pl betrifft, um einen durchaus singulären Fall handelt, der zudem in der Theologie des Autor ad Theophilum eine wesentliche Rolle spielt und daher von da aus zu verstehen ist.

In den übrigen Fällen ist irgend eine signifikante Beobachtung nicht zu machen, was die innere Bedeutung des ἐβαπτίσθη betrifft. – Jedenfalls ist es nicht zu beweisen, daß von da aus erhellen soll «wie weit die Darstellung der Apostelgeschichte schon abliegt.»[100]

Auch was endlich das *persönliche Verhältnis* des Apostels zu den Missionsgemeinden betrifft, giebt uns die Apostelgeschichte nicht mehr als einige Andeutungen.

Ganz entsprechend dem, was wir aus den Briefen wissen, ist Pl auch nach vollzogener Gründung der treue Berater und Freund seiner Gemeinden, (14,22 15,36 18,23 20,2,19–21 etc.) dem auch ihre Zukunft (20,29f.) am Herzen liegt. Seine Stellung ihnen gegenüber ist aber souve-

---

[99] Randbemerkung Harnacks zu diesem Satz: «Gut!»
[100] *Das apostolische Zeitalter*, a.a.O., S. 552.

rän, er will niemandem pekuniär zur Last fallen, nimmt nur ungern ohne Weiteres Gastfreundschaft an (16,15) sondern sucht sich durch seiner Hände Arbeit zu ernähren (18,3 20,33–35 vgl. I Cor 4,12 9,12f. I Thess 2,9)

Zum Schluß ist nun auch hier zu konstatieren: Ein *Schriftsteller aus dem Anfang des 2$^{ten}$ Jahrhunderts* oder gar aus den Zeiten des Trajan und Hadrian, der «aus der Zeit und für die Zeit»[101] schrieb, *hätte so nicht vorgehen können.*
Er gerade hätte ein Interesse daran haben müssen, sich mit der kirchlichen Vergangenheit vollständiger auseinanderzusetzen, als es hier der Fall ist. Gerade die Einsetzung der kirchlichen Ämter, die sich ja in der Zeit[,] der er angehören soll, so bewußt zu konsolidieren und differenzieren begannen, hätte eine ganz andre Berücksichtigung erfahren müssen.
Und ganz gewiß hätten auch Hinweise auf die innere Geschichte, man denke an die inzwischen überall auftretenden *Irrlehrer*[,] nicht gefehlt, wie es jetzt außer der vereinzelten Stelle 20,29f. der Fall ist. – All das ist weder mit der Hypothese von der Unwissenheit, noch mit der andern von der unionistischen Tendenzschreiberei des Verf.'s zu erklären, sondern allein damit, daß er den Siegeszug des Evangeliums und sein Wurzelfassen in Asien und Europa beschreiben wollte, nicht aber eine «Geschichte der Anfangszeit» der christlichen Gemeinden.

## *Drittes Kapitel*
## *Die Missionspredigt*

Die Frage, die uns hier zu beschäftigen hat, ist von centralster Wichtigkeit.
Sie lautet: *Welches ist nach dem Autor ad Theophilum der Inhalt der paulinischen Diasporapredigt gewesen?*
Bevor wir an ihre Untersuchung herantreten, ist eine formale *Vorfrage,* nicht zu beantworten, sondern vorläufig blos zu stellen. Die Apostelgeschichte giebt uns bei den verschiedensten Anlässen kürzere oder

---

[101] H. J. Holtzmann, a.a.O., S. 322.

längere Angaben über den Inhalt der Verkündigung, die Pl Juden und Heiden brachte. – Das Problem[,] das sich hier wie bei allen derartigen Schriftwerken des Altertums a priori erheben muß, ist das: *Inwiefern sind die angeführten Reden und Worte des Pl authentische historische Kunde oder nicht?* Anders gefragt: Ist die in der Apostelgeschichte wiedergegebene Missionspredigt Eigentum des Pl oder zum Teil oder ganz das seines Historiographen?

Die Beantwortung wird sich so oder so nach der Gesamtbeurteilung des Buches richten. Wir werden sie erst versuchen, wenn die Einzeluntersuchung hinter uns liegt. Nur um einige allgemeine Gesichtspunkte soll es sich hier handeln.

Im Ganzen von vornherein *abzuweisen* oder doch im Einzelnen nur höchst vorsichtig zu erwägen ist die Meinung der ältern Wissenschaft (*Meyer!*[102]) es handle sich bei den vorliegenden Texten um wörtlich[e] oder doch in den Grundzügen *authentische Wiedergaben* der jedesmaligen paulinischen Reden. Einmal darum, weil die Analogie der ganzen antiken Litteratur, ich brauche nur die Namen Thucydides, Titus Livius, Sallust etc. zu nennen, dagegen spricht. (Auszunehmen sind, wie *Jülicher* S. 352 richtig betont, die Jesus-Reden der Synoptiker, deren Entstehungsverhältnisse andere sind). Dann aber auch aus innern Gründen: Wir haben Fälle, wie der in Athen Act 17, wo Pl nach der Erzählung ganz allein ist. Wer soll da dem Verf. die fein disponierte «Areopag»-Rede vermittelt haben? Andre Male sind zwar Begleiter bei ihm und hier kann ja die Möglichkeit nicht ausgeschlossen sein, daß sie dem Verf. für sein Werk Inhaltsangaben gemacht hätten. Aber ist es glaubwürdig, sich diese Männer oder gar Pl selbst in solcher Weise als eine Art Parlamentsberichterstatter zu denken? Am Nächsten liegt der Gedanke einer Realreproduktion bei der Rede von Milet Act 20 wegen ihres unmittelbaren Zusammenhangs mit der «Wir-Quelle». Dennoch ist auch sie höchstens mit *Wendt* (S. 423) als eine «auf richtigen Erinnerungen des Lukas an eine damals in Milet gehaltene Rede des Pl» beruhende, jedenfalls nicht einfach quellenhaft zu benutzende Wiedergabe zu verstehen und muß daher zunächst mit derselben Reserve geprüft werden, wie die übrigen Reden. –

---

[102] H. A. W. Meyer, a.a.O., 1835, S. 6 (vorsichtiger 1854², S. 10; 1861³, S. 12; 1870⁴, S. 12f.).

Der Standpunkt der *Kritik* erscheint hier nach ihren Voraussetzungen ganz selbstverständlich.

*Jülicher* taxiert diese Reden ohne Weiteres als «(mehr oder minder) freie Erfindungen des Verf.'s»[103] – «Die Echtheit dieser Reden im modernen Sinn ist ausgeschlossen»[104] «Der Historiker will in einem rhetorischen Kunstwerk seine Hauptpersonen sich selbst und ihre Zeit charakterisieren lassen».[105] – Außer den von mir bereits angeführten Momenten ist sein Hauptargument für diese Auffassung: «Der Pl dieser Reden hat mit dem uns aus vielen Briefen wohlbekannten in Gedanken und Ausdruck nicht mehr gemein, als jeder Gläubige mit ihm [gemein] haben konnte» (S. 351)[106]

Ähnlich kritisiert *Holtzmann* die in Frage stehenden Stücke: sie gehören «nicht blos formell, sondern auch inhaltlich dem Autor ad Theophilum» an.[107] Die Missionspredigt des Pl «stellt ... blos den Monotheismus und die reinere jüdische Sitte dem Heidentum gegenüber und bewegt sich um die allgemeinen Themata von Jesu Messianität und Auferstehung» (S. 315)[108]

Alles Einzelne wird später zu untersuchen sein[.] Hier kommt es nur darauf an, die sich gegenüberstehenden Standpunkte zu charakterisieren.

Nach Meinung der *(apologetischen)* Ältern war die Apostelgeschichte ohne Weiteres als Quelle für die wirkliche paulinische Lehre in Anspruch zu nehmen.

Nach *Wendt* wären wenigstens 17,22f. und 20,18f. «ihrem Hauptinhalt nach für treue Überlieferungen» zu halten (S. 19)

Nach *Jülicher, Holtzmann* etc. wäre der Pl der Act ohne Weiteres nicht der historische Pl

Unser Buch enthält *3 größere paulinische Predigten,* auf die drei Missionsreisen und die drei wichtigsten pl'schen Missionsgebiete verteilt[:] 13,16–41 im pisid. Antiochien an *Juden*

---

[103] A.a.O., S. 351.
[104] A.a.O., S. 352.
[105] A.a.O., S. 353.
[106] A.a.O., S. 352.
[107] A.a.O., S. 314.
[108] A.a.O., S. 314f.

17,22–31 in Athen vor *Heiden*
20,18–35 in Milet vor *Christen*

Diese Anordnung zeugt, wie *Holtzmann* (S. 315) ohne allen Zweifel richtig bemerkt[,] für die «Kunst der Komposition» des Verf.'s, aber es sollte doch ausgemachte Sache sein, daß Kunst und Künstlichkeit nicht in dieser Weise einerlei sind, wie er es anzunehmen scheint.

Neben diesen 3 Reden sind eine Anzahl weiterer Stücke hier ebenfalls einzubeziehen, um ein klares Bild davon zu bekommen, wie die Vorstellung, Erinnerung oder Überlieferung des Verf.'s von der paulinischen Lehre beschaffen ist. Ich denke dabei an ausführlichere Abschnitte wie 14,15–18 (Rede in Lystra) oder wie 22,2–21 24,10–21 26,2–23 (Verteidigungsreden) endlich an eine ganze Reihe mehr oder minder belangreicher beiläufiger Erwähnungen und Anspielungen.

Die *Methode der Darstellung* muß hier anders sein, da es sich um Rede und Gedanken, als in den ersten Kapiteln, wo es sich um äußere Geschehnisse und Zustände handelte. Konnte ich dort einfach chronologisch vorgehen, so muß hier das thetische Verfahren platzgreifen – nicht etwa nach den Loci der Dogmatik, wodurch meine Arbeit etwas sehr Scholastisches bekäme und wobei ich meiner Aufgabe erst nicht gerecht würde, denn weder Pl noch der Aut. ad Theoph. waren systematische Theologen! – sondern so, daß ich einigen wesentlichen Zügen der Pl in den Mund gelegten Lehre nachgehe, die verschiedenen Momente zusammenstelle und daraus ein Gesamtbild des in unserm Buch enthaltenen «paulinischen» Lehrtypus zu gewinnen suche. – Abschließend werde ich dann bei den einzelnen Momenten zu zeigen haben, ob und inwiefern die einzelnen Bilder und schließlich das Gesamtbild der authentischen Paulus-Lehre entspricht oder widerspricht, soweit dies, wie es hier notwendig ist, andeutungsweise möglich ist.

Damit wird dann auch auf die erwähnte Vorfrage ein neues Licht fallen, das uns vielleicht ermöglicht, eine von den bisherigen abweichende Beantwortung derselben zu versuchen.

## I. Historische Übersicht

Zunächst etwas rein Äußerliches:

*In der Art der Sammelbezeichnung für das, was Pl den Juden und Heiden als die Verkündigung von Christus brachte, kreuzen oder ergänzen sich verschiedene Vorstellungsweisen.*

Die paulinische Predigt will vor Allem *λόγος τοῦ θεοῦ* sein, so 13,5,7,44,46,48,49 16,32 17,13 18,11 oder *βουλὴ τοῦ θεοῦ* (20,27) Als solches ist sie inhaltlich bestimmt die *χάρις θεοῦ* 13,43 21,24 oder *λόγος τῆς χάριτος* 14,3 20,32[.] Die Gnade besteht als *λόγος τῆς σωτηρίας* 13,26 im «Zeigen» des *ὁδὸς σωτηρίας* 16,17 und ist vermittelt durch die Person Jesu, daher: *τὰ περὶ τοῦ κυρίου Ἰησοῦ Χριστοῦ* 28,31, *λόγος κυρίου* 13,49 15,35,36 19,10[,] *διδαχὴ τοῦ κ.* 13,12 oder *ὁδὸς τοῦ κυρίου* 28,25

Schlechtweg *λόγος* finden wir 16,6 17,11 19,20 18,5,8 *διδαχή* 17,19 *ὁδός* 19,9 22,4

Endlich der uns geläufigste Ausdruck: Was Pl Ἰουδαίοις καὶ Ἕλλησιν anbietet, soll für sie «frohe Botschaft» sein[,] *εὐαγγέλιον*, so 13,32 14,7,15,21 15,35 16,10 17,18 20,24 oder (in Anlehnung an die synoptische Betrachtungsweise) *βασιλεία τοῦ θεοῦ* 19,8 28,23,31 oder einfach *βασιλεία* 20,25

Ich weise hin auf dieses *Nebeneinander*. Ist dasselbe leichter erklärlich, wenn wir die Entstehung des Buches zu einer Zeit ansetzen, wo diese Begriffe und Vorstellungen noch unabgeklärt durcheinander wogten, wie dies in den ältern Schriften des NTlichen Kanons der Fall ist, oder zu einer Zeit, wo sie sich in der christlichen Kirche zu ganz präzis abgegrenzten Formeln (z. B. λόγος in johanneischen oder ὁδός in judenchristlichen – Didache! – Kreisen) verdichtete[n]?

Die vorchristliche Religiosität

*Der bisherige religiöse Besitzstand des jeweiligen Publikums wird als die gegebene und notwendige Basis für die christliche Verkündigung aufgefaßt und demgemäß gestaltet sich die Anknüpfung von Seiten des Apostels*

A. Für die Predigt bei den *Juden* nimmt dieses Anknüpfungsverfahren die Gestalt des *Schriftbeweises* an, dessen klassische Definition ich z. B. 28,23 gegeben finde: ... πείθων τε αὐτοὺς περὶ τοῦ Ἰησοῦ ἀπό τε τοῦ νόμου Μωϋσέως καὶ τῶν προφητῶν. Dieselbe ausdrückliche Beziehung auf das AT oder einzelne seiner Teile findet sich 13,17–22, 27,32–41 17,2,11 24,14 26,6,7,22 28,20[.] Der zu Grunde liegende Gedanke ist dieser: Schon im AT ist das Heil enthalten, zwar nur *verhüllt* als Weissagung, potentiell aber überall und besonders durch den

Verlauf der Geschichte des Volkes Israel *vorbereitet*. Mit Jesus ist nun die Periode der *Erfüllung* eingetreten und wer das AT als autoritativ anerkennt, muß folgerichtig auch in ihm den längst verheißenen *Messias*, die «Hoffnung Israels» [28,20] verehren.

So denkt nach dem Autor ad Theophilum Pl und so sieht er es offenbar auch selbst an, indem z. B. 17,11 die Juden von Beröa sichtlich gelobt werden: «sie forschten alle Tage in den Schriften, ob es sich so verhalte». Die Meinung dabei ist also geradezu die: weil Christus schon im AT geweissagt, d. h. enthalten ist, kann sein Messiastum durch eifriges Studieren aus dem Codex des AT *deduziert* werden. Unserm Empfinden ist dieses ganze Vorgehen sehr fremd geworden. Jene Zeit hatte kein Bewußtsein dafür und konnte es nicht haben, daß eine derartige Exegese notwendigerweise zur *Allegorese* wird. Diese Methode war vielmehr ohne Weiteres *selbstverständlich* und *auch Pl* hat sie in seinen Briefen (am Ausgeprägtesten Gal 4,21–30) unbedenklich und weitgehend geübt.

Für unsern Fall ist das zu betonen: auch diese Methode des Schriftbeweises hat ihre Geschichte u. zw. bemerken wir von den ersten Schriften des NT ab, wo sie gebräuchlich ist, eine zunehmende Tendenz eben nach der Richtung der Allegorese hin, die dann ihren Höhepunkt erreicht in der Katechetenschule von Alexandrien. – Auch hier ist nun, wie mir scheint, nicht abzusehen, inwiefern der Verf. der Apostelgeschichte, der den Pl diese Methode üben läßt, dem Pl der Briefe nicht näher stehen sollte, als z. B. dem Justin oder gar Barnabas, in deren zeitliche Nähe er doch nach Meinung der Kritik zu rücken wäre! Die Verwendung des AT ist vielmehr, sogar im Vergleich mit Pl selbst, sehr maßvoll und mit wenigen Ausnahmen (z. B. 13,34) natürlich und ungesucht, erinnert am Meisten an den Typus der synoptischen Behandlung des AT.


B. Ungleich interessanter ist uns die Art, wie wir die Anknüpfung bei den *Heiden* sich vollziehen sehen.

Hier konnte naturgemäß die Berufung auf das höchstens einigen Gebildeten bekannte Kultus-Buch des Judenvolkes weder Interesse noch Wirkung finden; der Apostel mußte von allgemein menschlichen Gedanken ausgehen. Ein Dreifaches ist es, soweit ich sehe, das der Verf. von Act ihm in dieser Absicht in den Mund legt.

*1.* Bis dahin hat Gott die heidnischen Völker zwar im Unterschied zu Israel ihre eigenen Wege gehen lassen, aber auch ihnen hat er sich *bezeugt in der Natur:* 14,17: καίτοι οὐκ ἀμάρτυρον αὑτὸν ἀφῆκεν ἀγαθουργῶν, οὐρανόθεν ὑμῖν ὑετοὺς διδοὺς καὶ καιροὺς καρποφόρους ἐμπιπλῶν τροφῆς καὶ εὐφροσύνης τὰς καρδίας ὑμῶν

*2.* Die Heiden verehren zwar jetzt falsche Götter[,] aber *als Menschen ist auch ihnen der Zug zu dem einen wahren Gott in die Seele gelegt.* So in der von Curtius[109] mit Recht als klassisch gerühmten athenischen Rede, speziell 17,26–28. Von einem Menschen stammt ja auch nach heidnischer Anschauung die Bewohnerschaft der Erdoberfläche, der eine Gott lenkt und regiert sie und das Ziel ist, wie es denn – wer würde hier nicht an Spinoza und Schleiermacher erinnert – fortfährt: sie sollen ζητεῖν τὸν θεόν, εἰ ἄρα γε ψηλαφήσειαν αὐτὸν καὶ εὕροιεν, καί γε οὐ μακρὰν ἀπὸ ἑνὸς ἑκάστου ἡμῶν ὑπάρχοντα. ἐν αὐτῷ γὰρ ζῶμεν καὶ κινούμεθα καὶ ἐσμέν (Prächtig kongenial übersetzt *Luther*: «in ihm leben, weben und sind wir») denn, heißt es als Citat des cilicischen (!) Dichters Aratus weiter: τοῦ γὰρ καὶ γένος ἐσμέν[110][.] Das heißt also: in unsrer Eigenschaft als Menschen liegt etwas Göttliches in uns, das uns über uns selbst hinaus und zu Gott, dem wir ja wesensverwandt sind, hinweist, wiederum ganz der Sinn des augustinischen: Ad te nos creasti, Domine ...[111]

*3.* Auch bis dahin schon haben die Heiden *in richtiger Ahnung[,] aber auf falschem Wege eine Verbindung mit der Gottheit gesucht[:]* 17,22 κατὰ πάντα ὡς δεισιδαιμονεστέρους ὑμᾶς θεωρῶ. Ja sogar ganz bestimmte Gefühle, daß es über oder außer der hellenischen Götterwelt noch etwas Höheres gebe, fehlen ihnen nicht. In Athen hat Pl einen Altar getroffen mit der Inschrift

ΑΓΝΩΣΤΩ ΘΕΩ

[[Die Existenz solcher Altäre ἀγνώστων θεῶν ist aus Pausanias (I,1,4)[112] Philostratus (Apoll. 6,2)[113] Diog. Laërt. (Epim. 3)[114] belegt.

---

[109] E. Curtius, *Paulus in Athen*, in: SPAW 1893, Berlin 1893, S. 925–938, bes. S. 925–928.938, wieder abgedruckt in: ders., *Gesammelte Abhandlungen*, Bd. II, Berlin 1894, S. 527–543, bes. S. 527–531.543.
[110] Aratus, *Phaenomena*, 4f.
[111] Aurelius Augustinus, *Confessiones* I,1,1: «Tu excitas, ut laudare te delectet, quia fecisti nos ad te et inquietum est cor nostrum, donec requiescat in te».
[112] Pausanias, *Graeciae descriptio* I, 1,4.
[113] Flavius Philostratus, *Apollonii vita* VI, 3.
[114] Diogenes Laertius, *Vitae philosophorum* I, 110.

Wenn die Absicht dabei auch, wie *Holtzmann* (S. 391) wohl richtig annimmt[,] «am wenigsten monotheistisch, sondern ... im eminenten Sinn polytheistisch» war, so «wies sie doch auf eine Lücke im Gottesbewußtsein hin»]]

Der Übergang zur evangelischen Verkündigung geschieht von allen drei Gedankenreihen aus unter demselben Gesichtspunkt, es ist auch principiell derselbe, den wir vorhin gesehen haben: Die Predigt von Christus dem Gekreuzigten und Auferstandenen, die ich Pl euch bringe, ist nichts Anderes, als die Erfüllung oder die Nachweisung dessen, was ihr bis jetzt als göttlich in der Natur und in der Menschheit verehrt, dem ihr irrtümlich die Gestalt von Händen gemachter Götter gegeben habt. 17,23: *ὃ οὖν ἀγνοοῦντες εὐσεβεῖτε τοῦτο καταγγέλλω ὑμῖν.* Unerfindlich ist mir, wie nun *Pfleiderer* auf den Gedanken kommt: «Wir sehen da den interessanten Fall, daß der geschichtliche Pl von seinem Biographen ebenso mit einem Stich ins Heidnische verzeichnet ist, wie sonst mit einem Stich ins Jüdische» (Urchristentum S. 590) Gerade die hier vorgetragene Auffassung von der vorchristlichen Religiosität bei Juden und Heiden war doch wohl auch die des Pl, nämlich: auch sie ist Offenbarung *ὁ θεὸς γὰρ αὐτοῖς ἐφανέρωσεν* (Rom 1,19)

Aber diese Offenbarung bedarf der Ergänzung, denn Juden und Heiden sind durch ihren Abfall von Gottes Geboten dem Gericht verfallen (Rom 2,9). Diese höhere ergänzende Offenbarung aber geschieht in der Person Christi. Was speziell die Heiden betrifft, so vgl. zu Act 14,17 17,26–28 Rom 1,19–20: ... *τὸ γνωστὸν τοῦ θεοῦ φανερόν ἐστιν ἐν αὐτοῖς ... τὰ γὰρ ἀόρατα αὐτοῦ ἀπὸ κτίσεως κόσμου τοῖς ποιήμασιν νοούμενα καθορᾶται ἥ τε ἀΐδιος αὐτοῦ δύναμις καὶ θειότης.*

Auch für den Gedanken der Gottähnlichkeit des menschlichen Geistes Act 17,28 sind Parallelen bei Pl unschwer beizubringen z. B. Rom 8,14 vgl. Gal 3,26[,] wo die von Gottes Geist erfüllten Menschen geradezu *υἱοὶ θεοῦ* heißen. Oder noch deutlicher gleich darauf Rom 8,16: *αὐτὸ τὸ πνεῦμα συμμαρτυρεῖ τῷ πνεύματι ἡμῶν* ... vgl. I Cor 2,10,11! Es ist nicht abzusehen, warum eine einzige der angeführten Stellen der Apostelgeschichte nicht ebenso gut in irgend einem Pl-Brief, vor Allem in dem an die Römer, stehen könnte.

Allein auch bei diesem Punkt muß ich nun gegenüber den kritischen

Positionen von der Verteidigung zum Angriff übergehen. Jene Rede von Lystra, ganz bes. aber die von Athen werden immer wieder als eine «erste Apologie des Christentums gegen das Heidentum» (*Holtzmann* S. 391)[115] genannt. Soviel ist klar: Beide Ausführungen sind vom Verf. nicht ohne Absicht auf allfällige heidnische Leser seines Buches in den Bericht aufgenommen. Die paulinische Apologie des Christentums soll auch für die Gegenwart in seinem Sinn wirken. Allein gerade unter diesem Gesichtswinkel betrachtet, scheint mir die kritischerseits übliche Datierung des Buches verdächtig. Es erhebt sich als schwerwiegendes argumentum e silentio die Frage: *Wo bleibt die den spätern eigentlichen Apologeten so wichtige Auseinandersetzung mit der griechischen Philosophie?*

Daß der Autor ad Theophilum sie kennt, zeigt 17,18 die Erwähnung der Epikuräer und Stoiker und die ebenso bedeutsame Nichterwähnung der Platoniker. Gerade den günstigen Anknüpfungspunkt, den die Philosophie der letztern bot, hätte sich doch ein Autor des zweiten Jahrhunderts schwerlich entgehen lassen. Der Umstand, daß er nicht einmal einen Versuch macht, den so naheliegenden Bindestrich in dieser Richtung zu ziehen, daß er sich vielmehr darauf beschränkt, den Pl (wie dieser selbst Rom 1 es thut!) an das allgemein menschliche Bewußtsein in seiner spezifisch hellenischen Ausprägung appellieren zu lassen, beweist deutlich, daß er eben nicht jener Periode angehört, sondern einer Zeit, für die eine wissenschaftliche Auseinandersetzung zwischen Christentum und Heidentum noch kein Interesse hatte, weil der eigentliche Kampf auf Tod und Leben zwischen den beiden Geistesmächten noch nicht begonnen hatte.

Diese Erörterungen haben uns nun bereits zum *Inhalt* der in der Apostelgeschichte wiedergegebenen paulinischen Lehre hingeführt.

## Gott

Die paulinische Lehre bei Act ist, wie wir schon äußerlich gesehen haben, in erster Linie *Gotteslehre, λόγος τοῦ θεοῦ*[.] Derselbe eine Gott ist es, der sich (13,17-22) den *Juden* offenbart hat vom Auszug aus Ägypten bis hinab auf David, von Moses bis auf die Propheten

---

[115] A.a.O., S. 393; vgl. S. 391.

(28,23) und der den *Heiden* erschienen ist in der Natur (14,17) und in der Selbstbesinnung des menschlichen Geistes. (17,26–28)

Er ist der ϑεὸς ὁ ὕψιστος (16,17) und darum gilt es für die Heiden *sich von den falschen Göttern ab*[-] (14,15 17,24–25,29 19,26) und für Juden und Heiden sich der frohen Botschaft seiner *Gnade* (20,24) zuzuwenden, «*sich zu Gott zu bekehren*» (20,21 26,20) Diese Gnade aber besteht in der *Sendung Christi* (13,23–41 17,30–31 etc.) speziell in seiner *Auferweckung* von den Toten (13,30–37 17,31 etc.)

Das hier vorliegende Gottesbewußtsein entspricht nun ohne Zweifel dem allgemein-christlichen Standpunkt der apostolischen Zeit und widerspricht auch in keinem einzelnen Punkt dem paulinischen.

Trotzdem ist schon hier zu erwägen, ob nicht aus dem, was die genuin-paulinische Lehre an plus über die hier niedergelegte aufweist, der Schluß zu ziehen ist, daß wir hier eine späte und dem Urbild wenig ähnliche deutero-paulinische Derivation vor uns hätten.

Vergleichen wir nämlich die in der Apostelgeschichte dem Pl in den Mund gelegte Gottesvorstellung mit den Aussagen, die Pl selbst, vor Allem im Römerbrief, von Gott macht, so ist eine gewisse Divergenz – nicht Differenz! – unverkennbar. Sie besteht, wenn ich recht sehe, darin[,] daß die Betrachtungsweise des Aut. ad Theoph. vorwiegend *kosmologisch-rational* ist, die des Pl selbst aber vor Allem *ethisch*.

Jener argumentiert: Himmel, Erde und Meer, dazu das Menschengeschlecht ἐπὶ παντὸς προσώπου τῆς γῆς [17,26], kurz unsre Erfahrungswelt weisen durch ihre Existenz auf einen Schöpfer zurück, der sich dazu ahnungsvoll[,] aber deutlich in der Brust eines jeden Einzelnen manifestiert. Der Mangel der vorchristlichen Zeiten besteht darin, daß sie χρόνοι τῆς ἀγνοίας (17,30) sind, so auch die Juden gegenüber Jesus ἀγνοήσαντες (13,27) Die μετάνοια εἰς ϑεόν (20,21) ist daher wesentlich *intellektuelle Annahme* jener (metaphysisch gewonnenen) Wahrheit, erst in zweiter Linie sittliche Umkehr. Daher auch das Evangelium vor Allem *Belehrung* (λόγος, διδαχή)

Anders Pl selbst: Nicht von einer Theorie über den Kosmos geht er aus, sondern von der greifbaren Thatsache des sittlichen Unvermögens des Menschen, ob Jude oder Grieche d. h. von der *Sünde,* die vor Gott nicht bestehen kann. Gleich die erste Ausführung des Römerbriefs (Rom 1,18) beginnt: «Gottes Zorngericht wird geoffenbart vom Himmel her über alle Gottlosigkeit und Ungerechtigkeit der Menschen, die die Wahrheit durch Ungerechtigkeit niederhalten» Unter diesem Gesichtspunkt sind die Heiden (trotz jener natürlichen Offenbarung, die auch Pl anerkennt) und die Juden (trotz ihrem Gesetz) in gleicher Weise *verloren* und müssen *erlöst* werden, nicht physisch-metaphysisch-intellektuell, sondern ethisch-religiös. (Rom 1 u. 2) So sehen wir den Gottesbegriff auch im übrigen Brief, überhaupt bei Pl gefaßt: Gott *ist* vor Allem im Verhältnis zum Menschen, der sich nach Befreiung vom Joch seiner sündigen Natur sehnt.

Wie haben wir nun diese abweichenden Gesichtspunkte zu beurteilen?

Unüberbrückbar wird uns der Unterschied – und daraus scheint mir die kritische Stellungnahme hervorzugehen, wenn wir ohne Weiteres mit unserm an Kant orientierten Denken an sie herantreten. Dann stellen wir uns eben einfach auf die markierte Position des Pl selbst und behaupten: er hat Recht und der Aut. ad Theoph. hat Unrecht, d. h. er hat den Pl miß- oder überhaupt nicht verstanden. Ich glaube nicht, daß damit für das Verständnis des apostolischen Zeitalters und seiner Geistesströmungen viel gewonnen ist.

Suchen wir vielmehr das Verhältnis genetisch zu begreifen: Die Anschauungsweise des Aut. ad Theoph. entspricht durchaus dem naiv-*einheitlichen Denken des antiken Hellenen,* das eben auch durch eine so mächtige Bewegung wie der Platonismus nicht innerlich überwunden war. Die Frage: sind synthetische Urteile a priori möglich?[116] existierte für ihn nicht, weil die Antwort selbstverständlich war, daher auch seine kosmologisch-teleologische Gottesvorstellung. *Ebenso dachte ohne allen Zweifel auch Paulus* und daß die letztere bei ihm in dieser Weise hinter der ethischen zurücktrat[,] rührt nicht von einer principiell anders gearteten Stellung, sondern von der Provenienz seines Gottesbegriffs her: er stammt aus der *alttestamentlichen Prophetenreligion* und so ist Religion für ihn undenkbar anders als beruhend auf der Basis des sittlichen Bewußtseins.

---

[116] Nach I. Kant ist «die eigentliche Aufgabe der reinen Vernunft ... in der Frage enthalten: *Wie sind synthetische Urteile a priori möglich?» (Kritik der reinen Vernunft,* B 19); der Ausarbeitung dieser Frage sind denn auch die *Kritik der reinen Vernunft* und die *Prolegomena zu einer jeden künftigen Metaphysik* vor allem gewidmet.

Zwischen diesen beiden Gesichtspunkten waren im Altertum nicht, wie es für uns sein muß, die Fäden abgerissen; vielmehr waren sie unter Umständen in denselben Persönlichkeiten bewußt und unbewußt eins. Auch der Aut. ad Theoph. fußt durchaus auf dem AT und hätte sich für seine Anschauung z. B. mit Recht auf manche Psalmen berufen können. Auch er betont das sittliche Moment, wie wir noch sehen werden, nur nicht an leitender Stelle, d. h. da wo es sich um die Erkenntnis Gottes handelt. Andrerseits ist auch dem Pl kosmologische (Col 1,15f.) und rationale (Rom 1,19f.) Spekulation durchaus nicht fremd, nur spielte sie sichtlich eine untergeordnete Rolle.

Daraus erklärt sich nun die Entstehung der Darstellung der Apostelgeschichte sehr einfach: *Der Autor ad Theophilum griff aus der paulinischen Gotteslehre das heraus, was sein hellenisches Denken besonders ansprach*, aber ohne Zweifel dachte er an durchaus nichts Anderes, als sie authentisch zu reproduzieren. Als authentisch kann denn auch gelten, was er uns davon niedergelegt hat – über den Hauptgrund[,] der dafür spricht, im Zusammenhang – nur wird uns eben die uns wichtigere Seite fehlen und insofern kann man sagen, was wir hier haben, ist nur der halbe Paulus.

Allein daraus ist nun noch lange nicht der Schluß zu ziehen: also muß der Verf. 40 Jahre später nach Quellen geschrieben haben.

Man beachte vorläufig nur einmal den großen Unterschied der Geisteswelt, aus der der semitische Pl und der hellenische Lukas stammten! Griechische Denkweise liegt dem Letztern, wie wir noch weiterhin sehen werden, tief im Blute, trotz seiner ehrlichen Überzeugtheit von der Wahrheit des christlichen Glaubens.

Auch abgesehen davon könnte man sagen: Daß derartige Verschiebungen in der Lehre, wenn auch in andrer Weise, von Meister zu Schüler eintreten und dennoch der Jüngere behauptet[,] durchaus den genuinen Standpunkt des Ältern zu vertreten, das ist denn doch auch in der Geschichte der neuern Theologie kein so unerhörter Fall und es ist nicht unwahrscheinlich, daß die «moderne» Kritik in 2 000 Jahren in ihrer Beurteilung einmal ähnliche Holzwege wandeln wird wie der Doktrinarismus unsrer heutigen tübingisch orientierten in der Beurteilung des apostolischen Zeitalters.

Jesus

Wir kommen nun zu dem Gegenstand, der zu allen Zeiten das Herzstück der christlichen Theologie gewesen ist, zur «frohen Botschaft» von Jesus, die zum Glück damals erst begann, sich zur «Christologie» zu entwickeln.

Vorauszuschicken ist ein *Exkurs* über die formale[,] aber nicht ganz gleichgiltige Frage: *Wie nennt Pl nach der Angabe unsres Verf's den Mann (ἀνήρ 17,31!) den er Juden und Heiden als das alleinige Heil verkündet?*

Wenn wir die Pl-Stücke des Buches daraufhin absuchen, so ergiebt sich wiederum eine ganze Skala verschiedener Ausdrucksweisen.

Einfach Ἰησοῦς haben wir 13,33 16,7 17,3,7,18 18,5 19,5,13,15 22,8 25,19 26,9 26,15 28,23 und in der bemerkenswerten Variation σωτὴρ Ἰησοῦς 13,23[.] Typischer für den Autor ad Theophilum ist der Ausdruck κύριος 13,2,10f. 14,3,23 15,35,36,40 16,15 18,8,9 19,10,20 20,28 21,14 22,8,10,19 26,15 und besonders die Verbindung κύριος Ἰησοῦς 16,31 19,5 19,13,17 20,21,24,35 21,13. Die Verbindung Ἰησοῦς Χριστός finden wir 16,18[,] Χριστὸς Ἰησοῦς 24,14 (κύριος Ἰησοῦς Χριστός 28,31) ὁ Χριστός 17,3 18,5 26,23

Ohne zuviel Gewicht auf Statistik im Allgemeinen und Besondern legen zu wollen, möchte ich doch andeuten, wie ich den vorliegenden Tatbestand erkläre, resp. in meine Gesamtbetrachtung einreihe.

Ἰησοῦς ist der am Meisten gebrauchte Ausdruck bei den *Synoptikern*, zu denen ja nach allgemeiner Annahme auch der Autor ad Theophilum, heiße er nun Lukas oder anders, als der dritte gehört.

Die Wendungen κύριος, κύριος Ἰησοῦς etc. dagegen entstammen der *Terminologie des Pl*[.] Wie sich dies im Einzelnen verhält, mögen folgende Proben zeigen. (Zählirrtümer vorbehalten!)

Im *ersten Korintherbrief* heißt der Messias (abgesehen von ὁ Χριστός)
1 × Jesus, 2 × Jesus Christus, 7 × Christus Jesus, *13 × der Herr, 8 × der Herr Jesus Christus*

Bei den *Synoptikern* ist der Gebrauch von κύριος folgender [:]
Matthaeus: 79 mal, aber *immer*
        a) von Gott
        b) von menschlichen Herren

|            | c) von Jesus nur appellativisch (κύριε·) gebraucht |
| --- | --- |
| Marcus:    | 18 mal, wovon *nur 2 mal* (2,28 11,3) in direkter Rede von Jesus gebraucht |
| Aber Lucas: | *104 mal, wovon 21 mal von Jesus in direkter Rede und absolut gebraucht* |

Welcher von den dreien steht dem Pl am Nächsten?

Daß die Anwendung der Terminologie des Pl nicht etwa bloßer Zufall ist, geht daraus hervor, daß sie auch im ersten Teil des Buches, den ich in der obigen Übersicht nicht berücksichtigt habe, auftritt.

Die Kritik würde mir hier vielleicht antworten: eben dies beweist, daß der Verf. den Pl nur literarisch, d. h. aus seinen Briefen kennt.

Doch wohl nicht. Denn, wenn dem so wäre, wenn die hier vorgetragene Lehre des Pl bloß ein ungeschicktes Exzerpt aus seinen Briefen wäre, was sollte dann den Verf. gehindert haben, die dort vorgefundene Terminologie durchgängiger anzuwenden? Warum legt er sie dann auch dem Petrus in den Mund, ja gebraucht sie sogar bei der Beschreibung des Lebens Jesu selbst?

Das ist doch Beides nur dadurch erklärlich, daß sich für sein christliches Bewußtsein die mündlich gehörte Lehre des Pl über den Christus mit der ihm bekannten geschichtlichen Tradition über Jesus von Nazareth zu einem untrennbaren Ganzen vereinigt hatte. Denn nur in der Apperception eines persönlich lernenden Individuums, nicht in der kompilatorischen Arbeit eines späten Abschreibers haben sich die beiden verschiedenen Anschauungsweisen, die hinter der verschiedenen Nomenclatur stehen, in dieser Weise verschmelzen können. So oder so müßte bei einem letzteren, wenn er dann auf die Sache selbst kommt, der Hiatus in ganz anderer Weise sichtbar werden, als dies tatsächlich der Fall ist.

*Was weiß der Pl der Apostelgeschichte über den geschichtlichen Jesus?*

Er ist vom *Geschlechte Davids* (13,23) gebürtig aus *Nazareth* (22,8 26,9) Seine Tätigkeit ist *vorbereitet durch Johannes den Täufer* (13,24,25 19,4) Aus dieser Tätigkeit erfahren wir 20,35 ein sonst unbekanntes Wort und über seinen *Mißerfolg bei den Juden:* «Die Bewohner von Jerusalem und ihre Obern haben ihn nicht erkannt» (13,27) ja sie haben ihm den *Prozeß* gemacht μηδεμίαν αἰτίαν θανάτου εὑρόντες ᾐτήσαντο Πειλᾶτον ἀναιρεθῆναι αὐτόν (13,28) So stirbt er denn den *Kreuzestod* (13,29 17,3 25,19 26,23) Gottes Macht aber hat ihn *auferweckt* (13,30 17,3,18,31 25,19 26,23) Das bezeugen 13,31 die mit ihm von Galiläa nach Jerusalem gezogen sind οἵτινες νῦν εἰσιν μάρτυρες αὐτοῦ πρὸς τὸν λαόν (d. h. beim Volk Israel in Palästina, also die *Urapostel*)

Vergleichen wir diesen Bestand mit dem des Pl selbst in seinen Briefen, so springt, wie mir scheint, Eines vor Allem in die Augen: *Der Rahmen, in dem dieses Leben Jesu verläuft, entspricht zunächst wiederum dem der Synoptiker.*

Stutzig machen muß uns vor Allem die weitgehende Berücksichtigung des *Täufers Johannes* und seines βάπτισμα μετανοίας, der nach 13,24,25[,] auch wenn man von der Auseinandersetzung mit den Johannesjüngern in Ephesus 19,2–7 absehen will, offenbar in der Verkündigung des Pl eine gewisse Rolle gespielt hätte, während *die Briefe davon nichts wissen.*

Diese ganze Seite an der Theologie des Autor ad Theophilum, ich meine speziell das Verhältnis der johanneischen Bußtaufe zu dem Empfang des πνεῦμα ἅγιον (19,2) der ja auch im dritten (und vierten!) Evangelium eine wichtige Rolle spielt, resp. seine Wurzeln in der urchristlichen Art des Lehrbewußtseins und der Überlieferung, wäre einer speziellen Darstellung würdig. Da mir die nötige Orientierung fehlt, muß ich mich im Ganzen mit einem non liquet begnügen. Immerhin möchte ich, was für meine Aufgabe speziell die *Stellung des Täufers in der paulinischen Predigt* anbetrifft, ganz en parenthèse und sehr vermutungsweise meine vorläufige Auffassung kurz markieren.

Die Geschichte und der Bußruf des Täufers sind dem Aut. ad Theoph. von besonderer Wichtigkeit. Er allein von allen Evangelisten erzählt (Lc 1,5–25 57–80) seine *Vorgeschichte* und schildert mit besonderer Ausführlichkeit (Lc 3,1–20) seine *Predigt- und Tauftätigkeit* am Jordan[,] endlich (Lc 7,18–34[)] sein Verhältnis zu *Jesus*, wobei immer die *Taufe* eine besondere Bedeutung hat. (Vgl. Lc 7,24–34 gegenüber Mt 11,7–19) Auch in der Apostelgeschichte wird nun dieser Faden wieder aufgenommen: Act 1,5 faßt Jesus seine Verheißung an die Apostel dahin zusammen: «Johannes taufte mit Wasser, ihr aber sollt in heiligem Geist getauft werden, in wenigen Tagen von jetzt ab». Diese Gedankenkombination bringt es mit sich, daß die Gestalt des Täufers ein integrierender Bestandteil wird der lukanischen *Predigt von Jesus:* Der σωτὴρ Ἰησοῦς kann nicht anders auftreten als προκηρύξαντος Ἰωάννου ... βάπτισμα μετανοίας (10,37 13,24), der zugleich hinweist auf den Größern, der nach ihm kommen soll. (13,25 19,4)

*Johannes der Täufer aber ist nichts Anderes, als das alttestamentliche Gesetz in der höchsten Potenz, das als solches über sich hinaus auf Christum hinweist*

Daß dieser Gedanke nicht einfach synoptisch, sondern speziell lukanisch ist, zeigt in besonders instruktiver Weise folgende Parallele:

| Mt 11,13[-15] | Lc 16,16 |
|---|---|
| πάντες γὰρ οἱ προφῆται | ὁ νόμος καὶ οἱ προφῆται |
| καὶ ὁ νόμος ἕως Ἰωάννου | μέχρι Ἰωάννου· ἀπὸ τότε |
| τοῦ βαπτιστοῦ[117] | ἡ βασιλεία τοῦ θεοῦ εὐαγ- |
| ἐπροφήτευσαν. καὶ εἰ θέλετε | γελίζεται καὶ πᾶς εἰς |
| δέξασθαι αὐτός ἐστιν | αὐτὴν βιάζεται |
| Ἠλείας ὁ μέλλων ἔρχεσθαι. | |
| ὁ ἔχων ὦτα ἀκουέτω | |

Potentiell liegt ohne Zweifel der bei Lc ausgesprochene Gedanke auch in der dunklen und wohl ursprünglicheren Version des Mt. Daß ihn aber jener in dieser Weise (beachte auch die Voranstellung des νόμος und das präzisere μέχρι) interpretiert, das ist denn doch ein höchst bezeichnender Vorgang! Wer erkennt darin nicht auf den ersten Blick den *Paulus-Schüler?* Von da aus fällt nun aber ein neues Licht auf unsre Frage: *Die ganze Hereinziehung des Johannes in die evangelische Predigt entspricht einem paulinischen Grundgedanken.* Ob dies in der 13,24f. angegebenen Weise einmal geschehen ist, will ich nicht durchaus festhalten (das Schweigen der Briefe ist schwerwiegend) Ich halte es zwar für wahrscheinlich: besonders einem jüdischen Auditorium gegenüber war die Beziehung gut am Platze. Aber selbst wenn es sich blos um eine Äußerung jener problematischen Vorliebe des Aut. ad Theoph. handeln sollte, so scheint mir das gegenüber jenem principiellen Ergebnis irrelevant: er würde dann eben seinen Pl einen formell lukanischen, *inhaltlich durchaus genuin-paulinischen* Gedanken aussprechen lassen.

Von da aus würde ich weiter folgern:

Nach der Anschauungsweise des Autor ad Theoph. ist im Bereich der *βασιλεία τοῦ θεοῦ* (Lc 16,16) τὸ πνεῦμα τὸ ἅγιον (Act 19,2,6) der

---

[117] τοῦ βαπτιστοῦ fügt Barth hier aus V. 12 ein.

korrelate Wert zum *βάπτισμα μετανοίας* (Act 13,24 19,4) im Bereich des *νόμος καὶ οἱ προφῆται* (Lc 16,16) [[ Eben weil ich diese Gegenüberstellung, die letztlich auf die paulinische Rechtfertigungslehre zurückgeht, für einen charakteristischen Zug der lukanischen Theologie halte, könnte ich *Harnack*'s Eskamotierung der von Lc explikativ in eine Bitte um den heiligen Geist umgewandelten Reichsbitte des Unser-Vaters (Lc 11,2) nicht zustimmen.[118] Vgl. Lc 11,13!]][119]

Eine Gewaltsamkeit ist es jedenfalls, mit *Weizsäcker* (S. 341) die Johannesjünger-Episode als eine Allegorie auf das Judenchristentum verstehen zu wollen. Ich glaube, gezeigt zu haben, daß sie im Denken des Aut. ad Theoph. eine spezifische und originäre Stellung einnimmt. –

Auf die Bestimmung Ἰησοῦς ὁ Ναζωραῖος (22,8 26,9) wird Niemand großes Gewicht legen wollen. Sie kommt bei Pl selbst nicht vor, wohl aber in der ersten Hälfte von Act (2,22 6,14 etc.) und wird daher wohl auf Rechnung des Verf's zu schreiben sein.

Nun das erwähnte ἄγραφον 20,35 (Milet) *μακάριόν ἐστιν μᾶλλον διδόναι ἢ λαμβάνειν,* das uns ähnlich bei *Clem. Rom.* (I Cor 2,1) überliefert ist: ... ἥδιον διδόντες ἢ λαμβάνοντες. Wie kommt es hieher? «Aus der Quelle» meint natürlich *Holtzmann* (S. 405) Rätselhaft bleibt auch damit: warum hat es dieser quellenverarbeitende Aut. ad Theoph. nicht den Sprüchen seines Evangeliums einverleibt? Ob es in diesem Zusammenhang der Erinnerung des Verf.'s an die wirkliche Rede des Pl entstammt, oder ob es eine von ihm hinzugefügte schriftstellerische Ausschmückung (aber jedenfalls von zuverlässiger Provenienz) ist[,] wird schwerlich auszumachen sein. Auch hieran liegt wenig oder nichts; ich neige mich eher zur letztern Ansicht.

Sehr wichtig ist dagegen die folgende Beobachtung: Was nach Abzug dieser nebensächlichen Züge vom Leben Jesu in der Predigt des lukanischen Pl übrigbleibt, ist sein *Tod* und seine *Auferstehung* u. zw. treten diese beiden Fakta überall als die Pointe der evangelischen Verkündigung in den Vordergrund, was sich besonders da deutlich zeigt, wo wie 17,3 oder 26,22–23 der Inhalt der paulinischen Lehre nicht wie anderswo in extenso, sondern nur in einem einzigen Satz wiedergegeben

---

[118] Vgl. oben S. 132, Anm. 26, und S. 136–141.
[119] Am Rand von S. 222 oben bis hier Schlangenlinie, offenbar von der Hand Harnacks, auf S. 222 Mitte dazu ein großes Fragezeichen bei dem Satz: «Die ganze Hereinziehung ...» Siehe auch oben Anm. 5.

sein soll. Sachlich werde ich gleich wieder darauf zurückkommen, vorläufig formell nur dies: *Tod und Auferstehung sind, ganz conform der in den paulinischen Briefen vorgetragenen Christus-Lehre, auch in der lukanischen Paulus-Predigt die an Wichtigkeit Alles Andere schlechthin überragenden Tatsachen des Lebens Jesu.*

Damit stehen wir nun unmittelbar vor der Hauptfrage:
*Inwiefern bildet die Person Jesu den Mittelpunkt der evangelischen Verkündigung an Juden und Heiden?*
Der Pl der Apostelgeschichte giebt in seinen Aussagen, die ich wiederum sachlich gruppiere, folgende Antwort:
*Jesus ist der Christus* (9,22 17,3 18,5 24,24) d. h. der längstverheißene (26,6) Messias des alten Bundes, den Israel «in anhaltendem Gottesdienst bei Tag und Nacht» ersehnte. (26,7) Als solcher ist er der υἱὸς τοῦ θεοῦ (9,20 13,33 vgl. Rom 1,4 I Cor 1,9 II Cor 1,19 Gal 1,16 Eph 4,13 Col 1,13 etc.) und der βασιλεύς (17,7) derer, die an ihn glauben.

Worin besteht das Heil, das er bringt? Er ist das φῶς (vgl. II Cor 4,6 Eph 5,8f.) das die Finsternis überwindet, das aus der Nacht des Satans zu Gott führt (26,18,23 vgl. Col 1,13 II Thess 2,7,8) der σωτήρ für Juden und Heiden (13,23 16,31 vgl. II Tim 1,10 Tit 1,4 2,13 3,6) die zu der an ihn gläubigen Gemeinde gehören d. h. ὅσοι ἦσαν τεταγμένοι εἰς ζωὴν αἰώνιον (13,48 vgl. Rom 8,28f.) ἣν περιεποιήσατο διὰ τοῦ αἵματος τοῦ ἰδίου (20,28 vgl. Rom 3,25 5,9 Eph 1,7) d. h. durch seinen Tod, den ihn Gott überwinden ließ durch die ἀνάστασις (13,30–31 17,3,18 etc. vgl. I Cor 15 Phil 3,10) als πρῶτος ἐξ ἀναστάσεως νεκρῶν (26,23 vgl. I Cor 15,20) πίστιν παρασχὼν πᾶσιν (17,31) Die Gabe aber[,] die er der Menschheit bringt, ist δικαιοσύνη (24,25 vgl. Rom 3–6 8–10) die darin besteht ὅτι διὰ τούτου ὑμῖν ἄφεσις ἁμαρτιῶν καταγγέλλεται, καὶ ἀπὸ πάντων ὧν οὐκ ἠδυνήθητε ἐν νόμῳ Μωϋσέως δικαιωθῆναι ἐν τούτῳ πᾶς ὁ πιστεύων δικαιοῦται (13,38,39 26,18 vgl. Gal 2,16 Rom 3,28 10,4!!!) Daß der Verf. den hier ausgesprochenen Gedanken: das mosaische Gesetz ist in Christo überwunden, auch außer diesem Fall als Bestandteil der paulinischen Lehre kennt, zeigen die von ihm gemachten Angaben über den Inhalt der jüdischen Klagen gegen Pl (21,21,28 24,5) wo ihm ja geradezu vorgeworfen wird, er lehre τὴν ἀποστασίαν ἀπὸ Μωϋσέως!

Endlich aber wird er der Weltrichter sein, denn Gott hat einen Tag τοῦ κρίματος τοῦ μέλλοντος (24,25) eingesetzt ἐν ᾗ μέλλει κρίνειν τὴν οἰκουμένην ἐν δικαιοσύνῃ ἐν ἀνδρὶ ᾧ ὥρισεν (17,31 vgl. II Thess 1,7–10)

Ist das Alles nun später, gar nicht oder nur halb verstandener, mit einem Wort: *Deutero-Paulinismus*, wie *Pfleiderer* und *Holtzmann*[120] wollen [,] oder gar nach *Jülicher*[121] nur *christliches Gemeingut* des ersten Jahrzehnts nach 100?!

Das letztere scheint mir außer Betracht zu fallen: Der Mann, der 13,38,39 schreiben konnte, mußte unter tiefgehendem, mindestens literarischem Einfluß des Pl stehen. Was das erstere betrifft, so möchte ich mich nicht mit der Auseinandersetzung über die notierten Paulus-Parallelen aufhalten. Einige leuchten auf den ersten Blick ein, bei andern könnte es möglich, bei einigen wahrscheinlich sein, daß sie der Autor ad Theoph. nicht von Pl, sondern eben aus Jülicher's christlichem Gemeinbesitz hat.

Was ich hier ans Licht stellen möchte, das sind die *Grundzüge* der hier vorliegenden Christologie und Soteriologie. Ich fasse sie in 4 Punkte zusammen.

*1. Jesus ist der Messias,* als solcher die Erfüllung des alten Bundes, der zugleich in ihm überwunden ist.

*2. Die Juden haben ihn verworfen, ja gekreuzigt* (auch dies mußte nach der Prophezeiung so geschehen) *Dieser Tod aber bedeutet für alle Menschen* (denn nun ist das Evangelium universal geworden) *die Vergebung der Sünden*

*3. Gott aber hat ihn erweckt als «Erstling* von den Toten» und am Ende der Tage wird er *Gericht* halten über die Welt.

*4.* Im *Glauben an ihn* werden die Juden[,] die durch ihr Gesetz[,] und die Heiden, die aus eigener Kraft das nicht vermöchten[,] *gerechtfertigt* d. h. teilhaftig jener Vergebung der Sünden.

Ich stelle daneben die Worte, in denen Pl I Cor 15,3f. seine Verkündigung zusammenfaßt: παρέδωκα γὰρ ὑμῖν ἐν πρώτοις ὃ καὶ παρέλαβον ὅτι Χριστὸς ἀπέθανεν ὑπὲρ τῶν ἁμαρτιῶν ἡμῶν κατὰ τὰς

---

[120] O. Pfleiderer, *Urchristentum,* a.a.O., S. 581f.; vgl. H.J. Holtzmann, a.a.O., S. 315.
[121] A.a.O., S. 352.

γραφάς, καὶ ὅτι ἐτάφη, καὶ ὅτι ἐγήγερται τῇ ἡμέρᾳ τῇ τρίτῃ κατὰ τὰς γραφάς

Ist dies nun dieselbe Christus-Lehre wie die soeben zusammengestellte, oder nicht?

So ganz ohne Weiteres ist freilich auch hier die Kongruenz nicht zu erweisen und das liegt durchaus in der Natur der Sache. Hierüber noch ein kurzer Rückblick:

Vergleicht man nämlich das Christus-Bild des Pl mit dem des Aut. ad Theoph., so fällt Eines auf: Allem Andern ist in der lukanischen Pl-Predigt die *Auferstehung* an Bedeutung vorangestellt.

In der Predigt in Antiochia in Pis. 13,16–43 handeln die vv 30–37 ausschließlich von ihr[,] während die Erzählung des Todes in den kurzen Worten v 27–28 ohne weitern Commentar erledigt wird. Die athenischen Philosophen sagen 17,18 von Pl: «er scheint ein Verkündiger fremder δαιμόνια zu sein» Warum das? Der Verf. paraphrasiert: ὅτι τὸν Ἰησοῦν καὶ τὴν ἀνάστασιν εὐηγγελίζετο. Und in der darauf folgenden *Areopagrede* findet der Tod Jesu nur auch gar keine Erwähnung, wohl aber gipfelt und schließt sie mit der Auferstehungsbotschaft.

Endlich 25,19: Festus referiert dem Agrippa über den bisherigen Verlauf des Prozesses und da hören wir: ζητήματα δέ τινα περὶ τῆς ἰδίας δεισιδαιμονίας εἶχον πρὸς αὐτὸν καὶ *περί τινος Ἰησοῦ τεθνηκότος, ὃν ἔφασκεν ὁ Παῦλος ζῆν.*

Man beachte auch das entschieden etwas verworrene Verhältnis, das zwischen der ἄφεσις ἁμαρτιῶν und dem Tod Jesu besteht. (Nur aus 20,28, wo aber Christen angeredet sind, fällt etwas Licht darauf) Andrerseits die breite Ausführlichkeit, mit der 13,32f. die (typische) Bedeutung der Auferstehung besprochen wird. Nun ist ja gar kein Zweifel daran, daß auch Pl selbst centrales Interesse an diesem Punkt hatte, wie gerade wieder I Cor 15 beweist. Allein war das Verhältnis wirklich so, wie unser Verf. es dargestellt hat? Doch wohl nicht. Schon bei Pl (I Cor 1!) und dann überhaupt in der urchristlichen Lehre rückt vor Allem Jesu Kreuz in den Vordergrund. Eben daraus aber ergiebt sich ein neuer Beweis, daß unser Buch nicht aus jenen Jahrzehnten stammen kann, in denen, wenn auch nicht die Rechtfertigungs-, so doch die Versöhnungs- und Opferlehre des Pl zum christlichen Gemeingut geworden waren.

Aber welches besondere Interesse hat denn der Verf. daran, Jesu Tod so unmerklich zurück[-], seine Auferstehung so deutlich voranzustellen? Ich glaube das: Es ist wieder der *Hellene*[,] der hier redet, der *positiv* von der Bekanntschaft[,] vielleicht Freundschaft mit platonischen Ideen herkommt und dem daher im Gegensatz zu den stoischen und epikureischen Schulen (17,18,32) aber auch zur sadduzäischen Richtung im Judentum (Man beachte die Auseinandersetzung 23,7–10!) die ἀνάστασις νεκρῶν von höchster Wichtigkeit ist. Dieses hellenische Interesse an der ἀφθαρσία läßt sich ja auch weiterhin dogmengeschichtlich verfolgen. Es erreicht seinen Höhepunkt in der Vergottungslehre des Athanasius.[122]

Andrerseits aber möchte ich die Vermutung aufstellen: *negativ* ist unser Verf. bewußt oder unbewußt noch ziemlich spürbar in jener ebenfalls hellenischen Stimmung dem Kreuze Jesu gegenüber, die Pl I Cor 1,22,23 zeichnet: ... Ἕλληνες σοφίαν ζητοῦσιν, ἡμεῖς δὲ κηρύσσομεν Χριστὸν ἐσταυρωμένον ... ἔθνεσιν ... μωρίαν. Selbstverständlich ist das beim Aut. ad Theoph. principiell überwunden, aber daß etwas davon in der auffallenden Knappheit seiner diesbezüglichen Angaben noch nachklingt, scheint mir ziemlich am Tage zu sein, ebenso aber, *daß die ganze Stellungnahme nicht bei einem Mann des 2ten Jahrhunderts, sondern nur bei einem Neophyten der ältern Zeit möglich ist*

Über das Verhältnis des hier als paulinisch vorgetragenen christologischen Lehrstandpunktes zum eigentlich paulinischen in den Briefen wird beim Überblick über das Ganze noch zu reden sein.

Das Evangelium als Imperativ

*Was fordert das paulinische Evangelium vom Menschen?*

Die Antwort des Aut. ad Theophilum ist zunächst überall dieselbe: *πίστις* d. h. eben gläubige Annahme des von Gott in Christo offenbarten Heiles.

So ganz klar formuliert in der Antwort des Pl an den Kerkermeister von Philippi: *πίστευσον ἐπὶ τὸν κύριον Ἰησοῦν καὶ σωθήσῃ* (16,31) –

---

[122] Vgl. A. Harnack, *Lehrbuch der Dogmengeschichte*, Bd. II: *Die Entwickelung des kirchlichen Dogmas I* (Sammlung Theologischer Lehrbücher), Freiburg i. B./Leipzig 1894³, S. 43–46.

Und so ist es denn auch der geläufigste Ausdruck für die, welche die Verkündigung des Pl annehmen: *sie glaubten* d. h. sie wurden *Gläubige* (13,12,39,48 14,22,27 16,5 17,34 18,8,27 19,18 20,21 21,20,25 22,19)

Ich habe schon bei der Besprechung des Gottesbegriffs darauf hingewiesen, worin dieser *Glaube*[,] dieses «sich überreden lassen» (ἐπείσθησαν 17,4 vgl. 13,43 28,23!) in den Augen des Verf.'s bestand: er ist zunächst einfaches Für Wahr Halten der von Pl verkündeten Heilstatsachen. Trotzdem wäre es ganz verfehlt, ihn nun etwa deshalb des Intellektualismus für überführt zu halten. Ich wiederhole: Das rationale und das ethische Moment fielen für die Theologie jener Zeit zusammen u. zw. stets so, daß das letztere vom erstern mehr oder weniger causal abhängig gedacht wurde. Je nach der Persönlichkeit des Predigers mußte ja das eine oder das andre mehr hervor- oder zurücktreten. *Beim Pl des Autor ad Theophilum überwiegt entschieden das rationale Element*[.] Allein, daß die πίστις, die dieser Pl lehrt, damit nicht erschöpft ist, geht doch aus einer Reihe von Umständen deutlich genug hervor.

20,27 heißt die evangelische Verkündigung *βουλὴ θεοῦ* (vgl. I Thess 4,3) 13,10 18,25 19,9 22,4 *ὁδὸς τοῦ κυρίου*[.] In beiden Bezeichnungen liegt ein sittliches Moment mindestens inbegriffen.

Eine ethische Beziehung liegt auch in der Art, wie Pl 26,19 seine Bekehrung erzählt. «Daher o König Agrippa» heißt es *οὐκ ἐγενόμην ἀπειθὴς τῇ οὐρανίῳ ὀπτασίᾳ*

Pl predigt die *βασιλεία τοῦ θεοῦ* (14,22 19,8 20,25 28,23,31 vgl. I Cor 4,20 6,10 Gal 5,21)

Daß in dieser der *Gehorsam* gegen Gottes Gebot obenansteht, das mußte für den Verf. von Lc 8,9–15 selbstverständlich sein, wo die in der Erkenntnis der μυστήρια τῆς βασιλείας am Weitesten sind[,] οἵτινες ἐν καρδίᾳ καλῇ καὶ ἀγαθῇ ἀκούσαντες τὸν λόγον κατέχουσιν καὶ καρποφοροῦσιν ἐν ὑπομονῇ.

Und in ebendemselben Sinn ist doch wohl auch 20,21 der Ausdruck *ἡ εἰς θεὸν μετάνοια* [gemeint], ähnlich 26,20 das μετανοεῖν καὶ ἐπιστρέφειν ἐπὶ τὸν θεόν.

Aber auch an direkter sittlicher Forderung fehlt es nicht. – So im Allgemeinen: 17,30: ... νῦν ἀπαγγέλλει τοῖς ἀνθρώποις πάντας πανταχοῦ μετανοεῖν und 26,20 ... ἄξια τῆς μετανοίας ἔργα πράσσοντες – Und im Besonderen: 20,35 πάντα ὑπέδειξα ὑμῖν, ὅτι οὕτως κοπιῶντας δεῖ ἀντιλαμβάνεσθαι τῶν ἀσθενούντων, μνημονεύειν τε τῶν λόγων τοῦ κυρίου Ἰησοῦ κτλ. Endlich an der interessanten Stelle 24,25 διαλεγομένου δὲ αὐτοῦ περὶ δικαιοσύνης καὶ *ἐγκρατείας* καὶ τοῦ κρίματος ...

Alles dies ist wohl zu beachten als die deutliche Nachwirkung der ethischen Seite der wirklichen Paulus-Lehre. Dennoch wird man auch hier fragen müssen: *Wie konnte diese in solcher Weise zurücktreten?*

Auch hier ist zunächst zu antworten: *Der Verf. schreibt als Hellene,* einmal im soeben gezeichneten Sinn: eine neue Religion muß vor Allem Andern *neue Erkenntnis* bringen.

Dann aber auch wieder negativ: Einem Griechen mußte die Art[,] wie Pl von der Sünde, als aller σάρξ von vornherein anhaftend (Rom 7,14) redete, sehr wenig einleuchtend[,] ja abstoßend erscheinen. War doch nach der Lehre seines größten Philosophen der menschliche Leib nichts Anderes als die Entelecheia der ihm innewohnenden Seele, diese selbst aber wiederum ein Teil oder Ausfluß der Gottheit selbst![123] Wie fremd stand dem gegenüber die Stimmung: ταλαίπωρος ἐγὼ ἄνθρωπος· τίς με ῥύσεται ἐκ τοῦ σώματος τοῦ θανάτου τούτου; (Rom 7,24)!

Ein Grieche konnte wohl die oberflächliche Rede von der Notwendigkeit der ἐγκράτεια verstehen – dazu bot auch seine nationale Philosophie nicht wenig Anhaltspunkte – zur Tiefe der Sündenerkenntnis und der daherigen Überzeugung von der Unumgänglichkeit eines gänzlichen innern Bruches mit dem αἰὼν τοῦ κόσμου τούτου (Eph 2,2) und der σάρξ, wie sie beim wirklichen Pl vorlagen, konnte er auch durch langjährigen persönlichen Umgang mit diesem selbst nicht so bald gelangen.

Aber man kann dieses ganze Verhältnis von Glaube und Sittlichkeit in der lukanischen Paulus-Predigt auch noch von einer andern Seite betrachten und von da aus wird man sagen müssen: der Aut. ad Theoph. war nur zu sehr Pauliner. Denn was ist diese ganze Voranstellung der πίστις an und für sich anderes, als der reinste Paulinismus? Gerade der

---

[123] Nach Aristoteles ist die *Seele* die *Entelechie des Leibes* (vgl. *De anima* B 1, 412a 27ff.). Die «sogenannte Vernunft der Seele» (a.a.O., 429a 22) gilt ihm (*De generatione animalium* B 3, 736b 27f.) als ein «Göttliches», von außen hinzutretend.

Umstand, daß der Begriff fast schlagwortmäßig auftritt, weist, wie mir scheint, darauf hin, daß der Verf. bei Pl in die Schule gegangen ist, wenn er auch sichtlich vielfach intellektualisierende Vorstellungen damit verbindet.

Ein Autor der spätern Zeit müßte sich gerade hier unfehlbar durch gesetzliche Betonung einer neuen Moral kenntlich machen (vgl. die Tugend- und Lasterkataloge der Didache![124]) Auch das ist beim Verf. der Apostelgeschichte nicht der Fall.

Sapienti sat.[125]

Die letzten Dinge

Die eschatologischen Aussagen des Pl der Apostelgeschichte sind dürftig.

Wir haben die Hoffnung ($\dot{\epsilon}\lambda\pi i\varsigma$ 23,6 24,15) daß einst eine $\dot{\alpha}\nu\acute{\alpha}\sigma\tau\alpha\sigma\iota\varsigma$ $\nu\epsilon\varkappa\varrho\tilde{\omega}\nu$ (17,32 23,6 24,21) stattfinden wird, die eine $\dot{\alpha}\nu\acute{\alpha}\sigma\tau\alpha\sigma\iota\varsigma$ $\delta\iota\varkappa\alpha\acute{\iota}\omega\nu$ $\tau\epsilon$ $\varkappa\alpha\grave{\iota}$ $\dot{\alpha}\delta\acute{\iota}\varkappa\omega\nu$ (24,15) ist. Das wird der Tag sein, da Jesus die οἰκουμένη *richten* wird mit Gerechtigkeit (17,31 24,25) Damit treten die Gläubigen ein in die $\zeta\omega\grave{\eta}$ $\alpha\grave{\iota}\acute{\omega}\nu\iota\varsigma$ (13,46.48) die ihnen, den $\dot{\eta}\gamma\iota\alpha\sigma\mu\acute{\epsilon}\nu o\iota\varsigma$ (20,32) bestimmt ist als $\varkappa\lambda\tilde{\eta}\varrho o\varsigma$ (26,18 vgl. Col 1,12) oder $\varkappa\lambda\eta\varrho o\nu o\mu\acute{\iota}\alpha$ (20,32 vgl. Eph 1,14) Damit ist dann der Zustand der $\beta\alpha\sigma\iota\lambda\epsilon\acute{\iota}\alpha$ $\tauο\tilde{\upsilon}$ $\vartheta\epsilon o\tilde{\upsilon}$ (14,22 vgl. I Cor 15,50 II Thess 1,5) definitiv herrschend geworden.

Das ist nun, wie man auf den ersten Blick sieht, gegenüber den farbenprächtigen Vorstellungen von I Cor 15 oder I Thess 4,13–18 5,1–11 II Thess 1,7–10 Alles sehr spärlich.

Dennoch ist wohl zu beachten: Der *Unterschied* zwischen dem lukanischen und dem wirklichen Pl ist auch hier blos *quantitativ*. Die wesentlichen Züge: Auferstehung der Toten – Christus hält Gericht – Ewiges Leben für die Gläubigen, sind hier wie dort dieselben. Woher aber das minus der Apostelgeschichte? Ist es wieder der *Hellene*, dem die ausgemalte semitische Eschatologie unsympathisch ist? Ich möchte es fast vermuten, aber ich glaube dafür noch eine bessere Erklärung zu haben, von der beim Gesamtüberblick die Rede sein soll.

---

[124] Vgl. Did. 1,1–6,3.
[125] T. Maccius Plautus, *Persa*, V. 729 (IV, 7,19); P. Terentius Afer, *Phormio*, V. 541 (III, 3,8).

## Sauli Bekehrung

Es muß noch von zwei Momenten die Rede sein, die zwar nicht zum Inhalt der paulinischen Predigt als solchem gehören, aber doch unzertrennlich von jener sind: sie betreffen die persönliche Stellung des Apostels zu seiner Lehre.

Das eine ist dies: *Die Missionstätigkeit des Pl basiert für ihn nach seiner mehrmals wiederkehrenden Aussage auf dem Erlebnis seiner Bekehrung*

Diese Aussage macht Pl freilich nicht oft – überflüssige Worte verliert er überhaupt nicht darüber – sondern nur dann, wenn er *Rechenschaft ablegen* will über sein Thun.

In der Apostelgeschichte ist dies z. B. der Fall bei der *Rede von Milet,* wo Pl die Erlebnisse und die Bedeutung seines Apostolats bei Juden und Heiden zusammenfaßt. Wenigstens andeutungsweise bezeichnet er hier seine διακονία 20,24 als eine solche, ἣν ἔλαβον παρὰ τοῦ κυρίου Ἰησοῦ

Dieselbe Beziehung kehrt deutlicher und ausführlicher wieder bei den verschiedenen Verhören des Processes in Palästina.

Das eine Mal ist es 22,1–21. Paulus steht auf der Freitreppe vor der Burg in Jerusalem, hinter ihm der römische Chiliarch mit seinen Hauptleuten und Soldaten, vor ihm die fanatisierte jüdische Volksmenge. Er erhebt die Hand, es wird still und nun erzählt er seinen Landsleuten, wie er einst als orthodoxer Schüler Gamaliels gemeint habe, die christliche Lehre verfolgen zu müssen. Dann sei aber Alles anders geworden durch das Ereignis auf dem Wege nach Damaskus. Zuerst durch den Mund jenes Ananias, dann bald darauf durch eine zweite Erscheinung in Jerusalem sei ihm ἐν ἐκστάσει von Jesus der Auftrag zu Teil geworden: πορεύου, ὅτι ἐγὼ εἰς ἔθνη μακρὰν ἐξαποστελῶ σε

Und das andre Mal 26,1–24: Pl steht vor Agrippa und Berenike in Cäsarea. Wiederum erzählt er seine Lebensgeschichte bis zu dem Tag von Damascus. Dieser selbst und die Berufung sind hier etwas abweichend dargestellt. Gemeinsam sind beide Berichte darin, daß die Christophanie gipfelt in der Aufforderung: du sollst mein ὑπηρέτης καὶ μάρτυς sein, ich Jesus sondere dich aus von Juden und Heiden als den, der berufen ist, Beiden die Augen zu öffnen. Im Gehorsam gegen dieses Gebot hat Pl seither gehandelt, wenn er auszog, Juden und Heiden zur μετάνοια εἰς θεόν aufzurufen, und jene Erscheinung des Christus, den er nun verkündigt, ist zugleich die Legitimation seiner Missionsarbeit für alle Zeiten.

Man stelle daneben, was Pl zur *Rechtfertigung seines Apostolats neben dem der Urapostel* Gal 1,15,16 sagt: Hier wie dort derselbe Vorgang, dieselben Konsequenzen ἀφορίσας – καλέσας – ἀποκαλύψαι ... ἵνα εὐαγγελίζωμαι αὐτὸν ἐν τοῖς ἔθνεσιν

Oder man höre, wie er eben dieses Apostolat *gegenüber den korinthischen Irrlehrern* verteidigt I Cor 9,1: οὐκ εἰμὶ ἀπόστολος; οὐχὶ Ἰησοῦν τὸν κύριον ἡμῶν ἑόρακα; und I Cor 15,8,10 ἔσχατον δὲ πάντων ὡσπερεὶ τῷ ἐκτρώματι ὤφθη κἀμοί und was das für ihn bedeutete, dessen ist er sich klar bewußt: χάριτι δὲ θεοῦ εἰμι ὅ εἰμι, καὶ ἡ χάρις αὐτοῦ ἡ εἰς ἐμὲ οὐ κενὴ ἐγενήθη ...

Aber ist vielleicht daran ein Anstoß zu nehmen, daß die Daten der Apostelgeschichte so unverhältnismäßig ausführlicher sind, als die des Pl selbst? Ich glaube nicht, denn die Art wie der letztere die Sache berührt, zeigt deutlich, daß er sie in seinen Gemeinden als im Einzelnen bekannt voraussetzt. Nicht so der Verf. von Act. Ihm kam es darauf an, den Ausgangspunkt der paulinischen Mission so ausführlich als möglich zu beschreiben, daher er auch nicht weniger als dreimal in aller Breite darauf zu reden kommt. *Eben dieses Interesse daran ist aber ein neuer Hinweis darauf, daß er Pl nicht nur von Weitem gekannt hat[,]* denn selbst wenn jener Verdacht gerechtfertigt ist, wenn wirklich die in sich selbst unstimmige Ausführlichkeit des Autor ad Theophilum den Schluß nahelegen sollte, daß zu seiner Darstellung einige Fragezeichen zu setzen sind, so hat das nur die sehr willkommene Einsicht zur Folge, daß wir konstatieren müssen, wir wissen eben im Einzelnen so wenig wie er, *wie* die Sache zugegangen ist[,] und müssen uns statt der Ursache mit der Wirkung begnügen: *Tatsache ist jedenfalls, daß vor Damascus etwas unvergleichlich Großes in und mit Pl vorgegangen ist,* u. zw. in einer Weise, vor der alle causale historische Betrachtung, positiv oder negativ, Halt machen muß. Und wenn bei dieser nicht wunderscheuen, sondern religiösen Beurteilung der von rechts und links so eifrig geführte Kampf um die Bekehrung des Saulus mehr oder weniger zum Streit um des Kaisers Bart wird[126], so ist es auch recht[127].

---

[126] Immerhin hatte auch Fr. Barth 1905 dazu das Wort genommen: *Die Bekehrung des Paulus,* in: ders., *Christus unsere Hoffnung. Sammlung von religiösen Reden und Vorträgen,* Bern 1913, S. 180–198.

[127] Mskr.: «Recht».

Auf alle Fälle spricht es der lukanische wie der wirkliche Paulus mit aller Deutlichkeit aus: auf meiner Bekehrung beruht

Mein Evangelium.

Dieses Stichwort liegt dem zweiten, mit jenem ersten durchaus zusammenhängenden Charakteristikum der paulinischen Predigt zu Grunde:

*Das Evangelium, das ich bringe, ist mein Evangelium*

Die Apostelgeschichte bringt diesen Gedanken vor Allem durch den ganzen äußern Verlauf der Erzählung zum Ausdruck, wie wir schon bei einer frühern Erörterung gesehen haben und deshalb nicht zu wiederholen brauchen. ἡμεῖς εἰς τὰ ἔθνη – αὐτοὶ δὲ εἰς τὴν περιτομήν (Gal 2,9) Diesen Gedanken der innern und äußern Unabhängigkeit des paulinischen Apostolats führt auch die Darstellung von Act faktisch durch, wenn sie ihn auch nicht, wie es dort geschehen mußte, programmartig festlegt. Man beachte in diesem Sinn Stellen wie 15,38–40 den Streit mit Barnabas[,] wie 19,1–16 die Auseinandersetzung mit den Johannesjüngern oder 20,18–36 den Tenor der Rede von Milet, endlich die bedeutsame Stelle 17,3 ... ὅτι οὗτός ἐστιν ὁ Χριστὸς ὁ Ἰησοῦς, ὃν ἐγὼ καταγγέλλω ὑμῖν[.] Das ist doch dasselbe Selbstbewußtsein, das den Apostel II Cor 11,4 zürnen läßt gegen den ὁ ἐρχόμενος ἄλλον Ἰησοῦν κηρύσσει ... ἢ πνεῦμα ἕτερον ... ἢ εὐαγγέλιον ἕτερον[.] Vgl. auch Gal 1,8!

## II. Konsequenzen

Damit haben wir nun das Material in Händen, das uns zu einer Antwort befähigt auf die Frage: *inwiefern ist dies der wirkliche Paulus, der hier spricht, oder nicht?*

Die Frage ist für die Beurteilung der literarischen Stellung und Qualifikation des Autor ad Theophilum von Belang, denn, hat der Pl des Lukas mit dem historischen «in Gedanken und Ausdruck nicht mehr gemein, als jeder Gläubige mit ihm [gemein] haben konnte»[128], stellt diese «paulinische Predigt blos den Monotheismus und die reinere jüdische Sitte dem Heidentum gegenüber und bewegt sich um die allgemei-

---

[128] A. Jülicher, a.a.O., S. 352.

nen Themata von Jesu Messianität und Auferstehung«[129], dann werden wir mit *Jülicher* und *Holtzmann* sagen müssen: Das kann kein unmittelbarer Schüler des Apostels, sondern muß entweder ein später Vulgärchrist oder höchstens ein ebenso später Deutero-Pauliner gewesen sein.

Die hinter uns liegende Untersuchung der einzelnen Positionen hat aber gezeigt, daß jener Voraussetzung eine gewisse Oberflächlichkeit des Urteils nicht abgesprochen werden kann.

Rekapitulieren wir kurz die *negative* Seite unsrer Resultate, d. h. eben das plus und minus[,] das die Lehre des lukanischen gegenüber dem Pl der Briefe aufweist.

Das Bild ist Folgendes:

*1.* In der *Gottesvorstellung* überwiegt gegenüber der ethischen die rational-kosmologische Betrachtungsweise

*2.* Die *Bedeutung Jesu* beruht weniger auf seinem Tod als auf seiner Auferstehung

*3.* Das *Evangelium fordert* vor Allem Glauben[,] erst in zweiter Linie sittliche Umkehr.

*4.* Die *Eschatologie* ist quantitativ weniger ausführlich.

Berechtigen diese Divergenzen zu den oben erwähnten Aufstellungen der Kritik?

Nein!

Ihnen gegenüber ist vor Allem darauf Nachdruck zu legen:

*Im paulinischen Lehrbild der Apostelgeschichte fehlt von den wesentlichen Positionen des historischen Paulinismus keine einzige*

Ich glaube, im Einzelnen die Parallelen nachgewiesen zu haben, die, nicht nur in einzelnen frappanten Stellen, auf die es unrichtig wäre, zuviel abzustellen, sondern in der ganzen Anschauungsweise überall zwischen dem Pl der Apostelgeschichte und dem der Briefe bestehen.

Aber noch mehr: Wir haben auch gesehen, daß selbst an solchen Punkten, wo wir eine relative Abweichung vom eigentlichen Paulinismus konstatierten, ich erinnere an die Voranstellung der ἀνάστασις in der Christus-Lehre oder späterhin an die der πίστις[,] die Rückbeziehung auf jenen oder vielmehr das Ausgehen von demselben unverkennbar ist. Auf all das will ich nicht noch einmal zurückkommen.

---

[129] H. J. Holtzmann, a.a.O., S. 314f.

Ich erwarte nun aber stehenden Fußes folgenden Einwand: Siehst du denn nicht, daß in der Paulus-Lehre der Apostelgeschichte *der eigentlichste Paulinismus eine ganz untergeordnete Rolle spielt?* Warum sind bei einem Paulusschüler Stellen wie 13,38,39 nicht viel häufiger? Warum enthält eine so wichtige Rede wie die von Athen «keinen einzigen wirklichen Paulinismus»? (*Holtzmann* S. 391) Die stillschweigende Voraussetzung solcher Fragen ist die: Natürlich ist doch

Paulinismus = Rechtfertigungslehre! –

Auf diese Gleichung haben seiner Zeit *Baur* und die Schule von Tübingen ihr kritisches System aufgebaut, kraft dessen nach hegel'schem Schema die Geschichte des apostolischen Zeitalters aufgehen mußte in Gal 2, d. h. im Kampf zwischen dem gesetzesfreien Heidenchristentum[,] verkörpert in Paulus[,] und dem gesetzestreuen Judenchristentum[,] verkörpert in Petrus, kraft dessen von den überlieferten Paulusbriefen einer nach dem andern dem Apostel abdekretiert wurden, weil sie eben jenen Gegensatz nicht oder nur undeutlich enthielten.

Die moderne Kritik ist von diesen Konsequenzen zurückgekommen, jene Gleichung aber spielt[,] wie mir scheint, ihre Rolle trotzdem weiter[,] sonst könnte man nicht in dieser Weise über den Paulus der Apostelgeschichte den Stab brechen, wie es immer noch geschieht.

*Die Betonung des sola fide[,] wie sie in der Rechtfertigungslehre des Galater- und Römerbriefs vorliegt, ist erst durch die polemische Auseinandersetzung mit den Judaisten als integrierender d. h. ausgesprochener Bestandteil in den Paulinismus hineingekommen*

(Vgl. *Wrede* «Paulus» 1904 S. 72f.)[130]

Nur wer so oder so nach scholastischer Weise annimmt, mit der Stunde der Bekehrung vor Damaskus sei auch das ganze Gefüge, das wir «Paulinismus» nennen, dagewesen, aus plötzlicher Revelation entsprungen wie Pallas Athene dem Haupte des Zeus, kann am Gegenteil festhalten![131]

Allein da dieser Gesichtspunkt kein allgemein giltiger ist und ich hier nicht ausführlicher werden darf, als es ohnehin geschieht, so soll die Sache noch von einem andern generaliter einleuchtenden Standpunkt aus betrachtet werden.

---

[130] W. Wrede, *Paulus* (RV I, 5/6), Halle a. S. 1904; vgl. bes. S. 72–74.
[131] Vgl. W. Wrede, a.a.O., S. 79.

*Die paulinische Predigt der Apostelgeschichte ist nicht Gemeinde- sondern Missionspredigt und als solche hat ihr Lehrtypus einen hohen Grad von Wahrscheinlichkeit für sich*[132]

Es wäre interessant, einmal zu vernehmen, wie man sich eigentlich kritischerseits die paulinische Missionspredigt denkt, nachdem denn die in der Apostelgeschichte wiedergegebene als «unpaulinisch» eskamotiert worden ist![133]

*Holtzmann:* «Der Inhalt der Predigt des Paulus ist ohne jede Berücksichtigung des spezifischen und wirklichen Paulinismus geformt» (S. 419)

Ich kann es wirklich nicht einsehen, daß es wahrscheinlich sein soll, daß Pl z. B. den Athenern wie aus der Pistole geschossen vor Allem die Lehre von der Rechtfertigung aus dem Glauben, selbst wenn sie von Anfang an ausgesprochener Bestandteil seiner Theologie war, gepredigt hätte.

Wieviel näher lag es da, ebenso z. B. bei den so handgreiflich polytheistischen Lystrensern vor Allem mit der Predigt des Einen Gottes, der Himmel und Erde geschaffen, und vor dem die von Händen gemachten Götter in Nichts zergehen, zu beginnen.

Von da aus erscheint es mir nicht nur zweifelhaft sondern geradezu unmöglich, bei der Kritik der paulinischen Lehre der Apostelgeschichte immer und immer wieder einfach auf die in den Briefen niedergelegte Theologie so ohne Weiteres zu rekurrieren und an dieser gemessen jene unpaulinisch zu nennen. Der Unterschied ist doch wohl einleuchtend, daß der Apostel dort Leute vor sich hatte, bei denen die *Grundlage*, nämlich der monotheistische Gottesbegriff, erst erkämpft werden mußte, hier aber solche, denen die meisten Positionen des christlichen Glaubens ohne Weiteres geläufig waren und bei denen es nun bereits galt *innerhalb* desselben ganz bestimmte Gedanken polemisch nach rechts oder links durchzusetzen.

Man denke und rede doch nicht immer so abstrakt und studierstubenmäßig sondern sehe z. B. einmal zu, wie noch heutzutage unsre christlichen Missionare in der Heidenwelt vorgehen und vorgehen müssen. Werden sie dem Neger, Hindu oder Chinesen vor Allem mit

---

[132] Randbemerkung Harnacks (?) zu diesem Absatz: «Sehr richtig!».
[133] Neben diesem Satz ein Ausrufungszeichen von Harnack (?).

Sätzen wie diese kommen: «Wir sind vor Gott gerechtfertigt nicht durch des Gesetzes Werke, sondern allein durch den Glauben» [vgl. Röm. 3,28][134] oder: «Das Blut Jesu Christi macht uns rein von aller Sünde» [vgl. 1. Joh. 1,7]? Nein, denn der Mann weiß ja nicht, was Gott, Rechtfertigung, Gesetz, Glauben, Sünde etc. ist. Der Missionar wird also ab ovo anfangen, wird ihm vor Allem sagen: ich habe dir eine frohe, frei machende Botschaft im Namen des Einen allmächtigen Gottes zu bringen: glaube an den Herrn Jesum, so erlangst du die Seligkeit, die dir deine heidnischen Götter nicht geben konnten![135]

Gerade so redet nun der Paulus der Apostelgeschichte und haben wir denn Anlaß anzunehmen, der wirkliche habe es anders gemacht? Wenn wir hören, wie er z. B. die Korinther daran erinnert, wie er ihnen zum ersten Mal das Evangelium gepredigt habe: Κἀγώ, ἀδελφοί, οὐκ ἠδυνήθην λαλῆσαι ὑμῖν ὡς πνευματικοῖς ἀλλ' ὡς σαρκίνοις ὡς νηπίοις ἐν Χριστῷ. γάλα ὑμᾶς ἐπότισα, οὐ βρῶμα οὔπω γὰρ ἐδύνασθε (I Cor 3,1–2) so kann ich wirklich nicht glauben, daß wir Grund dazu haben!

Ich habe bei der Besprechung der einzelnen Positionen versucht, nachzuweisen, daß sich das plus und minus gegenüber Pl selbst fast überall auf die aus *hellenischer Denkweise* natürlich hervorwachsenden theologischen Sympathien und Antipathien des Autor ad Theophilum zurückführen läßt.

Ich halte prinzipiell an dieser Beobachtung fest, sie bedarf aber noch einer Ergänzung von dem eben erörterten Gesichtspunkt aus.

*Zum Teil sind jene notierten relativen Abweichungen vom Lehrtypus der Briefe, eben weil es sich um Missionspredigt handelt, auch von Pl selbst gemacht worden*

*1.* Paulus konnte, wenn er vor heidnischem Publikum über *Gott* redete, nicht einfach von dem Gedanken ausgehen: Gott ist der Gute, dem alle Sünde ein Greuel ist, denn für den Hellenen war, wie die Anschauungsweise der homerischen Gedichte zeigt, der Begriff der Gottheit noch lange nicht eo ipso mit dem des καλὸν κἀγαθόν d. h. der Sittlichkeit verbunden, vielmehr zunächst nur mit dem der relativen Macht. Daran mußte Paulus anknüpfen, indem er zunächst zeigte, daß

---

[134] Am Rand ein Ausrufungszeichen von Harnack (?).
[135] Randbemerkung Harnacks (?): «cf 1 Thes 1,9f».

die Macht der Gottheit absolut sei, was direkt zum Gedanken des Monotheismus führte. Erst von da aus war dann dem Griechen das Verständnis für die Gottesoffenbarung in Jesus zu eröffnen.

2. Was die Person *Jesu* betrifft, so lag doch nichts näher, als daß Pl, wie es die Apostelgeschichte andeutet, vor Allem an den den Griechen so geläufigen und in ihrer Philosophie so oft diskutierten Begriff der ἀφθαρσία anknüpfte, indem er die ἀνάστασις betonte[.] Hier wird immerhin zu der Darstellung der Apostelgeschichte insofern ein großes Fragezeichen zu setzen sein, als aus I Cor 1 hervorgeht[,] daß trotz jener Erwägung das Kreuz Christi auch in der Missionspredigt des Paulus sicher eine bedeutendere Rolle gespielt hat, als aus jener erkennbar ist.

3. Das *Evangelium fordert* in erster Linie Glauben. Auch das ist, wenn auch wahrscheinlich die Aufforderung zu sittlicher μετάνοια mehr hervortrat, als hier deutlich wird, gerade in der Missionspredigt sehr natürlich. Denn nicht Verkündigung einer neuen Moral, sondern «frohe Botschaft» wollte doch das Evangelium sein, eine solche aber fordert doch in erster Linie πίστις, d. h. eben vertrauensvolle Annahme des Gehörten.

4. Die *Eschatologie* endlich mußte in der Missionspredigt zurücktreten. So wenig als die Rechtfertigungslehre konnte z. B. die Lehre von der Parusie Christi Neulingen gegenüber vorangestellt werden. Auch die heutige Mission[,] soweit sie nicht unter dem Zeichen S. J. steht, wird nicht damit beginnen, daß sie dem Heiden «die Hölle heiß macht»

Es ist wohl unnötig zu betonen, daß es sich bei diesen Modifikationen nicht etwa um Akkomodationen im katholischen Sinn handelt. Was hier vorliegt, ist nicht[s] Anderes als eine sachlich durchaus gerechtfertigte Methode, angewendet in praktisch-psychologischer Einsicht, bei der der Kern des Evangeliums keinen Schaden litt, besonders wenn eine Persönlichkeit, wie die des Paulus[,] dahinter stand.

Und wiederum sind wir nun in der Lage, der Kritik gegenüber den Spieß umzukehren: Wäre die Missionspredigt des Pl in der Apostelgeschichte so beschaffen, wie sie nach *Holtzmann* und *Jülicher* offenbar sein sollte, um als authentisch vor ihrem Forum Gnade zu finden, so müßten wir nach dem Vorangegangenen mit großer Sicherheit schließen: der Mann, der da schreibt, hat den wirklichen Paulus und seine

Missionspredigt nicht gekannt, sondern schreibt aus seiner literarischen Kenntnis von ihm, d. h. er reproduziert eben den «Paulinismus».

Da dies nicht der Fall ist, so ergiebt sich das Gegenteil: *Da der Autor ad Theophilum den Pl als Missionar zeichnen will, ist auch die von ihm wiedergegebene Predigt Missionspredigt und gerade, weil diese nicht einfach «Paulinismus» ist, so muß der Verfasser persönliche Kenntnis davon gehabt haben.*

Die Antwort, die wir nun noch auf die eingangs gestellte literarkritische Frage schuldig sind: *inwiefern sind diese Reden und Redefragmente authentische Nachricht von der pl'schen Lehre?* ist nach den obigen Erörterungen leicht zu geben.

In globo würde sie lauten: *Nach dem Zeugnis eines Zeitgenossen und Schülers ist dies die paulinische Missionspredigt gewesen.*

Wie das gemeint ist, ist ohne Weiteres klar: *Für die paulinische Lehre ist und bleibt die Apostelgeschichte eine Quelle zweiten Ranges*[136] d. h.

Ihre Angaben enthalten die Missionspredigt des Paulus, aber reproduziert durch das Medium der Person seines Schülers, was die von uns markierten Modifikationen zur Folge hatte, soweit diese nicht durch ihren Charakter eben als Missionspredigt bedingt sind.

Demgemäß wäre nun zu verfahren, wenn es sich z. B. um eine Darstellung der paulinischen Lehre überhaupt handeln würde. Es wären also die Reden der Apostelgeschichte ausdrücklicher herbeizuziehen, als es bisher unter der Herrschaft der hier bekämpften literarkritischen Voraussetzungen geschehen konnte, aber immer mit der Reserve, die einem Referenten mit so stark ausgeprägten schriftstellerischen Eigentümlichkeiten, wie sie der Autor ad Theophilum aufweist, gegenüber bei jeder kritischen Untersuchung selbstverständlich ist.

Soll nun noch ein kleineres oder größeres Gefecht aufgeführt werden um das Maß von Authentie, das den einzelnen in Betracht kommenden Stücken, z. B. der Rede von Athen oder der von Milet[,] zuzuschreiben

---

[136] Randbemerkung Harnacks: «Ich würde sagen: *ersten Rangs*, obgleich Paulus hier in der Auffassung eines Heidenchristen erscheint; denn dieser Heidenchrist hat die wesentlichen Seiten richtig erfaßt.»

ist? Ich glaube nicht, daß das nötig ist. Im Allgemeinen wird es sich ja so verhalten, daß der Verfasser eben da, wo es ihm passend schien, nach seiner gewohnten «Kunst der Komposition»[137][,] die wir bereits konstatierten, diese Reden zusammensetzte und einschob, indem er sich inhaltlich an das hielt, was er da und dort von Pl selbst gehört hatte. Ob und inwiefern nun gerade die Gedanken der athenischen Rede in Athen, die der antiochenischen in Antiochia vorgetragen worden sind, das ist für uns schlechterdings nicht mehr auszumachen und alle Untersuchungen darüber können im besten Fall zu Hypothesen führen, ohne sachlich etwas Wichtiges zu ergeben.

Ich glaube also, davon abstrahieren zu können[,] und halte in diesem Sinn meine Aufgabe für erledigt.

## Schluß

Die wesentlichsten – nicht alle – Seiten der paulinischen Missionstätigkeit sind damit besprochen worden. Zu den von mir vielleicht mit Unrecht vernachlässigten Problemen zähle ich z. B. das: inwiefern ist die christliche Mission zugleich Kampf gegen die Dämonen? (Vgl. *Harnack* «Mission» etc. S. 92[138]) Gerade in unserm Buch wäre da reiche Ausbeute, allein ich durfte diese Arbeit nicht noch mehr anschwellen lassen. Andre Fragen habe ich vielleicht zu flüchtig berührt und wieder bei andern fehlt mir die Heranziehung des ersten Teiles der Apostelgeschichte. Wenn die Sache so an und für sich ein Torso bleibt, so hat sie immerhin den Zweck erreicht, daß ich für mich persönlich einige Orientierungspunkte gewonnen habe für den nun neu entbrennenden Kampf um den Autor ad Theophilum.

Es erübrigt mir nun noch, von den aus meinen drei Gruppen von Untersuchungen sich ergebenden Gesichtspunkten aus eine Antwort zu versuchen auf die in meinem Thema an zweiter Stelle genannte Frage:

*Welche Bedeutung giebt der Verfasser der Apostelgeschichte dem Paulus im Ganzen seines geschichtlichen Ganges?*

Der Titel πράξεις ἀποστόλων ist insofern irreführend, als er, wie in

---

[137] H. J. Holtzmann, a. a. O., S. 315.
[138] *Die Mission und Ausbreitung des Christentums*, a. a. O., S. 92–105.

alter und neuer Zeit immer wieder geschehen ist, die hier bereits mehrfach bekämpfte Meinung erweckt, als handle es sich um eine Kirchengeschichte der ersten 30 Jahre des Christentums, eine «Geschichte der Pflanzung und Leitung der christlichen Kirche durch die Apostel» (*Neander*)[139] Diese Beurteilung ist darum unrichtig, weil[,] wie wir mehrfach gesehen haben, einzelne Momente und ganze Reihen von Begebenheiten und Entwicklungen fehlen, die kein Chronist, man möge ihn zeitlich ansetzen wo man immer will, unerörtert gelassen hätte. Ein Chronist der frühern Zeit müßte, darin stimme ich der Kritik völlig zu, über die alle Gemeinden bewegenden innern Strömungen und Gegenströmungen bessere Auskunft geben, als es hier der Fall ist.

Ein Chronist der spätern Zeit aber würde sich unfehlbar durch Bezugnahme auf die in seiner Zeit wirksamen Faktoren des christlichen Lebens verraten müssen.

Speziell die Zeichnung der Gestalt des *Paulus* nun, wie sie die Apostelgeschichte giebt, ist so oder so in einer Chronik undenkbar.

*Paulus ist in der Apostelgeschichte überhaupt nur als Missionar geschildert*. Alle andern Seiten seines Wirkens fehlen überhaupt oder sind doch nur angedeutet. So schreibt aber kein noch so tendenziöser oder unwissender Kirchenhistoriker!

Wenn also nicht Chronik, was dann? Ist vielleicht der zweite Teil des Buches als *Paulus-Biographie* zu verstehen? Auch das nicht, denn dazu sind die Angaben über ihn für einen frühern oder spätern Autor zu lückenhaft, wozu *Weizsäcker* (S. 201) einen ganzen Katalog von Unterlassungssünden aufgestellt hat. Auch der Schluß des Buches bliebe bei dieser Anschauung unerklärlich.

Nein, die Beobachtung ist unabweisbar, daß der Verfasser vor Allem einen *Gedanken* zum Ausdruck bringen will.

Ist dieser Gedanke von einer innerkirchlichen Parteiabsicht bestimmt?

Die ältere Kritik meinte es, seit *Overbeck* ist man zur Erkenntnis gekommen, daß davon nicht die Rede sein kann, indem man den Verfasser mit ebenso großer Wahrscheinlichkeit auf die eine oder die andre Seite stellen konnte[140].

---

[139] August Neanders (1789–1850) so betitelte Geschichte des apostolischen Zeitalters erschien erstmals 1832/1833 in Hamburg.
[140] Vgl. Fr. Overbeck, a.a.O., bes. S. XXVIII–XXXII; s. auch oben S. 157f.

Oder besteht dieser Gedanke, wie *Overbeck* nun meint[,] in einer Auseinandersetzung der judaisierten Heidenchristenkirche mit ihrer eigenen Vergangenheit und ihrem Stifter Paulus[141]? Der Eindruck, den das Buch auf mich gemacht hat, ist der, daß das eine sehr sonderbare und widerspruchsvolle Auseinandersetzung wäre

Sehe ich recht, so ist dieser Gedanke vielmehr *der Zug des Evangeliums durch die οἰκουμένη*[142], von Jerusalem nach Syrien, von da nach Kleinasien, von da nach Macedonien und Hellas, endlich gipfelnd in der Ankunft des Paulus in Rom. Ist gegen diese Auffassung mit *Overbeck* einzuwenden, man übersehe da die persönlichen Beziehungen auf den Apostel Paulus[143]? Doch wohl nicht, denn dieser Siegeszug fällt eben tatsächlich im Ganzen mit der Wirksamkeit des großen Apostels zusammen. Daß der Verfasser dabei das Geschichtsgemälde nicht mit dem großen Pinsel behandelt, das zeigt der zu seinem Pragmatismus eigentlich nicht stimmende Zug, daß die allererste Heidenmission nicht von Paulus, sondern von den Zersprengten aus der Stephanusverfolgung ausgeht, ja daß sogar auf dem Höhepunkt, in Rom, Paulus nicht der erste Verkündiger des Evangeliums ist.

So wäre ein Späterer nicht verfahren! Wieso steht Pl in dieser Weise im Mittelpunkt seines Interesses?

*Er ist der größte Heros des christlichen Gedankens* und in keinem andern Apostel hat sich jene freudige und siegreiche Idee: «das Evangelium aller Welt!» [vgl. Mk. 16,15] verkörpert wie in ihm. Niemandem aber konnte diese Erkenntnis unmittelbarer zu eigen sein, als denen, die ihn auf seinen Reisen begleiteten, seinen bekannten und unbekannten Schülern.

Ein Schriftsteller der spätern Zeit hätte gewiß nicht verfehlt, den Heidenmissionar Paulus mit einem ganz bestimmt gefärbten dogmatischen und kirchenpolitischen Mäntelein zu versehen; daß dem hier nicht so ist, sondern daß wir in diesem Paulus die wirkliche historische Persönlichkeit, allerdings im Spiegel einer andern ebenfalls scharf ausgeprägten Persönlichkeit wiedererkennen, einzig geschildert als Kämpfer der christlichen Sache nach außen, das zeigt uns, daß jene zweite, reflektierende Persönlichkeit zwar mit der Geschichte der christlichen

---

[141] A.a.O., S. XXXI.
[142] Randbemerkung Harnacks: «Richtig!».
[143] A.a.O., S. XXVII.

Kirche und Lehre bekannt ist, daß ihr aber Alles zurücktritt hinter der Bedeutung eben jenes siegreichen Kampfes, in welchem der Apostel der erste Streiter ist, in dem sie selbst aber in Gedanken noch mitten drin steht.

Und die letztere Beobachtung, die sich durch den ganzen zweiten Teil des Buches hindurchzieht, berechtigt uns schließlich zu der Annahme, daß hinter dieser Persönlichkeit kein anderer steht als der, der Act 16,10 von sich sagen durfte:

«Gott hat *uns* berufen, ihnen die frohe Botschaft zu verkünden!»

*Finis*[144]

---

[144] Schlußbemerkung Harnacks: «Der letzte Abschnitt ‹Paulus in der Ökonomie der Apostelgesch.› ist zu kurz behandelt und wird den Problemen nicht gerecht. Umgekehrt ist in dem Vorangehenden Manches zu breit behandelt u. auch Manches, was unnötig, herbeigezogen. Aber im Ganzen ist die Arbeit sehr fleißig und sehr tüchtig, u. ihre Ergebnisse mit Umsicht u. Besonnenheit gewonnen u. haltbar.

H.»

## DIE VORSTELLUNG VOM DESCENSUS CHRISTI AD INFEROS IN DER KIRCHLICHEN LITERATUR BIS ORIGENES
### 1908

*Für das Winter-Semester 1907/08 bezog Barth – «der nun schärfer zugreifenden väterlichen Autorität, nicht dem eigenen Trieb gehorchend»[1] – die Universität Tübingen. Hier arbeitete er – mit dem im Tübinger Lehrbetrieb Gebotenen im übrigen herzlich unzufrieden – vor allem an der Vorbereitung seines («zweiten», systematischen und praktischen) Examens, das er für den Sommer/Herbst 1908 zu planen begann.[2] Über das Thema der für das Berner Examen erforderten Acceßarbeit war Barth sich zunächst «noch nicht recht im Klaren». Er sammle «zuvörderst Literatur», «man muß eben zusehen», schreibt er am 24. 10. 1907 aus Tübingen an den Vater. Am 31. 10. eröffnet er den Eltern: «Mein Thema verschiebt sich bei näherer Erwägung sehr bedeutend, fast gänzlich bis ganz. In die Apokalypse vermag sich mein Geist auch nicht (!) zu schicken ... Nun setze ich anderswo an und möchte dringend um baldigste Meinungsäußerung und pädagogische Winke bitten. Es handelt sich um die Christologie, genauer: die Ansätze zur 2 Naturenlehre im ersten u. $2^{ten}$ Jahrhdrt. ... Warum die Entwicklung vom NT ... zu den Apostol. Vätern ... und den Apologeten bes. Justin[,] aufzuzeigen mit ‹Ausblick› auf Irenäus. – Was denkst du? Vorläufig studiere ich den großen Harnack I, Material ist da die Fülle. Wirds mir zuviel, so könnte ich mich auch leichtlich auf das NT beschränken. Jedenfalls wäre ich hier etwas mehr im Centrum und brauchte mich nicht an 1 000 Einleitungsstänkereien aufzuzehren.» Am 13. 11. muß er freilich den Eltern gegenüber einräumen: «Was die Acceß-Arbeit betrifft, so habe ich selbst eingesehen, daß ich mich an jenem Thema verbluten würde. Die gemachten Vorarbeiten sind ja deswegen nicht verloren. Bei der Lektüre von Gunkels Commentar zum I Petr-Brief ist mir nun wieder ein anderes aufgerochen, das nun allerdings entschieden mehr an der Peripherie liegt, dafür aber übersichtlicher ist, eine Untersuchung über die Vorstellungen von Xϱ'i Hadespredigt im 1. u. 2. Jahrhundert (d. h. wieder bis ca. Irenäus). Bereits habe ich eine Menge Material ge-*

---

[1] Autobiographische Skizze für das Album der Evangelisch-theologischen Fakultät Münster (1927), in: Bw. B., S. 304.

[2] Vgl. a.a.O., S. 304f.

*sammelt und schleppe täglich Neues hinzu: A und NTliche Apokryphen, Apostol. Väter, Talmud etc., dazu 1 000 Kommentare ‹von jeder dogmatischen Richtung›. Jedenfalls will ich eben dies Material einmal vollständig machen, dann kann man immer noch sehen. Doch scheint mir die Sache nicht so übel, ich könnte mächtig Religionsgeschichte auffahren und Controversen giebts da in Hülle und doch in übersehbarer Weise. Ist übrigens ein spezifisch bernisches Thema, hat doch der alte Güder ein Buch darüber geschrieben und Prof. Lauterburg den Artikel in der Realenzyklopädie. Für mich käme aber nur die Zeit* vor *der symbol. Adoptierung in Betracht.»*

*Am 20. 11. ist Barth schon intensiv an der Arbeit. Er berichtet an die Eltern: «Erlebt habe ich wenig. Ich bin ziemlich constant am Descensus, laufe hin und her zwischen Bibliothek und Neckargasse und exzerpiere allerlei Scharteken. ... Über eine sachgemäße Abgrenzung des zu behandelnden Zeitraumes bin ich noch nicht recht im Klaren, mit dem $3^{ten}$ Jahrhundert käme ich bereits ins Uferlose. Würde es angehen, einfach mit Tertullian und Clem. Alex. einzusetzen?» Zur Literatur bemerkt er: «Allein über I Petr 3,18f. habe ich bis jetzt 19 Autoren konsultiert, aber auch jeder hat eine andre Meinung.» Die bibliographischen Angaben habe er «jetzt ziemlich vollständig, doch fehlt mir gerade eine ziemlich wichtige neuere Zusammenstellung eines Amerikaners. Die Lemuren auf der Bibliothek wollens nicht anschaffen, das Thema ist ihnen zu abgelegen. Vielleicht bekomme ichs aber durch irgend einen Zofinger unerlaubterweise von Marburg oder Berlin.» In diesem Sinne hatte er schon am Vortage Otto Lauterburg die Bitte vorgetragen: Er benötige für seine Acceßarbeit «dringend das Buch od. Büchlein von* Huidekoper ‹The belief of the first three centuries concerning Christs mission to the underworld› New-York 1876, *das viele Quellenangaben enthält. Die schlotternden Lemuren auf der hiesigen Bibliothek habens nicht und wollens auch nicht anschaffen. Wolltest du in Marburg nachsehen, ob es da ist, und wenn ja, es auf deinen Namen nehmen und mir verbotenerweise auf ein paar Wochen schicken?! Du würdest mir und der Geschichte des apostolischen Zeitalters einen äußerst wichtigen Dienst leisten!» Über «das Buch vom alten Güder» äußert Barth sich übrigens in dem Brief vom 20. 11. an die Eltern achtungsvoll: es sei «sehr gelehrt und auch umsichtig». Am 25. 11. nennt er Güders Buch dem Vater gegenüber «wirklich gewandt». I'm gleichen Brief beschreibt er den letz-*

ten Sonntag, der «abgesehen vom Abend» (den er wohl, wie häufiger, als Gast auf dem Haus der studentischen «Königsgesellschaft Roigel» zubrachte) «ziemlich philiströs» gewesen sei: er habe «den lieben langen Tag Exzerpte aus einem dicken Irenäus für die Arbeit» gemacht. «Vermutlich werde ich erst nach Neujahr an die Arbeit selbst gehen, da die Materialbeschaffung viel Geläuf und Abschreiberei erfordert (man bekommt von der Bibliothek nur je 4 Bücher nach Hause).» Ähnlich am 12. 12. an den Vater: «Was die Arbeit betrifft, so hoffe ich bis Weihnacht d. Material beieinander zu haben und gehe dann nachher an die Ausarbeitung.»

So geschah es. Nachdem er in den Weihnachtsferien zunächst Bern und dann (vom 28. 12. 1907 bis zum 2. 1. 1908) Bad Boll besucht hatte, ging er daran, seine Untersuchung auszuarbeiten. Am 6. 1. schreibt er darüber an seinen Schulfreund Willy Spoendlin: «Jetzt sitze ich wieder hier, rauche große Mengen von Tabak und baue an meiner Acceß-Arbeit. Meine Jugendfröhlichkeit ist nun definitiv zum 23. Mal begraben, ich werde von Tag zu Tag mehr ein finsterer mürrischer Greis ... Tübingen ist ein miserables Nest und die theol. Fakultät eine Spelunke.» Am 15. 1. an die Eltern: «Zu erzählen giebts nicht viel. Ich bin den lieben langen Tag am Descensus, der schon auf über 100 Seiten gediehen ist, sich meinem Folianten über Paulus würdig an die Seite stellen wird. Oft gehts bis um 12 Uhr od. sogar ½ 1 Uhr ..., ich möchte im Januar noch fertig werden ...» Am 21. 1., wieder an die Eltern: «Meine Arbeit, die mich nun täglich und bes. nächtlich konstant beschäftigt, rückt bedeutend, ich hoffe das Manuskript nächstens zu beendigen, nur Origenes habe ich noch vor mir, allerdings ein fetter Bissen. Lüdemann wird schwerlich sehr erbaut sein von dem Zeug, denn in allen allgemeinern Fragen nähre ich mich von den Brocken, die von Harnacks Tische fielen. Auch mit den Ansichten von Hrn. Lauterburg harmoniere ich nicht ganz, bes. nicht in Bez. auf I Petr 3,18f. Spitta hat ihm dort entschieden zu viel Eindruck gemacht.» Am 28. 1. dankt er in einem Brief an die Eltern für seines Vaters eben erschienene «Einleitung in das Neue Testament» (Gütersloh 1908): «Heute früh erhielt ich Brief und Buch. Eheu, vielen Dank, sie kommen zu guter Stunde, denn gestern Abend war gerade Leviathan II definitiv erlegt und ruht nun beim Buchbinder, sodaß ich jetzt trefflich Zeit zum Studium der Einleitung haben werde. Der letzten Wochen Qual war groß, ich bin seit Anfang des Monats selten vor 12 zu Bett gekommen, habe auch ziemlich schnöd geschwänzt – beide Umstände gleich aber an Qualität reziprok wie im Präses-Semester!!!» (Im Sommer-Semester 1907 war Barth – mit den hier angedeuteten Folgen für das Studium – Präses der Berner Zofingia – vgl. oben S. 67–69.) «Nun sind wieder 190 Seiten beschrieben und ich bedaure die Herren Pfärrer, die das Alles lesen müssen. Schon höre ich im Geist Lüdemann: Schief, unrichtig und von Harnack abhängig und Papa: e paar Mol hesch wüescht dernäbe ghaue. Ärgerlich ist nur der Umstand, daß das Zeug jetzt ¾ Jahr in der Schublade liegen muß, während der Zeit mir noch Manches einfallen kann, was mich dann ärgert. À propos, nichtwahr diese Acceßarbeit ist doch nicht etwa als eine Art Bekenntnis gemeint? Von eigener Dogmatik ist nämlich von A bis Z keine Silbe darin, sogar die gelegentlichen Ausfälle, die im Conzept standen (ähnlich wie bei der Harnack-Arbeit) habe ich gestrichen, weil sie die sonstige rein geschichtliche Einheitlichkeit nur störten. Auch einen dogmatischen Schlußabschnitt habe ich mir geschenkt, weil ich ohne Herbeiziehung der ganzen oder halben übrigen Dogmatik doch nur hätte behaupten können. Sehr befriedigt bin ich freilich auch so nicht, denn nun entspricht das Zeug mir wieder viel zu sehr dem Overbeck'schen Ideal ‹profaner› Kirchengeschichtsschreibung. Nun, ich bin froh, daß dieses Stück Examenarbeit hinter mir liegt.»

Der befürchtete Ärger über nachträglich entdeckte Versäumnisse blieb in der Tat nicht aus. Am 9. 6. gibt Barth aus Marburg den Eltern einen schwermütigen Ausblick auf das nahende Examen: «Es wird kläglich. ... In der Acceßarbeit steht viel Kohl, nun fällt sie in Lüdemanns Hände. O weh mir, oh weh mir.» Auch nach dem immerhin mit 2 bestandenen Examen ist Barth mit der Leistung nicht unbedingt zufrieden. Am 14. 12. 1908 urteilt er in einem Brief an die Eltern: «Mit der wissenschaftlichen Tätigkeit im engern Sinn ists aber für mich nichts, das habe ich mit wachsender Klarheit erkannt. ... Den Descensus ad inferos zu konstruiren, war ja hübsch und gut. Nach Lauterburgs Tode darf ich dann wohl einmal den Artikel in der Realenzyklopädie übernehmen. Aber sunt certi denique fines ...»

Das Manuskript der Arbeit umfaßt 194 Seiten im Format 23 × 18,3 cm mit breitem Korrekturrand, in einem Pappband mit Kalikorücken gebunden. Die Überschrift steht auf einem besonderen Titelblatt mit dem Zusatz: «Acceßarbeit. Abgeschlossen: Tübingen, 27. Januar 1908. Karl

*Barth, cand. theol.».* Die Seitenzahlen des dem Text vorangestellten Inhaltsverzeichnisses sind im folgenden Abdruck auf die vorliegende Ausgabe umgestellt.

## Inhalt

| | |
|---|---:|
| Einleitung | S. 248 |
| I. Kapitel: *Das neue Testament* | S. 253 |
| § 1  Paulus | S. 255 |
| § 2  Matthäus und Lukas | S. 257 |
| § 3  Der erste Petrusbrief | S. 259 |
| § 4  Rückblick | S. 272 |
| II. Kapitel: *Die altkathol. Kirche* | S. 276 |
| § 5  Kleinasien | S. 277 |
| § 6  Rom | S. 282 |
| § 7  Irenäus | S. 289 |
| § 8  Tertullian | S. 292 |
| § 9  Hippolytus | S. 293 |
| § 10 Christliche Apokryphen | S. 294 |
| § 11 Rückblick | S. 296 |
| III. Kapitel: *Die Alexandriner* | S. 299 |
| § 12 Clemens | S. 299 |
| § 13 Origenes | S. 305 |
| § 14 Ausblick | S. 309 |

## Einleitung

«De descensu tantum ferme dissertationum est, quantum est muscarum, quum caletur maxime», so konnte schon im 18. Jahrhundert gesagt werden.[3] Unser Gegenstand scheint in der That auf den alten theologischen Schulen zu Helmstädt, zu Wittenberg, zu Altdorf etc. ein beliebtes Thema gewesen zu sein. Und das ist im 19. Jahrhundert nicht anders geworden. Schon aus Anlaß von I Petr 3,18f. sind die Theologen

---

[3] H. Witsius, *Exercitationes sacrae in Symbolum quod Apostolorum dicitur et in Orationem Dominicam*, Amsterdam 1697³, S. 319. Barth zitiert offenbar nach E. Güder, *Die Lehre von der Erscheinung Jesu Christi unter den Todten. In ihrem Zusammenhange mit der Lehre von den letzten Dingen*, Bern 1853, S. 257, Anm. 1, der die *Exercitationes* nach einer Ausgabe von *1730* anführt.

jeder Observanz immer wieder mit besonderer Beflissenheit auf den Descensus zurückgekommen, sei es um ihn in seiner «vielumfassenden Bedeutung» zu verherrlichen[4], sei es, um ihn «als Mythos ohne biblische Begründung» zu verwerfen[5]. Durch den bekannten Streit um das Apostolikum[6] hat er dann vollends Relief gewonnen und endlich ist auch die moderne Religionsgeschichte nicht spurlos an diesem Gegenstand vorübergegangen. –

Eine zufällige Lektüre hat mich auf das Thema geführt. Freilich ohne jene dura necessitas[7] einer Acceßarbeit, die an jeden Berner Theologen einmal herantritt, wenn seine Stunde gekommen ist [vgl. Joh. 2,4; 16,21], wäre ich wohl schwerlich veranlaßt gewesen, mich näher gerade mit einer so vielgeprüften Frage zu beschäftigen, die noch dazu auf den ersten Blick etwas so Wunderliches und Bizarres hat. Allein ich habe dann die Erfahrung gemacht, daß gerade das Studium einer derartigen religiösen Erscheinung, so fremd sie uns heute anmuten mag, ihren eigenartigen Reiz hat, sobald man nämlich diese Arbeit nicht von vornherein einem modernen, ihr von Natur fremden Zweck dienstbar macht, sei es nun, um damit um jeden Preis ein Stück christlichen Altertums in die Dogmatik hinüber zu «retten», sei es nun, um zu zeigen, wie vorstellungsmäßig und inadäquat man früher gedacht habe, «und wie wirs dann zuletzt so herrlich weit gebracht»[8]. Ich habe deshalb mit Bewußtsein die *dogmatische* Frage unberührt gelassen, die nur auf einer viel breitern Grundlage verhandelt werden könnte. Aus ähnlichen Gründen habe ich auch Abstand genommen von der Erörterung der *religionsgeschichtlichen* (im engern Sinn!) Seite der Sache: Ich kenne das Gebiet zu wenig und wäre daher auf Autoritäten oder individuelle Vermutungen angewiesen.

---

[4] Vgl. J. L. König, *Die Lehre von Christi Höllenfahrt, nach der heil. Schrift, der ältesten Kirche, den christlichen Symbolen, und nach ihrer vielumfassenden Bedeutung*, Frankfurt a. M. 1842, s. bes. S. 202.
[5] Vgl. A. Schweizer, *Hinabgefahren zur Hölle, als Mythus ohne biblische Begründung durch Auslegung der Stelle 1. Petr. 3,17–22 nachgewiesen*, Zürich 1868.
[6] Vgl. Fr. M. Schiele, Art. «Apostolikumstreit», in: RGG¹, Bd. I, Sp. 601–608, bes. Sp. 605f.
[7] Horatius, *Carmina* III, 24,6.
[8] J. W. von Goethe, *Faust I*, V. 573 (Nacht).

Ich habe mich also auf die *exegetisch-dogmengeschichtliche* Problemstellung beschränkt und mir die Frage gestellt: *Welche religiösen resp. theologischen Motive haben dazu geführt, den Gedanken des Descensus ad inferos in der christlichen Theologie und Kirche einzubürgern?* Der Abschluß mit Origenes empfahl sich aus sachlichen Gründen: die Folgezeit hat wohl eine neue Fragestellung, damit auch eine neue Fassung des Gedankens gebracht, eine eigentliche Erweiterung des Vorstellungskreises ist von da an nicht mehr zu Stande gekommen.

Bevor ich nun zur Sache selbst komme[,] habe ich noch Quittung abzulegen über die von mir benutzte Literatur.

*Spezialliteratur über den Descensus*[9]
*König*, Die Lehre von Christi Höllenfahrt 1842
*Ed. Güder*, Die Lehre von der Erscheinung Jesu Christi unter den Toten 1853
*Al. Schweizer*, Hinabgefahren zur Hölle 1868
*Josephson*, «Niedergefahren zur Hölle» in «Der Beweis des Glaubens» 1897 S. 401f.
*Kattenbusch*, «Niedergefahren zur Hölle» in «Die christliche Welt» 1889 Nr. 27 u. 32
*Fr. Spitta*, «Christi Predigt an die Geister» 1890
*M. Lauterburg*, Art. «Höllenfahrt Christi» in P. R. E.³ 1900 VIII S. 199f.
*C. Clemen*, «Niedergefahren zu den Toten» 1900[10]

---

[9] J. L. König, a.a.O. – E. Güder, a.a.O. – A. Schweizer, a.a.O. – H. Josephson, *Niedergefahren zur Hölle*, in: BGl (NF), Jg. 18 (1897), S. 401–417. – F. Kattenbusch, *«Niedergefahren zur Hölle»*, in: CW, Jg. 3 (1889), Nr. 27, Sp. 531–534. – Ders., *Ein Wort über 1. Petr. 3,19*, in: CW, Jg. 3 (1889), Nr. 32, Sp. 627–629. – Fr. Spitta, *Christi Predigt an die Geister. (1 Petr. 3,19ff.). Ein Beitrag zur Neutestamentlichen Theologie*, Göttingen 1890. – M. Lauterburg, Art. «Höllenfahrt Christi», in: RE³, Bd. VIII, 1900, S. 199–206. – C. Clemen, *«Niedergefahren zu den Toten». Ein Beitrag zur Würdigung des Apostolikums*, Gießen 1900.

[10] Von fremder (Korrektoren-?) Hand ist hier der folgende Titel mit Bleistift angefügt: *J. M. Usteri*, [«]Hinabgefahren zur Hölle[»]. Eine Wiedererwägung [der Schriftstellen: 1. Petr. 3,18–22 und Kap. 4, Vers 6, Zürich] 1886. Außerdem sind zwei weitere Literaturangaben von Barth selbst mit Bleistift nachgetragen, die zweite auch mit deutlich späterer Handschrift: *J. Weiß* [Art. «Höllenfahrt im NT.»] in RGG III [1912 (Ausgabe der Lieferung: 1910)] 82f. [=

*Literatur zu I Petr 3,18f. etc.*[11]

*Weizel*, «Die urchristl. Unsterblichkeitslehre» in «Stud. u. Kritiken» 1836 S. 895f.

B. *Weiß*, Der petrinische Lehrbegriff ²1855 S. 216f.

G. *Volkmar*, «Über die kathol. Briefe und Henoch» in Z. w. Th. 1861 S. 422f.

*Baur*, «Vorlesungen über die neutestamentl. Theologie» 1864 S. 291f.

*De Wette-Brückner*, Kurzgefaßtes exeg. Handbuch zum NT.³ III¹ 1865 S. 74f.

*Sieffert*, «Die Heilsbedeutung des Leidens u. Sterbens Christi» in Jb. f. d. Th. 1875 S. 371f.

*Hofmann*, Die hl. Schrift Neuen Testamentes zusammenhängend untersucht VII 1875

*C. W. Otto* in Z. f. kirchl. Wissensch. 1883 S. 83f.

Sp. 82–88]; *[Fr.] Loofs* Die Auferstehungsberichte u. ihr Wert [Hefte zur «Christlichen Welt» Nr. 33] 1908[³] [vgl. bes.: Anhang I: Das vere resurrexit im Lichte der ursprünglichen Vorstellungen vom descensus, a. a. O., S. 41–43].

[11] [K. L.] Weizel, *Die urchristliche Unsterblichkeitslehre*, in: ThStKr, Jg. 9 (1836), Bd. II, S. 579–640.895–981. – B. Weiß, *Der petrinische Lehrbegriff. Beiträge zur biblischen Theologie, sowie zur Kritik und Exegese des ersten Briefes Petri und der petrinischen Reden*, Berlin 1855². – G. Volkmar, *Ueber die katholischen Briefe und Henoch*, in: ZWTh, Jg. 4 (1861), S. 422–436, und Jg. 5 (1862), S. 46–75. – F. Chr. Baur, *Vorlesungen über neutestamentliche Theologie*, hrsg. von F. Fr. Baur, Leipzig 1864. – W. M. L. De Wette, *Kurze Erklärung der Briefe des Petrus, Judas und Jakobus*, Kurzgefasstes exegetisches Handbuch zum Neuen Testament, Dritten Bandes erster Theil, Dritte Ausgabe, bearbeitet von Br. Brückner, Leipzig 1865. – Fr. E. A. Sieffert, *Die Heilsbedeutung des Leidens und Sterbens Christi nach dem ersten Briefe des Petrus*, in: JDTh, Bd. 20 (1875), S. 371–440. – J. Chr. K. von Hofmann, *Die heilige Schrift neuen Testaments zusammenhängend untersucht*, Siebenter Theil: *Die Briefe Petri, Judä und Jakobi*, Erste Abtheilung: *Der erste Brief Petri*, Nördlingen 1875. – C. W. Otto, *Auslegung von 1 Petr. 3,17–22 in besonderer Beziehung auf 1 Petr. 3,21*, in: ZKWL, Jg. 4 (1883), S. 83–96. – J. M. Usteri, *Wissenschaftlicher und praktischer Commentar über den ersten Petrusbrief*, Erster Theil: *Die Auslegung*, Zürich 1887. – H. von Soden, *Hebräerbrief, Briefe des Petrus, Jakobus, Judas*, HC 3,2, Freiburg i. B. 1890. – A. Oppenrieder, *1 Petr. 3,19. Von der Predigt, welche Christus nach Petri Wort den im Gefängnis befindlichen Geistern gehalten hat*, in: BGl (NF), Jg. 14 (1893), S. 230–246. – K. Burger, *Der erste Brief Petri*, in: KK, B: Neues Testament, 4. Abt., München 1895², S. 153–180. – J. T. Beck, *Erklärung der Briefe Petri*, hrsg. von J. Lindenmeyer, Gütersloh 1896. – E. Kühl, *Die Briefe Petri und Judae*, KEK 12, Göttingen 1897⁶. – H. Gunkel, *Der erste Brief des Petrus*, in: SNT 2, Göttingen 1908², S. 529–571.

*Usteri,* Wissensch. u. prakt. Commentar über den ersten Petrusbrief 1887 S. 140f.

*v. Soden,* in «Handkommentar zum NT[»] (Holtzmann) III² 1890 S. 131f.

*Oppenrieder,* in «D. Beweis d. Glaubens» 1893 S. 230f.

*Burger,* in «Kurzgef. Handcommentar» (Strack u. Zöckler) B. IV 1895 S. 171f.

*J. T. Beck,* «Erklärung der Briefe Petri» 1896 S. 188f.

*Kühl,* im Krit.-Exeg. Kommentar über das NT (Meyer) 1897 S. 219f.

*Gunkel,* in «Die Schriften des NT» (Joh. Weiß) II [Lfg.] 3 1907 S. 51f.*

Für die spätern Abschnitte habe ich bes. *Harnack's* Lehrbuch, Grundriß[12] und mein Kollegheft (W. S. 1906/07) der Dogmengeschichte[13] benützt.

### Benützte Ausgaben[14]

| | |
|---|---|
| Ignatius } Polykarp } | *Hilgenfeld* 1902 |
| Pastor Hermae | *Harnack* Patr. apost. III 1875 |
| Justin | *Migne,* Patrologia graeca VI |

* Die Tübinger Universitätsbibliothek entleiht nicht mehr als 4 Bände auf ein Mal. Ich mußte mir daher mit Exzerpten behelfen und bitte um gütige Entschuldigung, wenn beim Citieren der Literatur keine Seitenzahlen genannt sind.

[12] A. Harnack, *Lehrbuch der Dogmengeschichte,* Bd. I–III (Sammlung Theologischer Lehrbücher), Freiburg i. B./Leipzig bzw. Freiburg i. B./Leipzig/Tübingen, 1894–1897³; ders., *Dogmengeschichte* (Grundriss der Theologischen Wissenschaften 4,3), Tübingen 1905⁴.

[13] «Dogmen-Geschichte. Gehört bei Prof. D. Harnack, Berlin im W. S. 1906/07 (Mittwoch u. Samstag 9–11)» (im Karl Barth-Archiv, Basel).

[14] *Ignatii Antiocheni et Polycarpi Smyrnaei epistulae et martyria.* Edidit et adnotationibus instruxit A. Hilgenfeld, Berlin 1902. – *Hermae Pastor graece.* Addita versione latina recentiore e codice palatino, recensuerunt et illustraverunt O. de Gebhardt/A. Harnack (Patrum Apostolicorum Opera. Textum ad fidem codicum et graecorum et latinorum adhibitis praestantissimis editionibus recensuerunt commentario exegetico et historico illustraverunt apparatu critico versione latina passim correcta prolegomenis indicibus instruxerunt O. de Gebhardt/A. Harnack/Th. Zahn. Editio post Dresselianam alteram tertia, Fasciculus III), Leipzig 1877. – *S. P. N. Justini opera quae exstant omnia,* PG 6, Paris 1857. –

| | |
|---|---|
| Irenaeus | *Stieren* 1853 |
| Tertullian | *Öhler* 1853 |
| Hippolytus | *Lagarde* 1858 |
| Clemens Alex. | *Migne*, Patr. gr. VIII, IX |
| Origenes | *Migne*, P. gr. XI–XIV |
| Euseb | *Migne* P. gr. XX, XXII |
| Epiphanius | *Dindorf* 1859–62 |
| Petrusevangelium | *Preuschen*, Antilegomena 1901 |
| Sibyllinen | *Geffcken* 1902 |
| Testam. XII Patriarch. | *Migne* P. gr. II |

## I. Kapitel
## Das Neue Testament

*Harnack* (Lehrbuch I) sagt von der Vorstellung des Descensus ad inferos: «sie ist im ersten Jahrhundert noch unsicher geblieben und steht auf der Grenze jener Produktionen der religiösen Phantasie, die ein Bürgerrecht in den Gemeinden nicht sofort haben erlangen können».[15]

Stellen wir diesem Urteil dasjenige von *Josephson* gegenüber: «Wüßten wir nicht von der Höllenfahrt aus der hl. Schrift, wir müßten sie geradezu postulieren»[16], so erhellt ohne Weiteres, daß es sich hier für die dogmatische Seite des Themas um eine question de vie handelt. Umso

---

*Sancti Irenaei quae supersunt omnia*, ed. A. Stieren, Tom. I–II, Leipzig 1853. – *Quinti Septimii Florentis Tertulliani quae supersunt omnia*, ed. Fr. Oehler, Tom. I–III, Leipzig 1851–1854. – *Hippolyti Romani quae feruntur omnia graece*, ed. P. A. de Lagarde, Leipzig/London 1858. – *Clementis Alexandrini opera quae exstant omnia*, PG 8–9, Paris 1857. – Origenes, *Opera omnia*, PG 11–17, Paris 1857–1860. – *Eusebii Pamphili opera omnia quae exstant*, PG 19–24, Paris 1857. – *Epiphanii opera*, ed. G. Dindorf, Vol. I–IV, Leipzig 1859–1862. – *Antilegomena. Die Reste der ausserkanonischen Evangelien und urchristlichen Ueberlieferungen*, hrsg. und übersetzt von E. Preuschen, Gießen 1901. – *Die Oracula Sibyllina*, bearbeitet v. J. Geffcken, GCS, Leipzig 1902. – *S. Clementis I opera omnia: accedunt S. Barnabae Apostoli Epistola Catholica, S. Hermae Pastor, et aliae aevi apostolici reliquiae*, PG 1–2, Paris 1857. [– *S. P. N. Athanasii opera omnia quae exstant vel quae ejus nomine circumferuntur*, PG 25–28, Paris 1857.]

[15] A. Harnack, *Lehrbuch der Dogmengeschichte*, a.a.O., Bd. I, S. 194.
[16] A.a.O., S. 411.

vorsichtiger gilt es daher vorzugehen, wenn es sich im Folgenden um die Indizien aus der Anfangszeit handelt. Ein Vergleich der ebenso naiven als umfangreichen Stellensammlung bei *König*[17] mit den Ausführungen von *Schweizer* läßt erkennen, wie sehr hier die Meinungen auseinandergehen.

Wir haben uns zunächst über die Frage der Anordnung ins Klare zu setzen. Verwirrend scheint mir hier die Art des Vorgehens bei *Güder,* der die in Betracht kommenden Stellen gleich biblisch-theologisch geordnet giebt. (Christus im Hades, der Modus des Vorgangs, das Geschäft Christi im Hades, der Erfolg)[18] Auch bei der größten Vorsicht ist da die Gefahr der petitio principii zu naheliegend. Daß das pêle-mêle bei *König,* der einfach nach dem ihm einleuchtenden Grade von Beweiskräftigkeit ordnet[19], nicht sachgemäß ist, bedarf wohl keines Beweises. Aber auch *Clemen* kann ich darin nicht zustimmen, wenn er (auf Grund seiner symbolgeschichtl. Hypothese) ohne Weiteres von I Petr 3,18f. ausgeht.[20] Gerade in historischen Fragen ist der alte methodische Grundsatz, die «dunklen» Stellen durch die «hellen» zu erleuchten, nicht ungefährlich.

Ich schlage deshalb vor, schon hier *chronologisch* vorzugehen, soweit dies bei der Unsicherheit der Einzelresultate der neutestamentl. Einleitungswissenschaft möglich ist.

So zerlegen sich die ernstlich in Betracht fallenden Stellen in 3 Hauptgruppen[:]

1. *Paulus.* Die eine der einschlägigen Stellen steht im Epheserbrief. Vom Standpunkt der Tübinger Schule aus wäre demgemäß zu lesen «Paulinische Literatur». Indessen hat die Authenticitätsfrage hier wenig Bedeutung: ob wir den betr. Passus dem Paulus selbst oder einem Pauliner zuschreiben, ist für die Resultate dieser Untersuchung belanglos.

2. *Matthäus* und *Lukas.* Die in Betracht kommenden Abschnitte entstammen sämtlich den sog. «Sonderquellen» resp. der Apostelgeschichte.

---

[17] A.a.O., S. 10–63.
[18] A.a.O., S. 15–36.36.37–61.61–88.
[19] Vgl. a.a.O., S. 12.
[20] A.a.O., S. 104ff.

*3. Der erste Petrusbrief.* Ich nenne diese Schrift an letzter Stelle, weil er in unsrer Frage eine markante Sonderstellung einnimmt und chronologisch auf alle Fälle hinter den Paulinen anzusetzen ist. Das erstere Moment ist aber nicht etwa dahin mißzuverstehen, daß die dort vorliegende Descensus-Vorstellung *an sich* als Argument für die Pseudonymität der Schrift verwendet werden dürfte, wie es schon geschehen ist.

Wir gehen nun zunächst rein induktiv vor, um dann am Schluß des Kapitels einige allgemeine Erwägungen anzustellen.

## § 1 Paulus

Anzuknüpfen ist hier an einen der Hauptgedanken der paulinischen Theologie: der Tod Christi ist das Leben der Welt, weil der Tod des Todes. κατεπόθη ὁ θάνατος εἰς νῖκος (I Cor 15,55) Daran schließt sich nun im paulinischen Ideenkreis ein weiterer Gedankengang an und dieser fällt hier in Betracht.

Jener Sieg manifestiert sich in der zugleich zukünftigen und gegenwärtigen völligen Herrschaft Christi über die Welt, über die δυνάμεις, ἀρχαί, ἐξουσίαι. (I Cor 15,24 Col 2,15 Eph 1,21) Dies wird äußerlich vorgestellt durch den Gedanken der Erhöhung Christi über die Himmel (Rom 10,6 Phil 2,9 Eph 1,20 4,10): Christus ist *ἀναβάς*. Als Gegenstück dazu, freilich nicht ebenso ausgeprägt, findet sich nun als jenem vorangehend gelegentlich das *καταβάς*. Was wir uns darunter zu denken haben, ist bei Paulus nur an einer Stelle mit unmißverständlicher Deutlichkeit gesagt: *Rom 10,7.* Gerechtigkeit wird seit Christus jedem zuteil unter der Bedingung, daß er glaubt. Die «Leistungen» des Gesetzes sind überflüssig, weil die eine Leistung ein für allemal erfüllt ist. «Wer kann in den Himmel auffahren, nämlich um Christum herabzuholen ἢ τίς καταβήσεται εἰς τὴν ἄβυσσον; τοῦτ' ἔστιν Χριστὸν ἐκ νεκρῶν ἀναγαγεῖν;[»] Es erhellt daraus ohne Weiteres: Paulus weiß von einer Zeit, da Christus im ἄβυσσος d. h. aber, wie der Zusatz zeigt, im Totenreich verweilte. – Schwieriger ist die Parallelstelle *Eph 4,8–10,* die von den Kirchenvätern mit Vorliebe für den Descensus verwendet wurde. Die Verschiedenartigkeit der Gaben, die den Menschen gegeben sind, soll hier illustriert werden durch die verschiedenen Phasen, die ihr Geber, Christus, durchgemacht, der doch immer derselbe geblieben ist: ἀναβὰς εἰς ὕψος ᾐχμαλώτευσεν αἰχμαλωσίαν ... τὸ δὲ ἀνέβη τί ἐστιν εἰ μὴ ὅτι καὶ κατέβη εἰς τὰ κατώτερα μέρη τῆς γῆς; ὁ καταβὰς αὐτός ἐστιν καὶ ὁ ἀναβάς ... Die Frage nach der Bedeutung dieser Stelle für unsern Gegenstand konzentriert sich letztlich auf die Deutung der κατώτερα μέρη τῆς γῆς. Gegen die Erklärung auf die Unterwelt und für diejenige auf die erste oder zweite Ankunft des Herrn auf der Erde selbst wird sich immer wieder der Zusammenhang geltend machen lassen. Allein es scheint ratsam, diese Instanz nicht zu überspannen, da, wie Rom 10,7 und I Petr 3,18f. zeigen, unser Gegenstand zuweilen in Parenthese gerade bei solchen Gelegenheiten erscheint, wo man ihn nicht ohne Weiteres erwartet. Daß dies auch bei andern solchen an der Grenze von Theologie und Spekulation stehenden Sätzen gelegentlich der Fall ist, zeigt die bekannte Kenosis-Stelle Phil 2,6–11. Für die Deutung auf den Descensus ad inferos scheint mir der Ausdruck κατώτερα μέρη τῆς γῆς selbst zu sprechen, der im Sinn von Erde und im Gegensatz zu ὕψος doch sehr unklar und künstlich klingt, ferner der Umstand, daß parallele Stellen, die älter (Rom 10,7) und jünger (Past. Herm., Simil IX 16,6 etc.) sind als die vorliegende, den Gegensatz ἀναβαίνειν – καταβαίνειν als charakteristisch für die Descensus-Vorstellung erscheinen lassen, endlich und vor Allem die Tatsache, daß durch die spätere Literatur der Descensus-Gedanke, wenn nicht für Ephesus, so doch für Klein-Asien kurz darauf gut bezeugt ist, wobei sich die Wahrscheinlichkeit steigert, je weiter die Abfassungszeit des Epheserbriefs heruntergesetzt wird. – Freilich war die Exegese der Kirchenväter an einem andern Punkt im Irrtum, wenn sie nämlich (noch Irenäus V 31,1 hat diesen Fehler vermieden) das ᾐχμαλώτευσεν αἰχμαλωσίαν Eph 4,8 auf den Erfolg des Descensus bezog[21], während es für die paulinische Auffassung gerade bezeichnend ist, daß jener Sieg über die δυνάμεις etc., auch über den Tod ein Attribut des erhöhten Christus ist, während von einem speziellen Erfolg des Descensus nicht die Rede ist. Denn ἵνα πληρώσῃ τὰ πάντα Eph 4,10 oder ἵνα ἐν τῷ ὀνόματι Ἰησοῦ πᾶν γόνυ κάμψῃ ἐπουρανίων καὶ ἐπιγείων καὶ καταχθονίων Phil 2,10 schildern bereits den Erfolg der Vollendung.

Das Motiv des Descensus interessiert in der paulinischen Literatur als Gegenstück zum Ascensus in coelum, als solches aber bereits als ein Teil der Herrlichkeit des Christus. Im Ganzen des paulinischen Sy-

---

[21] Siehe unten S. 293.

stems spielt es seine, wenn gleich untergeordnete und zurücktretende Rolle als *Vervollständigung des christologischen Gedankens:* auch der Hades ist von Christus nicht unberührt geblieben. Ich übersehe die Tatsache nicht, daß damals die Aussagen über Christi Person und Werk sich in ganz anderer Weise deckten, als dies später der Fall war, trotzdem wird man in Auseinanderhaltung der Motive innerhalb dieser Einheit konstatieren dürfen: Vom Christus-, nicht vom Erlösungsgedanken aus sind die Äußerungen des P[au]l[us] über den Descensus – literarisch die ältesten, die wir besitzen – zu erklären.

## § 2 Matthäus und Lukas

Zunächst ist hier *Mt 12,40* (ὥσπερ ... Ἰωνᾶς ἐν τῇ κοιλίᾳ τοῦ κήτους etc.) zu erwähnen, das ebenfalls in der patristischen Beweisführung von Irenäus ab eine große Rolle spielt. Die Frage, ob es sich dabei um ein ächtes Wort Jesu handelt, ist in diesem Zusammenhang irrelevant, die Frage ist hier nur die: was hat man um 70–100 darunter verstanden? Die Antwort wird lauten müssen: *vielleicht* blos der Aufenthalt im Grab, *vielleicht* der Aufenthalt in der Unterwelt. Zwar ist, wie schon *Güder*[22] hervorgehoben, das ἐν καρδίᾳ τῆς γῆς in diesem Sinn nicht zu pressen, da die LXX Jona 2,4 auch ἐν καρδίᾳ θαλάσσης ohne eine ähnliche Bedeutung bieten, andrerseits darf aber mit *Clemen*[23] auf das ἐκ κοιλίας ᾅδου LXX Jona 2,3 hingewiesen werden, was ein treffliches Gegenstück zu der κοιλία τοῦ κήτους Mt 12,40 geben würde. Ein sicheres Urteil darüber, was die alte Christengemeinde hier herausgelesen hat, geschweige denn darüber, was der Verfasser, eventuell Jesus selbst in das Wort hineinlegen wollte[,] dürfte heute schwerlich abzugeben sein. Verhält es sich so, daß es auf den Descensus ad inferos Bezug hätte, dann würde es in denselben Ideenkreis gehören, dem wir bei Paulus begegneten, nämlich in den rein christologischen: das «Zeichen des Propheten Jona» ist der Aufenthalt Christi (selbstverständlich abgeschlossen durch die Auferstehung) am Orte der tiefsten Finsternis. –

In einen ganz andern Zusammenhang führt uns dagegen *Mt 27, 50–54*, die Erzählung von den wunderbaren Naturereignissen im Mo-

---

[22] A.a.O., S. 17–19.
[23] A.a.O., S. 156.

mente des Todes Jesu. Haben wir, wie neuerdings vermutet wird, in dem Zerreißen des Tempelvorhangs, in dem Erdbeben, vielleicht auch in dem Aufspringen der (Felsen-) Gräber eine Erinnerung an historische Ereignisse vor uns[24], so beruht doch v 52b 53 sicher auf Legende: *πολλὰ σώματα τῶν κεκοιμημένων ἁγίων ἠγέρθησαν· καὶ ἐξελθόντες ἐκ τῶν μνημείων μετὰ τὴν ἔγερσιν αὐτοῦ εἰσῆλθον εἰς τὴν ἁγίαν πόλιν καὶ ἐνεφανίσθησαν πολλοῖς*. Wie die neuere Kritik mit Recht annimmt, ist zunächst das μετὰ τὴν ἔγερσιν αὐτοῦ als (vgl. I Cor 15,20 Col 1,18 Act 26,23) dogmatisch interessierte Interpolation zu streichen.[25] – Verschiedene Vorstellungen kreuzen sich in diesem Bericht in eigentümlicher Weise. Einmal ist der Zustand nach dem Tode deutlich materiell gedacht: es sind σώματα (nicht wie Lc 24,37,39 πνεύματα) und sie weilen (nach der Vorstellung gewisser Schichten der jüdischen Eschatologie) in den Gräbern bis zum Moment der Erweckung. Zugleich haben sie aber die Eigenschaft der Unsichtbarkeit, resp. nur teilweisen Sichtbarkeit: ἐνεφανίσθησαν *πολλοῖς*. Der ursprüngliche Gedanke des Berichts ist nun jedenfalls der: Im Augenblick oder in der unmittelbaren Folge des Todes Jesu wurden «viele Leiber der entschlafenen Heiligen» zu neuem Leben erweckt. Was für Heilige? Alle? Die des alten Bundes oder jüngst Gestorbene? Nur in der Umgebung von Jerusalem oder auch sonst? Auf alle diese Fragen bekommen wir keine Antwort, was der beste Beweis dafür ist, daß wir es nicht mit einem reflektierten Gedanken zu thun haben, sondern mit einer unmittelbaren fast selbstverständlichen populären Überzeugung. In Christi Tod steht das Leben der Menschheit, der Lebendigen wie der schon Toten, das ist einer der gesichertsten Bestandteile des urchristlichen Glaubens, der sich freilich schon damals im Einzelnen differenziert hat. Eine solche volkstümliche Differenzierung haben wir hier vor uns. Unzweifelhaft weist sie uns auf die eine der Wurzeln der Descensus-Vorstellung. An die Predigt von der allgemeinen Wirksamkeit des Todes Christi mußte sich spätestens in der 2[ten] Generation die Frage anknüpfen: *Wie steht es um die vorchristlichen Frommen?* Die Tradition hatte darauf keine Antwort, somit war der Legende und der theo-

---

[24] Vgl. z. B. Th. Zahn, *Das Evangelium des Matthäus*, KNT 1, Leipzig 1905[2], S. 706f.
[25] Vgl. (auch zum Folgenden) J. Weiß, *Das Matthäus-Evangelium*, in: J. Weiß (Hrsg.), *Die Schriften des Neuen Testaments*, Bd. I, Göttingen 1907[2], S. 398.

log. Spekulation weiter Spielraum gegeben. Was wir hier vor uns haben, ist der Versuch einer solchen Antwort. Wir werden später sehen, welche Konsequenzen daran geknüpft wurden. –

Wenden wir uns zu Lukas, so hat uns hier vor Allem *Lc 23,43* das Wort am Kreuz zu dem reuigen Schächer zu beschäftigen: «Heute wirst du mit mir im Paradiese sein.» Erinnern wir uns, daß παράδεισος = κόλπος 'Αβραάμ Lc 16,22 in der spätjüdischen Eschatologie nicht etwa den Ort der ewigen Seligkeit, sondern den Aufenthalt der Gerechten im Zwischenzustand, also – nach griechischer Terminologie [–] einen Teil des Hades vorstellt, so haben wir aus dem Munde Jesu selbst, event. nach der Auffassung bestimmter christlicher Kreise des 1ten Jahrhunderts den Gedanken ausgesprochen, daß auch Christus nach seinem Tode eine Zeitlang im Totenreich geweilt hat. Dieser Gedanke scheint nun gerade von Lukas mit einer gewissen Selbstverständlichkeit gehandhabt worden zu sein, wie *Act 2,27,31* zeigt, wo die Auferstehung wesentlich als Befreiung aus dem Hades geschildert ist, wobei aber vollständig deutlich unterschieden ist zwischen eben dieser Befreiung einerseits und der Auferweckung überhaupt andrerseits: οὔτε ἐνκατελείφθη εἰς ᾅδην οὔτε ἡ σὰρξ αὐτοῦ εἶδεν διαφθοράν. Daß auch *Act 2,24:* ὃν ὁ θεὸς ἀνέστησεν λύσας τὰς ὠδῖνας τοῦ θανάτου in einem ähnlichen Sinn verstanden wurde, zeigt die Parallelstelle Polycarp ad Phil. 1,2 wo die beiden letzten Worte mit τοῦ ᾅδου wiedergegeben sind. –

Dürfte somit der Descensus-Gedanke überhaupt bei Lukas feststehen, so beantwortet sich die Frage nach dem Interesse, das er daran nimmt, leicht: Bei ihm[,] wie bei Paulus, ist der Aufenthalt Christi im Hades der Gegenpol zu seiner Erhöhung zur Rechten des Vaters, damit aber, ganz wie dort, doch schon zugleich ein Teil dieser Erhöhung. Auch hier ist also das Motiv das christologische.

### § 3 Der erste Petrusbrief

«Das ist ein wunderlicher Text und finsterer Spruch, als freilich einer im neuen Testament ist, daß ich noch nicht gewiß weiß, was St. Peter meint», so hat sich *Luther* gelegentlich über die Stelle I Petr 3,18f. geäußert.[26] Und in der That: wenn man die diese Stelle erörternden Ab-

---

[26] M. Luther, *Epistel S. Petri gepredigt und ausgelegt* (Erste Bearbeitung 1523), WA 12, 367, 27–29; bei E. Güder, a.a.O., S. 223.

schnitte in den Commentaren und Einzeldarstellungen durchgeht, so kann man wohl sagen: sie hat ungefähr ebensoviele Auslegungen als Ausleger gefunden. Es ist deshalb mehr paradox als zutreffend, wenn *Spitta* meint: «von exegetischer Schwierigkeit kann kaum die Rede sein.»[27]

Zwei Gattungen von «Stimmungen», die man an diesen Text heranbringen kann, möchte ich gleich a limine abgelehnt wissen. Die eine charakterisiert sich in dem Spruch, der sich bei *Weizel* findet, daß diese Stelle «durch ihre künstlichen und ungeschickten Worte, wie durch die apokryphische Dunkelheit des Gedankens und den abentheuerlich mysteriösen Charakter desselben leicht den spätern Ursprung des Briefes und der betreffenden Vorstellung» verrate.[28] Die andre steht bei *Burger* zu lesen: «Für Ausleger, welche Authentie und Inspiration des Briefes leugnen, vermindert sich natürlich die vorliegende Schwierigkeit wesentlich. ... Wir unsrerseits müssen unsre Darstellung mit einem ernsten Fragezeichen schließen.»[29] Eins ist so unhistorisch gedacht wie das andre. Aber auch der Rekurs *Schweizer*'s auf die «allgemeinen Grundanschauungen des neuen Testaments»[30] darf mindestens nicht an maßgebender Stelle platzgreifen, sondern es gilt hier, wenn vielleicht auch in etwas anderem Verstande, die Erwägung *Josephson*'s: «Die neutestamentlichen Schriften sind nicht Lehrbücher, sondern im besten Sinn des Worts Gelegenheitsschriften, bei denen es mehr oder weniger vom Zufall, wenn der Ausdruck hier gestattet ist, abhing, ob die eine Heilstatsache mehr in den Vordergrund gestellt, die andre wenig oder gar nicht erwähnt wurde»[31]

Der Context I Petr 3 hat die Haltung der Christen im Leiden spez. bei Verfolgung zum Gegenstand. «Seid zur Verantwortung bereit gegen jedermann ... aber in Sanftmut und Scheu! Denn es ist doch wahrlich besser, wenn es denn Gottes Fügung so fügen sollte[,] bei guten Taten zu leiden als bei bösen» (v 15–17) Es ist voreilig, wenn nun *Spitta* sogleich einfällt: «Von vornherein ist es deshalb wahrscheinlich, daß

[27] A.a.O., S. 2.
[28] A.a.O., S. 927, Anm. a.
[29] A.a.O., S. 173.
[30] A.a.O., S. 17.
[31] A.a.O., S. 410f.

durch v 19f. irgendwie das Elend des Leidens der Ungerechten im Gegensatz zu dem Geschicke der Gerechten illustriert werde.»³² Von den Gerechten war doch vorher die Rede, und wenn v 18 fortfährt: ὅτι καὶ Χριστὸς ἅπαξ περὶ ἁμαρτιῶν ἀπέθανεν, δίκαιος ὑπὲρ ἀδίκων, so scheint es mir vielmehr (mit *Güder*³³, *Kühl*³⁴ etc.) wahrscheinlich, daß im Folgenden irgendwie eine Parallele zwischen dem Verhalten Christi und dem einzunehmenden der Leser beabsichtigt ist.

Bevor wir im Einzelnen darauf eintreten, ist zunächst zu erwägen, in welchem *äußern Zusammenhang* die Stelle v 19–21 zum Context steht. Und da ist, übrigens in Erinnerung an die Schreibweise des ganzen Briefs, zunächst einmal mit den meisten Auslegern (ausdrücklich behauptet nur *Spitta*³⁵ das Gegenteil) festzustellen, daß es sich um eine *Digression* vom eigentlichen Thema handelt insofern, als gerade der hier herbeigezogene Punkt nicht notwendig in den Zusammenhang gehört: mit v 18 war die Paral[le]le bereits deutlich gezogen. – Drei Möglichkeiten stehen nun in Bez. auf diese Digression offen: entweder sie entstammt der selbständigen Komposition des *Verfassers*, oder der Verfasser schaltet hier ein Stück aus einer symbolartigen *christolog. Formel* ein, wie *Clemen*³⁶, oder der ganze Passus ist *Glosse* u. zw. aus einem urchristlichen Hymnus wie (natürlich!) ein Holländer *Cramer*³⁷ vermutet hat. Die Möglichkeit des letztern Auswegs vorbehalten, dürfte es sich doch, schon seiner textgeschichtlichen Unbegründetheit halber, empfehlen, etwas vorsichtig zu sein gegenüber der Tendenz, exegetische Schwierigkeiten in Hymnen aufzulösen[,] und daher zunächst die beiden andern Eventualitäten zu erwägen. – Was die erstere betrifft, die die Stelle dem selbständigen Context des Briefes zuweist, so hat sie die mächtigste Stütze in dem Hinweis auf jene schon erwähnte Sprunghaftigkeit im Denken des Verfassers, der es, gerade im Beweisverfahren[,] liebt, solche ausgeführten Zwischengedanken einzuschalten. Man hätte

---

[32] A.a.O., S. 9.
[33] A.a.O., S.39f.
[34] A.a.O., S. 209f.
[35] A.a.O., S. 9f., vgl. S. 63.
[36] A.a.O., S. 113f.
[37] Vgl. J. Cramer, *Exegetica et Critica II. (Het glossematisch karakter van 1 Petr. 3:19–21 en 4:6)*, in: *Nieuwe Bijdragen op het Gebied van Godgeleerdheid en Wijsbegeerte, 7e Deel, 4e Stuk*, Utrecht 1891, S. 221–297 [resp. S. 73–149], S. 263–282 [resp. S. 115–134]; s. bes. S. 275 [resp. S. 127].

dann die Wahl, entweder mit *Kattenbusch*[38], *Gunkel*[39] u. A. anzunehmen, der Ton liege auf dem Gedanken der Geisterpredigt (als Fortsetzung des Themas v 18: ἀγαθοποιεῖν) und v 21 sei eine weitere zufällig-symbolische an ὕδατος v 20 angeschlossene Unterdigression, oder mit *Bernh. Weiß*[40], der Verfasser habe von vornherein die Sündflut im Auge gehabt[,] um von da aus v 21 auf die Taufe zu kommen (auch dies als Ausführung der Folgen des ἀγαθοποιεῖν)

Nun hat aber schon *Baur*[41] auf den Parallelismus der beiden πορευθείς v 19 und 22 aufmerksam gemacht und daraus auf eine beabsichtigte Hervorhebung der im Zusammenhang mit Tod und Auferstehung befindlichen christologischen Momente geschlossen. Ergänzt man nun diese Beobachtung durch die Hypothese von *Clemen*[42], so erscheint es in der That als wahrscheinlich, daß der ganze Abschnitt v 18–22 die Paraphrasierung einer christologischen Formel bildet, die etwa gelautet hätte

Χριστὸς ἅπαξ περὶ ἁμαρτιῶν ἀπέθανεν

θανατωθεὶς μὲν σαρκὶ

ζῳοποιηθεὶς δὲ πνεύματι

ἐν ᾧ καὶ τοῖς ἐν φυλακῇ

πνεύμασιν πορευθεὶς ἐκήρυξεν

ὅς ἐστιν ἐν δεξιᾷ θεοῦ

πορευθεὶς εἰς οὐρανὸν

ὑποταγέντων αὐτῷ κ. τ. λ.

Zwischen den 2$^{ten}$ und 3$^{ten}$ Teil wäre dann jener nach *Gunkel* od. *B. Weiß* zu motivierende Übergang zur Taufe eingeschoben zu denken. Man beachte, daß sich auf diese Weise auch die eigentümliche Stellung der Geisterpredigt *nach* dem ζῳοποιηθείς erklärt, die *J. T. Beck*[43] – vielleicht übrigens in feinfühligem Verständnis ursprünglicher Vorstellungen – zu der Annahme einer von der ἀνάστασις unterschiedenen ζῳοποίησις, *Gunkel*[44] jedenfalls unrichtig zu der Ansetzung des Descensus *nach* der Auferstehung geführt hat. Wir hätten dann also eine

---

[38] *Ein Wort über 1. Petr. 3,19*, a.a.O., Sp. 629.
[39] A.a.O., S. 560–562.
[40] A.a.O., S. 310.
[41] A.a.O., S. 292, Anm. 1.
[42] A.a.O., S. 112ff.
[43] A.a.O., S. 188–190.
[44] A.a.O., S. 562.

Art Bekenntnis vor uns in 3 Teilen, jeder aus 2 Gliedern bestehend, von denen parallel je das zweite das antecipierende erste Glied umschreibt:

Christus ist gestorben – er ist ja getötet im Fleische

Christus ist auferweckt – er ist ja im Geiste hingegangen und hat den Geistern im Gefängnis gepredigt

Christus sitzt zur Rechten Gottes – er ist ja hingegangen zum Himmel, Herrscher über die Engel u.s.f.

Erinnern wir uns des früher Gesagten, so fällt sogleich in die Augen, daß auch hier die Descensus-Vorstellung an sich im gleichen Zusammenhang steht wie bei Paulus und Lukas, nämlich im christologischen. Aber freilich ist der Unterschied der, daß sie dort sachlich unbestimmt bleibt, während sie hier einen konkreten Inhalt erhalten hat, denn das ἐκήρυξεν ist aus dem Kern der Stelle, der christolog. Formel nicht wegzubringen. Da es indes *nicht auszumachen ist[,] ob die Interpretation dieses ἐκήρυξεν in I Petr 3,20 als authentische gelten kann,* begnügen wir uns mit der Konstatierung, daß der Gedanke einer Hades*predigt* jedenfalls hinter I Petr zurückgeht und kehren im Übrigen auf den festen Boden des Textes zurück. –

Auf alle Fälle ist nämlich dieses hypothetische Kerygma in I Petr 3 in einen durchaus selbständigen Context gestellt und bedeutend erweitert und der Sinn dieses Contextes ist nun zu eruiren. Es handelt sich vor Allem um v 19 u. 20: ἐν ᾧ καὶ τοῖς ἐν φυλακῇ πνεύμασιν πορευθεὶς ἐκήρυξεν, ἀπειθήσασίν ποτε ὅτε ἀπεξεδέχετο ἡ τοῦ θεοῦ μακροθυμία ἐν ἡμέραις Νῶε κ.τ.λ.

*4 Auslegungen* stehen sich hauptsächlich gegenüber:

*1.* Die πνεύματα sind die Seelen des Flutgeschlechts und die Zeit des ἐκήρυξεν ist die Zeit zwischen Tod und Auferstehung[,] so *König*[45], *Güder*[46], *B. Weiß*[47], *Sieffert*[48], *Usteri*[49], *Kattenbusch*[50], *v. Soden*[51], *Burger*[52], *Josephson*[53], *Kühl*[54], *Clemen*[55]

---

[45] A.a.O., S. 17–22.  
[46] A.a.O., S. 43–50.  
[47] A.a.O., S. 227–232.  
[48] A.a.O., S. 411ff.; vgl. jedoch S. 417f.  
[49] *Commentar*, a.a.O., S. 146–148; «Hinabgefahren zur Hölle», a.a.O., S. 22–30.  
[50] *Ein Wort über 1. Petr. 3,19*, a.a.O., Sp. 628f.  
[51] A.a.O., S. 132.  
[52] A.a.O., S. 171ff.; vgl. aber S. 172.174.  
[53] A.a.O., S. 409f.; vgl. aber S. 410.  
[54] A.a.O., S. 219–222.  
[55] Vgl. a.a.O., S. 133–136.

2. Die πνεύματα sind die Seelen des Flutgeschlechts, aber die Zeit des ἐκήρυξεν ist die Zeit Noahs, Subjekt ist der präexistente Christus[,] so *Schweizer*[56], *Hofmann*[57], *Otto*[58], *Oppenrieder*[59]

*3.* Die πνεύματα sind die gefallenen Engel Gen 6,1f. Die Zeit des ἐκήρυξεν ist die Zeit der Auferstehung, so *Baur*[60], *Volkmar*[61], *Lauterburg*[62], *Gunkel*[63]

4. Die πνεύματα sind die Engel Gen 6,1f.[,] aber die Zeit des ἐκήρυξεν ist die Zeit Noahs, Subjekt der Präexistenz. So *Spitta*[64]

Mit dieser viergliedrigen Kombination kreuzt sich dann die weitere Frage, ob als Gegenstand des ἐκήρυξεν Heils- oder Gerichtsankündigung gemeint sei.

Zunächst haben wir uns zwischen den 4 Möglichkeiten zu entscheiden[,] wobei wir von der letztgenannten ausgehen.

ad 4. Für die *Deutung der πνεύματα auf Engelwesen* spricht zunächst negativ, daß man für «abgeschiedene Seelen» vielmehr ψυχαί erwartet (vgl. Act 2,27 Apoc 6,9) positiv, daß im griechischen Henoch 15,8 die Kinder aus jenen Engelehen Gen 6,1f. πνεύματα πονηρά heißen. Allein, was die bes. wichtige erstere Instanz betrifft, so zeigen Lc 8,55 23,46 24,37,39 Act 7,59 Hebr 12,23 Apoc 22,6, daß auch für «Seele» als die im Tod vom Leibe getrennte Lebenssubstanz des Menschen gelegentlich πνεῦμα vorkommt. Einleuchtender ist die zweite. Es kommt dazu, daß von jenen Engeln Gen 6,1f. in der Überlieferung tatsächlich berichtet wird, daß sie mit gewaltigen Ketten an einem Orte in der Unterwelt gefesselt liegen[,] vgl. II Petr 2,4. Doch ist schon hier mit *Usteri*[65] einzuwerfen, daß von jenen Engeln im Henochbuche so die Rede ist, daß jeder Gedanke an Rettung ausgeschlossen erscheint[,] vgl. ebenfalls II Petr 2,4.

---

[56] A.a.O., S. 30–33.
[57] A.a.O., S. 124–134, bes. S. 133f.
[58] Vgl. aber a.a.O., S. 89.
[59] A.a.O., S. 238–240.
[60] A.a.O., S. 291, Anm. 1.
[61] A.a.O., S. 428.
[62] A.a.O., S. 201, Z. 11–26.
[63] A.a.O., S. 561f.
[64] Vgl. a.a.O., bes. S. 22–32.
[65] *Commentar*, a.a.O., S. 147; «*Hinabgefahren zur Hölle*», a.a.O., S. 23.

Besonders ausführlich sucht nun *Spitta*[66] zu beweisen, daß das *Subjekt des ἐκήρυξε der präexistente Christus* u. zw. in Person des Henoch sein müsse. Der Gedanke ist auf den ersten Blick blendend: dem Frevel der Engel folgt im Henochbuch die Anklage der Erzengel, dann der Gerichtsbefehl Gottes. Und nun predigt Henoch zuerst Azazel dann den andern Gefallenen. «So gut wie Christus in Noah (s. ad *2*.) oder I Cor 10,4 im Fels der Wüste präexistent sein kann, so gut in Henoch» argumentiert *Spitta*[67] und der Nachweis dürfte in der That erbracht sein, daß Henoch im jüdischen Denken und bis in die christliche Gemeinde hinein die Rolle einer Art Inkarnation der göttlichen σοφία gespielt hat, daß er nicht nur mit dem Metatron, sondern geradezu mit dem «Menschensohn»[,] ja mit dem Gesalbten gelegentlich identifiziert worden ist.[68] Allein, so einladend das Alles ist, so scheint es mir doch zu teuer erkauft, wenn man nun, um das ἐκήρυξεν in jene Zeit des Archenbaus verlegen zu können, vor ἐν φυλακῇ v 19 ein νῦν ergänzen muß, das im Text durch nichts angedeutet ist.[69] Vor Allem aber ist der Ausdruck πορευθείς und die Stellung des ποτε nach ἀπειθήσασιν (*nicht* nach ἐκήρυξε) hier unüberwindlich. – Der ganzen Erklärung ist vorzuwerfen, daß dabei der Satz: ὅτε ἀπεξεδέχετο κ.τ.λ. zu kurz kommt. Er wird, gerade wenn er, wie *Spitta* richtig hervorhebt[70], den Kontrast zwischen der Langmut Gottes und dem Verhalten der ἀπειθήσαντες verdeutlichen soll, sinnlos, wenn unter den Letztern plötzlich Engel zu verstehen sind, deren Fall doch mit dem Bau der Arche nichts zu thun hat, oder aber er wird zu einer bloßen Zeitangabe, die mit einer ganz unnötigen Geschwätzigkeit vorgetragen wäre.

ad *3*. Zu der Deutung auf die Engel Gen 6, denen aber Christus zwischen Tod und Auferstehung resp. (*Gunkel*[71]) nach der letztern gepredigt hätte, ist zunächst auf das Letztgenannte zu verweisen, doch mit der ausdrücklichen Anerkennung, daß die Argumente dagegen weniger stark sind als gegen die Theorie vom Präexistenten, und daß sie einen möglichen, ja guten Context giebt: «Christus hat durch seinen Tod die

---

[66] A.a.O., S. 34–43.
[67] Vgl. a.a.O., S. 36.
[68] Vgl. Fr. Spitta, a.a.O., S. 38–41.
[69] Vgl. Fr. Spitta, a.a.O., S. 28 mit S. 28f., Anm. 2.
[70] Vgl. a.a.O., S. 47–49.
[71] A.a.O., S. 562.

Sünder zu Gott geführt und dann ist er noch hingegangen und hat auch den Geistern im Gefängnis gepredigt» (*Gunkel*[72]) Allerdings gilt dies nur dann, wenn als Inhalt der Predigt Heilsankündigung verstanden wird.

ad 2. Was nun die Meinung betrifft, die πνεύματα seien zwar die Seelen aus dem Flutgericht, aber das ἐκήρυξεν sei eine That des präexistenten Christus zur Zeit Noahs, so gilt das ad 4. Gesagte auch hier, sei es nun, daß sie in der Fassung *Schweizer*'s auftritt: «in der geoffenbarten Archenrettung ist das Predigen des im Geiste Hingegangenen zu erkennen»[73], sei es, daß man das πορευθείς mit *Oppenrieder* als «Hingehen Jehovas zu Noah um mit ihm zu sprechen» (!)[74] verstehen will, sei es endlich nach der Meinung noch anderer, daß der Präexistente in Noah selbst erscheint, wobei dann der Archenbau die Predigt darstellte.[75] Alle diese Deutungen thun in der That «dem einfachen Wortlaut Zwang an» (*von Soden*[76]) und bringen uns nicht hinweg über das πορευθείς, über die Stellung des ποτε und über die Tatsache daß ἐκήρυξεν kein Plusquamperfectum ist.

ad 1. So kommen wir schließlich doch wieder auf die geläufige Erklärung zurück, wonach die πνεύματα das in der Sündflut untergegangene Geschlecht der Noachiten darstellen, denen Christus vor seiner Auferstehung gepredigt hat. Das schwerwiegendste Bedenken gegen diese Fassung bildet jener Einwand gegen den Gebrauch von πνεύματα. Es scheint mir aber zurückzutreten, wenn man andrerseits v 20 in die Wagschale legt, der bei der Deutung auf die Engel rätselhaft bleibt.

Freilich ist nun der Gedanke, verbunden mit dem Hingehen Christi ἐν πνεύματι, nicht in der Weise zu isolieren, als ob das ἐκήρυξεν nur diesem Flutgeschlecht gegolten habe (so *Usteri*[77]). *Kattenbusch*[78] hat hier mit Recht auf die Rolle hingewiesen, die das letztere bei den jüdischen Theologen jener Zeit spielte. Es gehört mit dem Geschlecht der Wüstenwanderung, mit den Leugnern der Auferstehung, mit Jerobeam,

---

[72] Ebd.
[73] Vgl. a.a.O., S. 35.
[74] Vgl. a.a.O., S. 239.
[75] Vgl. A. Oppenrieder, a.a.O., S. 237–239.
[76] A.a.O., S. 132.
[77] *Commentar*, a.a.O., S. 147f.; «*Hinabgefahren zur Hölle*», a.a.O., S.22–25.
[78] *Ein Wort über 1. Petr. 3,19*, a.a.O., Sp. 628f., Anm. \*\*.

Ahab und Epikur (!) zu dem Typus der höchsten Verworfenheit. «Das Geschlecht der Flut hat keinen Anteil an der zukünftigen Welt und steht nicht auf beim Gericht» (Sanhedrin X 1–3 vgl. Baba Mezia IV 2 Mt 24,37–39 II Petr 3,6f.[)]

*Als Typus für die universelle Heilsbedeutung des Todes Christi ist also das Flutgeschlecht genannt:* «sogar den Schlimmsten durfte Christus das Heil predigen, weil er litt, starb und dadurch zum Geiste gemacht wurde» (*Kattenbusch*[79]) Freilich muß gleich darauf hingewiesen werden, daß es übereilt ist, daraus nun mit *Gunkel* den Schluß zu ziehen: «die Idee die sich so in halb-mythologisches Gewand einkleidet, ist die von der Apokatastasis»[80], denn wenn Origenes 100 Jahre später diesen Schluß mit unleugbarer Konsequenz gezogen hat, so lag sie deswegen doch noch nicht im Gesichtskreis der neutestamentlichen Schriftsteller.

Zunächst ist nun aber noch festzustellen, ob das ἐκήρυξεν überhaupt *Heilspredigt* bedeutet. Die etwas blutrünstige alt-protestantische Dogmatik hat nämlich vielmehr eine concio damnatoria herausgelesen (*Hollaz*: «Christus descendit in ipsum carcerem sive ποῦ damnatorum ... ut de daemonibus triumphum ageret et ut homines damnatos in carcere infernali jure concludi convinceret»[81]) und manche neuern Erklärer haben sich dieser freundlichen Fassung angeschlossen: *Baur*[82], *Hofmann*[83], *Otto*[84], *Spitta*[85], *Lauterburg*[86]. Zwei Argumente werden hauptsächlich gegen die Deutung auf Heilspredigt angeführt, ein exegetisches und ein sachliches. Das erstere tritt bei *Spitta* in Form eines Cirkelschlusses auf: «Das Heil des Leidens der Gutes Thuenden muß noch näher bestimmt werden durch eine Gegenüberstellung des Gerichts der Frevler. ... Was liegt deshalb näher als die Vermutung, daß die an sie er-

---

[79] *Ein Wort über 1. Petr. 3,19*, a.a.O., Sp. 629.
[80] A.a.O., S. 562.
[81] D. Hollaz, *Examen theologicum acroamaticum universam theologiam thetico-polemicam complectens*, Pars III, theol. sect. I, cap. III, q. 138f., Stargard 1707, Bd. II [1], S. 299; vgl. Chr. E. Luthardt, *Kompendium der Dogmatik*, Leipzig 1873⁴, S. 169.
[82] A.a.O., S. 292, Anm. 1.
[83] Vgl. a.a.O., S. 128f.
[84] A.a.O., S. 88f.
[85] A.a.O., S. 18.20f.27.
[86] A.a.O., S. 201, Z. 26–32.

gangene Predigt eine solche zum Gerichte sei?»[87] Ebenso könnte ich aber die Meinung von Herrn Prof. *Lauterburg* nicht zu der meinen machen, die Annahme von Heilspredigt gebe keinen befriedigenden Context, weil der übrige Brief den Gerichtsernst betone.[88] Letzteres selbstverständlich zugegeben, ist doch nicht einzusehen, weshalb der Gedanke einer Heilsankündigung an die vorchristliche Welt damit ausgeschlossen sein soll, zumal da ja von einer «Rückkehr *Aller*»[89] *nicht* die Rede ist: «Betont soll bei Petrus sein, wie für diese Unglücklichen noch etwas zu geschehen vermöge auch nach verscherzter Gotteslangmut, nicht aber wie sie es aufgenommen» (*Usteri*[90]) Und *Clemen*[91] hat mit Recht darauf aufmerksam gemacht, daß der Brief den Begriff der *Unwissenheitssünde* kenne vgl. 1,14[.] Wenn endlich *Schweizer* argumentiert: «Daß Christus eine ganz unnütze Predigt an unrettbare Geister gerichtet, läßt sich mit allgemeinen Grundanschauungen des Neuen Testamentes nicht reimen»[92], so dürfte daran der reformierte Dogmatiker vielleicht größern Anteil haben als der Historiker.

Was mich veranlaßt, diese Erklärung abzulehnen, ist einmal der Umstand, daß die Bedeutung von «Strafe ankündigen» für das absolut gebrauchte κηρύττειν erst noch nachgewiesen werden müßte (denn *Spittas*[93] Hinweis auf Gal 2,2 ist doch wohl etwas sonderbar) während Petr. evg. 41 für denselben Vorgang zweifellos im Sinne von Heilspredigt ebenfalls κηρύττειν gebraucht ist. Aber gerade auch im Context würde sich der Gedanke einer Strafpredigt nach dem ... δίκαιος ὑπὲρ ἀδίκων ἵνα ὑμᾶς προσαγάγῃ τῷ θεῷ v 18 doch sehr eigentümlich ausnehmen.

Die Stelle ist eine Ausführung des Themas «Böses Leiden – Gutes Thun»: Christus ist wegen unsrer Sünden gestorben, um uns zu Gott zu führen[,] und dann ist er hingegangen und hat selbst den Schlimmsten, die Gottes Langmut einst versäumt, das Heil angeboten. –

---

[87] A.a.O., S. 18.
[88] A.a.O., S. 200, Z. 24f.28.
[89] Vgl. H. Gunkel, a.a.O., S. 562.
[90] *Commentar*, a.a.O., S. 149; «*Hinabgefahren zur Hölle*», a.a.O., S. 28.
[91] A.a.O., S.140.
[92] A.a.O., S. 17.
[93] A.a.O., S. 26.

Die weitere Frage, die nun zu beantworten ist, ist die, *ob und inwiefern auch die Stelle I Petr 4,6 in diesem Zusammenhang beizuziehen sei.* Hier ist die Rede von den Verfolgungen, die die Christen von den Heiden zu erdulden haben. Diese sind befremdet über ihr Nichtmehr-Teilhaben an ihrem schändlichen Leben – daher ihr Lästern. (v 4) Aber sie werden Rechenschaft ablegen müssen dem[,] der bereitsteht[,] die Lebendigen und die Toten zu richten (v 5) denn, fährt v 6 fort: εἰς τοῦτο γὰρ καὶ νεκροῖς εὐηγγελίσθη, ἵνα κριθῶσι μὲν κατὰ ἀνθρώπους σαρκί, ζῶσι δὲ κατὰ θεὸν πνεύματι. Zuerst ist wieder der *äußere Zusammenhang* zu erwägen, in dem der Vers zum Vorangehenden steht. *Cramer*[94] hat auch hier eine Glosse vermutet und *Kühl* ist ihm z. T. beigefallen: «Alle Bedingungen für die Annahme einer später in den Text aufgenommenen Randbemerkung sind in hohem Maße erfüllt.»[95] Ich wage hier nicht zu entscheiden, immerhin scheint es mir wahrscheinlicher, sich mit der von *Kühl* selbst vorgeschlagenen *«midraschartigen Bemerkung des Verfassers»*[96] zu begnügen.

Wichtiger ist die andre Frage: Hat 4,6 Beziehung auf 3,19? – Sie wird verneint von denen, die in 3,19 keine Erwähnung des Descensus sehen, also von *Hofmann*[97], *Schweizer*[98], *Spitta*[99] u. A. und von denen, die den Descensus-Gedanken dort irgendwie anerkennen, von *Usteri*[100], *von Soden*[101], *Burger*[102] und *Lauterburg*[103]. Diese Meinung tritt in 2 Fassungen auf:

Entweder die νεκροί sind die v 4 genannten Lästerer, so *Hofmann*[104] und *Burger;* dann wäre dort mit dem Letzteren zu paraphrasieren: «Auch den zur Zeit des Gerichts im Todeszustand befindlichen Lästerern des Christentums wurde das Evangelium in der Absicht verkün-

---

[94] A.a.O., bes. S. 294–296.
[95] A.a.O., S. 260.
[96] Ebd.
[97] A.a.O., S. 164f.
[98] Vgl. aber a.a.O., S. 36–38.
[99] A.a.O., S. 63.
[100] *Commentar,* a.a.O., S. 174–187; *«Hinabgefahren zur Hölle»,* a.a.O., S. 41–53.
[101] A.a.O., S. 134f.
[102] A.a.O., S. 175, Anm. f.
[103] A.a.O., S. 201, Z. 59–S. 202, Z. 2.
[104] A.a.O., S. 162–164.

digt, daß ihnen der Tod, den sie als Menschen leiden mußten, ein vorübergehendes Gericht werde, auf welches ein dauerndes Leben nach dem Geist von Gottes wegen folgen sollte. Hat diese Absicht sich an ihnen durch ihre Schuld nicht erfüllt, so werden sie mit Fug von Christus zur Verantwortung gezogen»[105]

Dem ist mit *Clemen*[106] entgegenzuhalten, daß nach I Petr 3,12 das feindselige Verhalten der Heiden etwas Neues ist, ihr Tod also nicht schon in die Vergangenheit gesetzt werden darf, wie dies nach dem Aorist κριθῶσι v 6 der Fall sein müßte.

Oder aber die νεκροί sind die schon entschlafenen Christen, so *Usteri*[107], *v. Soden*[108], *Spitta*[109], *Lauterburg*[110], dann wollte der Verfasser (in Analogie zu I Thess 4,13f. I Cor 15,17f.) dem Einwand begegnen: Was hilft das v 5 Gesagte, die Wiederkunft des Herrn zum Gericht[,] unsern inzwischen verstorbenen Brüdern? «Auch ihnen, antwortet er, gilt die ausgleichende Aussicht auf das Gericht; denn dazu eben ist ja auch ihnen, den Toten, das Evangelium zu Teil geworden, damit sie, trotz des am Leibe erfahrenen Gerichts, wie es ja der Menschennatur so entsprechend ist, leben im Geiste, wie es dem Wesen Gottes entspricht» (*v. Soden*)[111]

Allein das paßt nicht in den Zusammenhang, denn v 5 ist vom Gericht zur Strafe die Rede, gerade hier konnte sich also der Gedanke an die entschlafenen Mitchristen nicht einstellen, vollends dann nicht, wenn die Abfassungszeit des ersten Petrusbriefs nicht in die Anfänge des Urchristentums, wo dieses Bedenken aktuell war, sondern in seine Ausgangsperiode zu verlegen wäre.

Verdächtig ist die ganze Auffassung schon deshalb, weil sie genötigt ist, wie 3,19 hier vor νεκροί v 6 ein νῦν in den Text hineinzudeuten, das doch dastehen müßte, wenn eine von jenen Bedeutungen beabsichtigt wäre.

---

[105] A.a.O., S. 175, Anm. f.
[106] A.a.O., S. 138.
[107] Vgl. *Commentar*, a.a.O., S. 183–186; «*Hinabgefahren zur Hölle*», a.a.O., S. 49–51.
[108] A.a.O., S. 135.
[109] A.a.O., S. 63–66.
[110] A.a.O., S. 202, Z. 2–11.
[111] A.a.O., S. 135.

Diese Erwägungen führen mich dazu, im Sinn von *König*[112], *Güder*[113], *B. Weiß*[114], *Baur*[115], *De Wette-Brückner*[116], *Beck*[117], *Josephson*[118], *Kattenbusch*[119], *Kühl*[120], *Clemen*[121], *Gunkel*[122] anzunehmen, daß auch hier eine *Anspielung auf die Hadespredigt vorliegt*. Vornehmlich *Usteri, von Soden, Burger* gegenüber gilt: «Wie stellt man sich das als möglich vor, daß die Leser des Briefes die Rede von der Verkündigung des Evangeliums in der Unterwelt noch hätten frisch im Gedächtnis haben und nun die Aussage νεκροῖς εὐηγγελίσθη nicht damit in Verbindung bringen sollen?» (*Kühl*[123])

*Clemen*[124] hat seine Hypothese dahin erweitert, daß der Schlußsatz der 3,18f. paraphrasierten christolog. Formel in 4,5 enthalten wäre und also etwa gelautet hätte ... ἑτοίμως ἔχων κρῖναι ζῶντας καὶ νεκρούς. In diesem Fall wäre der Zusammenhang beider Stellen vollends deutlich, doch scheint mir dies auch so der Fall zu sein, umso mehr, als sie schon äußerlich derselben Gedankenreihe angehören, von der sich 4,7f. deutlich abhebt. «Der Verfasser wirft sich selber ein: ist es gerecht, daß das Gericht auch über die Toten ergeht, die doch das Evangelium nicht gehört haben? Er antwortet: Auch den Toten ist es gepredigt worden, damit auch sie, trotz des Gerichts, das sie in ihrem Tode erfahren haben, noch zum Leben kommen können» (*Gunkel*[125]) Mithin sind in der That, wie schon *Güder*[126] hervorgehoben, 3,18f. und 4,6 wechselweise auseinander zu erklären:

---

[112] A.a.O., S. 36.
[113] A.a.O., S. 51–60.
[114] A.a.O., S. 228–230.
[115] A.a.O., S. 292f., Anm. 1.
[116] A.a.O., S. 87f.
[117] A.a.O., S. 203–206.
[118] A.a.O., S. 409–411.
[119] *Ein Wort über 1. Petr. 3,19*, a.a.O., Sp. 627.
[120] A.a.O., S. 256.259f.
[121] A.a.O., S. 139f.
[122] A.a.O., S. 564.
[123] A.a.O., S. 256.
[124] A.a.O., S. 104.113.
[125] A.a.O., S. 564.
[126] A.a.O., S. 60.

Aus 3,18f. ist für 4,6 zu entnehmen, daß der εὐαγγελιζόμενος 4,6 kein anderer ist, als der vor der Auferstehung in die φυλακή deszendierte Christus. Denn schon hier an die Apostel zu denken, geht deshalb nicht an, weil der Verfasser ja selbst ein Apostel ist, resp. unter dem Namen eines solchen redet.

Und aus 4,6 geht für 3,18f. hervor, daß das dort genannte Flutgeschlecht, wie schon gezeigt, nicht isoliert gedacht werden darf, sondern als Typus, als Exponent der vorchristlichen Menschheit überhaupt.

Die Konsequenzen, die sich aus diesen Resultaten ergeben, sind nun in größerem Zusammenhang zu erwägen.

## § 4 Rückblick

Zwei Hauptformen des Descensus-Gedankens sind uns bis dahin begegnet:

*1. Christus weilt nach seinem Tode in der Unterwelt. Als Christus erweist er sich dadurch, daß er dort nicht bleibt, sondern daß Gott ihn erweckt und zum Himmel erhöht, wo er nun sitzt zur Rechten des Vaters, Herrscher über die Engel und Gewalten.*

Wir haben diesen Gedanken bei Paulus, bei Lukas und endlich in der der Stelle I Petr 3,18f. zu Grunde liegenden christologischen Formel angetroffen. Die Frage ist: Welche Rolle hat er im urchristlichen Denken gespielt? *B. Weiß*[127] und *Clemen*[128] haben angenommen, er habe schon im 1. Jahrhundert einen integrierenden Bestandteil des christlichen Kerygmas gebildet. Wie verhält es sich damit? «Allerdings prädiziert das neue Testament von Christo die Mächtigkeit über Tod, Unterwelt und die Gewalten der Finsternis. Allein, stellt es wirklich diese Mächtigkeit als einen durch den Hingang zum Hades erst, und speziell durch diesen, vermittelten Gewinn dar?» (*Güder*[129]) Die Frage ist in dieser Allgemeinheit entschieden zu verneinen, vielmehr ist diese Mächtigkeit (vgl. § 1) ein Prädikat des erhöhten Christus als solchen. Verhielte es sich anders, wäre nach gemeinchristlichem Gefühl im 1. Jahrhundert per sese im Gedanken der Sessio ad dextram der De-

---

[127] A.a.O., S. 230.
[128] A.a.O., S. 113f.
[129] A.a.O., S. 62.

scensus ad inferos mitgesetzt gewesen, wir müßten ganz andere, deutlichere Spuren davon im Neuen Testament wahrnehmen, als es jetzt der Fall ist. Allerdings kann man sich nicht genug vorhalten, daß die Leser der neutestamentlichen Schriften um 80–100 vielfach mit ganz andern Augen lasen als wir, daß sie Andeutungen und Beziehungen heraushörten und verstanden, über die wir heute achtlos hinweggehen. Ich denke hier bes. an die zahlreichen Stellen (vgl. I Cor 15,12 Rom 1,4 Act 3,15 4,10 13,3,34 I Petr 1,3 etc. vgl. Ignat. ad Magn. 9,3 u.s.f.) wo es von Christus heißt, er sei *auferweckt ἐκ νεκρῶν*. Nach den damaligen eschatologischen Vorstellungen war damit der Descensus-Gedanke ausgesprochen. – Allein, auch wenn es mit dieser und ähnlichen Beziehungen seine Richtigkeit haben sollte, so ist damit doch noch lange nicht gegeben, daß dieser Gedanke an sich im religiösen Empfinden eine selbständige Rolle gespielt hat. Denn von dem Descensus-Gedanken, der uns hier beschäftigt, ist scharf zu unterscheiden die sichtlich auch vorhanden gewesene *selbstverständliche* Annahme, Jesus sei wie jeder Tote eben ins Totenreich gekommen bis zur Auferstehung, obwohl sie sich sachlich mit jenem deckt. Nicht darum kann es sich handeln, sondern nur um die Frage: Ist in den christlichen Gemeinden des 1. Jahrhunderts *allgemein dieser Ton auf die Vorstellung gelegt worden?* Galt sie z. B. als so wichtig, daß sie allgemein in den kurzen symbolartigen Zusammenfassungen des gemeinsamen Kerygmas, die umlaufen mochten, figurierte? Bis zum Beweis des Gegenteils ist dies trotz I Petr 3,18f. *nicht anzunehmen,* schon ihre bescheidene Rolle bei Paulus spricht dagegen. Es wird also dabei bleiben müssen, daß der Descensus-Gedanke[,] im 1. Jahrhundert unsicher geblieben, Bürgerrecht in den Gemeinden nicht sofort erlangt hat (*Harnack*[130])

Trotzdem ist er nun aber von hohem Alter, darauf weisen nicht nur die Stellen bei Paulus, sondern auch jene Unterlage von I Petr 3,18f., gerade wenn die Vorstellungsweisen sich nicht völlig decken. Er hat so oder so den Charakter eines ziemlich bekannten Theologumenons, dessen sich der Prediger oder Schriftsteller bedienen konnte oder auch nicht, das in dieses und jenes Kerygma Aufnahme finden konnte oder nicht, ohne daß deswegen eine ernstliche Lehrdifferenz entstanden wäre. Um eine *Nebenströmung* des christlichen Denkens handelt es sich

---

[130] *Lehrbuch der Dogmengeschichte*, a.a.O., Bd. I, S. 194.

also, die vom *christologischen Interesse* aus ihren Antrieb erhielt, wobei es dahingestellt bleiben mag, ob es im Einzelnen gerade «das Nachdenken über der Tage Leere»[131] zwischen Tod und Auferstehung war, wie *Weizel*[132] und *v. Soden* vermutet haben, das sie verursacht hat, oder nicht vielmehr das Bedürfnis, den Gedanken der Sessio ad dextram durch demonstrative Betonung ihres Gegensatzes zu unterstreichen. (Rom 10,7!)

Jedenfalls hat sie erst nach der Kombination mit einem ihr verwandten soteriologisch interessierten Gedanken[,] u. zw. mit einer bestimmten Form desselben, Eingang in das gemeinchristliche Bewußtsein gefunden, wie es sich dann in der Theologie des 2$^{\text{ten}}$ Jahrhunderts wiederspiegelt.

2. Mit dieser soteriologischen Fassung des Gedankens haben wir uns noch kurz zu beschäftigen. Sie zerfällt wieder in 2 parallele Linien

a) *Der Tod Christi ist das Leben auch der vor ihm entschlafenen Frommen[;] also erwachen diese in der Folge seines Todes zum (frühern?) Leben*

Man übersehe über der etwas handgreiflichen Fassung des Gedankens Mt 27,52–53 seine Tragweite nicht, die sich aus der spätern Entwicklung ergiebt. Im Neuen Testament ist er allerdings völlig vereinzelt geblieben, was aber nicht ausschließt, daß er im Urchristentum in dieser und vermutlich bereits auch in andern Formen verbreitet war. Ob er in der Unterlage von I Petr 3,18f. mit der Descensus-Vorstellung zum ersten Mal verknüpft wurde?

b) *Christus ist nach seinem Tod und [vor] seiner Auferstehung in den Gewahrsam der abgeschiedenen vorchristlichen Menschheit gegangen und hat ihr das Evangelium verkündigt.*

Festzustellen ist zunächst, daß dieser Gedanke, die Hades*predigt*, die christologische [Vorstellung] vom Descensus ad inferos überhaupt notwendig voraussetzt. Dies zeigt wieder die Unterlage von I Petr 3,18f., wo er in ihrem Rahmen auftritt. *Aus den sich ergänzenden Fragen nach dem Heil der vorchristlichen Menschheit und nach dem Thun Christi im Hades mag er veranlaßt sein.* Inwiefern haben diese Fragen gerade diese

---

[131] H. v. Soden, a.a.O., S. 132.
[132] A.a.O., S. 928f.

Antwort veranlaßt? Hier hätte nun die im engern Sinn religionsgeschichtliche Untersuchung einzusetzen u. zw. – ich kann hier nur andeutungsweise darauf eingehen – zunächst von der Eschatologie der *jüdischen Synagoge* aus (Vgl. Weber «Die Lehren des Talmud»[133] § 74 u. 81) Einmal begegnen wir hier dem prinzipiellen Gedanken: «Kein Beschnittener soll für immer in das Gehinnom steigen» (Tanchuma, Lech Lecha [20])[134] Ganz zuletzt steigen sogar das Geschlecht der Wüste, die Rotte Korah, Manasse etc. aus dem Scheol herauf (Bammidbar [rabba] 16[,]18,19 Debarim rabba 2)[135] Und dieser Vorgang der Endzeit wurde sogar direkt mit dem Messias[,] dem Sohne Davids, in Beziehung gesetzt[,] Jalkut Schim.[136]: «Zur Zeit, da die zukünftige Welt anbricht, wird der Heilige Israel aus dem Gehinnom erlösen um der Beschneidung willen»[,] vgl. Bereschit rabba[137]: [«]R. Josua ben Levi sprach: ... es ging mit mir Messias, der Sohn Davids, bis ich an die Pforten des Gehinnom kam. ... Als aber die Gebundenen, die im Gehinnom sind, das Licht des Messias sahen, freuten sie sich, ihn zu empfangen und sagten: Dieser wird uns aus der Finsternis herausführen» (Ähnlich Beresch. rabba zu Gen 44,8[138]) In Anlehnung an derartige eschatologische Vorstellungen, aber unter Ausschaltung des national-jüdischen Partikularismus mag sich der Gedanke von I Petr 3 gebildet haben. –

---

[133] F. Weber, *System der altsynagogalen palästinischen Theologie aus Targum, Midrasch und Talmud,* nach des Verfassers Tode hrsg. von Fr. Delitzsch und G. Schnedermann, Leipzig 1880, S. 341–344.364–371. Eine neue Titelausgabe dieser 1. Auflage erschien unter dem oben von Barth genannten Titel. Eine «zweite verbesserte Auflage» wurde unter dem Titel *Jüdische Theologie auf Grund des Talmud und verwandter Schriften gemeinfasslich dargestellt,* nach des Verfassers Tode hrsg. von Fr. Delitzsch und G. Schnedermann, Leipzig 1897, veröffentlicht. Die Verbesserungen beziehen sich vor allem auf die Berichtigung von Stellenangaben und die Kennzeichnung von solchen Nachweisen, die «jetzt nicht haben neu bestätigt werden können» (2. Aufl., S. VI).
[134] Vgl. F. Weber, a.a.O., 1. Aufl., S. 327; vgl. 2. Aufl., S. 342.
[135] Vgl. F. Weber, a.a.O., 1. Aufl., S. 328, mit 2. Aufl., S. 342f.
[136] Im Mskr. folgt: «zu Jes 26,9». Diese Angabe beruht auf einem Irrtum. Vgl. F. Weber, a.a.O., 1. Aufl., S. 351, und 2. Aufl., S. 368.
[137] Im Mskr. folgt: «zu Hos 13,14». Diese Angabe beruht auf einem Irrtum. Vgl. F. Weber, a.a.O., 1. Aufl., S. 351, und 2. Aufl., S. 368; A. Jellinek, *Bet ha-Midrasch. Sammlung kleiner Midraschim und vermischter Abhandlungen aus der ältern jüdischen Literatur,* 2. T., Jerusalem 1967³, S. 50.
[138] Vgl. F. Weber, a.a.O., 1. Aufl., ebd., mit 2. Aufl., ebd.

Sehr wichtig wäre es nun, das Verhältnis dieses Gedankens zu dem der «Heiligenauferstehung» festzustellen. Allein bei dem völligen Mangel an weiterm Material bleibt über die Prioritätsfrage nur ein non liquet.

Das *Gemeinsame* bei beiden besteht in der Vorstellung: Zu den Wirkungen des Todes Christi gehört das Heil vorher Entschlafener. Hier wie dort der Heilsgedanke, denn das ἐκήρυξεν I Petr 3 ist unmöglich erfolglos zu denken. Hier wie dort eine gewisse Einschränkung, denn ebensowenig kann I Petr 3 von einem Erfolg des ἐκήρυξεν bei Allen die Rede sein.

Ebenso deutlich heben sich die *Differenzen* hervor: hier geht das Heil nur die «Heiligen» an, d. h. eine Entscheidung für oder gegen ist nicht mehr möglich – dort wendet sich Christus gerade an die Verworfensten, auch ihnen steht es noch frei, sich zu entscheiden, ἵνα κριϑῶσι μὲν σαρκί, ζῶσι δὲ πνεύματι [1. Petr. 4,6], hier die partikulare, – dort die universelle Fassung des Heilsgedankens.

So wäre denn, um kurz zusammenzufassen, die Situation am Schluß der neutestamentl. Periode folgende.

*1.* Vom christolog. Gedanken aus macht sich da und dort das Bedürfnis geltend, unter den «Heilstatsachen» im Zusammenhang des Todes Christi seinen Aufenthalt in der Unterwelt zu betonen.

Auf soteriolog. Gebiet erhebt sich (früher, gleichzeitig, später?) die Frage nach dem Heil der vorchristlichen Menschheit.

*2.* Sie findet in Bez. auf die «Heiligen[»] ihre Antwort in Mt 27,52

*3.* in Bez. auf die Gesamtheit der vorchristl. Toten in I Petr 3 u. 4, im letztern Fall unter Kombination mit dem Descensus-Gedanken. –

Unter diesen Gesichtspunkten ist nun die weitere Entwicklung zu verfolgen.

## *II. Kapitel*
### *Die altkatholische Kirche bis Tertullian*

Auch hier könnte man das Material, das zunächst zu bearbeiten ist, mit einem untergegangenen Pfahldorf vergleichen. Hier und dort ist noch das obere Ende eines Pfahles auf dem Boden des Sees sichtbar, andere sind zerstört, die dritten vom Moor bedeckt. Wer die Lage und den Bau eines der Häuser rekonstruiren will, ist auf Vermutung, auf Wahrscheinlichkeitsrechnung angewiesen, bei der im Einzelnen die Möglichkeit eines Irrtums um so größer ist, je kleiner das Haus war.

Wir haben im Vorhergehenden gesehen, daß wir es bei dem Gedanken des Descensus ad inferos mit einer Nebenströmung des christlichen Denkens zu thun haben, die wir auf ihre verschiedenen Quellen zurückzuführen versuchten. Wenn wir es nun unternehmen, die verbindenden Linien weiter zu ziehen, so ist gleich darauf aufmerksam zu machen, daß wir uns dabei auf dem Boden der Hypothese bewegen. Dies gilt bes. für die nächsten Abschnitte, während wir bei den altkatholischen Vätern bereits wieder festern Boden unter den Füßen haben.

Für das Material, das vor Irenaeus in Betracht fällt[,] ergab sich von selbst die geographische Einteilung: *Kleinasien* und *Rom*, die sich, rund berechnet, auch chronologisch ungefähr rechtfertigt. Von da aus komme ich zu den altkatholischen Vätern: *Irenaeus, Tertullian* und *Hippolyt*, um mit einigen christl. *Apokryphen* zu schließen. In einem Rückblick werden wieder die Ergebnisse zusammenzufassen sein.

## § 5 Klein-Asien

In diese Provinz sind wir auf alle Fälle zuletzt gewiesen, wenn wir die Spuren des Descensus-Gedankens rückwärts verfolgen. Die drei Zeugen, die hier dafür in Betracht kommen[,] sind der «*Presbyter*» des *Irenäus, Ignatius* und *Polykarp,* der Zeitraum, in dem sie unterzubringen sind, erstreckt sich von 100–150, sodaß, um dies gleich hier zu erledigen, auch hier die Frage ohne Belang ist, ob nach der Hypothese der Tübinger Schule auch die Recensio minor der Ignatiusbriefe apokryph ist.[139] Als terminus ad quem kommt auf alle Fälle die Mitte des Jahrhunderts in Betracht. Als ältestes Zeugnis müßte uns vor Allem das Diktum des *Presbyters* interessieren, allein da dasselbe innerhalb des Gedankenganges, in dem es bei Irenäus steht, erst zu ermitteln ist, thun wir gut, zunächst von *Ignatius* auszugehen.

---

[139] Vgl. F. Chr. Baur, *Ueber den Ursprung des Episcopats in der christlichen Kirche. Prüfung der neuestens von Hrn. Dr. Rothe aufgestellten Ansicht*, Tübingen 1838, S. 148–184; A. Schwegler, *Das nachapostolische Zeitalter in den Hauptmomenten seiner Entwicklung*, Bd. II, Tübingen 1846, S. 159–161.176. 178f.

Deutlich ausgesprochen findet sich hier die Descensus-Vorstellung vor Allem *ad Magn 9,2* in folgendem Zusammenhang: Wenn die nach alter Ordnung Wandelnden zu neuer Hoffnung kamen (nämlich durch Christum) wie könnten wir leben ohne ihn, οὗ καὶ οἱ προφῆται μαθηταὶ ὄντες τῷ πνεύματι ὡς διδάσκαλον αὐτὸν προσεδόκων καὶ διὰ τοῦτο ὃν δικαίως ἀνέμενον παρὼν ἤγειρεν αὐτοὺς ἐκ νεκρῶν. Daneben ist nun gleich noch *ad Philad 9,1* zu stellen. Auf die Frage der Zweifler nach den Urkunden der christlichen Verkündigung antwortet Ignatius: Christus, sein Kreuz, seine Auferstehung sind meine Urkunden, in diesen will ich gerechtfertigt werden. Auf der frühern (jüdischen) Stufe der Offenbarung waren dazu die Priester da und sie waren gut, besser aber ist der Hohepriester ... αὐτὸς ὢν θύρα τοῦ πατρός, δι' ἧς εἰσέρχονται Ἀβραὰμ καὶ Ἰσαὰκ καὶ Ἰακὼβ καὶ οἱ προφῆται καὶ οἱ ἀπόστολοι καὶ ἡ ἐκκλησία. πάντα ταῦτα εἰς ἑνότητα θεοῦ. Und ganz in demselben Sinn heißt es von den Propheten *ad Philad 5,2* gelegentlich: ἐν ᾧ (scil. εὐαγγελίῳ) καὶ πιστεύσαντες ἐσώθησαν, während es mir fraglich erscheint, ob *ad Trall 9,1* ἐσταυρώθη καὶ ἀπέθανεν βλεπόντων καὶ οὐρανίων καὶ ἐπιγείων καὶ καταχθονίων mit dem Verfasser der Recensio maior[140] und *Zahn*[141] auf den Descensus zu deuten ist. – In Betracht fallen hauptsächlich *ad Magn 9,3* und *ad Philad 9,1*[.] Was zunächst die letztere Stelle betrifft, so könnte der Umstand stutzig machen, daß als Subjekt des εἰσέρχονται (scil. εἰς τὴν βασιλ. τοῦ θεοῦ) auf einer Linie die Patriarchen, Propheten, Apostel und die Kirche genannt sind. Die beiden letztern Gruppen können doch jedenfalls mit dem Descensus nichts zu thun haben. Man beachte aber den Schlußsatz: die universelle Bedeutung der Person Christi will Ignatius in den Vordergrund stellen, die – im Gegensatz zu dualisierenden Ideeen (Cerinth?) nicht nur die Christen angeht, sondern auch die Männer des alten Bundes, εἰς ἑνότητα θεοῦ. Dazu giebt nun die andre Stelle *ad Magn 9,3* eine eigenartige Ergänzung: Inwiefern ist Christus die θύρα τοῦ πατρός für die Propheten u.s.f.? Sie haben ihn längst er-

---

[140] Vgl. *Ignatii Antiocheni et Polycarpi Smyrnaei epistulae et martyria*, ed. A. Hilgenfeld, S. 235, Z. 2–7.
[141] Vgl. *Ignatii et Polycarpi epistulae, martyria, fragmenta*, recensuit et illustravit Th. Zahn (Patrum Apostoloricum Opera, a.a.O., Fasciculus II), Leipzig 1876, S. 51, Komm. z. St.; vgl. C. Clemen, a.a.O., S. 174, Anm. 3.

wartet als ihren Lehrer im Geiste und nun kam er zu ihnen und hat sie auferweckt von den Toten. Was hat Ignatius unter dem Letztern verstanden?

Vergegenwärtigen wir uns vorläufig seine Stellung im Allgemeinen. Von welchen Gedanken aus kommt er zur Äußerung der Descensusvorstellung? Unzweifelhaft geschieht dies in beiden genannten Zusammenhängen von der *Frage nach dem Heil* aus: Wir so wenig wie die Propheten erlangen dasselbe anders als durch Christum (ad Magn 9,3) und, in Umkehrung desselben Gedankens: Christus ist der Zugang zum Vater für *Alle*[,] für die Patriarchen etc. wie für uns (ad Philad 9,1). Schon hier können wir sagen: Dieser Gedanke kann nicht von Ignatius zum ersten Mal ausgesprochen worden sein. Er handhabt ihn mit einer Selbstverständlichkeit, die das ausschließt.

Und diese Vermutung finden wir bestätigt, wenn wir nun zum *Presbyter* des Irenaeus kommen, der als älterer Zeitgenosse des Ignatius angesehen werden dürfte. Sein Zeugnis bildet einen Teil einer komplizierten antignostischen Deduktion des *Irenaeus*, adv. haer. *IV 21–34*, deren Gang wir uns, um ein Urteil über die Glaubwürdigkeitsfrage zu bekommen, kurz vergegenwärtigen müssen. –

Es handelt sich um die große Streitfrage, ob das alte Testament Giltigkeit habe für die Gläubigen des neuen Bundes oder ob es nicht vielmehr die Manifestation eines nun überwundenen Gottes darstelle. Nein, antwortet Irenaeus und sucht nun unter vielen Nebenausführungen nach links und rechts zu beweisen: In beiden Testamenten redet derselbe Gott. Abrahams Glaube und der unsre ist derselbe, Jakob ist der Typus Christi (cap. 21) Patriarchen und Propheten sind seine Wegbereiter (23) Christus ist der thesaurus, der eigentliche Gegenstand der alttestamentlichen Offenbarung (cap. 26,1) Nun schwenkt der Verfasser scheinbar plötzlich ab: Höret auf die Autorität eurer Presbyter, «qui successionem habent ab apostolis»! Hütet Euch vor falschen Presbytern, vor Irrlehrern! (26,2–4) Damit ist nun das Stichwort gefallen, die nötige Aufmerksamkeit erregt, die er brauchte, um seine Autorität einzuführen: «Quemadmodum audivi a quodam presbytero qui audierat ab his qui apostolos viderant et ab his qui didicerant.» Die Mitteilungen dieses Presbyters sind nun folgende: Der Tadel[,] den wir an dem Benehmen mancher alttestamentlicher Frommen wie David und Salomo üben, ist überflüssig, denn «sufficienter increpavit eum scriptura» – «sicut dixit presbyter» betont Irenäus noch einmal (27,1) Und nun folgt unsre Stelle (*IV 27,2*):

«Et *propter hoc Dominum in ea quae sunt sub terra descendisse, evangelizantem et illis adventum suum, remissione peccatorum exsistente his, qui credunt in eum. Crediderunt autem in eum omnes qui sperabant in eum, id est, qui adventum eius praenuntiaverunt et dispositionibus eius servierunt, justi et prophetae et patriarchae, quibus similiter ut nobis remisit peccata.*»

Also dürfen wir ihnen dieselben nicht vorhalten. Zu unsrer Warnung und um uns zum Bewußtsein zu bringen, daß ihr Gott auch uns richte, seien uns ihre Übeltaten erzählt. Vielmehr sollen wir – «inquit ille senior» – «... ipsi timere ne forte post agnitionem Christi agentes aliquid, quod non placeat Deo, remissionem ultra non habeamus delictorum sed excludamur a regno eius.» Freilich, fährt Iren., immer noch den Presb. citierend fort, die größere Gnade Gottes zeigt sich im neuen als im alten Testament – aber es ist die Gnade desselben Gottes (28) Gott ist nicht der Urheber des Bösen (29) sondern immer der Eine und selbe Gute (30) der sich nur verschieden manifestiert (32) Hier endigt das Citat und Iren. selbst fährt nun fort: Wer Alles das anerkennt, der ist der wahre «discipulus spiritualis», der deshalb Marcion, Valentin etc. verurteilt – er allein kann wirklicher Märtyrer sein. (33) Also, rekapituliert er siegesgewiß: es ist derselbe Gott im alten und neuen Bund [34].

Wie steht es nun mit diesem Citat? Soviel ist klar, daß wir in dem langen Abschnitt cap. 27–32 nicht nur den Presbyter[,] sondern z. T. auch den Irenäus selbst reden hören, darauf weist cap. 29, das nur als eine Auseinandersetzung mit der Gotteslehre der spätern Gnostiker verständlich ist. Allein ebenso fest steht, daß Irenäus hier wirklich aus einer Quelle schöpft, sehr wahrscheinlich aus einer schriftlichen, denn schon jenes «sufficienter increpavit» hebt sich, gerade, weil es teilweise wiederholt, deutlich als Citat vom Vorhergehenden ab. Weiter ist deutlich erkennbar, daß der erste der uns interessierenden Sätze in 27,2 «Et propter ... credunt in eum» jedenfalls zu dem mit «sicut dixit presbyter» eingeleiteten Citat gehört, wie das «descen*disse*» beweist. Endlich wirkt es vertrauenerweckend, daß kurz nach unsrer Stelle wieder ein «inquit ille senior» folgt. Allein wie steht es nun mit der innern Glaubwürdigkeit? Verdächtig könnte vor Allem der zweite Satz in 27,2 «crediderunt autem ...» erscheinen. Ist er nicht vielleicht erläuternde Glosse des Irenäus? Zur Beurteilung dieser Frage müssen wir die Ignatius-Stellen zum Vergleich heranziehen, in deren zeitliche und örtliche Nähe ja der Presbyter zu rücken wäre.

Wir gehen dabei aus von dem zweiten gefährdeten Satz, wo die Gläubigen als solche beschrieben werden, «qui sperabant in eum, id est, qui adventum eius praenuntiaverunt et dispositionibus eius servierunt, justi et prophetae et patriarchae» und da bemerken wir gleich, daß alle diese Punkte auch bei Ignatius ausgesprochen sind: einmal die Personalbestimmung, es handelt sich um die Patriarchen etc., weiter: sie hoffen auf seine Ankunft und endlich: sie haben in Gerechtigkeit gelebt. Über die Ignatius-Stellen hinaus enthält die Stelle nur einen Gedanken, den von der «remissio peccatorum». Ist dieser auf Rechnung des Irenäus zu setzen? Aus zwei Gründen nicht:

1°. Wird hier ein wirkliches Citat überhaupt anerkannt, so ist derselbe gerade hier notwendig, denn von den peccata der alttestamentlichen Frommen ist ja der Presbyter 27,1 ausgegangen.

2°. Der Gedanke kommt bei Irenäus sonst nicht vor, vielmehr behandelt er den Heilszweck des Descensus in allen Zusammenhängen nach einem bestimmten Schema, das aber nicht am Sündengedanken orientiert ist.

Alles dies veranlaßt mich nun, die Stelle in der That dem *Presbyter* zuzuschreiben[,] und es hat sich nun nur noch darum zu handeln, sie in ihren Zusammenhängen dort verständlich zu machen.

Das Zeugnis des Presbyters beweist, daß um die Wende des 1. und 2. Jahrhunderts in Klein-Asien die *Frage nach dem jenseitigen Heil der Frommen des Alten Testaments* irgend eine Rolle gespielt hat. Neu ist der Gedanke in den christlichen Gemeinden nicht, das haben wir früher bei Mt 27,52 gesehen. Diese soteriologische Frage *wurde nun mit dem Gedanken der Hadesfahrt Christi verbunden*, resp. durch sie beantwortet: Christus hat ihnen dort das Evangelium verkündigt und sie so von der ihnen noch anhaftenden Unvollkommenheit befreit.

Allein – und damit kommen wir auf *Ignatius* zurück, diese Wendung des Gedankens ist nun mit nichten sofort auch nur in jener Provinz allgemein, geschweige denn ökumenisch geworden, sie war vielmehr, wenn sie sich auch später durchsetzte, immer noch eine neben andern. Noch bei Ignatius kann sich also eine Repristination jener ältern Vorstellung finden: Christus ging in den Hades und erweckte sie von den

Toten, wenn er sich das auch sicher nicht so massiv gedacht hat, wie der Verfasser von Mt 27,52. –

Und daß endlich auch der Gedanke in seiner rein *christologischen* Form, wie er bei Paulus und Lukas vorliegt, fortlebte, zeigt, wie aus der bloßen Anführung hervorgeht, die im Zusammenhang einer bekenntnisartigen Resumierung der christologischen Haupttatsachen stehende Stelle bei *Polykarp ad Phil 1,2:* ὃν ἤγειρεν ὁ θεὸς λύσας τὰς ὠδῖνας τοῦ ᾅδου. –

Unter Rückblick auf das am Schluß des 1. Kapitels Gesagte können wir also unsre Resultate dahin zusammenfassen:

*1.* Der rein christologische Gedanke: Christi Hadesaufenthalt als «Heilstatsache» ist auch noch in der ersten Hälfte des 2[ten] Jahrhunderts in Kleinasien bekannt.

>Die Frage nach dem Heil der vorchristlichen Menschheit verdichtet sich auf die Frage nach dem der AT'lichen Frommen

*2.* Sie findet, beidesmal unter Kombination mit dem Descensus-Gedanken, eine doppelte Antwort

a) Christus predigt ihnen im Hades
b) er «erweckt sie von den Toten»

*3.* Vorläufig verstummt ist die Frage nach dem Heil der Gesamtheit der vorchristlichen Toten.

## § 6 Rom

Die römische Gemeinde scheint schon ums Jahr 120–30 ein zweites geographisches Centrum des Descensusglaubens gebildet zu haben, denn wir besitzen in der Folgezeit besonders zahlreiche Zeugnisse davon, die aus ihrer Mitte stammen, von kirchlicher Seite je eine Stelle bei Pastor *Hermae* und *Justin*, von häretischer *Marcion* und *Theodotus*. Endlich ist uns auch die diesbezügliche Invektive eines außerhalb der Kirche Stehenden, des *Celsus* überliefert.

Wir beginnen mit dem Zeugnis des *Hermas,* dessen «Hirte» in die Zeit des Antoninus Pius ca. 140 anzusetzen ist.

Es steht *Simil IX,* wo die große οἰκοδομή beschrieben wird, deren Fundament der präexistente, deren Thor der offenbare Christus ist. (12,1–3) Da wird nun 3,3–4,4 folgender Vorgang beschrieben: Die 6

Männer (nach 12,8 die ἔνδοξοι ἄγγελοι) befehlen, aus einem Abgrund (ἐκ βυθοῦ τινος = ex profundo) sollten *Steine emporsteigen zum Bau des Turmes*[.] «Und es stiegen 10 würfelförmige strahlende Steine empor, die nicht behauen waren.» Sie wurden die Grundlage des Turmes. Ihnen folgen weitere 20+5, diesen weitere 35, endlich noch einmal 40 Steine. Alle steigen hinauf (ἀνέβησαν) und werden zum Turmbau verwendet.

Um uns das Verständnis zu erleichtern, hat nun Hermas zu dieser dunklen Geschichte kurz darauf, nämlich *16,2–7* noch eine Art Commentar mit-inspiriert erhalten. Fatalerweise ist dieser aber so beschaffen, daß er selbst wieder eines Commentars bedürftig ist, bei dem Mißverständnisse im Einzelnen schwer zu vermeiden sind. Ich analysiere die Stelle folgendermaßen:

*1.* Auszugehen ist von 16,3, wo wir zum ersten Mal erfahren, daß es sich bei den Steinen um *κεκοιμημένοι* handelt. Abgesehen von ihrem leiblichen Tod sind sie, und darauf kommt es hier an, geistig νεκροί, mit νέκρωσις behaftet, (16,2.3) die darin besteht[,] daß sie das «Siegel des Sohnes Gottes» noch nicht haben (16,3.7) ἡ σφραγὶς οὖν τὸ ὕδωρ ἐστίν, nämlich die Taufe (16,4) In diesem Zustand ist es ihnen unmöglich εἰσελθεῖν εἰς τὴν βασιλείαν τοῦ θεοῦ (16,2), sie müssen also eine ζωοποίησις in diesem Sinn erleben (16,2)

*2.* Nun sind die *ἀπόστολοι καὶ οἱ διδάσκαλοι*, die im irdischen Leben den Namen des Sohnes Gottes verkündigt haben, κοιμηθέντες, aber ἐν δυνάμει καὶ πίστει (16,5) Was liegt nun näher[,] als daß sie *ἐκήρυξαν καὶ τοῖς προκεκοιμημένοις καὶ αὐτοὶ ἔδωκαν αὐτοῖς τὴν σφραγῖδα* (16,4.5) Dieser Vorgang wird nun näher dahin beschrieben: Sie steigen wie jene in das Wasser (16,6) ἐκεῖνοι δὲ οἱ προκεκοιμημένοι νεκροὶ κατέβησαν, ζῶντες δὲ ἀνέβησαν (16,4.6)

*3.* Und nun können alle miteinander wieder ἀναβαίνειν zu der οἰκοδομή und dort Verwendung finden, zuerst die 10+25+35, die προκεκοιμημένοι, dann die 40[,] die ἀπόστολοι καὶ διδάσκαλοι (16,7)

Einige Einzelheiten werden nicht ganz klar, z. B. die sonderbare Vorstellung, daß die Apostel mit den κεκοιμημένοι ins Taufwasser steigen (16,6), der Grundgedanke ist ziemlich einfach: in dem βυθός wird man unschwer die Unterwelt erkennen, und in den προκεκοιμημένοι nach 16,7[,] wo es von ihnen heißt, sie seien ἐν δικαιοσύνῃ καὶ ἐν μεγάλῃ ἁγνείᾳ entschlafen, μόνον δὲ τὴν σφραγῖδα οὐκ εἶχον[,] ebenso deutlich die Frommen des alten Testamentes. Sie werden von den Aposteln etc., die durch ihren leiblichen Tod dazu in Stand gesetzt sind, evangelisiert und getauft und gehen ein zum Reich Gottes. –

Diese Abwandlung des Descensus-Gedankens ist nun einer der merkwürdigsten Punkte in seiner ganzen Geschichte. «Unde Hermas hoc theologumenon sumpserit, nescimus», bemerkt *Harnack* dazu.[142] Allerdings! Und für unser Thema ist dies umso wichtiger, als es höchst wahrscheinlich überhaupt *nicht übernommen*, sondern *auf Rechnung der Spekulation des Hermas selbst zu setzen* ist. Man beachte, daß nicht nur die ἀπόστολοι, sondern auch die διδάσκαλοι bereits gestorben sind und daß bei den letztern an eine ganz bestimmte Klasse von Vertretern des Urchristentums, vermutlich an die Apostel-Schüler gedacht ist, wie nicht nur die abgegrenzte Zahl 40, sondern auch die exzeptionelle Rolle beweist, die ihnen bei der οἰκοδομή zugeschrieben wird, die ganze Fassung der Vorstellung in dieser Richtung zeigt, daß man auf die Apostel-Zeit als auf eine bereits längere Vergangenheit zurückblickt. *Wir stehen somit vor der Tatsache, daß noch um 140 eine vielgelesene Erbauungsschrift die Vorstellung von der Hadespredigt auf die Apostel und ihre Nachfolger anwendet.* Wie haben wir uns das zu erklären?

Daß diese Wendung der Vorstellung nicht die gemein-christliche, nicht einmal im damaligen Rom gewesen sein kann, werden wir nachher sehen. Daß sie trotzdem, relativ so spät, neben den andern aufkommen und bestehen konnte, beweist – in Übereinstimmung mit dem im vorigen § Gesagten – daß der ganze Gedanke noch immer im höchsten Grade fließend war.

Völlig außerhalb der bisherigen Entwicklung steht auch die Vorstellung des Hermas nicht. Auch er ist geleitet von der soteriologisch-eschatologischen Frage nach dem Verhältnis der vorchristlichen Frommen zu der durch Christus begründeten βασιλεία. Auch er beantwortet sie, parallel dem Diktum des kleinasiat. Presbyters[,] dahin: Das Evangelium wurde ihnen in der Unterwelt verkündet. Und wenn er nun das Subjekt ändert, statt Christus die Apostel einsetzt, so können dabei vielleicht christologische Bedenken maßgebend gewesen sein, jedenfalls zeigt es, daß von dem Descensus *Christi* als integrieren-

---

[142] *Hermae Pastor*, a.a.O., S. 232, Komm. zu sim. IX, 16,5.

dem Bestandteil des christlichen Kerygmas damals noch nicht, geschweige denn (B. Weiß[143], Clemen[144]) schon im 1ten Jahrhundert die Rede war. – Wie wir später sehen werden, hat dann diese Nebenströmung in eigentümlicher Weise ihren Rückweg in die gemein-christliche Auffassung gefunden.

Auch der zweite römische Zeuge für den Descensus, *Justinus Martyr* giebt uns zunächst ein Rätsel auf. *Dialog. c. Tryph. c. 72 fin.* wird den Juden der Vorwurf gemacht, sie eskamotierten gewisse Stellen des alten Testaments, bei denen der Deutung auf Christus nicht zu entgehen sei: ἀπὸ τῶν λόγων τοῦ αὐτοῦ Ἱερεμίου ὁμοίως ταῦτα περιέκοψαν· ἐμνήσθη δὲ ὁ κύριος ὁ θεὸς ἀπὸ Ἰσραὴλ τῶν νεκρῶν αὐτοῦ τῶν κεκοιμημένων εἰς γῆν χώματος καὶ κατέβη πρὸς αὐτοὺς ἀναγγελίσασθαι αὐτοῖς τὸ σωτήριον αὐτοῦ. Aus Jeremias stammt nun dieser Spruch nicht, Frage woher? Irenaeus citiert ihn nicht weniger als 5 mal, einmal ohne Quellenangabe IV 33,1, einmal als Jesajas- III 20[,4], einmal als Jeremias-Wort IV 22,1 und zweimal als Prophetenwort im Allgemeinen IV 33,12 und V 31,1 d. h. jedesmal, wenn er überhaupt auf den Descensus zu reden kommt, abgesehen von der Presbyter-Stelle IV 27,1f., was, wie schon gesagt, ein günstiges Vorurteil für diese erwecken dürfte.

Es giebt 3 Möglichkeiten für die Herkunft des Wortes:

Entweder: *Justin* hat dasselbe glattweg erfunden

Oder: dasselbe stand in einem christlich «bearbeiteten» *jüdischen Apokryphon* (so *Stieren*[145], *Kattenbusch*[146] u. A.)

Oder: der Vorwurf des Justin kehrt sich direkt um und ein eifriger christlicher Bibelleser hat eine dem Justin vorliegende Jeremias-*Handschrift* in dieser Weise irgendwo «*ergänzt*»

Eine pia fraus liegt also auf alle Fälle vor und wir haben uns nur zu entscheiden, welche. Wegfallen als zu plump und leicht widerlegbar dürfte die erstere. Bleibt also die Frage: *Apokryphon* oder *Textfälschung?* Sie ist insofern nicht ganz irrelevant, als die Annahme des erstern uns möglicherweise in das 1te Jahrhundert zurückführen würde,

---

[143] A.a.O., S. 230.
[144] A.a.O., S. 113f.
[145] Irenaeus, a.a.O., Tom. I, S. 530, Anm. 10.
[146] *Ein Wort über 1. Petr. 3,19*, a.a.O., Sp. 628.

was beim letztern ausgeschlossen ist, da im 1ten Jahrhundert diese Art der Lektüre noch weniger üblich war. Strikte wird sie sich nicht beantworten lassen, ich glaube aber, es sei wahrscheinlicher, eine *Textfälschung* anzunehmen, denn gerade in einer polemischen Schrift mußte es dem Justin in eigenem Interesse daran gelegen sein, sich bei dem Vorwurf der Unterschlagung von Bibelworten nicht zu vergreifen und andrerseits scheint mir die ganze Art, wie er das Wort einführt, dafür zu sprechen, daß er bona fide handelt. Auf die erwähnten Citate bei Irenäus ist deshalb nicht zu sehr abzustellen, weil es nicht ausgeschlossen, sondern wahrscheinlich ist, daß er die Stelle aus Justin hat; andernfalls könnte man für die geäußerte Meinung sein konstantes Zurückkommen auf dasselbe als Prophetenwort geltend machen.

Über die Stelle selbst genügen wenige Worte. Sie ist als Fälschung nicht ungeschickt redigiert, indem als Subjekt des Vorgangs nicht etwa der Messias, sondern Jahwe Elohim ὁ κύριος ὁ θεός genannt wird. Auch die Bezeichnung der Totenwelt als γῆ χώματος entspricht israelitischem Denken (vgl. Jes 14,15 Hes 32,23) Endlich ist der ganze Vorgang in der Tat nicht ohne Parallelen, nicht im israelitischen – aber im spätjüdischen religiösen Vorstellungskreis (vgl. § 4, 2. b)) Trotzdem läßt es die ganze Fassung des Wortes unzweifelhaft erscheinen, daß wir einen christlichen Gedanken vor uns haben. Dafür spricht das κεκοιμημένοι, das schon im 1ten Jahrhdrt (vgl. I Thess 4,14 I Cor 15,6, 18,51 etc.) geradezu terminus technicus für die verstorbenen Christen geworden war, ferner die Wendung ἀναγγελίσασθαι αὐτοῖς τὸ σωτήριον αὐτοῦ, endlich aber die früheren und gleichzeitigen christlichen Parallelen, denen es inhaltlich viel näher steht als den jüdischen. – Sachlich bringt das Wort über das beim kleinasiat. Presbyter Gefundene hinaus nichts Neues, es ergiebt aber jedenfalls – dies würde auch gelten, wenn wir es mit einem Apokryphon zu thun hätten, – daß eben diese Auffassung, die wir dort kennen gelernt, um 140 auch in Rom bekannt war: *Christus geht in den Hades und predigt den alttestamentlichen Frommen sein Heil.*

Diese Vorstellung war nun zwar in der Zeit, in der wir stehen, noch nicht allein herrschend, aber zweifellos auf dem Wege dazu, dafür giebt uns

*Marcion* ein weiteres Zeugnis, das mit photographischer Treue – nur als Negativ – den Stand des gewöhnlichen Gemeindeglaubens erkennen läßt. Bei *Irenaeus, adv. haer. I 27,3* findet sich nämlich nach einigen einleitenden Schmähworten folgende Schilderung der marcionitischen Descensus-Vorstellung: «dicens ...: *Cain et eos qui similes sunt ei, et Sodomitas et Aegyptios et similes eis et omnes omnino gentes, quae in omni permixtione malignitatis ambulaverunt, salvatas esse a Domino, quum descendisset ad inferos et accucurrissent ei, et in suum assumsisse regnum; Abel autem et Enoch et Noë et reliquos justos et eos qui sunt erga Abraham Patriarcham, cum omnibus prophetis et his, qui placuerunt Deo, non participasse salutem»*, – «qui in Marcione fuit serpens praeconavit», fügt Irenäus freundlich hinzu. Als Grund für den Ausschluß der alttestamentl. Frommen wird angegeben: «... sciebant, inquit, Deum suum semper tentantem eos; et tunc tentare eos suspicati non accucurrerunt Iesu.» – Die offiziell-kirchl. Vorstellung, der diese Meinung Marcion's entgegenstellt ist, ist leicht zu rekonstruieren: Christus hat die Gerechten des alten Bundes im Hades erlöst und ihnen Zutritt zu seinem Reich gegeben, – sie ist also identisch mit der bei Justin etc. begegneten.

Eine selbständige Rolle kommt Marcion in der Entwicklung des Gedankens *nicht* zu. Es wäre nämlich durchaus verkehrt, hier eine Wiederaufnahme des universellen Heilsgedankens von I Petr 3 und 4 zu vermuten, obschon die sachliche Berührung unverkennbar ist. Marcion ist in seiner Weise ebensosehr partikularistisch gestimmt, wie seine katholischen Gegner, denn, was die «omnes omnino gentes, quae in omni permixtione malignitatis ambulaverunt» betrifft, so ist seine eigene Meinung zweifellos präziser formuliert bei *Epiphanius, haer. XLII, 4,* wo vielmehr von den πάντα τὰ ἔθνη τὰ μὴ ἐγνωκότα τὸν θεὸν τῶν Ἰουδαίων die Rede ist. Wenn er also die Hadeserlösung auch, resp. ausschließlich auf die nicht-israelitische vorchristliche Menschheit bezieht, so geschieht dies im Interesse seines Dogmas vom θεὸς ἀόρατος des Evangeliums gegenüber dem ποιητὴς καὶ κτίστης des alten Testamentes.[147]

Ähnlich steht es nun mit *Theodotus*[,] dessen Ansicht über den Descensus bei *Clem. Al., Excerpta ex Scr. Theod. 18* überliefert ist. Auch hier läßt sich deutlich unterscheiden zwischen dem christlichen Gemeingut und der Theologie des Theodotus selbst. Wesentlich ist: Καὶ

[147] Vgl. A. Harnack, *Lehrbuch der Dogmengeschichte,* a.a.O., Bd. I, S. 257–260.

τῷ Ἀβραὰμ καὶ τοῖς λοιποῖς δικαίοις ... ὤφθη ... εὐηγγελίσατο καὶ μετέστησεν αὐτοὺς καὶ μετέθηκε καὶ πάντες ἐν τῇ σκιᾷ αὐτοῦ ζήσονται. Aus seinen christologischen Voraussetzungen ist es zu erklären, wenn er den Akt als einen *nach* der Auferstehung geschehenen beschreibt: Die Gerechten sind nämlich bereits ἐν τῇ ἀναπαύσει ἐν τοῖς δεξιοῖς. Abraham freute sich[,] als er den Tag Christi sah (Joh 8,56) nämlich τὴν ἐν σαρκὶ παρουσίαν. Erst nachdem dieser vorüber ist: ὅθεν ἀναστάς erfolgt die Verkündigung des Evangeliums an ihn und die andern Gerechten.

Größere Schwierigkeiten bereitet die *Celsus*-Stelle bei *Origenes c. Cels. II, 43:* Celsus richtet die polemische Frage an die Christen: Οὐ δήπου φήσετε περὶ αὐτοῦ ὅτι μὴ πείσας τοὺς ὧδε ὄντας ἐστέλλετο εἰς ᾅδου πείσων τοὺς ἐκεῖ. Origenes antwortet: Einmal hat Christus schon hier Viele bekehrt, soviele nämlich Verlangen nach ihm trugen. Gerade so stand es auch mit den Seelen, denen er im Hades predigte. – Zur Eruirung der Vorstellung[,] gegen welche Celsus polemisiert, dürfen wir aber nicht etwa von der Antwort des Origenes ausgehen, denn diese steht im Zusammenhang der Auffassung des letztern, entspricht somit der Situation nicht, in der das Wort des Celsus geschrieben war.

Wir sind also auf den einzigen Satz des Celsus angewiesen. Der springende Punkt darin ist der Ausdruck πείσων. Wenn damit der Stand der Vorstellung um 177–80 in Rom wahrheitsgetreu wiedergegeben ist, dann stehen wir vor einem großen Rätsel. Denn nach unsern bisherigen Ergebnissen hat man sich im $2^{ten}$ Jahrhundert in Kleinasien wie in Rom die vorchristlichen Gerechten, das Objekt der Hadespredigt, durchgehend als sehnsüchtig und von vornherein entgegenkommend gedacht, es mangelt ihnen nichts als ein εὐαγγελιζόμενος. Der Nerv des ganzen Gedankens wäre getroffen, wenn dieser sich plötzlich in einen πείσων im Sinne des Celsus verwandelt hätte, d. h. wenn die Hadesbewohner, die die Predigt anging, noch einer Überredung u. Bekehrung bedürftig geworden wären. Es scheinen mir nur 2 Möglichkeiten übrig zu bleiben: Entweder, und das halte ich für wahrscheinlicher, handelt es sich um eine absichtliche *Karrikierung* des damals gangbaren Descensus-Gedankens, worauf ja schon das μὴ πείσας τοὺς ὧδε ὄντας hinweist. Aus dieser Karrikatur wäre dann jener unschwer herauszulösen.

Oder aber, auch dies ist nicht ausgeschlossen, Celsus hat *I Petr 3,18f.* gekannt und sein πείθειν von daher genommen, was bei gutem Willen oder flüchtiger Lektüre schon möglich ist.

Auf alle Fälle hat er mit seinem Vorwurf seinen christlichen Zeitgenossen Unrecht gethan, denn gerade die letztere Stelle, abgesehen von ihrer unrichtigen Deutung, hat in der damaligen Formation der Descensus-Vorstellung keine Rolle gespielt.

Fassen wir wieder zusammen, so kommen wir zu folgendem Ergebnis:

*1.* Zurückgetreten ist der Gedanke an die christologische Bedeutung des Descensus ad inferos

*2.* Er äußert sich im 2$^{ten}$ Jahrhundert in Rom in steigendem Maße als Vorstellung von der Hades*predigt* Christi an die Gerechten des alten Bundes

*3.* Ganz verschwunden (abgesehen von Marcion) ist endlich die Erinnerung an einen Zweck und Erfolg des Descensus außerhalb des Kreises der alttestamentl. Frommen.

## § 7 Irenäus

Es sind im Wesentlichen 2 Gedankengänge des Irenäus, in deren Zusammenhang die Vorstellung vom Descensus Christi auftritt, nicht ohne daß Elemente des einen sich auch im andern bemerkbar machen.

Der eine läßt sich dahin zusammenfassen: Christus ist das alleinige Heil für seine Jünger, d. h. für die, die nach ihm Verlangen haben; dazu gehören aber auch die Frommen der vorchristlichen Zeit, darum hat er sie deszendierend erlöst.

Die Hauptstelle ist *adv. haer. IV 22, 1–2*[.] Man erinnere sich des bei der Besprechung des kleinasiat. Presbyters skizzierten Zusammenhanges. Es handelt sich um die Identität der ATlichen und NTlichen Offenbarung, die von den Gnostikern und Marcion bestritten wurde. Die Sendung Christi geht Alle an, das soll cap. 22 gezeigt werden – also auch die Gläubigen d. h. aber die Frommen Israels. Der letztere Gedanke wird zunächst an einer Reihe symbolischer Auslegungen der evangelischen Geschichte nachgewiesen:

«Qui pedes lavit discipulorum *totum* sanctificavit *corpus* ... recumbentibus eis ministrabat escam, *significans eos qui in terra recumbebant, quibus venit ministrare vitam.*» Nun folgt jener pseudo-jeremianische Spruch[,] der in der ausführlichsten Fassung bei Irenäus lautet: «*Recommemoratus est Dominus sanctus Israël mortuorum suorum qui praedormierunt in terra defossionis et descendit ad eos, uti evangelizaret eis salutare suum ad salvandum eos.*» Jesus findet Mt 26,40f. die Jünger im Garten Gethsemane schlafend: «... primo quidem dimisit, significans patientiam Dei in dormitione hominum; secundo vero veniens excitavit eos ... *significans quoniam passio ejus expergefactio est dormientium discipulorum propter quos et descendit in inferiora terrae.*»

Aus diesen biblischen Erwägungen zieht er nun den Schluß:

«*Non propter eos solos, qui temporibus Tiberii Caesaris crediderunt ei, venit Christus; nec propter eos solos qui nunc sunt homines, providentiam fecit pater; sed propter omnes omnino homines qui ab initio propter virtutem suam in sua generatione et timuerunt et dilexerunt Deum et juste et pie conversati sunt erga proximos et concupierunt videre Christum et audire vocem eius.* Quapropter omnes huiusmodi in secundo adventu primo de somno excitabit et eriget ...» Wesentlich derselbe Gedanke kehrt IV 33,1 wieder: auch hier die Unterscheidung der *beiden adventus Christi*. Auch hier gehört der Descensus zeitlich zur ersten, sachlich zur zweiten Ankunft, indem der deszendierende Christus «mortuis suis» das Heil ankündigt, d. h. aber, sie auf die zweite Ankunft vorbereitet. – Bemerkenswert an dieser ersten zusammenhängenden Darstellung des Descensus ist nun einmal die Art, wie der durch die Überlieferung mehr oder weniger massiv dargebotene Gedanke der *Heiligenauferstehung* theologisch korrekt aufgearbeitet ist durch eben diese Herbeiziehung der Wiederkunft. Eine Abschwächung des Hauptgedankens ist damit ebenso glücklich vermieden wie die frühere Unklarheit: Die im Hades Erlösten sind nun in derselben Situation wie die entschlafenen Christen auch: sie haben Vergebung der Sünden (vgl. IV 27,2) sie kennen Christum und sie hoffen wie jene auf den Tag seiner Wiederkunft, der sie von den Toten erwecken und in das Reich der Vollendung einführen wird. – Wer ist das *Objekt der Heilspredigt*? Zunächst jedenfalls (vgl. IV 22,1 «Dominus sanctus Israël» IV 27,2) wie gewohnt *die Frommen des Alten Testamentes*. Hat Irenäus nur an diese gedacht? Liest man die Ausdrücke IV 22,2[,] wo von den «omnes omnino homines qui timuerunt et dilexerunt Deum et juste et pie conversati sunt erga proximos» etc. [die Rede ist], so liegt doch die Vermutung nahe, daß Irenäus die *Möglichkeit* nicht für ausgeschlossen hält, daß *auch außerisraelitische Gerechte* zum Heil gelangen können. Allerdings ist nun gleich zu betonen, daß dies *auf seine Theologie keinen Einfluß* gehabt hat, schon darum, weil es eine gefährliche Concession an Marcion gewesen wäre. Jedenfalls bildet seine Theorie vom Descensus, sowenig wie die des Marcion[,] in dieser Beziehung einen Wendepunkt in der Geschichte des Dogmas. Und noch ein Punkt darf endlich hier nicht übersehen werden: adv. haer. III 20,3–4 lesen wir: «... *quoniam non solum homo* erat, qui moriebatur pro nobis, Esajas ait: Et commemoratus» etc. [III 20,4]. Nicht jeder Mensch hätte im Hades das vollbringen können, was Christus that. Wie nur er für uns sterben konnte, so bedurfte es des *Gottmenschen*, um der vorchristlichen Welt das Heil zu bringen.

In einen ganz andern Zusammenhang werden wir adv. haer. V *31,1–2* geführt. Es handelt sich, wie später bei Tertullian[,] um die Frage nach unserm jenseitigen Zustand. Irenaeus beantwortet sie dahin, daß αἱ ψυχαὶ ἀπέρχονται εἰς τὸν τόπον ... [[invisibilem]] τὸν ὡρισμένον αὐταῖς ἀπὸ τοῦ θεοῦ κἀκεῖ μέχρι τῆς ἀναστάσεως φοιτῶσι ... ἔπειτα ἀπολαβοῦσαι τὰ σώματα καὶ ὁλοκλήρως ἀναστᾶσαι ... Warum muß sich das so verhalten? «Quum enim *Dominus in medio umbrae mortis abierit ubi animae mortuorum erant, post deinde corporaliter resurrexit*» [V 31,2]. Die Gegner, die etwas Anderes behaupten, kennen den «*ordo resurrectionis*» Christi nicht; nach ihrer Meinung müßte er ja, am Kreuze gestorben[,] gleich gen Himmel gefahren sein unter Zurücklassung des Leibes. «Nunc autem tribus diebus conversatus est ubi erant mortui; quemadmodum propheta ait de eo Commemoratus est etc.; Et ipse Dominus: Quemadmodum, ait, Ionas ...» folgt Mt 12,40; «sed et apostolus ait: Ascendit autem, quid est ...» folgt Eph 4,9; «hoc et David in eum prophetans dixit: Et eripuisti animam meam ...» folgt Ps 86,13 [V 31,1]

Unverkennbar sind wir hier wieder mitten in den alten *christologischen Gedanken* hineingestellt: der Descensus ein notwendiges Glied in der Reihe der Heilstatsachen, die sich auf Christi Erhöhung beziehen[,] oder, wie Irenäus sich ausdrückt: des «ordo resurrectionis». Er hat ihm aber in derselben Richtung noch eine weitere Nuance gegeben: Die Stelle fährt nämlich fort: «Si ergo *Dominus legem mortuorum ser-*

*vavit, ut fieret primogenitus a mortuis et commoratus usque in tertiam diem in inferioribus terrae ... quomodo non confundantur ...*» [V 31,2]
Also: es gehörte zu der Vollständigkeit des gottmenschlichen Werkes, daß er auch das Schicksal der Toten an sich selbst erlebte, um so der «Erstling aus den Toten» werden zu können. –

Man beachte aber, wie schon in der letzteren Wendung, vor Allem aber in dem pseudo-jeremian. Spruch, der auch hier nicht fehlt, trotz des andersartigen Zusammenhangs der soteriologische Gedanke wieder durchschlägt. Von hier aus ist die Vorstellung des Irenäus orientiert; daß der Heilige «seiner Toten gedachte», das ist das Motiv, das ihn immer wieder auf den Descensus zurückbringt!

## § 8 Tertullian

Die Descensus-Lehre des Tertullian will in engstem Anschluß an die des *Irenäus* verstanden sein, da sie lediglich dessen verschiedene Gedanken wiederholt, resp. auf einer Fläche aufträgt. Darin beruht ihre Bedeutung.

Die Hauptstelle ist *De anima 55*. Gezeigt soll werden, (vgl. Iren., adv. haer. V 31) daß die Seelen der Christen nach dem Tode nicht etwa ins Paradies, sondern in die Unterwelt kommen. Beweis: Auch Christus ist es nicht anders ergangen. – Beachtenswert ist dabei vor Allem die Art, wie Tertullian die verschiedenen Wendungen der Vorstellung, die bei Irenäus noch je eines besondern Gedankengangs bedürfen, zusammenzieht und ohne Weiteres nebeneinander stellt. An einem einzigen Satze jener Stelle lassen sich so die Hauptgedanken des Irenäus nachweisen

| | |
|---|---|
| Der Descensus notwendig als Teil der lex mortuorum | «Christus ... *huic quoque legi satisfecit forma humanae mortis apud inferos functus* |
| als Stück des ordo resurrectionis | *nec ante ascendit in sublimiora caelorum quam descendit in inferiora terrarum* |
| als Folge der Identität der Offenbarung im alten und neuen Bund | *ut illic patriarchas et prophetas compotes sui faceret.*» |

Daß ihm dabei die Betonung des letzteren Punktes bei Irenäus gegenwärtig ist, zeigt die Stelle *De anima 7*, wo von der «corporalitas» resp. Räumlichkeit der abgeschiedenen Seelen die Rede ist: «Ad quod et Christus moriendo descendit? Puto ad animas patriarcharum.» Auch bei ihm ist also dieses Moment das ausschlaggebende.

Endlich ist auch in seiner Darstellung der Gedanke einer Auferstehung *vor* dem Gericht ausgeschlossen. Freilich: «in sinu Abrahae» sind die Christen, «in carcere» die Heiden, aber für Beide gilt: «Nulli patet caelum terra adhuc salva, ne dixerim clausa.» Nur eine Ausnahme giebt es von dieser Regel: «Tota paradisi clavis tuus sanguis est», d. h. werde ein christlicher Märtyrer, dann öffnet sich dir schon jetzt der Himmel! (De an. 55)

## § 9 Hippolytus

Hippolytus bietet uns zunächst die ausdrückliche Bestätigung für die eben bei *Irenäus* und *Tertullian* gemachte Beobachtung: Der Gedanke der Heiligenauferstehung anläßlich des Descensus Christi ist theologisch abgeschlossen d. h. aber vergeistigt. Zwar beschreibt er uns noch immer den σωτῆρα als λυτρούμενον τὰς ἁγίων ψυχὰς ἐκ χειρὸς θανάτου (D[e] antichr[isto] 45) aber dies ist nun nicht mehr mißzuverstehen, denn ἐπειδὴ ἀπαρχὴ ἀναστάσεως πάντων τῶν ἀνθρώπων ἦν ὁ σωτήρ, ἔδει τὸν κύριον μόνον ἀνίστασθαι ἐκ νεκρῶν (D. antichr. 46)

Spezifischeres Interesse bieten zwei andere Punkte, in denen ihm zugleich eine vorwärts[-] wie rückwärtsweisende Stellung in der Geschichte der Vorstellung zukommt.

*1.* D. antichr. 26 wird der Descensus dahin beschrieben: καὶ ἐν νεκροῖς κατελογίσθη εὐαγγελιζόμενος τὰς τῶν ἁγίων ψυχὰς διὰ θανάτου τὸν θάνατον νικῶν[.] Wir haben den letztern Gedanken in unmittelbarer Nähe der Descensus-Vorstellung bei Paulus angetroffen, wir haben aber auch gesehen, daß er die letztere nicht etwa notwendig in sich trägt, sondern vielmehr selbst ein Moment des Auferstehungs- resp. Erhöhungsgedankens ist. Demgemäß war auch in der bisherigen besprochenen Literatur der Descensus-Vorstellung der Sieg über den Tod *nicht* in diese miteinbezogen worden. – Hier ist dies nun – ich vermute infolge falscher Exegese von Eph 4,8–10 oder I Cor 15,55 – zum ersten Mal, wenn auch in bescheidenen Grenzen der Fall. Wir werden im Folgenden sehen, daß diese Betrachtungsweise lebhafte Nachfolge gefunden hat.

2. In ganz anderer Weise hat Hippolytus die Descensus-Vorstellung des *Hermas* fortgesetzt. Dort war von einem Descensus *Christi* überhaupt nicht die Rede. Die verstorbenen Apostel erfüllten an seiner Stelle diese Funktion. Derartige Schwankungen waren nun im Lauf der 2$^{ten}$ Hälfte des 2$^{ten}$ Jahrhunderts unmöglich geworden. Aber die Frage, aus der jene hervorgegangen war, blieb: Welche Rolle spielen die andern «Großen im Reiche Gottes»[148] im Jenseits? War es nicht nur natürlich, daß auch sie, wie Christus, ihre irdische Tätigkeit dort fortsetzten? Diese Fragen werden nun in der spätern Theologie beantwortet, wiederum zugleich genügend und dogmatisch korrekt. Hippolytus bietet dazu den Anfang, wenn er von *Johannes dem Täufer* (D. antichr. 45) berichtet: οὗτος προέφθασε καὶ τοῖς ἐν ᾅδῃ εὐαγγελίσασθαι, ἀναιρεθεὶς ὑπὸ Ἡρῴδου πρόδρομος γενόμενος ἐκεῖ σημαίνων μέλλειν κἀκεῖσε κατελεύσεσθαι τὸν σωτῆρα ...

## § 10 Christliche Apokryphen des 2$^{ten}$ Jahrhunderts

Diese Literaturgattung ist deshalb von besonderem Interesse, weil sie, gerade in solchen Fragen, die weniger im Mittelpunkt des kirchlichen Interesses stunden, z. T. in höherem Maße einen Einblick in das Empfinden der Gemeinde giebt, als die Dialektik der Theologen.

Versuchen wir also zum Schluß noch einen derartigen Querschnitt durch die gemein-christliche Auffassung zu gewinnen, wie sie sich in der 2$^{ten}$ Hälfte des 2$^{ten}$ Jahrhunderts darstellen mochte.

Um 150 mag in Syrien das *Petrusevangelium* entstanden sein. Die Stelle, die für die Geschichte des Descensus in Betracht kommt, steht im Zusammenhang des bekannten Auferstehungsberichtes. Die Zuschauer sehen drei Männer aus dem Grabe hervorkommen, zwei stützten den einen und ein Kreuz folgte ihnen nach. Das Haupt der zwei reicht bis zum Himmel, das des von ihnen Geleiteten aber ragt über die Himmel hinaus; (v 41:) καὶ φωνῆς ἤκουον ἐκ τῶν οὐρανῶν λεγούσης· Ἐκήρυξας τοῖς κοιμωμένοις; (v 42) Καὶ ὑπακοὴ ἠκούετο ἀπὸ τοῦ σταυροῦ ὅτι «Ναί»

Ich citiere zunächst gleich weiter. Aus der Zeit um 180 stammt (nach Hennecke[149]) *Buch VIII der christlichen Sibyllinen*. In einer «propheti-

---

[148] Vgl. etwa Mt. 5,19; 11,11; 18,1.4.
[149] J. Geffcken, [Einleitung zu:] *Christliche Sibyllinen*, in: E. Hennecke (Hrsg.), *Handbuch zu den neutestamentlichen Apokryphen*, Tübingen/Leipzig 1904, S. 321.

schen» Schilderung der Haupttatsachen des Lebens Jesu finden wir da
v 310–13 folgende Stelle:

ἥξει δ' εἰς Ἀίδην ἀγγέλλων ἐλπίδα πᾶσιν
τοῖς ἁγίοις τέλος αἰώνων καὶ ἔσχατον ἦμαρ
καὶ θανάτου μοῖραν τελέσει τρίτον ἦμαρ ὑπνώσας
καὶ τότ' ἀπὸ φθιμένων ἀναλύσας εἰς φάος ἥξει

Und endlich kommt aus dem

*Testamentum XII Patriarcharum* (um 200) sicher die Stelle XII 9 (Benjamin) in Betracht, wo es, ebenfalls in Zusammenfassung der christologischen Haupttatsachen heißt: ἀνελθὼν ἐκ τοῦ ᾅδου ἔσται ἀναβαίνων ἀπὸ γῆς εἰς οὐρανόν. Bezweifeln möchte ich dagegen[,] ob cap. VII 5 (Dan) desselben Buches mit *Clemen*[150] auf den Descensus zu deuten ist: ἀνατελεῖ ὑμῖν ἐκ τῆς Ἰούδα καὶ Λευὶ τὸ σωτήριον Κυρίου. καὶ αὐτὸς ποιήσει πρὸς τὸν Βελιὰρ πόλεμον καὶ τὴν ἐκδίκησιν τοῦ νίκους δώσει πέρασιν ὑμῶν. καὶ τὴν αἰχμαλωσίαν λάβῃ ἀπὸ τοῦ Βελιὰρ ψυχὰς ἁγίων, καὶ ἐπιστρέψει καρδίας ἀπειθεῖς πρὸς Κύριον καὶ δώσει τοῖς ἐπικαλουμένοις αὐτὸν εἰρήνην αἰώνιον ... Es scheint mir vielmehr wahrscheinlich, daß hier die Wirksamkeit Jesu in Galiläa (Dan!) – man denke z. B. an die Dämonenaustreibungen – oder aber sein soteriologisches Werk überhaupt gemeint ist. Andernfalls, um dies gleich zu erledigen – hätten wir hier, was ja zeitlich nicht ausgeschlossen ist, bereits die universalistische Form des Gedankens in der Form, wie wir sie bei Clemens Alexandrinus kennen lernen werden, vor uns, verbunden mit der Vorstellung: deszendierend hat Christus Tod und Teufel überwunden (vgl. Hippolyt und bes. Origenes)

Lehrreich ist nun die Confrontierung der 3 erstgenannten Stellen:

*Petrevg. 41–42* liegt die gewohnte Vorstellung vor: Christus ging in den Hades, um den κοιμωμένοις zu predigen.

*Sibyll. VIII 310–12* zeigt ungefähr die Auffassung des Irenäus: Der Grundton ist der soteriologische, dazu tritt aber das christologische Motiv: θανάτου μοῖραν τελέσει.

*Testam. XII Patr. XII 9* endlich zeigt, daß auch das rein christologische Motiv, in der paulinisch-lukanischen Fassung[,] bei allem Zurücktreten nicht verschwunden ist: der Descensus als Beginn der ἀνάβασις εἰς οὐρανόν.

[150] A.a.O., S. 178.

So finden wir auch hier die Umrisse der im Bisherigen angedeuteten Situation bestätigt.

## § 11 Rückblick

Einen kleinen und neben den großen Fragen der Zeit unwichtigen Teil der altkirchlichen Lehrentwicklung haben wir durchgangen. Wir haben uns im Ganzen damit begnügt, den Tatbestand festzustellen. Hier soll nun, wenigstens andeutungsweise, versucht werden, die Bindestriche zu jenen Hauptdaten der gleichzeitigen übrigen Dogmengeschichte zu ziehen.

Vergegenwärtigen wir uns also noch einmal die wichtigsten Etappen, die die Vorstellung in dieser Periode durchlaufen hat.

*1.* Aus der neutestamentlichen Epoche war der Descensus ad inferos als *christologisches* Moment übernommen worden: Christus war im Hades, aber Gott hat ihn befreit und erhöht. So sahen wir es noch bei *Polykarp*. Im Übrigen aber bemerkten wir ein deutliches Zurücktreten dieses Motivs, bis es in erneuerter Gestalt bei *Irenäus* wieder auftaucht.

Wie haben wir uns diese Veränderung zu erklären? Einmal vielleicht dadurch, daß der Vorgang für die philosophisch-rationalistisch gerichtete Christologie der Apologeten kein Interesse bot, dann aber hauptsächlich dadurch, daß die Zeit- und Streitfragen des 2$^{ten}$ Jahrhunderts die Aufmerksamkeit zunächst ausschließlich auf das soteriologische Moment gerichtet hielt[en]. Dies wurde nun anders in der Zeit der altkatholischen Väter. In der Kombination des apologetischen Rationalismus mit der *Heilsgeschichte* des neuen Testamentes, in der Identifikation des Logos-Gottes mit dem Jesus Christus der Evangelien, beruht die Bedeutung des *Irenäus*. «Beschafft ist das Heil nicht durch den Logos an sich, sondern lediglich durch Jesus Christus u. zw. durch Jesus Christus, sofern er Gott war und Mensch wurde» (*Harnack*, Grundriß)[151] Verhielt sich aber das so, dann mußte notwendig jedes einzelne Moment der Heilsgeschichte, d. h. aber der Manifestationen des menschgewordenen Gottes, eine neue und selbständige Bedeutung erhalten. «Indem Christus geworden ist, was wir sind, hat er als Gottmensch rekapitulierend geleistet, was wir hätten leisten sollen.»[152] Für

---

[151] *Dogmengeschichte*, a.a.O., S. 112.
[152] A. Harnack, *Dogmengeschichte*, a.a.O., S. 119.

den durch die Tradition gebotenen Gedanken des *Descensus* ergab sich mithin unter dem Gesichtspunkt der vollständigen *Leistung* die Lehre von seiner Notwendigkeit im *ordo resurrectionis,* unter dem Gesichtspunkt der *vollständigen* Leistung – zugleich im Gegensatz zur doketistischen Gnosis – seine Notwendigkeit nach der *lex mortuorum*.

2. Wirkungsvoller im ganzen 2$^{ten}$ Jahrhundert war ein anderer Gedankengang, der den Descensus Christi vielmehr mit der *Erlösung der alttestamentlichen Frommen* in Beziehung setzte. Das Neue Testament hatte dazu nur einen Ansatz geboten: Im Moment des Todes Christi findet eine Auferweckung der Heiligen statt. Das 2$^{te}$ Jahrhundert (*Ignatius*) kombinierte dies zunächst mit dem Descensus-Gedanken: Christus geht in den Hades und «erweckt» sie dort. Aber schon früher (der «Presbyter») und gleichzeitig treffen wir die andere Fassung: Christus verkündigt ihnen das Evangelium. Die altkatholischen Väter nehmen das eifrig auf, spiritualisieren d. h. eskamotieren aber gleichzeitig den Ausgangspunkt, die Heiligenauferstehung.

Der Vorgang ist dogmengeschichtlich ziemlich durchsichtig. Der Kampf mit der Gnosis, der das 2$^{te}$ Jahrhundert beherrschte, spitzte sich mit gesteigerter Schärfe zu auf den Kampf um das alte Testament, d. h. aber um die *Kontinuität und Identität aller wahren Offenbarung*. In verschiedenen Abstufungen lehrten die Gnostiker: der Gott des alten Testamentes ist ein untergeordneter Äon, um mit *Marcion* zu schließen: er ist ein böses, dem Gott des Evangeliums entgegengesetztes Prinzip. Dem gegenüber betonte das *nachapostolische Zeitalter* und die Apologeten: Hier wie dort redet derselbe Gott – denn das alte Testament ist ein *christliches Buch,* also waren auch die Frommen des alten Testaments *unbewußt Christen,* μόνον τὴν σφραγῖδα οὐκ εἶχον (*Hermas* [Simil. IX, 16,7]) Was lag näher, als von da aus zu sagen: Christus hat sie von den Toten erweckt, d. h. aber: sie haben *schon jetzt* Zugang zu seiner βασιλεία! (*Ignatius, Hermas*) – Die alt-katholischen Väter sind von diesem wie von jenem Extrem zurückgekommen. In teilweiser Concession der Gnosis gegenüber entstand die Lehre von den *beiden Testamenten:* das alte Testament ist eine *Vorstufe* Christi und des neuen Testamentes. Befinden sich jene Frommen aber noch auf einer Vorstufe, so bedürfen sie gleich den Lebenden der Predigt des Evangeliums. Es ist der deszendierende Christus, der sie ihnen bringt.

Dieser Gedanke mußte der kirchlichen Theologie umso wertvoller sein, als darin eine «geschichtliche» Betrachtung des alten Testamentes zu ihrem vollen Rechte kam und als er gleichzeitig bewies, was bewiesen werden sollte: eben jene Identität aller Offenbarung. –

Als eine theologische Liebhaberei ohne dogmengeschichtlichen Belang ist die Lehre des *Hermas* von der Apostelpredigt zu betrachten. Wir haben gesehen, aus welchem Bedürfnis sie entsprang und welches Korrektiv sie in der spätern Theologie gefunden hat.

3. Das Neue Testament bot aber den Descensus-Gedanken noch in einer dritten Form, u. zw. nicht blos als Ansatz, sondern in der bereits sehr entwickelten Gestalt: Christus ging in das Totenreich, um der *gesamten vorchristlichen Welt* das Heil anzubieten: I Petr 3,18f. 4,6[.] Was ist aus dieser Vorstellung geworden: *das zweite Jahrhundert hat sie ignoriert.* Es konnte das, denn wenn auch der erste Petrusbrief schon allgemein im Kanon figurierte, so waren doch die Hauptinstanzen, aus denen die Formation der Kirchenlehre damals hervorging, neben dem Alten Testament «das Evangelium und der Apostel»[153], hinter denen Alles Übrige zurücktreten mußte. – Und *sachlich* ist der Grund dieser Ignorierung ebenfalls ziemlich klar. Bei aller Hellenisierung des Denkens hätte es in jener Zeit des Kampfes eine Gefährdung der Grundlagen bedeutet, wenn auch die außerisraelitische Vorwelt in das christliche Heil miteinbezogen worden wäre. Hätte man das in Konsequenz von I Petr 3 und 4 gethan, so wäre damit der gnostischen Geringschätzung des alten Testaments Thür und Thor geöffnet gewesen. Und so ist es zu erklären, daß in der That diejenige Stelle des Neuen Testaments, die die ausgebauteste Form der Descensus-Vorstellung enthielt[,] «für die Entwicklung der kirchlichen Lehre keineswegs den Grund abgegeben hat» (*Lauterburg*)[154]

Und, was *Harnack* einmal von der paulinischen Rechtfertigungslehre sagt, das ist mutatis mutandis auch auf die in dieser Stelle enthaltene Anschauung vom Descensus ad inferos anwendbar:

---

[153] Vgl. A. Harnack, *Lehrbuch der Dogmengeschichte*, a.a.O., Bd. I, S. 342–344.
[154] A.a.O., S. 202, Z. 12–14.

«Im zweiten Jahrhundert hat sie keiner mehr verstanden, als *Marcion* – und dieser hat sie mißverstanden»[155]

## III. Kapitel
## Die Alexandriner

### § 12 Clemens

Wir befinden uns hier in einer ganz neuen theologischen Atmosphäre und es wird wichtig sein, sich von vornherein den Unterschied gegenüber der Situation bei Irenäus etc. vor Augen zu halten. Er wird zuletzt zurückzuführen sein auf das verschiedene Verhältnis[,] das hier und dort zwischen πίστις und γνῶσις besteht:

Für die *altkatholischen Väter* fielen diese Begriffe, im Gegensatz zur häretischen Gnosis, in eins. «Ein richtiger Satz der Theologie ist auch ein richtiger Satz des Glaubens» (*Harnack*)[156] Gewiß spielte in dieser Theologie die spekulative Wissenschaft keine geringe Rolle, aber niemals hat sie für Irenäus oder Tertullian einen selbständigen Zweck, «sie bauten an einem Gebäude, das sie selbst nicht wollten.»[157]

Anders die *Alexandriner*. Für sie gehört es zum Wesen der Sache[,] daß sie wissenschaftlich behandelt wird. Der wahre Christ ist der wahre Gnostiker, der die zufällige Geschichtswahrheit transformiert in die ewig-giltige Vernunftwahrheit.[158] In diesem Sinn tritt er auch an die Heilsgeschichte heran. Allerdings bleiben die einzelnen Sätze «der Alten» d. h. aber Platos eine Offenbarungsquelle von zweiter Dignität, die γνῶσις setzt die πίστις voraus; aber die hellenisch orientierte Gesamtbetrachtung macht, – nicht aus dem Christentum, denn γνῶσις und πίστις werden nun scharf unterschieden, – aber aus der christli-

---

[155] Vgl. *Lehrbuch der Dogmengeschichte*, a.a.O., Bd. I, S. 86.
[156] Aus der Kollegnachschrift vom W. S. 1906/07 (s. oben Anm. 13), dort S. 214.
[157] A. Harnack, *Dogmengeschichte*, a.a.O., S. 125.
[158] In der Nachschrift von Harnacks Kolleg, S. 217, heißt es zu Clemens von Alexandrien: «Der Geist lebt nicht von Historie, sondern von der Idee, daher stets die Transformation von dem Zufälligen der Geschichtswahrheit in das Ewige der Vernunftwahrheit[.] Strom 4,22[,] merkwürdige Berührung mit Lessing!» Vgl. G. E. Lessing, *Über den Beweis des Geistes und der Kraft*, Werke, hrsg. von H. G. Göpfert, Bd. VIII, München 1979, S. 12.

chen Theologie schließlich doch eine Religionsphilosophie, «erwärmt durch das Evangelium.»[159] – Die höchste Religion ist das Christentum darum, weil es die einzige ist, deren Mythus, d. h. aber deren ihr inhärierende «zufällige Geschichtswahrheit» zugleich «Wahrheit» im gnostischen Sinn, also Vernunftwahrheit ist. –

Von diesem Gesichtspunkt aus ist nun auch die Ausprägung der Descensus-Vorstellung bei Clemens und Origenes zu verstehen.

Die Hauptstelle des *Clemens Alexandrinus*[,] die hier in Betracht kommt, ist *Stromata VI,6*.

Von der universellen Bedeutung des Evangeliums ist im Zusammenhang die Rede. cap. 3–4: die Griechen haben zwar ihr Bestes von den Juden und Ägyptern, allein cap. 5: trotzdem fehlt es ihnen nicht ganz an der rechten Gotteserkenntnis, darum cap. 6: *ist das Evangelium den Heiden in der Unterwelt nicht weniger als den Juden daselbst und den lebenden Heiden verkündet worden.*

Dieser Gedanke ist nun nach der bisher besprochenen Entwicklung so neu, daß wir gut thun werden, dem Gedankengang des Clemens ins Einzelne zu folgen.

Juden *und* Griechen haben ein gewisses Maß göttlicher Gabe erhalten, die sie *vor* Christus *auf* Christum hin vorbereiten sollte: ἐδόθη νόμος μὲν καὶ προφῆται βαρβάροις (!), φιλοσοφία δὲ Ἕλλησι τὰς ἀκοὰς ἐθίζουσα πρὸς τὸ κήρυγμα. Nun heißen Jes 49,9 die Juden trotzdem δέσμιοι, offenbar sind also οἱ ἐν σκότει die Hellenen, οἱ ἐν τῇ εἰδωλολατρείᾳ κατορωρυγμένον ἔχοντες τὸ ἡγεμονικόν. Also bedürfen *beide* der Erlösung. *Διόπερ ὁ Κύριος εὐηγγελίσατο καὶ τοῖς ἐν ᾅδου*. Nach Hiob 28,22 sprach der Hades: φωνὴν αὐτοῦ ἠκούσαμεν. Allein οὐχ ὁ τόπος δήπου φωνὴν λαβών, vielmehr sind es οἱ ἐν ᾅδου καταγέντες, die so sprechen: *Αὐτοὶ τοίνυν εἰσὶν οἱ ἐπακούσαντες τῆς θείας δυνάμεώς τε καὶ φωνῆς* [.] Und nun die entscheidende Stelle: Es ist doch bekannt εὐηγγελίσθαι τὸν Κύριον τοῖς τε ἀπολωλόσιν ἐν τῷ κατακλυσμῷ μᾶλλον δὲ πεπεδημένοις καὶ τοῖς ἐν φυλακῇ τε καὶ φρουρᾷ συνεχομένοις. Für das Folgende ist nun die Beobachtung wichtig, daß Clemens das Sündflutgeschlecht of-

---

[159] Aus der Nachschrift von Harnacks Kolleg, S. 218: «Die Theologie des Clem. ist griech. Religionsphilosophie (Plato!) erwärmt durch das Evg.»

fenbar als zu Israel gehörig betrachtet: Er erinnert nämlich (unter Rückbezug auf die Stelle Strom. II 9 s. u.) an die Apostel, die im Hades ebenfalls das Evangelium verkündigt haben: ἐχρῆν γὰρ οἶμαι, ὥσπερ κἀνταῦθα οὕτω δὲ κἀκεῖσε τοὺς ἀρίστους τῶν μαθητῶν μιμητὰς γενέσθαι τοῦ διδασκάλου, ἵν' ὁ μὲν τοὺς ἐξ Ἑβραίων, οἱ δὲ τὰ ἔθνη εἰς ἐπιστροφὴν ἀγάγωσι. Welche Qualitäten werden nun bei denen, die sich zur ἐπιστροφή bringen lassen, vorausgesetzt? Es sind die, οἱ[160] *ἐν δικαιοσύνῃ τῇ κατὰ νόμον καὶ κατὰ φιλοσοφίαν βεβιωκότας μὲν, οὐ τελείως δέ, ἀλλ' ἁμαρτητικῶς διαπεραναμένους τὸν βίον.* τουτὶ γὰρ ἔπρεπε τῇ θείᾳ οἰκονομίᾳ τοὺς ἀξίαν μᾶλλον ἐσχηκότας ἐν δικαιοσύνῃ καὶ προηγουμένως βεβιωκότας, ἐπί τε τοῖς πλημμεληθεῖσι μετανενοηκότας, κἂν ἐν ἄλλῳ τόπῳ τύχωσιν, ἐξομολογουμένως ἐν τοῖς τοῦ θεοῦ ὄντας τοῦ παντοκράτορος, κατὰ τὴν οἰκείαν ἑκάστου γνῶσιν σωθῆναι.

Schon im irdischen Leben Christi war τὸ σώζειν ἔργον αὐτοῦ, das ging Alle an, die Verlangen nach seiner Botschaft hatten: ἑλκύσας εἰς σωτηρίαν[161]. In derselben Absicht kam er auch zum Hades. Wenn er nun dort Israel predigte, so ist es δῆλόν που ὡς ἄρα ἀπροσωπολήπτου ὄντος τοῦ θεοῦ καὶ οἱ ἀπόστολοι ... ἐπιτηδείους εἰς ἐπιστροφὴν εὐηγγελίσαντο. So gilt es zusammenfassend von jenen Vorgängen: *Γέγονεν ἄρα τις καθολικὴ κίνησις καὶ μετάθεσις κατὰ τὴν οἰκονομίαν τοῦ Σωτῆρος.*

Diese Gedanken werden nun noch durch folgende allgemeinern Erwägungen gestützt: Die Eigenschaft der Gerechtigkeit ist unabhängig von der israelitischen od. griechischen Nationalität. Gott ist Herr über alle Menschen, προσεχέστερον δὲ *τῶν ἐγνωκότων πατήρ*. Vor ihm sind καλῶς βιοῦν und νομίμως βιοῦν identisch. Wenn aber die, die das Gesetz hielten, δίκαιοι ἐκρίθησαν, dann ist es klar, daß auch die außer dem Gesetz ὀρθῶς βεβιωκότας, εἰ καὶ ἐν ᾅδου ἔτυχον ὄντες[162] καὶ ἐν φρουρᾷ[,] ἐπακούσαντας τῆς τοῦ Κυρίου φωνῆς εἴτε [τῆς] αὐθεντικῆς εἴτε καὶ τῆς διὰ τῶν ἀποστόλων ἐνεργούσης ... ἐπιστραφῆναί τε καὶ πιστεῦσαι.

---

[160] Clemens: τοὺς. Barth hat offenbar einen Ansatz gemacht, die Syntax der Quelle seinem eigenen Satzbau anzupassen.
[161] Mskr.: σωτήριον.
[162] Mskr.: ὄντας.

Ein weiterer Gesichtspunkt: das Evangelium soll Allen auf Erden verkündet werden, Keiner soll sich entschuldigen können. Τί οὖν; οὐχὶ καὶ ἐν ᾅδου ἡ αὐτὴ γέγονεν οἰκονομία, ἵνα κἀκεῖ πᾶσαι αἱ ψυχαὶ ἀκούσασαι τοῦ κηρύγματος, ἢ τὴν μετάνοιαν ἐνδείξωνται, ἢ τὴν κόλασιν δικαίαν εἶναι ... ὁμολογήσωσιν; Einer πλεονεξίας οὐ τῆς τυχούσης ἔργον wäre es gewesen, die vor Christus Gestorbenen durch die Unmöglichkeit einer solchen Entscheidung vor den Spätern in Nachteil zu versetzen. Was in Unwissenheit gesündigt worden ist, das verzeiht Gott, wenn er Reue sieht. Christus hat geboten, den Heiden das Evangelium zu bringen: εἰ τοίνυν τοὺς ἐν σαρκὶ διὰ τοῦτο εὐηγγελίσατο, ἵνα μὴ καταδικασθῶσιν ἀδίκως, πῶς οὐ καὶ τοὺς προεξεληλυθότας τῆς παρουσίας αὐτοῦ διὰ τὴν αὐτὴν εὐηγγελίσατο αἰτίαν. –

Wir haben hier eine Anschauung vom Descensus vor uns, wie sie uns in dieser Geschlossenheit in der ganzen alten Geschichte der Vorstellung – selbst Origenes nicht ausgenommen – nicht wieder begegnet. Es wird also Interesse bieten[,] eine genauere Analyse anzustellen. Dazu sind vor Allem die *Bezugnahmen*, bezw. Quellen, die in der Darstellung erkennbar sind, zu eruiren.

*1.* Auf den ersten Blick erkennbar und überdies einmal ausdrücklich genannt ist der *Hirte des Hermas* mit seiner Apostelpredigt in der Unterwelt. Die betr. Stelle wird bereits *Strom. II,9* citiert u. zw. ausführlicher, dem Sinne nach völlig analog zu Strom. VI,6: die Apostel haben nicht nur auf Erden, sondern auch in der Unterwelt Juden *und* Heiden gepredigt. In der Hauptdarstellung *Strom. VI,6* wird dies nun insofern modifiziert, als den Aposteln ausdrücklich die Heidenpredigt zugewiesen ist. Auf Christus hat Clemens die Hermas-Stelle auch in der letzteren Stelle nicht bezogen (gegen *Clemen*[163])

*2.* Die Ausführlichkeit[,] mit der Clemens vorgeht, zeigt, daß er nicht etwas Selbstverständliches vorträgt. Er ist sich vielmehr sichtlich bewußt, eine anderslautende Auffassung, wenn nicht zu bekämpfen, so doch zu ergänzen. Gehen wir diesen Spuren nach, so bemerken wir nach dem Vorhergehenden bald, daß es sich um nichts Anderes, als um jene *Descensus-Vorstellung des 2<sup>ten</sup> Jahrhunderts* handelt, die hier – übrigens ohne bestimmt polemische Beziehung – eine *Korrektur* er-

---

[163] A.a.O., S. 175.

fährt: die θέμις, die δικαιοσύνη Gottes verlangt es, daß die dort vorgestellte Heilsanbietung nicht auf die Frommen Israels beschränkt wird, sondern die vorchristliche Menschheit als solche angeht.

3. Und fragen wir endlich – abgesehen von den rationalen Instanzen des Clemens – nach dem Ausgangspunkt seiner eigenen Darstellung, so tritt uns unzweifelhaft – zum ersten Mal in der bisherigen Entwicklung [–] *I Petr 3 und 4* entgegen. Einmal ist uns der Gedanke am Anfang schon begegnet, denn in den ἀπολωλότες ἐν τῷ κατακλυσμῷ καὶ οἱ ἐν τῇ φυλακῇ wird man die πνεύματα ἀπειθήσαντα I Petr 3,19 unschwer erkennen. Und wiederum schließt die Stelle mit dem Hinweis auf die Sündflut als eine παιδεία κόλασις, die den Heilswillen Gottes nicht beseitigt, σώζειν τοὺς ἐπιστρέφοντας. Ebenso wird man in den Ausführungen über die οἰκονομία des göttlichen Gerichts: ἵνα μὴ ἀδίκως κριθῶσιν etc. I Petr 4,6 anklingen hören.

*Als eine Ergänzung der alten Descensus-Lehre auf Grund von Hermas einerseits und von I Petr andrerseits ist also der Standpunkt des Clemens zunächst zu verstehen.*

Zweifellos haben nun aber *sachliche* Gründe dazu geführt, daß diese Kombination gerade so und nicht anders ausgefallen ist.

Auszuschalten ist zwar in dieser Hinsicht das Apostelmotiv, dem ja auch im Gedanken selbst eine selbständige Bedeutung nicht zukommt: Es ist nach Clemens gleichgiltig für das Objekt der Predigt[,] ob diese εἴτε αὐθεντικῆς εἴτε διὰ τῶν ἀποστόλων geschieht, sie bleibt so oder so die φωνὴ Κυρίου. Die ganze Hereinziehung der Apostel spricht nur für die hohe Bedeutung, die der «Hirte» des Hermas innerhalb der dem Clemens vorliegenden Tradition eingenommen haben muß.

Auch daran ist nicht Anstoß zu nehmen, daß als Objekt der Predigt Christi selbst nach *I Petr 3,18f. nur Israel* bezeichnet wird. Ein Rückfall in die Anschauungsweise des 2ten Jahrhunderts ist darin insofern nicht zu sehen, als dort (vielleicht mit Ausnahme von Irenaeus, adv. haer. IV 22,2) immer nur an die Patriarchen, Propheten etc. Israels gedacht war. Haben wir nach dem eben Gesagten die *Predigt Christi und der Apostel als ein Ganzes zu verstehen,* dann scheint mir (gegen Clemen[164]) die Folgerung unausweichlich, daß Clemens in der That an eine «schlechthin *allgemeine* Heilsanbietung» gedacht hat. Wohlverstanden,

---

[164] A.a.O., S. 179.

um Heils*anbietung* handelt es sich und Clemens giebt ausdrücklich die *Möglichkeit einer Ablehnung* derselben zu.

Handelte es sich in der frühern Periode nur um völlig Gerechte, denen nichts fehlte als die Taufe resp. die Predigt des Evangeliums, so sind hier unter den Hörern deutliche Unterschiede gemacht: gemäß der ihnen von Haus aus eigenen (Gottes-) Erkenntnis (κατὰ τὴν οἰκείαν γνῶσιν ἑκάστου) werden sie gerettet, wobei zwar offen zugegeben ist, daß sie ἁμαρτητικῶς gelebt hätten, aber andrerseits ebenso hervorgehoben wird, daß sie nicht ἀπολωλότες sondern μᾶλλον πεπεδημένοι waren. Die μετάθεσις ist für Clemens καθολική und es ist kein Zufall, daß er den (selbstverständlich spiritualistisch verstandenen) Passus Mt 27,52 von der ἀνάστασις der κεκοιμημένοι unter Weglassung des Wortes ἅγιοι citiert.

Juden und Heiden sind vor Gott gleich, mit gleichen Gaben ausgerüstet, gleich sehr des Erlösers bedürftig. Unter den Juden erscheint dieser Erlöser, aber seine Sendung und sein Werk gehen gleichermaßen auch die Heiden an. Erfordert es Gottes Gerechtigkeit, daß er auch der vor Christus Gestorbenen gedenkt, so folgt daraus, daß auch hier die Heiden vor den Juden nicht zurückstehen können, denn die Philosophie hat sie auf ihn so gut vorbereitet, als jene das Gesetz. Also werden auch sie nochmals vor die Entscheidung gestellt.

Dies in Kurzem die Auffassung des Clemens. Ihre Motive sind ziemlich einleuchtend. Wenn wir uns des eingangs Gesagten erinnern, so verstehen wir, daß es für ihn feststand, daß das Erscheinen des Christus gerade in Israel etwas an sich Gleichgiltiges war.

*Die γνῶσις, die das Heil verbürgt, war mithin unabhängig von der Zugehörigkeit zu diesem Volke.*

Ein Vorgang wie der einer Hadeserlösung nur der alttestamentlichen Gerechten hätte für den Gnostiker kein oder nur zufälliges Interesse geboten: es wäre ein Mythus gewesen wie andre auch. Weil er aber kein Mythus war, vielmehr: weil er ein Mythus der christlich-kirchlichen Tradition war, mußte er auch die Form einer allgemeinen Wahrheit haben d. h. aber nach jenem Grundsatz: in seinem Objekt mußten *alle*, auch die nichtisraelitischen Besitzer eines Teilstücks jener γνῶσις mitgesetzt sein.

Und zu diesem Ergebnis mag endlich, – in Analogie zu frühern Vorgängen in Bez. auf die Propheten etc. – die in Alexandrien naheliegende praktische Frage nach dem jenseitigen Schicksal der Großen der hellenischen Vergangenheit das Ihrige beigetragen haben.

## § 13 Origenes

Die Stellen dieses vielgewandten Odysseus unter den alten Theologen, die sich auf den Descensus beziehen, sind so zahlreich – hier vermutlich nicht einmal vollzählig – daß ich darauf verzichten muß, ihre Zusammenhänge (zum großen Teil übrigens irrelevant) im Einzelnen nachzuweisen. Ich begnüge mich also, ihren wesentlichen Inhalt unter einige zusammenfassende Gesichtspunkte zu ordnen, die indessen ja nicht als dogmatische Schemata zu verstehen sind, denn im Grunde finden sich ebenso viele Gesichtspunkte als Stellen.

Analog der Entwicklung der Vorstellung bis zum Ende des 2$^{ten}$ Jahrhunderts sehe ich zunächst zwei hauptsächliche Linien in den Gedanken des Origenes: Zunächst begegnen wir der Vorstellung nämlich wieder in der *soteriologischen* Grundform, dann aber ist auch das *christologische* Motiv, das bei Clemens keine Verwendung findet, wieder aufgenommen und neu ausgeprägt.

Wir gehen aus von der *Heilsfrage. Wozu bedurfte es der Hadesfahrt Christi?* Origenes antwortet: ἦλθεν ὁ σωτὴρ ζητῆσαι καὶ σῶσαι τὸ ἀπολωλός, was ist da natürlicher, als daß er auch ἦλθε *τοὺς κάτω καὶ πολιτογραφηθέντας ἐν τοῖς κάτω μεταστῆσαι ἐπὶ τὰ ἄνω* (Comment. in Ioann. tom. XIX 5) Damit kreuzt sich nun aber bereits eine andre Betrachtungsweise, der wir schon bei *Hippolytus* begegnet sind: Christus ist der Löwe aus Juda, der den «leo ille contrarius» bekämpft: «*in somno suo leo fuit vincens omnia et debellans et destruxit eum qui habebat mortis imperium*» daher «ascendens in altum captivam duxit captivitatem» (Eph 4,8! In Genes. hom. XVII 5 vgl. Comment. in epist. ad Rom. L. V,1) Unter diesen Gesichtspunkt des Sieges und der Herrschaft Christi ist nun z. T. auch die Erlösung der im Hades Befindlichen gestellt. Sie waren vorher unter der Herrschaft des Todes: ἐν τῷ ᾅδῃ τίς ἐξομολογήσεταί σοι; (Ps 6,6) Aber ἐνώπιον τοῦ Χριστοῦ προπεσοῦνται μὲν πάντες οἱ καταβαίνοντες (Ps 22,30) [Comm. in Ioann. tom. XIX 5] Er muß (Rom 14,9) herrschen über Tote und Lebendige. (Comm. in Ioann. tom. VI 28) Nicht nur Eph 4,9[,] sondern auch Phil 2,10 wird hier ausdrücklich auf den Descensus bezogen. Und die Krönung dieses Siegs ist, daß auch ἔσχατος ἐχθρὸς καταργεῖται ὁ θάνατος (I Cor 15,26) (Comm. in Ioann. tom. XIX 5)

*Wie vollzieht sich dieser Vorgang?* Hier stoßen wir nun vor Allem auf den großartigen Ausbau, den die Lehre von der *Apostelpredigt* (vgl. *Hermas, Hippolyt, Clemens*) bei Origenes erfahren hat: der zum Hades deszendierende Christus ist nur der Höhepunkt und die Vollendung eines Werkes, das schon vor ihm unternommen worden ist. Was waren Samuel, Jesajas etc. nach ihrem Tode Anderes, als Christi Wegbereiter unter den Toten, die ἰατροί, die den ἀρχιατρός Christus vorausverkündigten! Christus kam und ihre natürliche Tätigkeit war: εἰς τοὺς τόπους τῶν καμνόντων στρατιωτῶν εἰσίτωσαν ὅπου αἱ δυσωδίαι τῶν τραυμάτων αὐτῶν. Τοῦτο ὑποβάλλει ἡ ἰατρικὴ φιλανθρωπία. So finden wir hier die bloße Passivität der Erwartung, wie sie die frühere Vorstellung den Großen des alten Testamentes zuschrieb[,] verwandelt in Aktivität, wenn sie auch nur provisorischen Charakter hat. Der letzte und größte Vorläufer Christi auch im Hades war Johannes der Täufer: ὁ τὸν ἄνθρωπον ὑποδησάμενος καὶ τὸν νεκρὸν ὑπεδήσατο. So entspricht der Heilsgeschichte auf Erden eine Heilsgeschichte in der Unterwelt, gekrönt durch die ἐπιδημία τοῦ Κυρίου (In libr. Reg. II zu I Sam 28 und Comm. in Ioann. tom. VI 18 vgl. II 30) – Die Vorstellung einer Hades*predigt* hat Origenes m. W. mit Ausnahme einer Citierung von I Petr 3,18f. (Comm. in Ioann. tom. VI 18) nicht wieder aufgenommen. Es bedurfte für ihn dieses mythischen Vorgangs nicht, es genügt die ἐπιδημία an sich, ἵν' οὕτως τὴν ὁδὸν ἀνοίξῃ (In libr. Reg. II z. I Sam 28)

*Was ist die Wirkung des Vorgangs?* Christus bringt die ἀπὸ θανάτου ἐλευθερία (Comm. in Ioann. II 30), er entreißt (abstrahere[165]) die Toten dem Tode (Mt 27,52 Comm. in Epist. ad Rom. L. V 1) er ist der ὁδοποιῶν ... τὴν φέρουσαν ὁδὸν ἐπὶ τὰ ὑπεράνω πάντων τῶν οὐρανῶν τουτέστι[ν] ἐπὶ τὰ ἔξω σωμάτων. (Comm. in Ioann. tom. XIX 5) «Ibi nos invenit devoratos et sedentes in umbra mortis; et inde educens non jam locum terrae, ut iterum devoraremur, sed locum praeparat nobis regni caelorum» (in Exod. hom. VI,6)

Und nun endlich die bes. wichtige Frage: *Wer ist das Objekt des ganzen Vorgangs?*

---

[165] Mskr.: «distrahere».

«Revocabo te inde in finem (Gen 46,4) hoc est, arbitror ... quod in fine saeculorum unigenitus Filius Dei pro salute *mundi* usque ad inferna descendit et inde *protoplastum* revocavit» (In Genes. hom. XV,5) Diesen allgemeinen Ausdrücken stehen nun freilich zahlreiche Einschränkungen gegenüber. In der eben citierten Stelle fährt Origenes nämlich fort: Lc 23,43 ist nicht nur dem Schächer gesagt, «sed et omnibus *sanctis* intellige[166], pro quibus in inferna descenderat». Parallel dazu ist c. Cels. II 43 von den Seelen die Rede τὰς βουλομένας πρὸς αὐτὸν ἢ ἃς ἑώρα δι' οὓς ᾔδει αὐτὸς λόγους, ἐπιτηδειοτέρας, oder Comm. in Ep. ad Rom. V 1 «... eos qui inibi non tam praevaricationis crimine quam moriendi conditione habebantur.» Ja, Selecta in Ps. IX 18 ist ausdrücklich eine Klasse von Solchen genannt, die an dem der Totenwelt gebrachten Heil keinen Anteil haben: ἀποκλεισθήτωσαν ... ὅπως μὴ ἴδωσιν Ἰησοῦ ψυχὴν καταβαίνουσαν καὶ ἀναβαίνουσαν ἔνδον ἀπεστραμμένοι, während die Gerechten ὡσπερεὶ ἔξω ἔβλεπον, ... πρῶτον μὲν οἱ προφῆται, ἔπειτα οἱ λοιποὶ πάντες δίκαιοι. Allein ich glaube nicht, daß diese Beschränkung als absolut zu verstehen ist, denn Origenes stellt unmittelbar daneben die andere Deutung: ἢ πρῶτον μὲν οἱ ἐν ἡμῖν ἁμαρτωλοί, εἶτα τὰ ἔθνη, wodurch der Unterschied zu einem blos *graduellen*, zeitlichen wird, denn προπεσοῦνται πάντες οἱ καταβαίνοντες ... τινὲς μὲν πρότερον, τινὲς δὲ ὕστερον (Comm. in Ioann. tom. XIX,5) – Was die eigentliche Meinung des Origenes war, die er nach seiner Art freilich nicht bei jedem möglichen Anlaß von sich giebt, lesen wir In Exod. hom. VI,6: «Extendit dexteram suam et devoravit illos (die Rotte Korah) terra. *Nec tamen penitus desperandum est. Possibile namque est, ut, si forte resipiscat qui devoratus est, rursum possit evomi, sicut Jonas.* Sed et *omnes nos* puto, quod aliquando terra devoratos in inferni penetralibus retinebat et propterea Dominus noster descendit non solum usque ad terras sed usque ad inferiora terrae.»

Das soteriologische Motiv der Descensus-Vorstellung ist mit dieser Lehre des Origenes zweifellos abgeschlossen. Eine weitere d. h. deutlichere Verallgemeinerung war ohne Häresie nicht mehr möglich und in der That sehen wir auch, daß alle spätern Repristinationsversuche bis auf die neuere Zeit (vgl. z. B. *Güder*[167] und *Clemen*[168]) sich nach der so-

---

[166] Mskr.: «intelligo».
[167] A.a.O., S. 360–381.
[168] A.a.O., S. 182–232.

teriologischen Seite hin im Rahmen des von Origenes Gebotenen halten. – Erweitert finden wir da die Vorstellung vom Zweck des Descensus: nicht nur Erlösung der Toten, sondern Überwindung des Todes.

Erweitert ist die Lehre von der Apostelpredigt: die ganze Prophetie ist in den Vorgang miteinbezogen. Erweitert ist die Schätzung des Erfolgs: der Descensus bringt den Gestorbenen den unmittelbaren Eingang in das regnum caelorum

Endlich aber und dies ist das punctum saliens: *durch Einführung des Gedankens einer Abstufung wird die Möglichkeit einer Bekehrung Aller ins Auge gefaßt.* Hier convergiert nun die I Petr 3,18f. 4,6 anhebende soteriologische Linie mit einer zweiten, eschatologischen, die sich bei Origenes in Form der Lehre von der ἀποκατάστασις darstellt. Zweifellos ist damit die Konsequenz – nicht des neutestamentlichen Gedankens selbst – aber seiner durch Clemens inaugurierten religionsphilosophischen Verwertung gezogen. Und wenn die spätere Zeit nicht mehr gewagt hat, Origenes zu folgen, so spricht das nicht gegen die logische Folgerichtigkeit der Deduktion des letztern, sondern für ihre eigene Unfähigkeit, die Konsequenzen der Ἑλληνικὴ παιδεία in der Dogmatik rückhaltlos zur Geltung zu bringen, d. h. aber in letzter Linie für die Unmöglichkeit, die Interessen des Neu-Platonismus mit denen der neutestamentlichen Religion adäquat zu vereinigen.

Haben wir also auf soteriologischem Gebiet einen Abschluß zu konstatieren, so gilt zunächst dasselbe von der *christologischen* Behandlung des Descensus-Gedankens durch Origenes, der aber zugleich die Bedeutung eines Ausgangspunktes für die folgende Entwicklung zukommt.

Von nebensächlicher Bedeutung, und nicht etwa mit der Fassung des Theodotus (S. 113[169]) zu verwechseln, ist es, wenn Origenes annimmt, Christus sei zuerst ins Paradies, dann zum Hades gegangen, da darunter nur die beiden Teile der Totenwelt zu [ver]stehen sind. (Comm. in Matth. XII 3) Das Wesen Christi im Hades ist, daß er ὡς ἐν νεκροῖς ἐλεύθερος war (Comm. in Matth. XII 3), daß er κατελήλυθεν ... οὐχ ὡς δοῦλος τῶν ἐκεῖ, ἀλλ' ὡς δεσπότης παλαίσων. (In libr. Reg. hom. II [zu I. Sam. 28]).

---

[169] = oben S. 287f.

Der Descensus ist, so lehrt Origenes zugleich in Wiederaufnahme ältester Auffassungen (Paulus!) wie vorausweisend auf die spätere orthodoxe Entwicklung, ein Teil der Herrlichkeit des Christus: «Descende cogitatione in abyssos et videbis eum etiam illuc descendisse. ... Considera virtutem Domini quod impleverit[170] mundum» (In Lucam hom. VI zu Lc 1,32) οὕτως Χριστὸς ἦν καὶ κάτω ὤν, ἵνα οὕτως εἴπω, ἐν τῷ κάτω τόπῳ ὤν, προαιρέσει ἄνω ἦν (In libr. Reg. hom. II l. c.)

Am Wichtigsten aber wurde für die spätere Entwicklung die Aussage des Origenes über den *Modus des christologischen Vorgangs*. Das deszendierende Subjekt ist nämlich nach Selecta in Ps. IX 18 die ψυχὴ Ἰησοῦ u. zw. nach c. Cels. II 43 die ψυχὴ γυμνὴ σώματος. Wir erinnern an die sonstige christologische Vorstellung des Origenes, wonach sich der göttliche Logos mit einer durch sittliche Würdigkeit ausgezeichneten menschlichen Psyche verbunden hat, die mit dem Leib zusammen die wahre Menschheit in der Person des Erlösers darstellt. Verhält sich dies aber so, so muß die ψυχή (scil. σὺν τῷ λόγῳ) das Subjekt des Hingangs zum Hades sein, wie es beim Menschen der Fall ist.

*Eine innere Notwendigkeit für den Descensus-Gedanken des Origenes hat diese Bestimmung noch nicht,* wie die Stelle c. Cels. II 43 besonders instruktiv zeigt. Vielmehr liegt der Ton des christologischen Gedankens auf dem Herrlichkeits- und Siegesmotiv. Insofern als die spätere Entwicklung nicht sowohl auf das letztere, als auf das innergöttliche Verhältnis im Deszendierenden den Nachdruck gelegt hat, bildet also auch auf christologischem Gebiet die Lehre des Origenes einen Abschluß und Wendepunkt.

## § 14 Ausblick

Um die Position der alexandrinischen Schule richtig zu würdigen, müssen wir, wenigstens andeutungsweise[,] zum Schluß unser Augenmerk noch auf die Entwicklung richten, die das Dogma – denn ein Dogma war im Lauf der Jahrhunderte aus der vereinzelten Vorstellung geworden – in der unter dem Einfluß des Origenes stehenden kirchlichen Theologie des Orients genommen hat.

---

[170] Mskr.: «impleverat».

Nicht mehr um eine zusammenhängende Darstellung kann es sich dabei handeln, sondern nur um einige *Stichproben*. Ich wähle dazu zwei Theologen des 3. und 4. Jahrhunderts, die mir als Referenten geeignet erscheinen: *Euseb v. Caesarea* und *Epiphanius*.

Wir haben bei *Clemens* und *Origenes* die Ausgestaltung und Vollendung des soteriologischen Motivs im Descensus-Gedanken verfolgt. Wir finden dieses bei *Euseb* wieder aufgenommen, zunächst vorwiegend unter Reproduktion origenistischer Vorstellungen: οἱ τῆς φιλανθρωπίας αὐτὸν ἐκάλουν νόμοι ὡς ἂν καὶ τῶν πάλαι τεθνεώτων τὰς ψυχὰς ἀνακαλέσοιτο (Demonstr. ev. IV 12) Der Kampf und Sieg über die Hadesmächte tritt mehr und mehr in den Vordergrund und wird mit dramatischer Anschaulichkeit geschildert: τὰς ἐπανισταμένας αὐτῷ δυνάμεις, ἃς εἰκὸς κατ' ἀρχὰς μὲν κοινὸν ἄνθρωπον, καὶ τοῖς πολλοῖς ὅμοιον αὐτὸν ὑπειληφέναι … ἐπεὶ δὲ ἔγνωσαν κρείττονα ἢ κατ' ἄνθρωπον καὶ θειοτέραν φύσιν, τραπῆναι καὶ τὰ νῶτα παραχωρῆσαι αὐτῷ (Demonstr. VIII 1 vgl. IV 12) Charakteristisch für Euseb ist die Vorstellung, Christus habe die ἐξ αἰῶνος πύλας τῶν σκοτίων μυχῶν (Demonstr. IV 12) den φραγμὸν τὸν ἐξ αἰῶνος μὴ σχισθέντα (Hist. eccl. I 13) zerstört, und (Origenes!) den dort Gefangenen ἐπὶ τὴν ζωὴν ἀνόδου τὴν πορείαν freigemacht (Demonstr. IV 12) Ja, in der Wiedergabe der Abgar-Legende (der Passus weist, wenn nicht in der Fassung, so doch in den wesentlichen Bestandteilen in das zweite Jahrhundert zurück) lesen wir geradezu: συνήγειρε νεκροὺς τοὺς ἀπ' αἰώνων[171] κεκοιμημένους, sodaß er κατέβη μόνος, ἀνέβη δὲ μετὰ πολλοῦ ὄχλου πρὸς τὸν πατέρα αὐτοῦ (Hist. eccl. I 13) Allein, so stark nun Euseb diese Gedanken betont, sodaß er sogar von einer σωτηρία τῶν ἐξ αἰῶνος ἁπάντων (Demonstr. IV 12) reden kann, so ist dabei doch nicht zu übersehen, daß er dieselbe im gleichen Zusammenhang praktisch doch wieder auf die Auferstehung der πολλὰ σώματα τῶν κεκοιμημένων ἁγίων Mt 27,52 beschränkt, sodaß er trotz Allem über die Position des Clemens nicht hinauskommt: allgemeine Heils*anbietung*, während die Konsequenz des Origenes hier sorgfältig vermieden ist.

Mehr und mehr wurde nun die *Logoschristologie* zum kirchlichen Centraldogma und die Spuren davon zeigt auch die Geschichte unsres

---

[171] Mskr.: αἰῶνος.

Dogmas. Es wäre übrigens ein Thema für sich, seine Rolle in den nun beginnenden Auseinandersetzungen darzustellen.

Schon bei *Euseb* ist das Interesse für das *christologische* Motiv mindestens ebenso stark wie das Übrige: καὶ ταῦτα πάλιν ἀναμὶξ ὑπῄει τὴν οἰκονομίαν ὡς μὲν ἄνθρωπος τὸ σῶμα τῇ συνήθει παραχωρῶν ταφῇ, ἀναχωρῶν δὲ αὐτοῦ ὡς θεός (Demonstr. IV 12) und noch präziser: τὸ πνεῦμα παραδοὺς τῷ πατρί, ἄσαρκος καὶ γυμνὸς οὗ ἀνειλήφει σώματος ... κατῄει (Demonstr. VIII 1)

Unter *arianischem* Einfluß ist das Dogma zum ersten Mal in die kirchlichen Symbole aufgenommen worden. (Sirmium, Nikä, Konstantinopel 359–60)[172] Man glaubte eine Handhabe darin zu finden für das Subordinationsverhältnis des Logos zu Gott-Vater. Allein nun zeigten sich die früheren christologischen Ansätze in der Vorstellung (Origenes!) als wirksam. *Athanasius* konnte antworten: Christus ist in den Hades gegangen μήτε τῆς θεότητος τοῦ σώματος ἐν τῷ τάφῳ ἀπολιμπανομένης μήτε τῆς ψυχῆς ἐν τῷ ᾅδῃ χωριζομένης (De incarnatione [Domini nostri Jesu Christi contra Apollinarium, l. II] c. 14)

Bei *Epiphanius* lernen wir das Resultat dieser Auseinandersetzung kennen. Das Erlösungswerk besteht in der physisch-metaphysischen Mitteilung der ἀφθαρσία an die Menschheit, vollzogen durch die Vereinigung der wahren Gottheit mit der wahren Menschheit in der Person des Christus. In diesen Zusammenhang sind nun alle «Heilstatsachen» gerückt. Das Geheimnis des Todes Christi ist das Nebeneinander des σωτήριον πάθος (des Menschen Jesus) mit der ἀπάθεια τῆς θεότητος (des Gottes Christus) (Vgl. Anakephalaiosis bei *Dindorf* I S. 239 Haer. LXIX 42) Aber damit ist das Werk des Gottmenschen noch nicht erfüllt: ἤμελλε γὰρ ἡ θεότης τελειοῦν τὰ πάντα τὰ κατὰ τὸ μυστήριον τοῦ πάθους καὶ σὺν τῇ ψυχῇ κατελθεῖν ἐπὶ τὰ καταχθόνια (Haer. LXIX 65) Es liegt in der Konsequenz des athanasianischen Gedankens, daß der Nachdruck auf dem σὺν τῇ ψυχῇ liegt. Denn mit der Seele allein, nicht etwa auch mit dem Leibe stieg die Gottheit zur Unterwelt, ἵνα – so konstruiert Epiphanius weiter – ὁ ἄρχων ὁ Ἅιδης καὶ ὁ θάνατος χειρώσασθαι ἄνθρωπον θελήσας κατὰ ἄγνοιαν ἀγνοῶν τὴν ἐν τῇ ψυχῇ τῇ ἁγίᾳ θεότητα καὶ μᾶλλον αὐτὸν τὸν

---

[172] BSGR³ § 163.164.167.

Ἅιδην χειρωθῆναι καὶ τὸν θάνατον καταλυθῆναι. (Haer. LXIX 65) Bedeutung hat der ganze Vorgang darum[,] weil δέδεικται πᾶσιν ὅτι μὴ τὸ σῶμα ἦν ὁ λόγος ἀλλὰ σῶμα ἦν τοῦ λόγου (Haer. LXXVII, 7,8)

Neben dem metaphysischen Spiel dieser Faktoren θεότης, ψυχή, σῶμα, Ἅιδης, θάνατος tritt die andere Seite, die soteriologische vollständig zurück. Zwar nimmt er sie aus der ihm vorliegenden Tradition getreulich herüber, aber es ist bezeichnend genug, daß er die einzige Gelegenheit, wo er dies mit seinen eigenen Worten thut, Haer. LXIX 65, dazu benutzt, die προκεκοιμημένοι wieder auf die ἅγιοι πατριάρχαι zu reduzieren! Im Übrigen begnügt er sich mit der Anführung der üblichen Bibelstellen Eph 4,8 Act 2,27 etc. Charakteristisch ist auch die Verwertung von I Petr 3,18f. (Haer. LXIX 42 LXXVII, 7,8) Was ihn hier anspricht, ist das in sein Schema so trefflich passende θανατωθεὶς μὲν σαρκί, ζωοποιηθεὶς δὲ πνεύματι, dann, aus demselben Grunde[,] das ἐκήρυξε *πνεύμασιν:* ὃ μάλιστα δείκνυσι τὴν ἄνοιαν τῶν λεγόντων εἰς ὀστέα καὶ σάρκα τετράφθαι τὸν λόγον, während er mit dem ἐκήρυξεν an sich und vollends mit den ἀπειθήσαντες, die er wohlweislich überhaupt unterdrückt, nichts mehr anzufangen weiß. –

So ist der Descensus ad inferos definitiv zu einem Glied des Schemas der christologischen «Heilstatsachen» geworden und als solches hat er bald darauf Eingang auch in die abendländischen Symbole (zuerst in Aquileja um 400[173]) gefunden: «Es war nur eine noch stärkere Betonung des Gedankens, daß Christus [[d. h. aber der gottmenschliche Logos]][174] den Tod eines Menschen, ganz so wie ein solcher Tod sich seiner Natur und seinen Gesetzen nach darstellt, übernommen habe, d. h. also keinerlei Vorzug in seinem Tode genossen habe, wenn man zu dem ‹begraben› noch ein ‹hinabgestiegen in die Unterwelt› hinzufügte» (*Kattenbusch*)[175]

Als Stück des *status exaltationis* figuriert der Descensus von da an in den Bekenntnissen und in der Dogmatik bis hinab in die Zeiten der protestantischen Orthodoxie, während es bezeichnend ist, daß es über seine Verwendung unter dem Gesichtspunkt des *munus regium* auch dort zu einem abschließenden Urteil nicht gekommen ist.

---

[173] BSGR³ § 36.
[174] Einfügung in den zitierten Text von Barth.
[175] «*Niedergefahren zur Hölle*», a.a.O., Sp. 534.

## REZENSION VON G. MIX,
## ZUR REFORM DES THEOLOGISCHEN STUDIUMS
1909

*Karl Barth empfand es als großes Glück, nach der «Kandidatenprüfung», der «zweiten Prüfung für den Dienst der evangelisch-reformierten Landeskirche des Kantons Bern», die er im Oktober 1908 mit 2 bestanden hatte, als Redaktionsgehilfe Martin Rades bei der «Christlichen Welt» noch einmal nach Marburg zurückkehren zu können – nach dem «hl. Marburg», «Marburg-Zion» oder geradezu «Zion», wie er den Ort gelegentlich in seinen Briefen nennt.*

*Es war ein Glück zunächst einfach in einem äußeren Sinn: Einmal abgesehen von dem nicht ohne weiteres vorauszusetzenden Einverständnis seines Vaters mit diesem Plan und von dessen schönem Vertrauen zu dem theologisch doch recht anders orientierten Rade[1] verdankte Karl Barth diese Möglichkeit nämlich seinem Freunde Otto Lauterburg und dessen «freundschaftlicher Gesinnung, die dich angetrieben, nach deiner Absage mir den Rade-Posten zuzuschanzen» (Brief an O. Lauterburg vom 9. 8. 1908). Zunächst stand freilich noch ein anderer Kandidat zwischen Barth und der «Stelle eines Hilfsarbeiters an der ‹Christlichen Welt›»[2]. Doch: «Da – Deus ex machina erklärte dem seine Mutter aus Orthodoxie Veto, ich rückte mit Paukenschlag an die erste Stelle» (Brief an O. Lauterburg vom 9. 8. 1908). Und so konnte Barth am 11. 8. 1908 in einem Brief an den Schulfreund Willy Spoendlin nicht nur als «cand. theol. ¹/₂ V. D. M.» unterzeichnen, sondern auch als «Zeitungsproletarier in spe».*

*Daß der «Adjunkt»[3] dann auch «die Fron im Hause Rade» als «heiter und leicht» und so die «als so etwas wie ein Untersteuermann» bei der «Christlichen Welt» verbrachte Zeit von November 1908 bis August 1909 als ein Glück empfand, bezeugt ein fast vierzig Jahre später geschriebener Rückblick. Hier kann Barth es schließlich auch noch in einem tieferen Sinn «als einen guten Willen der Vorsehung» im Blick auf seinen damaligen und den weiteren Weg in der Theologie bezeichnen, daß er in dieser Zeit so ganz in dem «Zauber der Chr. Welt» aufgehen*

[1] Vgl. Bw. R., S. 59–65.
[2] A.a.O., S. 62.
[3] A.a.O., S. 66.

durfte.[4] *Über seine Arbeit berichtet Barth: «Sie bestand in der Hauptsache darin, die vielen eingehenden Manuskripte zu lesen, mir ein Vorurteil dazu zu bilden, dieses Martin Rade in angemessener Weise vorzutragen und schließlich das von ihm ausgewählte Material druckfertig zu machen. ... Da nicht zuletzt das Rezensionswesen in dieser Papierflut eine große Rolle spielte, ist damals eine volle Jahresproduktion jedenfalls der liberalen oder, wie man damals sagte, ‹modernen› Theologie so oder so durch meine Hände gegangen. ... Mit der Zeit wurde mir dann auch gestattet, mich selbst in ein paar kleinen Rezensionen – ich hielt sie für Meisterwerke – auf die Szene zu führen».[5] In Barths Briefen an die Eltern finden sich mannigfach Streiflichter auf diese Seite seiner Tätigkeit. Bereits am 6. 12. 1908 kann er berichten: «Übrigens habe ich auch schon einige Rezensionen verfaßt, die dann in unabsehbarer Zeit einmal erscheinen werden.» Aus einer leicht variierenden Anspielung auf Eugen Höflings «Rückblick eines alten Burschen» («Da schreibt mit finsterm Amtsgesicht / der eine Relationen, / der andre seufzt beim Unterricht, / und der macht Rezensionen ...») ergibt sich eine feine Pointe. Barth schreibt: «Ja, ja, ganz wies im Liede heißt:*

>   *Da schreibt mit finsterm Amtsgesicht*
>   *der eine Rezensionen ...*

*O quae mutatio rerum!» Am 8. 12. erzählt er von der Arbeit an drei Rezensionen: «Und dabei sich vorzustellen, wie alle diese Leute gespannt sind, zu vernehmen, was die christliche Welt (bedenkt: Welt und erst noch christlich!) über sie sagen werde. Ob freilich Rade meine Sprüche drucken wird, ist wieder eine andere Frage, vielleicht habe ich die Ehre, sie in eigener Person in Schachtel II zu begraben!» Am 11. 1. 1909: «Jüngst habe ich einen halben Tag und eine halbe Nacht lang nichts als rezensiert, daß die Späne stoben ... Weiß übrigens noch nicht, ob Rade etwas davon drucken will. Jedenfalls ists eine nette Beschäftigung als Styl- und Gedankenübung.» Doch am 22. 1. 1909 kann Barth nach Bern melden: Rade «hat 7 kleinere oder größere Besprechungen von mir aufs mal angenommen und belobt, 5 davon a tempo in die Druckerei geschickt, sodaß ihr Euch vermutlich in einigen nächsten Nummern an meinen Sprüchen erbauen könnt.»*

[4] Brief an Dr. J. Rathje, 27. 4. 1947, in: K. Barth, *Offene Briefe 1945–1968*, hrsg. von D. Koch (Gesamtausgabe, Abt. V), Zürich 1984, S. 119f.
[5] A.a.O., S. 119f.

*Jedenfalls vier der fünf sofort an die Druckerei gegebenen Rezensionen sind in der Tat alsbald erschienen: Die erste (Mix) am 28. 1. 1909 in Nr. 5, die zweite (von Broecker) am 18. 2. 1909 in Nr. 8, die dritte (Mezger) und vierte (Voigt) am 4. 3. 1909 in Nr. 10 des 23. Jahrgangs. Die Rezension Jahnke erschien am 13. 5. 1909 in Nr. 20. Ob sie das letzte dieser fünf Stücke ist? Es wäre dann freilich recht spät erschienen. Andererseits mußte die Besprechung Pfister, die Barth mit der Rezension Jahnke zusammen fertigstellte (Brief vom 11. 1. 1909), noch sehr viel länger warten. Sie erschien erst am 27. 4. 1911 in Nr. 17 des 25. Jahrgangs. Auch mit dieser haben wir aber erst sechs der sieben im Januar 1909 «aufs mal» angenommenen Arbeiten Barths. Denn zwar erschien in der Nummer 50 des 23. Jahrgangs vom 9. 12. 1909 noch eine weitere Rezension aus Barths Feder (über Elias Schrenks «Seelsorgerliche Briefe für allerlei Leute»). Doch zeigt der Briefwechsel Barth – Rade, daß Barth dieses Buch erst in Genf von Rade zur Rezension bekommen – «Ich dachte, das Buch würde Sie jetzt besonders interessieren» – und daß er die Besprechung von dort am 29. 11. nach Marburg gesandt hat.[6] So ist zu fürchten, daß eine der erwähnten sieben Kritiken nachträglich doch noch in jene «Art theologischer Wolfsschlucht» geraten ist, in der «für weniger bedeutsam» gehaltenes Papier «für eine mehr oder weniger lange oder auch endgültige Wartezeit» verschwand.[7]*

*Immerhin läßt sich vermuten, daß es sich dabei um eine Rezension von Richard Ernsts «Wie ich ein moderner Theologe wurde» handelte. Denn darauf bezieht sich Barth wohl in seinem Brief vom 8. 12. 1908, wenn er schreibt: «Ich bin ferner erfreut, daß Papchen das Büchlein vom modern. Theologen in dem Maße billigt. Meine Rezension lobt fast gar nicht, sondern referiert nur und sagt, es verhielte sich also, obwohl keine Entwicklung sei wie die andre.» Es erscheint denkbar, daß Rade diese Besprechung Barths zum Druck angenommen (sie vielleicht sogar schon mit den vier anderen in die Druckerei gegeben) hatte, sie dann aber doch noch nachträglich durch eine (ihm unterdessen eingesandte?) Besprechung von Paul Drews ersetzte, die am 4. 3. 1909 in Nr. 10 publiziert wurde. Drews konnte in Kenntnis der Persönlichkeit des unter Pseudonym veröffentlichenden Autors dieser «Selbstbekenntnisse»*

---

[6] Bw. R., S. 71f.
[7] K. Barth, *Offene Briefe 1945–1968*, a.a.O., S. 119.

*schreiben: Martin Schian war der Verfasser dieser Rechenschaft über die Entwicklung eines Theologen aus orthodoxem Vaterhaus, der nach Kämpfen und Zweifeln «Boden unter den Füßen» gewinnt, als er an – Herrmann kommt. Und Drews referiert keineswegs nur wie Barth, der offenbar gerade diesen ihm nicht ganz unvertrauten Weg nur zurückhaltend hatte kommentieren wollen. Drews preist vielmehr das «Schriftchen» als «eine sehr wirkungsvolle Verteidigung der so viel geschmähten ‹modernen› Theologie».[8] Trifft die Vermutung zu, daß seine Rezension die Barthsche nachträglich ersetzte, so war Barths Text wohl die fünfte in der Reihe der sieben Besprechungen, die durch die Rezension Jahnke und die Rezension Pfister vervollständigt wird.*

*Die Rezension Ernst resp. Schian ist jedenfalls zu der «Reihe Rezensionen» zu zählen, die verschollen sind und von denen wir nur aus Barths Briefen wissen.[9] Es sind nämlich lediglich zwei ungedruckte Besprechungen im Manuskript erhalten: Einmal das kritische Referat der ersten zwei Hefte des 51. Jahrgangs der «Zeitschrift für wissenschaftliche Theologie», das Barth am 21. 3. in einem Brief an die Eltern, den Proportionen seiner «dieser Tage» geschriebenen Besprechung Rechnung tragend, einfach «eine große Rezension über einen Aufsatz von Troeltsch» nennt; zum andern – im Fragment – eine breit angelegte Besprechung des 1910 erschienen Werkes des Genfer Pfarrers und Theologieprofessors Ch. Durand-Pallot «La cure d'âme moderne et ses bases religieuses et scientifiques» (s. Vorträge und kleinere Arbeiten 1909–1914, S. 227–229). Sie wird in den Briefen, soweit zu sehen, nicht erwähnt, vielleicht weil Barth sie motu proprio zu schreiben begann, den Torso aber bald liegen ließ, als sich ihm kein Weg zeigte, die gewählte Aufgabe fruchtbar durchzuführen. Von der (auf 7 Oktavseiten mit Tinte geschriebenen) «Troeltsch-Rezension» heißt es hingegen in dem schon erwähnten Brief vom 21. 3. 1909, «Rade und Stephan» hätten sie «gebilligt», «formell auch Bornhausen». «Vielleicht kommt sie nicht in der Christl. Welt, sondern in der Zeitschrift für Theologie u. Kirche als sog. ‹Antithese› etwas umgearbeitet. Es kommt darauf an, ob Rade es für opportun hält, Troeltschen in dieser Weise zu provozieren.» Rade hielt diese Provokation schließlich wohl doch nicht für gera-*

---

[8] CW, Jg. 23 (1909), Sp. 235f.
[9] Vgl. Bw. R., S. 70.

ten. *Die Rezension erschien weder in der «Zeitschrift für Theologie und Kirche» noch in der «Christlichen Welt». Ebensowenig wurden die anderen «je nachdem giftige[n] oder freundliche[n]» Besprechungen gedruckt, die Barth in dieser Zeit verfaßte (Brief vom 21. 3. 1909). Die Gründe sind – wie Rades Briefe zeigen*[10] *– auf keinen Fall in einem Mangel an Interesse und Schätzung seitens Rades zu suchen. Er hatte eben für die «Christliche Welt» «so schrecklich viel Stoff»*[11]. *Der Grund ist wohl eher darin zu finden, daß Barths Kritiken «zu lang» oder «zu scharf» gerieten – «Sie sehen, daß es mir noch sehr gegenwärtig ist, nach welcherlei Maß ich gemessen werde», fügte Barth an, als er Rade eine Rezension übersandte, von der er «von vornherein überzeugt» war, daß Rade sie aus den genannten Gründen «schwerlich das Licht des Tages erblicken lassen» werde.*[12]


G. Mix, Zur Reform des theologischen Studiums.
Ein Alarmruf, München 1908.

Das Verhältnis zwischen Universitätsstudium und Praxis, das sich bei den andern Fakultäten relativ einfach und selbstverständlich herstellt, ist für den Theologen seit Schleiermacher ein Problem. Die Ideale der Wissenschaft decken sich nicht mit den Anforderungen des Pfarramts. Die Überwindung dieses Hiatus ist eine Aufgabe, die sich riesengroß vor Jedem erhebt, der von der einen zum andern übergehen will. Und es ist unzweifelhaft gerade bei der gegenwärtigen Situation der Theologie dringend notwendig, daß die Kirche und vor allem die Nächstbeteiligten, die akademischen Lehrer, die Studenten und die jungen Geistlichen, dies Problem ernst ins Auge fassen.

Aber wer zu Handen der Öffentlichkeit und der kirchlichen Behörden zur Alarmtrompete greift, der müßte das Problem von einer höhern Warte aus übersehen als der Verfasser dieses Schriftchens, von dem leider wieder einmal das Wort Lessings gilt, daß das Gute, das er

[10] Vgl. nur a.a.O., S. 82 und 86.
[11] A.a.O., S. 82.
[12] A.a.O., S. 74.

bringt, nicht neu und das Neue nicht gut ist.[13] – «Das theologische Studium soll eine genaue Kenntnis des Christentums und seiner Geschichte, vornehmlich der in ihm lebendigen religiösen und sittlichen Kräfte vermitteln.»[14] Auch der Verfasser wird nicht leugnen, daß gerade das offenbar Ideal auch des bisherigen akademischen Unterrichts gewesen ist. Das Studium soll weiter «in das geistige Leben der Gegenwart mit seinen mancherlei Strömungen einführen, die kirchlichen ... sozialen und kulturellen Verhältnisse unsres Volkes untersuchen und ... zu eigener Forschung auf diesem Gebiet anleiten.»[15] Was die geistigen Strömungen der Gegenwart angeht, so ist zweifellos jedem Studenten, der den guten Willen dazu hat, während seiner Universitätsjahre reichlich Gelegenheit geboten, ihre Bekanntschaft zu machen, oder wer heißt ihn denn, sich seine Studien durch die Zäune seiner Fakultät zu beschränken? Auch das Postulat der kirchlichen und religiösen Volkskunde ist längst gestellt und zum Teil auch verwirklicht, gerade in der modernen Richtung innerhalb der Praktischen Theologie, die ja dem Verfasser nicht fremd ist.[16]

Den Kern der vorgetragenen Reformwünsche bildet offenbar die dritte These. Das theologische Studium soll nämlich «theoretisch und praktisch lehren, diese beiden gegebenen Größen, das Christentum und die empirische Wirklichkeit, in wirksamer Weise zusammenzubringen ... und das etwa derart, daß es Antwort gibt auf die beiden Fragen: 1. Wie komme ich an die Seele der Leute heran? 2. Wie muß ich die vorhandenen Lebenskräfte des Evangeliums verwenden, um mit ihnen ...

---

[13] Vgl. X.[= J. H. Voß], *Auf mehrere Bücher. Nach Lessing*, in: *MusenAlmanach für 1792*, hrsg. von J. H. Voß, Hamburg o. J., S. 71 [= J. H. Voß, *Sämtliche Gedichte, 6. Theil: Oden und Lieder, VII. Buch. Vermischte Gedichte. Fabeln und Epigramme*, Königsberg 1802, S. 292]:
Dein redseliges Buch lehrt mancherlei Neues und Wahres.
Wäre das Wahre nur neu, wäre das Neue nur wahr!
Vgl. G. E. Lessing, *Briefe, die neueste Literatur betreffend*, 6. Teil, 111. Brief, Werke, hrsg. von H. G. Göpfert, Bd. V, München 1973, S. 306.
[14] G. Mix, a. a. O., S. 15.
[15] A. a. O., S. 15: Das theologische Studium soll: «2. in das geistige Leben der Gegenwart mit seinen mancherlei Strömungen einführen, den gegenwärtigen Zustand des kirchlichen Lebens, die sozialen und kulturellen Verhältnisse unseres Volkes einer gründlichen Untersuchung unterziehen und vor allen Dingen zu eigener selbständigen Forschung gerade auf diesem Gebiet Anleitung geben».
[16] Vgl. a. a. O., S. 29f. (und die dort genannten Arbeiten).

den erwünschten Erfolg zu erzielen?»[17] Die «Übung am Objekt» nach dem Vorbild der Mediziner[18] soll der Mittelpunkt eines zielstrebigen akademischen Unterrichts sein.

Was treiben wir denn eigentlich beim Studieren von Dogmatik und Ethik Anderes als eben jenes «Zusammenbringen» von Christentum und empirischer Wirklichkeit? Der Verfasser muß das bestreiten oder ignorieren, weil für ihn das Christentum eine «gegebene Größe» ist, ein Komplex von Gedanken, Vorstellungen und Willensmotiven. Begreiflich genug, daß er folglich unter der Ausrüstung, die die Fakultät dem Kandidaten mitgibt, die Technik vermißt, diesen Komplex mit dem andern, dem der empirischen Wirklichkeit «zusammenzubringen»! Das Christentum ist aber keine gegebene Größe, sondern individuelle Gewißheit. Um ihre Beziehung auf die Vergangenheit handelt es sich in der historischen Wissenschaft, um ihre Auseinandersetzung mit der empirischen Wirklichkeit des gegenwärtigen Lebens in der Glaubens- und Sittenlehre. Damit ist aber die Vorstellung des Verfassers von der Wissenschaft als «zielstrebiger» Sammlung von Stoff[19], der merkwürdiger Weise nachher doch über Bord geworfen werden soll[20], unmöglich, und es bleibt bei *Haupts* Satz, daß ihre «Zielstrebigkeit» in der *Methode* besteht[21]. Dann ist aber das Problem, von dem eingangs die Rede war, nicht mit dem Verfasser dahin zu definieren: Wie vereinige ich «in wirksamer Weise» zwei Komplexe von Gedanken und Sachen? sondern: Wie vermittle ich eine persönliche Gewißheit, deren eigenartige Begründung auf die Geschichte und deren Verhältnis zur gegenwärtigen Wirklichkeit mir theoretisch klar geworden ist, praktisch an Andre? Und nun scheint es mir keinem Zweifel zu unterliegen, daß es auf diese Frage eine wissenschaftliche Antwort, ein Allerweltsrezept nicht gibt. Abgesehen von ihren historischen Teilen kann die sogenannte Praktische Theologie nichts Anderes bieten als eine mehr oder weniger weitblickende Kasuistik. Der Student und angehende Geistliche

---

[17] A.a.O., S. 15.
[18] Vgl. a.a.O., S. 20–24 («Das medizinische Studium als Muster»).
[19] A.a.O., S. 19: «Etwas mehr Zielstrebigkeit könnte dem Universitätsstudium jedenfalls nicht schaden.»
[20] Vgl. a.a.O., S. 7.
[21] Vgl. a.a.O., S. 19 und S. 6; s. E. Haupt, *Prinzipielles zur Professorenfrage*, in: Deutsch-evangelische Blätter, Jg. 33 (NF 8) (1908), S. 283–290, bes. S. 283.286f.

muß sich im Amt seine Reime selber machen. Es will mir als die bedauerlichste Seite an den Ausführungen des Verfassers erscheinen, daß er nicht erkannt hat, wie der Hiatus von Theorie und Praxis dem Wesen der Sache entspricht und daher niemals ganz zu beseitigen ist, daß er nach zu erfindenden wissenschaftlichen Methoden ruft, nach deren Anleitung «in wirksamer Weise» Glauben zu wecken wäre. Gewiß, die Ratschläge der Praktischen Theologie werden immer zu verbessern und den Grundzügen des modernen Lebens anzupassen sein. Wichtiger bleiben gewisse Imponderabilien auf seiten der beteiligten Persönlichkeiten. Ich denke, ein Student, der in der Schule der historischen und systematischen Theologie mit Lust und Liebe dabei gewesen ist und nicht nur um des Examens willen Stoff gesammelt hat, der wird auch nicht ohne einige Richtlinien, auf denen sich weiterbauen läßt, zur Arbeit in der Kirche übergehen. Und umgekehrt: ein akademischer Lehrer, der mit dem Leben der Kirche in Fühlung steht und ihre Bedürfnisse nicht nur von Weitem kennt, dessen historische und systematische Arbeit wird, ohne Wissenschaft und «Erbaulichkeit» zu vermischen, dem Studenten Freudigkeit und Fähigkeit mitgeben für seine zukünftige Aufgabe.

# REZENSION VON A. VON BROECKER, PROTESTANTISCHE GEMEINDE-FLUGBLÄTTER 1909

*Einleitung s. S. 313–317.*

A. von Broecker, Protestantische Gemeinde-Flugblätter: Nr. 1. Deines Kindes Zukunft. Ein Wort zur Taufe; Nr. 2. Der Konfirmation – dem Leben entgegen!; Nr. 3. Auf der Lebenshöhe – ein Gruß zum Hochzeitstage; Nr. 4. Stille Sammlung vor dem Abendmahl; Nr. 5. Krankentrost; Nr. 6. Mut an Gräbern!; Nr. 7. Es blühe die Gemeinde!, Göttingen 1908.

Der Verfasser ist in weiten Kreisen bereits bekannt durch seine «Flugblätter für männliches Christentum»[1], in denen er sich an «die, die draußen sind» [vgl. 1. Kor. 5,12f.; Kol. 4,5; 1. Thess. 4,12; 1. Tim. 3,7], wendet, vor allem an die moderne Arbeiterwelt. Die vorliegenden Blätter sind an die gerichtet, die sich überzeugt oder gewohnheitsmäßig zur christlichen Gemeinde zählen. Sie wollen dem Christen zeigen, was er an seinem Christentum haben kann, nicht nur am Christentum, sondern an der christlichen Kirche, wenn er es lernt, aus eigenem Antrieb teilzunehmen an ihrem Leben. Eine starke und freie Religiosität spricht aus allen. Die gedankliche und sprachliche Haltung weist auf Verwendung vorzugsweise unter städtischer Bevölkerung hin.

---

[1] *Moderne Flugblätter für männliches Christentum*, Nr. 1–10, Göttingen 1901–1906; Neue Folge, Nr. 1/2 und 3, Göttingen 1906.

## REZENSION VON P. MEZGER, EIGENART UND INNERE LEBENSBEDINGUNGEN EINER PROTESTANTISCHEN VOLKSKIRCHE 1909

*Einleitung s. S. 313–317.*

P. Mezger, *Eigenart und innere Lebensbedingungen einer protestantischen Volkskirche*. Basler Rektoratsrede, Basel 1909.

Bekanntlich ist die Basler Kirche gegenwärtig im Begriff, sich dem Staat gegenüber als öffentliche Korporation mit Selbstverwaltungsrecht zu organisieren.[1] Das bietet den äußern Anlaß, ihre Grundlagen «auf ihren letzten Lebenszweck hin zu prüfen»[2], d. h. aber ihren Charakter einer auf demokratischer Grundlage aufgebauten bekenntnisfreien Volkskirche[3]. Im Gegensatz zu dem immer wieder auftauchenden «höchsten Kirchenideal»[4] einer sichtbaren Glaubens- und Liebesgemeinschaft[5] will Mezger die Kirche vielmehr verstehen als «eine wesentlich pädagogische Institution im Interesse christlicher Frömmigkeitsbildung»[6]. Voraussetzung für eine solche Institution ist ein Volk, das schon irgendwie durch christliche Motive verbunden ist.[7] Und ebenso notwendig ist, daß in dieser Institution verschiedene Überzeugungen nebeneinander volle Aktionsfreiheit haben.[8] Denn die christliche Gotteserkenntnis ist kein absolutes Wissen, sondern an persönlich-ethische Bedingungen geknüpft, also individuell unendlich verschieden, und der Wert eines Glaubensbekenntnisses hängt an seiner Wahrhaftigkeit.[9] Verschiedene Überzeugungen sind nichts als verschiedene Ausdrücke desselben Erlebnisses.[10] Auch ein möglichst weitherziges Lehrbe-

---

[1] Vgl. U. Lampert, *Kirche und Staat in der Schweiz*, Bd. II, Freiburg (Schweiz)/Leipzig 1938, S. 117–136, bes. S. 125–136.
[2] P. Mezger, a.a.O., S. 5 (dort hervorgehoben).
[3] Vgl. ebd.
[4] A.a.O., S. 10.12 (dort jeweils hervorgehoben).
[5] A.a.O., S. 13.
[6] Vgl. a.a.O., S. 15 (dort teilweise hervorgehoben).
[7] Vgl. a.a.O., S. 16f.
[8] Vgl. a.a.O., S. 18.21.
[9] Vgl. a.a.O., S. 19.
[10] Vgl. a.a.O., S. 20.

kenntnis verbietet sich mit Rücksicht auf die protestantische Erkenntnis des Wesens des Christentums, die wir als ernste Aufgabe, nicht als sichern Besitz verstehen[11]; auch die religiöse Individualität des Predigers[12]; auch das wahre Interesse der Kirche, die nur bestehen kann in der freien Luft der Wahrheit und Wahrhaftigkeit[13]. Glaubens- und Einheitsfundament der Kirche ist vielmehr die große geschichtliche Tatsache der Offenbarung.[14] Nur eine Kirche, die, auf diesem Boden stehend, es ernst nimmt mit der Freiheit und Wahrheit, wird den Anforderungen der Gegenwart gerecht werden können.[15]

Der Nicht-Theologe wäre vielleicht dankbar gewesen für eine ausdrückliche Umschreibung dessen, was Mezger unter «Evangelium» und «Offenbarung» versteht[16]. Wir wünschen seinen feinen Ausführungen, daß sie vor allem auch diesseits des Rheins gehört werden.[17]

---

[11] Vgl. a.a.O., S. 22–25.
[12] Vgl. a.a.O., S. 25f.
[13] Vgl. a.a.O., S. 26f.
[14] Vgl. a.a.O., S. 29.
[15] Vgl. a.a.O., S. 30.
[16] Vgl. a.a.O., S. 6.7–9 u. ö.
[17] Hinzufügung des Herausgebers der «Christlichen Welt», M. Rade: «[Vgl. oben Sp. 225ff. D H]». Damit wird verwiesen auf den Artikel von F. Kattenbusch, *Volkskirche und Katechismus*, in: CW, Jg. 23 (1909), Sp. 225–228, der ebenfalls die Rektoratsrede von P. Mezger, a.a.O., und dazu die Abhandlung von H. Matthes, *Neue Bahnen für den Unterricht in Luthers Katechismus*, Berlin 1909 (Sonderabdruck aus MPTh, Jg. 5 [1908/09], S. 103–124), erörtert.

REZENSION VON FR. A. VOIGT, WAS SOLLEN WIR TUN?
1909

*Einleitung s. S. 313–317.*

*Was sollen wir tun? Ein Laienvotum zur gegenwärtigen Krisis in der evangelischen Kirche, Leipzig 1908.*[1]
Eine temperamentvoll geschriebene Streitschrift gegen die «moderne» Theologie[2] aus dem Lager der Gemeinschaftschristen[3]! Man lasse sich vor allem nicht dadurch abschrecken, daß «ein wohltuender Zug von Grobheit durch das Ganze geht», wie es in Scheffels Ekkehard so schön heißt[4]. Ich habe sie mit Genuß gelesen und glaube, daß sie uns

---

[1] Die rezensierte Schrift erschien zunächst anonym (wie angegeben 1908 im Verlag M. Költz in Leipzig). 1909 wurde der Titel von der Vereinsbuchhandlung G. Ihlhoff & Co., Neumünster, übernommen und unter dem Namen des Verfassers herausgebracht. Umschlag, Titelblatt und Vorwort wurden für diese im übrigen allem Anschein nach unveränderte Ausgabe neu gedruckt. In seinem «Leipzig, August 1909» gezeichneten Vorwort erklärt der Autor, der zur Brüdergemeine gehörende Philologe Dr. Friedrich Adolf Voigt (1857–1939): «Aus persönlichen Gründen ist eine erste Ausgabe dieser Schrift anonym ... erschienen.» Barth lag für seine Besprechung diese erste Ausgabe vor, die jedoch in den Bibliotheken nicht (mehr) nachzuweisen ist.
In einem Brief an Karl Barth vom 14. 2. 1924 erzählt Voigt: «Die Broschüre aus dem Jahre 1908 hatte ich einfach auf meine Kosten drucken lassen.» Er bedankt sich bei seinem Rezensenten «etwas sehr nachträglich», «daß Sie die Stimme aus einem anderen Lager gehört und mehr auf das Was als auf das Wie gehört haben. Noch mehr freue ich mich, daß Ihr Urteil über reformatorische und moderne Theologie, über ‹Paulinismus› und den echten, alten Paulus jetzt so lautet, wie Sie in Ihrem Römerbrief-Kommentar ausgesprochen haben». In einer späteren Publikation kommt Voigt noch einmal auf seine Schrift von 1908/1909 und auf deren Rezension durch Karl Barth zurück. Unter Verweis auf die kritische Behandlung Schleiermachers in seinem «Laienvotum» und mit Blick auf Barths Schleiermacher-Kritik im «Römerbrief» von 1922 merkt er an: «Da nun mein Rezensent mit dem Kommentator des Römerbriefes identisch ist, so ist klar, daß in dem Urteil über Schleiermacher und was damit zusammenhängt, Barth sich meiner Auffassung des Neuprotestantismus genähert hat» (Fr. A. Voigt, *Sören Kierkegaard im Kampfe mit der Romantik, der Theologie und der Kirche. Zur Selbstprüfung unserer Gegenwart anbefohlen,* Berlin 1928, S. 425, vgl. 362f.).

[2] Fr. A. Voigt, *Was sollen wir tun?,* a.a.O., S. 2–6.77 u. ö.

[3] Siehe a.a.O., S. 27.48.64f.66f.70f.

[4] J. V. von Scheffel, *Ekkehard,* in: ders., *Gesammelte Werke in sechs Bänden,* Bd. II, Stuttgart o. J. (1907), S. 62.

etwas zu sagen hat, gerade weil sie nicht von einem Schrittmacher der theologischen Rechten kommt, sondern von einem kirchlich Unabhängigen, geistvoll in seiner Weise und in der gegnerischen Literatur wohlbewandert, dessen Haltung überdies manchen sympathischen Zug aufweist.

Nicht als ob er seine Gegner nicht gründlich mißverstanden hätte. Von *Troeltsch, Bousset* und *Wernle(!)* hören wir, daß sie im Gegensatz zu *Harnack*[5] die historische Basis der Theologie, die Offenbarungsquelle in der Art des Beweises e consensu gentium durch «Umsegelung der Welt» aus der Gesamtheit der Religionen zu konstruieren suchen[6]. Besonders *Troeltsch* kommt übel weg: er erklärt den Glauben an einen Gott, der gewirkt hat und noch wirkt, für wissenschaftlich erledigten Supranaturalismus.[7] Die Zeiten sind vorüber, da *Herrmann* gegen die Zukunfts-Weltreligion Pfleiderers protestierte.[8] Bis dahin ist so ziemlich Alles schief beurteilt. Auffallend zutreffend wird in *Schleiermachers* Reden der Ausgangspunkt der «modernen» Theologie erkannt[9], aber ihre Interpretation ist freilich völlig mißlungen: Er wollte durch Spekulation das Wesen der Religion ergründen[10], fand es im Spinozistischen Universum[11] und identifizierte zuerst natürliche monistische Religion und Christentum.[12] Von Schleiermacher ausgehend, hat die «moderne» Theologie eine «Bildungsreligion» *(Troeltsch!*[13]) geschaf-

---

[5] Fr. A. Voigt, *Was sollen wir tun?*, a.a.O., S. 7–9.
[6] A.a.O., S. 9–19, s. bes. S. 16 und S. 19 («Weltumsegelung um die Welt der Religionen»).
[7] A.a.O., S. 10f.
[8] A.a.O., S. 9f. Vgl. W. Herrmann, *Die Religion im Verhältniß zum Welterkennen und zur Sittlichkeit. Eine Grundlegung der systematischen Theologie*, Halle 1879, S. 328–330, und ders., [Rezension von:] 1. Claravallensis, Johs., Die falschmünzerische Theologie Albrecht Ritschl's und die christliche Wahrheit. Allen Christgläubigen gewidmet, Gütersloh 1891, 2. Pfleiderer, Otto, Die Ritschl'sche Theologie, kritisch beleuchtet, Braunschweig 1891, in: ThLZ, Jg. 17 (1892), Sp. 386f.
[9] Fr. A. Voigt, *Was sollen wir tun?*, a.a.O., S. 21.27.28.32.
[10] A.a.O., S. 22.
[11] A.a.O., S. 22f.
[12] A.a.O., S. 24–26.28.
[13] A.a.O., S. 32f.38f. Vgl. E. Troeltsch, *Protestantisches Christentum und Kirche in der Neuzeit*, in: *Die Kultur der Gegenwart. Ihre Entwicklung und ihre Ziele*, hrsg. von P. Hinneberg, Teil I, Abt. IV: *Die christliche Religion. Mit Einschluß der israelitisch-jüdischen Religion*, Berlin/Leipzig 1906, S. 423–432.

fen, deren Inhalt «aus den Tiefen des neuzeitlichen Selbstbewußtseins»[14] geschöpft, deren Wesen die Herabdrückung des religiösen Ernstes auf das Niveau einer Durchschnittssittlichkeit[15], die «Erleichterung des Menschen vom Erlösungsglauben»[16], die Kritiklosigkeit gegenüber den Entartungen der Kultur ist[17]. Die Krisis der evangelischen Kirche besteht darin, daß diese Theologie auf so vielen Kathedern und Kanzeln herrscht[18], sagt uns der Verfasser – und hat sie trotz seiner Belesenheit nicht verstanden.

Allein wer nun bei der positiven Darlegung des eigenen Standpunktes vom Verfasser eine robuste Rechtgläubigkeit oder mindestens Biblizismus erwartet, der hat sich getäuscht. Sie zeigt vielmehr in überraschender Weise, wie nahe er im Grunde den von ihm so scharf bekämpften Gegnern steht. Den Grundschaden sieht er doch nicht darin, daß es zu viel «liberale» Theologen, sondern daß es zu wenig Christen gibt[19], daß die Kirche vielfach Selbstzweck statt Mittel[20], ein Casteninstitut[21] geworden ist. Die Begründung der Wahrheit der Religion ist fälschlich der Kirchenlehre und der Schulweisheit überlassen worden[22], sie ist nur möglich durch den Hinweis auf ihren jenseits der menschlichen Subjektivität liegenden und doch subjektiv erlebbaren Ursprung[23]. Denn der Glaube ist nicht Weltanschauung[24], sondern Beherrschtsein des Menschen durch Gott[25], sein Wahrheitskriterium der «Ernstfall», «das heiße Ringen Gott suchender Herzen, erschrockener und geängsteter Gewissen, nicht der kühl abwägende Verstand»[26]. Sein Grund ist Jesus Christus, «welchen Glauben man sehr gelehrt und sehr leicht mißverständlich das Dogma von der Gottheit

---

[14] Fr. A. Voigt, *Was sollen wir tun?*, a.a.O., S. 54.
[15] Vgl. a.a.O., S. 37.
[16] Vgl. a.a.O., S. 48.
[17] A.a.O., S. 33–38, bes. S. 33.35f.38.
[18] A.a.O., S. 29.46.
[19] A.a.O., S. 3f.
[20] A.a.O., S. 67.
[21] A.a.O., S. 38f.
[22] A.a.O., S. 46.
[23] A.a.O., S. 16.
[24] A.a.O., S. 26f.
[25] Vgl. a.a.O., S. 44.
[26] A.a.O., S. 47.

Christi zu nennen pflegt»[27]. Wo aber die Liebe Gottes durch Jesus im Einzelnen und in der Gemeinschaft wirksam geworden ist, da wird der Glaube zu einer Kriegserklärung gegen die Korruption der stumpfen Welt[28]: er ist nicht eine das Leben begleitende Stimmung, sondern eine das Leben umgestaltende Gesinnung[29].

Wir lassen es uns durch den antithetischen Charakter dieser Ausführungen, der in der Hauptsache auf Mißverständnis beruht, nicht verleiden, uns über den weitgehenden religiösen Konsensus aufrichtig zu freuen. Auch den oft etwas mechanisch gehandhabten Gedanken der Bekehrung und den unevangelisch verstandenen Begriff der Heiligkeit von Kirche und Amt[30] werden wir dabei von dieser Seite in Kauf nehmen; das heißt aber, wir lassen die in den zwei letzten Abschnitten der Schrift gegebene Antwort auf die Frage: «Was sollen wir tun?»[31] auf sich beruhen. Sie läuft nämlich auf den freundlichen Rat hinaus: Stehet dir nicht alles Land offen? Lieber, scheide dich von mir! [Gen. 13,9][32] und positiv auf die Aufforderung an die Laienwelt, sich eifriger und selbständiger der Evangelisation und Liebesarbeit zu widmen[33] und so der «Professoren- und Pastorenkirche»[34] unter den Arm zu greifen, eventuell sie zu ersetzen[35].

Die Kluft zwischen unsrer akademischen Theologie und der gebildeten Laienwelt, von der u. A. in Nr. 1 dieses Jahrgangs gehandelt ist[36], findet in dieser Schrift erschreckende Illustration. Ist die Schuld nur auf Seiten der letztern, wenn man hüben und drüben immer wieder nichts bei der erstern sehen kann oder will als radikale historische Kritik («Evangelienprobleme statt Evangelium»[37] sagt unser Verfasser) und Abschwächung und Verflachung der aktuellen religiösen Probleme?

---

[27] Ebd.
[28] A.a.O., S. 42f.
[29] A.a.O., S. 43.55.
[30] A.a.O., S. 61–64.84f. u. ö.
[31] A.a.O., Kap. IV: «Was sollen wir tun?», S. 49–76, und «Anhang: Bleib in Deinem Berufe! oder Neue Berufe!?», S. 77–87.
[32] A.a.O., S. 31.
[33] A.a.O., S. 65–76.77f. 85 u. ö.
[34] Vgl. a.a.O., S. 79.
[35] Vgl. a.a.O., S. 82–87.
[36] M. Rade, *Vergeblich?*, in: CW, Jg. 23 (1909), Sp. 3–7.
[37] Vgl. Fr. A. Voigt, *Was sollen wir tun?*, a.a.O., S. 51.

Gerade das Mißverständnis, als ob die Absicht sei, der Gemeinde einen «historisch-kritischen Jesus»[38] als Heiland vorzuhalten, ist bis in theologische Kreise hinein weit verbreitet, und das liegt gewiß nicht nur an den *Lesern* der Religionsgeschichtlichen Volksbücher[39]. Mißgriffe in der Terminologie, zu denen ich z. B. den fatalen Ausdruck «Bildungsreligion» rechne, helfen auch, die Kluft zu vergrößern. Aber der eigentliche Fehler in der Rechnung muß tiefer sitzen. Was sollen *wir* tun? Wenn ich mir zu Handen der Träger der «modernen» Theologie ein Desiderium erlauben darf, so wäre es das: Mehr persönliche Berührung und Beschäftigung mit den Problemen und Aufgaben der Praxis der Evangeliumsverkündigung, zu der doch die akademische Theologie normalerweise die Vorbereitung sein will. Ich denke kaum der Einzige zu sein, der an der Grenze zwischen Universität und Pfarramt schmerzlich die Schwierigkeit empfindet, aus der Theologie heraus- und doch mit Theologie an das Denken und Empfinden der Andern heranzukommen. Aus der nämlichen Schwierigkeit haben sich aber jene bedauerlichen Mißverständnisse unsrer theologischen Literatur ergeben. Ist jene postulierte Beschäftigung mit der Praxis wirklich nur Zeitverlust für die Arbeit unsrer Akademiker oder nicht vielmehr ein integrierender Bestandteil dieser Arbeit?

---

[38] M. Rade, a.a.O., Sp. 3.5.
[39] Vgl. Fr. A. Voigt, *Was sollen wir tun?*, a.a.O., S. 4.9.30.35 u. ö. Zu den «Religionsgeschichtlichen Volksbüchern für die deutsche christliche Gegenwart», hrsg. von Fr. M. Schiele, Halle, dann Tübingen 1904ff., vgl. Fr. M. Schiele, Art. «Volksbücher, religionsgeschichtliche», in: RGG¹, Bd. V, Sp. 1721–1725.

## REZENSION VON R. JAHNKE,
## AUS DER MAPPE EINES GLÜCKLICHEN
1909

*Einleitung s. S. 313–317.*

R. Jahnke, *Aus der Mappe eines Glücklichen*, Leipzig 1908².

«Die cyrenaische Weltanschauung ist eine heitere Lebensweisheit, die allen Dingen die beste Seite abzugewinnen weiß, nicht das Unmögliche begehrt und sich im frohen Genießen des Daseins nicht stören läßt», lesen wir bei Karl Vorländer.[1] Damit ist auch die Stärke und Schwäche dieses Buches gezeichnet. Es enthält eine Reihe freundlicher Anweisungen für Leute, die das Glück suchen. «Denen möchte der Verfasser zeigen, daß es in ihrer Macht steht, glücklich zu werden.»[2] «Er bildet sich nicht ein, den Stein der Weisen gefunden zu haben.»[3] Den hat noch Niemand gefunden; aber warum rollt er denn Probleme wie «Optimismus und Pessimismus»[4], «Des Schicksals Güte»[5], «Das Rätsel des Todes und Gott»[6] auf, um sie in dieser behaglichen Weise zu erledigen?

Bemerkenswert ist, daß kaum nach Jahresfrist eine zweite Auflage nötig wurde. (Vgl. Chr. W. 1908, 23, 572.)[7] Beweis genug, wie tief die Wurzeln solcher Ethik – trotz Schopenhauer und Nietzsche – immer noch sitzen. Als Gegengift würde ich nach der Lektüre etwa zu Vischers «Auch Einer»[8] raten.

---

[1] K. Vorländer, *Geschichte der Philosophie*, Bd. I: *Philosophie des Altertums und des Mittelalters* (PhB 105), Leipzig 1903 [bzw. Bd. I: *Altertum, Mittelalter und Übergang zur Neuzeit*, Leipzig 1908²], S. 78.

[2] Vgl. R. Jahnke, a.a.O., S. 119.

[3] Vgl. ebd.

[4] A.a.O., S. 12–17.

[5] A.a.O., S. 106–112.

[6] A.a.O., S. 113–116.

[7] Rezension der 1. Auflage, Leipzig 1908, durch M. Schian, in: CW, Jg. 22 (1908), Nr. 23, Sp. 572.

[8] Fr. Th. Vischer, *Auch Einer. Eine Reisebekanntschaft*, Stuttgart/Leipzig, 1904³⁰. Als «Gegengift» mag das romanartige Erzählwerk Barth deshalb tauglisch erschienen sein, weil es die Hauptperson in einem ständigen Kampf mit inneren und äußeren Widrigkeiten, u. a. der berühmt gewordenen «Tücke des Objekts», zeigt.

## REZENSION VON O. PFISTER, RELIGIONSPÄDAGOGISCHES NEULAND 1909

*Einleitung s. S. 313–317.*

O. Pfister, Religionspädagogisches Neuland. Eine Untersuchung über das Erlebnis- und Arbeitsprinzip im Religionsunterricht, Zürich 1909.

Der Unterricht als Erziehung zur kraftvollen, in sich geschlossenen und doch freien Persönlichkeit – das ist heute das Ideal des Lehrers, der Augen hat für das Suchen und Finden der Zeit. Nichts Neues, schon Pestalozzi hat das gesagt[1], und doch ist nicht zu leugnen, daß gerade in den letzten Jahrzehnten ein großer Schritt nach vorwärts getan ist, ich brauche nur den Namen *Fr. W. Foerster*[2] zu nennen. Und mit dieser Bewegung auf pädagogischem Gebiet kreuzt sich eine andre, die religiöse, von der die sogenannte moderne Theologie doch nur ein besonders vernehmlicher Widerhall ist: die Religion eine Befreiung aus den Schranken des Unpersönlichen, als Gehorsam und Vertrauen zu dem Gott, der sich im individuellen Erlebnis uns offenbart. Auf dem Gebiet des Religionsunterrichts kreuzen sich beide Linien. Aber die Aufgabe: Erziehung zu persönlicher Religion ist leichter gestellt als gelöst.

Pfisters kleine Schrift will in diesem Sinn anregen, und wer sich, von der einen oder anderen Seite herkommend, für die Frage interessiert, wird sie mit Dank aus der Hand legen. Weckung der Selbstbetätigung des Einzelnen gemäß seiner Eigenart und dadurch Nachhilfe zu freiem religiösem Erlebnis, zu individueller Glaubenstat[3], das ist das Ziel, das er dem Religionslehrer und Katecheten stellt. Die primäre Voraussetzung dafür ist immer die persönliche Ergriffenheit des Lehrers von der innern Not des Volkes und von der Kraft des Evangeliums.[4] Und das Hauptmittel für einen Unterricht in diesem Geist wird fernerhin das gesprochene Wort sein.[5] Aber es darf nicht allein bleiben. Aus seiner

---

[1] Vgl. O. Pfister, a.a.O., S. 4; s. auch a.a.O., S. 3.6.11f.
[2] Über den Philosophen und Pädagogen Friedrich Wilhelm Foerster (1869–1966) vgl. die ihm gewidmeten Artikel in den drei Auflagen der RGG.
[3] Vgl. O. Pfister, a.a.O., S. 13.
[4] Vgl. a.a.O., S. 12.
[5] Vgl. ebd.

praktischen Arbeit heraus schildert der Verfasser die «Versuche», die dazu dienen sollen, das Kind zu eigener Anschauung und Betätigung auf religiösem Gebiet anzuleiten.[6] Die Hauptsache ist, daß der Leser sich angeregt fühlt, sich mit der Grundthese auseinanderzusetzen: Laßt erleben, so schafft ihr Leben! Laßt arbeiten, so schafft ihr Arbeiter![7]

---

[6] A.a.O., S. 13-36.
[7] A.a.O., S. 37 (dort hervorgehoben).

## DIE BELGISCHE MISSIONSKIRCHE
1909

*Am 10. 2. 1909 schreibt Barth aus Marburg an seine Eltern: «Heute abend hält Pfr. Gautier aus Jemappes (Belgien) einen Vortrag hier. Ich bin von einem Centralfest her Schmollis mit ihm und werde ihn in dem freisinnigen Lokalblättli verherrlichen.» Diese Bemerkung brachte auf die Spur des bisher nicht bekannten Barth-Textes, der am 13. 2. in der «Hessischen Landeszeitung. Liberales Volksblatt für Stadt und Land» in der Spalte «Lokale Rundschau» erschien. Aloys Gautier (1879–1944), mit dem Barth, wie sein Brief sagt, bei einem Zofinger Centralfest auf Duzfuß gekommen war, gehörte seit 1898 der Zofingia an. Von 1919 bis 1927 amtierte er als Secrétaire général de l'Eglise missionaire belge.*

Über dieses Thema sprach letzten Mittwoch abend in der reformierten Kirche Pfr. Aloys *Gautier* aus Jemappes mit echt französischem Temperament. Der Besuch war kläglich, die Sache hätte größere Aufmerksamkeit verdient. – Die Evangelisationsarbeit unter den Katholiken hat auch in protestantischen Kreisen oft unter dem Vorurteil zu leiden, daß sie eine unnötige Störung des konfessionellen Friedens bedeute. Für Belgien trifft das insofern nicht zu, als der Friede des dortigen Katholizismus Friede des Kirchhofs ist. Die Folge davon ist, daß radikales Freidenkertum und reaktionärer Klerikalismus sich in das geistige Leben des Volkes teilen und nur zu oft einander ablösen. Die aus kleinsten Anfängen hervorgegangene belgische Missionskirche[1] will dieser Not steuern, weniger durch Proselytenmacherei als durch lebendige Verteidigung des Evangeliums. Ihr Hauptmittel ist die Bibelverbreitung, erst in zweiter Linie und nur wo spontane Bedürfnisse der Beteiligten das fordern, Gründung von Gemeinden, die sich größtenteils aus Grubenarbeitern rekrutieren. Die Verfassung der Gesamtkirche ist

---

[1] Die Eglise chrétienne missionaire belge ging 1901 aus der 1837 gegründeten Société évangelique belge hervor. Vgl. G. Fritze, *Die Evangelisationsarbeit der belgischen Missionskirche* (Studien zur praktischen Theologie, Bd. II, H. 3), Gießen 1908, S. 3f.; vgl. ders., *Los von Rom und Hin zum Evangelium in Belgien* (Berichte über den Fortgang der «Los von Rom-Bewegung», II. Reihe, H. 5), München 1904, S. 42–48.

derjenigen der Freikirchen der französischen Schweiz[2] nachgebildet: völlige Staatsunabhängigkeit, Synode mit Laienmehrheit, als Exekutivorgan der Verwaltungsrat in Brüssel, aber keine Bekenntnisgebundenheit, sondern bloße Verpflichtung des Pfarramtskandidaten auf die praktischen Grundsätze der Kirche.[3] Neben der religiösen Arbeit, die im Mittelpunkt steht, ist auch die Hebung der intellektuellen, sittlichen und sozialen Zustände in Angriff genommen. Wer sich für Evangelisationsarbeit nur im Sinne eines oberflächlichen und wohlfeilen Geschreis gegen Rom und römisches Wesen interessiert, der wird bei der ganzen Art dieser Kirche nicht auf seine Rechnung kommen. Wer dagegen davon überzeugt ist, daß die in ganz bestimmten Anlagen des Menschen wurzelnden Mächte des Katholizismus nur von innen heraus, durch *andere* positive Kräfte überwunden werden können, der wird sich über diese Arbeit in Belgien freuen und ihr seine Teilnahme schenken. – In den «Studien zur praktischen Theologie» ist bei Töpelmann in Gießen ein Heft von P. Georg *Fritze* in Nordhausen erschienen «Die Evangelisationsarbeit der belgischen Missionskirche», Preis 1,60 Mk.; diese übersichtliche und gründliche Darstellung sei hiermit bestens empfohlen.

---

[2] Zu den freien Kirchen, die sich im 18. und 19. Jahrhundert in der welschen Schweiz aus dem «Streben nach Unabhängigkeit vom Staat und schärferer dogmatischer Begrenzung und Ausprägung» bildeten vgl. Fr. Meyer, Art. «Schweiz», in: RE[3], Bd. XVIII, S. 62f.
[3] Vgl. G. Fritze, *Die Evangelisationsarbeit*, a.a.O., S. 2f.

## MODERNE THEOLOGIE UND REICHSGOTTESARBEIT
## 1909

*Im Jahre 1907 hatten die Marburger Professoren Wilhelm Herrmann und Martin Rade die Herausgeberschaft der «Zeitschrift für Theologie und Kirche» übernommen: Herrmann, den Barth während seines zweiten Marburger Aufenthaltes (November 1908 bis August 1909) als seinen bevorzugten akademischen Lehrer erneut hörte, und Rade, in dessen Haus er als Redaktionsgehilfe der ebenfalls von Rade herausgegebenen «Christlichen Welt» aus- und einging. Die Zeitschrift für Theologie und Kirche brachte in der 4. Nummer des Jahres 1909, erschienen im Juli, unter der regelmäßig die Hefte abschließenden Rubrik «Thesen und Antithesen» einen kurzen Aufsatz des dreiundzwanzigjährigen Karl Barth: «Moderne Theologie und Reichsgottesarbeit». Er wurde als so herausfordernd empfunden, daß der betagte Marburger Ordinarius für Praktische Theologie Ernst Christian Achelis (1838–1912) eine Replik verfaßte, die im Septemberheft, dem fünften des Jahres, in derselben Rubrik erschien, und daß nach ihm auch der Praktische Theologe in Halle Paul Drews (1858–1912), ein Studienfreund Rades und Mitbegründer der «Christlichen Welt», gegen Barth das Wort ergriff. Die Replik von Drews erschien zusammen mit einer Antwort Barths an seine beiden Kritiker und einem Schlußwort Rades in den «Thesen und Antithesen» der 6. Nummer im November 1909. Diese fünf zusammengehörigen Stücke werden hier – auf Kosten der strikt chronologischen Ordnung in diesem Bande – zusammenhängend abgedruckt.*

*Die Niederschrift von Barths die Diskussion eröffnendem Beitrag liegt schon drei Monate vor der des Vortrags über den kosmologischen Gottesbeweis (laut Eintragung in seinem Taschenkalender am 11. und 12. Februar 1909) und scheint anders als diese spontan erfolgt zu sein. Am 15. 2. 1909 berichtet Barth seinem Vater, er habe in der vergangenen Woche «zwei Produkte produziert», nämlich vor einer Predigt für den folgenden Sonntag zunächst «einen Artikel über ‹Moderne Theologie und Reichsgottesarbeit›, worin ich zu zeigen versuchte, woher es kommt, daß bei den Studenten und Candidaten auf unsrer Seite nicht der Eifer für die Mission, aber auch fürs Pfarramt überhaupt da ist wie z. B. bei denen, die von Tübingen oder Halle kommen. ... Rade liest die Arbeit heute auf der Eisenbahn (!), ich weiß also noch nicht, ob er sie will.»*

*Erst ein Vierteljahr später wußte er es. Am 22. Mai meldet er dem Vater, sein «Aufsätzli» sei für die Zeitschrift für Theologie und Kirche angenommen, und er glossiert diese Nachricht: «Ich sitze jetzt eben wie der Knabe an der Quelle, der nicht nur trinken, sondern auch von Zeit zu Zeit Steine, Erde und Frösche hineinwerfen darf wie ein Erwachsener.» Am 9. Juni kündigt er dann die Zusendung eines Fahnenabzugs an: «Was Euch davon dünken wird, bin ich neugierig. Verfaßt ists schon im Januar oder Februar. Neues steht nicht darin, nur glaube ich Einiges etwas ungeschminkter gesagt zu haben, als die ältern Ritschlianer (nicht Herrmann!) gewöhnlich zu thun pflegen, und das ist immer ein gutes Werk.»*

*Für ein gutes Werk hielt der Vater den Aufsatz seines Sohnes freilich nicht und diesen selbst nicht für einen «Erwachsenen». Mit dem Widerspruch, den Fritz Barth (Brief vom 17. 6. 1909) anmeldet, beginnt eine heftige Auseinandersetzung zwischen Vater und Sohn, die die alsbald einsetzende öffentliche Debatte auf Monate begleitet. In dem Brief vom 17. Juni heißt es: «Ich fasse denselben [scil. deinen Artikel] wesentlich als offene Aussprache über einen Notstand, den du empfindest, und insofern begrüße ich ihn; denn jedes offene Bekenntniß hat seinen Segen. Mich wundert nur, daß der Artikel in die Zschr. für Th. u. Kirche aufgenommen wurde und nicht lieber in die Chr. Welt. Ich würde dir nicht geraten haben, ihn drucken zu lassen; denn du stellst dich auch hier wieder mit einer Vehemenz auf die Seite der ‹Modernen›, die lediglich persönlichen, aber in keiner Weise wissenschaftlich beweisenden Charakter hat und die du vielleicht in wenig Jahren selber nicht mehr billigen wirst, so wie ich manche Äußerung von mir in der aargauischen Synode gegen die Reformer und Vermittler jetzt übereilt finde. Gedrucktes bindet aber viel stärker für die Folgezeit; die Entwicklung sollte in deinen Jahren viel innerlicher und nicht so auf dem öffentlichen Markte vor sich gehen, und gerade solche prinzipielle Erörterungen spart man gern für eine Zeit größerer Reife. Warum denn gerade mit dem Schwierigsten beginnen?» Und dann folgt eine seitenlange Kritik an den Zentralbegriffen «Individualismus» und «Relativismus». Karl Barth antwortet postwendend, am 18. Juni, mit einem 20 Seiten langen «sehr betrübten» Brief: «Der Sinn des Aufsatzes ist keineswegs ein subjektives Bekenntnis, und zwar mit der Nuance* betrübtes *Bekenntnis, von mir. Ich glaube im Namen einer ganzen großen Schicht junger Theologen geredet zu haben. So hat es Rade aufgefaßt und darum hat er es in die Z. f. Th. und Kirche aufgenommen, denn kirchliches Interesse hat ein solcher Querschnitt sicher. Also erstens kein Bekenntnis und zweitens kein betrübtes Bekenntnis. Ich habe zeichnen wollen, was unsre Stärke und Schwäche ist, aber ausdrücklich ohne erfreutes oder bedauerndes Schwänzchen. Es war da nichts zu bedauern und nichts zu beweisen, sondern einfach zu konstatieren. ... Ich habe doch deutlich gesagt, daß ich mich mit meiner Auffassung der Religion genau soweit reif fühle zu religiöser Arbeit, als sie mir nicht blos Theologie, sondern wirkliche lebendige Erfahrung ist. Ist das ein Notstand? Ein Anlaß zur Betrübnis für mich oder der ernsteste und zugleich hoffnungsfreudigste Ausgangspunkt für einen, der vor dem Pfarramt steht? Meine Bemerkung über die Gleichberechtigung orthodoxer Kollegen sollte doch nicht so verstanden werden, als beneidete ich solche Bonzen (vielfach sind sie das), die womöglich schon auf der Universität den Zwang haben, fortwährend ‹Zeugnis abzulegen›. Der Glaube bemißt sich doch nicht an der Fähigkeit, darüber reden zu können. Und die Theologie ist doch nicht die beste, die einem am schnellsten das Handwerkszeug dazu in die Hand giebt?? Und nun die Frage der Opportunität des Artikels für mich. Gewiß, wenn ich Artikel über ‹Glauben und Wissen› oder dgl. veröffentlichte, das wäre unreif und Marktgewäsch, aber ich wollte ja nichts beweisen, sondern eben einen wissenschaftlichen Querschnitt konstatieren. Ein deutscher Theologe meines Alters dürfte das nicht, vonwegen er würde bei seinem Kirchenregiment unmöglich. Und den schweizerischen Kirchenparteien gegenüber ist es mir recht wurst, wenn mich der oder jener Unverständige rechts oder links als ‹gebunden› ansieht. Die Hauptsache ist, daß ich mich nicht gebunden fühle durch ein gedrucktes Papier, wenn ich später je zum Einschwenken kommen sollte, was ja a priori nicht unmöglich, wenngleich wenig wahrscheinlich ist.»*

*Trost fand Barth in einer ganz anderen Reaktion aus Bern: von dem mit seinen Eltern befreundeten Pfarrer Robert Aeschbacher, der ihn vor sieben Jahren konfirmiert hatte (vgl. oben S. 122, Anm. 9) und ihm jetzt (am 15. 7. 1909) schrieb: «Vielen Dank für die freundliche Zusendung, die ich mit großem Interesse gelesen habe, da die Situation meines Erachtens in klarer, zutreffender und freundlicher Weise gezeichnet ist.» Davon berichtete Barth seinen Eltern zweimal, das zweite Mal mit dem unterstrichenen Zusatz:* «worauf ich mich steife». *Im selben Brief (27. 7. 1909) findet sich das erste Vorzeichen der öffentlichen Auseinandersetzung:* «In der nächsten Nr. (September) der Z. Th. K. giebts vermutlich noch ein Nachspiel. Ein quidam, den Herrmann mir noch nicht nennen will, sei zu ihm gekommen und habe energisch protestiert. Er hat ihn aufgefordert, wider mich zu schreiben. Dann dürfe ich noch einmal begründend antworten. In einem innertheologischen Sprechsaal wie die Z. Th. K. scheint mir solche Gewissensklärung nicht so ganz zwecklos.»

*Eine Woche später, am 2. August, ist das Geheimnis gelüftet:* «Denkt, der bewußte quidam, der mir antworten wird, ist kein Geringerer als Konsistorialrat Prof. Achelis (der auch nach Äschi kommt!!).» *In Aeschi bei Spiez am Thunersee verbrachten Barths Eltern – und auch das Ehepaar Achelis – ihre Sommerferien. Am 17. August gesellte sich auch Karl Barth dazu und traf dort auch Achelis, dessen homiletisches Seminar er im Sommer 1908 besucht hatte. In Aeschi kam es, wie aus einem späteren Brief des Vaters (2. 10. 1909) hervorgeht, nun auch mündlich zu erregten Debatten zwischen Vater und Sohn,* «daß die Wände zitterten». *Der zitierte Brief vom 2. 8. 1909 an die Eltern fährt fort:* «Ich habe seinen Artikel schon gelesen, kann freilich keinen Fußbreit weichen, werde aber noch nicht gleich, eventuell gar nicht antworten, weil eine zu unmittelbare Zwiesprache zwischen E. Chr. Achelis und Karl Barth sich vor der Öffentlichkeit leicht lustig und was mich angeht taktlos ausnehmen könnte. – Merkwürdigerweise sind mir auch Mißbilligungsäußerungen von Jülicher und Heitmüller zu Ohren gekommen. Was denen nicht recht ist, ist mir unklar. Ja sogar Herrmann hat mir erst nach einigen Explikationen recht gegeben. Er hatte wegen des Relativismus Bedenken. Das ist mir natürlich eine ironische Sache, aber für mich immerhin eine befriedigende Bescheinigung, daß meine theologische Auffassung nicht einfach ein Abklatsch ist von der typisch marburgischen.»

*Nicht weniger geheimnisvoll als das Eingreifen von Achelis kündigte sich dasjenige von Drews an. Am 4. 9. 1909 schrieb Barth aus Bern an seinen Freund Wilhelm Loew:* «Mein Z. Th. K.-Artikel begegnet weitgehender Ablehnung. Sowohl mein Vater wie Wernle[1] haben mir den

---

[1] Paul Wernle (1872–1939), Professor für Kirchengeschichte in Basel. Barth hatte ihn laut Eintragung in seinem Taschenkalender am 29. 8. 1909 zusammen mit Eduard Thurneysen besucht.

*Pelz gewaschen, heute wirds noch ein hiesiger befreundeter Pfarrer tun. In der Z. Th. K. giebts 2 Entgegnungen, außer von Achelis noch von einem D. Bornhausen schrieb mir nur diese Initiale. Ob Deißmann?»* Daß er, indem er auf den Berliner Neutestamentler Adolf Deißmann tippte, falsch geraten hatte und wie der zweite Angriff beschaffen war, erfuhr Barth spätestens aus Rades Brief vom 21. 9. 1909[2]. Eine Aufforderung Rades[3] und der Ton von Drews' Attacke bewogen Barth nunmehr zu einer Erwiderung – zumal ihm der Text von Drews in einer Erstfassung vorlag, die später für den Druck gemildert wurde: «... *er ist bedeutend schärfer ablehnend [scil. als Achelis], er ‹pfeift› zweimal auf eine ‹solche› Theologie, wirft mir auch Subjektivismus vor, ja sogar Verkennung des Unterschieds von Wissenschaft und Religion und redet sehr mißvergnügt von ‹dem Herrn Barth›» (23. 9. 1909, an den Vater).*

Barths Absicht, öffentlich zu antworten, stieß bei seinem Vater erneut auf Mißbilligung: er sei «*etwas ungehalten*» über Rade, «*daß er dich noch zu einer Duplik antreibt. Gerade Achelissens Artikel, der viel Richtiges enthält, zeigt mir, daß deine Gedanken noch nicht publikationsreif waren, und ich sehe nicht recht, was bei einer Duplik herauskommen soll. Schicke mir aber Drewsens Artikel auch, und falls du ihm antwortest (quod Deus avertat), so sei höflich gegen ihn und hüte dich vor den bösen Geistern der rabies theologica*» (25. 9. 1909). Am 28. September schrieb der so Ermahnte seinen Eltern zurück: «*Ich denke, wenn ihr Drews gesehen habt, werdet ihr begreifen, daß es kurios gewesen wäre, wenn ich geschwiegen hätte, wie ich es Achelis allein gegenüber wollte. Die rabies theologorum habe ich möglichst unterdrückt und habe überhaupt das Gefühl, so sachlich als möglich geredet zu haben. Ob Rade das erwartet hat, weiß ich natürlich nicht, was er selbst dazu schreiben will, noch weniger. Jedenfalls war ichs aber, da ich nun doch einmal relativ öffentlich bin, dem Namen Barth und meiner theologischen Erziehung schuldig, zu zeigen, daß ich nicht der naiv brüllende Stürmer und Dränger sei, als der ich in den Artikeln der beiden στῦλοι erscheine. Wenn es mir gelungen ist, ihnen gegenüber theologiegeschichtlich zu zeigen: Minheer, dat is min Pard und nicht das Eurige, so ist der Zweck erreicht. – Nun war am Sonntag die Installation*[4]. *Ich hat-*

---

[2] Abgedruckt in: Bw.R., S. 66f.
[3] A.a.O.
[4] Barths Amtseinführung in Genf, 26. 9. 1909.

te die Predigt schon letzten Montag-Dienstag gemacht und Freitags memoriert. So war ich merkwürdigerweise am Samstag nicht mehr damit, sondern mit der Ausarbeitung jenes Opuskulums beschäftigt.» (Der Text von Barths Installationspredigt war Phil. 3,12–15 – derselbe, auf den er in seiner Duplik an Achelis und Drews [unten S. 364] Bezug nimmt.)

Die Zustimmung des Vaters gewann Barth auch diesmal nicht. Fritz Barth nahm, vom inhaltlichen Widerspruch noch abgesehen, schon an der Sprache des Sohnes Anstoß: «Soll das die neueste Methode der systematischen Theologie sein, die solche Ungetüme von gequälten Sätzen zu Tage fördert und dabei so munter ‹auf des Meisters Worte schwört›? Ich verstehe ja schon, was du sagen willst; aber welch ein Unsinn ist es, einen jungen Theologen in die Arena zu ziehen, bevor seine Gedanken sich klären und selbständig werden konnten! ... Soll die Gemeinde in suspenso bleiben über den Inhalt des Evangeliums, bis eure Vorhoffragen erledigt sind? Nimm mir nichts übel, was ich da sage, aber lege es auch nicht nur bei Seite. Ich bedaure namentlich auch, daß dir diese ‹teutsche Theology› gerade in die Tage deiner Antrittspredigt hineingekommen ist; das war doch gewiß nicht richtig, den Tag vor dem Amtsantritt in Gedanken in Marburg anstatt in Genf zuzubringen. Schicke uns ja deine Predigt; sie wird uns gewiß mehr freuen als die Duplik. Nicht Verdünnung wirst du in Zukunft nötig haben, sondern Vertiefung, aber nicht vor allem in Kant und Schleiermacher, die du noch dazu sehr einseitig ausbeutest, sondern in das Schriftwort, aus dem du noch viel, ja alles zu schöpfen hast» (Brief vom 29. 9. 1909).

Postwendend (30. 9.) antwortete der Sohn, des Vaters Brief mache ihn ratlos. Er fühle sich zu der Zeit um die Mitte des 19. Jahrhunderts hingezogen, «wo man ... in der Theologie und sonst den Problemen des Denkens standhielt, wo die Theologen das Selbstbewußtsein hatten, in ihrer besondern Weise Wissenschaftler zu sein wie alle andern, und sich darum nicht davor scheuten, ihre eigene Sprache zu reden, die eine andre sein mußte als die auf der Kanzel. ... Kann sein, daß ich 50 Jahre hinter der Weltgeschichte herhinke, jedenfalls ist dort die geistige Gesellschaft, in der ich mich wohl fühle, und von da aus wirst du verstehen, daß mir Vorwürfe und Einwände, wie du sie mir machst, förmlich physisch wehe thun, weil sie in mein ganzes theologisches Dasein ‹zwischenhineinkommen›, statt verständnisvoll zu ergänzen und zu helfen, wofür ich mich offenhalte.»

*Als Rade die Duplik als «ausgezeichnet» beurteilt[5], gibt Barth dessen Votum an seine Mutter weiter und bemerkt dazu: « ... ich finde es nun erst recht, wo mir ein Fachmann sagt, daß es nicht einfach leeres Stroh sei, schade, wenn man so aneinander vorbeiredet.» Käme die Ablehnung von einem Freund, er würde sie abschütteln. Bei den eigenen Eltern aber «komme ich einfach auch jetzt nicht über die Geschichte weg. – Genug, genug, das ist der dunkle Punkt meiner letzten Wochen, der dunkel bleibt, wie ich ihn auch drehen mag» (12. 10. 1909).*

*Der familiäre Disput kommt erst zum Verstummen, als der Vater, nachdem er die Duplik im Fahnenabzug nochmals gelesen, einen etwas milderen Ton anschlägt: «Ich freue mich über jede Beachtung, welche diese Artikel dir in Deutschland erwerben können; nicht ich habe ja deinen Lebensweg zu machen, sondern Gott muß es tun, und er hat dich bis jetzt freundlich geleitet trotz allerlei, was ich noch nicht verstehe. Aber Eines möchte ich dir von neuem sagen: schreibe meinetwegen, so viel du willst; aber laß es nicht gleich drucken, wenn auch alle Rades und Stephans des deutschen Gelehrtenhimmels dich dazu auffordern! Du sollst kein Journalist werden; lagere doch deine Cigarren etwas ab, bevor du sie anbietest; das Leben ist ja für dich hoffentlich noch lange. Ceterum censeo.»*

*Einen versöhnlichen Epilog zu der Debatte schrieb einer der Kombattanten, Achelis, in einem Brief an Fritz Barth am 6. Dezember:*

*«Gestatten Sie, hochgeehrter Herr Kollege, daß ich Ihnen zu meiner Entschuldigung oder Rechtfertigung mein unmutvolles Herz ausschütte. Die Verhandlung mit Ihrem Herrn Sohne in der Zeitschrift für Theologie und Kirche ist im letzten Heft in einer Weise zu Ende geführt, die dem sensationslüsternen Journalisten Rade alle Ehre macht. Mein kleiner Aufsatz, den ich auf Veranlassung der Herzensergießung Ihres Herrn Sohnes veröffentlichte, hatte lediglich den Zweck, Mißverständnisse abzuwehren und unliebsamen Folgen für die Freudigkeit unsrer Theologie Studierenden vorzubeugen. Sofort hat Rade der Sachlage ein durchaus verändertes Aussehen dadurch gegeben, daß er einen zweiten Aufsatz, den von Prof. Drews, in derselben Angelegenheit folgen ließ. Jetzt sieht die Sache so aus: Zwei Ordinarien Theologischer Fakultäten legen ihre Lanzen ein, um über einen harmlosen und gewissenhaften*

---

[5] Brief vom 10. 10. 1909, a.a.O., S. 69.

*jungen Theologen herzufallen, zwei gegen einen, nicht in ritterlichem Kampf, sondern nach der Art des Strauchräubertums und in Analogie mit Don Quixote und Sancho Pansa, die gegen eine Windmühle anstürmen, nur mit dem Unterschiede, daß der Gegner keine Windmühle, sondern ein Cand. theol. ist. Selbstverständlich trifft Ihren Herrn Sohn nicht der geringste Vorwurf, daß er auf Aufforderung von Rade sich seiner Haut wehrt und den beiden unritterlichen Kämpen seine Meinung sagt. Aber Rade hat dem Ganzen nun noch die Krone aufgesetzt, indem er sich auf den Richterthron setzt und die Preise verteilt und die Wunden konstatiert.*

*Herrn Kollegen Herrmann habe ich diese meine Auffassung dargelegt und seine Billigung gefunden. Herrn Rade gegenüber hülle ich mich in Schweigen; er ist zu sehr Journalist, als daß ich auf Verständnis der unwürdigen Situation, in die er mich und auch Prof. Drews versetzt hat, rechnen dürfte. Fällt in den Augen und im Gemüt Ihres Herrn Sohnes aller Nimbus, den seine Pietät um unser Haupt gewunden hat, infolge dieser Affäre dahin, so werde ich das wohl beklagen, aber auch es sehr begreiflich finden. Nur Ihnen als Vater wollte ich meine Anschauung und mein Unbeteiligtsein an dem Vorgehen Rades darlegen, damit ich wenigstens nicht in* Ihren *Augen an meiner Ehre Schaden leide.»*

*Zwischen senkrechten Strichen in den Text eingefügt ist die Originalpaginierung aus der Zeitschrift für Theologie und Kirche 1909.*

## Moderne Theologie und Reichsgottesarbeit

Vor einiger Zeit wurde in einer deutschen Universitätsstadt mit «moderner» theologischer Fakultät einem Kreis von Studenten die Frage vorgelegt, woher es komme, daß von da aus so auffallend Wenige nach beendigtem Studium sich der Arbeit in der äußern Mission zuwendeten. Dies und Jenes wurde genannt, schließlich wurde doch der tiefste Grund jener Tatsache in gewissen Schwierigkeiten gefunden, die aus unsrem wissenschaftlichen Verständnis der Religion in Geschichte und Gegenwart hervorgehen. Es war gut, daß das offen gesagt wurde, denn was auf diesem speziellen Gebiet gilt, gilt für die praktische religiöse Arbeit überhaupt: es ist ungleich schwieriger, aus den Kollegiensälen Marburgs oder Heidelbergs zur Tätigkeit auf der Kanzel, am Krankenbett, im Vereinshaus überzugehen, als aus denen Halles oder Greifswalds.[6] Und die Gegner wissen das recht gut: auch der Verständnisvollste unter ihnen wird uns zu verstehen geben: An ihren Früchten wird man sie erkennen [Mt. 7,16.20] – Könnt ihr Zeugnis ablegen aus dem Glauben, der in euch ist [vgl. 1. Petr. 3,15], wie wir es können? Der Vorwurf, der darin liegt, und die gewisse Verlegenheit auf seiten des «modernen» Theologen, die sich dann einzustellen pflegt, sind nicht neu. Nicht um der «Apologetik nach rechts» hin, sondern um der eigenen Klarheit und Vertiefung willen ist es für den letztern eine Lebensfrage, daß er sich der Gründe und Konsequenzen der ganzen Erscheinung bewußt wird.

Das Wesen der «modernen» Theologie ist der *religiöse Individualismus*. Streng individuellen Charakter hat nach ihrer Auffassung schon die Voraussetzung der Religion, die Sittlichkeit. Sie ist nicht Gehorsam gegen Normen, die von außen an den Menschen herantreten, sondern Besinnung und Willensrichtung auf eine Wahrheit und Autorität, die in ihm selber sich kundtut.

Individuell bedingt ist das Erwachen der Religion, wie wir sie verstehen. Wo ein Mensch zur Erkenntnis gekommen ist, daß es ihm faktisch unmöglich ist, das als gut erkannte Sittengebot bei sich durchzusetzen, da kann er es erleben, daß ihm in der Überlieferung der christlichen Kirche oder in ihrem gegenwärtigen Leben eine Macht begegnet, der er sich in Gehorsam und Vertrauen gänzlich unterwerfen muß. Aber wann kommt er zur Erkenntnis jenes Bruches in seinem sittlichen Wollen? Und welche Seite der |318| christlichen Überlieferung, welche Lebensäußerungen gegenwärtiger Religion werden ihm die Offenbarung, die ihn befreit und unterwirft? Alles Fragen, die nur er selber sich

---

[6] Die theologischen Fakultäten von Marburg und Heidelberg galten als Hochburgen der «modernen», die von Halle und Greifswald als solche der «positiven» Theologie. In Marburg – wo Barth diesen Beitrag schrieb – lehrten im Jahre 1909 u. a. Ernst Christian Achelis (Prakt. Theol.), Karl Bornhäuser (Prakt. Theol.), Wilhelm Heitmüller (NT), Wilhelm Herrmann (Syst. Theol.), Adolf Jülicher (NT), Martin Rade (Syst. Theol.), Horst Stephan (Syst. Theol.); in Heidelberg dominierte Ernst Troeltsch (Syst. Theol.), in Halle Martin Kähler (Syst. Theol.; seit 1879) und Friedrich Loofs (Kirchengeschichte); die theologische Fakultät von Greifswald stand unter dem nachwirkenden Einfluß von Hermann Cremer (gest. 1903).

beantworten kann, es gibt keinen allgemeingiltigen ordo salutis, aber auch keine allgemeingiltige Offenbarungsquelle, die Einer dem Andern demonstrieren könnte.

Individuell ist endlich das Leben der auf der Offenbarung beruhenden Religion. Der Christ, der jener Macht erlegen ist, überwindet die Welt [vgl. 1. Joh. 5,4]. Mit steigender Klarheit, freilich auch in stetem Kampf setzt sich in seinem innern Leben, in seinem Wollen und Denken das Neue durch, das ihn in jenem Erlebnis berührt, sein Handeln folgt den göttlichen Normen, seine Welt wird eine Welt Gottes, die denen zum Besten dient, die ihn lieb haben [vgl. Röm. 8,28]. Aber die Maßstäbe zu dieser Weltüberwindung müssen aus seinem eigenen Glauben hervorgehen, kein Andrer kann sie ihm geben. Die christliche Sittlichkeit kennt keine normativen Einzelgebote, und es gibt kein normatives christliches Weltbild. (Die hier vertretene Auffassung des religiösen Individualismus ist an *Herrmann* orientiert. In den prinzipiellen Zügen, «nur mit ein wenig andern Worten»[7] dürfte sie doch die der «modernen» Theologie überhaupt in ihren verschiedenen Schattierungen sein.)

Das andere Charakteristikum der «modernen» Theologie ist der *historische Relativismus*. Er ist nicht das Wesentliche an dieser Theologie, wie Gegner – und Freunde in der Hitze des Gefechts oft behaupten, sondern nur ein nach außen besonders auffallendes Moment der individuell verstandenen Durchsetzung und Erneuerung des Lebens der Religion. Weil diese Religion auf einem persönlichen, nicht allgemeingiltigen Grunde beruht, empfindet sie es nicht nur nicht als Schädigung ihrer selbst, sondern als ein Gebot sittlicher Wahrhaftigkeit, auch die Offenbarungsquelle, die Anlaß ihrer Entstehung und ihres Bestandes ist, durch die Mittel der allgemeingiltigen Wissenschaft zu untersuchen. Diese Untersuchung entspricht einem vitalen religiösen Interesse nicht nur als ein Stück «Weltüberwindung», sondern weil sie geeignet ist, dem Leben der Gegenwart immer neue Anregung und Förderung zu bringen. «Die Wahrheit wird euch frei machen» [Joh. 8,32]. Sobald diese Aufgabe klar erfaßt ist, ist auch der historische Relativismus gegeben, denn für die Wissenschaft, sofern sie Wissenschaft ist, gibt es in Natur und Geisteswelt keine absolute Größe. Der-|319|selbe Theologe, der

---

[7] Siehe unten S. 398, Anm. 50.

dem Neuen Testament die Kraft und den Frieden seines innern Lebens verdankt, die ihn über die Welt erheben zu Gott, derselbe sieht im Neuen Testament eine Sammlung religiöser Schriften wie andre, im Christentum ein religiöses Phänomen wie andre, in Jesus einen Religionsstifter wie andre auch, und er behandelt ihr Werden und ihre Geschichte mittelst derselben Methode, mit der er Avesta und Zoroaster behandelt.

Religiöser Individualismus und historischer Relativismus, das ist der Inhalt des Schulsacks, den der Schüler der «modernen» Theologie aus dem systematischen und geschichtlichen Kolleg mit ins Leben, d. h. aber für ihn in die religiöse Arbeit an den Andern hinein mitbekommt. Beides steht sich zunächst schroff gegenüber. Die Religion kennt nur individuelle Werte, die Historie kennt nur allgemeingiltige Tatsachen.

Die Schwierigkeit einer religiösen Arbeit, der diese Schule vorangegangen ist, liegt klar zu Tage. Aus den Händen geglitten ist uns die eine wie die andre Tafel Mosis, in denen unsre Vorfahren den Inbegriff von Religion und Sittlichkeit sahen. Was bleibt uns übrig? Die mehr oder weniger genaue Kenntnis der christlichen Vergangenheit, über deren wissenschaftliche Relativität wir uns klar sind, und – unser eigenes religiöses Leben. Ja, wenn wir welches haben! Gottfried Keller macht sich irgendwo lustig über die Theologen, «die sich auf den äußersten Ast des Baumes setzen, von dannen sie dereinst mit großem Klirren herabfallen werden».[8] Wir sind uns nun bewußt, nicht auf dem Ast eines christlich bemäntelten Pantheismus zu sitzen, wie er dort persifliert wird, aber es ist gut, wenn wir es uns klar machen, daß wir allerdings jeden Augenblick in Gefahr sind, «mit großem Klirren» herabzufallen, wenn uns

---

[8] G. Keller, *Das verlorene Lachen*, in: *Die Leute Seldwyla. Erzählungen.* Zweite vermehrte Auflage, Bd. IV, Stuttgart 1874, S. 167f.: «Auch verbreiteten neue Philosophen, welche ihre Stichwörter wie alte Hüte von einem Nagel zum andern hingen, böse verwegene Redensarten, und es geschah ein großer Zwang in nachgesagten Meinungen und Sprüchen. – Wer nun unter den Priestern ruhiger und bescheiden war, dachte, es komme auf ein gewisses Maß des Mehr oder Weniger in der Unklarheit nicht gerade an, und verhielt sich klüglicherweise friedlich auf dem gewonnenen Standort, streitbar nur gegen die alten Feinde und Unterdrücker. Andere dagegen wollten um keinen Preis der Anschein haben, als ob sie hinter irgend einer Sache zurückblieben, nicht alles wüßten und nicht an der Spitze der Dinge ständen. Diese rüsteten sich mit schweren Waffen und setzten sich auf die äußersten Zweige des Baumes hinaus, von wo sie einst mit großem Klirren herabfallen werden.»

die individuelle Religion, die wir predigen wollen, ein Theologumenon ist wie andre, ohne persönliche lebendige Wirklichkeit. Wer sich zur «modernen» Theologie hält, der mag sich gesagt sein lassen, daß Sein oder Nichtsein hier die Frage ist.[9] Denn durch die Wissenschaft wird ihm zunächst der ganze historische Apparat von Vorstellungen und Begriffen, der der Vergangenheit «Motiv und Quietiv» ihres Glaubenslebens war, genommen; er wird rücksichtslos genötigt, selber Stellung zu ihnen zu nehmen, d. h. sich selber vor die Frage zu stellen, ob und inwiefern sie Ausdruck auch seines Glaubens sind. In dieser Aufgabe besteht die Schwierigkeit des «modernen» Theologen, der |320| Andern Zeugnis ablegen möchte von seinem Glauben. Sie ist für ihn eine Lebensaufgabe, weil diese Stellungnahme zu den Gedanken der Vergangenheit nicht in einigen Semestern zu erledigen ist, sondern nur unter Heranziehung einer vielseitigen praktischen Erfahrung, wie diese Gedanken selbst die Produkte vielseitiger Erfahrung sind. Diese Aufgabe ist für ihn keine theoretische, sie wird ihm geradezu ins Gewissen geschoben, weil sie nur in innigstem Zusammenhang mit seiner eigenen sittlich-persönlichen Entwicklung lösbar ist.

Es gibt einen Weg, auf dem sich der «moderne» Theolog dieser Aufgabe und dieser Schwierigkeit entziehen, auf dem er flugs ein «brauchbarer» Arbeiter werden kann, und es sind Manche diesen Weg gegangen. Er verläuft nach dem Schema:

Als Zentauren gingen sie einst durch poetische Wälder,
aber das wilde Geschlecht hat sich geschwinde bekehrt.[10]

Man wirft den ganzen modernen Schulsack über Bord (nach dem Rezept eines der vielen heutigen Reformatoren des theologischen Studiums)[11], man paßt sich dem Milieu an, in dem man zu arbeiten hat,

---

[9] Vgl. W. Shakespeare, *Hamlet, Prinz von Dänemark* (deutsch von A. W. von Schlegel) III, 1:
   Sein oder Nichtsein; das ist hier die Frage ...
[10] Fr. von Schiller/J. W. von Goethe, *Xenien*, Nr. 99: «Das Brüderpaar» (gemünzt auf die Brüder Christian und Friedrich Leopold Grafen zu Stolberg).
[11] G. Mix, *Zur Reform des theologischen Studiums. Ein Alarmruf*, München 1908, S. 7: «... das erste, was der junge Geistliche zu tun hat, wenn er ins Amt kommt, unter den gegenwärtigen Verhältnissen ist, möglichst bald den unnötigen Ballast seiner Universitätsgelehrsamkeit über Bord zu werfen, damit sie ihn nicht in seiner Bewegungsfreiheit hemmt oder wohl gar in die Tiefe zieht. Je schneller er vergißt, was er auf der Universität mit heißem Bemühen fürs Ex-

und man verteidigt das Ganze, indem man einen ungemeinen Unfug treibt mit dem Wort «Wirklichkeit.»

Ich denke, wer Schüler, nicht bloß Schulbube gewesen ist, als er bei Herrmann oder Harnack seine Kollegienhefte füllte, wird diesen Weg der «Flucht in die Praxis»[12] nicht gehen wollen. Die Wissenschaft wird ihm nicht Stoff, sondern Methode und diese Methode nichts Anderes als ein Anwendungsfall seiner sittlichen Aufrichtigkeit sein; mit ihr steht und fällt seine Persönlichkeit.

Und nun steht es so, daß in der Tat ein Theologe, der jene Versuchung überwindet und doch von seiner streng individuell erlebten und erlebbaren Religion zu Andern reden möchte, sich in hohem Maße weniger «reif» dazu fühlen wird als der andre, dem in ehrlicher Überzeugung eine ganze Reihe normativer Begriffe und Vorstellungen dazu ohne Weiteres zu Gebote stehen. Die «Brauchbarkeit» und «Wirksamkeit» der römisch-katholischen Priesteridee bietet dafür das Gegenbeispiel im Großen. Denn wer zu den Andern nur von dem reden will, was in seinem eigenen Leben Anlaß oder Wirkung des Glaubens geworden ist, der ist immer begleitet von der Skylla des Pfaffentums, das mehr bietet, als es hat, und von der Charybdis des Agnostizismus, der überhaupt |321| nichts bietet. Beide stehen aber besonders drohend vor uns Jüngern, und dem schreibe ich unsre «Unreife», unsren auffallend geringen religiösen Betätigungstrieb zu, der allerdings neben dem Evangelisationseifer pietistisch berührter Kreise oft beinahe beschämend wirkt. Aber doch nur beinahe, denn dies Gefühl zerstreut sich, sobald wir uns auf die Gründe dieses Verhältnisses besinnen. Nicht in dem Sinn, als wollten wir uns auf Grund unsres Verständnisses der Religion nach Art der Gnostiker als eine höhere Kategorie des Christentums be-

---

amen zusammengetragen hat, um so ersprießlicher wird seine Tätigkeit sich gestalten. Und je zäher er an den Idealen seiner Universitätszeit festhält, um so mehr wird er seinem eigentlichen Beruf entfremdet werden, bis er schließlich allen Boden unter den Füßen verloren hat.» – Vgl. dazu Barths Rezension in: CW, Jg. 23 (1909), Sp. 116 (in diesem Band oben S. 317–320).

[12] Vgl. z. B. E. Troeltsch, *Protestantisches Christentum und Kirche in der Neuzeit*, in: P. Hinneberg (Hrsg.), *Die Kultur der Gegenwart*, Teil I Abt. IV, 1. Hälfte, Berlin/Leipzig 1906, S. 450 (über die zeitgenössische Theologie in England und Amerika): «Die Flucht ins Praktische ist das Mittel, den eindringenden modernen Ideen zu entgehen, während man über das unfruchtbare Theoretisieren der deutschen Theologen sich erhaben fühlt.»

trachten als die, die es fertig bringen, schneller und lauter und massiver von ihrem Glauben zu reden. Wir halten dieses Verständnis für das beste, weil wahrhaftigste, aber wir wenden den historischen Relativismus auch auf unsere eigene Theologie an und betrachten sie, wenn wir uns mit Andern vergleichen, als eine Erscheinungsform des Evangeliums neben andern. Wie wir der Orthodoxie, dem Pietismus, dem Rationalismus, aber auch der katholischen Kirche ihre Charismen in ihrer besondern Art der Durchsetzung des Glaubens zuerkennen, so wird es sich wohl auch bei uns verhalten. Wir sind nicht das Christentum κατ' ἐξοχήν, aber wir bemühen uns, die unerschöpflichen Kräfte der christlichen Religion nach den Seiten, die uns besonders wichtig geworden sind, energisch zum Ausdruck zu bringen. Religion ist uns streng individuell gefaßte Erfahrung, und wir empfinden es als Pflicht, uns klar und positiv mit dem allgemein menschlichen Kulturbewußtsein nach seiner wissenschaftlichen Seite hin auseinanderzusetzen. Das ist für uns, wenn wir «Reichsgottesarbeit» im engern Sinn treiben möchten, zugleich unsre Stärke, deren wir uns freuen, wie unsre Schwäche, die wir anerkennen, aber nicht bedauern, weil wir nicht anders können.

## Noch einmal: Moderne Theologie und Reichsgottesarbeit
### von Ernst Christian Achelis

Meine Absicht ist nicht, den Ausführungen von *Karl Barth* über dasselbe Thema im 4. Hefte des gegenwärtigen Jahrgangs dieser Zeitschrift (S. 317–321) polemisch entgegenzutreten. Die offene Aussprache des Verfassers über seine theologischen und kirchlichen Nöte ehre ich zu sehr, als daß ich sie irgendwie zu dämpfen unternehmen möchte. Um Verständigung mit B. ist es mir zu tun, vielleicht um Klärung der im Eifer der Aufrichtigkeit wohl an Übertreibung leidenden Gedanken, auch um Abwehr von Mißverständnissen, die ihn und Andere auf falsche Bahnen führen könnten. Wer, noch außerhalb der praktischen kirchlichen Arbeit stehend, seine Mittel prüft, über die er verfügen zu können meint, um den zukünftigen Aufgaben gerecht zu werden, wird leicht in der richtigen Schätzung dieser Aufgaben und seiner Kräfte irre gehn. Dieselbe Seelenstimmung, die wir bei manchen unserer jungen Freunde finden, die nahe vor dem Examen stehen; timidi saepe sunt optimi, und die Note «gut» scheint ihnen unglaublich. Vielleicht würde dem Verfasser die Erkundigung bei Pfarrern, die ihrer «modernen» (was ist *moderne* Theologie?» Eindeutig ist der Begriff *nicht!*) theologischen Fakultät treu geblieben sind, die Ermutigung gebracht haben, die er auf Grund seiner eigenen Vorstellungen schmerzlich vermißt.

*Individualismus* und *historischer Relativismus* sind nach B. die Merkmale der «modernen» Theologie und die Quellen der geringeren Tauglichkeit ihrer Jünger für die praktische kirchliche Arbeit. Zunächst der *Individualismus*, – sollte nicht «Subjektivismus» der richtigere Ausdruck sein? B. |407| findet den Individualismus der «modernen» Theologie hinsichtlich der Sittlichkeit darin, daß diese nicht Gehorsam gegen Normen ist, die (nur?) von außen an den Menschen herantreten, sondern Besinnung und Willensrichtung auf eine Wahrheit und Autorität, welche in ihm selber sich kundtut. Mit anderen Worten ist es die Autonomie des sittlichen Willens, die er damit beschreibt. Sollte sie aber ein Merkmal nur der «modernen» Theologie sein? Gibt es überhaupt eine evangelische Theologie, welche die Autonomie des sittlichen Willens leugnet, die also Gehorsam gegen das sittliche Gebot fordert, ohne daß der individuelle Wille es sich zu eigen macht? Irreführend ist jedoch dieser «Individualismus», wenn, was B. im Auge zu haben scheint, das sittliche Gebot als *Produkt* der individuellen Autonomie hingestellt wird. Die sittliche Gemeinschaft würde damit aufgehoben sein, und die Existenz des allein normativen göttlichen Willens würde in Abrede gestellt werden. Wird aber die Autonomie des individuellen Willens nicht durch die Theonomie, weil sich ihm damit die Tiefe seines eigenen Daseins öffnet, inhaltlich bestimmt, so ist sie m. E. sittlich wertlos.

Ähnlich verhält es sich wohl mit der individuellen Bedingtheit des Erwachens der Religion, «wie wir sie verstehen». Ich stimme von Herzen bei, daß der vollendete Heilsglaube dann entsteht, wenn dem Menschen in seiner sittlichen Not dem als gut erkannten Sittengebot gegenüber in der Überlieferung der christlichen Kirche oder in ihrem gegenwärtigen Leben eine Macht begegnet, der er sich in Gehorsam und Vertrauen gänzlich unterwerfen muß. Doch darin irrt sich B., daß er den *werdenden* Glauben ignoriert und mit *einem* Sprunge den vollendeten Heilsglauben zu erlangen fordert. Es geht bei jedem Christen ἐκ πίστεως εἰς πίστιν [Röm. 1,17]. «Für die Jugend», schreibt *Gottschick* (in dieser Zeitschrift, 1904, S. 462)[13], «die in der Atmosphäre des Geistes Christi aufgewachsen ist, ist das intensive Gefühl der Erlösungsbedürftigkeit nicht naturgemäß, für sie ist die erste Form, in dem die *Heilsgewißheit* erlebt, die freudige Hingabe an das christliche Ideal als ein köstliches; in diese ist die *persönliche Gewißheit* der Huld Gottes eingeschlossen.» Haben wir doch Geduld mit uns und unserm werdenden Heilsglauben; Gott hat ja auch Geduld mit uns! Ernster wird mein Bedenken bei der Frage B.s: «Welche Seite der christlichen Überlieferung, welche Lebensäußerungen gegenwärtiger Religion werden ihm die Offenbarung, die ihn befreit und unterwirft? Alles |408| Fragen, die nur er selber sich beantworten kann, es gibt ... keine allgemeingültige Offenbarungsquelle, die Einer dem Andern demonstrieren kann.» Allerdings, *demonstrierbar* ist die Offenbarungsquelle nicht; allein das scheint bei B. auch nicht betont zu sein. Irre ich

---

[13] J. Gottschick, *Erklärung gegen D. Walther in Rostock,* in: ZThK, Jg. 14 (1904), S. 462: «Der zweite Fall ist der der Jugend, die keine Sorgen hat und für die das intensive Gefühl der Erlösungsbedürftigkeit nicht naturgemäß ist, besonders wenn sie nicht unter dem Druck des Gesetzes, sondern in der Atmosphäre des Geistes Christi aufgewachsen ist. Für sie ist die erste Form ...» Der Rest des Zitats ist korrekt. Hervorhebungen von Achelis.

mich, daß B. es der individuellen Instanz überlassen will, was das Individuum in der christlichen Überlieferung oder in den Lebensäußerungen gegenwärtiger Religion als befreiende Offenbarung anerkennen will? Gibt es denn eine ungezählte Menge von Möglichkeiten der befreienden und uns unterwerfenden Offenbarung? Für die evangelische Theologie und Frömmigkeit gibt es nur *eine* ihres Namens werte Offenbarung, in der «Gott sein Herz gegen uns ausgeschüttet hat»[14], und diese Offenbarung heißt Jesus Christus. Nur *die* Seiten der christlichen Überlieferung und nur *die* Lebensäußerungen gegenwärtiger Religion können uns zum Glauben helfen und im Glauben stärken, in denen *die* Offenbarung uns entgegentritt. Christus allein ist die für Alle gültige Offenbarungsquelle, unser Glaube ist lediglich an ihn und an den durch ihn und in ihm sich offenbarenden Gott gebunden, und die Macht, die uns begegnet und der wir uns in Gehorsam und Vertrauen gänzlich unterwerfen müssen, ist er, nur er. Gewiß haben wir selbst, ein jeder individuell für sich, mit unsern individuellen Augen Christus zu schauen, mit unseren individuellen Ohren auf ihn zu hören; die individuellen Glaubenserlebnisse werden daher sehr verschieden sein. Aber nur das wird in der «modernen» Theologie als Glaube (oder auch «Religion») gewertet, was als Gehorsam und Vertrauen dem Herrn Christus gegenüber sich kundgibt. Doch nur in der «modernen» Theologie? Es ist ja richtig, daß von den Jüngern der theologischen Fakultäten, in denen auf korrekte Überlieferung der sog. Kirchenlehre besonderes Gewicht gelegt wird, der assensus zu den tradierten Lehren für kirchlichen Glauben angesehen werden *kann*. Sie vermögen dann *unter Umständen* den eigenen individuellen Glaubensmangel mit dem Mantel angenommener Lehre zu bedecken, ihre Armut für Reichtum zu halten und für den kirchlichen Dienst sich für durchaus qualifiziert zu beurteilen. Das allerdings ist bei den Jüngern «moderner» Theologie unmöglich. Der Glaube (die «Religion») wird hier in seiner vollen evangelischen Bestimmtheit ausschließlich geltend gemacht, und jene Selbsttäuschung findet keine Stätte. Der Weg zur kirchlichen Brauchbarkeit wird gewiß dadurch schwieriger, er führt |409| durch manche ernste Auseinandersetzungen zwischen Gott und der individuellen Seele, durch viele Kämpfe der Selbstbesinnung und Selbstverleugnung; allein der Ertrag ist auch ungleich wertvoller. Will man fragen, woher es kommt, daß von «modernen» theologischen Fakultäten aus so auffallend wenige nach beendigtem Studium sich der Arbeit in der Äußeren Mission zuwenden, so liegt wenigstens *eine* Antwort auf der Hand. Unsere jungen Theologen gehen einen ernsten Weg. Das Bewußtsein, noch nicht fertig zu sein, noch im Ringen nach dem vollendeten Heilsglauben zu stehen, ob sie auch von Christus ergriffen sind, erfüllt sie, oft in entmutigender Weise. Nur da wird es von der Freudigkeit, Heidenmissionar zu werden, überwunden, wo die vocatio Dei interna unausweichlich sie überwindet, und solche vocatio ist eben Gottes Sache, die man nicht mit Gewalt an sich reißen darf.

---

[14] Vielleicht Anspielung auf M. Luther, *Großer Katechismus,* Erklärung des 2. Artikels (BSLK, 65 1,10–15): «Hie lernen wir die andere Person der Gottheit kennen ..., nämlich wie er sich ganz und gar ausgeschüttet hat und nichts behalten, das er nicht uns gegeben habe.»

Neben dem religiösen Individualismus ist nach B. der *historische Relativismus* «der Inhalt des Schulsacks, den der Schüler der ‹modernen› Theologie aus dem systematischen und geschichtlichen Kolleg in die religiöse Arbeit an den Andern mitbekommt, und beides ist unvereinbar.» Die Meinung B.s wird ja nicht sein, daß das, was die systematischen und geschichtlichen Kollegien bieten, die religiöse Ausrüstung zur religiösen Arbeit an Anderen bedeute. Vor solchem Mißverständnis hat *Herrmann* ihn gewiß behütet. Wie steht es aber mit dem historischen Relativismus? Kein Zweifel, er ist mit jeder rein historischen Forschung unlösbar verbunden. Auf rein historischem Wege kann ich wohl dartun, daß das Christentum unter allen historischen Religionsformen *bis dahin* die vollkommenste ist. Daß es jedoch *die* Religion, die *absolute* Religion ist, steht außerhalb des rein historischen Beweises, weil es ein *religiöses Werturteil*[15] ist. Nicht auf dem historischen Relativismus, sondern auf dem religiösen Werturteil beruht das religiöse Leben, beruht der Glaube. Die vergleichende Religionsgeschichte hat es an sich, daß sie die Religionen nivelliert, – eine Tatsache, die für den religiös Ungebildeten, der auf solchem historischem Relativismus sein religiöses Leben aufbauen zu können wähnt, den Verlust aller Religion, vielleicht die Unmöglichkeit, zu religiösem Leben zu kommen, nach sich zieht. Dieselben Erscheinungen, die heute durch die Religionsforschung ans Licht gezogen werden, waren in gewissen Grenzen von alters her bekannt; aber auch von alters her hat in der christlichen Gemeinde das religiöse |410| Werturteil die *Deutung* der Erscheinungen in die Hand genommen. Ich erinnere nur daran, daß auf sittlichem Gebiet seit den Apologeten des 2. Jahrhunderts die lex naturalis, auf religiösem Gebiet die Lehre von dem λόγος σπερματικός[16] es war, in dem das religiöse Werturteil sich kundgab; was zur Nivellierung des Christentums zu führen schien, gereichte zur Verherrlichung des Christentums. In dieser oder jener Weise wird das religiöse Werturteil stets verfahren; denn der Glaube duldet keine Nivellierung; nicht Relativität, sondern Absolutheit seines Objektes ist sein Leben. Nach anderer Seite ist es für die Erforschung der geschichtlichen Wirklichkeit des Lebens Jesu von hohem Wert, den Nachweis anzutreten, was aus den literarischen Quellen für diese geschichtliche Wirklichkeit sich feststellen läßt. Al-

---

[15] Zum «religiösen Werturteil», einem Fundamentalbegriff in der theologischen Erkenntnistheorie Albrecht Ritschls, vgl. z. B. A. Ritschl, *Die christliche Lehre von der Rechtfertigung und Versöhnung*, Bd. III, Bonn 1895⁴, S. 197: «Das religiöse Erkennen im Christenthum besteht in selbständigen Werthurtheilen, indem es sich auf das Verhältniß der von Gott verbürgten und von den Menschen erstrebten Seligkeit zu dem Ganzen der durch Gott geschaffenen und nach seinem Endzweck geleiteten Welt richtet.» – S. 202: «Die Erkenntniß Gottes ist nur dann als religiöse Erkenntniß nachweisbar, wenn Gott in der Beziehung gedacht wird, daß er den Gläubigen die Stellung in der Welt verbürgt, welche die Hemmungen durch dieselbe überwiegt. Außerhalb dieses Werthurtheils durch den Glauben findet keine Erkenntniß Gottes statt, welche dieses Inhaltes werth wäre.»

[16] Vgl. z. B. A. Harnack, *Lehrbuch der Dogmengeschichte*, Bd. I, Tübingen 1909⁴, S. 507–525.

lein es ist ein Irrtum, daß die evangelische Frömmigkeit das Christusbild, das aus dem Tiegel historisch-kritischen Feuers ihr entgegenleuchtet, als das Bild des Erlösers, der die Seelen errettet und zur Vollendung führt, und der der Welt Heiland ist, anerkennen müßte. Von keinem wissenschaftlichen «Leben Jesu» wird der evangelische Christ religiös voll befriedigt sein. Imponderabilien sind vorhanden, die von der geschichtlichen Forschung zwar nicht demonstriert werden können, die der religiöse Mensch aber nacherleben kann und nacherlebt. Daher beispielsweise die eigentümliche Erscheinung, daß das 4. Evangelium, mag es immerhin keine literarische Geschichtsquelle im strengen Sinne sein, doch als historisierender Niederschlag wahrhaftiger religiöser Erlebnisse der Welt, Sünde und Tod überwindenden Christengemeinde anerkannt und als «das einige, zarte, rechte Hauptevangelium, das den anderen dreien weit weit vorzuziehen und höher zu heben» ist, um mit *Luther* (E. A. 63, 115)[17] zu reden, durch alle Jahrhunderte hin beurteilt wird. Auch da ist es das religiöse Werturteil, das Wirklichkeiten schaut, die dem historischen Relativismus verborgen bleiben müssen; die Glaubenserlebnisse auch der gegenwärtigen Christengemeinde bestätigen die Richtigkeit des religiösen Werturteils.

Religiöser Individualismus, recht verstanden, ist nicht nur in der «modernen» Theologie, er ist in der gesamten evangelischen Theologie anerkannt als die Form alles wahren religiösen Lebens, und der historische Relativismus kann weder der Entstehung noch der Vollendung des religiösen Lebens Hemmung oder Hindernis bereiten, wenn ihm nur nicht eine religiöse Tragkraft zugemutet wird, die zu bewähren er nicht imstande ist.

## Zum dritten Mal: Moderne Theologie und Reichsgottesarbeit
### von Paul Drews

Wenn die «Thesen» dieser Zeitschrift den Zweck verfolgen, Widerspruch zu wecken, um dadurch zur Klärung Anlaß zu geben, so erfüllt die «These» *Karl Barth's* unter der obigen Überschrift im 4. Heft dieses Jahrgangs sicher ihren Zweck. Ob meine «Antithese» zur Klärung beiträgt, vermag ich natürlich nicht zu sagen.

Als Merkmal der «modernen Theologie» stellte Barth zunächst den «religiösen Individualismus» hin. Ich lasse die Frage dahingestellt, ob nicht auch andere Strömungen christlicher Art in der modernen Zeit in ganz gleicher Weise und mit gleichem Recht den «Individualismus» für sich in Anspruch nehmen können. Ich gebe zu, daß die Dogmatik und Ethik der sogenannten «modernen Theologie» individualistisch geartet ist und daß darin ein wertvolles Wahrheitsmoment enthalten ist. Vor allem dies: die Voraussetzung voller, unbedingter Wahrhaftigkeit in Sachen der Religion[a], nicht nur im eigenen religiösen Leben, sondern auch in der Verkündigung. Wir begrüßen es mit Genugtuung und als ein Zeichen gesunder Frömmigkeit, daß die «moderne Theologie» nichts hält

---

[a] Ich verstehe unter «Religion» natürlich im Folgenden nur die *christliche* Religion, nicht einen abstrakten Begriff von Religion.

[17] = WA. DB 6, 10,25–27.

von dem bloßen «Nachreden» und «Nachempfinden», das in den schwersten Fehler der Religion führt, in die Heuchelei. Diese üble Praxis hat verwüstend gewirkt in unsrem kirchlichen Leben. Wer ihr den Krieg erklärt, soll mich jede Stunde an seiner Seite wissen.

Ich gehe noch einen Schritt weiter. Sofern in der These vom «religiösen Individualismus» der Satz enthalten ist, daß jeder das |476| Christentum in der seiner Geistes- und Gemütsart entsprechenden Weise in sich zu gestalten hat, stehe ich ebenfalls dazu. Denn es ist ein Irrtum, daß wir alle in gleicher Weise fromm zu werden und fromm zu sein vermöchten. Wir sinds auch tatsächlich nicht. Je weiter sich der Individualismus des modernen Geisteslebens entwickelt, desto mehr wird er auch auf religiösem Gebiet sein Recht erstreiten. Es wird immer Mystiker und Rationalisten, immer Autoritätsgläubige und Skeptiker, immer Pietisten und Moralisten geben. Aber keiner von ihnen stellt das Christentum wirklich rein und ganz dar. Ein Jeder erlebt nur eine Seite der großen Sache, und diese gewiß wieder nur in mannigfacher Trübung. Dessen hat sich jeder ernste Christ bewußt zu bleiben, um Christen andrer Art nicht zu vergewaltigen. Je ernster, wahrhaftiger, persönlicher einer das Christentum in sich erlebt, um so wertvoller wird der Beitrag seiner Art für das gesamte religiöse Leben der Gemeinschaft sein.

Allein dieser religiöse Individualismus hat seine Grenzen. Soll er noch als christlich gelten, muß er sich an Jesus gebunden fühlen und an die Werte, die von ihm uns geschenkt sind. Der christliche Individualismus weiß sich, je ernster er ist, um so fester an ein Ideal, an ein Normatives, an eine ihn zwingende Autorität gebunden. Wie wäre christliche Frömmigkeit sonst überhaupt möglich? Gewiß, sie ist ohne dies möglich als ein Sichtreibenlassen von Gefühlen und Stimmungen, als ein Dämmerzustand, als ein Genußleben. Aber damit ist echte christliche Religion bereits aufgelöst. Wer fromm ist, weiß sich von Gott, dem Vater Jesu Christi, unmittelbar in Anspruch genommen. Er fühlt ein großes Sollen über sich. Er fühlt schmerzlich die Grenzen seines Könnens und Seins. Er weiß, daß ihm mit Gott ein großes Ziel gesteckt ist, dem letztlich alle sich beugen müssen.

So führt der religiöse Individualismus, sowie man ihn ernst nimmt, über sich selbst hinaus, er kommt bei einem allgemeingültigen Normativen an. Er ist das Gegenteil von ziel- und schrankenlosem Subjektivismus.

Dieser Individualismus führt aber auch über den «historischen Relativismus» hinaus, den Barth als zweites Merkmal der «modernen Theologie» hinstellt. Ich will einmal zugeben, daß er damit recht hätte. Wie aber kommt es, daß er sich die sehr einfache Tatsache nicht zum Bewußtsein bringt, daß die *Wissenschaft* |477| zwar immer im Relativen, Bedingten hängen bleiben muß, die *Religion* aber, im Wesen von jener verschieden, immer im Absoluten ihr Reich hat? Sehr richtig sagt Barth selbst: «Für die Wissenschaft, sofern sie Wissenschaft ist, gibt es in Natur und Geisteswelt keine absolute Größe.» Wohl aber für die Religion. Wenn man also mit dem «religiösen Individualismus», also doch mit persönlicher christlicher Frömmigkeit Ernst macht, wird man über den Relativismus aller Wissenschaft hinausgehoben. Also in einem Atem von «religiösem Individualismus» und von «historischem Relativismus» zu reden und in ihnen beiden die Merkmale der «modernen Theologie» zu sehen, geht nicht an. Entweder – oder!

«Beides steht sich zunächst schroff gegenüber», erklärt auch Barth. Aber warum nur *«zunächst»*? Daß Wissenschaft und Religion zwei im Wesen verschiedene Dinge sind, das sollten wir doch endlich wissen!

Was aber macht nun das Wesen der Theologie aus? Eben dies, daß in ihr Religion und Wissenschaft sich mit einander verknüpfen, und zwar in der Weise, daß einmal hier die christliche Religion Gegenstand wissenschaftlicher Erkenntnis wird, und sodann so, daß in der Persönlichkeit des Theologen als eines Wissenschaftlers die absolute Werterkenntnis der christlichen Religion vorausgesetzt wird. Man kann sich mit der Religion wissenschaftlich auch beschäftigen, ohne von dem absoluten Wert der christlichen Religion überzeugt, ohne selbst fromm zu sein. Aber es fragt sich, ob dabei eine Erkenntnis der christlichen Religion von wahrhaft wissenschaftlichem Wert möglich ist. Selbst in der Historie des Christentums reicht, sobald man an die großen Männer derselben herankommt, ein bloßer «Sinn» für Religion, ein bloßes «Nachempfinden» zum Verständnis und zur persönlichen gerechten Beurteilung nicht aus. Persönliche Frömmigkeit ist letztlich der eigentliche Schlüssel zum Verständnis der Frömmigkeit in der Geschichte. Nur muß der Theologe als wissenschaftlicher Mensch um der Wahrheit willen – also zuletzt auch aus Religion – bereit sein, Anschauungen der Vergangenheit, die sich mit der Frömmigkeit verbunden haben, preiszugeben angesichts der ihnen widersprechenden Tatsachen. Theologie kommt nicht zuletzt durch eine Spannung zwischen Wissenschaft und Religion zu stande, und doch ist sie deren Synthese.

Das Gesagte gilt nun aber keineswegs bloß von der «modernen Theologie», sondern von der gesamten Theologie unsrer Tage.|478| Nur daß jene williger ist, auf Anschauungen der Überlieferung zu verzichten. Warum? Weil sie den Glauben an den ewigen Wert des Evangeliums hat, der nicht zu zerbrechen, aber auch nicht zu stützen ist durch irgendwelche menschliche Gedanken. Wäre der «historische Relativismus» wirklich ein besonderes Merkmal der «modernen Theologie» – sie würde in meinen Augen jeden Wert verlieren. Denn damit gäbe sie sich selbst auf: sie würde eine kraft- oder leblose Religionswissenschaft, aber für unser religiöses Leben hätte sie nichts mehr zu bedeuten.

Nun zur Frage, zu der sich die «These» des Herrn Barth zuspitzt! Die moderne Theologie mache unfähig zur Praxis. Hätte er damit Recht, so würde sie – ich wiederhole es – wertlos sein. Ich gestehe offen, daß mich dieser Gedanke aufs Äußerste überrascht hat. Jedenfalls war unsre Stimmung, mit der wir einst von der «modernen» Theologie *Ritschls* aus in die Praxis eintraten, eine gerade entgegengesetzte. Wir waren uns dessen gewiß, daß wir – vor allem da uns der Unterschied von Religion und Theologie (und Wissenschaft überhaupt) aufgegangen war – weit besser fürs praktische Amt gerüstet seien als unsre in der orthodoxen Dogmatik geschulten und wurzelnden Kollegen. Es war eine Anklage der Gegner gegen die neue von Ritschl vertretene Theologie, daß sie unfähig mache zum Trost am Kranken- und Sterbebette. Wir konnten dieses Urteils als einer Verleumdung nur lachen. *Uhlhorn* selbst hat es einst anerkannt, daß die besten Pastoren der Hannoverschen Landeskirche aus Ritschls Schule gekommen seien.[18] Doch dies nur nebenher, um die Verschiedenheit der Stimmungen von

---

[18] Nicht nachweisbar.

damals und heute zu markieren. Aber ich kann auch, um auf den Herrn Thesensteller zurückzukommen, ihn nicht ganz verstehen. Wenn er – mit Recht – so stark den religiösen Individualismus betont, so folgt daraus doch nicht, daß der junge Prediger moderner Art nur sich selbst, nur seine bereits errungene Glaubenserfahrung predigen soll. Gewiß das auch. Aber wer überhaupt religiös lebt – wir sagten es oben –, der weiß sich vor ein Ziel gestellt, der erkennt Ideale an, der streckt sich nach einem höheren Lebensstand. Wenn dies aber der Fall ist, so ist der Predigt damit ein weites, reiches, fruchtbares Gebiet erschlossen. Nicht als der fertige Mann, dem «eine ganze Reihe normativer Begriffe und Vorstellungen ohne weiteres zu Gebote stehen», hat er zu reden, sondern als der Strebende zu Mitstre-|479|benden, als der, in dem christliche Religion irgendwie, und sei es auch noch so schwach, Wurzel geschlagen hat, der aber wachsen will, zu solchen, die das ebenso wollen. Weshalb also ein «moderner» Theologe durch seine Theologie sollte zur praktischen Betätigung untauglich gemacht werden, ist nicht einzusehen. So gewiß eine Frühreife und Frühfertigkeit auf der Kanzel ungesund und darum höchst unerfreulich ist, so gewiß ist auch eine übertriebene Reserviertheit etwas *Ungesundes*. Nicht zu einer «Flucht in die Praxis» will ich und kann ich raten, wohl aber zu ernster Arbeit in der Praxis mit dem Maß von Erkenntnis, Erfahrung und Kraft, die man hat, damit sich die Kraft weiter entwickle und die Erkenntnis und Erfahrung weiter vertiefe. Wer warten will, bis er «fertig» ist, der kann warten bis ans Ende. So wichtig für die religiöse Entwicklung das Theoretisieren ist, ohne praktische Betätigung versandet sie.

Daß aber jene von Barth geschilderte Stimmung – er nennt sie ein «Charisma», eine «Stärke» – für die religiöse Gemeinschaft, für unser kirchliches Leben von irgend einer durchschlagenden Bedeutung sein könne, leugne ich. Nicht Resignation, Zurückhaltung, persönliches Sichabschließen, sondern sichre, freudige Zuversicht, «Glaube», der tätig ist und tätig sein will, das ist's, was wir brauchen. «Wo gar keine Freude des Mitteilens ist, da ist auch gar keine Religion», sagt *Paul Wernle* einmal.[19]

Ich bemerke zum Schluß, daß das oben Gesagte natürlich nicht für den Theologie-Studierenden gilt. Ihm gebührt in der Tat zunächst möglichste Konzentration auf die Theologie und möglichstes Sichfernhalten von praktischer Betätigung.

## *Antwort an D. Achelis und D. Drews*

Als ich die Erwiderung von Herrn *D. Achelis* in Nr. 5 gelesen hatte, war ich entschlossen, auf eine Duplik zu verzichten, da er, auch formell auf den Ton Ps. 141,5 gestimmt, meiner Anschauung in wesentlichen Punkten so weit entgegenkam, daß ich eine Erörterung der Differenzpunkte an der Öffentlichkeit dieser Zeitschrift für unnötig halten muß-

---

[19] P. Wernle, *Einführung in das theologische Studium*, Tübingen 1908, S. 18 (= 2. Aufl., 1911, S. 17).

te. Diese Situation hat sich verändert, seit ich der – schwereren Artillerie des Herrn *D. Drews* ansichtig geworden. *D. Achelis* kam im Anschluß an meinen Aufsatz selbst dazu, festzustellen, daß ein junger Theologe «moderner» Richtung beim Übergang ins Amt einen «ernsten Weg» geht, und zwar darum |480| in höherem Maße als der Durchschnitt seiner konservativen Kollegen, weil ihm auf alle Fälle der «Mantel angenommener Lehre» fehlt, der ihm ermöglicht, seine Armut für Reichtum zu halten. Etwas Anderes als die Konstatierung dieser geschichtlichen Situation hat mein Aufsatz nicht gewollt. *D. Drews* dagegen lehnt diese Kennzeichnung der Lage ab und nennt die Empfindung jenes Unterschieds der innern Stellung «übertriebene Reserviertheit». Dies Urteil trifft den Kern dessen, was ich wollte, und so darf ich nicht länger schweigen. Eine kurze Begründung meiner Position beiden Herren gegenüber ist mir um so wichtiger, als ich aus den Artikeln Beider gelernt habe und auch sonst auf weite Strecken mit ihren Ausführungen einig gehe.

Mein Aufsatz definierte das Wesen der «modernen» Theologie als *religiösen Individualismus.* Ich verstand darunter die Anwendung des principium individuationis, wie es in der neueren Geistesgeschichte – nicht ohne analoge ältere Strömungen (Renaissance, Descartes, Leibniz) – zuerst von der Romantik wuchtig vertreten worden ist, auf die christliche Dogmatik und Ethik als auf die gedanklichen Ideal-Darstellungen der beiden Endpunkte des christlich frommen Bewußtseins.[20] Ich dachte an die Entdeckung *Schleiermachers,* daß es keine Exemplare, sondern nur Individuen der Religion gibt.[21] Und das bedeutet als Grundvoraussetzung der systematischen Theologie, «daß alles, was zur Religion gehört, eben erst darin gegeben sein soll, daß ein geistig lebendiges Wesen zu seinem vollen Leben erwacht» (*Herrmann* in der «Kultur der Gegenwart» I 4, 2, S. 594).[22] Die Herren D. Achelis und

---

[20] Die zweite Satzhälfte (nach der Parenthese) ist in Barths Handexemplar angestrichen. Am Rand von seiner Hand: «Oh!»
[21] Vgl. Fr. D. E. Schleiermacher, *Über die Religion. Reden an die Gebildeten unter ihren Verächtern* (1799), hrsg. von H. J. Rothert (PhB 255), Hamburg 1958, S. 138–151 (Originalausgabe S. 249–272).
[22] W. Herrmann, *Christlich-protestantische Dogmatik*, in: P. Hinneberg (Hrsg.), *Die Kultur der Gegenwart*, Teil I Abt. IV, 2. Hälfte, Berlin/Leipzig 1906, S. 593f.; wieder abgedruckt in: ders., *Schriften zur Grundlegung der Theologie*, hrsg. von P. Fischer-Appelt, Teil I (ThB 36/I), München 1966, S. 311 (im

D. Drews halten mir vor, dies oder etwas Ähnliches sei die Grundvoraussetzung *aller* evangelischen Theologie. Das kann ich zugeben, sofern bekanntlich bereits *Luther* zu einer verwandten Umschreibung des Erkenntnisgrundes christlicher Wahrheit tendierte.[23] Und im 19. Jahrhundert ist *J. Chr. K. Hofmann* über Schleiermacher sogar hinausgeschritten, indem er ausdrücklich das isolierte christliche *Einzel*bewußtsein zum Erkenntnisprinzip erhob.[24] Aber im übrigen ist doch die Geschichte der neuern Theologie vor und neben *Albrecht Ritschl* eine Geschichte der Abwendung von jener fundamentalen Erkenntnis Schleiermachers. Die Rechte und die Linke waren dabei bekanntlich in gleicher Weise beteiligt. Ja selbst innerhalb der Schule Ritschls hat *Kattenbusch* die Bedeutung dieses Theologen vor allem darin finden wollen, «daß er |481| wirklich mit Schleiermachers Methode völliger und glücklicher als irgend einer gebrochen hat» (Von Schleiermacher zu Ritschl[3], S. 55)[25], daß er nicht vom «frommen Bewußtsein» ausgeht, sondern

Blick auf Schleiermacher): «Handelt es sich in der Wissenschaft und der Sittlichkeit um das volle Bewußtwerden des allgemein Gültigen oder Nachweisbaren, so handelt es sich in der Religion um das volle Bewußtwerden des Individuellen oder nur Erlebbaren. Wer innerlich so lebendig wird, daß er eine Anschauung von dem Sinn seiner ewigen Existenz gewinnt, hat damit Religion. ... Er [Schleiermacher] meint nicht nur, daß wir alles, was zur Religion gehört, erst damit religiös besitzen, daß wir es auf uns selbst anwenden. Alles, was zur Religion gehört, soll vielmehr eben darin erst gegeben sein, daß ein geistig lebendiges Wesen zu seinem vollen Leben erwacht.»

[23] Vgl. etwa die Luther-Darstellung bei W. Herrmann, *Der Verkehr des Christen mit Gott. Im Anschluss an Luther dargestellt*, Stuttgart/Berlin 1903[4], S. 132ff.

[24] Vgl. etwa den bekannten Programmsatz bei J. Chr. K. Hofmann, *Der Schriftbeweis. Ein theologischer Versuch*, Bd. I, Nördlingen 1852, S. 10: «Freie Wissenschaft ist die Theologie nur dann, wenn eben das, was den Christen zum Christen macht, sein in ihm selbständiges Verhältniß zu Gott, in wissenschaftlicher Selbsterkenntniß und Selbstaussage den Theologen zum Theologen macht, wenn ich der Christ mir dem Theologen eigenster Stoff meiner Wissenschaft bin.» – In der theologiegeschichtlichen Beurteilung Hofmanns folgt Barth W. Herrmann, a.a.O., S. 604 bzw. 323f.: «Aber nicht Schleiermacher selbst, sondern erst einer seiner größten Schüler, der Erlanger Lutheraner *J. Chr. K. Hofmann* hat aus diesem Gedanken [scil. die Glaubenssätze als den Ausdruck christlich frommer Gemütszustände anzusehen] die richtige Aufgabe der systematischen Theologie des Protestantismus entworfen.» Vgl. auch a.a.O., S. 607 bzw. 327f.

[25] F. Kattenbusch, *Von Schleiermacher zu Ritschl. Zur Orientierung über die Dogmatik des neunzehnten Jahrhunderts*, Gießen 1903[3].

vom «Evangelium» (ebenda S. 59; vgl. *Kaftan*, Dogmatik³ u. ⁴ § 10,3²⁶). Wenn ich mir diese Tatsache vergegenwärtige, brauche ich mich nur noch der andern zu erinnern, daß wir in einer Zeit leben, in der einer der – lautesten Theologen, *R. Grützmacher*, ausdrücklich die Rückkehr zur Scholastik empfohlen hat[27], um in dieser Hinsicht die gegenwärtige Lage der Theologie etwas weniger optimistisch zu beurteilen als D. Achelis und D. Drews.

Übrigens wird gleich zu zeigen sein, daß die besonders von D. Drews (S. 476 o.) in starken Worten ausgesprochene Bejahung der individualistischen Methode der systematischen Theologie doch nicht dasselbe ist wie das, was ich im Auge habe. Dafür ist mir schon der alte Theologen-Degen des «ziel- und schrankenlosen Subjektivismus» ein bedeutungsvolles Anzeichen. Schleiermacher *und* Ritschl haben seine Handhabung gegen sich erleben müssen[28]: wäre es nicht an der Zeit, dies zweischneidige und doch rostige Gewaffen allmählich auch kleinern Geistern gegenüber in der Scheide zu lassen?

[26] J. Kaftan, *Dogmatik*, Tübingen/Leipzig 1901³⁻⁴, S. 97: «Es ist das Verdienst *Ritschl's*, auf die Grundtendenz *Schleiermacher's* zurückgegriffen und ihre Verwirklichung wieder aufgenommen zu haben. So zwar, dass er die Fehler *Schleiermacher's* zu vermeiden, den Charakter der Glaubenserkenntnis als wirklicher Erkenntniss und ihre Begründung auf die Offenbarung zur Geltung zu bringen suchte.»

[27] Barth mag etwa gedacht haben an R. H. Grützmacher, *Modern-positive Vorträge*, Leipzig 1906, S. 164: «... erhebt sich ... das Problem, ... ob zu dem Gnadenmittel des Wortes unentbehrlich noch besondere Gnadenhandlungen treten müssen. Auch hier haben schon unsere Alten im Anschluß an die Scholastik die richtige Antwort gefunden ...»

[28] Der Vorwurf des Subjektivismus an Schleiermacher findet sich z. B. bei M. Kähler, *Die Wissenschaft der christlichen Lehre von dem evangelischen Grundartikel aus im Abrisse dargestellt*, Leipzig 1905³ (Neudruck Neukirchen 1966), S. 221. Kähler spricht dort von Schleiermachers «subjektivistische[r] Bewußtseinsphänomenologie» und «einseitige[m] Individualismus». – Ein entsprechender Vorwurf an Ritschl bei O. Pfleiderer, *Die Ritschl'sche Theologie nach ihrer erkenntnisstheoretischen Grundlage kritisch beleuchtet*, in: Jahrbücher für Protestantische Theologie, Jg. 15, Freiburg 1889, S. 186: «So zieht also die Darstellung der dritten Auflage [scil. von Ritschls «Die christliche Lehre von Rechtfertigung und Versöhnung»] aus dem schon in der zweiten Auflage eingeführten subjectivistischen Religionsbegriff vollends die Consequenz auch für die wissenschaftliche Erkenntniss der Religion oder für die Theologie: auch sie darf den Bereich der Werthurtheile, d. h. der bloss subjectiven Wahrheit nicht überschreiten ...» Vgl. auch L. Lemme, *Die Prinzipien der Ritschl'schen Theologie und ihr Werth*, Bonn 1891, S. 15.

Aber zur Sache selbst. Ich hatte in meinem Aufsatz zuerst vom Individualismus der *Sittlichkeit* als der Voraussetzung der Religion geredet. D. Achelis bestätigt mir dazu die Autonomie des sittlichen Willens, will sie aber inhaltlich bestimmt wissen durch die Theonomie. Allein nun hat eben dieser letztere Begriff «einen unvermeidlichen Hang, sich im Zirkel zu drehen und die Sittlichkeit, die er erklären soll, insgeheim vorauszusetzen» (*Kant*, Grundlegung zur Metaphysik der Sitten, hrsg. v. Vorländer, S. 70[29], vgl. auch den Anfang der Vorrede zur ersten Auflage der «Religion innerhalb»[30]). Wenn es eine rationale Ethik, an die ich dort dachte, mithin zu vermeiden hat, Gott als Objekt des Willens zu setzen, so gibt sie damit den Gedanken sittlicher Gemeinschaft keineswegs auf, ist doch nichts anderes als gerade die Gemeinschaft der Inhalt des Sittengesetzes. Und als synthetischer praktischer Satz a priori ist das Sittengesetz nicht das Produkt der Autonomie, sondern ihr

---

[29] I. Kant, *Grundlegung zur Metaphysik der Sitten*, hrsg. von K. Vorländer (PhB 41), Leipzig 1906, S. 70f.; *Kant's gesammelte Schriften*, hrsg. von der Königlich Preußischen Akademie der Wissenschaften, Bd. IV, Berlin 1903, S. 443: «Unter den *rationalen* oder Vernunftgründen der Sittlichkeit ist doch der ontologische Begriff der *Vollkommenheit* (so leer, so unbestimmt, mithin unbrauchbar er auch ist, um in dem unermeßlichen Felde möglicher Realität die für uns schickliche größte Summe auszufinden, so sehr er auch, um die Realität, von der hier die Rede ist, spezifisch von jeder anderen zu unterscheiden, einen unvermeidlichen Hang hat, sich im Zirkel zu drehen und die Sittlichkeit, die er erklären soll, insgeheim vorauszusetzen nicht vermeiden kann) dennoch besser als der theologische Begriff, sie von einem göttlichen, allervollkommensten Willen abzuleiten; nicht bloß deswegen, weil wir seine Vollkommenheit doch nicht anschauen, sondern sie von unseren Begriffen, unter denen der der Sittlichkeit der vornehmste ist, allein ableiten können, sondern weil, wenn wir dieses nicht tun (wie es denn, wenn es geschähe, ein grober Zirkel im Erklären sein würde), der uns noch übrige Begriffe seines Willens aus den Eigenschaften der Ehr- und Herrschbegierde, mit den furchtbaren Vorstellungen der Macht und des Racheifers verbunden, zu einem System der Sitten, welches der Moralität gerade entgegengesetzt wäre, die Grundlage machen müßte.»
[30] I. Kant, *Die Religion innerhalb der Grenzen der bloßen Vernunft*, hrsg. von K. Vorländer (PhB 45), Leipzig 1903, S. 1; *Kant's gesammelte Schriften*, a.a.O., Bd. VI, 1907, S. 3: «Die Moral, sofern sie auf dem Begriffe des Menschen, als eines freien, eben aber auch sich selbst durch seine Vernunft an unbedingte Gesetze bindenden Wesens gegründet ist, bedarf weder der Idee eines anderen Wesens über ihm, um seine Pflicht zu erkennen, noch einer anderen Triebfeder als des Gesetzes selbst, um sie zu beobachten. ... Sie bedarf also zum Behuf ihrer selbst (sowohl objektiv, was das Wollen, als subjektiv, was das Können betrifft) keineswegs der Religion ...»

transszendentales[31] Prinzip, ihre ratio cognoscendi. Ist die sittliche Autonomie so einerseits im Allgemeingültigen verankert, so sind andrerseits – und nach dieser Richtung ist die Kantische Ethik im Sinne *Schleiermachers* zu vertiefen – ihre Träger eben nicht Exemplare, sondern Individuen. «Freilich wird es auch Fälle geben, wo Alle |482| überwiegend gleich handeln müssen, aber gänzlich verschwinden wird die Differenz nirgends ... Allgemeines also in menschlichem Handeln, absolut getrennt von allem Individuellen, gibt es nicht, und das Individuelle wieder läßt sich nicht in Formeln fassen ... Sofern ein Handeln seinen Grund hat in der Individualität des Menschen, insofern kann kein Anderer es richten, als er selbst. Aber nur sein eigener Richter ist jeder in dieser Beziehung, nicht sein eigener Lehrer» (Schleiermacher, Die christliche Sitte[32], S. 65).

Analog, ja verschärft kehrt diese Situation wieder auf religiösem Gebiet. Die Herren D. Achelis und D. Drews geben mir zu bedenken, daß der Individualismus hier seine Grenze finde, daß er, sofern christlicher Individualismus, gebunden sei an Jesus Christus als an seine Norm und Autorität. Ich freue mich, mit ihnen einverstanden zu sein; umsomehr möchte ich aber einwenden, daß diese gemeinsame Position nicht geeignet ist, mich zuzudecken, wie D. Drews es S. 476 vornimmt. Ich darf wohl erinnern an die Worte *Schleiermachers* aus dem bekannten Brief an Sack: «Das Wort Joh. 1,14: Wir sahen seine Herrlichkeit usw. ist der Keim alles Dogma, und gibt sich selbst für nichts [anderes] als für die in Rede übertragene Affektion. Ja auch was Christus von sich selbst sagt, wäre keine christliche Wahrheit geworden, wenn es sich nicht sogleich durch diese Affektion bewährt hätte. *Diese ist also und bleibt mir das Ursprüngliche im Christentum und alles Andre ist nur von ihr abgeleitet.* Die wirksame, d. h. auf eine bestimmte Art affizierende Erscheinung Christi ist die wahre Offenbarung und das Objektive» (Briefe 4[33], S. 335). Und noch präziser ist das, worauf es hier an-

---

[31] Zu dieser Orthographie vgl. M. Rades Brief an Barth vom 17. 2. 1914 und Barths Antwort vom 19. 2. 1914 in: Bw. R., S. 87f.
[32] Fr. D. E. Schleiermacher, *Die christliche Sitte nach den Grundsäzen der evangelischen Kirche im Zusammenhang dargestellt*. Aus Schleiermacher's handschriftlichem Nachlasse und nachgeschriebenen Vorlesungen hrsg. von L. Jonas, Berlin 1843.
[33] *Aus Schleiermacher's Leben. In Briefen*, Bd. IV, hrsg. von W. Dilthey

kommt, ausgedrückt in einer andern Äußerung des nämlichen Theologen: «Zuletzt ist zu bedenken, daß sich das Unveränderliche in der christlichen Lehre vom Veränderlichen mechanisch gewiß nicht, aber auch organisch auf keine Weise trennen läßt; denn *überall ist das Hervortreten in Gedanken und Wort schon das Veränderliche;* das hinter Gedanken und Wort liegende Innerste ist freilich das Übereinstimmende, das Identische, aber das läßt sich als solches nie äußerlich mitteilen» (Christliche Sitte, S. 11)[34]. Die energische Konzentration auf die individuelle «Affektion» als auf das allein Normative, der gegenüber Alles, was in Gedanken und Worte tritt, sekundär ist, bildet also den springenden Punkt der Frage. Es handelt sich nicht um religiöses Leben und Erfahrnis schlechthin, sondern um |483| die gedankliche Mitteilung und Aussprache der innern Tatsächlichkeit. Für sie besaß die ältere Theologie irgendwie bestimmte als unter Christen gültige Normen, während wir uns vor die Aufgabe gestellt sehen, solche Normen selber zu gewinnen, in einem Mal zu produzieren und zu reproduzieren.

Hier vermute ich freilich auch einen ausschlaggebenden Dissensus besonders gegenüber D. Drews. Soll ich nämlich seine Darlegung über das Normative der Offenbarung in Christo nicht als eine *Verwischung* der eben gezeichneten und auch in meinem Aufsatz deutlich gemachten Fragestellung verstehen, so kann ich nur annehmen, daß auch er die Bedeutung *A. Ritschls* darin findet, daß seine Dogmatik im Gegensatz zu der Schleiermachers «nach der Offenbarung Gottes in Christo angibt, worauf sich der Glaubensgehorsam zu beziehen hat», oder «daß er dem Individuum zeigt, wonach es sich zu *richten* hat, um ein kirchlicher, evangelischer, lutherischer Christ *heißen zu können*» (Kattenbusch, a.a.O., S. 60).[35] Er versteht dann unter Christus als der normativen Autorität, die er mir entgegenhält, *eine irgendwie restringierte Überlieferung von der geschichtlichen Person Jesu.* Dann kann ich jene seine Darlegung verstehen – sonst, wie gesagt, nur als Verwischung. Tertium non datur.

Und nun in engem Zusammenhang mit dem Gesagten noch einige Bemerkungen zum *historischen Relativismus.* Die Herren D. Achelis

(Brief vom 9. 4. 1825 an K. H. Sack), Berlin 1863. Hervorhebung von Barth; «anderes» von Barth ausgelassen.
[34] Schleiermacher: «... äußerlich nie mittheilen.» Hervorhebung von Barth.
[35] Hervorhebungen von Kattenbusch.

und D. Drews bestätigen die Notwendigkeit einer strikten Anwendung dieses methodischen Prinzips. Aber, fahren sie fort, dieser Relativismus wird überwunden durch das verabsolutierende Werturteil der die Geschichte deutenden lebendigen Religion. Dieses Verständnis des Verhältnisses von Wissenschaft und Religion ist auch das meinige. *Zunächst,* d. h. abstrakt, abgesehen von der synthetischen Individualität des lebendigen religiösen Menschen, stehen sich die rein geschichtliche und die rein wertende Betrachtungsweise schroff gegenüber. (*Nicht,* wie D. Achelis S. 409 meinen Satz mißbilligend wiedergibt: sind unvereinbar, und *nicht,* wie D. Drews S. 477 o. mich korrigieren will: bleiben unvereinbar!) Das Nebeneinander beider wird möglich und wahr durch die Identität des Subjekts jener notwendig relativierenden wissenschaftlichen Geschichtsbetrachtung mit dem lebendigen Individuum der Religion. Aus dem Strom der Geschichte heraus hebt das Individuum die absolute Norm, die seinem |484| Leben Befreiung und Überwindung wird, vielmehr: diese Norm ergreift, befreit, überwindet das Individuum. Aber nur in der «Affektion» dieses innern Erlebnisses liegt das Normative, Objektive, Ewige – Alles, was in Gedanken und Worte tritt, gehört selbst schon wieder dem relativierenden Strom der Geschichte an und ist als Vergängliches nur ein Gleichnis[36]:

*Spricht* die Seele, so spricht ach schon die *Seele* nicht mehr[37] –

und (wenn auch in anderm Verstande als bei Schiller):

Was sich nie und nirgends hat begeben,
Das allein veraltet nie.[38]

Auf anderm Wege sind wir so wieder beim selben Ziel angelangt wie vorhin: hier muß ich bei D. Drews die Auffassung vermuten, die das Wasser zwischen uns tief machen würde, als ob durch das verabsolutierende Werturteil der Geschichte eine irgendwie festzustellende *gedankenmäßige* objektive Norm zu entnehmen sei, die «dem Individuum zeigt, wonach es sich zu richten hat»[39]. Dem gegenüber vertrete ich die

---

[36] Vgl. J. W. von Goethe, *Faust II,* V. 12103f. (5. Akt): «Alles Vergängliche ist nur ein Gleichnis ...»

[37] Das Distichon «Sprache» in der Sammlung «Votivtafeln» von Fr. von Schiller:

Warum kann der lebendige Geist dem Geist nicht erscheinen?
*Spricht* die Seele, so spricht, ach! schon die *Seele* nicht mehr.

[38] Schluß des Gedichtes «An die Freunde» von Fr. von Schiller (1802).

[39] Vgl. oben bei Anm. 34.

Ansicht, daß alle religiöse Gedankenbildung – Dogmatik und Predigt gleicher Weise! – immer nur ein *Bekenntnis* des Glaubens zum Glauben sein kann (Herrmann[40], Kähler[41]), nicht aber «Nachweis und möglichst vollständige Entfaltung der *Norm* aller Frömmigkeit in der christlichen Kirche» (Kattenbusch, a.a.O., S. 60[42]; vgl. Kaftan, a.a.O.[43]; Wesen der chr. Rel.[44], S. 106f.; Wahrheit der chr. Rel.[45], S. 569f.). Dies darum, weil ich das Wesen evangelischer Frömmigkeit in nichts Anderem finden kann als in dem schlechthin innerlichen, aller adäquaten gedanklichen Gestaltung unzugänglichen Glaubensakt, während ich von

---

[40] Vgl. z. B. W. Herrmann, a.a.O. (Anm. 22), S. 617 bzw. 340: «Es ist freilich richtig, daß wir nur die Gedanken mit herzlichem Glauben umfassen können, die nicht bloß von außen an uns herandringen, sondern in unserm eigenen Glauben erwachsen. Aber eben deshalb können diese in dem Glaubensbekenntnis des Einzelnen erklingenden Gedanken niemals als die für die christliche Gemeinschaft normativen Gedanken formuliert werden, wie es die moderne Dogmatik des Protestantismus tut. Denn die christliche Gemeinschaft besteht aus einzelnen Menschen von individueller Art. Wenn diese religiös lebendig werden, so heißt das nicht, daß ihre geistige Eigentümlichkeit nivelliert wird, sondern daß sie in jedem zur Blüte kommt. Die religiösen Gedanken entstehen bei jedem aus den besonderen Erlebnissen, die gerade ihm die wichtigsten sind und die eigentümliche Art seines inneren Lebens ausmachen. Wenn er sich also durch eine Dogmatik normative Gedanken aufhalsen läßt, so wird er gerade dem entfremdet, woraus er allein die ihn leitenden Gedanken gewinnen darf, der Quelle seines religiösen Lebens, die immer in ihm allein gegebenen Erlebnissen rauscht.»

[41] Barth hat hier wohl die zusammenfassende Darstellung M. Kählers bei F. Kattenbusch, a.a.O., S. 54 vor Augen: «In dem persönlichen religiösen ‹Erlebnis› der ‹Rechtfertigung als Sünder› fußend, stellt er seine Umschau an. Aber wenn ihm so alle Dogmatik gewissermaßen ein *Bekenntnis* ist, so ist ihm all unser evangelisches Bekenntnis nur der Widerhall des durch alle Zeiten der Kirchengeschichte irgendwie zu verfolgenden, in der Reformation zuerst wieder *voll* vernommenen und *verstandenen* Bekenntnisses der *Apostel*. Es ist Kähler eigen die Bibel, vorab das Neue Testament, als ‹Bekenntnis›, nämlich davon, daß man in Jesu Christo das Heil erfahren habe, zu verstehen.»

[42] «Die Dogmatik ist für ihn [Ritschl] nicht die Schilderung oder Ausdeutung eines *Tatbestandes* von Frömmigkeit innerhalb der christlichen Gemeinde, sondern Nachweis ...»

[43] Vgl. J. Kaftan, *Dogmatik,* a.a.O., S. 98: «Diese Verbesserung [scil. Ritschls gegenüber Schleiermacher] liegt in dem Nachweis, dass der Glaube selbst ein eigenthümliches, in sich vollständiges Erkennen ist, und dass er diese Bedeutung gerade in der Beziehung auf die Offenbarung gewinnt.»

[44] J. Kaftan, *Das Wesen der christlichen Religion*, Basel 1881.

[45] J. Kaftan, *Die Wahrheit der christlichen Religion*, Basel 1888.

jener entgegenstehenden Auffassung mit Herrmann fürchten muß, daß es nicht schwer ist, von ihr aus «den Rückweg zu dem orthodoxen Grundsatz zu finden, daß der christliche Glaube mit der willigen Annahme einer Lehre seinen Anfang nehme» (Kultur der Gegenwart, S. 615)[46].

Nach dem Bisherigen wird es verständlich sein, daß ich von dem Inhalt meiner These nichts streichen kann. Fehlerhaft an meinem Aufsatz war, daß ich in Gedanken den Umkreis dessen, was ich «moderne Theologie» nannte, viel zu weit gezogen hatte. Ebenso bin ich herzlich gern bereit, die Spitzmarke «modern» zu kassieren, nachdem seit dem Erscheinen der «Reden über die Religion» 110 Jahre dahingegangen sind, freilich nicht ohne die Erinnerung, daß, der sie einst getan, auch inmitten des jetzigen Geschlechts noch «ein |485| Fremdling, ein prophetischer Bürger einer *spätern* Welt» ist.[47]

Aber *für die, die es angeht,* habe ich nichts zurückzunehmen. Für jeden von ihnen gilt:

> Da tritt kein Anderer für ihn ein,
> Auf sich selber steht er da ganz allein.[48]

Kein Anderer als Gott, und Gott nicht als irgendwelche äußere Norm, sondern als die individuelle innere Gewißheit und Autorität, die ihm in Christus, wie er durch die Geschichte der Völker und Menschen geht, zur Offenbarung wird. Ihm wird darum die Aufgabe religiöser *Gedanken*bildung im kirchlichen Amt in ganz andrer Weise Problem als seinem konservativen Kollegen, aber freilich auch – ich habe gezeigt, warum – als dem Theologen der älteren Ritschlschen Richtung. Ich wiederhole: sie wird ihm ins Gewissen geschoben. Denn man vergesse nicht, daß der theologische Individualismus einen sehr ernsthaften Nerv enthält (er bildet zugleich sein *inneres* Korrektiv gegen die Gefahr der Entartung zum «Subjektivismus»), indem er von *aller* christlichen

---

[46] W. Herrmann, a.a.O., S. 615 bzw. 337: «Auf jeden Fall ist es nicht schwer, von dieser Auffassung *Ritschls* aus den Rückweg ...»

[47] Fr. D. E. Schleiermacher, *Monologen* (1800), hrsg. von Fr. M. Schiele (PhB 84), Leipzig 1902, S. 61 (Neuausgabe Darmstadt 1953, S. 41): «So bin ich der Denkart und dem Leben des jetzigen Geschlechts ein Fremdling, ein prophetischer Bürger einer spätern Welt, zu ihr durch lebendige Fantasie und starken Glauben hingezogen, ihr angehörig jede That und jeglicher Gedanke.»

[48] Schluß der 1. Strophe in Fr. von Schillers «Reiterlied» (auch in: *Wallensteins Lager,* 11. Auftritt).

Lehre, von *allem* Hervortreten des frommen Bewußtseins in Gedanken und Wort bestimmt, daß sie «sowohl in ihrer wissenschaftlichen als in ihrer volksmäßigen Gestalt» (also als Dogmatik und Ethik so gut wie als Predigt) «sich ganz und gar auf die christliche Kirche gründet und bezieht, und eine Darstellung nur brauchbar ist, wenn sie das enthält, was in der christlichen Kirche gilt, oder wovon man überzeugt ist, daß es in der christlichen Kirche gelten soll, und was auch als solches nur aus der Idee der christlichen Kirche abgeleitet ist» (Schleiermacher, Christliche Sitte, S. 4).[49] Sobald man den Gedanken der Kirche ernst nimmt, sobald man in ihr ein in lebendiger Entwicklung begriffenes lebendiges Ganzes sieht, an dem der Einzelne nur teil hat, indem er, selbst lebendig, davon ergriffen ist und sich als unter ihr erkennt, kann ich mir ein stärkeres religiös-sittliches Stimulans als diese heuristische, *regulative* Betrachtungsweise des Überindividuellen, Objektiven in der religiösen Aussprache und Verkündigung nicht denken. Jak. 3,1 wird dabei eine sehr aktuelle Sache.

Will man mir wieder sagen: Diese Aufgabe ist jedem Theologen aus jedem Lager der evangelischen Kirche irgendwie ins Gewissen geschoben? Ich werde antworten: Gewiß, sofern die Sache für jeden ernsten Theologen, gleichviel welches seine Theologie sei, dieselbe ist. Aber für uns ist sie aus dem latenten religiösen |486| Problem (vgl. Jes. 6,5) ein offenes theologisches geworden.

Auf die Schwierigkeit und den Ernst dieser Lage habe ich einmal hinweisen wollen, nachdem ich bei mir selbst und Andern auf die Gefahren eines gewissen harmlosen Dogmatisierens aufmerksam geworden war, in das man leicht hineinkommt, wenn man sich durch die Ritschlianer von den Fangarmen der Metaphysik und ihrer Konflikte mit der Wissenschaft befreit sieht.

Gerne lasse ich mir von D. Achelis sagen, daß es einen *werdenden* Heilsglauben gibt, und von D. Drews, daß dies auch für den Theologen gilt. Im Bewußtsein der Tatsache Phil. 3,12–15 bin ich unterdessen in

---

[49] Fr. D. E. Schleiermacher, *Die christliche Sitte*, a.a.O., S. 3f.: «*Von welcher Art ist denn das überhaupt, was man christliche Lehre nennt? Aus der Art, wie die christliche Lehre entstanden ist sowohl in ihrer wissenschaftlichen als in ihrer volksmäßigen Gestalt, geht hervor, daß sie sich ganz und gar auf die christliche Kirche gründet und bezieht, und eine Darstellung derselben ist nur brauchbar, wenn sie das enthält ...*»

ein kirchliches Amt übergegangen. Aber auf Grund dieser Tatsache Chamade zu schlagen[50] in Bezug auf die Empfindung und Aussprache jener Schwierigkeit, das kann ich nicht für wohlgetan halten. Es handelt sich hier nicht um irgendwelche irrelevante persönliche Stimmung, sondern um eine ernsthafte geistesgeschichtliche Situation, mit der wir, die's angeht, uns auseinanderzusetzen haben.

Eine Schwierigkeit habe ich aufzeigen wollen. Ich hätte ebenso gut von einer gewachsenen Hoheit und Größe der Aufgabe reden können. Von Resignation, von Unfähig- und Untauglichmachen habe ich nicht geredet, und es ist auch nicht meine Meinung. Wohl aber ist es meine Meinung, daß eine innerlich lebendige Theologie es ertragen kann, ja daß sie es fordern muß, ihre Probleme einzusehen und auszusprechen.

## Redaktionelle Schlußbemerkung
## von Martin Rade

Das Thema «Moderne Theologie und Reichsgottesarbeit» hat uns mit dem, wie es im Juli aufgeworfen ist, nun drei Hefte hindurch beschäftigt. Vielleicht an sich schon ein Beweis, daß es nicht so einfach vom Zaune gebrochen war. Wir möchten aber die Debatte nicht schließen, ohne von Redaktions wegen noch ein Wort dazu zu sagen.

Der zureichende Grund für Aufnahme des ersten Stücks war schlechterdings die Einsicht, daß wir es in dem kleinen Artikel mit einem «menschlichen Dokument»[51] zu tun hatten, das uns mit dankenswerter Aufrichtigkeit in die Seele eines wackern Theologen hineinschauen ließ, der eben im Begriff steht, sein Studium abzuschließen und sich der Praxis zuzuwenden. Man handelt und hält heute viel von Religionspsychologie: wie sollte nicht «der werdende Pfarrer» |487| von diesem Interesse profitieren? wie sollte er nicht ein ganz vornehmer Gegenstand dieser Kunst sein?

Indem wir nun mit warmer Anteilnahme nach dem dargebotenen Beitrag griffen, konnte der Schatten uns nicht stören, der offensichtlich durch den Inhalt auf die von uns vertretene Theologie fiel. Denn wenn wir uns der Offenheit des Gesagten freuten, so durfte dieses für uns Wert und Druckberechtigung nicht dadurch verlieren, daß es ungescheut auf uns exemplifizierte. Im Gegenteil: hätte die in dem Bekenntnis ruhende Anklage statt «Marburg oder Heidelberg» «Halle oder Greifswald» betroffen, so wäre das Dokument für uns viel weniger inter-

---

[50] Chamade: ein Trommelzeichen, das die beabsichtigte Kapitulation anzeigt; Chamade schlagen = klein beigeben.
[51] Der Ausdruck «documents humains» wurde als Parole des literarischen Naturalismus in Frankreich geprägt von Edmond de Goncourt in der Vorrede zu seiner Schrift *Quelques créatures de ce temps* (1876).

essant gewesen und wir hätten es schwerlich aufgenommen. Aber indem wir in «Marburg oder Heidelberg» *nicht anders können,* und unser junger Freund weiß, daß wir nicht anders können, ja auch gar nicht will, daß wir anders können, wurde seine Not unsre gemeinsame Not, die durch Schweigen sich nicht bessern ließ. Vielleicht aber durch gutes Zureden und freundschaftliches Widersprechen? Gewiß, wir sind den Herren *Achelis* und *Drews* herzlich dankbar, daß sie auf die Bedenken *Barths* so ernst und hilfreich eingegangen sind. Wir waren sogar sicher dessen gewärtig, daß solche Stimmen ihm antworten würden, und hätten wir uns darin geirrt, so wären wir selbst vor den Riß getreten. Inzwischen hat ja *Barth* das damals Geschriebene aufs glücklichste ergänzt.

Aber ich für mein Teil möchte doch nicht, daß die Sache damit erledigt wäre.

Für mich bleibt ein Stachel in den *ersten* Ausführungen *Barths*. Nicht daß sie mir neu waren. Im Gegenteil, ich leide unter der Tatsache, von der er ausging, daß unsre jungen Theologen bei redlicher Frömmigkeit und eindringendem Studium nicht mit ganz andrer Freudigkeit ins Amt gehen. Oder, sofern dies am heimischen Amt nicht so deutlich kontrollierbar ist, daß sie nicht ganz anders zu den freien Berufen sich drängen, die besonders in der Diaspora und in der Mission ihnen offen stehen – und zu denen die Leichtigkeit des heutigen Weltverkehrs und das Interesse, das wir Kinder unsrer Zeit am Fremden und Fernen nehmen, ganz neue Brücken baut. Ich weiß wohl, daß auch die Jünger einer ausgesprochen konservativen Theologie sich zu solcher Arbeit nicht *drängen;* aber genug, ein Mangel ist da in unsren Reihen handgreiflich zu spüren.|488|

Daß ich seine Berechtigung *prinzipiell* nicht anerkenne, habe ich in meinem Vortrag über Heidenmission («Das religiöse Wunder»[52], S. 49ff.) und sonst öfter gesagt. Es beschäftigt mich aber in solchem Zusammenhang immer neu und immer lebhafter die Notwendigkeit einer Reform des theologischen Studiums. Was darüber von *Frühauf*[53] und *Mix*[54] öffentlich gesagt worden ist, habe ich in diesen Blättern als unförderlich abgelehnt.[55] Aber das Verlangen danach teile ich von ganzer Seele. Ich glaube auch, daß es von Männern in *allen* theologischen Lagern Deutschlands geteilt wird. Anderseits scheint ja die Stunde noch nicht gekommen. Auf unsern Universitäten hat das Bestehende in Konstitution und Brauch äußerst zähen Bestand. Es kontrastiert das merkwürdig mit unsrer geistigen, wissenschaftlichen Beweglichkeit. Und wenn ich nun bestimmte Reformvorschläge machen wollte, würden sie in der allgemeinen Kritik rasch zunichte werden. Indessen steht zu hoffen, daß die Überzeugung, es sei etwas in der Heranbildung unsers Pfarrstandes reformbedürftig, unter dem Ernst der Lage immer mehr Vertreter finden wird. Veröffentlichungen wie die des Herrn *Barth* werden dazu helfen.

[52] M. Rade, *Heidenmission die Antwort des Glaubens auf die Religionsgeschichte*, in: ders., *Das religiöse Wunder und anderes. Drei Vorträge* (SgV 56), Tübingen 1909, S. 28–70.

[53] W. Frühauf, *Praktische Theologie! (Kritiken und Anregungen)*, Dresden 1906.

[54] Siehe oben Anm. 11.

[55] M. Rade, Rezension über die in Anm. 53 genannte Schrift, in: ZThK, Jg. 17 (1907), S. 67–69; ders., *Reform des theologischen Studiums?*, in: ZThK, Jg. 19 (1909), S. 76f.

## REZENSION DER ZEITSCHRIFT FÜR WISSENSCHAFTLICHE THEOLOGIE, 51. JAHRGANG, 1. UND 2. HEFT 1909

*Einleitung s. S. 313–317.*

*Zeitschrift für wissenschaftliche Theologie.* Begründet von *Adolf Hilgenfeld.* Einundfünfzigster Jahrgang. 1. und 2. Heft Frankfurt a/M. Moritz Diesterweg Jahresabonnement: 15 Mk.

Die Hilgenfeld'sche Zeitschrift will dem Ganzen der Theologie dienen, indem sie vorwiegend solche «Haupt- und Kernfragen»[1] bespricht, die, aus dem Zusammenhang einer Einzeldisziplin heraus[,] auch für die übrigen programmatische oder methodische Wichtigkeit haben.

Im ersten der vorliegenden Hefte redet *H. H. Wendt* über das Verhältnis des Christentums zur modernen Naturwissenschaft[2], *W. Staerk* bringt (in Auseinandersetzung mit Sellin) Bemerkungen zu den Ebed Jahwe-Liedern in Jes 40ff.[3], *Johannes Dräseke* spricht an Hand von Geffckens Kommentar über die griechischen Apologeten Aristides und Athenagoras[4]. Den Schluß bildet eine literarische Rundschau über das

---

[1] Wendung aus der am Ende des vierten (letzten) Heftes des 50. Jahrgangs ([1907/]1908) ohne Paginierung eingerückten Mitteilung «An unsere Leser.» Sie ist vom Mitherausgeber Heinrich Hilgenfeld unterzeichnet, der die Zeitschrift ab 1909 allein als «Verantwortlicher Redakteur» leitete.
[2] H. H. Wendt, *Das Verhältnis des Christentums zur modernen Wissenschaft*, a.a.O., S. 1–28.
[3] W. Staerk, *Bemerkungen zu den Ebed Jahwe-Liedern in Jes. 40ff.*, a.a.O., S. 28–56. Staerk bezieht sich auf E. Sellin, *Serubbabel. Ein Beitrag zur Geschichte der messianischen Erwartung und der Entstehung des Judentums*, Leipzig 1898; ders., *Studien zur Entstehungsgeschichte der jüdischen Gemeinde nach dem babylonischen Exil. I. Der Knecht Gottes bei Deuterojesaja*, Leipzig 1901; vor allem auf ders., *Das Rätsel des deuterojesajanischen Buches*, Leipzig 1908.
[4] J. Dräseke, *Zwei griechische Apologeten*, a.a.O., S. 57–68. Dräseke bezieht sich auf J. Geffcken, *Zwei griechische Apologeten* (Sammlung wissenschaftlicher Kommentare zu griechischen und römischen Schriftstellern), Leipzig/Berlin 1907.

alttestamentliche Gebiet aus der Feder des inzwischen verstorbenen *Bruno Baentsch*[5], über das neutestamentliche von *W. Staerk*[6].

Das zweite Heft bringt eine Abhandlung von *E. Wendling* über die neuere Literatur zur Synopse und Apostelgeschichte[7], eine Fortsetzung der alttestamentlichen literarischen Rundschau von *Baentsch*[8] und eine Rundschau über Kirchengeschichte von *Hermelink, Lietzmann* und *Loeschke*[9].

Die Pièce de résistance werden die Leser aus dem engern Interessenkreis der Christlichen Welt in *Ernst Troeltsch*'s «*Rückblick auf ein halbes Jahrhundert der theologischen Wissenschaft*» im zweiten Heft finden.[10] In scharfumrissenen Zügen führt der Meister geistesgeschichtlicher Einfühlung das Bild vor, das sich ihm von der Gesamtentwicklung der neuern Theologie ergibt. An den beiden Polen: Historie und gegenwärtige Religion ist diese Entwicklung orientiert; denn die scharfe Erfassung der Eigenart beider ist das Produkt spezifisch moderner Denkweise, unter deren Einfluß die Theologie als mitfortschreitendes Glied der universitas litterarum gestellt ist wie jede andre Wissenschaft. Die intime historische Bedingtheit der gegenwärtigen Religion bringt es nun mit sich, daß die Wissenschaft von der Religion ihr Objekt zunächst restlos in der Geschichte der Religion findet, sie ist wohl objektivierende[,] aber nicht normative Wissenschaft.[11] Die «Unbrauchbarkeit»[12] einer solchen Wissenschaft für die Praxis, genauer zunächst für

---

[5] Br. Baentsch, *Literarische Rundschau. Altes Testament*, [Abschnitt] I. und II., a.a.O., S. 68–86.

[6] Nach dem Inhaltsverzeichnis (S. IV) wurde die *Literarische Rundschau. Neues Testament*, a.a.O., S. 89–95, vielmehr von E. Klostermann und H. Windisch bearbeitet.

[7] E. Wendling, *Neuere Schriften zu den synoptischen Evangelien und zur Apostelgeschichte*, a.a.O., S. 135–168.

[8] B. Baentsch, *Literarische Rundschau. Altes Testament*, [Abschnitt] III., a.a.O., S. 169–172.

[9] H. Hermelink/H. Lietzmann/G. Loeschke, *Literarische Rundschau. Kirchengeschichte*, a.a.O., S. 172–192.

[10] E. Troeltsch, *Rückblick auf ein halbes Jahrhundert der theologischen Wissenschaft*, a.a.O., S. 97–135; leicht verändert wieder abgedruckt in: ders., *Gesammelte Schriften*, Bd. II: *Zur religiösen Lage, Religionsphilosophie und Ethik*, (Tübingen 1922²=) Aalen 1962, S. 193–226.

[11] Vgl. E. Troeltsch, a.a.O., S. 100–102 (= S. 196f.).

[12] Das Wort kommt in Troeltschs Aufsatz nicht vor; vgl. aber für den Gedanken a.a.O., S. 102f. (= S. 197f.).

die dogmatische Darstellung der Religion führt zur Notwendigkeit eines Rückschlags auf dieser Seite.

Die Dogmatik ist genötigt sich vom Erweis allgemeingiltiger Wahrheit auf das subjektive Bekenntnis zurückzuziehen und (hier die Wurzel aller Konflikte!) dieses Bekenntnis inhaltlich und formell mit der Tradition der Kirche in Einklang zu setzen. Die Dogmatik wird *Vermittlung*.[13] «Was aber so die Verhältnisse von selbst mit sich gebracht haben, das wurde naturgemäß auch zum Prinzip und zur Theorie».[14] Und diese Theorie ist der dogmatische *Agnosticismus,* der im Verzicht auf adäquate Erkenntnis auf religiösem Gebiet, in der praktisch-bekenntnisartig-gefühlsmäßigen Begründung der religiösen Wahrheit besteht, der Wahrheit, die sich sachlich notwendig nur inadäquat-symbolisch zum Ausdruck bringen kann.[15] An zwei Punkten hat diese Theorie epochemachend in die Geschichte eingegriffen: das erstemal (gegenüber Rationalismus und Supranaturalismus) in den Formulierungen von *Kant* und *Schleiermacher*[16], das andre Mal (gegenüber der Tübinger Schule und der erneuerten Orthodoxie) in der Theologie *Ritschl*'s und seiner Schule, die sich von jenem ältern Agnosticismus nicht prinzipiell[,] sondern nur durch die energisch christocentrische Begründung der frommen Erfahrung unterscheidet[17]. Sie ist klassisch durchgeführt bei *Herrmann*.[18] Eben mit dieser christocentrischen Begründung ist aber das Vermittlungsprinzip wieder aufgenommen und das Problem der Geschichte erhebt sich mit neuer Schärfe. Das letztere darum, weil inzwischen die historische Theologie immer bewußter die christliche Religion in den Strom der übrigen religiösen und profanen Geschichte hineingestellt hat.[19] An zwei zentralen Stellen hat sich der Relativismus, der aus diesem Grundsatz folgt, besonders peinlich geltend gemacht: gegenüber der Erkennbarkeit der Person Jesu und gegenüber der Absolutheit des Christentums.[20] Wohl hat *Herrmann* mit steigen-

---

[13] A.a.O., S. 104 (= S. 199).
[14] A.a.O., S. 105 (= S. 200).
[15] A.a.O., S. 105f. (= S. 200).
[16] A.a.O., S. 106–108 (= S. 200–202).
[17] A.a.O., S. 108–113 (= S. 202–207).
[18] A.a.O., S. 113f. (= S. 208).
[19] A.a.O., S. 117–119 (= S. 210–213).
[20] A.a.O., S. 119–128 (= S. 213–221).

der Präzision die agnostische Theorie und die religiös-ethische Autonomie begründet und durchgeführt, aber bei seiner Auffassung sind doch «alle Fragen mehr abgeschnitten als befriedigt.»[21] Nach wie vor stehen sich die Wissenschaft von der Historie und die Wissenschaft von der gegenwärtigen Religion im Wesentlichen als feindliche Lager gegenüber. Was thun? Abhilfe ist nur zu erwarten von einer historischen Theologie, die die Frage nach der Erkennbarkeit Jesu in positivem Sinn erledigt – und das muß ja kommen – andrerseits von einer der Historie und der Dogmatik übergeordneten *Religionsphilosophie,* die auf weitester Basis den Geltungswert des Christentums mit den Mitteln der Psychologie und Erkenntnistheorie darthut, und nichts Anderes ist als ein Ernstmachen mit dem encyklopädischen Programm *Schleiermachers.*[22]

Soweit die scharfsinnige Konstruktion *Troeltsch's.* Der Widerspruch scheint mir einsetzen zu müssen bei der Auffassung von der Entwicklung der historischen Theologie. Nach Troeltsch's Darstellung hat es den Anschein[,] als ob diese Entwicklung geradlinig, als ob ihre Methode von vornherein dieselbe «voraussetzungslose» z. B. «nicht mehr liberale, sondern wissenschaftliche»[23] gewesen, als ob sie also als ein methodisch einheitliches Gebilde gegenüber der jeweiligen systematischen Theologie zu betrachten sei. So kommt Troeltsch dazu, einen *D. F. Strauß* und die Tübinger Schule als Koryphäen einer «voraussetzungslosen» Geschichtsschreibung zu feiern.[24] Gewiß, das waren sie – dem Wortlaut des Programms nach. Aber dieses Programm beruhte doch in sehr wesentlichen Punkten auf dogmatisch-metaphysischen Voraussetzungen. Die Durchführung einer wirklich voraussetzungslosen historischen Wissenschaft wurde doch erst durch *Ritschl*'s dogmatischen Rückgang auf den kantisch-schleiermacherschen «Agnosticismus» geschaffen, so wenig er selber als Historiker das durchzuführen vermochte. Denn dadurch, daß er das religiöse Individuum der Geschichte gegenüber *prinzipiell* völlig auf eigene Füße stellt, giebt er ihm die Möglichkeit, ein von religiösen Normen unabhängiges wissenschaftliches Verhältnis zur Geschichte zu gewinnen. An Ritschl's Posi-

---

[21] A.a.O., S. 126 (= S. 218); vgl. S. 124–127 (= S. 217–220).
[22] A.a.O., S. 129–135 (= S. 221–226).
[23] Vgl. a.a.O., S. 99–102 (= S. 194–197), bes. S. 101 (= S. 196).
[24] A.a.O., S. 109 (= S. 203).

tion sind doch dogmatisch gerade die typisch modernen theologischen Historiker orientiert – im Gegensatz zur vorritschl'schen Wissenschaft – nicht nur *Harnack*, ebensosehr die sog. «Linksritschlianer» *Bousset, Wernle* u. A. – nicht zuletzt *Troeltsch* selber. Gerade bei dieser entscheidenden Wendung von *Baur* zur modernen Religionsgeschichte kann man also nicht sagen, daß die Theorie sich den Verhältnissen angepaßt habe. Es steht vielmehr umgekehrt: In *Ritschl*'s «agnostischer» Position lagen die Elemente keimhaft enthalten, die den «Religionsgeschichtlern» das s.v.v. gute Gewissen gaben, an eine von religiösen Normen und Einflüssen absehende, wirklich wissenschaftliche und voraussetzungslose historische Arbeit zu gehen. Und andrerseits ist *Herrmanns* ethisch-religiöser Autonomismus nichts weniger als ein dogmatischer Zufluchtswinkel, wie man es oft hört, sondern die konsequente *innerlich* notwendige Durchsetzung des von *Schleiermacher* und *Ritschl* angebahnten streng individualistischen Verständnisses der Religion.

Daß für den Studenten, für den einzelnen Theologen überhaupt der von Troeltsch markierte Konflikt zwischen geschichtlicher und systematischer Theologie in voller und tatsächlich gesteigerter Schärfe besteht, wer wollte das bestreiten? Es fragt sich nur, ob dieser Konflikt nicht *sachgemäß* ist, ob es die Aufgabe der Theologie sein kann, den Konflikt zwischen dem Geschichtlichen und dem Gegenwärtigen in der Religion für den Einzelnen zu lösen. Damit stehen wir aber vor der bekannten Kontroverse zwischen *Troeltsch* und *Herrmann* über die Frage, ob es eine Religion im Allgemeinen giebt, die Objekt wissenschaftlicher Analyse sein kann[,] oder nicht vielmehr nur Religion des Einzelnen, die durch keine Psychologie nachweisbar, durch keine Erkenntnistheorie begründbar ist.[25] Je nach der Beantwortung müßte sich dann die Frage entscheiden, ob *Troeltsch*'s Postulate eines «gesicherten» Le-

---

[25] Vgl. beispielsweise W. Herrmann, *Die Lage und Aufgabe der evangelischen Dogmatik in der Gegenwart*, in: ZThK, Jg. 17 (1907), S. 1–33. 172–201.315–351; wiederabgedruckt in: ders., *Gesammelte Aufsätze*, hrsg. von Fr. W. Schmidt, Tübingen 1923, S. 95–188, und in: ders., *Schriften zur Grundlegung der Theologie*, hrsg. von P. Fischer-Appelt, Teil II (ThB 36/II), München 1967, S. 1–87, s. bes. S. 1–8 (= S. 1–7 bzw. S. 95–102) und S. 175–186 (= S. 32–42 bzw. S. 128–139), und die dort von Herrmann besprochenen Veröffentlichungen Troeltschs.

bens Jesu und einer den objektiven Wert des Christentums nachweisenden Religionsphilosophie die Bedeutung eines Fortschritts haben.[26] Formal stellen sie eine Repristination analoger Positionen des älteren Liberalismus dar. Und nicht zwischen Herrmann dem Dogmatiker und Troeltsch dem modernen *Historiker* hängt der Streit, sondern zwischen Herrmann dem «agnostischen» Individualisten und Troeltsch dem *Metaphysiker*.

---

[26] Vgl. E. Troeltsch, a. a. O., S. 119.126.130f. (= S. 213.219.222f.).

## DER KOSMOLOGISCHE BEWEIS FÜR DAS DASEIN GOTTES
1909

*Am 4. April 1909 erhielt Barth – so berichtet er zwei Tage später seinen Eltern – einen dreistündigen Besuch von einem ihm bis dahin nur flüchtig bekannten Medizinstudenten Freiherr von Seld. Nach Barths Schilderung lebte von Seld mehr seinen geistig-religiösen Interessen, als daß er sich seinem Studium gewidmet hätte. Er war ein Anhänger des für seine Theologenfeindschaft bekannten Marburger Professors der semitischen Philologie Peter Jensen (1861–1936), der durch seine These, die Weltliteratur, insbesondere aber das Alte und auch das Neue Testament seien grundlegend vom babylonischen Gilgamesch-Epos beeinflußt, Aufsehen erregte. Mit Gesinnungsgenossen und anderen Kommilitonen gehörte von Seld einem studentischen Kreise an, dessen gemeinsame Basis anscheinend in der Bewunderung für die Ideen des religiösen Schriftstellers und Redners Johannes Müller (1864–1949), des Herausgebers der «Blätter zur Pflege persönlichen Lebens», bestand. (Am 28. 4. 1909 schrieb Barth darüber an seinen Freund Otto Lauterburg: «Solche Leute sind zum Orthodox-Werden in ihrer Unklarheit. Aber Allah ist groß und Johannes Müller sein Prophet.») Die Struktur des Kreises ist aus Barths Briefen nicht genau erkennbar. Er bezeichnet ihn abwechselnd als die «Freistudenten» und die «Gesellschaft für persönliches Leben».*

*In diesen Kreis lud Freiherr von Seld während seines Besuches bei Barth diesen ein, dort eine Bibelstunde über 2. Kor. 3, 4–6 zu halten. Weder Barths erhaltene Briefe noch sein Notizkalender lassen erkennen, ob es dazu gekommen ist. Doch besuchte er am 28. April eine Zusammenkunft der «Freistudenten», in der ein Mitglied dieses Kreises namens Husemann einen Eröffnungsvortrag «über die überaus einfache Frage: Was ist Wahrheit?» hielt (so Barth an O. Lauterburg, 28. 4. 1909), und am 5. Mai eine weitere Veranstaltung, in der von Seld mit einer Bibelbesprechung über die Gethsemane-Perikope hervortrat und Barth infolge eines kritischen Diskussionsvotums unversehens den Auftrag erhielt, einen Vortrag über den kosmologischen Gottesbeweis zu übernehmen. Als von Seld geendet hatte, erklärte nämlich Barth den Anwesenden, «wenn sie diskutieren wollten, täten sie besser, den erbaulichen Mantel vorläufig abzulegen und zunächst ganz profan und speziell die Grundfragen vorzunehmen. Ein Katholik schlug meuchlings die theore-*

*tischen Gottesbeweise vor und ich wurde als Tadeler ebenso meuchlings für das Referat gekauft, habe mich aber in der erwähnten Weise auf das eine Problem [d. h. den kosmologischen Beweis] beschränkt, um dazu etwas Rechtes sagen zu können.»* Anschließend habe er sich noch lange mit diesem Katholiken unterhalten; den dabei gewonnenen Eindruck faßt er so zusammen: *«Die ganze Art des Denkens hat für mich etwas Abenteuerlich-Merkwürdiges, in den Resultaten interessant durch die runde Antithese zu den meinigen. Was sind Aristoteles und Thomas für Mächte in dieser Welt, die wir vielfach gar nicht kennen! Vielleicht hält der Mann mir ein Korreferat, dann ist die Konfusion vollständig wie schon das letzte Mal, wo ich mich zu gleicher Zeit gegen Gilgamesch, seichten Aufkläricht und katholische Dogmatik wehren mußte»* (an die Eltern, 7. 5. 1909). Daß er sich dieser Aufgabe zu unterziehen hat, empfindet Barth zugleich als willkommene Herausforderung und als Störung seiner kontinuierlichen Lektüre, mit der er *«eben am interessantesten Punkt, bei Kants Religionsphilosophie angelangt»* sei (ebd.).

In den folgenden Wochen ist er überwiegend mit der Ausarbeitung des Vortrags beschäftigt, ohne jedoch, wie es scheint, weitere Veranstaltungen der «Freistudenten» zu besuchen. Am 16. Mai schreibt er seiner Großmutter Johanna Maria Sartorius: *«Bis jetzt habe ich an dieser Arbeit Freude, da ich viel hineinstecken kann, was ich gerade in dem letzten Monat wieder aufs Neue in mich selbst hineingesteckt habe. Doch weiß ich nicht, obs den ‹Persönlichen› gefallen wird, die lieber selbst schwatzen als zuhören, weil sie im Stillen glaub meinen, durch Dröhnen und Reden werde man persönlich.»*

Vier Tage bevor der Vertrag am 26. Mai gehalten wurde, kündigt Barth seinen Eltern die Zusendung des Manuskripts an: *«Für über der Sache Stehende muß es ein eigentümliches Spektakel sein, zu sehen, wie ich die Kodices Kant, Schleiermacher, Herrmann, Cohen, Natorp ineinander gearbeitet habe. Mir ist die Hauptsache, daß ichs einmal zu einem ausführlicheren und, wenn gleich in den Resultaten mit Herrmann zusammentreffend, doch selbständig begründeten philosophischen Credo gebracht habe. Ob Ihrs anders als durch umständlichste Lektüre bewältigen könnt, ist eine andre Frage. ‹Kenner› unter meinen Freunden erklären es zu schwer für einen Vortrag. Im Notfall könnt ihrs Kleinchen zur Censurierung übertragen»* (22. 5. 1909). «Kleinchen» ist der familiäre Name von Barths vier Jahre jüngerem Bruder Heinrich, dem nachmaligen Philosophen, der damals Student im 2. Semester war. Vom Verlauf des Vortragsabends sind keine Nachrichten erhalten. Zu Hause in Bern übernahm in der Tat der Bruder die Auseinandersetzung. Seine «Adnotationes criticae» werden hier im Anschluß an den Vortrag abgedruckt. Eine Erwiderung Karl Barths auf die Kritik des Bruders liegt nicht vor, wohl aber eine Antwort an den Vater. Dieser hatte ihm am 6. Juni geschrieben: «... ich habe deine Arbeit sammt Heiners scharfsinnigen Randglossen mit Freude gelesen; ich glaube, darin hat er recht, daß die Kritik darin besser begründet ist als das Positive am Schluß; ich spüre da auch einen gewissen salto mortale, wie bei deinem Lehrer Herrmann. Aber laß uns nur in der Gesinnung deines Schlußverses recht einig bleiben und noch tiefer da hinein wachsen; dann wird dir auch die Freude am einfachen Schriftwort noch mehr kommen. Es ist alles dein, es sei Kant oder Schleiermacher, es sei Herrmann oder die Christliche Welt, du aber bist Christi, den weder du noch ich erst zu machen haben, sondern aus dessen objektiver Fülle wir schöpfen dürfen und der uns trägt und umgibt mit seinen Geisteswirkungen wie das Sonnenlicht und die Morgenluft.» Darauf antwortete Barth am 9. Juni: «Bezieht sich deine Bemerkung über ‹das Positive am Schluß› auf den letzten Abschnitt: Kosmologie und Gottesglaube, so bin ich wohl damit einverstanden, wenn man hier einen salto empfindet. Für den Apostel Paulus wars glaub auch einer und ich habs überhaupt gegen alle glatte Theologie, die nur entwickelt, was jeder kluge Mann denkt. Ob ers aus seiner erleuchteten Vernunft hat oder aus einer tradierten Offenbarung, macht nichts aus: einerlei, der kluge Mann denkts. Religiöse Gewißheit ist aber ein Bewußtsein von etwas, was in keines Menschen Herz gekommen ist von selber, und darum steht sie zur Kultur immer im Verhältnis des salto meinetwegen auch mortale. Es haben auch gottlob größere Geister als ich im Geschrei des Dualismus gestanden.»

*Das Manuskript ist auf 61 Seiten im Oktavformat mit breitem Rand geschrieben, die Barth nachträglich hat einbinden lassen. Heinrich Barths kritische Bemerkungen stehen auf vier beidseitig beschriebenen losen Blättern des gleichen Formates. Am Fuß des Titelblattes steht die Verfasserangabe: «Karl Barth, V. D. M.» (= Verbi Divini Minister – Titel des examinierten, aber noch nicht beamteten Theologen in der Schweiz); darunter mit Blaustift nachgetragen: «Marburg Juni 1909».*

*Die im Druck außerhalb des Blattspiegels in eckigen Klammern beigefügten römischen und arabischen Ziffern bezeichnen die Stellen des Textes, auf die Heinrich Barths «Adnotationes», jeweils unter denselben Ziffern, Bezug nehmen.*

*Einleitung*
*Kulturelle Bedeutung des Problems – Die Fragestellung – Gedankengang*

Wir verstehen unter dem kosmologischen Beweis für das Dasein Gottes den Schluß der natürlichen, von aller göttlichen Offenbarung absehenden Vernunft aus dem Dasein der Welt auf das Dasein Gottes, d. h. aus den endlichen Ursachen auf eine unendliche letzte Ursache, aus dem Zufälligen auf ein schlechthin Notwendiges, dem wir berechtigt sind, die Prädikate Gottes beizulegen.

Dieser Beweis ist seit Thomas von Aquino[1] ein Fundamentalsatz der römisch-katholischen Theologie und Philosophie, der katholischen Wissenschaft überhaupt, sofern sie nicht die Keime der Häresie in sich trägt. Das findet seinen Ausdruck in einer der Thesen des Vatikanischen Konzils 1870:

«Wenn Einer sagt, daß der eine und wahre Gott, unser Schöpfer und Herr, auf dem Wege durch die geschaffene Erscheinungswelt, durch das natürliche Licht der Vernunft nicht sicher erkannt werden könne, der sei verflucht» (Sess. III c. 1).[2]

Das zeigt sich in Leo XIII. Enzyklika «Aeterni Patris» vom 4. August 1879[3], die, gewiß mit tiefem Verständnis für die Eigenart der spezifisch katholischen Auffassung des Verhältnisses von Religion und Kultur[,] einen allgemeinen Rückgang von Theologie und Philosophie auf die Grundlagen des Thomas anordnete, dem gegenüber ganz richtig jede andre moderne Fundamentierung der Theologie, wie sie ja im 19. Jahrhundert da und dort versucht worden ist, als Abweichung vom Wesen

---

[1] Vgl. Thomas von Aquino, S. th. I q. 2 a. 3.
[2] Conc. Vat. I, Sessio III, Constitutio dogmatica «Dei Filius», Canones: 2. De revelatione, n. 1 (DS 3026): «Si quis dixerit, Deum unum et verum, creatorem et Dominum nostrum, per ea, quae facta sunt, naturali rationis humanae lumine certo cognosci non posse: anathema sit.»
[3] DS 3135–3140, bes. 3139f.

des Katholizismus empfunden wird. Am 8. Sept. 1899 hat der nämliche
Papst ein Schreiben an den französischen Klerus erlassen, das in den
schärfsten Ausdrücken warnt vor dem «bodenlosen Skeptizismus»,
> «der alle Beweise aufopfert, welche die überlieferte Metaphysik als
> notwendige und unerschütterliche Grundlage für die Demonstration des Daseins Gottes ... an die Hand gab».[4]

Und endlich nennt eine der neuesten Kundgebungen des Vatikans, die
Enzyklika «Pascendi» vom 8. Sept. 1907, als Grundlage der darin verurteilten modernistischen Religionsphilosophie und Theologie ausdrücklich den sog. «Agnostizismus», als dessen wichtigste Konsequenz die
Tatsache gezeichnet ist, daß Gott dabei in keiner Weise Gegenstand des
Wissens auf direktem Wege sein könne.[5] Wenn Sie sich dieser wiederholten Unterstreichung der These von der Beweisbarkeit Gottes gegenüber dem, was dort Skeptizismus genannt wird, was in Wirklichkeit die
ausdrückliche oder stillschweigende Voraussetzung aller nichtkirchlichen Wissenschaft ist, erinnern und wenn ich Sie antizipierend darauf
aufmerksam mache[,] daß im Sinn des Doctor ecclesiae, eben des Thomas von Aquino, diese Beweisbarkeit Gottes steht und fällt mit dem
eingangs kurz resümierten kosmologischen Argument, so werden Sie
mit mir die außerordentliche kulturelle und religiöse Wichtigkeit unsres
Themas verstehen. Nicht um ein theologisches Spezialproblem handelt
es sich hier, sondern um die Frage nach dem Verhältnis von Wissenschaft und Religion überhaupt.

[4] Vgl. *Acta Sanctae Sedis XXXXII*, Rom 1899/1900, S. 199: Leo XIII. an den französischen Klerus: «Nous réprouvons ces doctrines qui n'ont de la vraie philosophie que le nom, et qui, ébranlant la base même du savoir humain, conduisent logiquement au scepticisme universel et à l'irreligion. Ce nous est une profonde douleur d'apprendre que, depuis quelques années des catholiques ont cru pouvoir se mettre à la remorque d'une philosophie qui, sous le spécieux prétexte d'affranchir la raison humaine de toute idée préconçue et de toute illusion, lui dénie le droit de rien affirmer au delà de ses propres opérations, sacrifiant ainsi à un subjectivisme radical toutes les certitudes que la métaphysique traditionelle, consacrée par l'autorité de plus vigoureux esprits, donnait comme necessaires et inébranlables fondements à la démonstration de l'existence de Dieu, de la spiritualité et de l'immortalité de l'âme, et de la realité objective du monde extérieur.»

[5] Enzyklika *Pascendi dominici gregis* Pius' X., DS 3475: «Philosophiae religiosae fundamentum in doctrina illa modernistae ponunt, quam vulgo agnosticismum vocant ... Hinc infertur, Deum scientiae obiectum directe nullatenus esse posse ...»

Die *Welt – Gott*, Wissen und Glauben, das sind die beiden Faktoren, die der kosmologische Beweis durch das Mittel der causal reflektierenden natürlichen Vernunft organisch verbinden will. Wenn wir diesen Anfangs- und jenen Endpunkt des Gedankens zunächst isolieren, so ergiebt sich eine doppelte Fassung des Problems:

Stellen wir nämlich die Frage so: *Können wir aus dem Dasein der Welt kausal auf einen göttlichen Urheber schliessen?*, dann haben wir ohne Zweifel wesentlich ein Problem der Kultur, näher der Naturwissenschaft vor uns, denn die Frage nach den Causalitäten, event[uell] nach *der* Causalität des Kosmos ist, darin sind wir mit den Voraussetzungen des Beweises einig, die centrale Aufgabe der auf die Wahrnehmung sich gründenden «natürlichen Vernunft». In diesem Fall haben wir zu untersuchen – und das wird unsre Hauptaufgabe sein – inwiefern der Gedanke des Beweises mit einer in der Philosophie d. h. in der kritischen Einsicht in das Vermögen der «natürlichen Vernunft» verankerten naturwissenschaftlichen Methode vereinbar ist oder nicht, wir haben also zu zeigen, ob der Schluß aus dem empirischen Dasein einer Causalitätsreihe auf eine letzte Causalität, die selbst nicht mehr causiert ist, auf ein höchstes Datum aus reiner Vernunft möglich und wünschenswert ist.

Gehen wir vom Endpunkt des Gedankens, von Gott aus, dann ist das Problem ein Problem der Religion und wäre dahin zu formulieren: *Können wir in der Causalität des Welt-Daseins Gott finden?*[,] dann haben wir zu überlegen, inwiefern die Überzeugung von einer letzten Causalität im Leben der Religion eine Rolle spielt, eventuell wie sich diese Überzeugung zu der Auseinandersetzung der Wissenschaftslehre mit dem Gottesbeweis verhalte.

Ich werde erst zum Schluß auf diese doppelte Fragestellung, die[,] wenn man will, bereits eine Antizipierung meiner Antwort ist, zurückkommen. Zunächst wenden wir uns zu dem Beweis selber, der im Sinn seines wichtigsten Vertreters eine Einheit ist[,] und zu seinen allgemeinen Voraussetzungen, um dann in einer Kritik dieser Voraussetzungen und des Beweises selbst zugleich die Berechtigung zu der oben angedeuteten Auflösung seiner rational-supranatural schillernden Einheit in ihre ursprünglichen Bestandteile zu gewinnen. Mit der so gewonnenen doppelten Fragestellung ist dann zugleich die Möglichkeit einer positiven Würdigung nach beiden Seiten gegeben.

# I
*Der Beweis, seine Voraussetzungen und Konsequenzen*

a) *Der Beweis*
*Natürliche und übernatürliche Theologie – Die Tragweite des Beweises – Der Beweis*

Der Thomismus und mit ihm die geltende katholische Prinzipienlehre unterscheidet von der *theologia supranaturalis* eine *theologia naturalis*. Er statuiert also in Bezug auf Gott ausdrücklich eine duplex veritas.

Die Wahrheit der natürlichen Theologie ist, wie der Name sagt, eine solche[,] «ad quae ratio naturalis pertingere potest»[6], ihre Quelle ist die sog. natürliche Offenbarung, d. h. das erfahrungsmäßige Wissen vom Makrokosmos der Welt und vom Mikrokosmos der menschlichen Natur. Ihr inneres Prinzip ist das natürliche Licht der Vernunft.

Die Wahrheit der übernatürlichen Theologie ist dann eine solche, «quae omnem facultatem humanae rationis excedit»[7], ihre Quelle ist die lehrhafte Offenbarung Gottes in Schrift und Tradition, ihr interpretierendes Prinzip die Continuität der kirchlich approbierten theologischen Doktrin resp. das Votum der Päpste und Concilien.

Diese duplex veritas kann darum keinen Widerspruch in sich enthalten, weil ihre beiden Teile gleicherweise von Gott sind.

Die Gottesbeweise sind nun *Sätze der natürlichen Theologie*. Verständigen wir uns also zuerst im Sinne der genannten Unterscheidung der katholischen Lehre über die *Tragweite* der These: die Welt beweist das Dasein Gottes.

Der bekannte katholische Apologet *Hettinger* statuirt zunächst Folgendes:

«Das Wesen Gottes, wie er an sich ist, kann der endliche Geist nicht schauen, denn hier auf Erden ist er in Wesenseinheit mit dem

---

[6] Conc. Vat. I, Sessio III, cap. 4 (DS 3015): «... praeter ea, ad quae naturalis ratio pertingere potest, credenda nobis proponuntur mysteria in Deo abscondita ...» Vgl. auch Anm. 7.

[7] Thomas von Aquino, *Summa contra gentiles*, L. I c. 3: «Est autem in his, quae de Deo confitemur, duplex veritatis modus. Quaedam namque vera sunt de Deo, quae omnem facultatem humanae rationis excedunt, ut Deum esse trinum et unum. Quaedam vero sunt, ad quae etiam ratio naturalis pertingere potest, sicut est Deum esse, Deum esse unum, et alia huiusmodi ...»

Leibe verbunden; darum entspricht seiner Kenntnis nur das, was in den sinnlich wahrnehmbaren Gegenständen erscheint und durch Abstraktion gewonnen wird. Wohl ist Gott, weil die Wahrheit selbst, in höchster Weise erkennbar; aber ihn zu schauen, wie er ist, überragt die natürliche Erkenntniskraft auch der höchsten Intelligenz; nur ein Unendlicher vermag den Unendlichen zu schauen.»[8]

Diese Restriktion der natürlichen Gotteserkenntnis will also nach katholischer Lehre *nicht* sagen, daß Gottes Wesen überhaupt nicht erkennbar sei; das «Schauen», von dem in der angeführten Stelle die Rede ist, ist nur quantitativ, nicht qualitativ vom Erkennen verschieden. *Hettinger* citiert mit Beifall das Wort des Aristoteles von den Nachtvögeln, die das helle Tageslicht nicht ohne geblendet zu sein, sehen können.[9] So ist die Erkenntnis Gott gegenüber geblendet – aber eben nicht blind, werden wir interpretieren dürfen. Also ist der natürlichen Vernunft nur die adäquate, vollkommene Erkenntnis Gottes versagt, und es ist (nach Aussage eines andern katholischen Theologen, *Becker)* auch das Wesen [I. 1] Gottes *relativ evident* zu beweisen.[10]

Die natürliche Gotteserkenntnis wird aber nicht nur durch die Grenzen unsres Vernunftvermögens gegenüber dem Intellekt der Engel und

---

[8] Fr. Hettinger, *Timotheus. Briefe an einen jungen Theologen*, Freiburg i. Br. 1909³, S. 199f.

[9] Aristoteles, *Metaphysik* α 1, 993b 9–11: Ὥσπερ γὰρ καὶ τὰ τῶν νυκτερίδων ὄμματα πρὸς τὸ φέγγος ἔχει τὸ μεθ' ἡμέραν, οὕτω καὶ τῆς ἡμετέρας ψυχῆς ὁ νοῦς πρὸς τὰ τῇ φύσει φανερώτατα πάντων. Fr. Hettinger, a.a.O., S. 200.

[10] Vgl. J. A. Becker, Art. «Gott», in: *Wetzer und Welte's Kirchenlexikon oder Encyklopädie der katholischen Theologie und ihrer Hilfswissenschaften*, 2. Aufl., Bd. V, Freiburg i. Br. 1888, Sp. 865: «Das Dasein Gottes ist der menschlichen Vernunft evident und metaphysisch gewiß, allerdings nicht unmittelbar, sondern mittelbar, weil aus evidenten Gründen mit logischer Nothwendigkeit folgend. Demnach ist ihr auch die zu dieser Erkenntniß erforderliche elementare Auffassung des göttlichen Wesens evident, während die weitere Entwicklung der letztern zwar zu einer vollen Gewißheit, aber nicht zu jener absoluten Evidenz gelangt. Daher hat schon nach dem Zeugnisse der Geschichte die menschliche Vernunft bei Festhaltung der Ueberzeugung vom Dasein Gottes sich vielfach irrigen Anschauungen vom Wesen desselben hingegeben. Die Schwierigkeit der relativ vollständigen und irrthumslosen Gotteserkenntniß für den sich selbst überlassenen Menschen begründet die moralische oder relative Nothwendigkeit der für das übernatürliche Endziel absolut erforderlichen übernatürlichen Offenbarung.»

dem intuitiven Schauen Gottes selbst eingeschränkt, sondern ebensosehr durch die Daten der speziellen übernatürlichen Offenbarung. Also ist z. B. die Trinität der Gottheit dem natürlichen Erkennen unzugänglich.

Was nach diesen charakteristischen Abzügen übrig bleibt, ist immer noch genug. Objekt der natürlichen Gotteserkenntnis und des absolut evidenten Beweises ist nicht nur etwa das Dasein Gottes schlechthin, sondern sein Dasein als eines Denkenden und Wollenden, als einer Persönlichkeit.

Nach dieser Fixierung des Objekts wenden wir uns zum *Beweis* selbst. Nach den Darstellungen der katholischen Theologen ist dieser nichts Anderes als eine feiner pointierte Erkenntnis des gesunden Menschenverstandes. *Becker* meint z. B.:

«Die natürliche Gotteserkenntnis ist so leicht, daß sie dem vernünftigen Denken sich unwillkürlich aufdrängt und nur durch gewaltsame Mißachtung der einfachsten Denkgesetze zurückgehalten werden kann.»[11]

Wie kommt nun diese «leichte» Erkenntnis zu Stande? Ihrem Objekte und der genannten Einschränkung gemäß nicht unmittelbar, sondern *mittelbar*, diskursiv, d. h. durch Begriffe von den causae secundae der gegebenen Erfahrung aufsteigend zu einer causa prima. – Folgen wir der Argumentation ins Einzelne.

In seiner, den meisten andern übrigens zu Grunde liegenden Form geht der Beweis aus von der empirischen Tatsache der *Bewegung*. Wie Alles in der Erfahrung, so müsse auch das Bewegte seine Ursache haben und, da Raum und Zeit unendlich sind, ein regressus in infinitum aber unzulässig, weil dem natürlichen Causalitätsbedürfnis der menschlichen Vernunft widersprechend wäre, gelange man schließlich zu einem «primum movens», das als unbewegt und unbeweglich, als einziges, vollkommenes, immaterielles, also vernünftiges Wesen zu denken sei.[12]

---

[11] J. A. Becker, a.a.O., Sp. 862: «Eine übernatürliche Offenbarung wäre auch für die bloß natürliche Ordnung absolut, nicht bloß relativ nothwendig, könnte aber vom Menschen nicht verstanden und nicht als göttliches Werk erkannt werden, wenn eine natürliche Gotteserkenntniß nicht möglich wäre. Letztere ist überdieß so leicht ...»

[12] Das Argument aus der Bewegung ist der erste der «fünf Wege», d. h. Got-

Gerade so hatte schon Aristoteles den νοῦς als πρῶτον κινοῦν bewie-
[I. 2] sen.¹³ – Analog schließt Thomas[,] und für unsre Betrachtungsweise
steht diese Kategorie im Mittelpunkt des Beweises, aus der empirischen
Tatsache vieler verursachter *Ursachen* auf eine «causa efficiens prima»,
die selber nicht causiert und nach ihrem Begriff nicht causierbar ist.¹⁴ –
Weiter folgt aus der *Kontingenz*, d. h. aus dem an sich nicht notwendigen, sondern immer bedingten Dasein der Dinge der Erfahrung die
Annahme eines schlechthin Unbedingten und Notwendigen, das «per
se necessarium» ist, d. h. das seine Notwendigkeit in seinem Begriff
hat;¹⁵ – aus der beschränkten, endlichen *Vollkommenheit* aller einzelnen Dinge endlich folgt die Annahme eines schlechthin, unendlich
Vollkommenen, das schon durch seinen Begriff «maxime ens» ist.¹⁶ –
Das fünfte Argument des Thomas, das man als das teleologische zu isolieren pflegt, das aus dem Dasein vernünftiger *Naturzwecke* in der Welt
auf das Dasein eines vernünftigen Urhebers schließt¹⁷, fällt nur scheinbar aus dem Schema Ursache – Wirkung heraus, in dem sich die andern
bewegen[,] und wir bleiben völlig im Rahmen des thomistischen Denkens, wenn wir es nur als eine weitere Verzweigung des kosmologischen Beweises betrachten. [[ Es sei indessen gleich hier bemerkt, daß
der Finalitätsgedanke als *Problem* für das moderne naturwissenschaftli-
che Denken selbständig zu erörtern wäre[,] und wir verzichten nur aus

tesbeweise des Thomas von Aquino. Vgl. S. th. I q. 2 a.3 i. c.: «Ergo necesse est
devenire ad aliquod primum movens, quod a nullo movetur: et hoc omnes intel-
ligunt Deum.»
¹³ Aristoteles, *Metaphysik* Λ 8, 1073a 26f.: Ἐπεὶ δὲ τὸ κινούμενον ἀνάγκη
ὑπό τινος κινεῖσθαι, καὶ τὸ πρῶτον κινοῦν ἀκίνητον εἶναι καθ' αὐτό...
Zum νοῦς vgl. a.a.O., Λ 9, 1074b 15–1075a 11. Barth fußt offenbar auf der Darstellung von K. Vorländer, *Geschichte der Philosophie*, Bd. I (PhB 105), Leipzig
1908, S. 130.
¹⁴ Der zweite «Weg» des Thomas; vgl. l. c.: «Ergo est necesse ponere ali-
quam causam efficientem primam: quam omnes Deum nominant.»
¹⁵ Der dritte «Weg»; vgl. l. c.: «Ergo necesse est ponere aliquid quod sit per
se necessarium, non habens causam necessitatis aliunde, sed quod est causa necessitatis aliis; quod omnes dicunt Deum.»
¹⁶ Der vierte «Weg»; vgl. l. c. «Est igitur aliquid quod est verissimum, et op-
timum, et nobilissimum, et per consequens maxime ens ... Ergo est aliquid quod
omnibus entibus est causa esse, et bonitatis, et cuiuslibet perfectionis; et hoc dicimus Deum.»
¹⁷ Vgl. l. c.: «Ergo est aliquid intelligens, a quo omnes res naturales ordinan-
tur ad finem; et hoc dicimus Deum.»

dem Grunde darauf, es hier zu thun, weil er als *Gottesbeweis* in der That mit der Darstellung und Kritik des kosmologischen Beweises prinzipiell zu erledigen ist.]]

Die der Sache Kundigen unter Ihnen werden sich nun längst daran erinnert gefühlt haben, daß im Hintergrund des kosmologischen Beweises und der um ihn gruppierten Argumentationen noch ein ganz andersartiger Gedanke steht – kein anderer als der *ontologische,* der Schluß aus dem Vorhandensein eines Maximalbegriffs wie dessen einer höchsten Vollkommenheit, höchsten Notwendigkeit, höchsten Ursächlichkeit u.s.f. in unserm Bewußtsein auf das Dasein einer korrelaten Tatsache in der Wirklichkeit. Aber die Herbeiziehung dieses Fundamentalarguments würde schon zur Kritik gehören, indem Thomas es als selbständiges Argument nicht gelten lassen wollte.[18] Ob freilich seine eigene, die kosmologische Argumentation ohne heimlichen Rückgriff auf die ontologische zu Stande käme, werden wir bald zu untersuchen haben.

b) *Der vorausgesetzte Welt- und Erkenntnisbegriff*
«*Veritas est adaequatio rei et intellectus*» – *Der Syllogismus – Die Idee*

Wollen wir der kulturellen und religiösen Bedeutung dieses thomistischen Theologumenons gerecht werden, so ist es unerläßlich, daß wir seine Ursprünge in der aristotelisch-scholastischen Prinzipienlehre und die Folgerungen für den darauf sich gründenden Gottesbegriff nachzuweisen versuchen. Erst an Hand einer Kritik dieser Konsequenzen und jener Voraussetzungen wird es dann möglich sein, den Beweis selbst einer einleuchtenden Kritik zu unterziehen.

Den im Beweis des Thomas vorausgesetzten *Erkenntnisbegriff* könnte man volkstümlich dahin definieren, daß die Vernunft dabei den Dingen auf den Grund zu kommen meint. «Veritas est adaequatio rei et intellectus.»[19] Ἡ ψυχὴ τὰ ὄντα πώς ἐστι πάντα.[20] Das ist das Pro-

---

[18] Z. B. S. th. I q. 2 a. 1 ad 2; *Summa contra gentiles* L. I, c. 10s.
[19] Bleistiftnotiz Barths am Mskr.-Rand: «Die Wahrheit besteht in der Übereinstimmung von Ding und Erkenntnis.» – Die bekannte Definition der Wahrheit (bei Thomas von Aquino z. B. *De veritate* q. 1 a. 1 i. c. mit Verweis auf Isaak Israeli; S. th. I q. 16 a. 1 i. c.) ist nach RGG³, Bd. VI, Sp. 1520 nicht vor Albert d. Gr. und Thomas im Wortlaut nachweisbar.
[20] Aristoteles, *De anima* Γ 8, 431b 20f.: Νῦν δέ, περὶ ψυχῆς τὰ λεχθέντα

gramm der Wissenschaft. Sie ist Erkenntnis der «quidditas»[21], des Wesens der Dinge.[22] Schon Aristoteles hatte es gegenüber Plato abgelehnt, das letzte reale Sein im reinen Denken zu finden, hatte freilich auch gegenüber Demokrit sich gegen das materielle Atom als letztes Sein verwahrt. Er und mit ihm die mittelalterliche Scholastik wählten einen scheinbar gangbaren Mittelweg: *Das wahre Sein liegt im Einzelding, sofern es durch ein Allgemeines bestimmt wird.* Das will sagen: Die Erkenntnis beginnt mit der sinnlichen Erfahrung. Wir nehmen das *Einzelding* wahr durch die Sinnesorgane und es entsteht in uns ein *Umriß*, «phantasma», des Objekts, das mit allen Zufälligkeiten des Einzeldings behaftet ist und daher nicht den Charakter der Notwendigkeit, mithin des realen Seins hat. Über dieses πρότερον καθ' ἡμᾶς[23], wie Aristoteles diesen Umriß nennt, kämen wir nicht hinaus ohne den *intellectus agens,* der es durch Abstraktion von allem Zufälligen in ein πρότερον τῇ φύσει[24] verwandelt.[25] Diese Tätigkeit des Intellekts ist der *Syllogismus* oder die Deduktion und ist die Grundlage aller Wissenschaft. Also: Gegenstand der Erkenntnis des Intellekts ist das Intelligible, Allgemeine, Notwendige, das Wesen der Dinge, das im Einzelding geistig existiert, aber verhüllt ist durch die Zufälligkeiten des Einzeldings. Durch den Syllogismus ordnet der Intellekt das Einzelne dem Allgemeinen unter und gewinnt durch Abstraktion die *Idee*, die mithin nicht das Wesen der Dinge selbst ist, das liegt in den Einzeldingen, sondern das durch Abstraktion des Zufälligen in den Einzeldingen gewonnene Spiegelbild dieses Wesens, der Gattungsbegriff. Dies das Prinzip des Erkennens. – Das Prinzip der *Welt* ist nichts als eine Umkehrung

συγκεφαλαιώσαντες, εἴπωμεν πάλιν ὅτι ἡ ψυχὴ τὰ ὄντα πώς ἐστι πάντα. Zitiert bei Fr. Hettinger, a.a.O., S. 192, Anm. 1. Mskr. irrtümlich: Ἡ ψυχὴ τὰ πάντα ... – Bleistiftnotiz Barths am Mskr.-Rand: «Wir erkennen alle Dinge, wie sie *sind.*»
[21] Vgl. z. B. Thomas von Aquino, *De ente et essentia* I, 2: «Et quia illud per quod res constituitur in proprio genere vel specie, est quod significamus per definitionem indicantem quid est res; inde est quod nomen essentiae a philosophis in nomen quidditatis mutatur.»
[22] Die folgenden Sätze formuliert Barth in engem Anschluß an K. Vorländer, a.a.O., S. 123.
[23] Bleistiftnotiz Barths am Mskr.-Rand: «Ding in der Vorstellung».
[24] Bleistiftnotiz Barths am Mskr.-Rand: «Ding in der Wirklichkeit».
[25] Vgl. z. B. Thomas von Aquino, S. th. I q. 79 a. 3s.; q. 84 a. 6. Zu Aristoteles vgl. K. Vorländer, a.a.O., S. 128.

davon: In den körperlichen sinnlichen Dingen sind die Allgemeinbegriffe oder Ideen noch nicht realiter[,] aber potentialiter enthalten, indem ihre jeweilige individuell verschiedene Form in innerer Beziehung zum Gedanken steht. Die vergeistigende Energie der Vernunft, der «intellectus agens», ergreift den durch die Sinnesorgane dargebotenen Umriß des Einzeldings und erzeugt mit ihm den Universalbegriff.

Mit der Erfahrung beginnt die Erkenntnis, aber sie bleibt nicht bei der Erfahrung stehen; denn wenn einmal im intelligiblen Gattungsbegriff die veritas als «adaequatio rei et intellectus» gefunden ist, was hindert, das syllogistische Verfahren fortzusetzen, d. h. alle Zufälligkeiten der einzelnen Gattungsbegriffe sukzessive abstreifend, zu einem höchsten Notwendigen aufzusteigen? Weil von der Erfahrung ausgehend, wird diese Erkenntnis der obersten Idee immer mittelbar bleiben, wie jede Erkenntnis ja nur Erkenntnis des Spiegelbilds, also mittelbar ist – daher die nur relative Evidenz der Erkenntnis des Wesens Gottes – aber eben weil von der Erfahrung ausgehend, ist eine wenigstens inadäquate Erkenntnis Gottes evident, die Erkenntnis des Daseins Gottes absolut evident zu beweisen.

### c) *Der Gottesbegriff und seine Dialektik*
*Actus purus – Der «Pantheismus» des Thomas – Seine Vermeidung durch Rückgriff auf den ontologischen Schluß*

Der auf Grund dieser Prinzipien mit Hilfe des kosmologischen Beweises gewonnene Gottesbegriff wird uns durch seine innere Dialektik und die Art[,] wie Thomas und seine Nachfolger sie zu vermeiden suchen, den Ausgangspunkt bieten, von dem aus wir von der Darstellung zur kritischen Beurteilung übergehen können.

Gott ist das πρῶτον κινοῦν, sagt uns Aristoteles, die νόησις νοήσεως, sofern er die höchste Idee, die Idee der Ideen ist.[26] Und nun hören wir von Thomas, daß die «essentia Dei est actus purus et perfectus»[27], reine Aktualität ohne Körperlichkeit, und aus den Deduktionen

---

[26] Aristoteles, *Metaphysik* Λ 9, 1074b 33–35: Αὑτὸν ἄρα νοεῖ, εἴπερ ἐστὶ τὸ κράτιστον, καὶ ἔστιν ἡ νόησις νοήσεως νόησις. Vgl. K. Vorländer, a.a.O., S. 130f.
[27] Thomas von Aquino, S. th. I q. 87 a. 1 i. c.: «Essentia igitur Dei, quae est actus purus et perfectus, est simpliciter et perfecte secundum seipsam intelligibilis.»

des Beweises wissen wir, daß er näher zu verstehen ist als «primum movens immobile», als «causa efficiens prima», als ein «necessarium per se necessarium», als ein «ens nobilissimum». Wir wissen weiter, daß alle einzelnen Bewegungen, Ursachen, Notwendigkeiten, Vollkommenheiten u.s.f. dies nicht anders sind, als sofern sie partizipieren an jenem einen immateriellen «actus purus» des höchsten Seins.

Mir tönt bei den ehrwürdig-kirchlichen Klängen dieser Metaphysik eine ganz andere muntere Melodie aus dem Anfang des 20. Jahrhunderts in den Ohren: Allem Werden liegt zu Grunde das Sein der absoluten Substanz, nur ein Partikel dieser Substanz ist alle endliche einzelne Causalität. Vom Einzelnen der sinnlichen Wahrnehmung steigt die beobachtende und denkende Vernunft auf zur letzten Synthese des Kosmos. – Sie wissen[,] woher solche verheißungsvolle Botschaft heute ertönt, aus einem Lager, das des Thomismus völlig unverdächtig ist, aus den Kreisen der philosophierenden Naturwissenschaftler.[28] Angenommen, die thomistische Theologie sei *die* wissenschaftliche Vertreterin der Interessen der Religion, stehen wir dann nicht hier vor der vielgesuchten Brücke zwischen Glauben und Wissen? *Hettinger* versichert uns mit deutlicher Anspielung auf *Haeckel*

«daß es eben die berufensten Meister der Naturwissenschaft sind, welche an den Ergebnissen der streng exakten Forschung keine Genüge finden und darum von der ‹physischen Weltbeschreibung› zur metaphysischen Erklärung des Universums vorzudringen den Versuch gemacht haben, um des ‹Weltalls heilige Rätsel zu lösen›.»[29]

Wir sehen also, daß Pilatus und Herodes an dem Tage gute Freunde werden [vgl. Lk. 23,12], wo sie, abstrahierend von der bloßen Empirie[,] zu Allgemeinbegriffen und von da zu einem absoluten Weltgrund [I. 3] aufzusteigen unternehmen. Aber wie denn? Jene Naturphilosophen fol-

---

[28] Barth dürfte an den Biologen Ernst Haeckel (1834–1919) und seine Anhänger gedacht haben. Haeckels einflußreiches Werk *Die Welträtsel. Gemeinverständliche Studien über Monistische Philosophie* (1899) befand sich seit dem Winter 1906/07 in seinem Besitz. Das «Substanzgesetz» spielt bei Haeckel eine zentrale Rolle, z. B. in: *Die Welträtsel*, 1. Kapitel, Unterabschnitt «Kosmologische Perspektive» (Volks-Ausgabe, 171.–180. Tausend, Stuttgart o. J., S. 11f.); 12. Kapitel: «Das Substanz-Gesetz» (a.a.O., S. 86ff.) u. ö. Vgl. ders., *Der Monismus als Band zwischen Religion und Wissenschaft* (1892), Bonn 1893⁵.
[29] Fr. Hettinger, a.a.O., S. 239.

gern doch aus ihrem absoluten Substanzbegriff eine *pantheistische* Weltanschauung! Der hl. Thomas Pantheist? Unmöglich! In der That, wer seine Theologie kennt, weiß, daß er die Konsequenz des Pantheismus ausdrücklich abgelehnt hat: es fragt sich nur, wie diese Ablehnung in seinem System begründet ist. Wir haben schon früher notiert, daß er dem «actus purus» der Gottheit, in dem seine Syllogistik gipfelt, den Charakter der *Persönlichkeit* beilegt, u. zw. soll dieser Charakter durchaus von der natürlichen Vernunft erkannt werden. Das schlechthin Vollkommene, Ursächliche und Notwendige ist eine Persönlichkeit. Ja, woher wissen wir das, wie kommen wir zu dieser Behauptung? Der wie Thomas syllogistisch auf eine absolute Substanz schließende Pantheist wird einwenden: der Begriff der Persönlichkeit enthält eine Abgrenzung in sich. Abgrenzung ist aber immer Beschränkung, Negation. Nun duldet aber das schlechthin Vollkommene keine Beschränkung in sich. Also ist Gott nicht persönlich. Thomas hat nun ähnliche Einwände wohl gekannt[,] und wenn wir uns seinen Begriff von Persönlichkeit ansehen, so müssen wir zugestehen, daß er von jener Kritik seitens des Pantheismus thatsächlich *nicht* getroffen wird. Er statuirt nämlich: «cum omne illud, quod est perfectionis, Deo sit attribuendum, eo quod eius essentia continet in se omnem perfectionem, conveniens est, ut hoc nomen persona de Deo dicatur.»[30] Der pantheistische Einwand ist damit zweifellos abgewiesen, denn Persönlichkeit wird in dieser Formel einfach gleichgesetzt dem Begriff höchster Vollkommenheit, eine determinatio wird ihr gar nicht zugeschrieben. Aber eben damit wird der thomistische Gottesbegriff wieder in bedenkliche Nähe des Pantheismus gerückt. Die intime Verwandtschaft seines «perfectissimum in tota natura, scil. subsistens in rationali natura»[31] mit dem Seins- und Substanzbegriff der alten und neuen Pantheisten scheint klar zu Tage zu liegen, eine Verwandtschaft, der gegenüber das «nomen persona», das er ihm beigelegt wissen will, mehr wie ein kirchliches Aushängeschild erscheinen will. Daß das nicht so fernliegend ist, erhellt

---

[30] S. th. I q. 29 a. 3 i. c. – Bleistiftnotiz Barths (mit ungenauer Übersetzung) am Mskr.-Rand: «Da alle Vollendung Gott beizulegen ist, dem, der in seinem Wesen schon alle Vollendung enthält, ist es billig, ihn auch eine Persönlichkeit zu nennen.»
[31] Thomas von Aquino, l. c.: «... persona significat id quod est perfectissimum in tota natura, scilicet subsistens in rationali natura.»

schon aus der Thatsache, daß gerade neuere katholische Theologen es für nötig gehalten haben, ihren Meister eifrigst vom Verdacht des Pantheismus zu reinigen.[32] Und diese Verteidigung geschieht zu Recht, insofern Thomas wohl gesehen hat, daß der Pantheismus durch die bloße Hypostasierung der letzten Abstraktion von den Einzeldingen in dem «nomen persona» nicht abgewehrt sei. *Hettinger* interpretiert seine Position folgendermaßen:

[I. 4]   Thomas «unterscheidet zwischen dem *allgemeinen* Sein und dem *göttlichen* Sein; jenes ist nichts anderes als das Produkt unserer letzten Abstraktion von den Einzeldingen, ohne jede Bestimmung des Inhalts, ausgenommen die Negation des Nichtseins, das darum nur in der Idee besteht und allem zukommt, was Dasein hat; das göttliche Sein dagegen ist nicht ein ideales, bloß im Geiste bestehendes Sein, sondern das allerrealste Sein.»[33]

Daraus erhellt Folgendes: Auf dem Wege der Syllogistik, der Unterordnung der empirischen Einzeldinge unter Allgemeinbegriffe gelangt die Vernunft schlechterdings *nicht* zu einem letzten realen und insofern *überweltlichen* Sein, sondern nur zur Idee eines solchen, zu einem Sein, von dem nichts auszusagen ist, als die Negation seines Nicht-Seins einerseits, seine absolute Priorität gegenüber allem Endlichen andrerseits, das nach Konstruktion u. Begriff durchaus *innerweltlich* bleibt. Von da aus ist die Gleichung Gott = Welt durchaus verständlich. Jedenfalls ist das reine Sein im Sinn des thomistischen Theismus damit nicht erreicht, wenn nicht dem abstrahierten allgemeinen Sein durch den ontologischen Schluß allerrealstes Wesen und damit die im Theismus gedachte Überweltlichkeit beigelegt würde, d. h. *das kosmologische Argument argumentiert nur insofern für das Dasein Gottes, als in dem Begriff des höchsten Vollkommenen, den es zu erreichen vermag, das Dasein dieses Vollkommensten eingeschlossen sein soll*[.] Es erfüllt sich hier das mephistophelische Wort über die Theologie, daß «eben wo Begriffe» – d. h. weitere Syllogismen – *«fehlen, da stellt ein Wort zur rechten Zeit*
[I. 5] *sich ein».*[34] Das Wort heißt *«ens realissimum.»*[35] Und damit haben wir den Punkt gewonnen, an dem unsre Kritik einsetzen soll.

[32] Z. B. Fr. Hettinger, a.a.O., S. 201ff.
[33] A.a.O., S. 204f.
[34] J. W. von Goethe, *Faust I*, V. 1995 (Studierzimmer).
[35] Dieser Ausdruck kommt in den Werken des Thomas von Aquino noch

## II
### *Die kritische Auflösung des Beweises und die wissenschaftliche Erfahrungstheorie*

#### a) *Der ontologische Schluß*

Thomas lehnte, wie wir sahen, den durch Anselm von Canterbury in die Theologie eingeführten ontologischen Beweis als solchen ab. Wir haben aber weiter gesehen, daß sein kosmologischer Beweis gerade nach der Interpretation katholischer Theologen unvermeidlich in letzter Linie sich auf den ontologischen Schluß gründet: *Der Begriff eines höchsten Vollkommenen schließt sein Dasein in sich, sonst würde er einen Widerspruch in sich selbst enthalten.*

An dieser Argumentation ist richtig, daß formal logisch das Prädikat [II. 1] des Daseins mit dem gedachten Begriff eines Dings gegeben ist. Dann bleibt aber das Urteil: «Gott ist» rein analytisch, d. h. das zu beweisende Dasein Gottes war schon vorher in seinem gedachten Begriff vorausgesetzt. Ein Beweis kommt nicht zu Stande, nur eine tautologische Erläuterung dieses Begriffs.

Denn unser Begriff von einem Gegenstand mag so viel enthalten, als er will, er bleibt so lange leer d. h. Tautologie, als nicht die objektive Realität der Synthesis[,] aus der er entstanden ist, nachgewiesen wird. 100 gedachte Taler enthalten freilich nicht das Mindeste weniger als 100 wirkliche Taler, aber 100 Taler werden nicht dadurch wirklich, daß sie als wirklich und vollständig gedacht werden[36], sondern nur dadurch, [II. 2]

nicht vor. Der Thomas-Interpret Franz Hettinger, auf den Barth sich bezieht, verwendet den entsprechenden deutschen Begriff unter Berufung auf S. th. I q. 3 a. 4, um die Abwehr des Pantheismus durch den Aquinaten zu zeigen: «... das göttliche Sein dagegen ist nicht ein ideales, bloß im Geiste *bestehendes* Sein, sondern das allerrealste Sein, keineswegs eine bloße Hypostasierung des allgemeinen abstrakten, bestimmungslosen Seins des Pantheismus» (a.a.O., S. 205). – Auch bei Immanuel Kant findet sich der Superlativ von «wirklich» in der Gotteslehre: «... oder ob der [scil. Beweis] vom Dasein Gottes aus dem Begriffe eines allerrealsten Wesens (der Zufälligkeit des Veränderlichen, und der Nothwendigkeit eines ersten Bewegers), nachdem sie von den Schulen ausgingen, jemals haben bis zum Publicum gelangen und auf dessen Überzeugung den mindesten Einfluß haben können?» *Kritik der reinen Vernunft*, Vorrede, B XXXII, *Kant's gesammelte Schriften*, hrsg. von der Königlich Preußischen Akademie der Wissenschaften, Bd. III, Berlin 1904, S. 20.

[36] Randbemerkung von Barths Vater, Fritz Barth: «leider!» (s. das Faksimile bei den Abbildungen in diesem Band).

daß dem vollständigen Begriff eine vollständige Anschauung[,] z. B. 100 Taler hier vor mir auf dem Tisch, korrespondiert.[37]

Der ontologische Schluß, auf den der kosmologische Beweis heimlich zurückgreift, erweist sich also als ein blos den gedachten Begriff *erläuternder*, somit auf dem Satz des Widerspruchs beruhender analytischer Satz, bringt es aber nicht zu einem den gedachten Satz *erweiternden*[,] also synthetischen Satz, durch welchen allein dem vorhin gezeichneten leeren höchsten Begriff des kosmologischen Beweises Inhalt gegeben werden könnte.

b) *Die kosmologische Antinomie*
*Typische Bedeutung des Gegensatzes von Theismus und Pantheismus –*
*Die Antinomie – Der Weg zur Auflösung der Antinomie*

Ich sagte soeben, daß die objektive Realität einer Synthesis nur durch die Korrelation ihres Subjekts, d. h. des ihr zu Grunde liegenden *Begriffs* mit einem Objekt in der *Anschauung* nachzuweisen sei. Der Eine oder Andre von Ihnen mag sich gedacht haben, das sei nun recht dogmatisch geredet. Bevor ich es versuche[,] mich mit Ihnen über die Prinzipien möglicher Erfahrung zu verständigen, möchte ich noch einmal auf die Syllogistik des kosmologischen Arguments zurückkommen u. zw. indem ich Sie auf die eigentümliche innere Dialektik der kosmologischen Idee aufmerksam mache, wie sie *Kant* zuerst entdeckt und in dem Abschnitt «Antithetik der reinen Vernunft» seines Hauptwerks[38] dargestellt hat.

Es ist bereits die Rede gewesen von dem Parallelismus zwischen dem thomistischen Deismus und dem Pantheismus. Beide haben gemeinsam das Aufsteigen von der Verknüpfung des sinnlich Gegebenen zu Allgemeinbegriffen, von den Allgemeinbegriffen zu einer totalen Synthese der Objekte der Sinnenwelt in der Idee eines letzten Grundes. Die Differenz besteht nur in der Definition des letzten Grundes: beim Theismus ist es eine reale für sich seiende Ursache, beim Pantheismus der bloße actus purus der allumfassenden Substanz. Dort ist der letzte Grund Freiheit, hier Natur selbst. Beide können sich für ihre Behauptungen auf Ansprüche der reinen Vernunft berufen, denn es ist der

---

[37] Vgl. I. Kant, *Kritik der reinen Vernunft,* B 627 (a.a.O., S. 401).
[38] A.a.O., B 448–453 (S. 290–293).

Vernunft ebenso unmöglich, eine nicht verursachte letzte Ursache im Sinn des Theismus zu denken, als im Sinn des Pantheismus auf die Idee einer solchen für sich seienden freien Ursache Verzicht zu leisten und einen actus purus ohne bewegende Ursache sich vorzustellen.

In den Antithesen des Theismus und Pantheismus haben wir aber nichts Anderes vor uns als den «Skandal der reinen Vernunft» überhaupt, wie *Kant* das nannte[39], der in der Tatsache besteht, daß auf dem Grunde der über die Grenzen der Empirie ausgedehnten Syllogistik zwei Reihen «vernünftelnder Lehrsätze» denkbar und tatsächlich auch aufgestellt worden sind

> «die in der Erfahrung weder Bestätigung hoffen noch Widerspruch fürchten dürfen, und deren jeder nicht allein an sich selbst ohne Widerspruch ist, sondern sogar in der Vernunft Bedingungen seiner Notwendigkeit antrifft, nur daß unglücklicherweise der Gegensatz ebenso gültige wie notwendige Gründe der Behauptung auf seiner Seite hat».[40]

Für unsern Gegenstand kommen hauptsächlich Kants 3$^{te}$ und 4$^{te}$ Antinomie in Betracht, die das Problem einer an sich seienden *freien* Causalität der Welt und eines an sich *notwendigen* Wesens in der Welt betreffen.

---

[39] Der Ausdruck «Skandal der reinen Vernunft» findet sich bei Kant im Zusammenhang der von Barth angeführten Stelle (a.a.O., B 449) nicht. Barth scheint eine ähnliche Formulierung Kants aus der Vorrede zur 2. Auflage (B) der *Kritik der reinen Vernunft*, die gegen den psychologischen Idealismus René Descartes' gerichtet ist (B XXXIX), mit der kritischen Erörterung der «vernünftelnden Lehrsätze» (B 449) kombiniert zu haben. Zur «Widerlegung des psychologischen Idealism» des Cartesius, der die Realität der Dinge außerhalb des Ich in Frage stellt, erklärt Kant in der Vorrede: «Der Idealism mag in Ansehung der wesentlichen Zwecke der Metaphysik für noch so unschuldig gehalten werden (das er in der That nicht ist), so bleibt es für immer ein Skandal der Philosophie und allgemeinen Menschenvernunft, das Dasein der Dinge außer uns (von denen wir doch den ganzen Stoff zu Erkenntnissen selbst für unsern innern Sinn her haben) bloß auf Glauben annehmen zu müssen, und, wenn es jemand einfällt, es zu bezweifeln, ihm keinen genugthuenden Beweis entgegenstellen zu können» (B XXXIX, Anm.; a.a.O., S. 23).
[40] A.a.O., B 449 (S. 290).

a)[41] Es stehen sich gegenüber

| These | Antithese |
|---|---|
| *Zur Erklärung der Welt ist die Annahme einer letzten freien Causalität nötig.* | *Es giebt keine freie Causalität, alles geschieht nach Gesetzen.* |

Beweis

| | |
|---|---|
| Mit dem bloßen Gedanken der Naturgesetzlichkeit wird keine vollständige Reihe der von einander abhängigen Ursachen erreicht, also bleibt dabei die Frage nach der unbeschränkt allgemeinen Causalität ungelöst. | Der Causalitätsgedanke ist nur vollziehbar, wenn wir einen Zustand der noch nicht handelnden Ursache voraussetzen können. Dies ist aber nicht der Fall bei einer freien d. h. nicht causierten Causalität, folglich ist eine solche ein leeres Gedankending. |

Parallel verläuft die 4$^{te}$ Antinomie:

b)[42]

| These | Antithese |
|---|---|
| *Zur Welt gehört irgend eine schlechthinige Notwendigkeit.* | *Weder in noch außer der Welt giebt es eine schlechthinige Notwendigkeit.* |

Beweis

| | |
|---|---|
| Die Tatsache der Veränderungen in der Sinnenwelt, die unter zeitlich vorangehenden Bedingungen notwendig zu Stande kommen, läßt auf ein absolut Notwendiges schließen, das innerhalb der Sinnenwelt die Bedingung aller Veränderung ist. | Ebendieselbe Tatsache der Veränderungen in der Sinnenwelt, die unter zeitlich vorangehenden Bedingungen zustande kommen, verbietet die Annahme eines absolut Notwendigen in der Zeit. Ein absolut, d. h. ohne Ursache Notwendiges in der Zeit ist wiederum ein leerer Begriff. |

[41] Vgl. a.a.O., B 472ff. (S. 308f.).
[42] Vgl. a.a.O., B 480ff. (S. 314f.).

Die Vorführung dieses «seltsamsten Phänomens der menschlichen Vernunft» *(Kant)* hat nun nicht den Zweck, im Sinn eines haltlosen Skeptizismus Sensation zu erregen. Aber es ist recht verstanden der Alarmruf, der uns aus dem «dogmatischen Schlummer» wecken und auf die Wege der *Kritik* rufen soll.[43]
Methodologisch darf ich wohl Einigkeit unter uns voraussetzen, wenn ich zur Beurteilung dieser Thesen und Antithesen zunächst feststelle: *Von zwei einander widersprechenden Sätzen können beide richtig sein, wenn der zu Grunde gelegte Begriff ein verschiedenes Verständnis zuläßt.* – Ich kann z. B. sagen: Alles Papier ist wertvoll, insofern alles Papier als Papier einen gewissen Wert besitzt[,] und kann sagen: Alles Papier ist wertlos, insofern alle Tugend oder Theorie, sofern sie blos auf dem Papier steht, nicht den geringsten Wert hat. – Beide Sätze sind kontradiktorisch entgegengesetzt und doch beide richtig, weil ich unter Papier in der These etwas Anderes verstanden habe als in der Antithese. Nun ist der in der Antinomie vorausgesetzte Begriff *die Welt der wirklichen Dinge*. Um die Causalität der *Welt,* um die Not- [II. 3] wendigkeit in der *Welt* hängt ja der Streit. Wir haben uns also zu vergewissern, ob dieser Begriff nicht möglicherweise mehrdeutig ist. Denken wir in der These und Antithese dasselbe bei dem Worte «Welt»? Daß dies tatsächlich *nicht* der Fall ist, dafür ist uns der schon besprochene Rückgriff des angeblich so rein aus natürlicher Vernunft syllogistisch denkenden Thomas auf den ontologischen Schluß der beste historische Beweis. Er erreicht eine letzte und freie Ursache der Welt, eine Notwendigkeit in der Welt nur dadurch, daß er sie *setzt* und uns erklärt, hier handle es sich um ein «ens per se necessarium», d. h. in der Sprache der modernen Philosophie um ein *Ding an sich,* m. a. W., er erweitert seinen durch Syllogistik gewonnenen Weltbegriff durch eine Synthese, die an sich giltig sein soll, ohne daß ihn[,] und mit ihm das mittelalterlich-katholische Denken überhaupt, die hier aufklaffende

---

[43] Vgl. I. Kant, *Prolegomena zu einer jeden künftigen Metaphysik, die als Wissenschaft wird auftreten können,* § 50 *(Kant's gesammelte Schriften,* a.a.O., Bd. IV, 1903, S. 338): «Dieses Product der reinen Vernunft in ihrem transscendenten Gebrauch [scil. die kosmologischen Ideen] ist das merkwürdigste Phänomen derselben, welches auch unter allen am kräftigsten wirkt, die Philosophie aus ihrem dogmatischen Schlummer zu erwecken, und sie zu dem schweren Geschäfte der Kritik der Vernunft selbst zu bewegen.»

Spalte zwischen dem Rationalismus der Grundlegung und dem Supranaturalismus des Schlußsteins stutzig macht.

Wir sahen uns vorhin der fatalen Tatsache gegenüber, daß die Vernunft durch gleich starke Gründe genötigt ist, eine letzte freie Causalität der Welt und eine schlechthinige Notwendigkeit in der Welt zu *setzen* und zu *verwerfen*. Was das sagen will, können wir uns als an dem besten und wichtigsten Beispiel an der Vorstellung des *Beginns einer menschlichen Handlung* klarmachen. Wir können uns einerseits keine Handlung denken ohne eine Ursache in der Zeit, und wiederum diese Ursache nicht ohne Bestimmung ihres Zustandes bevor sie beginnt zu verursachen, d. h. ohne ihre eigene Ursache. So müssen wir uns jede Handlung als durch einen Causalnexus zu Stande gekommen vorstellen, oder, vom Standpunkt ihres Subjekts aus[,] als nicht schlechthin notwendig, sondern als bedingt, als zufällig. Aber ebenso müssen wir andrerseits einer menschlichen Handlung unsrer selbst oder Anderer Freiheit zuschreiben, sofern wir sie als hervorgegangen aus der wählenden, entscheidenden Vernunft betrachten, also aus einer Causalität, die nicht an die Zeit gebunden ist. Im ersten Fall urteilen wir aus Gründen der Empirie, im zweiten aus Gründen der reinen praktischen Vernunft. Im ersten Fall denken wir den Menschen als Glied der gesetzlich geordneten Natur, im zweiten als Bürger des intelligiblen Reiches der Freiheit. Wie stehts nun mit dieser doppelten Betrachtungsweise, die wir Alle täglich, beständig, wissentlich oder unwissentlich bei der Beurteilung nicht nur menschlicher Handlungen und Verhältnisse, sondern zweifellos auch der organischen und unorganischen Natur anwenden, anzuwenden unwiderstehlich uns genötigt fühlen?

*Zwei Welten nebeneinander?* Ein mundus intelligibilis *neben* dem mundus sensibilis?[44] Sie kennen die unauflöslichen Konflikte, in die unser Denken durch diese Annahme gleich bei den ersten Schritten verwickelt würde. Bevor wir uns zu dieser Annahme entschließen, muß es sich zeigen, ob die Wirklichkeit beider[45] «wirklichen Welten»[,] auf die wir gestoßen sind, sich halten läßt vor dem Forum des kritischen Denkens.

---

[44] Zu den Begriffen vgl. I. Kant, *Kritik der reinen Vernunft*, B 312 (a.a.O., S. 212).
[45] Mskr.: «beider der»; Streichung vom Hrsg.

c) *Die konstitutiven Prinzipien der Erfahrung*
*Raum und Zeit – Die Begriffe*

Die aristotelisch-scholastische Erkenntnislehre geht von den Einzeldingen als wirklichen und gegebenen Gegenständen der Erfahrung aus. Aus der Idee eines Beharrlichen im Wechsel der Zustände des Einzeldings gewinnt sie syllogistisch die Allgemeinbegriffe, die, obgleich mittelbare[,] doch wirkliche Erkenntnisse wirklicher Dinge darstellen sollen.

Untersuchen wir den Begriff «Gegenstand der Erfahrung» genauer, so entdecken wir bald, daß wir allen Anlaß haben, es mit der «Wirklichkeit»[,] dem «Gegebensein» der Dinge nicht so eilig zu nehmen, möglicherweise sie ganz auf sich beruhen zu lassen, jedenfalls zunächst nicht Dinge an sich, sondern den empirisch erkennbaren Wechsel ihrer Zustände als gegeben zu betrachten.

Unter «Gegenstand» verstehen wir nach *Natorp's* Unterscheidung *entweder* das in den Formen der Sinnlichkeit uns zur Bestimmung aufgegebene X des gesuchten Gegenstands *oder* das durch Begriffe des Verstandes bereits Bestimmte, den erkannten Gegenstand. Erkenntnis eines Gegenstands kommt also zu Stande, sofern er uns in den Formen der Sinnlichkeit zur Bestimmung aufgegeben und sofern er in Begriffen denkbar ist.[46]

*Die Mannigfaltigkeit der uns aufgegebenen Gegenstände wird uns bewußt in den Formen der Sinnlichkeit, d. h. im Raum und in der Zeit.* Beide sind nicht Bestimmungen der Dinge an sich, sondern nichts Anderes als eigentümliche Bestimmtheiten unsres Bewußtseins, sofern es den Gegenständen gegenüber Rezeptivität ist. *Negativ* läßt sich nämlich zeigen, daß Raum und Zeit nicht aus der Erfahrung stammen können, indem ohne Raum und Zeit Erfahrung überhaupt nicht möglich ist. Sie können das nachprüfen, wenn Sie versuchen, bei einem Gegenstand von allem Inhalt der Anschauung abzusehen, von der Anschauung selbst, d. h. von seiner raum-zeitlichen Bestimmtheit abzusehen, dürfte nicht gelingen. Und *positiv* läßt sich an der Tatsache der Möglichkeit reiner Mathematik zeigen, daß diese räumlich-zeitliche Be-

---

[46] Vgl. P. Natorp, *Philosophische Propädeutik (Allgemeine Einleitung in die Philosophie und Anfangsgründe der Logik, Ethik und Psychologie) in Leitsätzen zu akademischen Vorlesungen*, Marburg 1905⁵, S. 24f.

stimmtheit in der That ein a priori ist, das aller Erfahrung voraufgeht: Die Sätze der *Geometrie* haben im Gegensatz zu allen Sätzen empirischer Erfahrung apodiktische Geltung, weil sie nicht aus einer einzelnen, sondern aus reiner Anschauung geschöpft sind. Wir sind überzeugt, daß die Summe der Winkel eines Dreiecks allemal 180° ausmachen muß, selbst wenn wir das kein einziges Mal mit dem Winkelmaß nachkontrollieren könnten, einfach weil wir durch Konstruktion in irgend einem Raum[,] und wäre es nur in Gedanken, dessen apriorisch gewiß werden können. Und ebenso ist in der reinen *Arithmetik* die *Zeit* Anschauungsform a priori, indem alle Zahlbegriffe nur durch sukzessive Zusammensetzung der Einheiten in der Zeit-Reihe zustande kom-
[II. 5] men. Durch sein *räumliches* Apriori ordnet das anschauende Bewußtsein die Gegenstände *nebeneinander,* durch sein *zeitliches* Apriori *nacheinander.*

Daraus folgt zweierlei:

*1.* Diejenigen Gegenstände, die unser Wahrnehmungsvermögen in den Formen von Raum und Zeit affizieren, sind Gegenstände unsrer Anschauung, aber auch *nur* diese, d. h. Gegenstände, die in ihrem Begriff Raum und Zeit transzendieren, kommen für die Anschauung nicht nur relativ, sondern absolut nicht in Betracht.

*2.* Den in den Formen von Raum und Zeit unser Wahrnehmungsvermögen affizierenden Gegenständen kommt Realität nur in Bezug auf ihre raum-zeitliche Zuständlichkeit, nicht aber im Sinn objektiver Gegenständlichkeit zu. D. h. aber, und hier stehen wir vor dem Zeichen, an dem sich die Geister scheiden: Was wir wahrnehmen, ist Erscheinung, nicht Ding an sich. Wir konstatieren seine empirische Realität, ohne über seine Beschaffenheit in Wirklichkeit irgend eine Aussage zu machen.

Der in der Rezeptivität gegebene formale Faktor der Erkenntnis ist unentbehrlich, wenn Erfahrung zu Stande kommen soll, aber er vermag nicht, aus sich allein Erfahrung zu konstituieren.

*Erfahrung kommt dadurch zu Stande, daß die Eigentätigkeit (Spontaneität) des Verstandes das Mannigfaltige einer aufgegebenen Anschauung im Begriff zu einer notwendigen Einheit verbindet.*

Aristoteles, die Scholastik und die vox populi unter den heutigen Naturwissenschaftlern meinen, eine wissenschaftliche Synthese entstehe einfach aus der Vergleichung einer möglichst großen Reihe von Anschauungsfällen, die in einem Begriff verknüpft werden. Weil in 1000 Fällen auf A B folgt, glauben sie berechtigt zu sein, anzunehmen, daß das auch im 1001. und 1002. Fall zutreffen werde[,] und geben die Wahrnehmung, daß auf A B folge, getrost als «wissenschaftliche» Erkenntnis aus. In Wirklichkeit wäre die Synthese immer nur relativ giltig, sie bliebe ein bloßes Wahrnehmungsurteil, wenn sie sich nicht auf einen unveräußerlichen *Begriff* des *Verstandes* gründete, der keineswegs der Wahrnehmung entspringt, sondern durch den es erst möglich wird, aus einzelnen Wahrnehmungen objektive allgemeingiltige Erfahrungssätze zu gewinnen. Diese apriorischen Begriffe oder Kategorieen sind *darum nur anwendbar auf Gegenstände der raum-zeitlichen Anschauung*, weil Rezeptivität und Spontaneität der Erkenntnis uns nicht anders denn als Correlata gegeben sind, m. a. W., *weil Anschauung und Begriff aufeinander angewiesen sind durch die ursprünglich synthetische Einheit des logischen Bewußtseins*. Daß dies kein kritizistisches Dogma, sondern Resultat der einfachsten Einsicht in die Arbeit des Bewußtseins ist, werden Sie bestätigt finden, wenn Sie darauf aufmerksam werden, daß Sie nicht im Stande sind, einen Begriff überhaupt anders anzuwenden als auf eine Anschauung. Denken Sie «Quantität», so kommen Sie um den Raum nicht herum; um z. B. eine Linie zu erkennen, müssen Sie sie, mindestens in Gedanken, im Raume ziehen. Denken Sie «Ursache», so können Sie das nicht anders als unter Hinzudenkung einer Zeitreihe, in der die Wirkung gegeben ist; z. B. das Barometer steigt, *nachdem* die Luft begonnen hat, sich auszudehnen und auf das Quecksilber zu drücken.

Die beiden uns jetzt bekannten Formen apriorischer Erkenntnis, die der Rezeptivität in Raum und Zeit und die der Spontaneität in den Begriffen, sind also miteinander zu verbinden, wenn Erfahrung im wissenschaftlichen Sinn zu Stande kommen soll. Bei dieser Verbindung ergeben sich nun, analog den verschiedenen Klassen der Begriffe[,] verschiedene Schemata oder *Grundsätze*. Ihr System ist insofern zugleich das System der Natur, als es, wiederum gleichgiltig ob bewußt oder unbewußt für das erkennende Subjekt vor aller empirischen Naturerkenntnis hergeht, ja diese erst möglich macht.

### d)[47] Die naturwissenschaftlichen Gesetze der Relation Substanz – Causalität – Dynamische Gemeinschaft

Da es uns nicht auf eine Darstellung des kritischen Systems ankommt, braucht uns hier nur der 3$^{te}$ unter den kantischen Grundsätzen zu interessieren. Er entsteht aus der Anwendung der Begriffe der Relation auf die Anschauung in Raum und Zeit und lautet:

«*Erfahrung ist nur durch die Vorstellung einer notwendigen Verknüpfung der Wahrnehmungen möglich.*»[48]

Eben hier muß die kritische Entscheidung fallen über die Frage nach der wissenschaftlichen Zulässigkeit des kosmologischen Gottesbeweises, der ja eben auf einer notwendigen Verknüpfung von Wahrnehmungen zu beruhen behauptet.

Die drei «Analogieen der Erfahrung», die *Kant* aus dem Grundsatz von der notwendigen Verknüpfung der Wahrnehmungen folgert, sind nichts Anderes als Anwendungsfälle dieses Grundsatzes je auf den Begriff des verknüpften wahrgenommenen Gegenstandes, auf das Verhältnis zwischen Verknüpfendem und Verknüpftem, auf das wechselseitige Verknüpftsein schlechthin. Die kritischen Konsequenzen für den kosmologischen Gottesbeweis lassen sich an jeder einzelnen Analogie nachweisen.

*1.* An einer Reihe von Wahrnehmungen in der Zeit denken wir notwendig einerseits Veränderung, andrerseits ein Bleibendes in der Veränderung: «*bei allem Wechsel der Erscheinungen beharrt die Substanz.*»[49] Ganz etwas Ähnliches fanden wir auch in der scholastischen Prinzipienlehre behauptet, «nur mit ein wenig andern Worten»[50]: Alles Zufällige, Wechselnde läßt auf etwas Notwendiges, Bleibendes schließen. Ja, aber! Diese Beharrlichkeit der Substanz ergiebt sich aus dem Wechsel der Akzidenzen nur insofern dieser Wechsel sich in einer zeitlichen Reihe vollzieht. *Außerhalb der Zeit* könnte die Folge der Akzi-

---

[47] Mskr. irrtümlich: «c)».
[48] I. Kant, *Kritik der reinen Vernunft*, B 218 (a.a.O., S. 158).
[49] I. Kant, a.a.O., B 224 (a.a.O., S. 162): «... allem Wechsel in der Erscheinung beharrt die Substanz, und das Quantum derselben wird in der Natur weder vermehrt noch vermindert.»
[50] Vgl. J. W. von Goethe, *Faust I*, V. 3460f. (Marthens Garten):
Ungefähr sagt das der Pfarrer auch,
Nur mit ein bißchen andern Worten.

denzen gar nicht zu Stande kommen, denn eine Folge ist nur in der Zeitreihe denkbar, folglich könnte nicht nur die Beharrlichkeit einer Substanz außer der Zeit nicht erkannt werden, der Gegenstand der Erkenntnis selbst würde für uns in undurchdringliches Dunkel gehüllt, d. h. unerkennbar. Eine ex sese beharrliche Substanz *in der Zeit* aber ist ein leerer Begriff, weil die Zeit selbst nur empirische Realität hat. Eine einerseits erkennbare[,] andrerseits denkbare an sich seiende Substanz wird in keiner Weise erreicht. Vielmehr folgt aus dem empirisch verstandenen Substanzgesetz der der modernen Wissenschaft zu Grunde liegende *Entwicklungsgedanke* (selbstverständlich prinzipiell, also nicht ohne Weiteres im Sinn einer seiner speziellen, z. B. der darwinistischen, Ausprägungen). Denn in der Zeit können wir alle Veränderung [II. 6] nur als Veränderung an einer identischen Substanz denken, d. h. als eine Art zu existieren, die auf eine andere Art zu existieren desselben Gegenstandes folgt, nicht aber als ein schlechthiniges Entstehen und Vergehen.[51]

2. Aller Wechsel ist Veränderung, sahen wir eben. Aber im Substanzgesetz nehmen wir nur die zeitliche Folge zweier Zustände wahr, ohne die objektive Notwendigkeit dieser Folge einzusehen. Dies leistet erst der von uns ebenso wie der Substanzbegriff an die Erfahrungsobjekte herangebrachte Begriff der *Causalität,* der uns die 2$^{te}$ Analogie diktiert: «*Alle Veränderungen geschehen nach dem Gesetze der Verknüpfung von Ursache und Wirkung.*»[52] Erst mit dieser Erkenntnis wird Ordnung in die zeitliche Folge unsrer Wahrnehmungen gebracht und insofern kann man den Causalitätsbegriff den Grundbegriff aller Wissenschaft nennen.

Also ein an sich existierendes «primum movens» im Sinn des Thomas[53]? Keineswegs, denn eine Causalität, die *außerhalb der Zeitreihe* liegt, ist wiederum unerkennbar, insofern Causalität sich nicht anders verständlich machen läßt als an der Verknüpfung einer Reihe von

---

[51] I. Kant, a.a.O., B 230 (S. 165): «Entstehen und Vergehen sind nicht Veränderungen desjenigen, was entsteht oder vergeht. Veränderung ist eine Art zu existiren, welche auf eine andere Art zu existiren eben desselben Gegenstandes erfolgt.»
[52] I. Kant, a.a.O., B 232 (S. 166): «Alle Veränderungen geschehen nach dem Gesetz der Verknüpfung der Ursache und Wirkung.»
[53] Vgl. oben Anm. 12.

Wahrnehmungen in der Zeit. Eine erste Causalität *in der Zeit aber*, oder etwa eine solche, die aus einem Zustand des An-sich-seins in die Zeitreihe erst eintritt, widerspricht ihrem eigenen Begriff, insofern in der Zeit jeder Zustand einen vorhergehenden voraussetzt, und selbst abgesehen davon hätte sie in der Zeit immer nur phänomenale Bedeutung und würde die Bezeichnung «schlechthinige Causalität» ebensowenig verdienen wie vorhin die beharrliche Substanz in der Zeit die Bezeichnung eines «ens per se necessarium»[54]. Vielmehr folgt aus dem auf die Erscheinungswelt angewandten Begriff der Ursache das den vorhin gestreiften Entwicklungsgedanken erst inhaltlich bestimmende *Causalitätsgesetz*, insofern der Begriff der Ursache uns durch den Begriff der Handlung auf den der Kraft und durch diesen auf den Begriff der Substanz zurückführt[55], deren Veränderungen wieder durch Causalität zu bestimmen sind.

*3.* Die Einheit der Erfahrung gipfelt in der in der 3$^{ten}$ kantischen Analogie ausgedrückten apriorischen Notwendigkeit, *alle Substanzen in durchgängiger wechselseitiger Abhängigkeit untereinander zu denken.*[56] Zwei in der Zeit nebeneinander bestehende Erscheinungen oder Erscheinungsreihen können wir nur dadurch unter der objektiven Einheit einer wissenschaftlichen Synthese begreifen, daß wir den Begriff *dynamischer Gemeinschaft*[57] oder Wechselwirkung auf sie anwenden, d. h. daß wir sie je als Ursache oder Wirkung gegenseitig durch einander bestimmt denken. Damit ist dann die Einheit der empirischen Erkenntnis[,] d. h. aber die Einheit der Totalität des Gegenstandes unsrer Erfahrung, oder[,] um mit der kantischen Schule noch deutlicher zu reden, die Einheit der Natur[58] methodisch möglich gemacht.

[54] Vgl. oben Anm. 15.
[55] Vgl. I. Kant, a.a.O., B 249 (S. 176): «Diese Causalität führt auf den Begriff der Handlung, diese auf den Begriff der Kraft und dadurch auf den Begriff der Substanz.»
[56] Vgl. I. Kant, a.a.O., B 256 (S. 180): «Alle Substanzen, so fern sie im Raume als zugleich wahrgenommen werden können, sind in durchgängiger Wechselwirkung.»
[57] Vgl. I. Kant, a.a.O., B 260 (S. 182): «Das Wort Gemeinschaft ist in unserer Sprache zweideutig, und kann so viel als communio, aber auch als commercium bedeuten. Wir bedienen uns hier desselben im letztern Sinn, als einer dynamischen Gemeinschaft, ohne welche selbst die locale (communio spatii) niemals empirisch erkannt werden könnte.»
[58] Vgl. I. Kant, a.a.O., B 263 (S. 184): «Unsere Analogien stellen also eigent-

Es ist neuerdings leider von protestantischer Seite aus der Versuch unternommen worden, von diesem Begriff der notwendigen Wechselwirkung aus den kosmologischen Gottesbeweis, wenn auch in verschämter Weise, wieder zu Ehren zu bringen. Die Annahme eines übergreifenden Wesens, das hinter jenem Gesamtkomplex von Wechselwirkungen steht, soll erst ihr Zusammenstimmen und Ineinandergreifen erklärlich machen. Der Philosoph *Lotze* wollte eine solche Annahme wenigstens als Postulat für plausibel erklären durch die Setzung eines *geistigen Innern* der einzelnen Atome, durch das sie in *geistiger Relation* stünden.[59] Allein alle Näherbestimmung dieser Setzungen führt im überempirischen Gebrauch ins Dunkel des absolut Unerkennbaren, im empirischen Gebrauch aber entweder auf einen leeren Begriff oder aber keinen Schritt weiter als der Substanz- und der Causalitätsbegriff der kritischen Erfahrungstheorie, d. h. immer nur auf phänomenal giltige Erkenntnisse. Und wenn Lotze die Berechtigung zu diesen Setzungen aus dem Verhältnis des Ich zu seinen Empfindungen entnehmen zu dürfen glaubt[60], so verschiebt er damit die Diskussion nur auf ein anderes Gebiet, das der rationalen Psychologie, das aus ganz parallelen Gründen ebenso umstritten ist, wie das der rationalen Kosmologie.

In ganz ähnlichen Gedankengängen, nur[,] wie mir scheinen will, viel naiver, bewegt sich der moderne Theologe *Wobbermin*. Er stellt den Begriff der Wechselwirkung in Analogie zum mathematischen *Funktionsbegriff*[61][,] ohne zu erwägen, daß gerade der Funktionsbegriff nur Anwendung finden kann in Bez. auf *Zahlen*, also in der *Zeit*, daß er also wohl geeignet ist, den Begriff dynamischer Gemeinschaft im Felde der Empirie zu verdeutlichen, nicht aber die Objektivität einer Idee zu

---

lich die Natureinheit im Zusammenhange aller Erscheinungen unter gewissen Exponenten dar, welche nichts anderes ausdrücken, als das Verhältniß der Zeit (so fern sie alles Dasein in sich begreift) zur Einheit der Apperception, die nur in der Synthesis nach Regeln stattfinden kann.»

[59] H. Lotze, *Grundzüge der Religionsphilosophie. Diktate aus den Vorlesungen*, Leipzig 1894³, bes. S. 23ff. – S. 39: «Sofern aber die Kräfte der Materie *räumliche Bewegungen* erzeugen, läßt sich behaupten, daß aus *geistigen* Relationen, die zwischen dem *geistigen Innern* der einzelnen Atome stattfänden, das Dasein solcher Kräfte nicht unbegreiflich ist.»

[60] A.a.O., S. 41.

[61] G. Wobbermin, *Der christliche Gottesglaube in seinem Verhältnis zur heutigen Philosophie und Naturwissenschaft*, Berlin 1907², S. 51ff.

demonstrieren oder auch nur «höchst wahrscheinlich» zu machen[62], die wie der christliche Gottesgedanke über Raum und Zeit erhaben sein soll. Alles Übrige, was W. über die Notwendigkeit der Annahme eines objektiven Grundes im Naturgeschehen sagt, ist gegenüber Thomas und seinen Nachfolgern nichts Neues und wird sich erledigen[,] sobald wir auf den regulativen Gebrauch der Idee zu sprechen kommen werden.

### e) *Resultat der Kritik*

Fassen wir das Resultat unsrer kritischen Untersuchung zusammen:
Wir hatten den kosmologischen Gottesbeweis kennen gelernt als einen Syllogismus, der die Totalität der Dinge synthetisch in sich zu fassen behauptet und dem so gewonnenen Maximalbegriff dann den Charakter der Unbedingtheit, des an sich Seins beilegt. Nun sahen wir aber, daß dieser Begriff zum Maximalbegriff nur wird durch seine Hypostasierung im ontologischen Schluß. Dieser ontologische Schluß aber erwies sich bei näherem Zusehen blos als die Erläuterung eines schon vorher gedachten Begriffs und insofern als nicht geeignet, der syllogistischen Reihe des kosmologischen Beweises einen in sich giltigen Abschluß zu geben. Vom kosmologischen Beweis blieb also nichts übrig als die vom einzelnen «gegebenen» Ding ausgehende[,] aber dann die Grenzen der Erfahrung transzendierende syllogistische Reihe, die in der *Idee* einer letzten freien Ursache der Welt, einer Notwendigkeit in der Welt gipfelte. Aus der Tatsache der Antinomie der reinen Vernunft entnahmen wir aber, daß die Vernunft ebensosehr genötigt ist, eine solche freie Ursache und letzte Notwendigkeit zu setzen und zu streichen. Eine Auflösung dieser Antinomie schien uns durch die Vermutung an die Hand gegeben, daß in Thesis und Antithesis möglicherweise ganz verschiedene Welt-[,] d. h. aber Erkenntnisbegriffe vorausgesetzt seien. Ausgehend von der kritischen Auflösung des dem kosmologischen Be-

---

[62] Vgl. G. Wobbermin, a.a.O., S. 59: «Aber ist diese Ausschließung des strengen Atheismus das einzige, was wir auf dem Wege der kosmologischen Argumentation erreichen? Es ist das einzige, was sich hier als bestimmtes und eindeutiges Resultat ergibt. Wahrscheinlichkeitsreflexionen führen doch noch darüber hinaus. Daß wir jenen einheitlichen Weltgrund näher nach Art einer mathematisch-logischen Intelligenz zu denken haben, darf nach unseren Ausführungen unzweifelhaft als das weitaus Nächstliegende bezeichnet werden.»

weise zu Grunde liegenden angeblich «gegebenen» Gegenstandes entwickelten wir die Grundlinien der Theorie einer Erfahrung, die aus der Beziehung des apriorischen Begriffs auf eine in den apriorischen Formen der Anschauung aufgegebene Wahrnehmung apodiktische Gewißheit gewinnt, mit dieser ihrer apodiktischen Gewißheit aber auch des streng phänomenalen Charakters ihrer Erkenntnisse sich bewußt ist. In der eigentümlichen Anwendung dieser Erfahrungstheorie in der Richtung auf Verknüpfung der Wahrnehmungen entdeckten wir die drei wechselseitig sich ergänzenden und charakterisierenden Relationsgesetze der Naturwissenschaft: das Substanzgesetz, das Causalitätsgesetz, das Gesetz der dynamischen Gemeinschaft, und konnten zugleich die Auflösung des kosmologischen Beweises in seinen verschiedenen Fassungen nachweisen.

Der so zustande gekommene Weltbegriff schien sich nun in dem in der Antinomie entdeckten Hausstreit der reinen Vernunft gänzlich auf Seite der Antithese zu stellen, insofern er den Begriff einer *freien* Ursache, einer *letzten* Notwendigkeit auflöst und durch die schrankenlos geltende dynamische Gemeinschaft[,] d. h. durch Naturgesetzlichkeit ersetzt. Aber diese Annahme fällt dahin, sobald wir die Phänomenalität dieses Weltbegriffs in Betracht ziehen. Dann betrifft jene Auflösung nur die Verknüpfung von Wahrnehmungen in Raum und Zeit, diese allerdings rückhaltlos, nicht aber die Causalität und Notwendigkeit von Dingen an sich, über die in der Theorie der Erfahrung *nichts* ausgemacht wird.

Und nun liegt es nahe, die Thesis der Antinomie auf jene dem begrifflich-anschaulichen Denken unzugänglichen Dinge an sich zu beziehen. – Wir werden im letzten Teil unsrer Ausführungen sehen, wie das Bewußtsein seine scheinbar verlorene und oft als verloren betrauerte Einheit wiedergewinnt, einerseits allgemeingiltig im regulativen Gebrauch der Idee, andrerseits nicht allgemeingiltig, aber ebenso gewiß im christlichen Gottesglauben, wie er vielen Menschen zur Wurzel ihrer Persönlichkeit und ihres Kulturdaseins geworden ist.

## III

*Das Problem des letzten Grundes in Wissenschaft und Religion*

### a) *Der regulative Gebrauch der Idee*

Einige von Ihnen haben sich vielleicht überzeugen lassen, daß durch die kritische Begründung der Erfahrung ein konstitutiver Gebrauch der Idee für alle Zeiten ausgeschlossen ist, d. h. daß alle Erweiterung oder Ergänzung der empirischen Erkenntnis durch angebliche Erkenntnis absoluter letzter Data aus reiner Vernunft *unwissenschaftlich* ist.

Trotzdem bleibt es dabei, daß unsre Vernunft das unveräußerliche Bedürfnis hat, ihre einzelnen Erkenntnisse zu einer totalen Synthesis zu erweitern, einen Inbegriff aller Notwendigkeit und Causalität aufzusuchen. Eben in diesem unabweisbaren Bedürfnis, in dieser Orientierung der Vernunft an einem Ziel, das jenseits der Grenzen konstitutiver Erkenntnisse liegt, besteht die *Idee,* d. h. im Sinne der philosophia perennis, in der sich Plato und Kant über die Jahrtausende hin die Hand reichen, das[,] worauf die Vernunft *hin*schaut, ohne sich dadurch irre machen zu lassen, daß sie es niemals *ein*sieht. Wird dagegen aus der Idee eine Hypostase, ein besonderes, für sich seiendes Wesen, ein «ens realissimum», ein transzendentes Objekt gemacht, das zur Erweiterung konstitutiver Erkenntnis dienen soll, dann ist immer wieder jene Dialektik der reinen Vernunft unvermeidlich, der Kant in seiner Antinomie das warnende Grabdenkmal aufgerichtet hat.[63]

Unser *Erkennen* bleibt also in die Grenzen der durch Anschauung und Begriff konstituirten Erfahrung eingeschlossen, aber unser *Denken* strebt unvermeidlich darüber hinaus. Können wir uns begnügen mit der Zufälligkeit der Erscheinungen? Müssen nicht die Erscheinungen Erscheinungen von *Etwas* sein? In der That. Nur werden wir uns, gewarnt durch die Kritik der Vernunft, hüten, dieses Etwas jemals als erkennbar zu *setzen*, weder als ein Datum angeblicher Empirie, denn damit landen wir beim leeren Begriff, noch als ein Datum überempirischer Anschauung, denn dadurch würde der Wissenschaftscharakter der Erkenntnis aufgehoben und wir landeten im Reiche des Mythus.

---

[63] Vgl. oben Anm. 38–43.

Vielmehr hat die Idee für uns den Charakter des *Problems,* das uns aufgegeben, nicht aber mit Lösung gegeben ist, eines *«focus imaginarius»*[64], an dem unsre empirische Erkenntnis sich *orientiert.* Es ist nichts als vernünftelnde Sentimentalität, wenn man immer wieder, auch von einsichtigen Leuten, jammern hört, damit werde ja das Fragezeichen, das man Erkenntnis nennt, nur ins Unendliche verlängert. «Erkenntnis» kommt von dem Tätigkeitswort erkennen[,] d. h. sie ist ihrem Begriff nach *Aktivität,* dieser ihr Begriff würde aufgehoben durch die Setzung eines absoluten Datums. «Ignava»[,] ja «perversa ratio» nennt Kant eine Vernunft, die sich ihre Arbeit durch solche Setzungen erleichtert[65][,] und die Bedingungen, die Faust sich selber bei dem Kontrakt mit dem Teufel stellt, gelten auch für die Wissenschaft:

> Werd ich beruhigt je mich auf ein Faulbett legen,
> So sei es gleich um mich getan!
> ...
> Werd ich zum Augenblicke sagen:
> Verweile doch! du bist so schön!
> Dann magst du mich in Fesseln schlagen,
> Dann will ich gern zu Grunde gehn.[66]

Die über sich selbst klare Vernunft findet ihren völlig genügenden innern Abschluß in der Idee, die ihr den *Gesichtspunkt* bietet, in der Richtung auf welchen hin sie strebend bemüht ist, zu erkennen.

Die Idee ist *Grenzbegriff*[67], sofern sie die Vernunft warnt vor Übergriffen des sinnlich-begrifflichen Denkens in das Gebiet des an sich Seienden, aber auch positiv, sofern sie dem sinnlich-begrifflichen Denken die Anleitung, die Richtung giebt auf das Ziel eines absoluten Ganzen aller Erfahrung hin.

Und unter der letztern Bedeutung verstehen wir den *regulativen,* richtunggebenden, *heuristischen* Gebrauch der Idee im Gegensatz zu einem konstitutiv sein, Erfahrung begründen wollenden, der immer dialektisch wird.

Angewendet auf das Problem des kosmologischen Beweises bedeutet diese Regulativität der Idee:

---

[64] Vgl. I. Kant, *Kritik der reinen Vernunft,* B 672 (a.a.O., S. 428).
[65] A.a.O., B 717.720 (S. 454f.).
[66] J. W. von Goethe, *Faust I,* V. 1692f. 1699–1702 (Studierzimmer).
[67] Vgl. I. Kant, a.a.O., B 310f. (S. 211).

Die Wissenschaft arbeitet so, *als ob* der apriorisch erkannten dynamischen Gemeinschaft der Substanzen in der Erscheinung ein Correlat in der Wirklichkeit entspräche. Ihre Tendenz geht darauf, eine Erkenntnis dieser Einheit der Totalität der Erfahrung oder dieser «Einheit der Natur»[68] immer mehr durchzusetzen. Sie wird sich aber bei allem immer möglichen Fortschritt der Erkenntnis in dieser Richtung *hüten* müssen, *auch nur hypothetisch* einen absoluten Weltgrund, einen an sich seienden «actus purus», sei er nun materialistisch oder theistisch gedacht, *zu setzen*, weil damit prinzipiell bereits die Grundgesetze der Erfahrung durchbrochen wären.

An die Stelle des kosmologischen Gottesbeweises tritt also in der Wissenschaft die regulative Idee einer letzten Einheit der gesetzlichen Verknüpfung von Wahrnehmungen oder *der als regulative Idee gedachte Grundsatz der dynamischen Gemeinschaft der Substanzen.*

### b) *Die Kosmologie und der christliche Gottesgedanke*

Unser Überblick über das Problem wäre nicht vollständig, wenn wir nicht auch über seine Bedeutung im Leben der Religion wenigstens einige Andeutungen versuchten.

Thomas von Aquino vermochte freilich nur, ein «ens realissimum»[,] d. h. den Begriff eines solchen, zu beweisen. Wir haben gesehen, wie er es durch die Begabung mit dem «nomen persona» dem christlichen Gottesgedanken anzunähern versucht.[69] Eine religiöse Bedeutung kommt diesem «ens realissimum» doch auch in seinem System nur zu, sofern er es mit dem Gottesbegriff der kirchlichen Überlieferung in eins setzt. Es würde mich zu weit führen, wollte ich hier feststellen, inwiefern durch diese Ineinssetzung der christliche Gottesgedanke, wie er sich in den Äußerungen des *Selbstbewußtseins Jesu* spiegelt, alteriert wird zu Gunsten einer naturhaften Idee des Absoluten. Im besten Fall, auch nach katholischer Auffassung, ist der kosmologische Beweis eine Technik (um mit *Herrmann* zu reden[70]) Religion im Menschen vor-

---

[68] Vgl. oben Anm. 58.
[69] Vgl. oben Anm. 30.
[70] Barth fußt hier auf seiner (im Karl Barth-Archiv, Basel, erhaltenen) Nachschrift der Vorlesung «Dogmatik I», die er im SS 1908 in Marburg bei W. Herrmann gehört hatte. Innerhalb des § 5 («Der Versuch, zur Religion zu kommen durch die Beweise für die Existenz Gottes») heißt es dort, im Rahmen einer Kri-

zubereiten. *Wir* werden ihm freilich auch dazu die Befähigung abstreiten, erstens weil die Technik falsch ist, zweitens weil sie, wenn richtig, den Menschen doch nicht zu dem, was wir unter Religion verstehen, führen könnte, sondern höchstens zum intellektuellen Für-Wahr-Halten eines wissenschaftlichen Begriffs. Christliche Religion meinen wir da zu finden, wo ein Mensch des Ernstes und zugleich der Liebe eines *überweltlichen* Gottes in individuellster Weise gewiß wird. Diese Gewißheit kommt nicht zu Stande durch die Arbeit der «natürlichen Vernunft», aber auch nicht etwa durch ein sacrificium dieser Vernunft gegenüber einer supranaturalen Lehroffenbarung, sondern durch eine miteinander aktive und passive Aufgeschlossenheit des Individuellsten im Menschen einer Macht gegenüber, die sich in keinen Setzungen und Ausdrucksformen des Kulturbewußtseins erschöpfen läßt.[71] Denn dem, der von ihr ergriffen ist, wird sie Kern und Stern seines individuellen Kulturbewußtseins, sie folgt ihm als die Trägerin seiner *Persönlichkeit* in alle Richtungen der Kultur und giebt ihnen – *nicht* neue Formen – aber einen persönlichen inhaltlichen *Wert*, den[72] sie an sich für das Individuum niemals haben.

Diese Macht ist *Gott*, und wenn wir etwas von ihr verspürt haben, so verdanken wir Alle es irgendwie den Nachwirkungen, nein Wirkungen der Person *Jesu* in der *Geschichte*. Denn im Strom der Geschichte, in dessen Verästelungen wir Alle stehen, werden die Charaktere, die Persönlichkeiten, im Unterschiede zu den Naturwesen, die ihre Existenz dem empirischen Causalnexus verdanken. Und an keinem Punkt der Geschichte ist jene Macht, durch die sich der Christ erst völlig zum

---

tik am kosmologischen Gottesbeweis, u. a.: «Aber auch ein *religiöser Fehler,* der des Katholizismus, steckt darin: Er ist Technik, Religion zu erzeugen.»

[71] Den Begriff «Kulturbewußtsein» übernimmt Barth vermutlich von Hermann Cohen; vgl. H. Cohen, *Religion und Sittlichkeit. Eine Betrachtung zur Grundlegung der Religionsphilosophie*, Berlin 1907, S. 29; ders., *Ethik des reinen Willens*, , Berlin 1904, S. 603; vgl. auch P. Natorp, *Religion innerhalb der Grenzen der Humanität. Ein Kapitel zur Grundlegung der Sozialpädagogik*, Tübingen 1908², S. 98. In der Abwehr einer Beschränkung der Religion auf die «Setzungen ... des Kulturbewußtseins» im Namen des «Individuellen» geht Barth zusammen mit seinem Lehrer Wilhelm Herrmann. Vgl. W. Herrmann, *Die Auffassung der Religion in Cohens und Natorps Ethik* (1909), in: ders., *Schriften zur Grundlegung der Theologie*, hrsg. von P. Fischer-Appelt, Teil II (ThB 36/II), München 1967, S. 206–232.

[72] Mskr.: «die».

Menschen berufen weiß, so rein und ganz in die Erscheinung getreten wie damals unter dem weltverlorenen Volk von Galiläa.

Christlicher Gottesglaube ist da, wo ein Mensch die ihm einmal aufgegangene Gewißheit Gottes in seinem beschränkten oder weiten Kulturdasein durchzusetzen sucht. Das wird vor Allem geschehen in der Richtung des *sittlichen* Wollens, das durch die Religion nicht eine neue Form[,] aber neue Intensität und Kraft gewinnt. Und das *denkende* Erkennen? Sollte durch die persönliche religiöse Gewißheit die Wissenschaft diejenige Ergänzung ihrer konstitutiven Erkenntnis erfahren[,] die manche an ihr vermissen zu müssen glauben? Nein. Denn damit würde sich die Religion eines Einbruchs in die Grenzen der Humanität schuldig machen[73] und würde ihrer Innerlichkeit, in der ihre Stärke beruht, verlustig gehen. Die religiöse Betrachtung der Welt steht vielmehr in intimster Analogie zum regulativen Gebrauch der Idee in der Wissenschaft. In den Ereignissen der empirischen Welt sieht der religiöse Mensch nach *Schleiermachers* Wort Handlungen Gottes.[74] Er lebt der Gewißheit, daß denen, die Gott lieben, alle Dinge zum Besten dienen müssen [Röm. 8,28], d. h. aber doch wohl: die Religion giebt ihm die Fähigkeit[,] die empirische Welt, in die er sich hineingestellt sieht, zu verstehen in Bezug auf sein individuellstes Personleben, zu verstehen als schlechthin abhängig von der überweltlichen Macht, der er selbst in seinem Personleben sich schlechthin unterworfen weiß. Die Religion befreit uns von dem Drucke des Causalnexus der empirischen Dinge, indem sie uns zeigt, daß dieser Causalnexus keine an sich bestehende Macht ist, sondern nur Werkzeug in der Hand des Gottes, den wir als Vater anrufen. Die Religion zeigt uns im Zusammenhang der Dinge der

---

[73] Vgl. P. Natorp, a.a.O., z. B. S. 49: «Religion, oder was sich unter diesem Namen bisher verbarg, ist genau so weit festzuhalten, als sie *innerhalb der Grenzen der Humanität* beschlossen bleibt, dagegen nicht mehr, sofern der ungemessene Drang des Gefühls sie verleitet, deren Grenzen zu durchbrechen und ihren ewigen Gesetzen den Gehorsam zu versagen.» – S. 54: «Es soll eben nichts mehr auf Rechnung des religiösen Gefühls zugelassen werden, was nicht auch vor der Kritik der menschlichen Vernunft, der theoretischen wie praktischen und selbst ästhetischen, besteht ...»

[74] Fr. D. E. Schleiermacher, *Über die Religion. Reden an die Gebildeten unter ihren Verächtern* (1799), hrsg. von H.-J. Rothert (PhB 255), Hamburg 1958, S. 32 (Originalausgabe S. 57): «Alle Begebenheiten in der Welt als Handlungen eines Gottes vorstellen, das ist Religion ...»

Erfahrungswelt den Willen Gottes *mit uns* und darum denken wir Gott keineswegs als «primum movens» einer Reihe von bewegten Dingen, sondern als den[,] der alle Dinge *geschaffen* hat, geschaffen aus dem Nichts.

Aber vergessen wir nicht: diese Weltanschauung des christlichen Gottesglaubens ist *niemals* ein fertiges, absolutes Datum[,] sondern – und darin liegt die wichtige Parallele zum regulativen Gebrauch der Idee in der Wissenschaft – immer eine Aufgabe, d. h. eine Gabe, deren Besitz wir in fortwährendem Kampf *durchzusetzen* haben. Auch die Religion und die religiöse Weltansicht *ist* nicht, sondern sie *wird*. Das religiöse Leben steht im einzelnen Menschen in Bezug auf Wollen *und* Erkennen immer im Zeichen der Bewegung, nach vorwärts – oder nach rückwärts. «Denn Gott ist nicht ein Gott der Toten, sondern der Lebendigen» [Mt. 22,32].

*Lessing* hat den Wahrheitsbegriff der *Wissenschaft* aufs Zutreffendste umschrieben, als er an der bekannten Stelle im Streit mit Goeze sagte: «Wenn Gott vor mich träte und hielte in seiner rechten Hand alle Wahrheit und in der Linken das Streben nach Wahrheit und spräche zu mir: wähle! ich fiele ihm demütig in die Linke und spräche: Vater gieb mir die Linke, die Rechte ist nur für dich allein!»[75]

Dieser Wahrheitsbegriff findet in der Weltanschauung des christlichen Gottesglaubens seine eigentümliche Vertiefung und Ergänzung. Im Erlebnis der Religion wird der persönlichste Kern des Menschen erfaßt von der *Aufgabe*, die Welt als die Welt Gottes zu verstehen. Und dieses Verstehen ist nicht müßige Reflexion[,] sondern *Tat*. Aber die an dieser Aufgabe tätig sind, wissen davon zu sagen, daß die *Gabe* in der Aufgabe enthalten ist, daß sie laufen und nicht matt werden, wandeln und doch nicht müde werden [vgl. Jes. 40,31].

Wir können das Wesen christlich-religiöser Weltanschauung nicht besser wiedergeben, als indem wir mit dem Dichter bekennen:

---

[75] G. E. Lessing, *Eine Duplik* (1778), Werke, hrsg. von H. G. Göpfert, Bd. VIII, München 1979, S. 33: «Wenn Gott in seiner Rechten alle Wahrheit, und in seiner Linken den einzigen immer regen Trieb nach Wahrheit, obschon mit dem Zusatze, mich immer und ewig zu irren, verschlossen hielte, und spräche zu mir: wähle! Ich fiele ihm mit Demut in seine Linke, und sagte: Vater gib! die reine Wahrheit ist ja doch nur für dich allein!»

> Ich bin zufrieden,
> Daß ich die Stadt *gesehn;*
> Und ohn Ermüden
> Will ich ihr *näher gehn*
> Und ihre hellen goldnen Gassen
> Lebenslang nicht aus den Augen lassen.[76]

*Adnotationes criticae*
von H. Barth

I. 1 «und es ist das Wesen Gottes *relativ evident* zu beweisen» (nach Becker). Dieser Ausdruck («rel. ev.») entspricht dem Gedankengange nicht; das Wesen Gottes ist absolut evident beweisbar, doch ist das Bewiesene der Wirklichkeit nicht adäquat, quantitativ nicht kongruent. Der Ausdruck wiederholt sich S. 15 [= S. 385 dieser Ausgabe], wo er aber durch den Nachsatz korrigiert wird.

I. 2 «Gerade so hatte schon Ar. den νοῦς als πρῶτον κινοῦν bewiesen.» Zu beanstanden ist die Wendung «gerade so». Zwischen dem mechanischen primum movens und dem höchsten geistig-teleologischen Princip des Ar. ist denn doch eine weite Kluft. Überhaupt sind bei der Darstellung der thomistischen Beweise die mechanistisch-causalen Elemente mit dem teleologischen in ungerechtfertigter Weise verquickt, wie Beweis 5 zeigt. Liegen doch in diesen Anschauungsweisen die größten möglichen Gegensätze der Philosophie eingeschlossen.

I. 3 Damit hängt zusammen die Unterschätzung des Gegensatzes, in dem die «moderne» Weltanschauung zur aristotelisch-scholastischen steht. Als «unkritisch» werden sie von Kantianern leicht einander zu nahe gerückt und gemeinsam verworfen. Eine Beziehung zu Fichte oder Schelling herzustellen, wäre vielleicht passender gewesen.

I. 4 Die Unterscheidung Hettingers von allgemeinem und göttlichem, entspr. idealem und realem Sein ist nicht thomistisch; sie ist im Interesse der Apologie in Thomas hineininterpretiert. Also darf sie nicht zur weiteren Entwicklung der thomistischen Gedanken herbeigezogen werden, wie es S. 21 [= S. 388] geschieht.

I. 5 Von hier aus wird die Rolle des ontologischen Beweises, wie in der ganzen Darstellung überhaupt, nicht ganz richtig gekennzeichnet. Es sollte schon S. 10 [= S. 382] hervorgehoben sein, daß Beweis Nr. 4 der eigentliche ontologische Beweis ist; höchste Vollkommenheit, nicht aber, wie S. 11 [= S. 383], höchste Notwendigkeit, höchste Ursächlichkeit (?) usw. ist ontologisch verwertbar.

---

[76] Strophe 5 des Liedes «Ich hab' von ferne, Herr, deinen Thron erblickt» von J. T. Hermes (1738–1821), in: GERS 352.

Denn: (Und damit sei das Berechtigte an der ontologischen Denkweise gekennzeichnet:) Die Wertung eines Objektes nach seiner Vollkommenheit, eines Urteils nach seiner Wahrheit, einer Handlung nach ihrer moralischen Güte, eines Gegenstandes nach seiner Schönheit setzt nicht etwa nur in der Vergleichungsskala die superlativen Begriffe voraus, sondern die Ideen des absolut Vollkommenen, Wahren, Guten, Schönen. Dies aber im Unterschied zu allen relativen Bestimmungen: Ein großer, ein roter Gegenstand u.s.w. gestatten schon die Bildung von Maximalbegriffen, setzen sie aber nicht voraus, geschweige denn als absolute Ideen (im platonischen Sinn). Begriffe wie «notwendig» und «ursächlich» sind überhaupt nicht zu steigern. – Der ontologische Beweis aus dem Begriff der Vollkommenheit nimmt aber offenbar bei Thomas nicht die Stellung ein, die ihm, von der Hettingerschen Interpretation ausgehend, hier zugewiesen wird. Die 5 Beweise des Thomas erschließen Gott: (kosmologisch:) 1. als primum movens, 2. als letzte Ursache, 3. als schlechthin Notwendiges, (ontologisch:) 4. als das Vollkommene, (teleologisch:) 5. als zwecksetzende Macht. Das Vollkommene wird dann dem Persönlichen gleichgesetzt. Der ontologische Beweis steht also mit den übrigen in einer Linie; er realisiert nicht erst, wie in der Darstellung, das Resultat der übrigen Beweise, obschon an ihn der Gedanke der Persönlichkeit angeknüpft wird, also erst der theistische Gottesbegriff zu Stande kommt. Im Übrigen aber stehen die andern Beweise unabhängig von ihm da. Daher ist das Faustcitat hier ganz falsch angesetzt.

II. 1 «An dieser Argumentation ist richtig, daß ...» Wird dies zugegeben, muß auch der ontologische Beweis anerkannt werden. (Vgl. meine Lehre vom Begriff Sein, Existenz u.s.w., von der aus allein mir eine Lösung dieser Fragen möglich erscheint. Immerhin würde sie heute zum Teil einen etwas veränderten Ausdruck finden.)

II. 2 «sondern nur dadurch, daß dem vollständigen Begriff ... korrespondiert.» Die «vollständige Anschauung» als Bedingung der «Wirklichkeit» steht mit der Erkenntnißtheorie in Konflikt. Die Thaler brauchen gar nicht angeschaut zu werden, um wirklich zu sein; überhaupt handelt es sich hier gar nicht um die Bedingungen der Wirklichkeit eines Gegenstandes, sondern nur darum zu konstatieren, daß in unserm Denken ein Gegenstand entweder als hypothetisch oder als real gesetzt wird. Daß durch ein analytisches Urteil eine hypothetische Tatsache nie zu einer realen wird, erscheint selbstverständlich.

II. 3 Der Ausgangspunkt zur Besprechung der Antinomien, sowie das dazu gewählte Beispiel sind nicht glücklich gewählt. Von dem gleichen *Begriffe* können nach dem Satze des Widerspruches keine kontradiktorisch entgegengesetzten Aussagen gemacht werden; daß dies von einem *Worte* (z. B. Papier) der Fall sein kann, ist lediglich Sache (resp. Mangel) der Sprache und des Stils. Das Wort *Welt* bezeichnet einen schlechthin eindeutigen *Begriff*, nämlich die Totalität aller Realitäten.

II. 4 (Leider habe ich die Kr. d. r. V. nicht zur Hand; ich nehme die Antinomien als richtig wiedergegeben an.) Die dritte Antinomie d. r. V. ist in der Darstellung so verwendet worden, als ob sie sich auf das Problem der Freiheit innerhalb der Causalität überhaupt beziehe, wie deutlich die Darlegung S. 31 [= S. 394] zeigt. Dies ist aber nicht der Fall. Die These lautet: «Zur Erklärung der Welt ist die Annahme *einer letzten* freien Causalität nötig.» Es handelt sich also lediglich um das Problem des letzten Ursprungs. Die Annahme eines letzten freien Ursprungs wäre wohl mit der einer absoluten kausalen Gesetzmäßigkeit zu verbinden. Antinomie 4 ist durchaus unklar; man weiß nicht, ob man es mit apriorischer oder naturgesetzlicher Notwendigkeit zu tun hat (wie schon bei Thomas). Beide Antinomien sind auf Kosten der Klarheit mit einander verquickt.

II. 5   Die Korrespondenz des zeitlichen Apriori mit der Arithmetik ist, auch wenn sie Kant ausdrücklich annimmt, nicht zu acceptieren. Die mathematisch-logische Begriffsreihe spielt sich weder in Raum, noch in Zeit ab; daß eine arithmetische Entwicklung nur in der Zeit vom Denken erfaßt werden kann, liegt in der Natur des Denkens überhaupt und betrifft eine geometrische Reihe in gleicher Weise.

II. 6   Der Begriff der sich erneuernden Substanz enthält keineswegs den Entwicklungsgedanken in sich. Dieser letztere setzt die Anlegung eines Wertmaßstabes an die Natur voraus; Entwicklung bedeutet Veränderung nach der Vollkommenheit hin; davon ist hier keine Rede. Vgl. das heraklitische System, das dem Entwicklungsbegriff durchaus fernsteht.

II. 7   Dieser Versuch einer Einführung der Religion in die philosophische Weltanschauung fällt von vorneherein aus dem Rahmen des kantischen Denkens. Charakteristisch ist einmal die plötzliche Geringschätzung der theoretischen Erkenntniß, zugunsten einer «individuellsten Gewißheit» eines überweltlichen Gottes. Anstatt wenigstens an die praktische Vernunft mit ihrer ideellen Allgemeinheit und Einheit anzuknüpfen, wird das, was als das Höchste gewertet wird, dem psychologisch-bedingten-zufälligen Zustand des Individuums anheimgestellt. Anstatt Orientierung an Kant Orientierung an Thomas von Aquino. Die Transcendentalphilosophie schlägt plötzlich in Persönlichkeitskultus um. – Der «Strom der Geschichte» als solcher ist sicher nicht charakterbildend; er bildet keinen Gegensatz zum empirischen Naturproceß, wie schon der Ausdruck andeutet. Charaktere, Persönlichkeiten entstanden da, wo das allgemein vorhandene latente Sittlich-Geistige zum Durchbruch gekommen ist, im Gegensatz zum Causalproceß des Psychologisch-Zufälligen. – Die sog. «Analogie» der religiösen Betrachtung der Welt zu den regulativen Ideen sollte nachgewiesen werden. Unseres Erachtens sind regulative Ideen nur solche, die einen Zielpunkt des idealen menschlichen Strebens in Denken, Wollen und Handeln bilden; sie fallen mit den erwähnten ontologischen absoluten Begriffen zusammen. Die Gottesidee an und für sich gehört eben nicht in ihren Bereich. – Die Stellung der religiösen Gedanken als Erkenntnißfunktionen, resp. zu den Erkenntnißfunktionen ist nicht bloßgelegt, noch ihr Inhalt (S. 59 [= S. 408]) erkenntnißtheoretisch wenigstens als Möglichkeit gerechtfertigt. – Noch einmal: «Religion» kann niemals eine regulative Idee bilden. Soweit sie Weltanschauung ist, ist die reg. Idee für das religiöse Suchen die *Wahrheit*, soweit sie ethische Forderung ist, für das ethische Streben das *Gute*. Die Religion kann nicht zugleich der fixe Zielpunkt (als reg. Idee) und das im Streben danach Bewegte sein. Praktisch würde religiöserseits kaum zugegeben werden, daß die Elemente der religiösen Weltansicht, wie «Handeln Gottes in den Ereignissen der Welt», «Schaffen der Welt aus dem Nichts» u.s.w. nur vorübergehende Theorien der religiösen Entwicklung seien. – Ein religiöses Streben als solches gibt es nur empirisch, nicht ideell; das Empirische läßt sich auflösen in das Streben nach der Wahrheit (Lessing) und nach sittlicher Vervollkommnung.

30. Mai 1909
Pfingsten

KLEINE MITTEILUNG
1909

*Die kurzen Zeilen, die, gezeichnet mit «K B», in Nr. 34 der «Christlichen Welt» vom 19. 8. 1909 innerhalb der Sparte «Verschiedenes» als einzige Notiz unter dem Rubrum «Kleine Mitteilungen» erschienen, haben eine längere Vorgeschichte.*

*Schon 1892 (Jg. 6, Sp. 161–169), 1893 (Jg. 7, Sp. 815–818) und 1899 (Jg. 13, Sp. 153–155. 177–182. 202–206) hatte die «Christliche Welt» auf die Nordschleswig-Frage, d. h. auf die Lage der Dänen in dem seit 1866 preußischen bzw. deutschen Nordschleswig aufmerksam gemacht. Martin Rades kritische Stellung zur deutschen Politik in dieser Frage*[1]*, wie sie sich später unübersehbar in der Herausgabe einer «Grenzmarken-Korrespondenz» und in Vorbereitungen zur Gründung eines «Vereins zum Schutze der deutschen Ehre in der deutschen Nordmark» ausdrückte, war eindeutig.*[2] *So zögerte Rade nicht, die Anfrage aufzugreifen, die Valdemar Ammundsen, Professor der Kirchengeschichte an der Universität Kopenhagen, in dieser Sache an ihn richtete. Ammundsen knüpfte übrigens seinerseits an eine Kontroverse an, in der Rade – wenig nach der Daily-Telegraph-Affäre! – gefordert hatte, besonders «dem britischen Volke gegenüber» «jedes Mittel» zu gebrauchen, um «fremdes Volkstum zu verstehen und Mißverständnisse auszuschließen» (CW, Jg. 22 [1908], Sp. 1139).*

*Rade berichtet selber im Rückblick (CW, Jg. 23 [1909], Sp. 832f.): «Herr D. Ammundsen ... stellte in einem offnen Briefe den Herausgeber der Christlichen Welt wegen der nordschleswigschen Frage. ‹Wie kann das deutsche Volk, wie können die Christen in Deutschland schweigen zu dem Unrecht, das ohne Unterlaß durch Preußen den Dänen in Nord-Schleswig geschieht?› [a.a.O., Sp. 159–161]. Ich habe, so gut ich konnte, Rede gestanden [a.a.O., Sp. 161f.]; Herr D. Ammund-*

---

[1] «Ein Anstoß für viele Freunde» der Christlichen Welt, berichtet J. Rathje, *Die Welt des freien Protestantismus. Ein Beitrag zur deutsch-evangelischen Geistesgeschichte. Dargestellt an Leben und Werk von Martin Rade*, Stuttgart 1952, S. 158.

[2] Vgl. J.-P. Leppien, *Martin Rade und die deutsch-dänischen Beziehungen 1909–1929. Ein Beitrag zur historischen Friedensforschung und zur Problematik des Nationalismus* (Quellen und Forschungen zur Geschichte Schleswig-Holsteins, Bd. 77), Kiel 1979, S. 40–66.

sen hat seine Anklage aufrecht erhalten und neu begründet [a. a. O., Sp. 438-440], ich habe ihm wieder geantwortet [a.a.O., Sp. 440-442].» Daß Rade auf das ihm vorgelegte Problem eintrat, hatte einen guten Grund: «Die Not in Nord-Schleswig liegt mir seit Jahren am Herzen. In dem Maße, als das dem Fernstehenden möglich ist, bin ich wohl vertraut damit. Aber gerade darum war ich keineswegs darauf aus, im jetzigen Augenblick eine Verhandlung über das schwierige Thema in der Christlichen Welt herbeizuführen. Nachdem nun ohne meinen Willen der Anstoß dazu von außen kam, habe ich nicht einen Moment gezögert auf die Sache einzugehn.»

«Dabei ist es mir vergönnt gewesen», schreibt Rade weiter, «dem Manne die Zunge zu lösen», der dann in der Christlichen Welt in drei Folgen «Die Zustände in Nordschleswig» behandeln sollte (a.a.O., Sp. 578-588. 603-614. 697-714; vgl. 642-644. 739f.). Der auch hier nur anonym eingeführte Verfasser zeichnete seinen Bericht zunächst lediglich als ein bzw. «Der Nordschleswiger». Rade spricht diesen Umstand selber in seinem als Einleitung für den stark erweiterten Sonderdruck dieser Artikel[3] verfaßten Rückblick an: «Man hat beanstandet, daß er seinen Namen vorenthielt. Das mußte vorläufig so sein. Wir mußten die Leute zwingen, sich ganz allein mit der Sache zu beschäftigen ohne Seitenblicke auf irgendwelche Person. Sofern aber starke Angriffe durch den Anonymus erfolgt sind, übernehme ich ... persönlich und ausdrücklich die Verantwortung dafür. Nicht nur pro forma. Ich habe meine helle Freude an dem Verfasser. Zwar mag er dieses oder jenes falsch sehen und hier oder dort mit seinem Urteil irren: Temperament und Gesinnung sind echt. Und das ist doch die Hauptsache.» Der Bericht stammte von dem Pastorensohn Johannes Tiedje (1879-1946). Von seiner Marburger Studienzeit her war er Rade «persönlich sehr gut» bekannt.[4] Tiedje wurde übrigens später Barths Nachfolger als Redaktionsgehilfe bei der «Christlichen Welt». Seine Artikelfolge löste, gerade weil der Verfasser zunächst namenlos blieb, eine weiter wirkende Bewegung aus, die in der dänischen Geschichtsschreibung später «Tiedjebevægelsen» genannt wurde.[5]

---

[3] J. Tiedje, *Die Zustände in Nord-Schleswig*, Marburg 1909.
[4] CW, Jg. 23 (1909), Sp. 835; vgl. J.-P. Leppien, a.a.O., bes. S. 35.
[5] J.-P. Leppien, a.a.O., S. 35.

*Rade publizierte seine mit dem Datum vom 17. 7. 1909 versehene Einführung zum Separatdruck unter der Überschrift «Ein überflüssig gewordenes Vorwort?» in der «Christlichen Welt», Nr. 35 vom 26. 8. 1909 (Sp. 832f.), und gab ihr, leicht gekürzt, das Schreiben bei, «in dem der Verfasser unsrer Nord-Schleswig-Artikel seinen Namen nannte» (a. a. O., Sp. 833f.). Denn dadurch schien Rades Einleitung, ursprünglich bestimmt, für den ungenannt bleibenden Autor einzutreten, entbehrlich geworden zu sein. Das Schreiben war «zu deutsch und dänisch erschienen in ‹Modersmaalet› Nr. 180 vom 5. August [1909]». Eben auf diesen Text, in dem «Der Nordschleswiger» mit seinem Namen hervorgetreten war, hatte zuerst die «Kleine Mitteilung» hinzuweisen, die Karl Barth am Schluß der Nr. 34 vom 19. 8. unter «Verschiedenes» (übrigens nach drei Besprechungen aus der Feder Rudolf Bultmanns) einrückte.*

*Es handelte sich ja bei diesem Heft um die zweite der beiden Nummern, die Barth – «mein Selbstbewußtsein schwoll aufs Höchste» – «im Sommer 1909, als Rades [vom 3. 8. bis 16. 8.] in ihre Ferien fuhren, ... selbst redigieren und verantwortlich unterzeichnen durfte».[6] Schon am 7. 5. 1909 hatte Barth den Eltern angekündigt: «Im August werde ich einige Wochen das Blättli allein leiten und die kleinen Mitteilungen verfassen dürfen, ich besinne mich auch bis dahin auf einige Orakelsprüche, die ich dort abladen will!!» Über diese Zeit als «Alleiniger Christlicher Weltherrscher» (Brief an die Eltern vom 13. 7. 1909) schreibt er am 2. 8. 1909 an die Eltern: «Rades gehen ... in die Ferien ... und für den Rest meiner hiesigen Zeit soll ich nun sogar als eine Sorte Nachtwächter in ihr Haus ziehen, wozu mir heute feierlich 1 Stoßdegen und 1 Totschläger überreicht wurden. Herrlich, nichtwahr?! Dafür darf ich in die» beiden Nummern «ausschließlich Dinge bringen, die mich freuen». Und am 9. 8. 1909 an die Eltern und die Geschwister: «Die Verantwortlichkeit drückt natürlich nicht wenig. Stolz wie ein Spanier wandle ich unter den Verlagsfräuleins und Druckerlehrlingen umher, die alle meines Winks gewärtig sind oder sein sollten. Wenn etwas Staatsgefährliches in den nächsten Nr. steht, so werde ich eingekerkert ... ! Nach einiger Zeit werde ich zweifellos nach diesem grotesk-erhobenen Leben*

---

[6] Brief an Dr. J. Rathje, 27. 4. 1947, in: K. Barth, *Offene Briefe 1945–1968*, hrsg. von D. Koch (Gesamtausgabe, Abt. V), Zürich 1984, S. 120.

*großes Heimweh haben ...» Am 14. 8. 1909* kann er den Eltern vermelden: *«Auch die 2$^{te}$ und letzte Nummer der Chr. W., die unter meinem Namen ausgeht, ist druckfertig.»* Das Redaktionsimpressum lautete in den beiden Nummern in der Tat: «Verantwortl. für die Redaktion i. V. Karl Barth V. D. M. Marburg» (a. a. O., Sp. 789 und 814).

Was die «Kleine Mitteilung» angeht, so verzögerte sich deren Druck zunächst dadurch, daß Barth wohl erst noch einmal bei Rade wegen des genauen Fundorts des Textes und vielleicht auch wegen des Titels anfragte, mit dem Tiedje einzuführen wäre. Rade antwortete am 8. 8. 1909 auf einer «durch Eilboten» zuzustellenden Postkarte[7]: *«L. H. B. Modersmaalet Nr. 180 – Hadersleben 5. August. Eine Schwierigkeit ist, daß man unsern Freund von Rechts wegen öffentlich nicht als Cand. bezeichnen kann, da er kein Examen gemacht hat. ... Na machen Sie das nun nach Ihrem Gusto u. Ihrer besten Einsicht.»* Als Rade am 12. 8. – wieder auf einer Postkarte[8] – *«zu Nr. 33»* gratulierte, vermißte er freilich *«die Mitteilung über Tiedje: diese mußte kommen; an der Notiz über Modersmaalet lag doch in diesem Falle rein nichts. Nun bringen Sie sicher die Nachricht in Nr. 34, ganz schlicht. Nennen Sie ihn dabei Kandidaten der Philosophie oder vielleicht lassen Sie noch besser jede Bezeichnung weg, wie er in seinem Schreiben. Bin natürlich auf Nr. 34 sehr neugierig: tota tua erit.»*


Der Verfasser unsrer Artikelreihe über «die Zustände in Nordschleswig» hat in einem offenen Brief an den Redakteur der Haderslebener Tageszeitung «Modersmaalet» (Nr. 180) seinen Namen genannt: *Johannes Tiedje* im Pastorat Oesby. Wir teilen dies unsern Lesern mit in der Gewißheit, daß sie sich auch fernerhin ihr Urteil durch die *Sachen* bestimmen lassen werden.

---

[7] Nicht abgedruckt in Bw. R.
[8] Nicht abgedruckt in Bw. R.

# NACHWEIS FRÜHERER VERÖFFENTLICHUNGEN DES INHALTS DIESES BANDES

*1906*

X. *christliche Studentenkonferenz in Aarau*, in: Berner Tagblatt, Jg. 18, Nr. 129, 131 und 135, 17., 19. und 21. 3. 1906.

*1909*

*Rezension von G. Mix, Zur Reform des theologischen Studiums*, in: CW, Jg. 23 (1909), Sp. 116f.
*Rezension von A. von Broecker, Protestantische Gemeinde-Flugblätter*, in: CW, Jg. 23 (1909), Sp. 186.
*Rezension von P. Mezger, Eigenart und innere Lebensbedingungen einer protestantischen Volkskirche*, in: CW, Jg. 23 (1909), Sp. 236.
*Rezension von Fr. A. Voigt, Was sollen wir tun?*, in: CW, Jg. 23 (1909), Sp. 236f.
*Rezension von R. Jahnke, Aus der Mappe eines Glücklichen*, in: CW, Jg. 23 (1909), Sp. 477.
*Rezension von O. Pfister, Religionspädagogisches Neuland*, in: CW, Jg. 25 (1911), Sp. 405f.
Die belgische Missionskirche, in: Hessische Landeszeitung, Jg. 24, Nr. 37, 13. 2. 1909 (in der Rubrik „Lokale Rundschau").
*Moderne Theologie und Reichsgottesarbeit*, in: ZThK, Jg. 19 (1909), S. 317–321.
    E. Chr. Achelis, *Noch einmal: Moderne Theologie und Reichsgottesarbeit*, in: ZThK, Jg. 19 (1909), S. 406–410.
    P. Drews, *Zum dritten Mal: Moderne Theologie und Reichsgottesarbeit*, in: ZThK, Jg. 19 (1909), S. 475–479.
  *Antwort an D. Achelis und D. Drews*, in: ZThK, Jg. 19 (1909), S. 479–486.
    M. Rade, *Redaktionelle Schlußbemerkung*, in: ZThK, Jg. 19 (1909), S. 486–488.
*Kleine Mitteilung*, in: CW, Jg. 23 (1909), Sp. 814.

# REGISTER

Seitenzahlen im Normalsatz beziehen sich auf Barths Text. Kursiv gesetzte Seitenzahlen verweisen auf die Anmerkungen der Herausgeber. Der Buchstabe E hinter der Seitenzahl besagt, daß die Stelle zu einer dem Haupttext vorangestellten Einleitung gehört. Der Buchstabe P («Partner») bezeichnet eine Stelle aus einem der mitabgedruckten Texte anderer Autoren.

# I. BIBEL UND AUSSERKANONISCHES SCHRIFTTUM

Exegetische Aussagen hat Barth gelegentlich durch Aufreihung von Bibelstellen belegt (z. B. S. 187, 211, 219). Solche Bibelstellen sind nicht in das Register aufgenommen worden. Die entsprechenden Abschnitte erschließen sich vom Begriffsregister her.

Ebenfalls nicht eigens aufgeführt sind Versangaben, die sich innerhalb einer als ganze behandelten Perikope finden.

Genesis (1. Mose)
6,1f.        264f.
13,9         327
15,6         120E
32,25f.      42
44,8         275
46,4         307

Exodus (2. Mose)
3,5          29

Numeri (4. Mose)
6,24–26      12

Richter
12,6         86

1. Samuel
28           306, 308

1. Chronik
29,10        143, 145

Hiob
28,22        300

Psalmen
6,6          305
22,30        305
86,13        291
119,164      141
141,5        354

Jesaja
6,5          364
6,9f.        180
14,15        286
26,9         275
40ff.        367
40,31        409
45,6         50
49,6         164
9            300

Jeremia
6,14; 8,11   103

Hesekiel
3,17         92
32,23        286
33,7         92
36,23–31     143, 146

Hosea
14,14        275

Jona
2,3f.        257

Tobias
12,7(8)      23

äth. Henoch
15,8         264

Testamenta XII Patriarcharum   253
XII,9        295

Matthäus
3,10         111
5,14         122
19           294
23–26        142
6,1–18       128, 134
5–8          124

423

| | | | |
|---|---|---|---|
| 6 | 134 | 10,21 | 121 |
| 9–13 | 127–131, 135–147 | 25–37 | 57 |
| 14f. | 142 | 11,1 | 131, 134f. |
| 19–34 | 128 | 2–4 | 127f., 131–133, 135–147, 223 |
| 32–34 | 142, 144 | | |
| 7,11 | 137 | 5–8 | 131 |
| 16.20 | 342 | 9–13 | 131, 137 |
| 21–23 | 51 | 12,31 | 142, 144 |
| 8,1–4 | 49 | 48 | 82 |
| 5–13 | 47–51, 53–60 | 13,26f. | 51 |
| 14–17 | 49 | 28–30 | 47, 51f., 54, 58 |
| 9,16f. | 75 | 15,11–32 | 57 |
| 11,7–19 | 47, 221 | 16,16 | 222f. |
| 11 | 294 | 19–31 | 57 |
| 13–15 | 222 | 22 | 259 |
| 12,40 | 257, 291 | 23 | 51 |
| 18,1.4 | 294 | 18,9–14 | 57 |
| 7 | 92 | 22,24 | 122 |
| 19,30 | 54, 58 | 23,12 | 386 |
| 22,32 | 409 | 43 | 259, 307 |
| 37.39 | 76 | 46 | 264 |
| 24,37–39 | 267 | 24,13–35 | 57 |
| 26,36–46 | 373E | 37.39 | 258, 264 |
| 40f. | 290 | | |
| 27,50–54 | 257f. | **Johannes** | 115 |
| 52f. | 274, 276, 281f., 304, 306, 310 | 1,14 | 359 |
| | | 4,46–54 | 49, 59f. |
| | | 8,32 | 343 |
| | | 56 | 288 |
| **Markus** | | | |
| 1,40–44 | 55 | | |
| 5,22 | 163 | **Acta (Apostelgeschichte)** | |
| 11,25 | 142 | 1,5 | 221 |
| 13 | 58 | 8 | 137, 140 |
| 16,15 | 242 | 2,9 | 166 |
| | | 24 | 259 |
| **Lukas** | | 27 | 259, 264, 312 |
| 1,1 | 57 | 31 | 259 |
| 5–25.57–80 | 221 | 46 | 203 |
| 32 | 309 | 3,15 | 273 |
| 3,1–20 | 221 | 4,10 | 273 |
| 5,12–14 | 49, 52 | 36 | 163 |
| 6,20–49 | 52 | 6,1 | 205 |
| 7,1–10 | 47, 52–60 | 9 | 166 |
| 11–17 | 52 | 7,59 | 264 |
| 18–34 | 222 | 9,10–30 | 182 |
| 8,9–15 | 228 | 17 | 168 |
| 55 | 264 | 27–29 | 179 |

| | | | |
|---|---|---|---|
| 30 | 162 | 10–15 | 170f., 200 |
| 10,1–2 | 53 | 11 | 212 |
| 37 | 222 | 16–34 | 171f., 200, 210 |
| 11,19 | 163 | 18 | 180, 215, 226 |
| 25–30 | 137, 140, 162f. 179, 182 | 22f. | 209, 213f. |
| | | 26–28 | 213f., 216 |
| 12,12 | 163 | 30 | 216 |
| 24f. | 162f. | 31 | 219 |
| 13,1–3 | 162f., 167, 182 | 34 | 172, 200 |
| 5–6 | 163 | 18,1–17 | 163, 172–174 |
| 9.13f. | 163–165, 205 | 6 | 187, 201 |
| 16–41 | 163, 209 | 7f. | 201 |
| 17–22 | 215f. | 18–22 | 173–175, 202 |
| 23–25 | 220 | 23 | 175f., 194, 197f., 203 |
| 24f. | 221–223 | | |
| 27f. | 220 | 27f. | 201 |
| 31 | 221 | 19,1 | 197f., 203 |
| 34 | 212, 273 | 4 | 220 |
| 38f. | 225, 235 | 1–7 | 135, 202, 206, 221f. |
| 43–52 | 163f., 187, 195f. | | |
| 14,1–7 | 164, 196 | 1–16 | 233 |
| 8–26 | 164f., 196 | 1–40 | 175f. |
| 11–13 | 176 | 8–20 | 202 |
| 15–19 | 176, 210, 213f. | 9f. | 200 |
| 22–25 | 195–197 | 10 | 203 |
| 15,1–34 | 165, 183 | 26 | 176 |
| 2 | 205 | 29 | 200 |
| 8f. | 137, 140 | 30–35 | 202f. |
| 22 | 165 | 20 | 208 |
| 28f. | 183 | 1–5 | 167, 176, 199, 201–203 |
| 32 | 165 | | |
| 35–41 | 165f., 183, 197 | 4 | 197, 200 |
| 16,1–5 | 166, 183f., 196f. | 7–16 | 176, 203 |
| 6–8 | 166f., 176, 194 197f., 203 | 17–38 | 176, 202, 210, 233 |
| 9–12 | 167f., 183, 199, 203 | 18f. | 209 |
| | | 21 | 185, 216 |
| 10 | 243 | 28 | 206, 226 |
| 13–15 | 168f., 199 | 29f. | 207 |
| 16 | 223 | 35 | 220, 223 |
| 16–40 | 169f., 199 | 21–28 | 176f. |
| 17 | 176 | 21,1–16 | 176 |
| 31 | 227 | 1–21 | 231 |
| 17 | 208 | 8–14 | 175 |
| 1–10 | 170, 190, 200 | 11 | 168 |
| 3 | 223, 233 | 16 | 163 |
| 4 | 171 | 20f. | 177 |

| | | | |
|---|---|---|---|
| 27f. | 177f. | 20 | 124 |
| 22,2−21 | 210, 231 | 22f. | 201, 227 |
| 8 | 220 | 24 | 190 |
| 24,2−9 | 178 | 2,10f. | 214 |
| 10−21 | 210 | 3,1f. | 237 |
| 19 | 178 | 4f. | 201 |
| 25,19 | 226 | 5; 6,12−20; 8 | 184 |
| 26,1−24 | 210, 231 | 5,12f. | 321 |
| 9 | 220 | 9,1 | 232 |
| 18 | 230 | 20 | 191, 201 |
| 19f. | 179 | 10,4 | 265 |
| 22f. | 223, 258 | 11 | 117 |
| 28,10 | 168 | 20 | 203 |
| 17−28 | 179f., 189 | 12,2 | 201 |
| 20 | 212 | 13 | 206 |
| 22 | 185 | 13,9 | 25 |
| 26f. | 187 | 15 | 226, 230 |
| | | 3f. | 225f. |
| Römer | | 6 | 296 |
| 1−2 | 189, 215, 217 | 8.10 | 232 |
| 1,4 | 273 | 12 | 201, 273 |
| 16 | 191 | 17f. | 270, 286 |
| 17 | 348P | 20 | 258 |
| 18 | 216 | 24 | 255 |
| 19f. | 214, 218 | 26 | 306 |
| 2,9 | 214 | 32 | 203 |
| 28f. | 190 | 51 | 286 |
| 3,22f. | 5 | 55 | 293 |
| 28 | 237 | 16,2 | 203 |
| 29f. | 190 | | |
| 4,11.16 | 190 | 2. Korinther | |
| 7,24 | 229 | 3,4−6 | 373 |
| 8,14.16 | 214 | 4,6 | 224 |
| 15 | 137 | 10,7f. | 201 |
| 21 | 111 | | |
| 28 | 343, 408 | Galater | |
| 9−11 | 189, 191 | 1,6 | 195 |
| 9,1−5 | 191 | 8 | 233 |
| 10,6f. | 255f., 274 | 16 | 189, 232 |
| 14 | 184 | 16−2,10 | 182−184 |
| 7 | 124 | 17.22 | 179 |
| 9 | 305 | 2 | 235 |
| | | 2 | 268 |
| 1. Korinther | | 7−9 | 189, 233 |
| 1 | 226, 238 | 11−14 | 165, 175 |
| 1 | 174 | 3−5 | 189 |
| 10−12 | 201 | 3,26 | 214 |

| | |
|---|---|
| 27 | 206 |
| 28 | 190 |
| 4,6 | 137, 206 |
| 12–20 | 195, 198 |
| 21–30 | 190, 212 |
| 5,1.7 | 195 |

Epheser

| | |
|---|---|
| 1,20f. | 255 |
| 2,2 | 229 |
| 4,8–10 | 255f., 291, 293, 305, 312 |
| 5,8 | 224 |

Philipper

| | |
|---|---|
| 1,1 | 205 |
| 2,6–11 | 256 |
| 9 | 255 |
| 10 | 305 |
| 3,12–15 | 339E, 364 |
| 20 | 124 |

Kolosser

| | |
|---|---|
| 1,12 | 230 |
| 15f. | 218 |
| 18 | 258 |
| 2,15 | 255 |
| 4,5 | 356 |
| 10 | 165 |

1. Thessalonicher

| | |
|---|---|
| 1,9 | 190 |
| 2,1–14 | 190 |
| 3 | 171 |
| 4,12 | 321 |
| 13f. | 270, 286 |
| 13–18 | 230 |
| 5,1–11 | 230 |

2. Thessalonicher

| | |
|---|---|
| 1,7–10 | 230 |

1. Timotheus

| | |
|---|---|
| 3,7 | 321 |

2. Timotheus

| | |
|---|---|
| 3,16 | 113 |
| 4,10 | 195 |

1. Petrus

| | |
|---|---|
| 1,3 | 273 |
| 14 | 268 |
| 3–4 | 287, 298, 303 |
| 3,12 | 270 |
| 15–17 | 260, 342 |
| 18–22 | 245f.E, 248–312 |
| 4,4–6 | 269–272, 276, 298, 303, 308 |
| 7f. | 271 |

2. Petrus

| | |
|---|---|
| 2,4 | 264 |
| 3,6f. | 267 |

1. Johannes

| | |
|---|---|
| 1,7 | 237 |
| 5,4 | 343 |

Hebräer

| | |
|---|---|
| 12,23 | 264 |

Jakobus

| | |
|---|---|
| 3,1 | 364 |

Apokalypse (Offenbarung)

| | |
|---|---|
| 1,10 | 203 |
| 6,9 | 264 |
| 22,6 | 264 |

Didache

| | |
|---|---|
| | 211 |
| 1,1–6,13 | 230 |
| 8,2 | 129f., 139 |
| 11,7–12 | 182 |

Clemens Romanus, 1. Korinther

| | |
|---|---|
| 2,1 | 223 |

Ignatius

| | |
|---|---|
| ad Magn. 9,2 | 278 |
| 3 | 273, 278f. |

| | | | |
|---|---|---|---|
| ad Philad. 5,2;<br>9,1 | 278 | Simil. IX | 256, 282–284,<br>294, 297f., 302f.,<br>306 |
| ad Trall. 9,1 | 278 | | |
| Polykarp<br>ad Phil. 1,2 | 282 | Petrusevangelium 253<br>V. 41<br>V. 41f. | 268<br>294f. |
| Pastor Hermae | 252 | | |

## II. NAMEN

Unberücksichtigt bleiben die Namen von Herausgebern, Übersetzern, Briefempfängern, ferner die von biblischen Personen, sofern diese über das Bibelstellenregister auffindbar sind, sowie in Buchtiteln genannte Eigennamen.

Abgar-Legende 310
Achelis, Ernst Christian 127, 334E, 337–340E, 340f.P, *342*, 347–351P, 354–364, 366P
Aeschbacher, Robert *108*, 122, 336E
Ahab 267
Albert der Große *383*
Alexander IV., Papst 13, 16, 21, 26–28, 33–35
Algner, Caren XIV
Althaus, Paul *124*
Ammundsen, Valdemar 414f.E
Amoni, Leopoldo 27
Amsler, Hermann 100f., 103
Angelus (O. F. M.) *12*, 18
Anrich, Gustav Adolf *117*
Anselm von Canterbury 389
Aratus 213
Aristides 367
Aristoteles 229, 374E, 380, 382–385, 396, 410P
Arnim, Ludwig Achim von *100*
Athanasius 227, *253*, 311
Athenagoras 367
Augustinus, Aurelius 213
Augustus, Kaiser 168

Baba Mezia 267
Baentsch, Bruno 368
Barnabas 163, 183, 195
Barnabas (Verf. des B.-Briefes) 212
Barth, Anna Katharina 69E, 337E, 340E, 374E
Barth, Dietrich 66, *80*, *84*, 89
Barth, Fritz XII, 1E, *2*, 8E, 46E, 61E, 65f.E, 104E, *113*, 120E, 122, *138*, 148E, 154E, 244–246E, 315E, 337–341E, 374f.E, *389*
Barth, Heinrich 61E, 66, 67E, 120E, 374–376E, 410–413P
Barth, Markus 69E

Barth, Peter 61E, 66, 67E
Baur, Ferdinand Christian 115, 156, 235, 251, 262, 264, 267, 271, 277
Beck, Carl *112*
Beck, Johann Tobias 252, 262, 271
Becker, Johann Adam 380f., 410P
Bengel, Johann Albrecht 127, 129f.
Benoît, Louis 78f.
Bertholet, Alfred 94
Bismarck, Otto von *82*
Blaß, Friedrich 130f., 137, 140
Blum, Werner XIV
Bohnenblust, Traugott *125*
Bohnet, Jörg-Michael XIV
Bolliger, Adolf *24*
Bonaventura (Johannes Fidanza) 8E, 13, 16, 22, 28f., 31f., 35, 44f.
Bornhäuser, Karl *342*
Bornhausen, Karl 316E, 338E
Bousset, Wilhelm 325, 371
Brentano, Clemens *100*
Bretschneider, Karl Gottlieb *115*
Broecker, Arthur von 315E, 321
Brückner, Benno Bruno 251, 271
Brunner, Emil 120E
Buchmann, Willi 77, *84*
Buddha, Gautama 7
Büchmann, Georg *71*, *82*, *88*, *91*, *93*, *95*, *183*, *200*
Bultmann, Rudolf 154E, 416E
Burckhardt, Max 66, 77, *80*, *84*, 89
Burger, Karl Heinrich August *251*, 252, 263, 269–271
Busch, Eberhard *102*
Buxtorf, Karl 121

Caesar, C. Julius *71*, *195*
Calvin, Johannes 76
Celsus 282, 288f.
Cerinth 278
Chase, Frederic H. 137, 140

429

Christ, Lukas   *72, 77, 79, 86, 93*
Christliche Welt, Die   313–317E,
  334f.E, 414–418E
Chrysostomos, Johannes   *117*, 129
Cicero, M. Tullius   *11*
Claravallensis, Johannes   *325*
Claudius, Kaiser   173, 180
Clemen, Carl   250, 254, 257,
  261–263, 268, 270–272, *278*, 285,
  295, 302, 307
Clemens Alexandrinus   245E, 253,
  287, 295, 299–306, 310
Cohen, Hermann   473E, *407*
Concilium Vaticanum I   376, *379*
Confessio Augustana   108, 116f.
Constitutiones Apostolorum   130
Cordier, Leopold   *126*
Cramer, Jacob   261, 269
Cremer, Hermann   *342*
Curtius, Ernst   213

Däniker, Heinrich   *62, 69*
Dalman, Gustaf   *137*
Darwin, Charles Robert   399
David   279
Debrit, Jean   *78f.*
Deißmann, Adolf   338E
Demokrit   384
Descartes, René   355, *391*
Develey, Robert   XIV
De Wette, Wilhelm Martin Leberecht
  *156*, 157, 251, 271
Diogenes Laertius   213
Dräseke, Johannes   367
Drews, Paul   315f.E, 334E,
  337–341E, 351–354P, 354–364,
  366P
Drey, Johann Sebastian   *109*
Dubois, Paul   38
Düntzer, Heinrich   XIII
Duhm, Bernhard   3
Durand-Pallot, Charles   316E

Ebner, Margarete   41
Ecuyer, Hermann   124
Elias von Cortona   11, 14, 19,
  25–28, 30–34, 38f.

Elisabeth von Ungarn   38f.
Elzevir (Verlegerfamilie)   130f.
Emmerich, Katharina   41, 43
Epikur   267
Epiphanius   253, 287, 310–312
Ernst, Richard (Pseudonym)
  s. Schian, Martin
Eusebius von Cäsarea   47, 253, 310f.
Ewald, Heinrich Georg August   50

Fichte, Johann Gottlieb   410P
Foerster, Friedrich Wilhelm   330
Forel, August   38
Franziskus von Assisi   1E, 8–45
Fritze, Georg   *332*, 333
Fritzsche, Karl August Friedrich   49
Frühauf, Walter   366P
Fürer, August   *108*

Garinus de Sedenefeld (O. F. M.)   17
Gautier, Aloys   332f.
Geffcken, Johannes   294, 367
Geibel, Emmanuel   *232*
Gerhard, Johann   *113*
Gertrudis (Gertrud [Geertruida] van
  Oosten)   41
Gigon, Olof   *66, 80, 84, 89*
Gilgamesch-Epos   373f.E
Gilliard, Charles   *61, 78f.*
Giotto di Bondone   28, 30f.
Godet, Frédéric   48f., 52, *55–59*
Görres, Joseph von   9, 40f.
Goethe, Johann Wolfgang von   72,
  161, 194, 249, *345, 361*, 388, *398*,
  405
Gogarten, Friedrich   120E
Goncourt, Edmond de   *365*
Gonin, Jules   72
Gottschick, Johannes   348P
Gregor IX. (Hugolino), Papst   12f.,
  16, 21, 26–28, 34f.
Gregor von Nyssa   132, 136, 139f.
Gregorius (O. F. M.)   11, 14
Grützmacher, Richard   357
Grundemann, Reinhold   6
Gruner, Erich   *73*
Gruner, Paul   *120, 123, 125*

Güder, Eduard 245E, *248*, 250, 254, 257, 261, 263, 271f., *307*
Gunkel, Hermann 244E, 252, 262, 264, 265–267, *268*, 271

Hadorn, Wilhelm 1E, 149E
Haeckel, Ernst 386
Hagenbach, Karl Rudolf *112*
Hahn, Georg Ludwig 50
Harnack, Adolf [von] XII, 10, 41, 71E, *117*, *132*, 133–137, 139–141, 144, 146, 148–154E, *156*, 159, *162*, *165*, 167f., 170f., 174, 184, 190, 204f., *206*, 223, *227*, *236*f., *239*, 240, *242f.*, 244E, 246f.E, 252, 273, 284, *287*, 296, 298f., *300*, 325, 346, *350*, 371
Hase, Karl August [von] 8E, *11*, *21*, 27, 35f., *38*, 39, *41*, 43
Haupt, Erich 319
Hausrath, Adolf 157, 194
Hegel, Georg Wilhelm Friedrich 98, 235
Hegenwald, Erhard *105*
Heitmüller, Wilhelm 337E, *342*
Helms, Herbert VIIIf.
Heraklit 412P
Hermelink, Heinrich 368
Hermes, Johann Timotheus *410*
Herodes Antipas 49, 294
Herrmann, Wilhelm 71E, 149E, 151E, 316E, 325, 334E, 337E, 341E, *342*, 343, 346, 350P, 355, 362f., 369, 371f., 374f.E, 406f.
Hettinger, Franz Seraph 379f., *384*, 386, 388f., 410f.P
Hieronymus (Ritter) 22, 35
Hilgenfeld, Adolf 156, *184*, 188, 193, 367
Hilgenfeld, Heinrich 367
Hippolytus 253, 277, 293–295, 305f.
Höfling, Eugen 91, 314E
Hofmann, Johann Christian Konrad [von] 251, 264, 267, 269, 356
Hollaz, David 267
Holsten, Carl 193f.

Holtzmann, Heinrich Julius 48–52, 54–56, 59, 134, 150E, 152E, 157–159, 165–170, 172f., *174*, 175–177, 179–181, 185–187, 189–193, 204, 207, 209f., 214f., 223, 225, 234–236, 238, *240*
Horatius Flaccus, Quintus 74, *200*, 249
Hort, Fenton John Anthony 130
Huber, Walther *3*
Huck, Albert 54
Huene, Friedrich von 121
Hugolino s. Gregor IX., Papst
Huidekoper, Frederic 245E
Hurter, Friedrich [von] 39f.
Husemann, Friedrich 373E

Ignatius von Antiochien 252, 277–279, 281, 297; s. auch Reg. I.
Ihmels, Carl 6
Im Hof, Ulrich XIV, 66, 78–80, 89f., *102*
Irenäus von Lyon 59, 244E, 246E, 253, 256f., 277, 279–281, 285–287, 289–293, 295f., 303
Israeli, Isaak *383*

Jacobus de Massa 19
Jaggi, Jürg *122*
Jahnke, Richard 315f.E, 329
Jakob 279
Jakobus (Bruder Jesu) 183
Jellinek, Adolph *275*
Jensen, Peter 373E
Jeremia 285
Jerobeam I. 266
Jesaja 285, 306
Jetzer, Johannes 9, 31, 43
Johannes der Täufer 47, 135, 143, 145f., 221f., 294, 306
Jona 307
Josephson, Hermann 250, 260, 263, 271
Josua ben Levi, Rabbi 275
Jud, Leo 105
Jülicher, Adolf *116*, 149E, 152E,

158–160, 186, 189, 208f., 225, 234, 238, 337E
Jüngel, Eberhard   XIV
Justin   174, 212, 244E, 252, 282, 285–287

Kähler, Martin   *342, 357*, 362
Kaftan, Julius   148E, 357, 362
Kant, Immanuel   *145*, 148E, 217, 339E, 348f., 369f., 374f.E, *389*, 390f., 393f., 398–400, 404f., 410–412P
Katharina von Siena   41
Kattenbusch, Ferdinand   250, 262f., 266f., 271, 285, 312, *323*, 356, 360, 362
Keil, Carl Friedrich   127
Keller, Gottfried   118, 344
Klein, Gottlieb   133f., 141–146
Klopstock, Friedrich Gottlieb   37
Klostermann, August   159
Klostermann, Erich   *368*
König, Johann Ludwig   249, 250, 254, 263, 271
König, Otto   *91, 100*
Köpf, Eva   XIV
Korah (Rotte)   275, 307
Kühl, Ernst   252, 261, 263, 269, 271
Kundert, Werner   66, *78–80, 89f., 102*
Kupisch, Karl   75

Lampert, Ulrich   *322*
Lausberg, Heinrich   *204*
Lauterburg, Moritz   250, 264, 267–270, 298
Lauterburg, Otto   62f.E, *79*, 101–103, 245E, 247E, *313*E
Leibniz, Gottfried Wilhelm   355
Lemme, Ludwig   *357*
Leo (O. F. M.)   12, 15, 18–20, 23, 25f., 28, 30f., 36, 39
Leo XIII., Papst   376f.
Leppien, Jörn-Peter   *414f.*
Lessing, Gotthold Ephraim   299, 317f., 409
Lietzmann, Hans   *368*

Lindt, Andreas   66
Lipsius, Richard Adelbert   193
Loeschke (Loeschcke), Gerhard   368
Loofs, Friedrich   *125, 251, 342*
Lortzing, Albert   *91*
Lotze, Rudolf Hermann   401
Lüdemann, Hermann   1E, 246f.E
Lukas   148–243, 254, 272, 282
Luthardt, Christoph Ernst   6, *37*, 267
Luther, Martin   1E, 104, 107f., 111, 114–118, 213, 259, 349P, 351P, 356

Machiavelli, Niccolò   76
Maldonatus, Johannes (Juan de Maldonado)   50
Manasse   275
Marcion   132, 136, 139–141, 280, 282, 286f., 289, 291, 299
Marquardt, Friedrich-Wilhelm   VIIf.
Marti, Karl   1E
Masseo (O. F. M.)   18
Matthäus   254
Matthäus von Paris   13, 16, 21, 26f., 33
Matthes, Heinrich   *323*
Maximus Confessor   132, 136, 139f.
Melanchthon, Philipp   108, 111
Menander   71
Meyer, Friedrich   *333*
Meyer, Heinrich August Wilhelm   48f., 51f., 57, 59, 127, 133, 150E, 158, 208
Mezger, Paul   315E, 322f.
Midrasch Tanchuma   51
Mix, Gustav   313E, 315E, 317–320, *345*, 366P
Moltke, Helmuth von   *183*
Müller, Eduard   *81, 127*
Müller, Johannes   373E
Müller, Max   3
Mulert, Hermann   24
Muralt, Leonhard von   76

Natorp, Paul   374E, 395, *407f.*
Neander, August   241

Nestle, Eberhard  130, 170, *174*
Nietzsche, Friedrich  *10*, 329

Oehler, Theodor  122
Oekolampad, Johannes  76, 106
Olshausen, Hermann  50
Oppenrieder, Adolf  *251*, 252, 264, 266
Origenes  130, 244E, 246E, 250, 253, 267, 288, 295, 300, 305–311
Otto, Carl Wilhelm  252, 264, 267
Overbeck, Franz Camille  149E, 156–158, 160, 166, *174*, 241f., 247E
Ovidius Naso, Publius  91

Papias  47
Paulus  115f., 124f., 148–243, 254, 257, 259, 272f., 282, 293, 309, 375E
Pausanias  213
Pestalozzi, Johann Heinrich  330
Petrus  160f., 165, 183, 185, 220, 235
Pfister, Oskar  315f.E, 330f.
Pfleiderer, Otto  157, 194, 214, 225, 325, *357*
Philostratus, Flavius  213
Pius X., Papst  *377*
Platon  125, 227, 299, *300*, 384, 404
Plautus, T. Maccius  *230*
Polykarp von Smyrna  252, 259, 277, 282, 296
Poudret, Henri  72

Quenstedt, Johannes Andreas  *37*

Rade, Martin  X, 313–317E, *323*, *327f.*, 334E, 336E, 338E, 340f.E, *342*, 359, 365f.P, 414–417E
Ragaz, Leonhard  73, 74
Rathje, Johannes  414E
Renan, Ernest  194
Richter, Julius  6
Ris, Fritz  103
Ritschl, Albrecht  *112*, 335, *350*, 353P, 356f., 360, *362*, 364, 369–371
Robert, Léon  62E, *86*, *93*
Rüfenacht, P. Gerhard  72

Rufinus (O. F. M.)  *12*, 17, 20f., 23, 34f., 39

Sabatier, Paul  8E, 9, *11*, 12f., 16, 18, 26, 27, 36, 38–40
Salomo  279
Samuel  306
Sanhedrin  267
Sartorius, Elisabeth  46E, 67E, 104E
Sartorius, Johanna Maria  46E, 67E, 104E, 374E
Schätti, Eduard  125
Scheffel, Josef Victor von  90, 324
Schelling, Friedrich Wilhelm Joseph  410P
Schian, Martin  315f.E
Schiele, Friedrich Michael  *249*
Schiller, Friedrich von  41, *345*, 361, *363*
Schläfli, Emanuel Arthur  *81*, 100f.
Schlatter, Adolf  124, 129f.
Schleiermacher, Friedrich Daniel Ernst  47, 213, 317, *324*, 325, 339E, 355–357, 359f., *363*, 364, 369–371, 374f.E, 408
Schmiedel, Paul Wilhelm  193
Schmidt, Hermann  XIV
Schmitz, Otto  122
Schneckenburger, Matthias  156
Scholz, Heinrich  150E
Schopenhauer, Arthur  329
Schrenk, Elias  315E
Schürer, Emil  53, 193
Schwegler, Albert  156, *277*
Schweitzer, Albert  *116*
Schweizer, Alexander  249, 250, 254, 260, 264, 266, 268f.
Seld, Alexander Freiherr von  373E
Sellin, Ernst  367
Senn, Gustav  124
Shakespeare, William  *10*, *345*
Sibyllinen  253, 294f.
Sieffert, Friedrich Emil Anton  251, 263
Silas  199
Simon (Palatinus von Tuscia)  13, 17

Soden, Hermann von   *251*, *252*, 263, 266, 269–271, 274
Sokrates   125
Spinoza, Baruch de   213, 325
Spitta, Friedrich   246E, 250, 260f., 264f., 267–270
Staehelin, Andreas   70E
Staehelin, Felix   67
Staehelin, Rudolf   104E, *105*, 106, 111, 113f.
Staerk, Willy   367f.
Stage, Curt   130
Stange, Carl   *112*
Steck, Rudolf   1E, *9*, *31*, 43, 46E, *116*, 149E, 152E
Steck-von Erlach, Johann Rudolf Gerhard   101–103
Steiger, Edmund von   83f.
Steiger Eduard von   102f.
Stephan, Horst   316E, 340E, *342*
Stieren, Adolph   285
Stoecker, Adolf   75
Strasser, Gottfried   67
Strauß, David Friedrich   370
Strauß, Richard   126E
Suetonius Tranquillus, Caius   173, 180
Sundkler, Bengt   *123*
Symbolum Apostolicum   249

Tacitus, Cornelius   179
Terentius Afer, Publius   44, *230*
Tertullianus, Quintus Septimius Florens   132, 139, 245E, 253, 276f., 291–293
Theodotus (Gnostiker)   282, 287f., 308
Thode, Henry   28
Tholuck, Friedrich August Gottreu   24, 40f., 127
Thomas von Aquino   374E, 376f., *379*, 382–385, 387–389, 393, 399, 402, 406, 410–412P
Thomas de Celano   8E, 12f., *15*, 20f., 23, 25f., 28, 30–34, 40, 43
Thomas d'Eccleston   14, 17, 29–32, *42*

Thurneysen, Eduard   66, 120E, *337*
Tiedje, Johannes   415E, 417E, 417
Timotheus   170f., 199
Tischendorf, Konstantin [von]   128, 131f., 170
Troeltsch, Ernst   316E, 325, *342*, *346*, 368–372

Uhlhorn, Gerhard   253P
Usteri, Johann Martin   250, 252, 263, 265, 266, 268–271

Valentin (Gnostiker)   280
Vallière, Louis de   72
Vasalli, Mario   84, 94
Venantius, Fortunatus   204
Vernet, Albert   93
Vischer, Friedrich Theodor   329
Voigt, Friedrich Adolf   315E, 324–328
Volkmar, Gustav   251, 264
Vollmer, Hans   *113*
Vorländer, Karl   329, *382*, *384*
Voß, Johann Heinrich   *318*

Wagner, Richard   98
Weber, Ferdinand   275
Weiß, Bernhard   48, 52, 55, 59f., 133, 159, 251, 262f., 271f., 285
Weiß, Johannes   250, *258*
Weizel, Karl Ludwig   251, 260, 274
Weizsäcker, Karl Heinrich [von]   59, 130, 152E, 157f., 167, 170, 175, 186–188, 190, 193–195, 197f., 200f., 203, 205f., 223, 241
Wellhausen, Julius   115, 134
Wendling, Emil   368
Wendt, Hans Hinrich   159, 166, 168, 171, 173, 175, 179f., 194, 204, 208f.
Werenfels, Samuel   114
Wernle, Paul   46E, 47f., 57f., 134, 136, 138, 325, 337E, 345P, 371
Westcott, Brooke Foss   130
Wilke, Christian Gottlob   46E
Windisch, Hans   *368*
Witsius, Hermann   248
Wobbermin, Georg   401f.

Wolf, Ernst VIIf.
Wrede, William 235
Wurm, Paul 1E, 2–5

Zahn, Theodor 50, 53, 130, 134, 194, *258*, 278
Zahn-Harnack, Agnes von 148E
Zeitschrift für Theologie und Kirche 316, 334–366
Zeitschrift für wissenschaftliche Theologie 367–372
Zeller, Eduard 149E, 156, 166, *174*, 178, 185, 192
Zinzendorf, Nikolaus Ludwig von *109*
Zofingia s. Reg. III: Studentenverbindungen
Zoroaster (= Zarathustra) 344
Zwingli, Huldrych 76, 104–119

## III. BEGRIFFE

Nicht immer findet sich ein Registerstichwort auf den angegebenen Seiten wörtlich, da synonyme oder verwandte Termini gelegentlich für das Register unter einem gemeinsamen Schlagwort zusammengefaßt sind.

Aarauer Studentenkonferenz/
-konferenzen 120–125
Abendmahl
– mysterium tremendum? 117
– «significat» 117
– Streit der Reformatoren 116f.
–, urchristliches 203
– Wiedergedächtnis 109, 116
Abhängigkeit, schlechthinige 408
Affektion, individuelle 349f.
Agnostizismus 25, 335, 369f., 372, 377
Alkoholfrage 90–94, 96, 102
– Blaues Kreuz/Temperenzverein 69E, 93f.
Altes Testament 211f., 218, 279f., 285, 297f.
– als Vorstufe der Offenbarung in Christus 279
  s. auch Offenbarung (Identität im A.T. und N.T.)
Anknüpfung 164, 187, 211f.
Apokatastasis 267f., 308
Apokryphen, christliche 294f.
Apologetik 158, 296, 331
Apostel 278
– Hadespredigt der A. 272, 283f., 294, 298, 301–303, 306, 308
– Urapostel 221, 232
Apostelgeschichte 148–243, 254
– apologetische Tendenz 174, 215
– Autor 157–159, 243
– – als Hellene 172, 217f., 227, 229f., 237
– – als Paulus-Schüler 218, 222, 225, 229f., 233f., 239, 242
– Biographie des Paulus? 151E, 214, 241
– Chronik der christlichen Anfänge? 175, 185, 192, 197, 199, 204, 241

– historische Glaubwürdigkeit 158, 171, 173, 175, 178, 183, 208, 239
– Rolle Johannes des Täufers in der Apg. 221–223
– Theorie A. von Harnacks 159
– Theorie der Tübinger Schule 151f.E, 156f., 171, 173, 178, 180, 183, 191f., 218, 235
– Wir-Quelle 158f., 167, 181, 198f., 203, 208
Apostelkonzil in Jerusalem 165, 183–185, 189
– Aposteldekret 183–185
Arbeit/Arbeiter 74, 78–80, 82, 92, 100f., 321
Areopag 172
Aristokratie, geistige 86, 89, 92
Armut/arm 74f.
Atheismus 402
Auferstehung der Toten 181, 227, 230, 238, 258f., 267
– A. der Heiligen 258, 276, 281f., 290, 293, 297, 310
Autonomie/Theonomie 348P, 358f., 370f.
Autorität
–, innere 342, 363
– der Schrift und der Kirche 106–108, 111–113

Bekehrung (ἐπιστροφή) 288, 301, 308, 327
– des Paulus 179, 182, 231–233, 235
Bekenntnis 322, 335f.E, 362, 369
–, evangelisches 111f.
Bekenntnisformel
–, christologische 261–263, 271–273
  s. auch Symbole (kirchliche)
Bekenntnisgebundenheit 322f., 333

Bergpredigt 47, 49, 52, 55, 128, 134
Beschneidung (περιτομή) 165f., 198
Bewußtsein
–, frommes/sittliches 217, 355f.
Bibelverbreitung 332
Bildersturm 118
Bischof 106
Böse, das 92, 280, 297
Brahmanismus 3, 7
Brüdergemeine 324
Bürger/Bürgertum 91, 118
– Bourgeois/Spießbürger 63E, 75
– Gleichheit der Bürger 76
– bürgerliches Leben 84, 93, 99
Burschenschaft 61E
– Buschenherrlichkeit 69E, 91
Bußübung/-werke 18, 25f., 28, 110

Charisma/charismatisch 162, 336
Christen
–, entschlafene 270, 286, 290, 292
Christentum 4, 50, 111, 121, 123, 125, 318f., 321–323, 347, 350P
– Absolutheit des Chr. 369, 372
– Auseinandersetzung mit der jüdischen und heidnischen Welt 199, 215
– als religiöses Phänomen 344
– als höchste Religion 300
–, unbewußtes 297
– Urchristentum s. dort
s. auch Kirche/Gemeinde (urchristliche)
– Vulgärchristentum des 2. Jahrhunderts 225, 234
s. auch Heidenchristentum; Judenchristentum
christlich-sozial 75
Christologie 219
– christozentrische Begründung der Frömmigkeit 369
– Person und Werk Christi 257, 311f.
– Subordination des Logos? 311
– Zweinaturenlehre 244E, 291, 296, 309–312
Credo, philosophisches 374E

Demokratie/demokratisch 88, 118
Deutschland 73, 75, 340
Dogma 111f., 114, 326, 359
Dogmatik 56, 210, 247E, 253, 279, 316, 369, 372
–, altprotestantische 267
–, orthodoxe 353P
Dominikaner 12, 39
Doxologie 12, 130, 142, 145

Egoismus 97
Ekstase 19, 41f.
Engel 380
– Erzengel Michael 18, 40f.
–, gefallene 264–266
– gekreuzigter Seraph 15–17, 19, 30f., 40
Enthusiasmus 181
Erfahrung 395f.
– Analogien der E. bei Kant 398–400
–, religiöse 330, 347, 354P, 369
Erkenntnistheorie 370f.
–, aristotelisch-scholastische 383f., 395, 398, 410P
–, kritische 389–406, 411P
Eschatologie/eschatologisch 54, 56, 58, 230, 234, 238
–, jüdische 50, 258f., 267, 275f.
–, urchristliche 181, 273
Ethik/ethisch 216f., 228f., 319, 329, 358
–, evangelische 128
–, hellenische 124
–, jüdische 128, 209, 233
Europa 123, 166, 168
Evangelien, synoptische 212, 219, 221f.
– Logienquelle/Spruchsammlung 47f., 55, 57, 138, 141
– Sonderquellen 254
– Zweiquellentheorie 47, 51, 57
Evangelisation 327, 332f., 346
Evangelium (εὐαγγέλιον) 107f., 111, 123, 146, 179, 211, 238, 243, 269–271, 300–302, 318, 323, 330, 339E, 357

- als Belehrung (διδαχή) 216
- ewiger Wert des E. 353P

Fasten 15, 18, 25, 28
Fortschritt 67, 91
Franziskaner 11f., 14, 17f., 35
Freidenkertum 332
Freiheit/frei 84, 110f., 323, 390–392, 394
vgl. Liberalismus
Friede 103, 332
Frömmigkeit 322, 351P, 353P, 363

Gebet(e) 19, 26, 42, 110
–, jüdische 141–146
vgl. Unser Vater
Gegenwart 318
Gehorsam 228, 330, 342
Geist, heiliger (πνεῦμα ἅγιον) 45, 108, 113–115, 132, 135–137, 139f., 143, 162f., 167, 214, 222
- Eingebung/Mitteilung des G. 167, 181, 198, 206, 221
Geist, menschlicher 214
Geister im Gefängnis 110, 262–264, 266, 275, 312
vgl. Hades; Mensch (Leib und Geist)
Gemeinschaftschristentum 324
Gerechtigkeit 301
- des Glaubens 255
s. auch Gott (Gerechtigkeit); Jesus Christus (Gerechtigkeit)
Gericht, göttliches 268, 270f., 303
Geschichtsschreibung/-betrachtung 9, 23f., 29, 37, 247, 361, 370
Gesellschaft
- «gute Gesellschaft» 75, 85–88, 100
- gesellschaftliche Ordnung 75
Gesetz (νόμος) 146
- des Mose 161, 166, 177, 224, 235, 237, 255, 301, 304, 344
Gesetzlichkeit 128, 230
Gesinnung 128
Gewißheit, persönliche/innere 319, 363, 375E, 407f.
Glaube (πίστις) 50, 108, 111, 121, 123, 225, 227–229, 235, 237f., 299, 320, 326f., 342f., 345, 348f.P, 362, 378, 391, 403
- als Für-wahr-Halten 228, 234, 407
- werdender Gl. 348P, 364
Glück 329
Gnade 211, 216, 280
Gnosis/Gnostiker 279f., 286f., 289, 297–299, 346
Götter, falsche 213f., 216, 236f.
Götterlehre, altindische 2–5
Gott
- actus purus 385–387, 406
- causa prima 381f.
- Dasein 376, 379, 381, 388f.
- ens realissimum 388, 406
- Gerechtigkeit (δικαιοσύνη) 271, 303f.
- der Herr (κύριος) 286
- die höchste Idee 385
- Langmut 265, 268
- Liebe 327, 407
- primum movens 381f., 399, 409
- Name 139f., 143
- Persönlichkeit 381, 387, 406
- Regierung 44, 121, 213, 340
- Schöpfer 121, 216, 236, 409
- der Unbekannte (ἄγνωστος) 213
- Vater 408
vgl. Unser Vater
- Vater Jesu Christi 352P
- Vollkommenheit 381f., 387–389
- Wille 44, 138, 143, 146, 409
Gott und Mensch
- Nähe 29
- Vermittlung der Kirche 108
Gottesbegriff
–, kosmologisch-teleologischer 216–218, 234
Gottesbeweis
–, kosmologischer 334E, 373–413
–, ontologischer 383, 389, 393, 402, 410f.P
–, teleologischer 382, 411P
Gottesdienst 4f., 117f., 130, 133, 141, 203

Gotteserkenntnis (γνῶσις) 229, 299f., 304, 322
—, natürliche 376, 380, 385
—, vollkommene 380
Gottesfürchtige (σεβόμενοι) 53, 169–171, 174, 187
Gottesgedanke, christlicher 402, 406–410
Gotteslehre (λόγος τοῦ θεοῦ) 211, 215
Gute, das 92

Hades 257, 259, 265, 273, 275, 283, 286, 292, 300, 308, 311f.
vgl. Jesus Christus (Descensus ad inferos)
Handauflegung 162, 206
Heide/Heidentum 49–51, 53, 123, 209, 215f., 233, 269f., 300, 302, 304
— heidnische Gottesahnung 213f.
— heidnische Kulte 176, 213
Heidenchristentum 138f., 156f., 190, 235, 239, 242
Heidenmission s. Mission (paulinische)
Heil 108, 180, 189, 219, 224
— Frage nach dem Heil 258, 270, 274, 276, 279, 281f., 284, 305
—, partikulares 275f., 287, 307
—, universelles 267, 276, 278, 287, 295, 301
Heilige 44
s. auch Auferstehung (der Heiligen)
Heilsgeschichte 296, 299
— in der Unterwelt 306
Heilsgewißheit 348P
s. auch Gewißheit (persönliche)
Heilstatsachen 260, 311f.
Hellene/Grieche 171, 190, 211, 237f., 300, 305
s. auch Apostelgeschichte (Autor)
Hellenismus/Griechentum 124f.
Heuchelei 352P
Hinduismus 2–7, 123
Historie/Historiker s. Schrift, heilige (Exegese); Theologie (historische); Wissenschaft (historische)

Humanität 408
Hymnus, urchristlicher 261
Hypnose s. Suggestion
Hypsistarier 169

Ideal, christliches 322, 348P
Idealismus 65E, 70E, 75, 79, *391*
Idee 384f., 388, 401f., 411P
— regulativer Gebrauch der I. 402–406, 408, 412P
Individualismus/Individualist/ Individualität/Individuum 76, 102, 322f., 355E, 342–344, 348P, 351f.P, 355, 363, 370–372
Installation (Amtseinführung Barths) 338f.E
Intellekt/Intellektualismus 216, 228, 384
Irrlehrer 201, 207, 232, 279
Islam 123
Israel 303, 408
— Verwerfung? 50, 191f.
vgl. Altes Testament; Juden; Jesus Christus (Descensus ad inferos)

Jesuiten 6, 238
Jesus Christus 75
— Auferstehung 209, 214, 216, 220f., 223–227, 234, 238, 259, 262f., 272–274, 278, 280
— — ordo resurrectionis 291f., 297
— Davids Sohn 220
— Descensus ad inferos 244–312
— — Hadespredigt 244E, 262–268, 274, 281f., 286, 288f., 306
— — — als Gerichtsankündigung 264, 267f.
— — — als Heilsanbietung 264, 266–269, 271, 276, 288, 303f., 310
vgl. Apostel (Hadespredigt)
— — als Heilstat für die Väter Israels 258, 274, 281f., 286f., 289f., 297, 304, 312
— — als Heilstat für die vorchristliche Menschheit 286, 274, 276, 282, 287–289, 291, 298, 301, 303

– – als Teil der Herrlichkeit Christi
256, 259, 291, 295, 308f., 312
– – auf Grund der lex mortuorum
273f., 291f., 297, 312
– Erhöhung 255f., 259, 263, 272–274, 291, 296
– Fleischwerdung/erste Ankunft
256, 288, 290, 296, 304
– Gerechtigkeit 109
– Gottes Sohn (υἱὸς τοῦ θεοῦ) 107, 224
– Haupt der Kirche 108f.
– Heiland (σωτήρ) 219, 224, 328
– Herr (κύριος) 107, 181, 219
– Herrschaft über die Mächte 255, 263, 272
–, der historische 295f., 328, 369–371
– Hohepriester 109, 278
– König (βασιλεύς) 224
– Krankenheilungen 44, 49, 51, 54
– Kreuz/Passion/Tod 15, 17, 29, 32, 40, 42–44, 186, 214, 220, 223–227, 234, 238, 255, 258, 262f., 267f., 273f., 276, 278, 294, 311
– Leben 220, 223, 351P
– Löwe aus Juda 305
– Menschensohn 265
– Messias (Χριστός) 143, 145, 186, 189, 209, 212, 219, 224f., 234, 265, 272, 275
– Nazoräer (Ναζωραῖος) 223
– Norm und Grund des Glaubens 326, 359f.
– Parusie/zweite Ankunft 238, 256, 270, 290
– Präexistenz 264–266, 282
– als Religionsstifter 344
– Selbstbewußtsein 406
– Sendung 216
– in Seraphengestalt s. Engel (gekreuzigter Seraph)
– Sieger über den Tod 255f., 272, 293, 295, 305f., 308, 310
– solus Christus 107
– Vollmacht 50f.
– Vorbild 111

– Weltrichter 225, 230, 269f.
– geschichtliche Wirkungen 407
Johannesjünger/-christen 135, 202, 206, 223, 233
Journalismus/Journalist 340f.E
Judaismus/Judaisten 156f., 235, 242
Jude/Judentum 50f., 53, 56, 160, 168, 170, 173, 177, 191, 275, 285f., 300, 302–304
s. auch Ethik (jüdische); Mission (paulinische)
Judenchristentum 139, 156, 163, 166, 177, 211, 223, 235
Jünger Jesu 127f., 134, 147


Kapital/Kapitalismus 74
Kastenwesen, indisches 5–7
Katholizismus 104f., 108–112, 114f., 332f., 347
– Akkomodation 6, 238
– Gebetspraxis 128
– Priestertum(sidee) 110f., 346
– Wesen 376f.
vgl. Papsttum
Kausalität 378, 386, 399f.
–, freie 391f., 394, 402f., 411f.P
Kirche/Gemeinde (ἐκκλησία)
–, alleinseligmachende? 108
–, altkatholische 182, 277–299
–, Basler 322
– belgische Missionskirche 332f.
– ecclesia catholica 108f.
– als lebendiges Ganzes 364
– Glaubens- und Liebesgemeinschaft 322
– Krisis der evangelischen Kirche 326
– Leib Christi 108
–, mittelalterliche 9f.
– Pastorenkirche 327
–, sichtbare irdische 109
– Volkskirche 322
–, urchristliche 137
– – Ämter 196, 202, 205, 207
– – Gemeindeleben 197
– – Kirchenzucht 202

– – Verfassung und Kultus 203, 205–207
s. auch Urchristentum; Theologie (Urchristentum); Urgemeinde
Klerikalismus 322
Konservatismus/konservativ 65E, 69f.E, 83, 85, 97
Kosmologie 5, 375E, 401
- kosmol. Antinomien nach Kant 390–394, 402–404, 411P
Krankheit 39, 49f.
Kultur 123, 326, 347, 375E, 376, 378, 407f.
–, altindische 2
–, römisch-griechische 160
Kunst, religiöse 118

Laienwelt 327
Leben 331
–, eigenes religiöses 344, 355
–, ewiges 230, 270
–, modernes geistiges 318, 320
Lehre
–, kirchliche Gebundenheit 363f.
–, Menschenlehre 108
–, praktisch-kirchliche 109–111
–, theoretisch-dogmatische 107–109
Lehrer, akademischer 95, 317, 320
Liberalismus/Freisinn/Reformlerei 65E, 80, 83–85, 148E, 335E
Liebe 65E, 76, 111
vgl. Gott (Liebe)
Literatur, antike 208
Liturgie s. Gottesdienst
Luthertum 116

Märtyrer 280, 293
Mammon 62E, 74
Mensch
- Fleisch 124
- Geist und Leib 37, 41f., 258, 264, 309
- Gotteskindschaft (υἱοὶ θεοῦ) 214
–, innerlicher 43
- Wesensverwandtschaft mit Gott 213
vgl. Geist, menschlicher; Gott und Mensch; Persönlichkeit; Seele
Menschheit 75f., 258
–, vorchristliche 272, 287
s. auch Jesus Christus (Descensus ad inferos)
Metaphysik 3, 121, 364, 370, 372, 377, 386
Militarismus/Antimilitarismus 73f.
Mission 122f.
–, Basler 6, 122
- Eifer für die M. 334E, 341, 349P, 366P
–, Leipziger 6
–, neuzeitliche 236–238
–, paulinische (nach Darstellung der Apostelgeschichte) 148–243
– – Diaspora-Judenmission 161, 163, 170f., 175, 177f., 185, 189, 191, 207, 211f.
– – Juden *und* Heiden 169, 185, 190f., 196, 199–202, 214, 216f., 224f., 231
– – von den Juden zu den Heiden 163f., 173f., 179f., 185–191, 195
– – Heidenmission 56, 162f., 166, 169, 178, 212–214, 216, 236–239, 242
– – Areopagrede 171f., 208, 240
– – Paulus als Heros des christlichen Gedankens 242
– – Itinerarium 161, 166, 175
– – Missionsgemeinden 192–207
– – Missionsmethode 161–192
– – Missionspredigt 207–240
– – Mitarbeiter des Paulus 162, 165f., 171, 182f.
– – Pflanzung und Pflege der Gemeinden 149E, 165, 192f., 204, 206, 241
– – Prozeß gegen Paulus 176–180
– – Selbständigkeit des paulinischen Apostolats 182–185, 233
– – Siegeszug des Evangeliums 204, 207, 242f.
– – Verteidigungsreden des Paulus 177, 179, 210, 231f.

Mönchtum 9–11, 39, 110
Monotheismus 4, 209, 214, 233, 236–238
Moral, neue 230, 238
Mystik 3, 40, 42

Nasiräat 175, 177
Nationalbewußtsein 123, 146, 417
vgl. Studentenverbindungen (Zofingia, Patriotismus)
Natur 390, 394, 397, 400, 406f.
Naturwissenschaft 10, 37, 121, 367, 378, 386, 396
– Entwicklungsgedanke 399, 412P
Neues Testament 260, 344
– Einleitungswissenschaft 254
vgl. Apostelgeschichte; Evangelien, synoptische; Schrift, heilige (Exegese)
Neuprotestantismus *324*
Nordschleswigfrage 414–417E, 417
Normen, göttliche 343, 360f.
Notwendigkeit, schlechthinige 376, 382, 385, 392–294, 403

Offenbarung 114, 121, 168, 238, 323, 342f., 348P, 376
– Identität der alt- und neutestamentlichen O. 279f., 289, 292, 297f.
– in Jesus Christus 349P, 359f., 363
– jüdische Stufe der O. 278
–, natürliche 214, 216f., 379
– bei Platon 299f.
–, tradierte 375E, 379, 407
vgl. Tradition/Überlieferung
Opfer 5
Orthodoxie 148E, 347, 363, 369

Pädagogik 322, 330f.
Pantheismus 3f., 344, 387f., 390f.
Papsttum/Kurie 11, 27, 39, 106, 109, 114, 376, 379
Paradies 259, 292f., 308
Patriarchen 51, 58, 278–281, 303, 312

Paulinismus 56, 125, 138, 157, 177, 209, 229, 234–236, 239, *324*
– Deutero-Pauliner 216, 225, 234
– «Unionspaulinismus» 160, 184, 207
Persönlichkeit 122, 124, 228, 238, 242, 320, 330, 345, 353P, 407, 409, 412P
Pfaffentum 346
Pfarramt/kirchliches Amt 317, 319, 327f., 334E, 342, 363, 365
Pflicht 347
Philosophie 3, 229, 300, 304
–, griechische (aristotelische/epikureische/platonische/stoische) 172, 215, 217, 227, 229
–, katholische 376
–, neuplatonische 308
– philosophia perennis 404
Pietismus 346f.
vgl. Gemeinschaftschristentum
Politik 417
Polytheismus 2, 4, 214, 236
Praxis, kirchliche 341f., 349P, 353f.P, 363–365, 366P
– Flucht in die Pr. 346
– Hiatus zwischen Theorie und Pr. 320, 368
Priester 5, 278
vgl. Katholizismus (Priestertum)
Prophetie
–, alttestamentliche 217, 278–280, 303, 306, 308
–, urchristliche 162, 165, 167
Proselyt(en) 49, 53, 163f., 195f.
vgl. Gottesfürchtige
Protestantismus
– Formal- und Materialprinzip des Pr. 112
Psychologie 370f., 401

Quietismus 25

Rabies theologica 338E
Rassenbewußtsein 123
Rationalismus 124, 296, 347, 369, 394

Rechtfertigung 225, 237, 278
Rechtfertigungslehre 112, 223, 226, 235f., 238, 298
Reformation 9, 75f., 104, 115
– reformatorisches Programm Zwinglis 106, 111f., 119
– in der Schweiz 104f., 107
reformierte Kirche 117
Reich Gottes (βασιλεία τοῦ θεοῦ) 44, 51, 76, 120E, 128, 132, 139f., 143f., 146, 211, 222f., 228, 230, 283f., 290, 294, 297, 308
– Reichsgottesarbeit 334–366
Reichtum/reich 74, 86
Relativismus 335E, 337E, 369
–, historischer 343f., 347, 350f.P, 352P, 360
Religion/Religiosität 43f., 118, 121, 123, 128, 217, 229, 321, 330, 341, 343, 368, 370f., 406f.
–, altindische 1–7
– «Bildungsreligion» 325, 328
– Erwachen der R. 342, 348P
– Irrationalität der R. 167
–, monistische 325
– praktische rel. Arbeit 341f., 344, 348P, 350P, 353f.P
–, vorchristliche 196, 211, 214, 216
– Wesen der R. 325
– und Wissenschaft 352f.P, 377f., 386, 412f.P
Religionsgeschichte 1, 245E, 249, 350P, 368
Religionsgespräch in Zürich 104–119
Religionsphilosophie 300, 308, 370, 372, 377
Religionspsychologie 365P
Religionsunterricht 330f.
Revolution 66E, 68E, 73, 75f., 119
–, französische 76
Rom
– römische Christengemeinde 179f.
– römische Judenschaft 179f.
Romantik 355
Rußland 73

Sakrament 116

Satzungen, kirchliche 108, 110f., 115
Scholastik 357, 384
Schrift, heilige
– Exegese 114
– – Allegorese 212
– –, historisch-kritische 113, 115, 146, 327f.
– Inspiration 55, 113
– (protestantisch-)orthodoxes Verständnis 113
– Quelle der Offenbarung 325, 343, 348P, 379
– reformatorisches Verständnis 114f.
– religionsgeschichtliche Sicht 113
vgl. Altes Testament; Apostelgeschichte; Autorität (Schrift); Evangelien, synoptische; Neues Testament; Offenbarung (Identität)
Schriftbeweis 211
Schweiz 61E, 70, 73
– Patriotismus s. Studentenverbindungen (Zofingia)
Seele 213, 229, 307, 309, 311, 318
–, abgeschiedene s. Geister (im Gefängnis)
Sintflut/Flutgeschlecht 262–264, 266f., 272, 300, 303
Sittlichkeit/sittlich 43, 122f., 216–218, 228f., 237, 342, 348P, 358, 408
–, christliche S. 343
–, doppelte S. 92
Skeptizismus 148E, 377, 393
Solidarität 102
Sonntag/Sonntagsheiligung 95–97, 203
Soteriologie 274–276, 295f., 307f., 312
sozial
– soziale Aktion 77–79, 81f., 97, 333
– soziale Frage der Zofingia 71–103
– soziale Gefahr 73–75
– soziale Gesinnung 82, 97–99
– soziale Klassen 83, 85, 90
– soziale Schulung 80f., 86, 99

Sozialdemokratie 67E, 72–74
Sozialismus 66E
Staat/Obrigkeit 105, 110, 118f., 124, 173
– ideale christliche O. 118
Stigmata 8–45
Studenten/Studentinnen 61E, 80–82, 84f., 88f., 92, 120E, 122, 124f.
–, ausländische 85
– der Theologie 67E, 96, 125, 126E, 317–320, 334E, 340E, 371
Studentenverbindungen
– Akademischer evangelisch-theologischer Verein 126f.E
– Burgundia 84
– Concordia 84
– Helvetia 84
– Weltbund christlicher Studenten 123
– Zähringia 69E, 84, 86, 93
– Zofingia 45, 61–103, 104E, 247E, 332E
– – Basler Sektion 62–64E, 70E, 80
– – Berner Sektion 61–64E, 66–69E, 71, 80, 85f., *94*, 97, 101–103P
– – Genfer Sektion 78–80, 96
– – Lausanner Sektion 78–80
– – andere Sektionen 62E, 80, 96
– – K.B.s Verhältnis zur Zofingia 61–70E
– – Centralstatuten 62E, 77, 86, 88
– – als Clique? 84–86
– – Comment, Couleur 65–69E, 76, 88f., 93f., 100–102P
– – demokratisches Prinzip 77
– – Erziehung der Mitglieder 93
– – Festlichkeiten 63, 87
– – Finanzwesen 62f.E, 87, 100–102P
– – Freundschaftspflege 64E, 69E, 95
– – als «Heiratsbüro»? 87f.
– – Ideale 65f.E, 76, 84, 101P, 103P

– – Parteiungen 66E, 80
– – Patriotismus 61E, 64f.E, 72, 76f., *83*, 84, 88, 90
– – soziale Frage s. dort
– – als Schule freier Überzeugungen 84
– – Wirtshausbesuch 94f.
– – Wissenschaftspflege 64E, 71, 81
Subjektivismus 338E, 363
–, schrankenloser 352P, 357
Sünde 216f., 229, 237, 268, 286f.
–, unwissentliche 268, 302
Suggestion/Hypnose 42, 44
Sukzession, apostolische 279
Supranaturalismus 325, 369, 394, 407
Syllogismus/Syllogistik 384, 397f., 396f., 402
Symbole, kirchliche 311f.
Synagoge 52, 170, 174, 187f., 202, 275
s. auch Jude/Judentum; Mission (paulinische)


Talmud 141, 275
Taufe 135, 144, 206, 262, 283f., 304
– Bußtaufe (βάπτισμα μετανοίας) 223
Theismus 390f.
Theologen 364
–, junge 335E, 339E, 341E, 346, 366P
s. auch Studenten/Studentinnen (der Theologie)
Theologie
–, akademische 327f.
–, historische 10, 368–372
– des 2. Jahrhunderts 274, 296f.
– des 19. Jahrhunderts 339E
–, konservative 366P
vgl. Konservatismus
–, liberale 326
vgl. Liberalismus
– des Lukas 206, 210, 223
vgl. Apostelgeschichte

moderne 10, 115, 316E, 324f., 328, 330, 334–366
–, natürliche 379
 vgl. Gotteserkenntnis (natürliche); Vernunft (natürliche)
– des Orients im 3. und 4. Jahrhundert 309–312
–, (protestantisch-) orthodoxe 326, 369
–, praktische 318–320
–, reformatorische *324*
–, römisch-katholische 376
 vgl. Katholizismus
–, spekulative 256, 258f., 284, 299
–, systematische 210, 339E, 355, 357
 vgl. Dogmatik
–, thomistische 376, 379, 386
 vgl. Erkenntnistheorie (aristotelisch-scholastische)
–, übernatürliche 379
 vgl. Supranaturalismus
– des Urchristentums 270, 274
– der Vermittlung 335E, 369
Theologiestudium
– Reform des Th.st. 317–320, 345, 366P
Theologische Fakultäten
–, moderne 341f., 347P, 349P
–, positive 342, 349P
Theonomie s. Autonomie
Thron und Altar 75
Tod/Sterben 264
– Dinge nach dem T. 110
– des Franziskus 21, 27, 33
– als vorübergehendes Gericht 269–271
Toleranz/Intoleranz 101f.
Tradition/Überlieferung 342, 349P, 360, 369, 406
–, mündliche 58
 vgl. Offenbarung (tradierte)
Trinität 381
Tübinger Schule 254, 369
 s. auch Apostelgeschichte (Theorie der T. Sch.)
Tugendprinzip, griechisches 124

Ultramontanismus *108*
Umkehr (μετάνοια) 216, 228, 231, 234, 238
Universalismus 157, 225
Universitätsstudium 317f., 328
universitas literarum 368
Unser Vater 126–147, 223
– Doxologie 130, 141–143, 145
– als Initiationsgebet? 139–141
Unsterblichkeit (ἀφθαρσία) 227, 238, 311
Urchristentum 160, 167f., 184
 s. auch Kirche (urchristliche); Theologie (des Urchristentums)
Urgemeinde 161, 182, 184f.

Verantwortung/Verantwortlichkeit 76, 81, 92, 95, 99
Verfolgung der Christen 260, 269f.
 vgl. Märtyrer
Vergebung (ἄφεσις) 110, 224–226, 280f., 290, 302
Verkündigung/Predigt 110, 114, 123, 328, 362
 vgl. Evangelisation; Mission; Pfarramt
Vernunft
–, erleuchtete 375E
–, natürliche 376, 378–381, 383, 387, 393
–, praktische 394
–, reine 390f., 404
– sacrificium der V. 407
Versöhnungslehre 226
Verstockung 173, 187
Vertrauen 330, 342
Vision (ὅραμα) 30–32, 40, 167, 174, 181, 199, 228, 231
vocatio Dei interna 349P
Volkskunde 318

Wahrhaftigkeit 322f., 343, 351P
Wahrheit 7, 323, 342, 409
– Geschichts- und Vernunft-W. 299f., 304
Weda 3–5, 7
Weisheit, göttliche (σοφία) 265

Weissagung und Erfüllung 179, 211f., 225
Welt 376, 378, 388, 391, 393f., 403, 408f.
– Weltgrund 386
Weltanschauung
–, christliche 121, 409
–, cyrenaische 329
–, moderne 410P
Weltüberwindung 327, 343
Werturteil, religiöses 350P, 361
Wirklichkeit 319, 345f., 383
Wissenschaft
– nach Aristoteles 383f.
–, historische 24, 37, 319f., 343, 345

–, moderne 399
– Verhältnis zur Religion 377f.
Wort Gottes 111, 113, 115
Wunder 9f., 23, 37, 43f.

Zeitalter
–, apostolisches 160, 166, 174, 204, 217f., 235
–, nachapostolisches 297
Zeuge/Zeugnis 336E, 342, 345, 354P
– ersten und zweiten Ranges 157, 239